서발턴은 말할 수 있는가?

Can the Subaltern Speak?: Reflections on the History of an Idea
Copyright ⓒ 2010 by Columbia University Press.
"In Response: Looking Back, Looking Forward"
Copyright ⓒ Gayatri Chakravorty Spivak.
All rights reserved. This translation published under license.

Korean translation copyright ⓒ 2013 by Greenbee Publishing Company.
This Korean edition is a complete translation of the U.S. edition, specially authorized by
the original publisher, Columbia University Press, through Shinwon Agency Co.

서발턴은 말할 수 있는가?: 서발턴 개념의 역사에 관한 성찰들

초판1쇄 펴냄 2013년 4월 30일
초판5쇄 펴냄 2022년 9월 13일

엮은이 로절린드 C. 모리스
지은이 가야트리 차크라보르티 스피박, 파르타 차테르지, 리투 비를라, 드루실라 코넬, 라제스와리 순데르 라잔, 압둘 R. 잔모하메드, 미셸 바렛, 펑 치아, 진 프랑코
옮긴이 태혜숙
펴낸이 유재건
펴낸곳 그린비
주소 서울시 마포구 와우산로 180, 4층
대표전화 02-702-2717 | **팩스** 02-703-0272
홈페이지 www.greenbee.co.kr
원고투고 및 문의 editor@greenbee.co.kr

편집 홍민기, 신효섭, 구세주, 송예진 | **디자인** 권희원, 이은솔
마케팅 유하나, 육소연 | **물류유통** 유재영 | **경영관리** 유수진

이 책의 한국어판 저작권은 신원 에이전시를 통해 Columbia University Press와의 독점계약으로 그린비에 있습니다.
저작권법에 의하여 한국 내에서 보호를 받는 저작물이므로 무단전재와 무단복제를 금합니다.
책값은 뒤표지에 있습니다. 잘못 만들어진 책은 구입처에서 바꿔 드립니다.
ISBN 978-89-7682-404-2 93100

學問思辨行: 배우고 묻고 생각하고 판단하고 행동하고
독자의 학문사변행을 돕는 든든한 가이드 _그린비 출판그룹

그린비 철학, 예술, 고전, 인문교양 브랜드
엑스북스 책읽기, 글쓰기에 대한 거의 모든 것
곰세마리 책으로 통하는 세대공감, 가족이 함께 읽는 책

프리즘총서011

서발턴은 말할 수 있는가?
서발턴 개념의 역사에 관한 성찰들

로절린드 C. 모리스 엮음 |
가야트리 차크라보르티 스피박 외 지음 | 태혜숙 옮김

그린비

시바니 차크라보르티를
기억하며

감사의 말

이 책은 많은 사람들에게 빚지고 있다. 이 책은 같은 제목으로 열린 학술 대회에서 시작되었다. 이 학술 대회는 당시 컬럼비아 대학의 교무처 소속이던 조너선 콜의 후한 지원을 받았고, 컬럼비아 대학의 '여성과 젠더 연구소'가 주관했다. 이 연구소의 직원인 페이지 잭슨과 아말리아 자란츠는 나의 야심을 현실로 만들기 위해 지치는 줄 모르고 일했다(나는 당시 그 연구소의 소장이었다). 많은 동료들과 지적 동반자들이 그 대회에 참석했고, 그들의 질문들은 이 책 전체뿐만 아니라 이 책에 실린 에세이 다수의 최종 판본에 영향을 미쳤다. 이 모든 분들에게 감사드린다.

    나는 컬럼비아 대학 출판부의 제니퍼 크루와 수전 펜삭의 너그러운 편집 노고에 감사드린다. 이 책에 실린 몇몇 에세이의 일부가 처음 발표된 저널이나 책의 기획에 관여한 다른 편집자들에게도 감사드린다. 미셸 바렛의 에세이 「참전 서발턴들: 제1차 세계대전의 식민지 군대와 제국전쟁묘지위원회의 정치」는 이번 학술 대회를 위해 쓰였지만 『개입들』*Interventions* 93권 3호(2007)에 먼저 실렸고 그 저널의 허락을 받아 이 책에 실렸다. 펭 치아의 에세이 「생명권력과 새로운 국제 재생산 노동 분업」의 일부는 그의 책 『비인간적 조건들: 세계시민주의와 인권에 관하여』*Inhuman Conditions: On Cosmopolitanism and Human Rights*(2006)에 처음 실렸고 하버드 대학 출판부의 허락을 받아 이 책에 다시 실렸다. 가야트리 차크라보르티 스피박의 에세이들은 로런스 그로스버그와 캐리 넬슨이 편집한『맑스주의와 문화 해석』*Marxism and the Interpretation of Culture*(1988),『포스트식민 이성 비판: 사라져 가는 현재의 역사를 위하여』*A Critique of Postcolonial Reason: Toward a History of the Vanishing Present*(1999)에 수록되었고 스피박의 허락을 받아 이 책에 실렸다.

　스피박의 처음 에세이「서발턴은 말할 수 있는가?」와 그것을 재개하여 수정한『포스트식민 이성 비판』의「역사」장을 인용할 경우에 인용 쪽수는 각주에 표시했다.

차 례

감사의 말 6

서문 로절린드 C. 모리스 11

1부 / 텍스트

서발턴은 말할 수 있는가? 가야트리 차크라보르티 스피박 42

2부 / 컨텍스트들과 궤도들

「서발턴은 말할 수 있는가?」에 관한 성찰들:
  스피박 이후의 서발턴 연구 파르타 차테르지 142

포스트식민 연구: 이제 그것은 역사다 리투 비를라 151

인권의 윤리적 긍정: 가야트리 스피박의 개입 드루실라 코넬 173

3부 / (안) 들리는 것을 말하기

죽음과 서발턴 라제스와리 순데르 라잔 200

말하기와 죽기 사이에서: 미국 노예제의 맥락에서 출현한 서발턴에게 긴요한 몇 가지
  압둘 R. 잔모하메드 236

참전 서발턴들: 제1차 세계대전의 식민지 군대와 제국전쟁묘지위원회의 정치
  미셸 바렛 264

4부 / 동시대성들과 가능한 미래들: 말하(지 않)기와 듣기

　　생명권력과 새로운 국제 재생산 노동 분업　펭 치아　300

　　서발터니티로부터 이동하기: 과테말라와 멕시코의 토착민 여성들　진 프랑코　356

5부 / 스피박의 응답

　　응답: 뒤를 돌아보며, 앞을 내다보며　가야트리 차크라보르티 스피박　378

부록 / 서발턴은 말할 수 있는가?(초판본)　가야트리 차크라보르티 스피박　397

참고문헌 491 ｜ 옮긴이 해제 513 ｜ 저역자 소개 533 ｜ 찾아보기 538

| 일러두기 |

1 본서는 Rosalind C. Morris ed., *Can the Subaltern Speak?: Reflections on the History of an Idea*(Columbia University Press, 2010)를 완역한 것이다.
2 가야트리 차크라보르티 스피박의 「서발턴은 말할 수 있는가?」(Can the Subaltern Speak?)는 Lawrence Grossberg and Cary Nelson eds., *Marxism and the Interpretation of Culture*, Urbana: University of Illinois Press; Basingstoke: Macmillan, 1988에 처음 수록되었고, 옮긴이 태혜숙이 「하위주체는 말할 수 있는가?」라는 제목으로 『세계사상』 4호, 1998에 번역·수록했다. 이후 스피박은 이 글을 수정해 Gayatri Chakravorty Spivak, *A Critique of Postcolonial Reason: Toward a History of the Vanishing Present*, Cambridge: Harvard University Press, 1999, Chap. 3의 일부로 재수록했고, 옮긴이는 이 책을 『포스트식민 이성 비판: 사라져 가는 현재의 역사를 위하여』(공역, 갈무리, 2005)로 번역했다. 본서는 「서발턴은 말할 수 있는가?」의 두 판본을 모두 수록하고 있으며, 1999년의 수정본이 1부로, 1988년의 원본이 부록으로 들어 있다. 한국어판에서는 기존 번역을 상당 부분 개정해 실었고, 1부 텍스트는 갈무리 출판사의 허락을 받아 수록했다.
3 본문의 주석은 모두 각주로 표시했으며, 옮긴이 주는 '—옮긴이'라고 표시했다. 본문 내용 중 옮긴이가 추가한 내용은 대괄호([ ])로 묶어 표시했으며, 인용문 등에서 지은이나 영어판 편집자가 추가한 내용은 해당 부분 끝에 첨자를 밝혀 옮긴이 첨언과 구분해 주었다.
4 원서에서 이탤릭체로 강조한 표현들은 볼드체로 표시했으며, 원서에서 고유명사를 제외하고 대문자로 된 표현들은 고딕체로 표시했다.
5 단행본·정기간행물 등에는 겹낫표(『 』)를, 논문 등에는 낫표(「 」)를 사용했다.
6 외국 인명·지명은 2002년에 국립국어원에서 펴낸 '외래어 표기법'에 따라 표기했다.

서문

로절린드 C. 모리스

『서발턴은 말할 수 있는가?: 서발턴 개념의 역사에 관한 성찰들』은 컬럼비아 대학의 여성과 젠더 연구소Institute for Research on Women and Gender가 주관한 학술 대회에 의해서 촉발되었다. 가야트리 차크라보르티 스피박은 20여 년 전에 「서발턴은 말할 수 있는가?」라는 특별한 에세이를 썼다. 나는 이 에세이에 관한 여러 논쟁과 담론이 이 에세이에 지고 있는 빚을 의식하면서 서로 수렴하기를 바랐다. '서발턴은 말할 수 있는가?: 서발턴 개념의 역사에 관한 성찰들'이라는 제목은 바로 이 수렴 지점을 나타내는 유혹적인 단순화였다. 우리는 역사의 주체/**주체**s/Subject, 국제 노동 분업, 맑스주의의 동시대적 적절성, 해체, 아시아, 유럽, 젠더, 자본주의의 세계 구획 등과 관련된 몇몇 개념의 역사에 관한 성찰들이라는 식으로 이 학술 대회 혹은 이 책의 부제를 부적합하게 확장시켜 붙일 수도 있었다. 그런 과도한 기술記述은 아마 「서발턴은 말할 수 있는가?」의 범위와 야심을 더 잘 보여주는 색인을 제공해 주었겠지만, 그럼에도 그 부제는 스피박의 에세이에 의해 개진된 많은 어려운 질문을 그저 보유하는 장소에 불과한 것이 되었을 것이다.

2002년의 학술 대회는 퇴직을 기념하기 위한 것이 아니었으며, 스피박의 지속적인 글쓰기의 속도나 결과물의 (예상된) 감퇴를 표시하지도 않았다. 학술 대회를 조직하는 동안, 그런 가능성은 내 안중에 없었다. 오히려 여학생들이 컬럼비아 대학의 입학 허가를 받기 시작한 20년의 세월과 컬럼비아 대학이 설립된 250년의 세월을 동시에 가리키는 한 연구소의 기념일에 대한 좀더 모호한 지적 요청에 응답하겠다는 욕구가 학술 대회를 촉발했다. 서구 학계의 페미니스트들이 범하기 쉬운 제3세계 여성에 관한 잘못된 과잉 동일시에서 시작한다는 맥락에서가 아니라, 서구 대학과 인도 및 남아시아 서발턴 연구에서 진행된 급진 담론 비판 속에 젠더와 성차의 문제들을 타협하지 않고 집요하게 도입하는 스피박 작업의 충분한 의미를 다시 한번 파악하려 한다는 맥락에서라면, 스피박의 에세이로 돌아가는 것이 적절해 보인다.

내가 바라고 믿는바, 우리 기획은 향수와는 거리가 멀었다. 스피박의 에세이가 오늘날에도 계속 지니고 있는 급진성이나 적절성을 그렇게 집요하게 유지하는 개입들은 거의 없었다. 스피박의 에세이는 인용되어 왔고, 언급·모방·요약·분석·비판되어 왔다. 그 에세이는 원본 형태로나 축약 형태로나, 영어본으로나 번역본으로나 존경받아 왔고, 폄하·오독·남용되어 왔다. 그리고 물론 스피박 자신이 이 에세이를 다시 논의했고, 『포스트식민 이성 비판: 사라져 가는 현재의 역사를 위하여』의 「역사」 장에서 원래 에세이를 확장시켰다.

「서발턴은 말할 수 있는가?」에 담겨 있는 사유의 혁명성을 부주의하게 증언하는 글들을 종종 만나기도 한다. 때로 그러한 증언들은 거의 코믹한 수준에 이르고 있다. 단순히 어휘의 문제로 등장하는, 담론의 상호 번역 불가능성을 말하는 디페랑differend의 파토스가, 역사적 분석 안에 젠더를 써 넣고 읽는 일의 특수한 어려움과 관련된 어떤 것 또한 드러내고 있지만 말이다. 예컨대 (테러에 관해 좀더 최근에 나온 스피박의 에세이를 번역한 글에서) 이 에세이의 제목을 러시아어로 번역한 초고 대목을 살펴보면, 「하급 장교[1]는 말할 수 있는가?」로 되어 있다.[2] 그러니 스피박이 우리에게 말하고 있듯이, 거기에서 "여성"은 "이중으로 그림자 속에" 있을 수밖에 없다.

번역의 문제들은 「서발턴은 말할 수 있는가?」가 동시에 수행하고 주제화하고 이론화하는 읽기의 문제들을 위한, 유사체analogue라기보다 환유체metonym이다. 그러나 우리가 역사의 침묵 읽기에 관한 스피박의 저작을 읽는 행위 중에 우리의 지적 능력의 한계를 밀어붙여 본다면, 더 진척된 뭔가를 말할 수 있기 위해서는 먼저 신속히 처리할 필요가 있는, 결코 지지할 수 없는 몇몇 오독이 있음을 보게 된다. 네 종류의 오독이 있는데 첫째, 서발턴의 침묵을 단순한 기록상의 부재로 이해하여 정보 복원information retrieval 작업으로 그 부재를 보충하고 초월하면 된다고 보는 오독이 있다(스피박은 그러한 복원을 지지하지만, 들릴 수 있고 읽힐 수 있는 서술로서 서발턴 말하기의 불가능성을 이론화하는 문제와는 구별되는 것으로 이해한다). 둘째, 스피박 자신의 개입을 실천에 대한 옹호 혹은 이론에 대한 옹호로 다양하게 귀속시키는 가운데, 「서발턴은 말할 수 있는가?」에서 이론과 실천의 구성적 대립을 포착하는 읽기가 있다(스피박은 그러한 이분법을 단호히 거부한다). 셋째, 스피박이 인도 사례가 제3세계를 대표한다고 주장한다는 오독이 있다(스피박은 자신이 우연히 인도에서 태어났기 때문에, 하지만 그럼에도 인도가 지구적 과정들이 자체의 효과들을 발생시키는 것처럼 보

---

1) subaltern은 군대에서 하급 장교라는 뜻을 갖는다. —옮긴이
2) Serguei Oushakine, 개인 서신, 2006.

일 수 있게 하는 비전형적 사례이기 때문에, 인도를 선택했다고 주장한다). 넷째, 과부 화살火殺, immolation[3]의 진정한 제의적 지위에 근거해 그 화살을 토착주의적으로 변명하는 입장을 「서발턴은 말할 수 있는가?」에서 포착해 내는, 가장 터무니없는 오독이 있다(스피박 자신은 이 입장을 "상실된 기원을 향한 향수의 패러디"[4]라는 용어로 표현한다)!

아마 「서발턴은 말할 수 있는가?」에서 가장 많이 인용되면서 잘못 인용된 구절은, 문장 자체로, **하나의 문법 형태로** 이해된 "백인종 남성이 황인종 남성으로부터 황인종 여성을 구해 주고 있다"는 문장일 것이다. 이 문장은 프로이트의 "정신"에 따라, 하지만 의미심장하게도 두 가지 질문에 답하면서 등장한다. 질문의 이중성은 앞서 언급된 이중으로 그림자 속에 있는 여성의 지위에 수반되는 것이다. 스피박은 복수형을 쓰고, 우리는 그 복수형을 감지한다. "'서발턴은 말할 수 있는가'와 '(여성으로서) 서발턴은 말할 수 있는가'라는 질문들과 마주하며 서발턴에게 역사 속의 목소리를 주려는 우리의 노력은 프로이트 담론이 가동시킨 위험들에 이중으로 노출된다." 어떤 위험들이 있었을까? "히스테리에 걸린 사람에게 목소리를 주려는 시초의 욕망이자 지속적인 욕망에 대한 반동-형성reaction-formation"의 위험들이다.[5]

스피박에게 이와 똑같은 이데올로기적 형성은 히스테리에 걸린 사람에게 목소리를 주려는 욕망이 서발턴을 대변speak for하려는 욕망이라는 것

---

3) immolation을 『포스트식민 이성 비판』 번역에서는 '파괴희생'으로 옮겼는데, '자신을 불태워 죽임'의 의미를 살리기 위해 이 책에서는 어색하지만 '화살'이라는 표현으로 옮긴다. — 옮긴이
4) Gayatri Chakravorty Spivak, *A Critique of Postcolonial Reason: Toward a History of the Vanishing Present*, Cambridge: Harvard University Press, 1999, p. 297[『포스트식민 이성 비판: 사라져 가는 현재의 역사를 위하여』, 태혜숙·박미선 옮김, 갈무리, 2005; 본서 105쪽].
5) *Ibid.*, p. 296[본서 100쪽].

을 알려 준다. 히스테리 환자에 관한 이데올로기적 형성은, 병리적 여성의 특정한 침묵^{silence}이나 말 없음^{muteness}을 설명하기 위해 '딸의 유혹' 서사를 생산한다. 서발턴을 둘러싼 이데올로기적 형성은 대변될 필요가 있음의 동어반복적 이름인 "단일체적 '제3세계' 여성"을 제공한다. 두 경우 모두에서 "남성주의-제국주의적" 이데올로기가 남성주의-제국주의적 구원 사명의 필요를 생산한다고 할 수 있다. 이러한 회로망은 하나의 최종적 진실을 드러내는 것으로서가 아니라 서발턴 여성의 장소라는 다른 위치에서 등장했을 수도 있을 발언들과 해석들의 아상블라주로서 쓰였을 법한 대안적 역사들을 가로막는다. 스피박 자신이 지적하듯, 이러한 발언들은 이데올로기에서 벗어나지 못했을 것이며 발언을 했던 여성들의 진실이 아니었을 것이다. 그러나 그 발언들은 남성주의적 제국주의 이데올로기가 그것의 장소에서 제공했던 진실에 대한 불안정한 주장들을 가시화했을 것이다. 진술을 **그 자체로** 읽고 또 그 읽기 행위를 성찰하는 작업의 중요성은, 서발턴 여성이 정말로 말했던 것이나 말하고 싶었던 것(그래서 그녀를 대신해 말해질 수 있었던 것)이 무엇인가 하는 문제를 전위^{轉位}한다는 데, 그 결과 들릴 수 있음과 읽힐 수 있음의 문제를 강조한다는 데 있다. 그러한 작업은 서발턴 여성의 말하기를 침묵시키기 위해 끼어드는 조건들을, 가부장적 공모성(제국주의건 지구화건)에 의해 생산된 공간, 즉 국가를 점유하는 자들이 서발턴 여성의 말하기와 말하기 행위를 읽을 수 없게 하기 위해 끼어드는 조건들을 조사할 수 있게 한다.

    스피박이 이러한 이데올로기 문제를 더 이전의 맑스주의 견지에서 자본주의적 제국주의와 부르주아 민족주의 혹은 국제적 사회주의의 문제 정도로만 생각했다면, 그 문제는 이중성을 띠지 않았을 것이다. 여성, 더 구체적으로는 여성으로서 서발턴은 이데올로기 문제 ―― 욕망과 이해관계가 전적으로 대칭적이지도 않고 서로를 강화하지도 않는 주체의 생산——를 찢어 활짝 열어젖히는 하나의 형상이다. 그렇다면 이것은 두 불가능한 '자살들'에 대한 스피박의 폭발적인 역사적 발굴을 유도하는 것이기도 하다. 여기서 두 자살이란 인도의 과부 희생^{widow sacrifice}을 영국이 폐지하는 과정에서 훼손된, 사티^{sati}라고 불린 어떤 것에 관한 설명들 안에 거주하는 자살과, 자신이 약속했던 정치적 암살 임무를 실행하지 못한 것에 낙담했던지 1926년에 자살한 부바네스와리 바두리^{Bhubaneswari Bhaduri}라는 여성에 대한 거의 기억되지 못한 이야기에 어른거리는 자살을 가리킨다. '낙담했던지'라고 짐작하는 표현을 쓴 것은, 「서발턴은 말할 수 있는가?」의 첫 판본에서 스피박은 동기^{motivation} 문제를 최종적으로 결정짓지 않고 있기 때문이다. 스피박은 동기들을 읽어 내지만, 한 젊은 여성이 생리 기간 중에 자살한 바로 그날 일어났던 일의 텍스트는 독자에게 조금 불투명한 상태로 남아 있다. 이데올로기가 거의 모든 젊은 여성의 자살에 부가하는 의심을 배움을 위해 체계적으로 잊지^{systemically unlearn} 않은 독자에게 말이다. 아마 대부분의 독자들이 "다른 읽기들이 있을까?"라고 궁금해했을 것이다. 그러나 이 다루기 힘든 의심이 우리를 떠나가지 않고 배회한다면, 이는 적어도 부분적으로는 스피박의 텍스트가 우리에게 또 다른 읽기의 가능성을 힘차게 열어 주었기 때문일 것이다. 그리고 우리는 부바네스와리의 수수께끼에 여전히 사로잡혀 있다.

 이 맥락에서 보면 방화 은유를 사용한 것은 나쁜 취향일지도 모른다. 그럼에도 부바네스와리의 이야기는 「서발턴은 말할 수 있는가?」의 끝 부분에서 불타올라 앞서 논의된 모든 것을 거의 압도한다. 그 이야기는 모방되거나 거부될 하나의 사례가 아니다. 오히려 그 이야기는 자살 행위에서 발생했을 법한 것을 이해하는 일의 어려움을 우리가 대면하게 만든다. 그리하여 우리는 서양과 동양 모두에 얽혀 있는 이데올로기적 형성에서 제3세계 여성과 연루되어 왔던 경건함과 초과의 규범적 이상들을 스피박과 함께 '배움을 위해 잊는'unlearn 데로 돌아가게끔 강제된다.

이제 스피박의 읽기는 아주 익숙한 것이 되었다. 스피박이 처음으로 서발터니티에 관해 글을 쓸 당시, 질 들뢰즈와 미셸 푸코 같은 서구 작가들은 서구 주체/**주체**(라고 가정된 것)에 대한 급진적인 비판을 생산하고자 애쓰고 있었다. 스피박의 읽기는 이 작가들을 엄밀하게 심문하면서 시작된다. 그 지점에서 스피박은 이론(그리고 헤겔적 개념에서의 역사)의 주체를 탈중심화한 들뢰즈와 푸코의 명민한 주장에서 이론의 주체가 은밀히 재강화되는 것을 간파한다. 스피박에 따르면 이론의 주체의 그러한 재강화는 한편으로 서구 위치의 비보편성nonuniversality을, 다른 한편으로 언어의 주체 ─ 문법적인 의미에서뿐 아니라 권력에 접근할 수 있는 목소리를 갖는다는 의미에서도 ─ 로서의 주체 형성에서 젠더의 구성적 장소를 인식하지 못한 들뢰즈와 푸코의 이중적 무능력 때문이다. 여기서 서발터니티 논의가 시작된다. 스피박의 텍스트는 서구 이론에 관한 자신의 이전 담론(지배 텍스트의 짜임새를 파악하면서 읽는 가운데 내부로부터 비판을 수행하라는 해체주의 명령에 의해 형성되는 담론)과 결별한다. 그러한 결별은 먼저 역사 기록을 심문함으로써, 그다음으로 부바네스와리 바두리의 자살에 관한 단편적이며 추측에 기댄 설명을 삽입함으로써 진행된다. 스피박의 서발터니티 논의의 결론적인 움직임을 도식화하면 다음과 같을 것이다. 과부 희생을 문화적 실패의 기호로 만들었던 제국주의 전통이 과부 희생을 불법화했고, 그것을 (수티suttee라고 철자를 잘못 쓰면서) 사티로 오인했다. 이러한 제국주의 전통은 자체를 법의 지배로 정당화했고, 수행성을 띠는 강제적 담론인 하나의 제식을 범죄(단순한 미신 정도가 아니라)로

재의미화했다. 그러는 동안 제국주의 전통은 그 제식에서 퇴행적인 가부장제의 증거를 포착한 것이다. 하지만 당대의 논평자들도 사티의 만연은 역사적으로 최근의 일이었고 신학적으로도 불법이었다는 점을 인식하고 있었다.

스피박은 벵골에서의 사티(좋은 아내)와 과부 희생에 관한 경전 관련 논문들과 철학적 논평들을 시험적으로 발굴해 보았다. 그랬더니 실행된 과부 희생은 (남성 후손이 없을 때) 남편의 재산이 여성에게 상속될 수 있는 지역들에서 가장 만연하는 경향이 있었다고 한다. 따라서 식민 권력들에게 여성의 행위 능력agency을 절대적으로 부인하는 가장 명백한 증거였던 그 제의는 여성이 법에 의해 적어도 얼마간의 경제력을 가질 수도 있을 (그녀의 자산이 그녀를 위해 관리되기도 했겠지만) 하나의 장소에 거북하게 놓여 있는 셈이었다. 칼 맑스가 헨리 섬너 메인Henry Sumner Maine을 읽으며 그랬듯이, 과부 희생의 이데올로기적 정당화는 고인이 된 남편의 재산에 대한 과부의 경제적 권리를 질시하는 데에 놓여 있다고 결론 내리기 쉬울 것이다. 메인은 "과부의 재산 향유를 싫어하는 전적으로 직업적인 혐오"를 브라만 사제에 귀속시켰다.[6] 맑스는 이것이 용서할 수 없는 순진함이라며 메인을 질타했다. 메인은 황인종 남성에게서 황인종 여성을 구하는 백인종 남성이라는 **논리**(프로이트의 진술과 같은 모양새로 자신이 생산한 하나의 문장에 스피박이 써 넣은 논리)를 정확히 재생산하는 방식으로, 로마 제국의 멸망 후에 오직 교회만이 여성들을 악화되어 가는 지위로부터 구원했다고 논의하고자 했다. 맑스는 이러한 메인을 더욱 조롱하는 투로

---

6) Karl Marx, *The Ethnological Notebooks of Karl Marx(Studies of Morgan, Phear, Maine, Lubbock)*, trans. and ed. Lawrence Krader, Assen: Van Gorcum and Comp, 1972, p. 327.

대했다. 맑스는 이혼의 금지를 여성의 자유를 보호하는 것으로 구축하기란 거의 불가능하다고 지적했다. 그러나 『민족학 노트』를 가득 채운 도식적인 주석들에서 맑스는 "여성을 **평생 임차인으로 만들었던** 고대의……민법 규정은 **제거될** 수 없었지만, 그 규정은 끔찍한 죽음에 자신을 바치는 것을 여성의 의무로 만들었던 근대 제도들에 의해 격퇴되었다"는 메인의 결론을 대체로 수긍했다.[7]

많은 논평자들처럼, 스피박은 경제 분석을 승인한다. 그러나 그녀는 여성을 그저 허위의식의 희생자로 만들려고 하는 단순한 이데올로기적 읽기를 거부한다. 스피박의 『다르마사스트라』*Dharmaśāstra* 읽기는, 자기self를 아는 자기를 죽이는 것이라기보다 비정체성의 인식을 구현하는 것으로서 **자살**은 거의 인가되지 않으며 남성에게만 인가된다는 것을 그녀 자신과 우리에게 가르쳐 준다. 경전은 규범화를 위한, 특히 여성의 규범화를 위한 그 어떤 근거도 제공하지 않는다. 이 맥락에서 여성의 고유한 의무는 정체 상태에서 슬픈 마음으로 남편의 죽음을 기리는 것으로 간주된다. 그러므로 '과부 희생'은 초과의 표지라고 스피박은 주장한다. 게다가 이러한 초과는 여성의 행위 능력 같은 어떤 것이 자기를 부인하는 가능성으로 이해될 수 있게 하는 유일한 형태이다. 완전한 이데올로기적 형성은 여성이 정치적 주체로서 실제로 말할 수 있는 위치에 올라설 가능성을 폐제하게끔 고안된 것처럼 보인다.

우리는 사티 담론으로부터 초과의 이미지와 완전한 주체성의 불가능성 외에는 아무것도 복원할 수 없는 것처럼 보인다. 결혼 계약 바깥에는 여성을 위한 장소가 없으며, 초과가 아닌 행위 능력도 없다. 부바네스와리

---

[7] *Ibid.*, p. 327.

의 이야기는 **오독에 저항하는** 중에 구성되는 하나의 행위 능력을 그토록 놀랍게 표현하기(스피박의 용어로는 "특별히 강조하지 않으면서 특별하게") 때문에 가슴 벅차게 매혹적이다. 스피박의 설명에 따르면, 정치적 폭력 행위를 하지 않기로 결심한 그 젊은 여성은 자신의 집단을 보호하기 위해 자살한다. 당시 그녀가 인도 독립 투쟁에 무슨 자격으로 가담하고 있었는지는 알려져 있지 않았다. 부바네스와리는 아마 자기 동료들에 대한 유대감 때문에 이 자격을 누설하는 아무 짓도 하지 않았을 것이다. 하지만 그녀는 적어도 자신의 죽음이 혼외 임신으로 인한 수치심 때문에 저지른 행위라고 상상하려 했을 해석은 폐제했다. 생리가 그 증거였다. 그녀의 (젊은) 여성의 몸은 그녀가 가부장적 담론의 단순한 효과로 환원되는 데 저항할 수 있게 하는, 하지만 오직 그 동일한 체계 내부로부터 저항할 수 있게 하는 기호들을 제공했다. 스피박이 "흔적-구조"trace-structure의 견지에서 자살을 언급하는 것도 바로 이 때문이다. 스피박은 '흔적-구조'를 『포스트식민 이성 비판』에서 "드러냄 속의 지움"effacement in disclosure이라는 강력한 압축적 문구로 묘사한 바 있다.[8] 그 체계 내부에서 '자살'은 완전히 비가시적인 것은 아니지만 수수께끼로, 해독할 수 없는 것으로 남아 있다. 그래서 스피박은 부바네스와리의 죽음을 종속시켜 왔던 여러 해석들을 약간은 신랄하게 설명한다. 낭만적인 사랑의 위기를 가정하는 경향을 지닌 해석들, 가장 예리한 페미니스트 독자조차도 잠시이긴 하지만 수치심 속에서 생각해 보았을 게 틀림없는 해석들 말이다. 배움을 위해 이데올로기를 잊는 것은 결코 쉬운 과제가 아니다.

    우리는 스피박의 텍스트를 향해 품는 감탄하는 마음을 다른 데 양도

---

8) Spivak, *A Critique of Postcolonial Reason*, p. 310[본서 138쪽].

하지 않더라도, 부바네스와리 삶의 절대적 종결이 서로 번역할 수 없는 두 담론이 충돌하는 장소에서 발생하는 일반적인 말 없음의 문제들에 너무 문자 그대로의 형태를 제공하는 것은 아닌지 궁금해할 수도 있다. 부바네스와리의 이야기는 하나의 모델로, 심지어 하나의 사례로도 제시되지 않았다는 인식이 아마 중요할 것이다. 그 이야기는 읽혀야 할 하나의 텍스트, 매우 감동적인 텍스트로 제시되었다. 이 텍스트를 읽으면서 스피박은 제국주의 남성성 및 국가의 타자로서 다양한 위치에 있는 사람들의 말이 들릴 가능성의 지움(침묵과 관련되지만 동일하지는 않은 어떤 것)에 역사적 상황들과 이데올로기적 구조들이 공모하는 경위와 범위를 보여 준다. 또한 스피박은 정치적 독립을 추구하는 중간 계급 여성은 도시 빈민가의 비고용 하부프롤레타리아트, 초과 착취 공장 노동자, 고갈된 환경과 줄어드는 농산물 보상 때문에 성노동에 강제 동원된 어린 창녀와 똑같은 위치에 있지 않다는 점을 인정해 왔고 당연히 그래야만 한다. 그러나 이러한 정황은 진정한 서발터니티가 그림자 속에 남아 있다는 점을 입증할 수 있을 따름이다.

지금 이 문제가 왜 중요한가? 「서발턴은 말할 수 있는가?」의 최초 정식화 이후 많은 것이 변했다. 우리 모두 내내 종속되어 온 시대 변화 중 가장 분명한 것들만을 말해 보면 다음과 같다. 소련 국가 사회주의의 종언, 자본의 지구화, 유럽 자본의 (실현되지 않았기 때문에) 잘못된 세속성에서 해방되고자 하는 욕망의 반동 형성인 남성주의적 종교 이데올로기들의 부흥,[9] 지구적 남반구의 농촌 주변부들에서 가장 강렬하게 느껴지는 지구

---

9) 여기서 나는 세속성을 서구의 계몽주의 이후 철학과 정치적 삶 내부에서 미완성된 기획으로, 그리하여 아마도 잠재적으로 완성 가능할 기획으로 재현하는 것은 현재의 많은 경건함들을

적 생태 위기의 강화 등. 이 책의 기반이 된 학술 대회 기획과 책의 발간 사이의 어느 때에, 미국은 학술 대회가 열린 뉴욕을 공격한 9·11의 범죄자들을 쫓는다는 명목으로 아프가니스탄 전쟁과 이라크 전쟁을 개시했다. 테러와의 전쟁에서 가장 강력한 이데올로기적 무기 중 하나는, 미국에 대립하는 이데올로기의 중심이자 테러 양산의 배양지라 여겨진 근본주의 이슬람이 상대적으로 여성 억압적이라는 주장이었다. 또다시 여성 해방

거스른다는 점을 의식하고 있다. 이 경건함들은 세속성을 그리스도론 혹은 더 구체적으로는 신교 담론 내부에 있는 단순한 자기-폐쇄 제스처로 읽는데, 나는 그러한 감성을 공유하지 않는다. 오히려 나는 세속성이 어떤 규범성 안에 있는 조직화된 자기-중지(자기-부인 없는) 구조라고, 즉 비추라는 요구 혹은 자기 자신의 규범성에 굴복하거나 임하는 수행을 하라는 요구를 하지 않고 타자들을 환대하는 관계를 가능하게 하는 구조라고 본다. 이 잠재성의 문제는 데리다를 인용하자면 메시아주의 없는 메시아성의 형태를, 즉 무한히 지연되지만 그럼에도 긴급한 '장차 도래할' 것의 정치학을 취하는데, 거기에는 일정한 정도(degree)가 있다(데리다의 『맑스의 유령들』Specters of Marx 참조). 또한 나는 그러한 제스처들이 일반적으로 삽입 어구의 형태 속에서, 조금 달리 표현하자면 관용의 양식 속에서 근사치에 이를 뿐이라는 점을 인정한다. 그럼에도 나는 완전히 현실화된 적이라곤 결코 없었던 절대적인 환대라는 것의 이러한 근사치는 유용한 도구로 쓰일 수 있다고 생각하며, 훌륭하지만 실패한 사례들로서 다음을 들고자 한다. 아소카왕 치하에서 불교가 하나의 제국적 '종교'로 변형되기 이전의 남아시아의 반카스트적이며 혼종적인 불교의 초창기, 알-안달루스(Al-Andalus)와 지중해 항구 도시들의 팽창적이며 상인-친화적이었던 이슬람, 티토 대통령 시절 유고슬라비아의 국가가 후원한 다원주의 등. 우리는 이러한 세속성들이 이방인들 사이에서 일어난 자발적인 선의의 함수도, 정통성과 규범성 편에 있는 특권의 절대적인 철회도 아니었다는 점을 또한 인식하는 가운데, **훌륭하지만** 실패한 사례들에 대한 감각을 강조해야만 한다. 이 사례들은 세속성의 이상에 근사(近似)하게 다가간 것이며 때로는 그 이상을 폭력적으로 강화하는 실용적 환대의 형성들이다. 관용의 정치에 대해서는 Wendy Brown, *Regulating Aversion: Tolerance in the Age of Identity and Empire*, Princeton: Princeton University Press, 1991[『관용: 다문화제국의 새로운 통치 전략』, 이승철 옮김, 갈무리, 2010] 참조. 초기 불교에 관해서 나는 로밀라 타파르의 연구에 빚지고 있다. Romila Thapar, *From Lineage to State: Social Formations of the Mid-First Millenium BC in the Ganga Valley*, Oxford: Oxford University Press, 1991; *Asoka and the Decline of the Mauryas*, Oxford: Oxford University Press, 1973 참조. 알-안달루스에 관해서 나는 동료인 Gil Anidjar, *"Our Place in Al-Andalus": Kabbalah, Philosophy, Literature in Arab Jewish Letters*, Stanford: Stanford University Press, 2002에 의존하고 있다. 유고슬라비아의 불안정한 세속성에 대한 통찰을 제공해 준 아밀라 부투로비치(Amila Buturovic)에게 감사드린다.

이 제국주의 의제를 정당화하는 담론이 되고 있다. 그리고 스피박의 문장은 하나의 이데올로기를 작동시키는 많은 행위들과 진술들을 다시 압축하고 폭로한다. 부시 행정부가 권좌에서 치욕스럽게 물러난 여파 속에서도, 2009년 오바마 대통령이 통치하는 미국에서 새로운 자유주의 의제가 부상한 와중에도, 아프가니스탄에 맞서 아프가니스탄에서 벌어진 전쟁은 도덕적으로 필요한 전쟁으로 이해되어 왔다. 그 전쟁의 핵심 동기들 중 하나가 바로 지역 가부장제에 맞서 아프간 여성을 보호한다는 것이었다.

국제 노동 분업이 도시와 농촌 주변부들(초과 착취 작업장, 공장, 사창가)에서 여성과 여아에 대한 효과적인 착취를 허용하기 위해 가장 많이 조직되는 세상에서 제국주의 기획은 주로 노동 때문에, 말하자면 잉여가치 추출 때문에 여성 해방에 관심을 갖는다. 우리는 이 점을 인정해야만 한다. 인권은 종종 그러한 과정을 위한 알리바이를 제공해 왔다. 그래서 우리는, 영국이 수티['사티'의 영국식 오기]의 폐지를 자체의 제국주의를 가리는 가면이자 제국주의의 수단으로 만들었을 때처럼, 지금은 전쟁과 제국주의 지배를 통해 여성을 구원하겠다는 약속을 경계할 수 있을 것이다. 그렇다고 해서 우리가 모든 곳의 여성들과 타자들이 주체성, 재현, 경제적 자유, 정치적 행위 능력의 위치에서 말하기에 접근하고 말할 역량을 갖는 것을 금지하는 제약들로부터 자유롭기를 원할 수 없다는 뜻은 아니다. 이는 '문화'의 위장하에 모든 곳에서 작동하는 남성주의 이데올로기들의 상대주의적 변호를 함축하는 것도 아니다. 그리고 이는 결코 진보 정치의 과제가 서발턴들에게 '목소리를 주는 것'으로 상상될 수 있다는 것을 뜻하지 않는다.

서발터니티가 복화술사를 제공받는다고 해서 그 억압의 진실을 말할 수 있거나 그 존재의 충만함을 드러낼 수 있는 것은 아니다. 서발턴을 대변한다거나 서발턴에게 목소리를 준다고 주장하는 좋은 의도를 지닌 서가의 수많은 책들은 충분한 의미에서의 번역 문제를 궁극적으로 피할 수 없다. 서발터니티는 하나의 정체성이라기보다 우리가 하나의 곤경이라고 부름직한 것이지만, 이는 가장 기이한 의미에서 진실이다. 왜냐하면 스피박의 정의상 서발터니티는 권력에 접근하는 능력을 근본적으로 가로막는 구조화된 장소이기 때문이다. 누군가가 서발터니티의 말 없음을 모면하는 정도에 따라 그녀는 서발턴 되기를 그만둔다. 스피박은 이것이 바람직하다고 말한다. 또 누가 여기에 동의하지 않겠는가? 피억압자의 위치에는 진정성도 미덕도 없다. 거기에는 단순히(혹은 그리 단순하지 않게) 억압이 있다. 그렇더라도 우리는 바로 이러한 맥락에서 교육의 여파 속에서 억압이 기억 작업$^{memory\ work}$에 어떤 짐을 지우는지 궁금해하는 쪽으로 움직여 나간다. 서발터니티의 침묵에서 부분적으로 벗어났지만 그럼에도 그녀 삶의 그토록 많은 부분이 오랫동안 가로막히고 봉쇄되었다. 그저 오독되어 왔던 의식에 사로잡혀 있는 그녀는 앞으로 어떤 종류의 재현을 이용할 수 있게 될 것인가? 그녀 과거의 진실을 복원했다고 주장하는 실증주의적 행복감에 어떤 대안이 있을 것이며, 이데올로기가 결국 서발터니티의 침묵을 정상적인 것처럼 만들게 하는 치료적인 적응을 역사 기술^{historiography}과 혼동하는 태도에 어떤 대안이 있을 것인가?

오늘날 학계의 홀에서 문화적 기억 분석이 권력, 계급, 따라서 역사에 대한 비판을 전위하는 경향이 있는 것을 포착할 수 있다. 문화적 기억 분석이 자체를 경험주의적 역사 기술의 실증주의에 대한 한 가지 대안으로, 또 아주 많은 맑스주의 이론에 함축된 목적론들에 대한 비판으로 제시해 봤자, 그것은 오직 향수를 부둥켜안을 양으로 유토피아주의에 굴복하는 경향을 띤다. 이러한 의미에서 향수는 뒤집힌 유토피아주의일 뿐이며 미래성futurity 없는 유토피아주의일 따름이다. 아이러니하게도 이런 향수는, 다시 불려나오고 다시 이야기되며 다시 주장되고 다시 정당화되어야 하는 정체성으로서의 서발터니티를 비밀스럽게 가치화하고 실체화하는 과정을 종종 담아낸다. 우리는 우리 자신의 거울로서의 하나의 전체 이미지 ——단순히 오인(그리하여 우리 자신의 주체 형성)의 근거일 뿐 아니라 해방의 기획이 끝났다고 상상하는 정치를 위한 알리바이이기도 한—— 를 궁극적으로 요구하는 이러한 제스처 속에 함축되어 있는 나르시시즘에 저항할 필요가 있다. 오늘날 사회 풍경에 대한 간략한 검토는 해방의 기획이 끝나지 않은 것이라는 인식을 요구하고 있다.

이 책은 「서발턴은 말할 수 있는가?」에 의해 가능해진 사회-이론적 여정들도, 이 에세이의 도발에 반대하는 제도권 지식들을 변호하고자 한 사회-이론적 여정들도 모두 설명하는 척하지 않는다. 그러나 아주 도식적인 방식으로나마 이 에세이의 미래사의 윤곽을 훑어보는 것은 우리한테 도움이 될 것이다. 지금까지 스피박의 작업과 사유를 다루는 책이 몇 권 출간되었다. 이에 덧붙여 젠더화된 말 없음으로서의 서발터니티에 관한 스피박의 이론화, 타자와의 마주침에서 생겨나는 '앎'의 아포리아 구조를 면밀하게 읽는 윤리적인 독법에 대한 스피박의 논의를 개개 장에서 주의 깊게 다루고 있는 책들은 상당히 많다.[10]

---

10) 스피박에게 공감을 갖고 책 분량의 길이로 그녀 이론을 설명하는 책으로는 Stephen Morton, *Gayatri Chakravorty Spivak*, New York: Routledge, 2003[『스피박 넘기』, 이운경 옮김, 앨피, 2005]; Morton, *Gyatatri Spivak: Ethics, Subalternity, and the Critique of Postcolonial Reason*, London: Polity, 2007; Mark Sanders, *Gayatri Chakravorty Spivak: Live Theory*, New York: Continuum, 2006; Sangeeta Ray, *Gayatri Chakravorty Spivak: In Other Words*, London: Wiley-Blackwell, 2009. 로버트 J. C. 영은 스피박을 칭

일반적으로 스피박의 작업을 가장 잘 받아들인 두 영역은 남아시아 역사와 페미니즘 연구였다. 우리는 미래사의 계보를 그리려는 노력을 전사前史와 더불어 시작할 수 있겠다. 1986년 데이비드 하디먼은 『경제·정치주간지』에 캘커타에서 열린 제2차 서발턴 연구 학술 대회에 관한 기사를 기고했다. 그 기사에서 그는 "식민 국가는 인도 인민을 종종 분화되지 않은 토착 '타자'로 간주했는데 [스피박의—모리스] 발표문은 몸이 정치의 공간이 되는 경위를 드러내면서 이 점을 잘 보여 주었다"며 스피박의 논의에 찬성하는 논평을 했다.[11] 1986년 당시 「서발턴은 말할 수 있는가?」는 이미 강연으로 발표되었지만 아직 캐리 넬슨Cary Nelson과 로런스 그로스버그Lawrence Grossberg가 편집한 책에 수록·출간되지는 않은 상태였다. 우리는 하디먼의 설명에서 「서발턴은 말할 수 있는가?」의 반향을 들을 수 있다. 계속해서 하디먼은 아직 실현되지 못한 규범의 힘을 지닌 정의定義의 형태로 있다고 서발턴 연구를 질책하는 목소리를 스피박에게 귀속시켰다. "[스피박이 주장하기를—모리스] '서발턴 연구'는 서발턴 의식과 행동만을 다루는 것이 아니다. 서발턴들이 엘리트들에 의해 서발터니티 안에 고착되는 경위를 보는 것 또한 중요하다."[12] 또 하디먼은 이렇게 좀더 성찰적인 기획을 돕는 해체주의 읽기 실천들을 펼치자는 스피박의 요청을 언급했다. 「서발턴은 말할 수 있는가?」의 출간에 뒤이어 서발턴 연구회Subaltern

---

송하는 한 장을 처음으로 바친 사람 중 한 명이다. Robert J. C. Young, *White Mythologies: Writing History and the West*, New York: Routledge, 1990[『백색 신화: 서양 이론과 유럽 중심주의 비판』, 김용규 옮김, 경성대학교출판부, 2008] 참조.

11) David Hardiman, "'Subaltern Studies' at Crossroads", *Economic and Political Weekly*, Vol. 21, No. 7, February 15, 1986, p. 288.
12) *Ibid.*, p. 289. 하디먼은 스피박의 모든 개입을, 특히 인도의 문학 텍스트를 읽는 방법에 관한 개입을 인정했던 것은 아니다. 우리는 그 점을 인식해야 한다.

Studies Group와 그 연구회의 이론에 일어난 변화들을, 서발턴 이론에 인접한 분과학문들에 일어난 변화들을 회고하고 평가해 봄으로써, 이제 우리는 하디먼의 이런 관찰이 지닌 날카로움을 간파할 수 있다.

릴라 간디는 「서발턴은 말할 수 있는가?」의 출간보다 강연 시점(1985년)을 환기하면서 스피박과 더불어 포스트식민 이론의 풍부한 요약을 시작한다. 이러한 맥락에서 간디는 「서발턴은 말할 수 있는가?」에서 제기된 질문들이 광범위하고 심오하지만, 이 에세이와 그것의 도발들은 다른 어느 영역보다 포스트식민 연구에 더 많은 응답을 요청했다고 지적한다. 간디의 책 나머지 부분은 대체로 그 응답을 전개하는 데 할애된다. 간디는 그렇게 함으로써 에드워드 W. 사이드와 호미 K. 바바에서 파르타 차테르지와 디페시 차크라바르티에 이르는 다른 포스트식민 이론가들의 지배 영역을 섭렵해 나간다.[13] 간디의 책은 남아시아 역사 기술이라는 영역에 서발턴 연구가 도달한 과정을 추적한 기안 프라카시의 1994년 작업이 적어도 미국에서는 포스트식민 비평을 위한 일종의 모델임을 확증시켜 준

---

13) Leela Gandhi, *Postcolonial Theory: A Critical Introduction*, New York: Columbia University Press, 1998, pp. 1~2[『포스트식민주의란 무엇인가』, 이영욱 옮김, 현실문화연구, 2000, 13~14쪽]. 포스트식민 연구로서 스피박의 작업은 사이드와 바바와 함께 종종 나타난다. 그래서 예컨대 Raman Selden, *A Reader's Guide to Contemporary Literary Theory*, New York: Prentice-Hall, 1997은 「포스트식민 이론들: 에드워드 W. 사이드, 가야트리 차크라보르티 스피박, 호미 K. 바바, 인종과 에스니시티」(Postcolonial Theories: Edward W. Said, Gayatri Chakravorty Spivak, Homi K. Bhabha, Race and Ethnicity)에 한 장을 바치고 있다. 이 세 사람을 함께 배치하는 셀던의 입장이 적어도 주제라는 측면에서는 스피박의 연구를 페미니즘 이론과 포스트구조주의 이론에서 분리할 것을 요구한다는 점을 감안하면 조금 거북하다. 바로 이런 맥락에서 다음 사실이 주목되어야 한다. 즉 그저 사회적 차이의 추가적인 한 차원이 아니라 사회적 차이를 구성하는 것으로서의 젠더에 대한 일관된 주장이야말로 스피박의 연구를 바바나 사이드의 연구와 근본적으로 구별해 준다는 사실이 말이다. 바바나 사이드에게 젠더의 문제는 정말로 그 자체로서는 생겨나지 않는다.

다(비록 프라카시가 포스트식민 비평을 "지배 담론의 겹들 내부에서 지배 담론의 의미심장한 침묵을 분명하게 말하고자 하면서 전통적 역사 기술과 그 실패들 사이에 자리 잡은 애매한 실천"으로 놓기는 하지만 말이다). 그에 따르면 대상이 결정된 서발턴 연구 영역을 넘어서는 이러한 운동은 대체로 스피박의 영향하에 서발턴 연구가 수행했던, 맑스주의와 포스트구조주의의 화해에 부분적으로 힘입어 가능해진 것이다.[14]

적절한 사례는 디페시 차크라바르티의 작업일 것이다. 그의 책 『유럽을 지방화하기』는 그러한 침투 메커니즘에, 서발턴 연구 영역을 넘어서는 서발터니티 분석의 일반화 메커니즘에 유용한 조리개를 제공해 준다. 실로 『유럽을 지방화하기』는 「서발턴은 말할 수 있는가?」를 그리 많이 인용하거나 의존하지 않지만 서발턴에 관한 스피박의 규정에 크게 빚지고 있다. 차크라바르티가 서발턴 연구회의 다른 사람들이나 해체주의의 철학적 구축자인 자크 데리다에게 진 빚과는 다른 종류의 이 빚은, 『유럽을 지방화하기』의 방법론 수준에 스며들어 있다. 말하자면 이들의 연구 대상들이 우연히 겹친 것이라고 해도, 차크라바르티의 저작에는 「서발턴은 말할 수 있는가?」의 인식론적이고 역사 기술적인 함의들이 영향을 미치고 있다. 예컨대 대학에서 제도화된 지식 생산 형태들은 목적론적으로 불가피

---

14) Gyan Prakash, "Subaltern Studies as Postcolonial Criticism", *American Historical Review*, Vol. 99, No. 5, 1994, p. 1488. 그럼에도 모든 사람이 바로 이렇게 가시적으로 꿰매어진 관계에 설득당한 것은 아니었다. 해체와 맑스주의 사이에서 생겨날 수 있는 긴장, 예컨대 스피박과 프라카시가 지우지 않고 분석적으로 아주 유용하게 동원하는 긴장을 드러내는 논쟁을 보려면 Rosalind O'Hanlon and D. A. Washbrook, "After Orientalism: Culture, Criticism, and Politics in the Third World", *Comparative Studies in Society and History*, Vol. 34, No. 1, January 1992 참조. 또한 "'서발턴'은 탈 수 있는가?"라며 재치 있게 답변하는 Prakash, "Can the 'Subaltern' Ride?: A Reply to O'Hanlon and Washbrook", *Ibid.* 참조.

한 근대성의 선례로서가 아니면 반근대를 기록^{register}하는 데 구성적으로 무능했다는 그의 논의를 고찰해 보자. "그러므로 반역사적·반근대적 주체는 대학의 지식 절차들 내부에 있는 '이론'으로서 말할 수 없다. 이 지식 절차들이 그 주체의 실존을 인정하고 '문서화한다'고 해도 그렇다." 계속해서 차크라바르티는 "스피박의 서발턴과 아주 비슷하게……그런 주체는 이행 서사 속에서 대변될 수 있거나 말해질 수 있을 뿐이며, 이행 서사가 근대적인 것(즉 '유럽')을 항상 궁극적으로 특권화할 것"이라고 말한다.[15]

서발턴 연구회의 다른 선각자들, 특히 라나지트 구하와 파르타 차테르지의 영향과 연결시켜 차크라바르티를 읽노라면 스피박의 개입들이 지니는 상대적인 힘을 때로 간과하기가 어려워진다. 차크라바르티가 진 빚의 비배타성은 바로 이 사실과 관련되어 있다. 서발턴 연구회의 글들과 안토니오 그람시 사유의 세밀한 복원이 낳은 효과들 중 하나는, 남아시아 외부의 서발터니티에 대한 감식과 분석이었다. 서발턴 연구가 라틴아메리카 연구에 미친 영향에 대한 플로렌스 E. 맬런의 설명은 이러한 영향의 역사를 조명해 준다. 그 역사는 일레아나 르드리게스가 편집한 방대한 논문 모음집 『라틴아메리카 서발턴 연구 독본』의 발간에서 가장 가시적으로 기록될 것이다.[16] 그러나 우리는 그 영향의 역사를 다른 곳에서도 본다. 알제리와 아프가니스탄, 우즈베키스탄과 우루과이, 터키와 타이, 멕시코와 모

---

15) Dipesh Chakrabarty, *Provincializing Europe*, Princeton: Princeton University Press, 2000, p. 14. 또한 Chakrabarty, *Habitations of Modernity: Essays in the Wake of Subaltern Studies*, Chicago: University of Chicago Press, 2002 참조.
16) Florence E. Mallon, "The Promise and Dilemma of Subaltern Studies: Perspectives from Latin American History", *American Historical Review*, Vol. 99, No. 5, December 1994; Ileana Rodríguez ed., *The Latin American Subaltern Studies Reader*, Durham: Duke University Press, 2001 참조.

로코, 짐바브웨와 잔지바르와 같이 서로 멀리 떨어져 있는(또 인도의 영국 제국주의 경험과도 멀리 떨어져 있는) 장소들에 있는 피억압 공동체들에 관한 설명들을 보면 그렇다.

물론 서발터니티의 이론화 내부에서 스피박이 특별히 수행하는 개입의 중요한 표식이나 방향에 관한 질문은 젠더 문제를 중심으로 제기된다. 앞서 말했듯이, 바로 이것이 남아시아 역사 외에「서발턴은 말할 수 있는가?」를 가장 잘 받아들인 분과학문들 중 하나가 젠더 연구였던 이유이기도 하다. 남아시아 역사 외부에서 이 에세이가 역사 속에서 활용된 것을 보건대, 애초의 충동은 방법론적이고 철학적인 것이었다. 한 가지 예만 들자면, 주디스 버틀러는 자신의 이정표격인 텍스트 『물질인 몸들』을 엘런 루니Ellen Rooney와 스피박의 인터뷰에 나오는 제사題辭로 시작한다. 그리고 버틀러는 성차 개념을 근본적으로 재사유하려는 자기 노력의 근거로서 스피박의 읽기 프로그램(자신이 해체하는 것의 유용성을 부인하지 않는 해체주의)을 계속해서 환기한다.[17] 버틀러의 엄청나게 영향력 있는 글들은 처음에는 (페미니즘 내부에서 본) 퀴어 문제를 다루다가, 점차 일반적인 정치의 주체를 포괄하는 데로 확장되며, 마지막으로 윤리에 의한 정치의 대리보충을 꾀한다. 그리하여 그녀의 글들은 스피박에게 좀더 신랄한 유럽 중심적 비평가들이 스피박의 글들을 가두고 싶어 했던 남아시아라는 권역에 국한된 용기容器에서 스피박의 글쓰기 운동이 벗어나게 하는 중요한 경로를 구성한다.[18] 그런 비평가들 외에 많은 다른 비평가들도 있어 왔다. 실로, 「서발턴은 말할 수 있는가?」를 에피스테메를 바꾸는 하나의 텍

---

17) Judith Butler, *Bodies That Matter: On the Discursive Limits of "Sex"*, New York: Routledge, 1993[『의미를 체현하는 육체』, 김윤상 옮김, 동문선, 2003].

스트로, 2세대 페미니즘에 필요한 전위의 이정표로, 분과학문적인 페미니즘의 변혁을 위해 여전히 현실화되어야 할 요청으로 인지하지 않는 페미니즘 연구 분야의 독자들은 거의 없다.

그럼에도 버틀러가 추구한 방향은 수정주의적 역사 기술과 여성 경험 복원의 욕망에서 영향받은 다른 많은 페미니스트 학자들의 여정과 상당히 다른 길을 따른다. 우리는 「서발턴은 말할 수 있는가?」를 역사 기술의 방법뿐만 아니라 아카이브 자체를 재사유하라는 도발로 받아들이는 산디아 셰티와 엘리자베스 제인 벨러미의 응답에서 그 다른 방향에 대한 감각을 얻는다. 그들은 『다이어크리틱스』에 기고한 글에서 자신들의 목적을 "'아카이브'라는 개념이, 그리고 아마 '포스트식민 아카이브'라는 개념도, 서발턴 여성을 '침묵시키기'라는 현재 악명 높은 스피박의 규정에 대해 좀더 공감을 갖고 이해하게 하는 데서 얼마나 중요한지를 드러내는 것"이라고 기술하고 있다. 그런 다음, 그들은 스피박의 에세이 읽기에서 파생된 다음 질문을 계속해서 던진다. "우리의 기획이 '상실된 목소리들'이 아니라 상실된 텍스트들을 복원하는 것이라면 젠더화된 서발턴에게 좀더 생산적으로 접근할 수 있을 것인가?"[19)] 이렇게 아주 중요한 질문은 독자들이 '상실된 텍스트'가 만족스러운 대체물이라는 환상을, 그것의 뒤에서 말하는 주체의 사라짐이 문제로서의 자신의 지위를 상실하는 하나

---

18) 스피박은 버틀러의 저작에 중요한 영향을 미친다. 그럼에도 두 사람 사이의 최근 대화를 읽어 보면 특히 한나 아렌트의 정치철학에 대한 두 사람의 읽기를 둘러싸고 정치적 수렴과 불일치가 동시에 드러난다. Butler and Spivak, *Who Sings the Nation-State?: Language, Politics, Belonging*, New York: Seagull, 2007[『누가 민족 국가를 노래하는가?』, 주해연 옮김, 산책자, 2008].

19) Sandhya Shetty and Elizabeth Jane Bellamy, "Postcolonialism's Archive Fever", *Diacritics*, Vol. 30, No. 1, Spring 2000, p. 25.

의 접근 가능하고 구속된 대상이라는 환상을 갖도록 독자들을 초대하는 경향을 지니기는 한다. 그렇더라도 이는 해석적 사회과학이 스피박의 에세이에서 종종 찾고자 하는 진정성을 향한 일종의 갈망에 대한 대안을 제공한다고 하겠다.

바로 이러한 맥락에서 다음을 상기하는 것이 좋겠다. 즉 **저항, 무의식적 저항**, 때로는 **피억압자의 행위 능력**이라고 다양하게 이름 붙여지는 어떤 것을 포착하고 명료하게 하려는 새롭고 강력한 충동이 해석적 사회과학들에서 생겨났던 것과 거의 동시에, 스피박의 에세이가 미국 학계에 진입했다는 점 말이다.[20] 이러한 충동은 한편으로 소비에트 사회주의의 붕괴에 관한 직관을 표현했다(소비에트 사회주의가 붕괴했을 때, 좌파 지식인들은 그것을 위험으로 경험하기는 했다). 하지만 더 일반적으로 그 충동은 좀

---

20) 이렇게 부상한 열망을 잘 요약한 내용은 O'Hanlon, "Recovering the Subject: Subaltern Studies and Histories of Resistance in Colonial South Asia", *Modern Asian Studies*, Vol. 22, No. 1, 1988에서 찾아볼 수 있다. 그러나 로절린드는 나중에 맑스주의와 포스트구조주의 분석의 가능한 결합에 의심을 표명한다(주 14 참조). 그럼에도 이러한 종류의 학문 연구의 표준 텍스트이자, 일정 정도는 출범 텍스트는 바로 James C. Scott, *Weapons of the Weak: Everyday forms of Peasant Resistance*, New Haven: Yale University Press, 1985; Scott, *Domination and the Arts of Resistance: Hidden Transcripts*, New Haven: Yale University Press, 1990이다. 스코트와 좀 다르기는 하지만 이 분야의 다른 중요한 연구들은 Jean Comaroff, *Body of Power, Spirit of Resistance: The Culture and History of a South African People*, Chicago: University of Chicago Press, 1985; Janice Boddy, *Wombs and Alien Spirits: Women, Men, and the Zār Cult in Northern Sudan*, Madison: University of Wisconsin Press, 1989; Lila Abu-Lughod, "The Romance of Resistance: Tracing Transformations of Power through Bedouin Women", *American Ethnologist*, Vol. 17, No. 1, 1990을 포함한다. 어떤 중요한 의미에서 이 책들 모두는, 유럽의 팽창 자체가 그 팽창에 의해 변형된 자들의 생활-세계에 접근할 가능성을 막아 왔고, 그러한 차단이 이중적 지움의 기원이었으며, 따라서 유럽 역사와 유럽 역사의 폭력에 대한 응답은 자체를 유럽 권력의 단순한 이면이나 유럽 권력을 되비추는 거울로 드러내지 않을 것이라는 에릭 울프의 인식에 의존했다. Eric Wolf, *Europe and the People without History*, Berkeley: University of California Press, 1982는 분수령격인 텍스트로 남아 있다.

더 공공연하게 조직화된 대항 정치와 1970~1980년대 급진 담론을 지배했던 계급 의식 혹은 계급 형성의 문제들에 대한 피로감이나 외면을 표현했다. 물론 당시는 로널드 레이건과 마거릿 대처의 시대였고 미국과 영국 내부의 조직화된 노동이 거의 패배한 시점이었다. 국가가 자본 편에 서서 조직화된 노동을 공격할 근거를 제공했던, 미국 항공 관제사들 및 영국 탄광 노동자들과 있었던 분쟁에서 보듯 말이다. 이러한 분위기 속에서 그람시 부흥의 영향력 확대 및 많은 이들에게 그람시와 푸코 사유의 합류로 보였던 것 덕분에 정치적 가능성의 대안적 형태들과 그 가능성에 대한 지식인들의 참여가 탐색되고 있었다. 그때 해석적 사회과학자들은 실천의 형태들, 존재의 습관들, 윤리적 성향들, 노동의 시간성들 등의 형태를 확인했다. 스피박은 그 형태들이 "자본주의에 결함이 된다"고 말하면서도 종종 어떤 행위 능력의 흔적들로 읽곤 한다. (경제 조직의 모순들 속에서 그 행위 능력의 이해관계들이나 근거들에) 무의식적이지만 비순응주의 비슷한 어떤 것의 증거로 읽힐 수 있는 행위 능력의 흔적들 말이다. 여기서 무의식으로서의 행위 능력에 관한 이론의 복잡성과 모순을 검토할 여유는 없다. 여기서는 그러한 분석은 다음 두 가지를 구별할 수 없는 무능력에 때로 봉착한다는 점을 지적하면 충분할 것이다. 하나는 실질적^{ontic} 영역을 자기 내부에서 재현하는 개념성과 실질적 영역의 통약 불가능성,[21] 즉 합리주의의 야망들에 간섭하거나 끼어드는 그 거칠지만 사회적으로 매개된 현존[22]이다. 다른 하나는, 대립적인 것보다 봉기적인 것에 가깝지만 비판적 정치를 위한 직관을 구성한다고 간주될 수 있는, 지배 구조들 그리고/혹은 규범적 구조들에 대한 의도적인 비순응성이다. 이 직관은 훌륭한 의도

---

[21] 여기서 나는 테오도르 W. 아도르노가 『부정 변증법』에서 행한 구분을 염두에 두고 있다.

를 지닌 진술들과, 동일시 감성은 아니지만 공감적인 감성과, 또 에릭 울프가 이름 붙인바 이전에 침묵당한 '역사 없는 사람들'에게 '목소리를 준다'는 공언된 목적과 종종 결합되었다. 그럼에도 스피박의 에세이는 침묵당한 사람들에게 목소리를 준다는 야망과 어쨌건 양립하지 않는다. 도널드 S. 무어는 "의미심장하게도, 스코트, 구하, 스피박은 기원의 자율성을 서발턴 문화 생산 영역에 반입하는 텍스트적 은유 속에 문화를 위치시키는 경향을 공유"하거나, 세 사람 모두 "진정한 봉기와 봉기를 일으키는 타자성의 기원적 공간······을 설정하는" 죄를 범한다고 주장한다.[23] 그만 그런 것은 아니지만, 무어가 그렇게 주장하는 것은 바로 고집스런 오독 때문이다. 푸코에게 권력의 작동에 대한 분석적 객관성이나 비판적 외부성이 불가능하다는 것은 하나의 공리였다. 보통 그런 푸코를 날카롭게 읽는 독자인 폴 래비노조차도 최근 에세이에서 "서발턴은 말할 수 있을 것인가에 관한 스피박의 호소력 있는 탐색은 투명성이라는 규범적 목표를 반영했다. 권력 관계만 달라진다면, 그때는······"이라고 주장한다.[24] 문학 비평을 안내하는 읽기 실천 훈련을 덜 받은 인류학자들, 역사가들, 저 해석적 사

---

22) 이 현존(presence)은 의식을 갖거나 심지어 '인간적'일 필요도 없다. 채취 기술들에 종속되어서는 안 되는, 하나의 결과로서 제식(sacral)의 힘을 그 현존에 귀속시키는 풍경 개념들이 여기서 한 가지 예가 될 것이다. 그러나 이러한 유형의 좀더 명확한 사회적 형태들에 관해서 말하자면, 우리는 개인의 축적을 방해하는 상호성의 체계를 포함할 것이다. 이 체계와 관련되는 것으로는 무엇보다도, 의무적인 증여 제의들, 가치보다 지위로 전환되는 지출 형태들(포틀래치), 생산의 합리성보다 사회적 연관을 극대화하기 위해 조직된 집단 노동을 들 수 있다.
23) Donald S. Moore, "Subaltern Struggles and the Politics of Place: Remapping Resistance in Zimbabwe's Eastern Highlands", *Cultural Anthropology*, Vol. 13, No. 3, August 1998, p. 252.
24) Paul Rabinow, "Anthropological Observation and Self-Formation", João Biehl, Byron Good and Arthur Kleinman eds., *Subjectivity: Ethnographic Investigations*, Berkeley: University of California Press, 2007, p. 108.

회과학자들은 이런 종류의 오독을 더 쉽게 할 것이다. 하지만 오독은 오독이다. 어느 지점에서도 스피박은 투명성이라는 규범적 목표를 표명한 적이 없다. 그녀의 에세이와 실로 그녀의 모든 저작은 그러한 투명성의 불가능성을 증언한다. 일부 정신분석학적으로 굴절된 읽기들이 주장하듯, 재현은 자신이 기입하고자 하는 실재$^{the\ real}$에 항상 이미 부적합하기 때문이 아니다. (여성으로서) 서발턴은 (제국주의와 이제는 지구화하에서) 주체 지위와 대상 지위 사이의 한 관계를 기술하기 때문이다. 그 관계는 재현주의적 영웅주의에 의해 극복될 침묵의 관계가 아니라 아포리아다.[25] 주체는 대상 속으로 '붙들려 들어갈' 수 없다.

이렇게 지금까지 나는 지난 20년간 「서발턴은 말할 수 있는가?」가 영향을 미쳐 온 영역의 확장 과정을 살펴보았다. 그러는 사이 나는 그 에세이의 운동이 남아시아 역사, 지구적 남반구의 역사, 포스트식민 연구, 인류학, 젠더 연구를 포함하는, 서발턴 연구와 인접한 분과학문들에 일련의 심오한 변형을 초래하는 결과를 낳았음을 지적했다. 그럼에도 이 에세이가 겪어 왔던 견제에 대한 간디의 진단은 일정한 진실을 담고 있다. 「서발턴은 말할 수 있는가?」는 포스트식민 문학 생산과 특별히 관련되지 않는, (해체주의의 여러 부류들에 의해 지배되어 온 영역을 포함하는) 문학 비평 연구 영역들을 가로지르는 데는 좀 원활하지 못했다. 스피박이 번역한 데리다의 『그라마톨로지』는 해체주의를 수용하게 할, 예전에 존재했던 조리개보다 더 광범위한 조리개를 1980년대 초반까지 영어권 독자들을 위

---

25) Spivak, "Can the Subaltern Speak?", Lawrence Grossberg and Cary Nelson eds., *Marxism and the Interpretation of Culture*, Urbana: University of Illinois Press; Basingstoke: Macmillan, 1988, p. 306[「하위주체는 말할 수 있는가?」, 태혜숙 옮김, 『세계사상』 4호, 1998; 본서 486~488쪽].

해 열어 주었더랬다. 그와 동시에 문학 비평 영역 내부에서 포스트식민 비평(과 비판적 인종 이론)의 지위는 스피박 자신뿐만 아니라 많은 다른 사람들의 개입에 의해 공고해지는 중이었다. 그렇지만 해체주의가 기성 문학 비평의 공간들을 가장 많이 지배했던 것도 사실이다. 그 공간들에서 읽기의 텍스트 대상들은 해체주의의 비판적 시선을 받았던 똑같은 철학적 체계의 문화적 가공물^{artifacts}로 인식될 수 있었다. 스피박은 종종 청중들에게 자신이 유럽 연구자로 훈련받았음을 상기시켰다. 그리고 데이비드 하디먼이 보도했던 제2차 서발턴 연구 학술 대회에서 스피박이 브레히트의 「서푼짜리 오페라」를 마하스웨타 데비의 「젖어미」 곁에 놓고 읽는 글을 발표했다는 것을 우리는 주지한다. 그럼에도 스피박의 개입은 브레히트보다 데비의 작품 읽기에서 요청된다. 스피박은 지식의 주체와 대상 사이의 동형성이 「서발턴은 말할 수 있는가?」에 나오는 서발턴에게는 불가능한 것임을 보여 준다. 그렇지만 그 동형성은 종종 정체성 중심적인 미국 학계의 구성체 내부에서 '소수화되는'^{minoritized} 사람들(여성, 유색인, 대안적인 섹슈얼리티의 사람들)에게 요구된다. 아이러니하게도 그들은 특히 정체성주의의 발흥에 가장 극렬하게 저항하는 영역들에 있다. 여기서 서발터니티에 대한 스피박의 분석에 유럽 문학 생산의 장소를 제시하는 것은 편향된 것이겠지만, 영미 학계에서 해체주의적(그리고 다른) 문학 비평이 제3세계 문학 텍스트에 환원 불가능한 특수성을 귀속시키는 경향의 정도를 주지하는 것은 그렇지 않을 것이다. 또 (해체주의 문학 비평이 심지어 샬럿 브론테, 진 리스, 혹은 메리 셸리의 '여성 문학'에도 마지못해 부여하는 능력인) 일반적인 것을 의미화하는 능력을 제3세계 문학에서 보류하는 정도를, 제3세계 문학을 정확하게 '제3세계' 문학이라고 의미화하기를 요구하는 경향의 정도를 주지하는 것도 편향된 것은 아닐 것이다.[26] 이러한 제스처는 서발터니티에 목소리를 주려는 욕망의 전도이자 전위를 구성한다. 여기서의 저항은 서발턴에 의한 것은 물론 아니며, 제3세계 작가 그리고/혹은 그녀의 글쓰기에 관한 것도, 그녀 그리고/혹은 그녀의 글쓰기에 의한 것도 아니다. 여기서의 저항은 보편성에 관한 배타적인 주장으로부터 가능한 지배의 전위에 대한 지배의 저항이다.

이 책에 기고한 여러 저자들은 여기 「서문」에서 간략히 언급된 갈래들 중 많은 부분을 탐색하는데, 그러한 작업들에 대한 결론을 내리거나 그 작업들을 대신하는 것이 나의 의도는 아니다. 오히려 나는 저자들의 분석을 생산적으로 읽을 수 있는 공간을 그려 보고자 했다.

 이 책은 5부로 구성되어 있으며 책의 맨 앞에 「서문」이, 맨 뒤에는 「부록」이 실려 있다. 1부는 스피박의 『포스트식민 이성 비판』에 실린, 「서발턴은 말할 수 있는가?」의 수정본을 싣고 있다. 독자들은 1부 텍스트의 이 '판본'과, 스피박의 「응답」에 이어 「부록」으로 나오는 원래 에세이 「서발턴은 말할 수 있는가?」 사이에 있는 거대한 운동을, 그뿐 아니라 중요한 연속성을 포착할 것이다.

 2부에 포함된 에세이들은 「서발턴은 말할 수 있는가?」의 역사적·수사학적·철학적 측면들을 위치 짓고 성찰하는 데 관심을 기울이고 있다. 서발턴 연구회의 창립 구성원이자 스피박을 지속적으로 심문하는 질문자인 파르타 차테르지의 에세이는 「서발턴은 말할 수 있는가?」가 인도에 도착했을 때의 지적 분위기를 묘사함으로써 무대를 설정한다. 그런 다음 인

---

26) 이 작가들은 Spivak, "Three Women's Texts and a Critique of Imperialism", *Critical Inquiry*, Vol. 12, No. 1, 1985에서 논의된다.

도의 급진적 사회 분석 전통 내부에서 「서발턴은 말할 수 있는가?」가 가능하게 만들어 준 논의들의 윤곽을 그려 준다. 리투 비를라의 에세이는 「서발턴은 말할 수 있는가?」를 구조화하는 논의들과 수사학적 제스처들을 조심스럽게 읽어 내는 가운데, 『포스트식민 이성 비판』의 수정본이 '말하기'의 문제틀을 새롭게 강조하고 개념화하는 경위와 방식들의 의미를 제공해 준다. 다음에 나오는 드루실라 코넬의 에세이는 유럽의 철학적 모더니즘과 해체주의의 윤리적 선회라는 좀더 광범위한 맥락에다 스피박의 에세이를 놓는다. 코넬에게 이는 인권 담론의 가능성과 함정에 대한 수정된 접근법으로서 「서발턴은 말할 수 있는가?」가 가능하게 만들었던 바를 이해하려는 노력의 일환이다.

   3부는 서발터니티를 이론화하는 작업에 나오는 죽음의 문제틀에 특히 초점을 맞춘다. 3부의 에세이들은 스피박의 글쓰기들에서 서발턴이라 불리는 사람들의 구체적인 죽음들에 관해 물을 뿐만 아니라, 자신의 서발터니티를 부인할 수 있게 될 때만 서발턴이 제기하는 행위 능력 요구(종종 좌절되는) 속에서 그 죽음이 위치하는 구성적 장소에 관해서도 묻고 있다. 라제스와리 순데르 라잔의 에세이는 부바네스와리 바두리라는 특수한 형상을 근거로 서발터니티에 대해 우리가 무엇을 어떻게 알 수 있는지를 다시 한번 물으면서, 서발터니티 분석에서 자살의 문제와 바두리 사건에 관한 새로운 성찰을 갖고 온다. 순데르 라잔은 스피박을 구하에 맞세워, 또 부바네스와리를 찬드라에 맞세워 읽으면서 이 비평가들의 분석에서 몸이 말하도록 만들어지는 방식들을 질문하며, 서발턴은 말할 수 없다는 스피박의 결론을 반복한다. 노예제에서의 죽음 및 죽음과 노예제에 관한 아프리카계 미국 문학들을 다루는 압둘 R. 잔모하메드의 에세이는, 우선 침묵을 측정하라는 스피박의 요구라고 잔모하메드 자신이 파악한 것의 맥락에서 헤겔 변증법과 부정성의 노동labor of the negative을 다시 논의한다. 다음으로 잔모하메드는 기억 산업에 대한 윤리적 요구를 갖는 대안을 제안한다. 잔모하메드는 죽은 노예들을 위한 말의 생산을 구조화했던 전제 조건들이 무엇이었냐는 질문을, 노예 제도하에서 죽음에-묶인-주체death-bound-subject들이 도망치며 부르는 소리를 '듣기' 위해 이제 배울 수 있는 어떤 종류의 듣기가 있냐는 쟁점과 분리시킨다. 그렇게 함으로써 잔모하메드는 해체주의를 신헤겔 양식의 부정성의 노동으로 읽는 가운데 복원 기획을 이 책의 글들 중에서 가장 강력하게 논의한다. 미셸 바렛은 이와 비슷하게 아카이브를 탐사하지만 대조적인 접근법을 취한다. 메소포타미아에서 있었던 영국 군사 캠페인 당시의 하급 군인들에 관한 바렛의 설명은 재-현 가능한 현존의 방향이 아니라 차단된 현존의 방향을 가리킨다. 오히려 그녀는 "드러냄 속의 지움"erasure in disclosure이라는 스피박의 개념을 동원하면서 하급 군인들을 기억하는 문제를 둘러싼 논쟁들을 영국 전쟁 기념비에서 인도 및 다른 식민지 병사들이 지워진 무대로서 추적한다.

4부는 「서발턴은 말할 수 있는가?」가 분석과 저항 정치 사이의 관계들에만이 아니라 국제 노동 분업 분석을 위해 제기했던 통찰 및 질문들과 관련해 우리 시대의 지정학적 무대를 읽는 글들을 제공한다. 펭 치아의 에세이는 생명권력biopower 문제에 관해 푸코에게 제기한 스피박의 논쟁을 재고함으로써 우리 시대의 계기 안으로 우리를 이동시키며, 그런 다음 아시아 태평양의 새로운 국제 노동 분업의 작동을 드러낸다. 마지막으로, 라틴아메리카 여성들의 글쓰기를 다루는 진 프랑코의 에세이는 자기-드러냄의 전략보다 읽을 수 없음과 위장의 전략을 통해 기능할 만한 하나의 행위 능력을 도입하기 위해 비밀 유지secrecy의 견지에서 침묵의 문제를 다시 틀 짓는다.

이 책은 「서발턴은 말할 수 있는가?」에 대한 변형들과 해석적 읽기들, 이번 학술 대회 맥락에서 부상했던 질문들에 관한 스피박의 최종적 성찰과 더불어 마무리된다. 부바네스와리 바두리는 지속적으로 오독되는 여성이라는, 우리를 홀리는 형상으로서 이 학술 대회에 다시 돌아온다. 이 오독된 여성의 불가능한 이야기는 역사에 설명하려는, 또 역사에 책임지려는 스피박 자신의 노력 속에서 여러 방식으로 스피박을 따라다녔고 아마 그녀를 사로잡기까지 했을 것이다. 스피박의 에세이는 "서발턴은 말할 수 있는가?"라는 자체의 질문에 부정적으로 답했다. 하지만 우리는 그 질문에 당연히 수반되는 "우리가 어떻게 들을 수 있을 것인가?"라는 근본적으로 열린 채 남아 있는 질문을 스피박에게 배운다.

1부

텍스트

서발턴은 말할 수 있는가?*

가야트리 차크라보르티 스피박

생산양식 서사의 외부에 있는 여성들은 '본연의 글쓰기'를 몸짓으로 표현하고 있는데도 분과학문적인 역사 쓰기에서 흐릿하게 사라지는 지점들을 표시하며, 그들이 드러내면서 지우는 흔적(우리가 실수로 누구의 흔적이냐고, 무엇의 흔적이냐고 물을 수밖에 없는)의 발자국들을 표시한다. 프레드릭 제임슨이 논의한 대로 생산양식 서사가 최종 준거라면, 이와 같은 서발턴 여성들은 그 서사에서 불충분하게 재현되고^{represent} 있거나 불충분하게만 재현될 수 있다. 우리는 그들을 검토할 수 있지만 결코 파악할 수는 없다. 사로잡으면서도 홀릴 가능성은 자본 착취 양식의 냉혹한 합리성이 부과됨으로써 줄어든다. 혹은 제임슨을 따르기보다 맑스를 파악하기 위해서는 생산양식 서사가 아주 효율적이다. 생산양식 서사는 가치에 대한 가장 효율적이고 추상적인 코드화, 즉 경제적인 것의 측면에서 구축되기 때문이다. 그래서 앞서의 직관을 말로 나타내자면, 서발턴 여성들의 삶

---

*「서발턴은 말할 수 있는가?」라는 에세이를 반복하는 1부 텍스트는 가야트리 스피박의 『포스트식민 이성 비판』 3장 「역사」의 후반부 섹션이었던 글이다. 1부 텍스트는 그 3장의 초반부에서 다루어진 시르무르(Sirmur)의 라니 굴라리(Rani Gulari)에 대한 언급과 몇몇 각주를 수정한 것을 제외하면 원문 그대로이다.—영어판 편집자

을 써 내는 바탕-수준$^{ground-level}$의 가치-코드화들은 우리를 피해 간다. 이 코드들은 합리주의 관점에서 보기에는 '결함 많은' 총체적 혹은 확장된 형태의 (유동적) 양식 속에서만 측정될 수 있다. 그 코드들을 인류학적 기술^{description}들의 일반적 전형들로서 설명할 때, 우리는 인식론적으로 파열된 코드 변환^{transcoding}이라는 대가를 치른다.[1]

나는 해체^{deconstruction}를 끌어와 읽기에 봉사하도록 하려는 페미니스트 문학 비평가이다. 그래서 나는 이렇게 우리를 피해 가는 형상들에 더

---

[1] 그러므로 유엔이 여성을 발전시킬 수 있으려면 우선 '여성'을 합리화해야 한다. 그렇지만, 시르무르의 라니와 부바네스와리 바두리(Bhubaneswari Bhaduri), 릴리 모야(Lily Moya)와 리고베르타 멘추(Shula Marks ed., *Not Either an Experimental Doll*, Bloomington: Indiana University Press, 1987; Rigoberta Menchú, *I, Rigoberta Menchú: An Indian Woman in Guatemala*, ed. Elizabeth Burgos-Debray, trans. Ann Wright, London: Verso, 1984[『나의 이름은 멘추: 마야, 퀘체족 인디오 여인의 기록』, 유정태 옮김, 지산미디어, 1993] 참조)는 그들이 특이하고(singular) 비밀스럽게('비밀'에 대해서는 Gayatri Chakravorty Spivak, "Translator's Preface", Mahasweta Devi, *Imaginary Maps: Three Stores*, ed. and trans. Gayatri Chakravorty Spivak, New York: Routledge, 1995, p. xxv 참조) 남는다면, 교훈적일 것이다. 그들은 우리에게 도달하기 위해 문학적 양식으로 체계를 초과할 것임에 틀림없다. 자본은 접근할 수 있는 추상 일반으로, 인간적인 것에 의해 여전히 오염된 수학소(matheme)로 남는다. 규제적 심리전기(regulative psychobiography)들과 정신분석학을 포함한 심리문화적 **체계들**은 이것을 지향하는 경향이 있다. 푸코는 구체적인 특이성의 조건이자 효과인 담론적 추상들을 찾던 중에, 명석하게도 "두터운" 것보다는 희박해진 것을 선택했다(문서 조사documentation에 대해서는 Spivak, "More on Power/Knowledge", *Outside in the Teaching Machine*, New York: Routledge, 1993[『권력/지식에 덧붙이는 논의』, 『교육기계 안의 바깥에서: 초국가적 문화연구와 탈식민 교육』, 태혜숙 옮김, 갈무리, 2006] 참조). 그러나 우리는 또한 멘추에게 주의를 기울여, 식민 정복에 맞선 훨씬 더 오래된 집단적 전술에서 빌려 오느라 그녀에게 불가피했던 정체성-정치와 관련된 표현 양식에도 맞서서 그녀를 읽어 내야 한다. "물론, 내가 여러분에게 내 동포의 모든 것을 이야기하려면 많은 시간이 필요합니다. 그런 것을 이해하기란 쉬운 일이 아니니까요. 나는 내 설명 속에 그것에 대한 생각을 집어넣어 왔을 겁니다. 그런데도 나는 나의 인디오 정체성을 여전히 비밀로 하고 있습니다. 내 생각에 아무도 알아서는 안 되는 바를 나는 여전히 비밀로 하고 있어요. 인류학자들이나 지식인들이 책을 얼마나 많이 갖고 있건, 우리의 비밀을 모두 알아내지는 못할 겁니다"(Menchú, *I, Rigoberta Menchú*, p. 247). 그러한 텍스트[그냥 책이 아니라 텍스트를 텍스트로 만들어 주는 '텍스트성'을 지닌 것]는 책들 속에 있지 않으며, 비밀이 우리를 지켜 준다. 그 반대가 아니라 말이다.

많은 주의를 기울인다. 물론 생산양식 서사에 보조를 맞추는 여성들을 참여자/저항자/희생자로 설명하는 데 깊은 이해관계가 있기는 하지만 말이다. 실로 자본주의와 사회주의의 관계가 **파르마콘**pharmakon(독을 갖는, **차연**différance 속의 약)의 관계라면, 우리를 피해 가는 여성의 형상들은 치료약이나 독이 붙잡지 못하는 계기를 가리킨다. 정말이지, 그들이 **우리를 위해** 하나의 서사에 들어와 형상화될 수 있는 것은 오직 그들의 죽음 속에서뿐이다. 그들의 일상적 삶의 리듬에서, 이렇게 우리를 피해 가는 것은 스스럼없이 수행되거나 (비)수행된다. 행동 속에서 진술constatation을 피해 가는 것이 반드시 하나의 수행인 것은 아니기 때문이다. 내가 이러한 형상들에 주의를 기울이는 것은, 그들이 우리의 합리주의 양식과는 다른 방식으로 우리의 복원retrieval 기술들을 판단하는 바로 그때도, 그들이 우리의 복원 기술들에 계속 최고의 기준들을 부과하기 때문이다. 사실, 그들은 우리의 노력 외부에 있기 때문에 그들의 판단은 의도된 것이 아니다. 자크 데리다의 진술을 따라가 보자면, 우리는 오히려 그들이 불가능한 것의 경험으로서 정의正義의 형상들이라고 말해야 할 것이다.[2]

---

[2] 1988년의 「서발턴은 말할 수 있는가?」를 쓴 이래, 텍스트주의적 역사 연구가 활성화되어 왔다. 미국 문학 비평가가 보기에, 『재현들』(*Representations*)이라는 저널의 지면이 가장 풍성한 수확을 거두곤 했다. 다른 탁월한 텍스트들은 다음과 같다. Carlo Ginzburg, *Myths, Emblems, Clues*, trans. John and Anne C. Tedeschi, London: Hutchinson, 1990; Martin Jay, *Force Fields: Between Intellectual History and Cultural Critique*, New York: Routledge, 1993. Peter de Bolla, "Disfiguring History", *Diacritics*, Vol. 16, No. 4, Winter 1986은 포스트구조주의적으로 역사를 설명해 준다. 이 목록은 계속될 수 있다. 조앤 W. 스콧은 "토대로 작동하는 것처럼 보이는 어떤 것의 고정성과 초월성을 부정함으로써 [역사가의 분석틀의 권력과 그 혹은 그녀의 연구 대상인 사건들이 맺는 관계의—스피박] 양편을 역사화"해 도미니크 라카프라(Dominick LaCapra)의 전이적 유비(transferential analogy)를 생산적으로 풀어내 왔다. Joan W. Scott, "Experience", Judith Butler and Joan W. Scott eds., *Feminists Theorize the Political*, New York: Routledge, 1992, p. 37. 스콧의 모델은 '책임'

[여기서—영어판 편집자] 나는 복원될 의도를 갖고 자신의 몸으로 글을 썼던 한 형상[부바네스와리 바두리]에 초점을 맞출 것이다. 그녀는 자신의 몸을 문자소로 만듦으로써 죽음을 가로질러 '말하려고' 시도했던 것 같다.[3] 아카이브에서 라니 굴라리는 자본의 식민주의를 위해 강제된 행위자/도구/목격자로서 필요할 때 소환되어야만 나타난다. 그녀는 '더 순수하게' 흐려지는 형상이다. 그런데 바두리는 강제하려는 의도는 없는 반식민주의 (남성) 행위자들과 합류하려고 애썼다. 부바네스와리는 라니보다 100년 후에 캘커타에서 태어났고, 또 하나의 효율적인 코드화인 '민족주의'를 이해했다.[4] 의도하지는 않았지만 굴라리는 자신의 생산을 세계사적

(responsibility)을 비대칭적으로 작동시킬 수 있다. 하지만 라니에게로 가면 그 비대칭성이 너무 커져 버려서 '책임'이 따라갈 수 없다. 식민주의의 출발점에서 그녀는 식민 담론을 위해 미리-부상한다. 그녀는 장례 일정표상 시체인 경우를 제외하고는 식민 이전의 지배적인 '힌두' 담론에서 부재한다. 정말로 그 지배 담론은, 바로 (아내이자 어머니인) 여성으로서의 그녀 삶에 의해 지하로 잠입한다. 여기서는 디페시 차크라바르티라면 했을 법한, 유럽을 지방화할(provincialize) 가능성은 없다. 또 제이 스미스라면 했을, 의미소(semes)를 붙잡을 가능성도 없다. Dipesh Chakrabarty, "Postcoloniality and the Artifice of History: Who Speaks for 'Indian' Pasts?", *Representations*, No. 37, Winter 1992; Jay Smith, "No More Language Games: Words, Beliefs, and the Political Culture of Early Modern France", *American Historical Review*, Vol. 102, No. 5, December 1997, p. 1416. 라니라는 형상에서 부상하는 것은 본연의 해석이다. 그러한 역사에 대한 어떤 계보학도 그녀를 실체 없는 언어화된 도구 이상으로 보지 못한다. 그녀는 문학만큼이나 입증 불가능하다. 그렇지만 그녀는 식민성으로서의 역사 속에서 쓰이며 정말로 식민성으로서의 역사 쓰기를 허용한다. 그리하여 포스트식민지인들이 자신의 '역사적 자기-위치'를 하나의 문제로 볼 수 있게 하기 위해 말이다(Vivek Dhareshwar, "'Our Time': History, Sovereignty, Politics", *Economic and Political Weekly*, 1995. 2. 11).

3) 모든 화행(Speech Act)이 문자소 같다(graphematic)는 논의는 Jacques Derrida, "Signature Event Context", *Margins of Philosophy*, trans. Alan Bass, Chicago: University of Chicago Press, 1982 참조.

4) 그녀는 민족주의를 이해하고 초과했으며, 1부 텍스트의 나머지 부분에서 보겠지만, '말하기 위해' 엄청난 노력을 했음에도 비밀을 유지했다. 베네딕트 앤더슨(*Imagined Communities: Reflections on the Origin and Spread of Nationalism*, London: Verso, 1983[『상상의 공동체: 민족주의의 기원과 전파에 대한 성찰』, 윤형숙 옮김, 나남, 1991])과 파르타 차테르지(*Nationalist

으로 선취하면서, 근대 국가——기적을 만들어 내는 의도-로서-국가^{state-as-intention}라는 장소——로서 '인도'의 정의를 멀리서 작동시키는 담론 변동의 알파벳 속에서 하나의 문자가 되었다. 이 '인도'라는 단어는 오직 '해방'의 대상으로서만 그 발음을 완성해야 '정체성'을 구성할 수 있다. 바두리는 죽음이라는 극단에 이르러 결단을 내리려고 했지만, 정의^{正義}의 결정 불가능한 여성 공간 속에서 자신을 잃어버렸다. 그녀는 '말했지만' 여자들은 그녀의 말을 '듣지' 않았고 지금도 듣지 않는다. 그녀한테 가기에 앞서, 나는 본 논의에서 조금 벗어나 그녀의 미스터리에 관심을 기울이기 위해 몇 년 전에 내가 위험을 무릅쓰고 내렸던 몇몇 결단력 있는 판단을 길게 풀어 볼 것이다.

이런 성찰들이 발휘할 힘이 무엇이건, 그것은 다음과 같은 것에 의해 획득되어 왔다. 즉 결정될 수 없는 것을 인정하는 것에 대한, 내가 파악하는 한 나의 욕망들의 기반이 되는 전제들을 극한까지 밀어붙이는 것에 대

Thought and the Colonial World: A Derivative Discourse, London: Zed Books, 1986[『민족주의 사상과 식민지 세계』, 이광수 옮김, 그린비, 2013]; *The Nation and Its Fragments: Colonial and Postcolonial Histories*, Princeton: Princeton University Press, 1993)는 이 코드화[민족주의]의 역학에 철저하고 방대한 주석을 붙여 준다. 그러나 호미 K. 바바가 「국민의 산포」에서 특히 앤더슨과 관련하여 지적한 대로, 이 코드화에 대한 설명은 초과(excess) 혹은 "통약 불가능성"(incommensurability)을 설명하지 못한다(Homi K. Bhabha, "DissemiNation", *Nation and Narration*, New York: Routledge, 1990[「국민의 산포」, 『문화의 위치: 탈식민주의 문화이론』, 나병철 옮김, 소명출판, 2012]). 바바의 논의는 구체적으로 소수자의 해소 불가능성(unresolvability)과 관련된다. 여기서 나의 주장은 뤼스 이리가레(Luce Irigaray, "The Necessity for Sexuate Rights", *The Irigaray Reader*, ed. Margaret Whitford, Cambridge: Blackwell, 1991)처럼 '성별화된'(sexuate) 것의 초과와 관련된다(엘리자베스 그로스Elizabeth Grosz와 펭 치아Pheng Cheah가 편집한 선집에 실릴 나의 「새로운 세계 질서에서 누가 섹슈얼리티를 주장하는가?」Who Claims Sexuality in the New World Order 참조). 부바네스와리가 말하고 자신의 비밀을 지키고 침묵되는 것은 영원히 도망치는 형식화(formalization), '성별화된 것'의 초과 속에서이다. 텍스트의 나머지 부분은 사티(Sati)의 심리문화적 **체계**를 경유해 이 수수께끼 주변을 맴돈다.

한 정치적 이해관계에 입각한 거부에 의해서 말이다. 가장 단호하게 투신하는 담론과 가장 아이러니한 담론 모두에 적용되는 이 삼박자 공식[권력-욕망-이해관계가 뒤얽혀 있음을 가리키는]은 루이 알튀세르가 아주 적절하게 이름 붙인 '부인의 철학'philosophy of denegation을, 데리다가 정신분석보다는 '단념'desistance이라고 부른 것을 잘 드러내 준다고 하겠다.[5] 조사자의 자리를 의문시하는 것은 주권적 주체에 대한 최근의 수많은 비판들에서 무의미한 경건함으로 남아 있다. 나는 내 위치의 불안정성이 곳곳에 들리도록 애쓰지만 이러한 제스처가 절대로 충분치 않음을 잘 알고 있다.

1980년대 서구에서 나온 가장 급진적인 비판들 중 일부는 서구 주체 혹은 **주체**로서 서구를 보존하려는 이해관계가 얽힌 욕망의 결과였다. 다원화된 '주체-효과들' 운운하는 이론은 종종 이러한 지식의 주체를 가리는 덮개를 제공했다. **주체**로서 유럽의 역사가 서구의 법·정치경제·이데올로기에 의해 서사화되었음에도 불구하고 이렇게 은폐된 **주체**는 자신이 "어떠한 지정학적 결정 요소"도 가지지 않는 척했다. 그리하여 많이 공론화된 주권적 주체 비판 자체가 실제로는 하나의 **주체**를 도입하고 있다. 나는 주체를 비판하는 두 위대한 실천가가 쓴 텍스트 「지식인과 권력: 미셸 푸코와 질 들뢰즈의 대담」을 살펴봄으로써 이런 결론의 타당성을 주장하려고 한다.[6] 결국, 일부 '제3세계 여성들'이 제기한 비판이 노동 계급 여성들의 통일된 투쟁을 낭만화하는 것과 마찬가지로, 헤게모니적인 급진 인

---

5) Louis Althusser, "Lenin and Philosophy", *Lenin and Philosophy and Other Essays*, trans. Ben Brewster, New York: Monthly Review Press, 1971, p. 66[『레닌과 철학』, 진태원 옮김, 김남섭 외, 『레닌과 미래의 혁명』, 그린비, 2008, 324쪽]; Derrida, "Desistance", Philippe Lacoue-Labarthe, *Typography: Mimesis, Philosophy, Politics*, trans. Christopher Fynsk, Cambridge: Harvard University Press, 1989.

사들 역시 투쟁하는 노동자들에게 분할되지 않은 주체성을 허용한다. 나의 사례는 이러한 두 가지 회로 외부에 있다. 그래서 나는 이 헤게모니적 급진 인사들에게 시간을 좀 할애해야겠다.

나는 두 명의 액티비스트 역사철학자가 우호적으로 나눈 대화를 선택했다. 그들의 대담이 권위를 갖는 이론적 생산과 경계심을 풀고 하는 대화적 실천 사이의 대립을 해제하며 이데올로기의 궤적을 엿볼 수 있게 해주기 때문이다(학술 대회처럼, 인터뷰란 누설의 지점이다). 이전에 다른 곳에서 나는 그들의 이론적 탁월함을 고찰했다. 1부 텍스트는 또 하나의 분과학문적 잘못을 범하는 장(章), 역사의 이름으로 생애사life stories를 말하는 장이다.

이 대담의 참여자들은 프랑스 포스트구조주의 이론의 가장 중요한 기여들을 강조한다. 첫째, 권력/욕망/이해관계의 네트워크들이 너무 이

---

6) Michel Foucault, "Intellectuals and Power: A Conversation Between Michel Foucault and Gilles Deleuze", *Language, Counter-Memory, Practice: Selected Essays and Interviews*, trans. Donald Bouchard and Sherry Simon, Ithaca: Cornell University Press, 1977[『지식인과 권력: 푸코와 들뢰즈의 대화』, 『푸코의 맑스』, 이승철 옮김, 갈무리, 2004]. 프랑스어 원서를 충실히 따라야 할 경우에는 영어 번역을 수정했다(다른 영어 번역들도 마찬가지다). 서유럽 지식인들이 미국 교수들과 학생들에게 미친 가장 큰 '영향'이 번역된 긴 책들보다 논문 모음집들을 통해 발휘된 점에 주목하는 것은 중요하다. 그리고 이 모음집들 중에서 좀더 현안과 관련된 논문들이 더 널리 알려진 것도 이해할 만하다(Derrida, "Structure, Sign, and Play in the Discourse of the Human Sciences", Richard Macksey and Eugenio Donato eds., *The Structuralist Controversy: The Languages of Criticism and the Sciences of Man*, Baltimore: Johns Hopkins University Press, 1972가 딱 그런 경우이다). 그러므로 이론적 생산과 이데올로기적 재생산의 관점에서 보면, 내가 고찰하고 있는 들뢰즈와 푸코의 대담이 반드시 무용했던 것은 아니다. 나 자신의 빈약한 이론적 생산을 보더라도 가장 덜 고려된 장르인 대담이 당혹스러울 정도로 인기 있는 것으로 입증되었다. 우리가 이를 반박하겠다고 새뮤얼 P. 헌팅턴(*The Clash of Civilizations and the Remaking of World Order*, New York: Simon and Schuster, 1996[『문명의 충돌』, 이희재 옮김, 김영사, 2000]) 같은 이를 생산하지는 않을 것이다. 그것은 두말할 필요 없다. 헌팅턴에 대해서는 나중에 언급하겠다.

질적heterogeneous이어서 그것들을 일관된 서사로 환원하는 것은 반생산적이니 이에 대한 끈질긴 비판이 필요하다. 둘째, 지식인들은 사회의 타자에 대한 담론을 드러내고 알아 가려고 시도해야 한다. 그렇지만 두 사람은 이데올로기 문제를, 또 지성사와 경제사에 연루된 그들 자신의 입지를 체계적으로 그리고 놀라울 정도로 무시한다.

푸코와 들뢰즈 대담의 주요 전제 중 하나가 주권적 주체에 대한 비판임에도 불구하고, 이 대담을 틀 짓는 것은 두 단일체적·익명적인 혁명-속의-주체들, 즉 "마오주의자"[7]와 "노동자 투쟁"[8]이다. 반면 지식인들은 각각 이름이 부여되고 서로 구별된다. 게다가 중국 마오주의는 어디에서도 작동하지 않는다. 여기서 마오주의는 그저 서사적 특수성의 아우라를 뿜어 낼 뿐이다. 프랑스 지식인들의 '마오주의'라는 기이한 현상과 그에 뒤이은 '신철학'이 '마오주의'라는 고유명사를 순진하게 전유해 '아시아'를 징후적으로 투명하게 만들지 않았더라면, 마오주의는 별다른 해를 끼치지 않는 수사적인 진부함에 그쳤을 것이다.[9]

노동자 투쟁을 언급하는 들뢰즈도 똑같이 문제적이다. 그것은 분명히 추종genuflection이다. "흩어진 대중과 직면하고 있는 우리 자신을 발견하지

---

7) Foucault, "Intellectuals and Power", *Language, Counter-Memory, Practice*, p. 205[「지식인과 권력」, 『푸코의 맑스』, 188쪽].
8) *Ibid.*, p. 217[같은 글, 같은 책, 207쪽].
9) 여기서 나는 1968년 이후 프랑스에서의 마오주의 물결을 암묵적으로 언급하고 있는 셈이다. Foucault, "On Popular Justice: A Discussion with Maoists", *Power/Knowledge: Selected Interviews and Other Writings, 1972~1977*, trans. Colin Gordon et al., New York: Pantheon, 1980[「인민적 정의에 관하여: 마오주의자와의 대화」, 『권력과 지식: 미셸 푸코와의 대담』, 홍성민 옮김, 나남, 1991] 참조. 이 언급에 대한 설명은 전유의 역학을 적나라하게 드러내 나의 요점을 강화해 준다. 이러한 논의에서 중국의 사례는 전형적이다. 푸코가 "나는 중국에 대해 아는 바가 없습니다"라고 말함으로써 끈기있게 스스로를 명확하게 밝힌다면, 그의 대담자들은 데리다가 부른바 "한자적 편견"을 드러낸다.

않고서는 권력이 발동되는 어느 지점에서건 [권력과—스피박] 접촉할 수 없습니다. 그리하여 우리는 불가피하게……권력을 완전히 폭파시키고자 하는 욕망으로 이끌려 갑니다. 모든 부분적인 혁명 공격 혹은 방어는 이런 식으로 노동자 투쟁과 연결됩니다."[10] 이 명백한 진부함이야말로 오히려 부인을 나타낸다. 이 진술은 국제 노동 분업을 무시하며, 이는 포스트구조주의 정치 이론이 종종 보여 주는 제스처이기도 하다(소련 붕괴 이후 오늘날의 보편주의 페미니스트——유엔 스타일의 '젠더와 발전'——는 그렇지 않은 척한다. 그것의 역할은 나중에 분명하게 드러날 것이다).[11]

이렇게 노동자 투쟁을 내세우는 것은 바로 그 순진함 때문에 해롭다. 그것은 지구적 자본주의를 다루지 못한다. 즉 지구적 자본주의의 중심부 국민-국가 이데올로기들 내부에 있는 노동자와 실업자의 주체-생산 현상, 주변부 노동 계급이 잉여가치의 실현에서, 그리하여 소비주의 안에서의 '휴머니즘적' 훈련에서 점차 축출되는 현상, 주변부 농업의 이질적인 구조적 지위가 나타날 뿐만 아니라 의사擬似자본주의적 노동이 대규모로 존재하는 현상을 다루지 못한다. 국제 노동 분업을 무시하는 것, (그 주제가 표면상 '제3세계'가 아닌 한) '아시아'(그리고 때로 '아프리카')를 투명하게 만드는 것, 그리고 사회화된 자본의 법적 주체를 재확립하는 것은 '정규' 이론과 마찬가지로 많은 포스트구조주의 이론에 공통된 문제이다('여성'을 내세우는 것은 현재의 국면에서 마찬가지로 문제적이다). 이질성heterogeneity과 **타자**를 가장 훌륭하게 예언하는 지식인들이 이런 식의 차

---

10) Foucault, "Intellectuals and Power", *Language, Counter-Memory, Practice*, p. 217[「지식인과 권력」, 『푸코의 맑스』, 207쪽].
11) 에릭 울프가 논의한 대로, 이것은 좀더 광범위한 징후의 일부이다. Eric Wolf, *Europe and the People without History*, Berkeley: University of California Press, 1982.

단을 인가해야 하는 이유는 무엇일까?

노동자 투쟁과의 연결 고리는 권력이 발동되는 어느 지점에서건 권력을 폭파시키려는 욕망에 놓여 있다. 그것은 **어떠한** 권력**이건** 권력을 파괴하려는 **모든** 욕망에 너무 많은 가치를 부여하려는 데서 연유한다. 발터 벤야민은 맑스를 인용하면서 이와 비교할 수 있는 보들레르의 정치학에 대해 다음과 같이 논평한다.

> 맑스는 계속해서 직업적 음모가를 다음과 같이 기술한다. "……그들에게는 기존 정부를 전복한다는 즉각적인 목적 외에 다른 목적이란 없으며, 계급 이해관계와 관련해 노동자를 좀더 이론적으로 계몽하는 일도 몹시 경멸한다. 그래서 그들은 운동의 계몽적 측면을 대표하는vertreten, 연미복을 입고 다니는 얼마간 교육받은 사람들에게 분노한다. 자기들은 당의 공식 대변자Repräsentanten가 될 수 없어서 교육받은 사람들로부터 결코 완전히 독립할 수 없기 때문이다. 따라서 교육받은 사람들에 대한 그들의 분노는 프롤레타리아적인 것이 아니라 평민적인plebeian 것이다. 보들레르의 정치적 통찰은 이런 직업적 음모가들의 통찰을 근본적으로 넘어서지 못한다.……" 아마 보들레르는 "내가 모든 정치에 대해 유일하게 이해하는 한 가지는 반항"이라는 플로베르의 진술을 자기 말인 양 할 수는 있었을 것이다.[12]

---

12) Walter Benjamin, *Charles Baudelaire: A Lyric Poet in the Era of High Capitalism*, trans. Harry Zohn, London: Verso, 1983, p. 12[「보들레르의 작품에 나타난 제2제정기의 파리」, 『보들레르의 작품에 나타난 제2제정기의 파리/보들레르의 몇 가지 모티프에 관하여 외』, 김영옥·황현산 옮김, 길, 2010, 46~47쪽]. 푸코가 보들레르에게서 모더니티의 일람표를 발견한 것은 흥미롭다. Foucault, "What Is Enlightenment?", *The Foucault Reader*, ed. Paul Rabinow, New York: Pantheon, 1984, pp. 39~42.

이것 역시 계산 가능한 책임^accountable responsibility[13]을 소문자 나르시시즘으로 다시 쓴 것이다. 우리도 달리 무엇인가를 할 수 없을지 모른다. 하지만 우리는 지향을 가질 수는 있다. 아니라면 도대체 왜 '선물' 운운하겠는가?[14]

노동자 투쟁과의 연결 고리는 그저 욕망에 놓여 있을 뿐이다. 이것은 『앙티 오이디푸스』의 '욕망'이 아니다. 『앙티 오이디푸스』에서 욕망은 적합한 이름을 발견할 수 없는, 유명론적인 오어법적 표현^catachresis[15]인 하나의 일반적 흐름(그 잔여가 '주체')에 의도적으로 잘못 붙인 이름이다.[16] 나는 그 대담한 노력에, 특히 그 욕망을 다른 유명론적인 오어법적 표현인 가치와 연결하는 방식들에 감탄하는 바이다. 『앙티 오이디푸스』는 심리학주의를 경계하고자 '기계'라는 개념-은유를 쓴다. 욕망은 아무것도 결여하지 않는다. 욕망은 욕망의 대상을 결여하지 않는다. 욕망에 결여되어 있는 것은 오히려 주체다. 달리 말해, 고정된 주체를 결여하고 있는 것이 바

---

13) 합리적인 셈의 차원에서 지는 책임을 말하며 타자에 대한 윤리적 책임과 그 층위가 다르다. ─옮긴이
14) "선물이 시뮬라크르일 뿐이라고 해도, 이 시뮬라크르의 가능성을 **설명해 내야** 한다. 또한 설명을 만들어 내고자 하는 욕망도 설명해 내야 한다. **이성의 원칙**에 맞서거나 이성의 원칙이 없으면 이 일을 할 수 없다. 후자가 이성의 자원뿐만 아니라 한계를 거기서 발견하더라도 그렇다." Derrida, *Given Time: 1, Counterfeit Money*, trans. Peggy Kamuf, Chicago: University of Chicago Press, 1994, p. 31.
15) 별도의 번역어 없이 카타크레시스로 쓰이기도 하는데 이 책에서는 주로 '오어법적 표현'으로 옮겼다. 오어법이란 어색하게 뒤섞인 은유나 암시적인 은유에서 나타나는 단어의 잘못된 사용법을 말하는데, 들뢰즈와 가타리에 따르면 언어에 필연적으로 깃들어 있는 오어법적 요소를 확장시키는 것은 가치를 코드화하는 메커니즘을 뒤집고 치환할 수 있다. ─옮긴이
16) Gilles Deleuze and Félix Guattari, *Anti-Oedipus: Capitalism and Schizophrenia*, trans. Robert Hurley, Mark Seem and Helen R. Lane, London: Athlone, 1984, pp. 40~41 및 여러 곳[『앙띠 오이디푸스: 자본주의와 정신분열증』, 최명관 옮김, 민음사, 2000, 67~68쪽].

로 욕망이다. 억압^{repression}에 의해서가 아니라면 고정된 주체란 없다. 욕망과 욕망의 대상은 하나의 통일체이다. 욕망은 기계의 기계로서 기계이다. 욕망은 기계이고, 욕망의 대상 또한 연결된 하나의 기계이다. 따라서 생산물은 생산 과정으로부터 떨어져 나가며, 무엇인가가 생산물을 생산하기에서 떼어 내어 그 잔여물을 떠돌이 유목적 주체에게 준다.[17]

해체에서 가장 명민한 계기들 중 하나는, 초기부터 최근에 이르기까지 오어법적인 것이 '경험적인' 것에 묶여 있다는 점에 유의한다는 것이다.[18] 이러한 실천적인 주의를 기울이지 않으면 철학자는 이론적 오어법과 실천적인 소박실재론 사이에서 동요하게 된다. 여기서 실천적인 소박실재론이란 많은 선의가 아마도 당연시될 맥락에서는 무해**할지도 모를** 모순을 가리킨다. 우리가 일상적으로 보듯, 이론과 이론의 판단 사이의 그러한 모순은 지구적으로 '적용될' 경우 끔찍해진다.

그리하여 『앙티 오이디푸스』에서 오어법적 표현으로서 욕망은, '경험적' 욕망의 특수한 심급들에 결착된 욕망하는 주체(혹은 잔여로 남은 주체-효과)의 특수성을 변경하지 않는다. 은밀히 등장하는 주체-효과는 이

---

17) *Ibid.*, p. 26[같은 책, 49쪽].
18) "글쓰기란 무엇인가? 글쓰기는 어떻게 확인될 수 있는가? 본질에 대한 어떤 확신이 경험적 연구를 이끌어야 하는가?…… '무엇인가'라는 질문 혹은 원형적-질문(arche-question)의 위험한 필연성에 뛰어들지 말고, 그라마톨로지적 지식의 장에서 거처를 구해 보자" (Derrida, *Of Grammatology*, trans. Gayatri Chakravorty Spivak, Baltimore: Johns Hopkins University Press, 1976, p. 75[『그라마톨로지』, 김성도 옮김, 민음사, 2010, 222~223쪽]). 데리다는 「단념」이라는 글에서 비판적인 것은 독단적인 것에 의해 항상 오염되어 왔으며, 그래서 비판적인 것은 칸트의 구분을 '사변적인' 것으로 만든다고 지적한다(Derrida, "Desistance", *Typography*). 『글라』에서는 철학소들(philosophemes)이, 우리가 논의하는 대담에서처럼, 의도된 행위 속에서 '실행되기'보다는 인쇄상 조판 모양새로(typographically) 모방된다(Derrida, *Glas,* trans. John P. Leavey Jr. and Richard Rand, Lincoln and London: University of Nebraska Press, 1986).

론가라는 일반화된 이데올로기적 주체와 많이 닮아 있다. 이 주체는 노동이나 경영이 아니라 사회화된 자본의 법적 주체로서, '강력한' 여권을 쥐고 있고 '경'화$^{\text{"hard" currency}}$를 사용하며 아무 문제 없이 정당한 절차에 접근할 수 있는 주체이다. 다시 말하지만, 유엔 스타일의 페미니즘 행위자^{aparatchik}[19]들의 윤곽도 이 주체와 거의 동일하다. 가부장적 조처들에 맞서는 그녀의 투쟁은 그녀의 위치에서 보자면 전적으로 존경할 만하지만, 지구적으로 '적용될' 때는 끔찍해진다. 지구적 자본의 시대에 오어법적 표현인 '욕망', '지구' ──기관-없는-신체로서 지구 표층인── 는 특정한 방식들로 경험적인 옛말 사용^{paleonymy}에 오염되어 있다. 그것은 (G7의) 흐름 속에 있는 하나의 단면(구미$^{\text{Euro-U. S.}}$)이다.

들뢰즈와 가타리는 '경험적' 혹은 구성된 수준에서 욕망·권력·주체성의 관계를 약간 어긋난$^{\text{off-sync}}$ 양식으로, 가족과 식민주의에 맞세워 고찰한다. 이 때문에 그들은 그 국면에 텍스트화되는 이해관계들의 일반적 혹은 지구적 이론을 명료하게 만들어 낼 수 없게 된다. 바로 이러한 맥락에서 볼 때, 이데올로기(재현 체계들 내부에서 구성된 이해관계들을 이해하는 데는 이데올로기 이론이 필수적이다)에 대한 그들의 무관심은 유별나면서도 일관된다. 푸코의 작업은 이데올로기라는 주체-구성 등기부에 대해서는 작업할 수 없다. 그의 작업이 하부-개인적인 것$^{\text{the sub-individual}}$에, 그 반대편에서는 거대한 집합적 장치들^{dispositifs}에 집요하게 전념하기 때문이다. 하지만 대담이라는 등기부가 보여 주는 것처럼, 경험적 주체, 의도하는 주체, 심지어는 자아까지도 급진적 계산들 속에서 계속 가정되고 있음

---

[19] agent of the apparatus라는 뜻인데 정부나 당의 전문적 기능을 맡고 있는 관료를 폄하하는 맥락에서 쓰인다. ─ 옮긴이

에 틀림없다. 그렇기 때문에 영향력 있는 글인 「이데올로기와 이데올로기적 국가장치들(연구를 위한 노트)」에서 루이 알튀세르도 저 피할 수 없는 절충 지대에 거주하면서 하나의 주체를 가정해야 했다. 그가 추상적 평균 노동 혹은 노동력을 기술하기 위해 '좀더 과학적인 언어'를 사용하는 바로 그 순간에도 말이다. "노동력의 재생산은 노동 숙련도뿐만 아니라 동시에 지배 이데올로기에 대한 노동자의 복종 또한 재생산을 요구하며, 착취와 억압을 담당하는 행위자들에게는 지배 이데올로기를 잘 조작할 수 있는 능력의 재생산을 요구한다. 그리하여 그들은 지배 계급이 '말로'$^{par\ la\ parole}$ 지배하는 조건을 제공한다."[20]

푸코는 권력에 만연한 이질성을 고찰할 때, 알튀세르가 「이데올로기와 이데올로기적 국가장치들」에서 도식화하고자 한 거대한 제도적 이질성을 무시하지는 않는다. 마찬가지로 들뢰즈와 가타리도 『천 개의 고원』에서 제휴들^{alliances}, 기호 체계들, 국가 및 전쟁기계들을 거론하면서 바로 그 장을 열어젖힌다.[21] 그러나 푸코는 발전된 이데올로기 이론이라면 "지식을 형성하고 축적하는 효과적 도구들" 안에서만이 아니라 제도성 안에서도 자신이 물질적으로 생산됨을 인식**해 낼 수 있다**는 점을 인정하지 못한다.[22] 이 철학자들은 이데올로기 개념이라고 이름 붙이는 모든 논의가 텍스트적이기보다 도식적인 것일 **뿐이어서** 거부할 수밖에 없다고 보는 것 같다. 그래서 자신들의 오어법적 표현들이 불가피하게 '경험적' 장

---

20) Althusser, "Ideology and Ideological State Apparatuses(Notes towards an Investigation)", *Lenin and Philosophy and Other Essays*, pp. 132~133[「이데올로기와 이데올로기적 국가장치(연구를 위한 노트)」, 『아미엥에서의 주장』, 김동수 옮김, 솔, 80쪽]. 번역은 수정.
21) Deleuze and Guattari, *A Thousand Plateaus: Capitalism and Schizophrenia*, trans. Brain Massumi, Minneapolis: University of Minnesota Press, 1987, pp. 351~423[『천 개의 고원: 자본주의와 분열증』, 김재인 옮김, 새물결, 2001, 671~814쪽].

으로 번져 들어갈 때, 푸코와 들뢰즈는 욕망과 이해관계에 대한 기계적으로 도식적인 대립을 똑같이 생산할 수밖에 없다. 그리하여 부지불식간에 그들은 이데올로기의 자리를 연속주의적continuistic '무의식'이나 의사주체의parasubjective '문화'로 채우는 부르주아 사회학자들(혹은 '문화'만을 말하는 브레턴우즈의 액티비스트들)과 같은 편에 서게 된다. 욕망과 이해관계의 기계적 관계는 다음과 같은 문장에서 명백하게 드러난다. "우리는 결코 우리의 이해관계에 위배되게 욕망하지 않습니다. 이해관계라는 것은 항상 욕망을 따르게 마련이고, 또한 욕망이 이해관계를 배치하는 곳에서 자신을 발견하기 때문입니다."[23] 미분화된undifferentiated 욕망이 행위자가 되고 권력은 욕망의 효과들을 창출하는 데로 미끄러져 간다. "권력은……욕망의 수준에서 긍정적인 효과들을 생산합니다. 지식의 수준에서도 그렇습니다."[24]

이질성이 교차되고 평행을 이루는cross-hatched 이러한 의사주체의 매트릭스는 이름이 붙여지지 않은 **주체**를 은밀하게 도입한다. 적어도 순수 오어법의 새로운 헤게모니에 영향을 받은 지식인 노동자들에게는 그렇다. '최종 심급'을 위한 경주는 이제 경제와 권력 사이에서 벌어진다. 욕망

---

22) Foucault, "Two Lectures", *Power/Knowledge*, p. 102[「권력, 왕의 머리베기와 훈육」, 『권력과 지식』, 134쪽]. 이 점에 대해서는 또한 Stuart Hall, "The Problem of Ideology: Marxism without Guarantees", Betty Matthews ed., *Marx: A Hundred Years On*, London: Lawrence and Wishart, 1983[「이데올로기의 문제: 보증 없는 마르크스주의」, 『스튜어트 홀의 문화이론』, 임영호 편역, 한나래, 1996]도 참조.
23) Foucault, "Intellectuals and Power", *Language, Counter-Memory, Practice*, p. 215[「지식인과 권력」, 『푸코의 맑스』, 204쪽].
24) Foucault, "Body/Power", *Power/Knowledge*, p. 59[「육체와 권력」, 『권력과 지식』, 88쪽]. 이런 위험을 우회하면서 좀더 긍정적으로 평가하는(물론 전적으로는 아니지만) 해석으로는 Spivak, "More on Power/Knowledge", *Outside in the Teaching Machine*[「권력/지식에 덧붙이는 논의」, 『교육기계 안의 바깥에서』] 참조.

이 오어법적 표현들의 인식되지 않은 불가피한 경험적 오염에 의해 암묵적으로 정통 모델에 따라 반복해서 '정의'되기 때문에, 욕망은 '기만'과 정반대되는 것일 수 있다. 알튀세르는 '허위의식'(기만)으로서의 이데올로기 개념에 의문을 제기한 바 있다. 빌헬름 라이히조차 기만과 기만당하지 않는 욕망이라는 이분법 대신 집단적 의지라는 개념을 제시했다. "우리는 라이히의 외침을 받아들여야 합니다. 예, 대중들은 기만당했던 게 아닙니다. 그들은 특정한 순간에 실제로 파시스트 체제를 욕망했던 것입니다."[25]

이 철학자들은 구성적 모순이라는 생각을 받아들이지 않을 것이다. 그들이 인정하듯 바로 이 지점에서 그들은 **좌파**로부터 떨어져 나온다. 그들은 분할되지 않은 주체를 욕망의 이름으로 권력 담론 속에 암묵적으로 다시 끌어들인다. 실천의 등기부에서 푸코는 종종 '개인'과 '주체'를 혼동하는 것처럼 보이며,[26] 이 혼동이 푸코 자신의 개념-은유들에 미친 영향은 아마 그의 추종자들에게서 강화되어 나타날 것이다. 푸코는 '권력'이란 말이 갖는 힘 때문에 "주변을 점점 밝게 비추는 지점이라는 은유"를 사용하는 것을 허용한다. 이러한 미끄러짐은 부주의한 사람에게서 일어나는 예외라기보다는 규칙이 된다. 그리고 저 밝게 비추는 지점[이라는 은유]은 효과적으로 태양 중심적인 담론에 활기를 불어넣으면서 행위자의 텅 빈 자리를 이론의 역사적 태양인 유럽의 **주체**로 채워 버린다.[27]

그러므로 저항-토크resistance-talk의 경험적 등기부에서 푸코가 사회적 생산관계들을 재생산하는 이데올로기의 역할을 부인하는 것의 또 하나의

---

25) Foucault, "Intellectuals and Power", *Language, Counter-Memory, Practice*, p. 215[「지식인과 권력」, 『푸코의 맑스』, 204쪽].
26) 그 한 예로 Foucault, "Two Lectures", *Power/Knowledge*, p. 98[「권력, 왕의 머리베기와 훈육」, 『권력과 지식』, 130쪽] 참조.

논리적 귀결을 표명하는 것이 새삼 놀라울 것도 없다. 즉 푸코는 아무 의심 없이 피억압자들에게 주체의 가치를, 들뢰즈가 감탄하며 언급한바 "죄수들 스스로가 말할 수 있게 되는 조건들을 확립하기 위한" '대상 존재' object being의 가치를 부여한다. 푸코는 "대중들은 완벽하게, 잘, 명확하게 알고 있습니다"라고 덧붙인다. 기만당하지 않는다는 주제가 다시 나온다. "그들은 [지식인—스피박]보다 훨씬 더 잘 알고 있으며 알고 있는 것을 아주 분명하게 표현합니다."[28] 말하는 서발턴에 대한 복화술은 좌파 지식인들의 상투적 수단이자 밑천이다.

이러한 언명들에서 주권적 주체 비판은 어떻게 되는가? 이 재현주의적representationalist 리얼리즘은 "현실reality이란 공장·학교·병영·감옥·경찰서에서 실제로 벌어지고 있는 일들"이라는 들뢰즈의 언급에서 한계들에 도달한다.[29] 대항 헤게모니적인 이데올로기적 생산이라는 어려운 과업의 필요성을 이렇게 폐제해 버리는 것은 유익하지 못하다. 그것이 실증주의

---

27) 그렇다면, 너무 단순한 억압 개념이 초기부터 후기까지 푸코의 작업을 지탱한다는 사실에 그리 놀랄 것도 없다. 여기서 적대자는 맑스가 아니라 프로이트다. "나는 오늘날을 특징짓는 데 매우 자주 사용되는 권력 메커니즘들과 효과들을 분석할 때 [억압 개념이—스피박] 전적으로 부적합하다는 인상을 받았습니다"(Foucault, "Two Lectures", *Power/Knowledge*, p. 92[『권력, 왕의 머리베기와 훈육』, 『권력과 지식』, 124쪽]). 프로이트는 불쾌가 쾌로 욕망될 수 있어서 욕망과 '이해관계'의 관계를 근본적으로 재기입하기도 하기 때문에, 억압하에서 정동들(affects)의 현상적 정체성은 미확정적이라고 시사한다. 이러한 프로이트의 시사에 담겨 있던 섬세함과 미묘함이 여기서는 상당히 밋밋해지는 것 같다. 이 억압 개념을 정교하게 설명하는 대목으로는 Derrida, *Of Grammatology*, pp. 88, 333~334[『그라마톨로지』, 248쪽, 248~249쪽 주 36]; Derrida, *Limited inc. abc*, trans. Samuel Weber, Evanston: Northwestern University Press, 1988, pp. 74~75 참조. 다시금 문제는 오염되지 않은 오어법적 표현들이라는 명목하에, 구성된 주체의 수준을 받아들이기를 거부하는 것이다.
28) Foucault, "Intellectuals and Power", *Language, Counter-Memory, Practice*, pp. 206, 207[「지식인과 권력」, 『푸코의 맑스』, 189, 191쪽].
29) *Ibid.*, p. 212[같은 글, 같은 책, 200쪽].

적 경험주의──선진 자본주의의 신식민주의를 정당화하는 토대──가 자신의 영역을 "구체적 경험"이나 "실제로 벌어지고 있는 일들"로 정의하는 데 도움을 주기 때문이다(자본주의적 식민주의의 경우, 그리고 현 상황에 맞게 고쳐 말할 경우 '발전'-으로서-착취의 경우에도 그렇다. 지구적 남반구의 민족적 주체가 이렇게 문제화되지 않는 방식으로 계산됨으로써 증거가 일상적으로 생산되고 있다. 그리고 지구화에 유리한 알리바이는 신용-미끼에 걸린 여성의 증언을 요청함으로써 생산된다). 실로 죄수·군인·학생의 정치적 호소력을 보증하는 구체적 경험은 에피스테메를 진단하는 지식인의 구체적 경험을 통해 드러난다.[30] 지구적 자본 내부에 있는 지식인이 구체적 경험이라는 무기를 휘두르는 것은 하나의 '구체적 경험' 모델을 **유일한** 모델로 만듦으로써 국제 노동 분업의 공고화를 도와줄 수 있다. 들뢰즈도 푸코도 바로 이 점을 인식하지 못하는 것 같다. 우리는 포스트식민 **이주민**이 토착민을 다시 한번 차단하면서 규범이 되는 것을 지켜보고 있으며, 그것을 우리의 분과학문에서 일상적으로 목도한다.[31]

피억압자들의 구체적 경험은 가치 있다고 여기는 반면 지식인의 역사적 역할에는 무비판적인 입장 내부에 있는 인식되지 않은 모순은 말의

---

30) 이런 특정한 상황의 알튀세르 판본은 너무 도식적일 수도 있지만 내가 여기서 고찰 중인 논의보다 프로그램상 더 신중한 것 같다. "계급 **본능**은 주관적이고 자생적이다. 계급 **위치**는 객관적이고 합리적이다. 프롤레타리아 계급 위치에 도달하기 위해서는 프롤레타리아트의 계급 본능은 **교육되기만** 하면 된다. 반대로 프티부르주아지의, **따라서 지식인의** 계급 본능은 **혁명화되어야** 한다." Althusser, "Philosophy as a Revolutionary Weapon", *Lenin and Philosophy and Other Essays*, p. 13[「혁명의 무기로서의 철학」, 『아미엥에서의 주장』, 46쪽]. 알튀세르의 신중한 프로그램에는 공들인 이중 구속, 즉 언제나 이미 교차된 아포리아가 있다. 최근에 데리다는 정의란 불가능한 것의 경험이며, 결정(decisions)은 그것에 가정된 전제들에 언제나 범주적으로 불충분한 것이라 주장했다. 알튀세르의 신중한 프로그램은 이와 같은 데리다의 최근 논의를 읽어 내는 한 방식이 될 수 있겠다.

미끄러짐^{verbal slippage}에 의해 유지된다. 들뢰즈는 "이론이란 연장통과 같습니다. 기표하고는 아무 상관이 없어요."라는 놀라운 선언을 한다.³²⁾ 이론 세계가 언어를 사용한다는 점과, 그 언어 사용이 그것에 반대되는 것으로서 '실천적'이라 정의되는 모든 작업에 접근한다는 점이 환원 불가능하다는 사실을 고려하면, (해석학과의 내부적 의견 충돌만 언급하는) 들뢰즈의 단언은 지적 노동이 육체 노동과 똑같음을 입증하고 싶어 안달하는 지식인만 도와줄 뿐이다.

기표들이 [실천과 무관하게] 스스로를 돌보도록 남겨질 때 말의 미끄러짐이 일어나게 된다. '재현'^{representation}이라는 기표가 이에 딱 들어맞는 경우다. 들뢰즈는 기표와 이론의 연결을 끊어 버리며 똑같이 무시하는 말투로 이렇게 선언해 버린다. "재현이란 더 이상 없습니다. 행동만 있을 뿐이죠." "서로 릴레이로 연결되고 네트워크를 형성하는 이론의 행동과 실천의 행동이 말입니다."³³⁾

여기서 중요한 사항이 지적되고 있다. 이론의 생산 역시 실천이라는 것이다. 추상적인 '순수' 이론과 구체적으로 '적용된' 실천이 너무 쉽고 빠르게 대립된다.³⁴⁾ 하지만 이 논지에 대한 들뢰즈의 명료한 언급은 문제적

---

31) "그러한 반복이 여기서 정말 쓸모가 있을까요?"라고 익명의 논평자가 내게 묻는다. 나는 100개의 사례들 중에서 하나를, 즉 1997년 11월 7일 컬럼비아 대학에서 열린 '분과학문과 상호학제: 주변을 협상하기'(Disciplinary and Interdisciplinary: Negotiating the Margin)라는 학술 대회를 인용한다. 이 학술 대회 전체가 미국(뉴욕으로 읽으시라)의 다양한 소수 집단들 사이의 친선에 대해 급진적 페미니즘의 증언이라면서 관심을 기울였다. 이 증언은 표면 밑에서 들끓고 있는 광포한 정체성주의적 갈등에 직면해 전적으로 유익해 보였다. 강화된 다문화주의적 미국 주체, 즉 포스트식민성의 가장 새로운 얼굴은 지구성을 위해서는 여전히 아무것도 하지 않고 있으며, 아마도 해를 끼칠 것이다. 애석하게도 이 점은 반복할 가치가 있다.
32) Foucault, "Intellectuals and Power", *Language, Counter-Memory, Practice*, p. 208[『지식인과 권력』, 『푸코의 맑스』, 192쪽].
33) *Ibid.*, pp. 206~207[같은 글, 같은 책, 190쪽].

이다. 재현에는 정치에서처럼 누군가를 '대변'speaking for한다는 재현과, 예술이나 철학에서처럼 '다시-제시're-presentation한다는 재현이라는 두 의미가 함께 작동한다. 이론 역시 오직 '행동'이기 때문에, 이론가는 피억압 집단을 재현하지(대변하지) 않는다. 실로 그 이론가 주체는 재현하는(현실을 적합하게 다시-제시하는) 의식으로 간주되지 않는다. 한편으로 국가 형성과 법 내부에서, 다른 한편으로 주제-서술subject-predication에서 재현이 지니는 이 두 가지 의미는 서로 관련되지만 환원될 수 없이 불연속적이다. 증거로 제시되는 하나의 유비를 이용해 이 불연속성을 은폐하는 것은 다시금 역설적인 주체-특권화를 반영하는 것이다.[35] "말하고 행동하는 사람은······ 항상 다양체"이기 때문에, "이론화하는 지식인······ [이나─스피박] 정당 혹은······ 노동조합"은 "행동하고 투쟁하는 이들"을 재현할 수 없다는 것이다. 행동하고 **투쟁하는** 이들은, 행동하고 **말하는** 이들과 반대되기 때문에 말이 없단 말인가?[36] 이 엄청난 문제가 의식consciousness과 양심conscience(프랑스어로는 둘 다 conscience), 재현과 다시-제시라는 '동일

---

34) 데리다는 이론은 포괄적인 분류학이 될 수 없으며 실천에 의해 규범(norm)이 된다는 개념을 갖고 있다. 들뢰즈가 저 진술을 한 이후 다른 글에 나온 푸코의 설명("Power and Strategies", *Power/Knowledge*, p. 145[「권력과 전략」,『권력과 지식』, 180쪽])은 데리다의 개념에 더 가깝다.
35) Foucault, "Power and Strategies", "The Politics of Health in the Eighteenth Century", *Ibid.*, pp. 141, 188[「권력과 전략」,「18세기 질병의 정치학」, 같은 책, 176, 228쪽]에서 희희낙락 펼쳐지고 있는, 놀랍도록 무비판적인 재현 개념들을 보라. 나는 지식인들의 서발턴 집단 재현을 비판하면서 이 문단을 마무리하는데, 그 결론은 연합(coalition) 정치와 엄밀하게 구분되어야 한다. 연합 정치는 자신의 틀의 설정을 사회화된 자본 내부에서 고려하며, 사람들이 억압되어서가 아니라 착취당하기 때문에 사람들을 통합한다. 이 모델은 대표가 사라지지 않을 뿐만 아니라 공들여 정교하게 상연되는 곳인 의회 민주주의 내부에서 가장 잘 작동한다.
36) Foucault, "Intellectuals and Power", *Language, Counter-Memory, Practice*, p. 206[「지식인과 권력」,『푸코의 맑스』, 190~191쪽].

한' 단어들의 차이 속에 묻혀 있다. 국가 형성들과 정치경제 체계들 내부에서의 이데올로기적 주체-구성에 대한 비판은 '의식을 변혁'시키는 적극적인 이론적 실천이 그런 것처럼 이제 지워질 수 있다. 자기를 아는 정치적으로 영리한 서발턴들에 대한 좌파 지식인들의 목록이 안고 있는 진부함이 폭로된다. 지식인들은 서발턴들을 재현[대표]하면서 자신들을 투명한 존재로 재현한다.

이러한 비판과 기획을 포기하지 않으려면, 국가 및 정치경제에서의 재현과 다른 한편으로 **주체** 이론에서의 재현 사이의 유동적인 구분들을 지워서는 안 된다. 『루이 보나파르트의 브뤼메르 18일』의 유명한 부분에 나오는 vertreten(전자의 의미에서의 '대표하다')과 darstellen(후자의 의미에서의 '다시-제시하다')의 유희를 살펴보도록 하자. 거기서 맑스는 기술적descriptive·변혁적transformative 개념으로서 '계급'을 알튀세르의 계급 본능과 계급 위치 구분보다 좀더 복잡한 방식으로 건드린다. 우리의 두 철학자가 말하는 노동 계급 관점으로부터 논의한다는 맥락에서, 또 메트로폴리스 연원의 '정치적' 제3세계 페미니즘 관점으로부터 논의한다는 맥락에서 이 사안은 중요하다.

여기서 맑스가 주장하는 바는, 하나의 계급에 대한 기술적 정의는 차이적differential 정의일 수 있다는 것이다. 하나의 계급이 다른 모든 계급들에서 잘려 나옴으로써 생기는 차이 말이다. "수백만의 가족들은 그들의 생활양식·이해관계·교양을 다른 계급들의 그것들에서 잘라 내 서로 적대적으로 대치시키는feindlich gegenüberstellen 경제적 실존의 조건하에 살아가는 한에서 하나의 계급을 형성한다."[37] '계급 본능'과 같은 것은 여기서 작동하지 않는다. 사실 '본능'의 영역으로 간주될 법한, 가족적 실존의 집단성은 계급들의 차이적 분리에 의해 작동하면서도 그 분리와 불연속적이다. 국제적 주변부보다 1970년대의 프랑스에 훨씬 더 잘 들어맞는 이러한 맥락에서 봐도, 한 계급의 형성은 **인위적**이고 경제적이며, 경제적 행위 능력agency 혹은 **이해관계**는 체계적이고 이질적이기 때문에 비인격적이다. 이 행위 능력 혹은 이해관계는 헤겔의 개별 주체 비판과 긴밀한 관계를 맺고 있다. 왜냐하면 그 행위 능력 혹은 이해관계는 역사이자 정치경제인, 주체 없는 바로 그러한 과정 속에서 그 주체의 텅 빈 자리를 나타내기 때문이다. 여기서 자본가는 "자본의 무제한적인 운동을 의식적으로 담지하는 자Träger"로 정의된다.[38] 나의 요점은, 욕망과 이해관계가 일치하는 미분할된 주체를 창출하고자 맑스가 작업하고 있는 게 아니라는 것이다. 계급의식은 그런 목적을 향해 작동하지 않는다. 경제 영역(자본가)과 정치 영역(세계사적 행위자) 모두에서 맑스는 주체의 부분들이 서로 연속적이지도 일관되지도 않는, 흩어져 있고dispersed 탈구된dislocated 주체 모델을 구축하지 않을 수 없었다. 자본을 파우스트적 괴물로 기술한 유명한 문구가 이 점을 생생하게 가슴에 와 닿도록 한다.[39]

『루이 보나파르트의 브뤼메르 18일』에 나오는 다음 부분 역시 흩어져 있고 탈구된 계급 주체라는 구조적 원리를 다룬다. 즉 소자작농small peasant proprietor 계급의 (부재하는 집단적) 의식은 그것을 '담지하는 자'를, 다른 계급의 이해관계를 위해 일하는 것처럼 보이는 '재현자'[대표자]에게서 발견한다는 것이다. 여기서 '재현자'representative란 묘사darstellen에서 나온 것

---

37) Karl Marx, "The Eighteenth Brumaire of Louis Bonaparte", *Surveys from Exile*, trans. David Fernbach, New York: Penguin, 1973, p. 239[『루이 보나빠르뜨의 브뤼메르 18일』, 『칼 맑스·프리드리히 엥겔스 저작 선집』 2권, 최인호 외 옮김, 박종철출판사, 1993, 382쪽].

38) Marx, *Capital, Volume 1: A Critique of Political Economy*, trans. Ben Fowkes, New York: Viking Penguin, 1977, p. 254[『자본』 I-1, 강신준 옮김, 길, 2008, 233쪽].

39) Marx, *Ibid.*, p. 302[같은 책, 287쪽].

이 아니다. 바로 이 대목이 푸코와 들뢰즈가 슬쩍 넘어가 버리는 대조를, 말하자면 대리proxy와 묘사portrait 사이의 대조를 날카롭게 벼려 낸다. 물론 이 둘 사이에는 관계가 있다. 시인과 궤변론자, 배우와 연설가가 모두 해로운 존재로 간주된 이래, 적어도 유럽 전통에서는 정치적·이데올로기적으로 악화되는 일로를 걸어 온 관계가 말이다. 권력의 무대를 포스트맑스주의적으로 기술한다는 명목하에 우리는 훨씬 오래전부터 비유tropology로서의 재현 혹은 수사와 설득persuasion으로서의 재현 혹은 수사 사이에서 진행되어 온 논쟁과 마주치게 된다. 여기서 darstellen은 첫번째 진영에 속하고 vertreten은 대리substitution라는 더 강한 의미를 띠는 두번째 진영에 속한다. 다시금, 두 진영은 서로 관련되어 있다. 하지만 두 진영을 결합시키는 것, 특히 두 진영 너머에서는 피억압 주체들이 **스스로** 말하고 행동하고 안다고 말하기 위해 그렇게 하는 것은 본질주의적 유토피아 정치를 초래한다. 계급 대신 젠더라는 단 하나의 쟁점으로 옮겨 갈 경우 이런 정치(학)는 아무 의심 없이 지구적 금융화를 지지할 수 있다. 지구적 금융화는 신용-미끼에 걸린 농촌 여성 속에서 하나의 일반 의지를 가차 없이 구축해 나갈 것이다. 지구적 금융화가 농촌 여성을 '발전시킬' 수 있도록 유엔 행동계획UN Action Plan을 통해 그녀를 '포맷'할 때도 그렇다. '진리'에 봉사한다는 수사는 언제나 자체를 투명하게 만들어 왔다. 그런데 바로 이러한 순열 조합 너머에 많이 떠올려지는 (**여성**으로서) 억압된 주체──발전 속의 젠더가 자신에게 최선임을 말하고 행동하고 아는──가 있다. 주목받지 못한 서발턴의 역사를 펼쳐야 하는 것은 바로 이 불운한 꼭두각시의 그림자 속에서이다.

    다음 인용문에서 맑스는 영어로는 '재현하다'represent라고 쓰는 곳에 vertreten을 사용하면서, 주체의 의식이 주체의 Vertretung(재현representation으로서의 대리substitution와 훨씬 가까운)과 탈구되고 일관되지 않은 그러한 사회적 '주체'를 논의한다. 소자작농들은

> 스스로를 재현[대표]할represent 수 없다. 그들은 재현[대표]되어야만 한다. 그들의 재현자[대표자]는 그들의 주인이자 그들 위에 군림하는 권위, 그들을 다른 계급들에게서 보호하며 비와 햇빛을 보내는 무제한적인 정부 권력 모두로 나타나야 한다. 그러므로 소자작농들의 정치적 영향력[통합된 계급 주체란 없기 때문에 계급 이해관계 대신 — 스피박]은 그 최후의 표현[여기서는 대리물들substitutions, Vertretungen의 연쇄라는 의미를 강하게 함축한다 — 스피박]을, 사회를 자신에게 종속시키는 집행력Exekutivegewalt[독일어에서는 덜 인격적인 용어이다. 데리다는 「법의 힘」Force of Law에서 Gewalt를 또 다른 맥락에서의 폭력violence이라고 번역한다 — 스피박]에서 발견한다.[40]

이것은 '영향력'의 원천(이 경우 소자작농들), '재현자'(루이 나폴레옹), 역사적-정치적 현상(집행의 통제) 사이의 필연적 간극을 인지하는 사회적 비일관성 모델이다. 이 모델은 **개별** 행위자agent로서 주체에 대한 비판뿐만 아니라 **집단적** 행위 능력agency의 주체성에 대한 비판도 함축한다. 필연적으로 탈구된 역사 기계가 움직여 나간다. 이 소자작농들의 **"이해관계**

---

40) 이 대목은 루이 나폴레옹에 의한 사기성 농후한 '대표'와 부르주아 이해관계들에 의한 '혁명적' 농민들의 정기적 억압이라는 맥락에서 쓰인 것이라 고도의 아이러니를 내포하고 있다(Marx, "The Eighteenth Brumaire of Louis Bonaparte", *Surveys from Exile*, p. 239[「루이 보나빠르뜨의 브뤼메르 18일」, 『칼 맑스·프리드리히 엥겔스 저작 선집』 2권, 382쪽]). 많은 성급한 독자들이 맑스가 여기서 개진된 견해를 모든 소작농에 대한 자신의 견해로 진전시키고 있다고 생각한다!

의 동일성이 하나의 공동체 감정, 즉 국민적 연계들이나 정치적 조직을 생산하는 데 실패"하기 때문이다. (설득-으로서-수사 진영의) 대표^{Vertretung}라는 사건이 묘사^{Darstellung}(혹은 비유-로서-수사)처럼 행동하며 (기술적) 계급 형성과 (변혁적) 계급 비형성 사이의 간극에 자리를 잡는다. "수백만의 가족들이 생활양식을 [다른 계급과—스피박] 분리시키는 경제적 실존의 조건하에 살아가는 한에서……**그들은 하나의 계급을 형성한다**. 그들 이해관계의 동일성이 하나의 공동체 감정을 생산하는 데 실패하는 한에서……**그들은 하나의 계급을 형성하지 않는다**." 맑스가 『루이 보나파르트의 브뤼메르 18일』에서 하고 있듯, 맑스주의자들은 대표와 묘사의 바로 이 공모성을 드러내야 한다. 그런 만큼 이 공모성, 실천의 장소로서 대표와 묘사의 차이-속의-동일성은 말의 미끄러짐으로 인해 이 둘을 혼동하지 않을 때라야 제대로 인식될 수 있다.

이런 해석이 맑스를 과도하게 텍스트화하는 것이며, 그를 평범한 '남성'이 접근할 수 없는 인물로 만들어 버린다는 그저 편향되기만 한 주장도 있다. 상식의 희생자인 그 평범한 남성은 실증주의의 유산에 아주 깊이 빠져 있다. 그래서 그는 부정성의 노동$^{\text{the work of the negative}}$과 구체적인 것의 탈물신화의 필요성에 대한 맑스의 환원 불가능한 강조를, 그 가장 강력한 적인 허공 속의 '역사적 전통'에 의해, 끊임없이 탈취당한다.[41] 나는 평범하지 않은 '남성', 즉 우리 시대의 실천 철학자와 평범하지 않은 여성, 즉

---

[41] 상식을 탁월하고 간명하게 정의하면서 논의하고 있는 글로는 Errol Lawrence, "Just Plain Common Sense: The 'Roots' of Racism", Hazel V. Carby et al., *The Empire Strikes Back: Race and Racism in 70s Britain*, London: Hutchinson, 1982, p. 48 참조. 그람시적 '상식'과 '양식'(good sense) 개념은 다음 책에서 폭넓게 논의된다. Marcia Landy, *Film, Politics, and Gramsci*, Minneapolis: University of Minnesota Press, 1994.

'제3세계의 저항'에 열광하는 메트로폴리스 거주자 역시 때로 동일한 실증주의를 드러낸다는 점을 지적하려고 애써 왔다.

기술적 계급 '위치'로부터 변혁적 계급 '의식'으로의 발전이 맑스에게 의식의 바탕 수준에 개입하는 과제가 아니라는 점에 동의한다면 문제의 중대성은 분명해진다. 계급 의식은 가족을 구조적 모델로 삼는 공동체 감정이 아니라, 국민적 연계와 정치적 조직에 속하는 공동체 감정과 더불어 존재한다. 맑스에게 가족은 자연과 동일시되지 **않지만**, 그가 "자연적 교환"—철학적으로 말하면 사용가치를 위한 '장소를 확보하는 자'—이라 부른 것과 함께 배치된다.[42] '자연적 교환'은 '사회와의 교통'과 대조된다. 여기서 '교통'intercourse, Verkehr은 맑스가 보통 '상업'commerce을 지칭하는 데 쓰는 단어이다. 바로 이 '교통'이 잉여가치 생산을 유도하는 교환 장소를 확보하며, 계급의 행위 능력을 낳는 공동체 감정이 발전하는 것도 바로 이러한 교통의 영역 속에서다. 계급의 전적인 행위 능력이란 (만약 그런 것이 있다면) 바탕 수준에서 일어나는 이데올로기적 의식 변화가 아니며, 행위자들과 그들 이해관계의 바람직한 동일성—그것의 부재가 푸코와 들뢰즈를 괴롭히는—도 아니다. 그것은 처음부터 '인위적인' 무엇, 즉 "그들의 생활양식을 분리시키는 경제적 실존의 조건"의 **전유**(**대리보충**)이자 논쟁의 여지가 많은 **대체**replacement이다. 맑스의 정식화들은 개인적·집단적 주체의 행위 능력에 대해 새로 일어나고 있던 비판을 신중하게 존중한

---

42) 맑스에서 '사용가치'는 '자연적 교환'이라는 잠재적 모순어법만큼이나 '이론적 허구'로 보일 수 있다. 이 점을 전개하고자 시도한 논의로는 Spivak, "Scattered Speculations on the Question of Value", *In Other Worlds: Essays in Cultural Politics*, New York: Routledge, 1987[『가치 문제에 관한 단상들』, 『다른 세상에서: 문화정치학 에세이』, 태혜숙 옮김, 여이연, 2008] 참조.

다. 맑스에게 계급 의식의 기획과 의식 변혁의 기획은 불연속적 쟁점들이다. 이에 상응하는 오늘날의 유사물을 들자면 '초국적 읽기 능력'transnational literacy이 될 텐데, 이것은 검토되지 않은 문화주의가 지닌 동원 잠재력과 대립한다.[43] 역으로 '리비도 경제'와 욕망을 결정적인 이해관계로 환기하는 우리 시대의 태도는 (사회화된 자본하에서) '자신을 대변하는' 피억압자들의 실천적 정치와 결합함으로써, 주권적 주체 범주를 가장 의문시하는 것처럼 보이는 이론 내부에서 그 범주를 복원시키는 셈이다.

하나의 가족이 하나의 특정한 계급 형성에 속하는데도 가족이라는 범주를 배제한 것이 맑스주의의 태생을 표기하는 남성주의적 틀의 일부를 이룬다는 사실에는 의심의 여지가 없다.[44] 오늘날의 지구적 정치경제에서뿐만 아니라 역사적으로도 가부장적 사회 관계들에서 가족이 담당하는 역할은 엄청나게 이질적이고 논란의 여지가 많다. 그래서 이 문제틀에 그저 가족을 다시 집어넣는 것으로는 틀 자체를 깨뜨리지 못한다. 또한 피억압자의 목록에 '여성들'이라는 단일체적 집단성을 실증주의에 입각해 포함시킨다고 해서 해결책이 나오는 것도 아니다. 그 여성들의 파열되지 않은 주체성이 그들로 하여금 똑같이 단일체적인 '동일한 체계'에 맞서 스스로를 대변하도록 허용해 준다는 식이라서 그렇다.

---

43) '초국적 읽기 능력'을 좀더 발전시키는 글로는 Spivak, "Teaching for the Times", Bhiku Parekh and Jan Nederveen Pieterse eds., *The Decolonization of the Imagination*, London: Zed, 1995; "Diasporas Old and New: Women in a Transnational World", *Textual Practice*, Vol. 10, No. 2, 1996 참조. 인도를 구체적으로 거론한 글로는 Biju Mathewes et al.,에 실린 "Vasudhaiva"(미간행 원고) 참조.
44) Derrida, "Linguistic Circle of Geneva", *Margins of Philosophy*, 특히 pp. 143~144는 맑스의 계급 형성 형태학(morphology)에서 가족이 차지하는 환원 불가능한 자리를 평가하는 한 가지 방법을 제공해 줄 수 있다.

맑스는 전략적이고 인위적이며 이차적인 수준에서 발전되는 '의식'의 맥락에서 부칭父稱 따오기patronymic 개념을 대표Vertretung로서 재현이라는 좀더 광범위한 개념 내부에 계속 둔 채 사용한다. 소자작농들은 "의회를 통해서건 국민 공회를 통해서건 그들의 고유명사로는im eigenen Namen 자신의 계급 이해관계를 타당한 것으로 만들 능력이 없다". 가족이 아닌 인위적·집단적 고유명사의 부재를 채워 주는 것은, '역사적 전통'이 제공할 수 있는 유일한 고유명사로 부칭 자체인 아버지의 이름이다(이와 별반 다르지 않은 심정에서, 진 리스Jean Rhys는 자신의 소설 인물[로체스터]에게 아버지의 이름을 부여하기를 거부했다[45]). "기적이 일어나 나폴레옹이라고 **이름 붙여진** 사람이 자신들의 모든 영광을 회복시켜 주리라는 프랑스 소작농들의 믿음을 생산해 낸 것은 역사적 전통이다. 그리고 한 개인이 나타났다." 이 구절에서 번역 불가능한 es fand sich(자신이 한 개인임을 발견했다?)는 행위 능력과 관련된, 혹은 행위자와 그의 이해관계들의 연관성과 관련된 모든 문제를 없애 버린다. "그는 자기 자신이 바로 그 사람이라고 자신을 드러내 보였다"(이러한 가장pretense이야말로 역으로 그에게 유일하게 고유한 행위 능력이다). 그가 "부계父系 조사를 금하는 나폴레옹 법전을 담지trägt[자본가가 자본과 맺는 관계를 가리키는 단어—스피박]했기 때문이다". 여기서 맑스는 가부장적 은유 체계 안에서 움직이고 있는 것처럼 보인다. 하지만 우리는 이 부분에 함축되어 있는 텍스트상의 미묘함에 주목해야 할 것이다. 친아버지에 대한 조사를 금한 것은 바로 역설적이게도 **아버지의 법**(나폴레옹 법전)이다. 형성되어 있으면서formed 아직 비형성된unformed 계급이 역사적인 **아버지의 법**을 엄격하게 준수한다. 그리하여 친아버지에 대

---

45) 진 리스, 『광막한 사르가소 바다』, 윤정길 옮김, 펭귄클래식코리아, 2008 참조.—옮긴이

한 그 계급의 믿음은 부정된다.

내가 이토록 오랫동안 맑스가 쓴 이 부분을 곱씹어 온 것은, 이 부분이 정치적 맥락에서의 대표^{Vertretung} 혹은 재현의 내적 역학을 분명하게 밝혀 주기 때문이다. 경제적 맥락에서 재현에 해당하는 것은 묘사^{Darstellung}다. 이것은 분할된 주체와 간접적으로 관련되는 상연, 혹은 진실로 의미화로서 철학적 재현 개념이다. 가장 명확한 다음 구절은 잘 알려져 있다. "상품들의 교환 관계에서 교환가치는 사용가치와 완전히 독립적인 것처럼 보였다. 그러나 우리가 노동 생산물에서 사용가치를 추출해 낸다면, 그것이 결정되는^{bestimmt} 대로 우리는 가치를 획득한다. 상품의 교환 관계 또는 교환가치에서 스스로를 재현[묘사]하는$^{\text{represent itself, sich darstellt}}$ 공통 요소가 바로 상품의 가치가 된다."[46]

맑스에 따르면 자본주의하에서 가치는 필요노동과 잉여노동으로 생산되며, 대상화된 노동(인간적 활동과 엄격하게 구분되는)의 재현/기호로 계산된다. 역으로 착취를 **노동력의 재현으로서** (잉여)가치의 추출(생산), 전유, 실현으로 보는 착취 이론이 부재할 때, 자본주의적 착취는 지배(권력 역학 자체)의 한 양상으로 간주될 게 틀림없다. 들뢰즈는 "맑스주의의 추동력은 [권력이 착취 및 국가 형성의 구조보다 더욱 산재한다는 — 스피박] 문제를 본질적으로 이해관계들의 견지(권력은 자기 이해관계에 의해 정의되는 지배 계급에 의해 유지된다는)에서 결정하는 데 있었습니다"[47]라고

---

46) Marx, *Capital, Volume 1*, p. 128[『자본』 I-1, 91~92쪽]. 이 점은 상식이다. 그다음에 맑스는 이 점을 뛰어넘어, 가치가 사용가치와 교환가치 둘 모두의 추상임을 보여 준다. 여기서 이에 대한 논의를 진전시키는 것은 논지를 벗어나는 일이다.

47) Foucault, "Intellectuals and Power", *Language, Counter-Memory, Practice*, p. 214[「지식인과 권력」, 『푸코의 맑스』, 203쪽].

주장한다.

『앙티 오이디푸스』의 몇몇 부분에서 들뢰즈와 가타리는 맑스의 화폐 형태 **이론**을 탁월하지만 '시적으로' 파악한 대목에 자기들의 사례를 세우고 있다. 우리가 이것을 무시할 수 없듯이, 맑스의 기획에 대한 그러한 최소주의적^{minimalist} 요약에 반대할 수는 없다. 하지만 다음과 같은 방식으로 우리의 비판을 강화할 수는 있겠다. 지구적 자본주의(경제에서의 착취)와 국민-국가 연합(지정학에서의 지배)의 관계는 너무 거시논리적^{macrological}이라 권력의 미시논리적^{micrological} 결을 설명할 수 없다.[48] 하부-개인적 미시논리들은 '경험적' 장을 파악할 수 없다. 우리가 그 경험적 장을 설명해 내는 쪽으로 움직이기 위해서는 이데올로기 이론들 쪽으로, 미시논리들을 응고시키고 거시논리들로 응고되는 이해관계들을 미시논리적으로 또 종종 엉뚱하게 작동시키는 주체 형성의 이론들 쪽으로 나아가야 한다. 그 이데올로기 이론들은 주체 형성의 노선이 엉뚱**하다는** 점을, **두 가지** 의미에서의 재현 범주가 아주 중요하다는 점을 간과할 수가 없다. 그 이론들은 재현 속에서의 세계의 상연——세계의 글쓰기 무대, 세계의 묘사^{Darstellung}——이 '영웅들', 아버지의 대리자들, 권력의 행위자들, 즉 대표^{Vertretung}를 선택하고 요구하는 과정을 위장하는 경위에 주목해야 한다.

나는 급진적 실천이라면 총체화하는 권력 개념과 욕망 개념을 통해 개별 주체를 다시 도입하기보다 이와 같은 재현의 이중 회합에 주목해야 한다고 본다. 또한 내가 보기에 맑스는 계급 실천의 영역을 이차적인 추상

---

[48] 이 상황은 **새로운 세계 질서** 속에서 변화해 왔다. 세계은행, 국제통화기금, 세계무역기구를 '경제적인 것'이라고 부르고 유엔을 '정치적인 것'이라고 부르도록 하자. 이들 간의 관계는 아마 본연의 미시논리일 젠더('문화적인 것')의 이름으로 교섭되고 있는 중이다.

수준에 둠으로써 사실상 행위자로서 개별 주체에 대한 (칸트적 그리고) 헤겔적 비판을 계속 열어 두고 있었다.[49] 이런 시각을 갖고 있다고 해서 내가 다음의 사실을, 즉 맑스가 암묵적으로 가족과 모국어를 바탕 수준 ─ 이 수준에서는 문화와 관습이 마치 '그녀'[자연]의 전복을 조직하는 자연 자신의 방식인 것처럼 보인다 ─ 으로 정의함으로써 그 자신도 오래된 술책을 시연한다는 사실을 무시하는 것은 아니다.[50] 그렇지만 비판적 실천을 행한다는 포스트구조주의적 주장의 맥락에서 볼 때, 맑스의 이런 술책은 주관적 본질주의의 은밀한 복원에 비하면 더 구제 가능하다.

맑스를 자비롭지만 낡은 형상으로 환원하는 태도야말로 새로운 해석 이론을 출범시킨다는 이해관계를 가장 빈번하게 도와준다. 푸코와 들뢰즈의 대담에서 쟁점은 재현도 없고 기표도 없다는 선언인 것 같다(기표가 이미 전송되었다고 가정하는 것일까? 그렇다면 경험을 작동시키는 기호-구조도 없는 셈인데 그러면 우리는 기호학을 접는 것일까?). 이론은 실천의 릴레이이며(그리하여 이론적 실천의 문제들을 접으며), 피억압자는 자신을 잘 알고 대변할 수 있다는 것이다. 이것은 최소한 두 수준에서 구성적 주체를 다시 도입한다. 즉 환원 불가능한 방법론적 전제로서 욕망과 권력의 **주체**와 자기-동일적이지는 않지만 자기-근접적인self-proximate 피억압 주체

---

49) 나는 맑스주의와 신칸트주의의 관계가 정치적으로 난처하다는 것을 알고 있다. 맑스 자신의 텍스트들과 칸트적인 윤리적 계기 사이에 어떻게 하나의 연속선이 그어질 수 있는지 나는 잘 이해하지 못한다. 그렇지만 역사의 행위자로서 개인적인 것(the individual)에 대한 맑스의 문제제기는 칸트의 데카르트 비판에 의해 시작된 개별 주체의 와해라는 맥락에서 읽혀야 할 것 같다.

50) Marx, *Grundrisse: Foundations of the Critique of Political Economy*, trans. Martin Nicolaus, New York: Viking, 1973, pp. 162~163[『정치경제학 비판 요강』, 김호균 옮김, 그린비, 2007, 143~144쪽].

를 다시 도입한다. 게다가 **주체도 주체도 아닌** 지식인들은 이 릴레이 경주에서 투명한 존재가 된다. 왜냐하면 그저 그들은 재현되지 않는unrepresented 주체를 보도하고 권력과 욕망(에 의해 환원 불가능하게 전제된 이 이름 없는 **주체**)의 작동을 (분석 과정 없이) 분석하기 때문이다. 이렇게 생산된 '투명성'은 '이해관계'의 자리를 가리킨다. 이 투명성은 "나는 이제 심판, 판사, 보편적 증인과 같은 역할을 **전적으로 거부한다**"는 극렬한 부인을 통해 유지된다. 그처럼 이해관계로 침윤된 개인이 지식인 주체에게 부여된 권력의 제도적 특권들을 개인주의적으로 거부하는 것은 불가능하다. 그래서 비평가에게는 그러한 불가능성을 진지하게 수긍하면서 글을 읽고 쓸 책임이 있을 것이다. 기호-체계에 대한 거부는 '경험적인' 것 속에서 발전된 이데올로기 이론으로 나아가는 길을 막는다. 여기서도 부인의 특이한 어조가 들린다. 푸코는 "제도는 그 자체로 담론적"이라는 자크-알랭 밀레Jacques-Alain Miller의 말에 이렇게 대꾸한다. "그렇게 여기고 싶다면 그렇겠죠. 하지만 내 문제가 언어학적인 것이 아닌 한……이것은 담론적인데 저것은 그렇지 않다고 말할 수 있다는 게 나의 장치apparatus 개념엔 크게 중요하지 않습니다."[51] 담론 분석의 대가가 언어와 담론을 혼동하는 것은 무슨 까닭에서일까?

에드워드 W. 사이드는 푸코의 권력 개념을 "계급의 역할, 경제의 역할, 봉기와 반항의 역할을 말소하도록" 허용하는 현혹시키고 신비화하는 범주라고 비판한다. 이것은 여기서 적절한 지적이다. 하부-개인적인 것에 있는 '권력'의 이름이 지니는 중요성을 무시해서는 안 되지만 말이다.[52]

---

51) Foucault, "The Confession of the Flesh", *Power/Knowledge*, p. 198[「육체의 고백」, 『권력과 지식』, 240쪽].

나는 사이드의 분석에다 지식인의 투명성에 의해 표시되는 권력과 욕망의 은밀한 주체 개념을 덧붙인다.

  부인에 의해 신기하게도 투명성 속에 함께 꿰매어진 이 **주체**/주체는 국제 노동 분업에서 착취자의 편에 속한다. 우리 시대 프랑스 지식인들에게 유럽의 **타자**라는 이름 없는 주체 속에 거주할 법한 **권력**과 **욕망**을 상상하는 것은 불가능한 일이다. 비판적으로든 무비판적으로든 그들이 읽는 모든 것이, 유럽으로서의 **주체** 구성을 지지하거나 비판하는 방식으로 유럽의 **타자** 생산 논쟁 속에 붙들려 있어서만이 아니다. 유럽의 저 **타자**를 구성하는 데서 그 주체가 자신의 여정에 집중할 수 있게, 그 여정을 채울(투자할?) 수 있게 할 텍스트적 요소를 말소하고자 또한 엄청난 주의를 기울였던 탓이기도 하다. 이데올로기적·과학적 생산뿐 아니라 법이라는 제도 역시 동원해서 말이다. 경제 분석이 아무리 환원주의적으로 보이더라도, 프랑스 지식인들은 이렇게 전적으로 중층결정된 사업이 이해관계들, 동기들(욕망들), (지식) 권력의 가차 없는 탈구를 요구하는 역동적인 경제 상황을 위한 것임을 위험하게도 잊어버린다. 우리로 하여금 경제적인 것('계급들'을 기술적으로^{descriptively} 분리시키는 실존의 조건들)을 구시대의 분석 장치로서 진단하게 만드는 이러한 탈구를 하나의 급진적 발견으로 환기하는 것은 그 탈구의 작동을 지속시켜 부지불식간에 "헤게모니적 관계들의 새로운 균형"을 확보하도록 할 것이다.[53] 지식인은 **타자**를 **자아**의 그림

---

52) Edward W. Said, *The World, the Text, and the Critic*, Cambridge: Harvard University Press, 1983, p. 243.
53) John Solomos, Bob Findlay, Simon Jones and Paul Gilroy, "The Organic Crisis of British Capitalism and Race: The Experience of Theseventies", Carby et al., *The Empire Strikes Back*, p. 34.

자로 끈질기게 구성하는 데 공모할 수 있다. 그럴 가능성에 직면한 지식인이 할 수 있는 정치적 실천은, 경제적인 것을 '삭제하에'^under erasure 54) 두되 경제적 요소가 사회적 텍스트를 재기입하는 만큼 그 요소가 환원 불가능하다고 보는 것이다. 경제적 요소가 최종적 결정 요소 혹은 초월적 기의라고 주장될 때 불완전하게나마 사회적 텍스트가 지워지더라도 말이다.[55]

아주 최근에 이르기까지 그러한 인식론적 폭력^epistemic violence을 가장 명확하게 보여 주는 사례는, 식민 주체를 **타자**로 구성하고자 저 멀리서 편성되고 널리 퍼진 이질적 기획이었다. 이 기획은 또한 **타자**의 불안정한 **주체-성**^Subject-ivity 속에 있는 **타자**의 흔적을 비대칭적으로 말소하는 것이기도 하다. 잘 알려져 있듯이 푸코는 인식론적 폭력의 한 사례, 즉 에피스테메의 완전한 정밀 조사를 18세기 말 유럽에서의 광기의 재정의에서 찾아낸다.[56] 하지만 광기에 대한 특정한 재정의가 식민지뿐 아니라 유럽 역사의 서사 중 일부에 지나지 않았다면 어떨까? 에피스테메를 정밀 조사하려는 두 기획이 양축의 거대한 엔진의 탈구되고 인식되지 않은 부분들로서 작동했다면 어떨까? 아마도 그것은 제국주의의 양피지 서사의 하부텍스트를 '종속된 지식'으로 인식하라는 요청이나 다름없을 것이다. "그들의

---

54) 데리다의 용어로, 예컨대 '경제적인 것'에 빗금을 그어 그것의 결정성을 부인하면서도 빗금 아래 그것이 여전히 보이도록 해서 그 환원 불가능성을 가리키는 용법을 뜻한다.—옮긴이
55) 이 논의를 더 발전시키는 글로는 Spivak, "Scattered Speculations on the Question of Value", *In Other Worlds*[「가치 문제에 관한 단상들」, 『다른 세상에서』] 참조. 한 번 더 말하자면, 『앙티 오이디푸스』는 경제적인 것을 알레고리로만 다루고 있긴 하지만 경제 텍스트를 무시하지는 않는다. 이런 점에서 『천 개의 고원』이 분열 분석에서 리좀 분석으로 옮겨 간 것은 아마 그다지 유익한 일이 아니었을 것이다.
56) Foucault, *Madness and Civilization: A History of Insanity in the Age of Reason*, trans. Richard Howard, New York: Pantheon, 1965, pp. 251, 262, 269[『광기의 역사』, 이규현 옮김, 나남, 2003, 748, 760, 768쪽] 참조.

과업에 부적절하거나 불충분하게 버려졌다고 지식의 자격이 박탈되어 온 지식들의 전체 집합, 즉 위계질서의 아래로 몰리고 요구되는 인식 수준이나 과학성 수준 이하로 떨어진 순진한 지식들" 말이다.[57]

이것이 '일들이 실제로 벌어지는 방식'을 기술하거나, 제국주의로서 역사의 서사를 역사의 최고 판본으로 특권화하려는 것은 아니다.[58] 오히려 그것은 현실에 대한 **하나의** 설명과 서사가 규범적인 것으로 확립되는 경위를 계속 설명하려는 것이다. 중유럽과 동유럽의 경우(들)에서도 비슷한 설명이 곧장 착수될 것이다. 이를 정교하게 다듬어 내기 위해 힌두법을 영국적으로 코드화하는 기반들을 잠깐 동안 짧막하게 살펴보자.

다시 한번 말하지만, 나는 남아시아 연구자가 아니다. 내가 인도라는 소재로 눈길을 돌리는 것은 내가 우연히 거기서 태어났기 때문이다.

힌두법의 코드화가 행사하는 인식론적 폭력을 도식적으로 요약해 보자면 다음과 같다. 이 요약을 통해 인식론적 폭력 개념이 명확해진다면, 이 텍스트의 마지막 논의인 과부-희생 widow-sacrifice에 관한 논의는 더 많은 의미를 획득할 것이다.

18세기 말에 힌두법은 ——그것이 하나의 통합적인 체계라고 기술될 수 있는 한—— 주체가 기억을 사용하는 방식에 따라 구분되는 네 가지

---

57) Foucault, "Two Lectures", *Power/Knowledge*, p. 82[「권력, 왕의 머리베기와 훈육」, 『권력과 지식』, 115쪽].
58) 나는 프레드릭 제임슨의 『정치적 무의식: 사회적으로 상징적인 행위로서 서사』가 커다란 비판적 무게를 갖는 텍스트라고 생각한다. 하지만, 혹은 아마도 그렇게 생각하기 **때문에** 여기서 나의 기획이 특권화된 서사의 유물들을 복원하는 기획과 구분되기를 바란다. "한 가지 정치적 무의식의 교리가 그것의 기능과 필요성을 발견하는 것은 바로 간섭받지 않는 서사의 흔적을 탐지하는 데서, 이 근본적 역사의 억압되고 매장된 현실을 텍스트의 표면에 복원하는 데서다"(Fredric Jameson, *Political Unconscious: Narrative as a Socially Symbolic Act*, Ithaca: Cornell University Press, 1981, p. 20).

에피스테메를 '상연'하는 네 가지 텍스트, 즉 스루티^{sruti}(듣기), 스므리티 smriti(기억), 사스트라^{śāstra}(셈), 비아바하라^{vyavahāra}(수행)의 견지에서 작동했다.[59] 들은 내용과 기억한 내용의 기원들이 반드시 연속적이거나 동일하지는 않았다. 들은 내용을 환기하는 것은 모두 기원적인 '들음'의 사건 혹은 계시를 기술적으로 암송하는(혹은 재개하는) 것이었다. 뒤의 두 텍스트인 배움과 수행은 변증법적으로 연속되는 것으로 간주되었다. 법 이론가들과 법 실행가들은 이 구조가 법의 실체를 기술하는지, 분쟁을 해결하는 네 가지 방식을 기술하는지 아닌지를 주어진 어떤 경우에도 확신하지 못했다. 법적 수행의 다형 구조——'내적으로' 일관되지 못하고, 양 끝에서 개방된——가 이분법적 시각을 통해 합법화된다. 바로 이것이 내가 인식론적 폭력의 사례로 제시하는 코드화의 서사다.

매콜리의 악명 높은 「인도 교육에 관한 초고」(1835) 중에서 종종 인용되는 프로그램을 살펴보자.

> 우리가 통치하는 수백만의 사람들과 우리 사이에서 해석자 역할을 할 수 있는 계층을 형성하도록 우리는 현재 최선을 다해야 한다. 혈통으로나 피부색으로는 인도인이면서도 취향이나 견해, 도덕이나 지성에서는 영국적인 사람들 말이다. 우리는 그 계층 사람들에게 인도의 지역 방언들을 세련되게 만들고 서구 전문어에서 빌려 온 과학 용어로 그 방언들을 풍부하게 만드는 일을 맡겨야 한다. 또한 점차 그들이 거대한 인도 인구에 지식을 전달할 적당한 수단이 되도록 해야 한다.[60]

---

[59] 사원 무희들에게서 일어나는 이런 변형에 대한 자세한 설명은 곧 출간될 쿠날 파케르(Kunal Parker)의 책 참조.

식민 주체들의 교육은 법으로 그들을 생산하는 것을 보완한다. 이렇게 영국 체계의 한 판본을 확립하는 일은 산스크리트 연구라는 분과학문 구성체와 산스크리트 '고급문화'라는 토착적이며 이제는 대안적인 전통을 불안하게 갈라놓는 결과를 초래했다. 다른 곳[『포스트식민 이성 비판』 3장 「역사」의 전반부]에서 나는 전자의 분과학문 구성체 내부에서, 권위를 지닌 학자들이 제시한 문화적 설명들이 법률적 기획의 인식론적 폭력과 합치함을 시사한 바 있다.

바로 이 권위자들이 비전문가 프랑스 지식인들을 **타자**의 문명에 입문시킨 **최상의** 출처를 제공했을 것이다.[61] 하지만 내가 **주체**로서의 **타자**가 푸코나 들뢰즈는 접근할 수 없는 존재라고 말할 때, 샤스트리$^{\text{Mahamahopadhyaya Haraprasad Shastri}}$[62]와 같은 식민적 생산 반경에서의 지식인이나 학자를 언급하는 것은 아니다. 나는 계급 스펙트럼을 가로질러 일반적인 비전문가를, 학계와 상관없는 인구를 염두에 두고 있다. 바로 이 인구를 대상으로 에피스테메가 말없이 수행되는 자신의 프로그램 기능을 작동시키고 있다. 푸코와 들뢰즈는 착취의 지도를 고려하지 않으면서 도대체 어떤 '억압'의 격자에다 이 다기한 군상을 놓으려고 할 것인가?

이제 이 인식론적 폭력이 그려 내는 회로의 주변부(말 없는, 침묵당한

---

60) Thomas Babington Macaulay, "Minute on Indian Education", *Selected Writings*, eds. John Clive and Thomas Pinney, Chicago: University of Chicago Press, 1972, p. 249.
61) 『다른 세상에서』의 9장 「국제적 틀에서 본 프랑스 페미니즘」에서 나는 이 문제를 줄리아 크리스테바의 『중국 여성에 관하여』(*About Chinese Women*, trans. Anita Barrows, London: Marion Boyars, 1977)와 관련시켜 좀더 자세하게 논의한 바 있다.
62) 1988년의 「서발턴은 말할 수 있는가?」에는 샤스트리에 관한 설명이 나오는데, 『포스트식민 이성 비판』에 수록된 수정본에는 그 내용이 빠져 있다. 1988년 판본의 내용을 보려면 본서 427~428쪽 참조. ─옮긴이

중심이라고도 할 수 있는)를, 문맹 소작농, **선주민**, 도시 최하층 하부프롤레타리아 남녀를 살펴보는 데로 넘어가 보자. 푸코와 들뢰즈(그들은 인정하지 않는 것 같지만, 제1세계에서 사회화된 자본의 표준화와 규격화 휘하에 있는)에 따를 때, 그리고 현 상황에 맞게 고쳐 말할 경우 자본의 논리 내부에서 저항하는 데만 관심 있는 메트로폴리스의 '제3세계 페미니즘'에 따를 때, 피억압자들에게 기회가 주어져(여기서 재현의 문제는 지나칠 수 없다) 제휴 정치를 통해 연대로 나아가는 도상에 있다면(여기서 맑스주의적 주제가 작동 중이다), 그들은 **자신이 처한 조건에 대해 말할 수 있고 알 수 있다.** 이제 우리는 다음 질문에 부딪쳐야 한다. 국제 노동 분업상 사회화된 자본의 맞은편에서, 이전의 경제 텍스트를 대리보충하는 제국주의적 법과 교육의 인식론적 폭력의 회로 안과 밖에서, **서발턴은 과연 말할 수 있는가?**

'서발턴 계급들'에 대한 안토니오 그람시의 작업은 맑스의 『루이 보나파르트의 브뤼메르 18일』에 따로 나오는 계급 위치/계급 의식 논의를 확장한다. 그람시는 아마도 레닌식 지식인의 전위적 위치를 비판하기 때문에 서발턴의 문화적·정치적 운동을 헤게모니화하는 데서 지식인이 맡은 역할에 관심을 갖는다. 이 운동은 (진리의) 서사로서 역사의 생산을 결정지을 수 있어야 한다. 「남부 문제의 몇 가지 측면」 같은 텍스트에서 그람시는 국제 노동 분업에서 취해진 혹은 그것을 미리 보여 주는 독법의 알레고리라고 간주될 수 있는 것 속에서 이탈리아의 역사적-정치적 경제의 운동을 고찰한다.[63] 하지만 제국주의적 기획에 수반되는 법적·분과학문적 정

---

63) Antonio Gramsci, *The Southern Question*, trans. Pasquale Veerdicchio, West Lafayette, Ind.: Bordighera, Inc., 1995[「남부 문제에 대한 몇 가지 주제들」, 『남부 문제에 대한 몇

의들을 동반한 인식론적 간섭이 서발턴의 문화적 거시논리를 멀리서 작동시킬 때, 서발턴의 단계적 발전에 대한 설명은 삐걱거린다. 이 에세이 말미에서 서발턴으로서 여성 문제로 넘어갈 때, 나는 여성 행위 능력의 조작을 통해 집단성 자체의 가능성이 끈질기게 폐제된다고 시사할 것이다.

'서발턴 연구회'Subaltern Studies Group는 내 제안의 첫 부분——서발턴의 단계적 발전은 제국주의 기획에 의해 복잡해진다는——과 바로 부딪친다. 그들은 서발턴이 말할 수 있는지를 물어**야만** 한다. 여기서 우리는 푸코 자신의 역사학 내부에 있는 셈이며 그의 영향을 인정하는 사람들과 함께하는 셈이다. 그들의 기획은 인도의 식민 역사 기술historiography을 식민 점령 기간에 일어난 농민 봉기의 불연속적 연쇄라는 시각에서 다시 생각해 보는 것이다. 실로 이것이 사이드가 논의한 "이야기하도록 허용하는" 문제다.[64] 연구회의 창립 편집인인 라나지트 구하는 다음과 같이 말한다.

> 인도 민족주의 역사 기술은 오랫동안 엘리트주의——식민주의적 엘리트주의와 부르주아-민족주의적 엘리트주의——에 지배받아 왔다.……인도 국가의 형성과 이 과정을 확증하는 민족주의 의식의 발전은 전적으로 혹은 압도적으로 엘리트적 업적이라는 편견을 공유하면서 말이다. 식민주의적·신식민주의적 역사 기술에서 이 업적은 영국 식민 통치자·행정가·정책·제도·문화의 공이 된다. 민족주의적·신민족주의적 저작에서 이 업적은 인도 엘리트 인물들·제도들·활동들·이념들의 공이 된다.[65]

가지 주제들 외』, 김종법 옮김, 책세상, 2004]. 대개 그렇듯, 나는 폴 드 만(Paul de Man)이 제안한 의미에서 "독법의 알레고리"를 사용하고 있다.
64) Said, "Permission to Narrate", *London Review of Books*, 1984. 2. 16.

인도 엘리트의 특정 구성원들은 물론 **타자**의 목소리에 관심을 갖는 제1세계 지식인들의 토착 정보원native informant일 뿐이다. 하지만 우리는 식민화된 서발턴 **주체**가 돌이킬 수 없이 이질적이라는 사실을 거듭 주장해야 한다.

우리는 토착 엘리트에 맞서 구하가 말하는 '인민의 **정치**'politics of the people를 상정할 수 있을 것이다. 식민적 생산 회로의 내부("이것은 [식민주의—스피박]에도 불구하고 계속 강력하게 활동하며, 라즈Raj하에 만연된 조건에다 자체를 적응시키고 형식과 내용에서 전적으로 새로운 압력을 여러 면에서 발전시켰다")와 외부("그것은 엘리트 정치에서 유래하지도 않았고 엘리트 정치에 그것의 생존을 의존하지도 않았기 때문에 **자율적인** 영역이었다") 모두에서 말이다.[66] 그런데 나는 인민의 단호한 힘과 완전한 자율성을 주장하는 구하를 전적으로 지지할 수는 없다. 왜냐하면 실제적인 역사 기술의 절박함이 서발턴 의식을 특권화하는 것을 지지하도록 허용하지 않을 것이기 때문이다. 구하는 자신의 접근에 가해질 수 있는 본질주의라는 비난에 대비하고자 인민(본질의 자리)을 차이성–속의–동일성identity-in-differential이라고 정의한다. 그는 식민적 사회 생산을 전반적으로 기술하는 역동적인 계층화의 격자를 제시한다. 이 목록에 나오는 세번째 집단, 말하자면 인민과 거대한 거시구조적 지배 집단들 사이에 있는 완충 집단 자체는 안–사이in-betweenness의 자리로 정의된다. 그의 계층화는 "지배적인 외국인 집단들", 엘리트를 재현하는 "전체 인도와 지방·지역 수준에서 지배

---

65) Ranajit Guha ed., *Subaltern Studies No. 1: Writings on South Asian History and Society*, Delhi: Oxford University Press, 1982, p. 1.
66) *Ibid.*, p. 4.

적인 토착 집단들", "['인민'과 '서발턴 계급들'이라는 용어에—스피박] 포함되는 사회 집단들과 구성원들"로 구분된다. 세번째 집단은 **우리가 '엘리트'라고 기술해 온 모든 사람과 전체 인도 인구 사이의 인구통계학적 차이**를 나타낸다.[67]

여기서 기획되고 있는 "연구 과제"는 "[세번째 집단을 구성하는—스피박] 구성원들의 **특수한** 본성과 그들이 이상적인ideal 민중에서 **일탈**하는 정도를 조사하고 식별하며 측정하여 그것을 역사적으로 자리매김하는 것이다". "특수한 본성을 조사하고 식별하며 측정한다." 이보다 더 본질주의적이고 분류학적인 프로그램도 거의 없을 것이다. 하지만 신기한 방법론적 명령이 작동 중이다. 나는 푸코와 들뢰즈의 대담에서 포스트재현주의적postrepresentational 어휘가 본질주의적 의제를 감추고 있음을 논의했다. 제국주의의 인식론적·사회적·분과학문적 기입의 폭력 때문에 서발턴 연구는 본질주의적 견지에서 이해된 기획을 차이들의 급진적인 텍스트적 실천 속에서 소통시켜야 한다. 인민 자체도 아니며 지방 엘리트–서발턴이라는 부유하는 완충 지대의 경우, 이 연구회의 조사 대상은 인민이나 서발턴이라는 **이상**ideal에서 벗어나 있는 **일탈** 집단이다. 그런데 이 이상 자체도

---

[67] Guha ed., *Subaltern Studies No. 1*, p. 8. 이렇게 조밀하게 정의된 용어들은 나의 주도하에 미국에서 『서발턴 연구 선집』(*Selected Subaltern Studies*, New York: Oxford University Press, 1998) 작업을 착수했을 때 대체로 그 유용성을 상실했다. 아마르티아 쿠마르 센(Amartya Kumar Sen)이 새로 「서문」을 붙인 새 선집이 듀크 대학 출판부에서 나올 예정이다. 다음 문장에서 보듯 현재 일반화된 용법에서 상실된 것은 차이의 공간에 거주하는 서발턴이라는 바로 이 개념이다. "서발턴은 주인의 문화를 전유하도록 힘으로 강제된다"(Emily Apter, "French Colonial Studies and Postcolonial Theory", *Sub-Stance* 76/77, Vol. 24, Nos. 1~2, 1995, p. 178). 서발터니티란 "열등성의 경험"이라고 이상스레 정의한 프레드릭 제임슨(Jameson, "Marx's Purloined Letter", *New Left Review*, Vol. 209, Jan.-Feb. 1995, p. 95)은 더 한심한 경우이다.

엘리트와의 차이로서 정의되고 있다. 서발턴 연구는 바로 이 구조를 지향하고 있어서 제1세계의 급진적 지식인이 자가 진단한 투명성과는 조금 다른 곤경에 처한다. 어떤 분류법이 그런 공간을 획정할 수 있단 말인가? 서발턴 연구회 사람들 자신이 그 공간을 감지하건 그렇지 않건 간에(사실 구하는 자신의 '인민' 정의가 주인-노예 변증법 내부에 있다고 생각한다), 그들의 텍스트는 그 공간의 불가능성의 조건을 가능성의 조건으로 다시 쓰는 일이라는 어려운 과업을 분명하게 드러낸다. "지방과 지역 수준에서 [지배적인 토착 집단들은—스피박] …… 전체 인도 수준에서 지배적인 집단들보다 위계질서상 열등한 사회 계층에 속하면서도 **자신들의 사회적 존재에 진실로 일치하는 이해관계에 따르지 않고 지배 집단의 이해관계를 위해 행동했다.**"(68) 서발턴 연구회 사람들은 이 중간 집단이 보여 주는 행동과 이해관계 사이의 간극에 대해서 본질화하는 그들의 용어로 말한다. 그때 그들이 내리는 결론은 이 논점에 대한 들뢰즈의 선언이 보여 주는 자기-의식적 순진함보다 맑스에 더 가깝다. 맑스처럼 구하는 리비도적 존재보다 사회적 존재의 견지에서 이해관계에 대해 말하고 있다. 『루이 보나파르트의 브뤼메르 18일』에서 **아버지의 이름**이라는 이미지는, 계급이나 집단 행위 수준에서 "자신들의 존재에 진실로 일치하는 상태"란 부칭 따오기 patronymic 만큼이나 인위적이거나 사회적이라는 사실을 강조하도록 도와줄 수 있다.

 1부 텍스트에서 말할 두번째 여성은 바로 이 중간 집단에 속한다. 여기서 지배 패턴은 계급보다 주로 젠더에 의해 결정된다. 여전히 젠더 억압에 붙들려 있으면서도 민족주의의 도전 내부에 있는 지배적인 것에 수반

---

(68) Guha ed., *Subaltern Studies No. 1*, p. 1.

되는 종속된 젠더는 새삼스러운 이야기가 아니다.

정체성이 그 차이이기도 한 (젠더가 특정하게 밝혀지지 않은) '진정한' 서발턴 집단 중에서 자신을 알고 말할 수 있는 재현 불가능한 서발턴 주체는 없다. 그리고 지식인의 해결책은 재현에서 물러서는 데 있는 것이 아니다. 문제는 서발턴 주체의 여정이 재현하는 지식인에게 유혹의 대상을 제공할 만큼의 흔적을 남기지 않는다는 것이다. 그럴 때 인도 서발턴 연구회의 다소 진부한 언어로 말하자면, 다음 질문이 나오게 된다. 우리가 인민의 정치를 조사하는 바로 그 순간에 어떻게 인민의 의식에 접근할 수 있을까? 서발턴은 어떤 목소리-의식$^{voice\text{-}consciousness}$을 갖고 말할 수 있는가?

시르무르의 산악 지대에 있는 동시대 여성들과 어떻게 '비밀스런 조우'를 할 것인가 하는 나의 질문[69]은 방금 던진 질문의 실천적 판본이다. 내가 1부의 이 섹션[후반부]에서 말하려는 여성은 '진정한' 서발턴이 아니라 메트로폴리스의 중간 계급 처녀이다. 게다가 자신의 몸을 쓰거나 말하려고 했던 그녀의 노력은, 계산 가능한 이성에 초점을 둔다면 자기-의식적으로 책임을 지는 행위의 수단이었다. 그녀의 화행$^{Speech\ Act}$은 계속해서 거부되었다. 그녀는 죽은 이후에도 다른 여성들에 의해 스스로 말하지 못하게^{unspeak} 되었다. 나는 1부 텍스트의 첫 판본[1988년의 「서발턴은 말할 수 있는가?」]에서 이러한 역사적 무관심과 그것의 결과를 다음과 같이 요약한 바 있다. 서발턴은 말할 수 없다고 말이다.

서벵골 맑스주의자 아지트 K. 차우두리는 서발턴의 의식을 탐색하는

---

[69] 『포스트식민 이성 비판』 3장의 전반부에서 스피박은 시르무르의 여왕 라니가 식민 무역과 통치의 편의를 위한 '부족국가' 복원 계획 및 사티(sati)와 관련하여 기록되는 방식을 검토한다. 스피박은 이러한 검토를 산악 지대에 있는 동시대 여성들이라는 서발턴과 어떻게 만날 것인가 하는 물음으로 확장해야 한다고 본다.—옮긴이

구하를 비판하고 있다. 차우두리의 비판은 서발턴을 포함시키는 생산 과정의 한 계기를 나타낸다고 볼 수 있다.[70] 차우두리는 의식의 변혁에 관한 맑스주의적 견해가 사회 관계들을 둘러싼 지식을 포함한다고 인식한다. 차우두리의 인식은 원칙적으로 날카로워 보인다. 하지만 정통 맑스주의를 전유해 온 실증주의 이데올로기의 유산이 남아 있어서인지 그는 다음 말을 덧붙이지 않고는 못 배긴다. "이것은 소작농의 의식이나 노동자의 의식을 **그것의 순수한 형태 속에서** 이해하는 일의 중요성을 가볍게 여기자는 것은 아니다. 그러한 이해는 오히려 소작농과 노동자에 대한 우리의 지식을 풍부하게 해주며, 나아가 아마도 특정 양식이 상이한 지역에서 상이한 형태를 취하는 과정을 이해하는 실마리를 던져 줄 수 있을 것이다. **고전 맑스주의에서는 부차적 중요성을 갖는 문제라고 간주되는 바로 이 과정을 말이다.**"[71]

'국제주의적 맑스주의의' 차우두리 판본은 순수하고 복원 가능한 의식 형태를 오직 기각하기 위해서만 믿음으로써, 맑스에게 생산적 곤경의 계기로 남아 있던 것을 차단한다. 그리하여 이러한 국제주의적 맑스주의는 푸코와 들뢰즈에게는 맑스주의를 거부하는 이유가 되는 **동시에** 서발턴 연구회에는 비판적 동기 부여의 원천이 될 수 있다. 세 가지 경향 모두 순수한 의식 형태가 **있음**을 전제하는 태도를 똑같이 보여 준다. 프랑스의 무

---

70) 이후 인도의 선거나 테러리즘에서 힌두 민족주의가 심각할 정도로 강화됨에 따른 학문적 악영향으로 말미암아 좀더 경고조의 비난이 이 연구회에 쏟아졌다. Aijaz Ahmad, *In Theory: Classes, Nations, Literatures*, New York: Verso, 1992, pp. 68, 194, 207~211; Sumit Sarkar, "The Fascism of the Sangh Parvar", *Economic and Political Weekly*, 1992. 1. 30 참조.
71) Ajit K. Chaudhury, "New Wave Social Science", *Frontier*, Vol. 16, No. 2, 1984. 1. 28, p. 10. 강조는 스피박.

대에서는 기표들의 뒤섞임이 일어나 '무의식'이나 '억압받는 주체'가 '순수한 의식 형태'라는 공간을 은밀히 차지한다. 제1세계에서나 제3세계에서나 정통 '국제주의적'·지적 맑스주의에서 순수한 의식 형태는 역설적으로 물질적 효과로 남아 부차적 문제로 치부되어 그 맑스주의가 종종 인종차별주의와 성차별주의라는 평판을 얻게 한다. 서발턴 연구회에서는 순수한 의식 형태 자체를 명료하게 하는 데 수반되는 몇 가지 조항들이 인식되지 않는다. 그래서 서발턴 연구회는 그 조항들에 따른 발전을 필요로 하게 된다.

서발턴 주체가 지워지는 여정 내부에서 성차의 궤적은 이중으로 지워진다.[72] 문제는 봉기에의 여성 참여 여부나 성별 노동 분업의 기본 규칙들이 아니다. 둘 다 그 '증거'를 갖고 있기 때문이다. 오히려 문제는 남성을 식민주의적 역사 기술의 대상이자 봉기의 주체로서 지배적인 것으로 유지시키는 이데올로기적 젠더 구성이다. 식민 생산을 놓고 벌이는 경합 속에서 서발턴이 역사도 없고 말도 할 수 없다면, 여성으로서 서발턴은 훨씬 더 깊은 그림자 속에 있게 뿐이다.

과부의 자기-화살self-immolation에 대한 규제적 심리전기가 두 경우[라니와 바두리] 모두에 딱 들어맞을 것이다. **새로운 세계 질서 속에서 점차 출현하고 있는 새로운 서발턴을 상기하자.**

우리 시대의 국제 노동 분업은 19세기 영토 제국주의의 분할된 장이 전위된 것이다. 추상화된 자본 논리로 말해 보자면, 산업 자본주의와 상업

---

72) 나는 **선주민** 지식인 혹은 아웃캐스트(outcaste, '달리트'dalit[카스트에서 아예 추방당한 이들]이자 피억압자) 지식인이 쓴 글들을 낭만화하는 최근 추세가, 이런 지워짐을 해소해 왔다고 생각하지 않는다.

적 정복에 뒤이어 일반적으로 제1세계 나라들인 집단이 투자 자본의 위치를 점했으며, 일반적으로 제3세계 나라들인 또 다른 집단이 제1세계에 종속된 토착 자본가들을 통해, 그리고 이들이 부리는 취약하고 유동적인 노동력을 통해 자본이 투자되는 영역을 제공했다. 산업 자본(그리고 이에 수반되게 마련인 19세기 영토 제국주의 내부의 행정 업무)의 순환 및 성장을 유지하기 위해 수송, 법률, 표준화된 교육 체계가 발전했다. 그 사이 지역 산업들은 파괴되거나 재구조화되었고 토지는 재분배되었으며 원자재는 식민 압제국으로 이전되었다. 소위 탈식민화, 다국적 자본의 성장, 행정 책임의 경감과 더불어, 이제 '발전'은 대대적인 국가 차원의 입법이나 교육 **체계**의 확립에 영토 제국주의 시기보다 덜 관여했다. 이것은 이전에 식민지였던 나라들에서 소비주의가 성장하는 것을 가로막는다. 아시아의 두 끝에서 현대적 전자 통신 및 선진 자본주의 경제가 출현하는 것과 함께, 국제 노동 분업을 유지하는 것은 주변부가 값싼 노동력을 계속 공급하게 해준다. 1989년에 일어난 소련의 내파 內破 는 지구를 금융화하는 길을 순탄하게 닦아 주었다. 이미 1970년대 중반에 전자 통신의 성장과 함께 새로이 전자화된 증권 시장이 수출에 기초한 하청과 포스트포드주의를 통해 지구적 자본주의가 출현하도록 해주었다. "이러한 전략하에 선진국에 기반을 둔 제조업자들은 가장 노동 집약적인 생산 단계, 예컨대 재봉이나 조립 공정을 노동력이 값싼 제3세계 국가들에 하청을 준다. 일단 조립 공정이 완료되면 다국적 기업은 그 상품을 **지역 시장에 내다 팔지 않고** 관대한 관세 혜택을 받으며 선진국에 재수출한다." 여기서 소비주의에의 훈련과 연결된 고리는 거의 끊어진다. "1979년 이후 지구적 경기 후퇴로 인해 세계적으로 무역과 투자가 눈에 띄게 줄어든 반면, 국제적 하청은 붐을 이루었다.…… 이 경우 다국적 기업은 전투적 노동자들, 혁명적 격동들, 심지

어느 경기 침체에도 훨씬 더 자유롭게 맞선다."[73]

물론 인간의 노동은 본래 '값싼' 것도 '비싼' 것도 아니다. 노동법의 부재(혹은 노동법의 차별적 집행), 전체주의적 국가(종종 주변부 국가의 발전과 근대화에 수반되는), 노동자 편에서의 최소한의 생존 요건들이 '값싼' 노동력을 확보해 준다. '값싼' 노동력이라는 중요한 품목을 그대로 유지하기 위해서는 현재 '개발도상국'이라 불리는 국가들의 도시 프롤레타리아트가 (계급 없는 사회의 철학으로 행세하는) 소비주의 이데올로기에 체계적으로 훈련되어서는 안 된다. 소비주의는 푸코가 언급하는 연합 정치coalition politics[74]를 통해 모든 역경에 맞서 저항의 기반을 준비하도록 하기 때문이다. 소비주의 이데올로기와 이런 식으로 분리되는 것은 국제적 하청이 번성함에 따라 더욱 악화되고 있다.

소련 해체 이후, 유엔과 더불어 브레턴우즈 기구들은 괴물 같은 지구적 북반구/남반구라는 분할 상태에 유리하게 법령을 제정하기 시작했다. 이 상태는 무역으로 통제되던 식민 국가처럼 아주 미시논리적인 수준에서 탄생 중이다. 매콜리는 혈통으로나 피부색으로는 인도인이면서도 취향이나 견해, 도덕이나 지성에서는 영국적인 인도인 집단을 언급했고, 맑스는 자본가를 『파우스트』에 나오는 '기계적 인간'이라고 언급했다. 그렇다면 이제는 권위와 정당화의 지점으로 비인격적인 **'경제적 시민'**이 금융 자본 시장 및 초국적 기업에 둥지를 틀게 된다.[75] 그리고 포스트포드주의

---

73) John Cavanagh and Joy Hackel, "Contracting Poverty", *Multinational Monitor*, Vol. 4, No. 8, August 1983, p. 8. 강조는 스피박. 이 보고서는 정책연구소(Institute for Policy Studies)의 국제 기업 기획부(International Corporation Project)에서 일하는 존 커배너와 조이 해켈이 제출한 것이다.

74) Foucault, "Intellectuals and Power", *Language, Counter-Memory, Practice*, p. 216[「지식인과 권력」, 『푸코의 맑스』, 206쪽].

와 국제적 하청하에 미조직 혹은 영원한 비정규 여성 노동은 오늘날의 지구화 단계에서 이미 세계무역의 대들보가 되고 있는 중이었다. 그렇다면, '원조'라는 메커니즘을 지탱하고 있는 것은 바로 남반구에서 제일 가난한 여성들이다. 이들은 내가 어디선가 부른바, 전 지구를 에워싸는$^{globe\text{-}girdling}$ 투쟁(생태학, '인구 **조절**'에 대한 저항)의 토대를 형성한다. 그 투쟁이 일어나는 곳에서는 지구적인 것과 지역적인 것 사이의 경계가 비결정적으로 된다. 바로 이것이 새로운 서발턴이, 우리가 나중에 고찰하게 될 민족주의적 사례와 상당히 다른 서발턴이 등장하는 기반이 된다. 이 집단과 대면하는 것은 기간 구조의 뒷받침이 부재한 상태에서 그들을 지구적으로 대표할^{vertreten} 뿐 아니라 우리 자신을 묘사하는^{darstellen} 법을 배우는 것이다. 이 주장은 우리를 분과학문적 인류학 비판으로, 초등 교육과 분과학문 구성체 사이의 관계 비판으로 인도할 것이다. 또한 이 주장은 '태생적으로' 억압을 '똑바로 말하는' 주체를 선택하는 지식인들이 해대는 암묵적 요구, 즉 그러한 주체가 축약된 생산양식 서사인 하나의 역사에 도달해야 한다는 암묵적 요구에 의문을 제기할 것이다.

    '개발도상국'에서 일부 **토착 지배** 집단 구성원들, 즉 지역 부르주아 구성원들이 제휴 정치$^{alliance\ politics}$의 언어가 매력적이라고 생각하는 것은 놀라운 일이 아니다. 선진 자본주의 국가에서나 그럴듯한 저항 형식에 동조하는 것은 종종 라나지트 구하가 묘사하는 부르주아 역사 기술의 엘리트주의 편향과 일치한다.

    지구적 제휴 정치의 그럴듯함에 대한 믿음은 북반구에 자리를 잘 잡

---

75) Saskia Sassen, "On Economic Citizenship", *Losing Control?: Sovereignty in an Age of Globalization*, New York: Columbia University Press, 1996.

은 남반구의 디아스포라들 사이에서 점점 더 만연하고 있다. 뿐만 아니라 '개발도상국'에서 '국제적 페미니즘'에 관심을 갖는, 지배적 사회 집단 여자들 사이에서도 만연하고 있다. 그러한 저울의 맞은편 끝에 있는, "여자들, 죄수들, 징집된 군인들, 환자들, 동성애자들"[76] 사이의 제휴 가능성에서 가장 동떨어진 사람들이 바로 도시 하부프롤레타리아 여자들이다. 그들의 경우 소비주의나 착취 구조의 부인과 철회는 가부장적 사회 관계들에 의해 더욱 복잡해진다.

들뢰즈와 푸코는 제국주의의 인식론적 폭력이나 국제 노동 분업을 무시한다. 그들이 말미에서 제3세계 쟁점들을 건드리지 않았다면 그것은 그다지 문제될 게 없다. 하지만 프랑스에서 그들의 제3세계이자 한때 프랑스 식민지였던 아프리카 주민들의 문제를 무시하기란 불가능하다. 들뢰즈는 이 오래된 지역·지방 토착 엘리트들——이상적으로 서발턴인——에 국한해서 제3세계에 대한 자신의 논의를 전개한다. 이런 맥락에서 산업 예비군을 유지하는 문제를 언급하면 뒤집힌 에스닉^{ethnic} 감성에 빠진다. 그는 19세기 영토 제국주의의 유산을 말하고 있기 때문에, 지구화하는 중심부가 아니라 국민-국가를 언급한다.

> 프랑스 자본주의는 실업이라는 부유하는 기표를 많이 필요로 합니다. 바로 이 관점에서 우리는 억압 형식들의 통일성을 보기 시작합니다. 가장 힘들지만 보상은 못 받는 일자리가 이민 노동자들에게 돌아간다는 사실을 일단 인정하면, 이민 관련 규제들이 보이기 시작하죠. 프랑스 사람들

---

76) Foucault, "Intellectuals and Power", *Language, Counter-Memory, Practice*, p. 216[『지식인과 권력』, 『푸코의 맑스』, 207쪽].

도 점점 더 힘들어지는 노동에 대한 '감각'을 다시 획득해야 하니까 공장에서 억압이 일어나고, 젊은이들에 반대하는 투쟁이 일어납니다. 또 교육 체계의 억압이 일어나는 것이죠.[77]

이것은 분명히 수긍할 만한 분석이다. 하지만 다시금 이 분석은 제3세계 집단들이 제1세계에 직접 접근할 수 있는 집단으로 한정될 때만, 제3세계 집단들이 '**통합된** 억압'에 직접 맞서는 제휴 정치의 저항 프로그램에 들어올 수 있음을 보여 준다.[78] 이처럼 자비롭게 제1세계 입장에서 **타자**로서의 제3세계를 전유하고 재기입하는 것은 오늘날 미국 인문과학에 나타나는 많은 제3세계주의의 초석을 이루는 특징이다.

푸코는 지리적 불연속성을 환기함으로써 맑스주의를 계속 비판한다. '지리적(지정학적) 불연속성'의 실제 표지는 국제 노동 분업이다. 그러나 푸코는 착취(맑스주의적 분석의 장인 잉여가치의 추출과 전유)와 지배('권력' 연구)를 구분하는 용어를 쓰면서 지배 쪽이 제휴 정치에 기초한 저항 가능성을 더 많이 갖는다고 주장한다. 하지만 그는 '권력' 개념에 대한 그런 일원론적·통합적 접근(방법론적으로 권력-의-**주체**를 가정하는)이 착취의 특정 단계에서나 가능하다는 점을 인식하지 못한다. 지리적 불연속성

---

77) *Ibid.*, pp. 211~212[같은 글, 같은 책, 199쪽].
78) 제3세계를 기표로서 발명해 내는 역학은 Carby et al., *The Empire Strikes Back*에서 행하고 있는, 인종을 기표로 구성하는 방향을 취하는 분석 유형에는 취약하다. 현 국면에서 포스트식민성, 신식민주의, 소련의 종말, 지구적 금융화의 인구통계학적 부산물로 유럽 중심적 이주가 격증하고 있다. 이에 대한 반응으로 (옛 제3세계와 옛 제2세계였던 공산 진영의 이동 중인 일부가 포함되는) 남반구가 북반구-속의-남반구로 재발명되고 있다. Étienne Balibar and Immanuel Wallerstein, *Race, Nation, Class: Ambiguous Identities*, trans. Christ Turner, New York: Verso, 1991과 같이 탁월한 책조차도 이런 발명을 자명한 전제로 삼고 출발한다.

에 대한 푸코의 비전은 지정학적으로 제1세계에 특수한 것이기 때문이다.

당신이 말하고 있는 지리적 불연속성이란 아마 다음과 같은 뜻이겠지요. 우리가 **착취**에 맞서 투쟁하자마자 프롤레타리아트가 투쟁을 이끌 뿐만 아니라 투쟁의 목표와 방법, 투쟁의 자리와 도구를 정의한다고 말이죠. 또 우리가 프롤레타리아트와 제휴하는 것은 프롤레타리아트의 입장이나 이데올로기를 강화시키고 그들의 투쟁 동기를 이어 가게 된다고 말입니다. 이것은 [맑스주의 기획에—스피박] 완전히 몰입한다는 것을 뜻합니다. 하지만 우리가 투쟁하는 대상이 **권력** 자체라면 권력을 참을 수 없는 것으로 인식하는 사람 모두가 자신이 처한 모든 상황에서 투쟁을 시작할 수 있고 그들 자신의 능동성(혹은 수동성)이라는 견지에서 그럴 수 있을 것입니다. **그들 자신의** 싸움—그들이 분명하게 목표를 이해하고 방법을 결정할 수 있는—이기도 한 이런 투쟁에 참여하면서 그들은 혁명적 과정에 입문하는 것이죠. 확실히 프롤레타리아트의 동지로서 말입니다. 권력은 자본주의적 착취를 유지하려는 방식으로 행사되기 때문입니다. 그들은 자신들이 억압받는 곳에서 싸움으로써 프롤레타리아트의 대의에 진정으로 복무하고 있습니다. 여자들, 죄수들, 징집된 군인들, 환자들, 동성애자들은 자신에게 행사되는 권력·제약·통제의 특정한 형식에 맞선 구체적인 투쟁을 이제 시작했습니다.[79)]

이것은 국지적 저항 프로그램으로서 감탄할 만하다. 이런 저항 모델

---

79) Foucault, "Intellectuals and Power", *Language, Counter-Memory, Practice*, p. 216[「지식인과 권력」, 『푸코의 맑스』, 206~207쪽].

은 '맑스주의' 노선을 따르는 거시논리적 투쟁의 대안이 되지는 못하겠지만 그것을 보완할 수는 있다. 하지만 국지적 저항 프로그램을 보편화한다면 주체의 특권화를 자신도 모르는 사이에 수용하는 셈이 된다. 이데올로기 이론이 없는 상태에서 이것은 위험한 유토피아주의를 초래할 수 있다. 또 국지적 저항이 북반구 나라들에서 일어나는 이주민의 투쟁에 국한된다면, 지구적 사회 정의에 반대로 작동할 수 있다.

제국주의의 이러한 지형학적topological 재기입은 푸코의 전제들에 결코 구체적으로 나타나지 않는다. 다음 부분에서 보듯 그는 17~18세기 유럽에 등장한 새로운 권력 메커니즘(맑스주의자는 이것을 경제 외적 강제 없이 일어나는 잉여가치의 추출이라고 묘사한다) 자체가 영토 분할적인 제국주의라는 **수단**──대지와 그 산물들──**에 의해** '다른 곳에서' 확보되었다는 사실을 생략한다. 이런 무대에서는 주권성의 재현이 중요하다. "우리는 17~18세기에서 중요한 현상의 생산을, 아주 특정한 절차상의 테크닉을 소유한 새로운 권력 메커니즘의 등장을, 아니 발명을 보게 됩니다.……그런데 내 생각으로는 이 메커니즘은 또한 주권성의 관계들과는 절대로 양립하지 못합니다. 이 새로운 권력 메커니즘은 **대지**와 그 산물들보다 신체와 신체가 하는 일에 더욱더 의존합니다."[80]

푸코는 몇 세기에 걸친 유럽 제국주의를 아주 명석하게 분석한다. 때때로 그러한 명석함은 의사들에 의한 공간 관리, 수용소 형태로 수행되는 행정의 발전, 광인들·죄수들·아이들의 견지에서 하는 주변부에 대한 고려 등 저 이질적인 현상들의 축소판을 생산하는 것처럼 보인다. 병원, 정

---

80) Foucault, "Two Lectures", *Power/Knowledge*, p. 104[「권력, 왕의 머리베기와 훈육」, 『권력과 지식』, 136쪽].

신병자 수용소, 감옥, 대학 같은 모든 것이 좀더 광범위한 제국주의 서사를 읽지 못하게 막는 스크린-알레고리처럼 보인다(우리는 이와 비슷한 논의를 들뢰즈와 가타리가 사용하는 '탈영토화'라는 잔인한 모티프에 관해서도 펼칠 수 있다). 푸코는 "우리는 무엇인가에 대해 잘 모르기 때문에 그것에 대해 완벽하게 잘 말할 수 없습니다"[81]라고 중얼거릴지도 모른다. 하지만 우리는 모든 제국주의 비평가가 드러내 보여 줄 것이 틀림없는 인가된 무지에 대해 이미 말한 바 있다.

이와 대조적으로 초기 데리다는 지식 생산에서 작동하는 에스노 중심주의ethnocentrism를 알고 있었던 것 같다(우리는 이 점을 칸트에 대한 데리다의 논평에서 살펴보았다).[82] "경험적 조사"처럼 "그라마톨로지적 지식의 장에서 거처를 구하[는 것—스피박]"은 "'사례들'을 통해 작동"[83]할 수밖에 없다).[84]

---

81) Foucault, "Questions on Geography", *Power/Knowledge*, p. 66[「지형학에 대한 몇 가지 질문」, 『권력과 지식』, 96쪽].
82) 이 내용은 『포스트식민 이성 비판』의 1장 「철학」에 나온다.—옮긴이
83) Derrida, *Of Grammatology*, p. 75[『그라마톨로지』, 224쪽].
84) 내가 다른 글에서 길게 지적한 바 있듯이("More on Power/Knowledge", *Outside in the Teaching Machine*, pp. 113~115[「권력/지식에 덧붙이는 논의」, 『교육기계 안의 바깥에서』, 197~199쪽]; "Ghostwriting", *Diacritics*, Vol. 25, No. 2, Summer 1995, pp. 69~71, 82), 이후로 이 분야에서의 데리다의 작업은 이주나 전위(displacement)를 하나의 기원으로 계산하는 경향과 더불어 사유를 펼쳐 왔다. 절대적 도착자(arrivant)의 형상, 마라노(Marrano)의 형상을 보라. 가장 최근의 세미나들에는 환대(hospitality)가 나온다. 그는 메트로폴리스의 혼종적 주체의 관점에서 토착 서발턴을 문화 보수주의, 위상학적 의고주의(archaism), 존재 위상학적(ontopological) 향수의 상관물로 형상화하고자 한다(*Specters of Marx: The State of the Debt, the Work of Mourning, and the New International*, trans. Peggy Kamuf, New York: Routledge, 1994, p. 82[『마르크스의 유령들』, 진태원 옮김, 이제이북스, 2007. 168쪽]). 여기서도 데리다는 이미 존재하는 경향들과 더불어 사유한다. 순수 혈통의 맑스주의자들이 맑스는 맑스의 방식으로, 독자가 맑스의 유령에 홀린 듯이 읽혀야 한다는 이야기를 들어 온 것처럼(누구보다도 데리다가 그렇게 얘기했다), 해체도 해체될 수 있으리라(클라인이 프로이트를 프로이

데리다가 실증과학으로서 그라마톨로지가 갖는 한계들을 보여 주기 위해 내세우는 사례들은 제국주의 기획을 이데올로기적으로 적절하게 자기-정당화하는 데서 유래한 것이다. 데리다는 17세기 유럽에서 "유럽적 의식의 위기를 가리키는 징후"[85]를 구성하는 글쓰기의 역사적 과정에는 세 종류의 편견이 작동하며, 그것들이 '신학적 편견', '한자적 편견', '상형문자적 편견'이라고 쓰고 있다. 첫번째 편견은 신이 히브리어나 그리스어로 시원적primordial 혹은 자연적 문자script[인쇄된 것이 아니라 손으로 쓴 글]를 썼다고 하는 것이다. 두번째 편견은 한자는 철학적 글쓰기를 위한 완벽한 **청사진**이지만 단지 청사진에 지나지 않으며, 진정한 철학적 글쓰기는 "역사와 상관없는 독립적인"[86] 것이라고 하면서 한자를 손쉽게 배우는 문자로 지양시켜 현실의actual 한자를 폐기하는 것이다. 세번째 편견은 이집트 문자는 너무도 숭고해서 해독될 수 없다고 하는 것이다.

첫번째 편견은 히브리어나 그리스어의 '현실성'actuality을 보전한다. 나머지 (각각 '합리적'이고 '신비적인') 두 편견은 첫번째 편견을 지지하는데 공모한다. 첫번째 편견에서는 로고스의 중심을 유대-기독교의 **신**으로 간주하고 있기 때문이다(동화를 통한 헬레니즘적 **타자**의 전유는 더 이전의 이야기다). 이런 '편견'은 유대-기독교 신화의 지도 작성법에 지정학적 역사의 지위를 부여하려는 노력 속에서 지금도 견지되고 있다.

트화하듯). 이 공식은 내일이면 쓸모없어지리라는 점을 제외하고는 아무런 보증도 없다. 그렇더라도, 혹은 다음과 같이 해체가 말하는 순간에, 비난도 변명도 하지 말고 해체를 '당신 자신의 것'으로 만들어 돌려 사용하라. "에스노 중심주의가 드러내 놓고 급격하게 뒤집힐 때마다, 어떤 노고는 슬그머니 숨어 버린다. 내부를 공고히 해서 내부로부터 자체의 이익을 끌어내는 모든 스펙터클한 효과들 뒤로 말이다."

85) Derrida, *Of Grammatology*, p. 75[『그라마톨로지』, 224쪽].
86) *Ibid*., p. 79[같은 책, 232쪽].

이렇게 해서 중국의 글쓰기 개념은 일종의 **유럽적 환각**으로 기능하게 되었다.……이런 기능화는 엄격한 필요성에 복종했다.……그것은 그때 수중에 넣을 수 있었던 중국 문자^{script}에 관한 지식에 의해 동요되지 않았다.……'**상형문자적 편견**'은 이미 **이해관계와 결부된 맹목성**이라는 똑같은 결과를 생산했다. 엄폐^{occultation}는 에스노 중심적인^{ethnocentric} 조롱에서부터……진행되기는커녕 과장된 찬양의 형태를 취한다. 우리는 이런 패턴의 필연성을 입증하는 작업을 아직 완수하지 못했다. 우리 세기는 이 패턴에서 자유롭지 못하다. 에스노 중심주의가 드러내 놓고 급격하게 뒤집힐 때마다, 어떤 노고는 슬그머니 숨어 버린다. **내부를 공고히 해서 내부로부터 자체의 이익을 끌어내는 모든 스펙터클한 효과 뒤로** 말이다.[87]

이런 패턴은 예컨대 존 롤스의 『정치적 자유주의』에서 만나게 되는 **발전**을 지지하는 문화주의적 변명을 작동시킨다. 롤스의 책이 검토되지 않은 온갖 메트로폴리스 혼종주의^{hybridism}를 작동시킬 때 그렇다.[88]
데리다는 그라마톨로지의 기획은 현존의 담론$^{discourse\ of\ presence}$ **안에**서 전개되어야 한다고 다시 한번 주장하면서 「실증과학으로서 그라마톨로지에 관하여」$^{Of\ Grammatology\ As\ a\ Positive\ Science}$를 끝맺는다. 그라마톨로지는 현존을 비판할 뿐만 아니라 우리 **자신**의 비판에 담겨 있는 현존의 담론의 여정을 인식하며, 투명성에 대한 과도한 주장을 경계한다. 데리다에게 그라마톨로지의 대상 이름이자 모델 이름으로서 '글쓰기'란 단어는 "오직 **역**

---

[87] Derrida, *Of Grammatology*, p. 80[『그라마톨로지』, 233~234쪽]. '상형문자적 편견'만 데리다의 강조임.
[88] John Rawls, *Political Liberalism*, New York: Columbia University Press, 1993[『정치적 자유주의』, 장동진 옮김, 동명사, 1999].

사적 울타리 안에, 말하자면 과학과 철학의 한계들 안에 있는" 실천이다.[89]

데리다는 17세기 후반과 18세기 초반 글쓰기의 유럽적 과학에 배어 있던 에스노 중심주의를 유럽적 의식의 일반적 위기를 가리키는 징후라고 부른다. 물론 이것은 더 큰 징후 혹은 아마도 위기 자체일, 자본주의적 제국주의의 첫번째 파도를 경유하여 봉건주의에서 자본주의로 서서히 넘어간 변화의 일부이다. **타자를 동화시킴으로써 타자를 인정하는 여정**은 식민 주체의 제국주의적 구성 및 '토착 정보원' 형상의 폐제 속에서 더욱더 흥미롭게 추적될 수 있다.

서발턴은 말할 수 있는가? 서발턴의 지속적인 구성을 위해 엘리트가 경계할 법한 일은 무엇일까? '여성' 문제는 이 맥락에서 가장 문제적인 지점으로 보인다. 오늘날 대부분의 미국과 서유럽 인문과학자들의 급진주의(동화에 의한 인정)가 안고 있는 잔인하고 규격화된 자비심과 중심부―주변부의 접합에서조차 주변부인 곳('진정한, 그러면서도 차이를 지닌 서발턴')의 배제에 직면해, 여성 문제 영역에서 인종 의식보다 계급 의식 같은 아날로그가 역사적·분과학문적·실제적으로 **우파**나 **좌파** 모두에게 똑같이 금지되는 것 같다.

이토록 난처한 장場에서 주체로서 서발턴 여성 문제를 제기하기란 쉽지 않다. 그런 만큼 이 문제가 관념론적인 딴소리가 아니라는 점을 실용주의적 급진주의자들에게 상기시키는 것이 더욱더 필요하다. 모든 페미니즘적 기획 혹은 성차별주의 반대 기획이 서발턴 여성 문제로 환원될 수는 없다. 하지만 서발턴 여성 문제를 무시하는 것은 인식되지 않은 정치적 제

---

[89] Derrida, *Of Grammatology*, p. 93[『그라마톨로지』, 258쪽].

스처를 취하는 것이다. 이 제스처는 장구한 역사를 갖고 있다. 그것은 또한 '민족주의자'와 '민족'을 등치시키면서(이는 '페미니스트'와 '여성'을 등치시키는 것만큼이나 반생산적인데) 전략적인 배제를 통해 작동하는 남성주의적 급진주의와 협력한다.

만약 남편을 애도하기 위해 불타는 장작더미에서 제의를 치르며 죽고 싶어 한다는 게 도대체 가능할지 자문해 본다면, 나는 바로 주체로서 (젠더화된) 서발턴 여성 문제를 묻는 셈이다. 그렇지만 나는 친구 조너선 컬러가 다소 편향적으로 시사한 것과 달리, "구별함으로써 차이를 생산"하려 하거나 "성 정체성과 결부된 본질적·특권적 경험들로 정의된 성 정체성에······호소"하려는 것은 아니다.[90] 여기서 컬러는 서구 페미니즘의 주류 기획의 일부를 이룬다. 이 기획은 계급 상승과 관련해 여성과 남성이 개인주의적 권리를 놓고 벌이는 싸움을 지속시키면서 전위한다. 미국 페미니즘과 유럽 '이론'(일반적으로 미국 혹은 영국 출신 여성이 추상적이라고 이해하는) 사이의 논쟁은 바로 이러한 지형terrain의 중요한 한 지점을 차지할 것이다. 나는 미국 페미니즘을 좀더 '이론적'으로 만들어야 한다는 촉구에 대해서는 대체로 공감하는 바이다. 그렇지만 서발턴 여성이라는 말 없는 주체 문제는, 상실된 기원을 '본질주의적'으로 찾아 나선다고 해결될 리가 없기는 하지만, 영미 어느 쪽에서건 더 많은 이론을 외친다고 해서 도움을 받을 수 있는 문제가 아닌 것 같다.

이론을 보강하라는 요청은 '본질주의'와 동일해 보이는 '실증주의'를

---

90) Jonathan Culler, *On Deconstruction: Theory and Criticism after Structuralism*, Ithaca: Cornell University Press, 1982, pp. 49~50[『해체비평』, 이만식 옮김, 현대미학사, 1998, 55쪽].

비판하는 맥락에서 종종 나온다. 하지만 '부정성의 노동'의 근대적 창시자인 헤겔은 본질 개념에 낯설지 않았다. 본질주의가 신기하게도 변증법 안에 계속 남아 있는 것이 맑스에게는 심각하고도 생산적인 문제였다. 그러므로 실증주의/본질주의(미국)와 '이론'(영미를 경유한 프랑스-독일이나 프랑스) 사이의 엄격한 이분법적 대립은 피상적인 것일 수 있다. 이러한 이분법은 실증주의 비판과 본질주의의 애매한 공모 관계(데리다가 「실증과학으로서 그라마톨로지에 관하여」에서 밝히고 있는)를 억압하는 것과 별도로, 실증주의는 이론이 아니라는 뜻을 함축함으로써 또한 오류를 범한다. 이런 움직임은 고유명사로서 혹은 실증적인 본질로서 **이론**의 등장을 허용한다. 다시금 조사자의 위치는 의문시되지 않는다. 또 이러한 지형적인 논쟁이 제3세계로 향한다면 그리고 향할 때, 방법 문제에서 아무런 변화도 감지되지 않는다. 이 논쟁은 서발턴으로서 여성의 경우, 성차화된 주체(인류학적 대상이 아니라)의 흔적의 여정을 형성하는 구성 요소를 산포散布, dissemination의 가능성을 가늠하기 위해 수합하는 것이 거의 불가능하다는 점을 고려할 수 없다.

    그렇지만 나는 페미니즘을 실증주의 비판 및 구체적인 것의 탈물신화와 연계시키는 태도에 일반적으로 동조하는 편이다. 또한 나는 서구 이론가들의 작업에서 배우는 데 반감을 갖지 않는다. 물론 내가 배운 것이 조사하는 주체로서 서구 이론가들의 위치성을 계속 짚어 내기를 요구하는 것이지만 말이다. 이런 조건 속에서 문학 비평가로서 나는 서발턴으로서 여성의 의식이라는 심대한 문제에 전술적으로 부딪쳤다. 나는 이 문제를 하나의 문장[91]으로 다시 써서 단순한 기호 작용semiosis의 대상으로 바

---

91) "백인종 남자가 황인종 남자에게서 황인종 여자를 구해 주고 있다"를 가리킨다.—옮긴이

꾸었다. 이 문장은 무엇을 뜻할까?

이러한 변형의 제스처는 다른 주체the other subject에 대한 지식이 이론적으로 불가능하다는 사실을 가리킨다. 분과학문상의 경험적 작업은 이 변형을 암암리에 끊임없이 수행한다. 그것은 1~2인칭의 수행performance에서 3인칭의 진술constatation로 가는 변형이다. 달리 말해, 그것은 통제의 제스처이자 한계들의 인정이다. 프로이트는 위치와 관련된 이러한 위험 요소들에 하나의 상동성homology을 제공해 준다.

사라 코프만은 프로이트가 여성을 속죄양으로 써먹는 것이 지닌 깊은 애매함을 시초의 욕망이자 지속되는 욕망에 대한 반동-형성reaction-formation으로 읽을 수 있다고 시사해 왔다. 여기서 시초의 욕망이란 히스테리에 걸린 사람에게 목소리를 주어 그녀를 히스테리의 **주체**로 변형시키려는 것을 말한다.[92] 시초의 그런 욕망을 '딸의 유혹'으로 바꾸는 남성주의-제국주의적인 이데올로기적 형성은, 단일체적 '제3세계 여성'을 구축하는 것과 똑같은 형성의 일부이다. 우리 시대 메트로폴리스의 조사자는 바로 그 형성에 영향을 받고 있다. '배움을 위해 잊는'unlearn 우리 기획의 일부는 바로 그런 이데올로기적 형성에 우리가 가담하고 있음을, 조사 **대상** 속으로 들어가 필요하다면 침묵이라도 **측정해서** 명료하게 밝히는 것이다. 그러므로 '서발턴은 말할 수 있는가'와 '(여성으로서) 서발턴은 말할 수 있는가'라는 질문들과 마주하며 서발턴에게 역사 속의 목소리를 주려는 우리의 노력은 프로이트 담론이 가동시킨 위험들에 이중으로 노출된다. 내가 "백인종 남자가 황인종 남자에게서 황인종 여자를 구해 주고 있다"는 문

---

[92] Sarah Kofman, *The Enigma of Woman: Woman in Freud's Writings*, trans. Catherine Porter, Ithaca: Cornell Universuty Press, 1985.

장을 만든 것은 바로 이 위험을 인정하는 뜻에서이지 문제에 대한 해결책으로서가 아니다. 이 문장은 오늘날의 '젠더와 발전'을 통해 붉은 실[억압과 착취가 야기하는 인간의 감정을 형상화한다]처럼 흘러내린다. 내 안에서 솟구치는 충동은 "어린아이가 매를 맞고 있다"는 문장을 검토하고 있는 프로이트가 느낀 충동과 별반 다르지 않다.[93]

여기서 프로이트의 용법은 주체-형성과 사회적 집단체^{collective}들의 행위 사이의 동형적 유비^{isomorphic analogy}——들뢰즈와 푸코의 대담에서 라이히가 언급될 때 종종 수반되는 실천 방식——를 함축하지 않는다. 다시 말해 나는 "백인종 남자가 황인종 남자에게서 황인종 여자를 구해 주고 있다"는 문장이 **집단적** 제국주의 기획에서 사도마조히즘적 억압의 **집단적** 여정의 징후가 되는 **집단적** 환상을 나타낸다고 시사하지 않는다. 그런 알레고리에 만족스러운 대칭성은 있겠지만 나는 오히려 독자들로 하여금 그것을 하나의 결정적인 해결책보다는 '야생 정신분석학'이 갖는 하나의 문제로 보도록 초대할 참이다.[94] 「'어린아이가 매를 맞고 있다'」와 그 외

---

93) Sigmund Freud, "'A Child Is Being Beaten': A Contribution to the Study of the Origin of Sexual Perversion", *The Standard Edition of the Complete Psychological Works of Sigmund Freud*, ed. James Strachey, Vol. 17, London: Hogarth, 1955[「'매 맞는 아이'」, 『정신병리학의 문제들』, 황보석 옮김, 열린책들, 2004]. 서구 비평이 '제3세계 여성'을 구성하는 방식을 열거하는 목록을 보려면 Chandra Talpade Mohanty, "Under Western Eyes: Feminist Scholarship and Colonial Discourses", Chandra Talpade Mohanty, Anne Russo and Lourdes Torres eds., *Third World Women and the Politics of Feminism*, Bloomington: Indiana University Press, 1991[「서구인의 눈으로: 페미니즘 연구와 식민 담론」, 유제분 엮음, 『탈식민 페미니즘과 탈식민 페미니스트들』, 현대미학사, 2001] 참조.
94) Freud, "'Wild' Psycho-Analysis", *The Standard Edition of the Complete Psychological Works of Sigmund Freud*, Vol. 11, London: Hogarth, 1957[「'야생' 정신분석에 대하여」, 『끝낼 수 있는 분석과 끝낼 수 없는 분석: 정신분석 치료기법에 대한 논문들』, 이덕하 옮김, 도서출판b, 2004]. 정신분석학적 사회 비판의 상당 부분이 이런 설명에 딱 들어맞을 것이다.

다른 글들에서 프로이트가 여성을 속죄양으로 만들기를 주장하는 것이 그의 정치적 이해관계를 불완전하게나마 드러내듯, 이 문장을 기화로 내가 제국주의적 주체-생산을 주장하는 것 역시 내가 발 디딜 수 없는 하나의 정치를 드러낸다.

더 나아가 프로이트는 환자들이 그에게 제시한 많은 유사한 실질적 설명들로부터 앞 문장["어린아이가 매를 맞고 있다"]을 **하나의 문장으로** 구축해 낸다. 나는 이 문장에서 그가 취하고 있는 전략의 일반적인 방법론적 아우라를 빌려 오고자 한다. 그렇다고 내가 분석-중의-전이$^{transference-in-analysis}$ 사례를 독자와 텍스트(여기 구축된 문장) 사이의 거래를 나타내는 동형적 모델로서 제시하겠다는 뜻은 아니다. 내가 여기서 반복하건대, 전이와 문학 비평 혹은 역사 기술 사이의 유비는 생산적인 오어법 이상은 아니다. 주체가 텍스트라고 말하는 것이 말로 된^{verbal} 텍스트가 주체라는 반대 진술에 권위를 부여해 주지는 않는다.

오히려 나는 최종 문장["어린아이가 매를 맞고 있다"]을 생산한 억압의 **역사**를 진술하는 프로이트의 방식에 매료된다. 이 억압의 역사는 유아의 기억상실에 감추어져 있는 기원과 우리의 태곳적 과거에 자리 잡고 있는 기원이라는 이중의 기원을 갖고 있다. 이렇게 보는 것은 억압의 역사란 인간과 동물이 아직 미분화된 기원 이전^{preoriginary} 공간을 함축한다고 가정하는 셈이다.[95] 우리는 제국주의적 정치경제의 이데올로기적 위장을 설명하고 또 내가 죽 묘사해 왔던 것과 같은 문장을 생산하는 억압의 역사를 윤곽짓고자, 프로이트 전략이 지닌 상동성을 맑스주의 서사에 부과하도

---

95) Freud, "'A Child Is Being Beaten'", *The Standard Edition of the Complete Psychological Works of Sigmund Freud*, Vol. 17, p. 188[「'매 맞는 아이'」, 『정신병리학의 문제들』, 149쪽].

록 추동된다. 식민 주체에게 명예로운 백인성을 부여하는 문장("백인종 남자가 황인종 남자에게서 황인종 여자를 구해 주고 있다")을 생산하는 억압의 역사 말이다. 또한 이 억압의 역사는 다음과 같은 이중의 기원도 갖는다. 하나는 1829년 영국이 과부 희생을 폐지한 사건 이면에 작동되던 술책에 감추어져 있는 기원이고,[96] 다른 하나는 힌두 인도의 고전이자 베다적 과

---

[96] 식민 시기에 과부-희생화의 "현실"이 어떻게 구성되고 "텍스트화되었는지"를 탁월하게 설명하는 글로는 Lata Mani, "Contentious Traditions: The Debate on Sati in Colonial India", Kumkum Sangari ed., *Recasting Women: Essays in Colonial History*, Delhi: Kali for Women, 1989 참조. 이 책[『포스트식민 이성 비판』]을 기획하는 초기 단계에 나는 마니 박사와의 토론에서 많은 것을 얻었다. 여기서는 나와 그녀 입장 사이의 차이점을 몇 가지 제시하겠다. 그녀가 인용하는 "벵골 번역에서 인쇄상의 실수"(*Ibid.*, p. 109)는 내가 논의하는 실수, 즉 고대 산스크리트상의 실수와 동일한 것이 아니다. 그 실천[과부-희생]을 정당화하는 데서 이런 온갖 실수가 저질러졌다는 사실은 물론 전적으로 흥미롭다. 규제적 심리전기는 "텍스트적 헤게모니"(*Ibid.*, p. 96)와 동일한 것이 아니다. 후자의 설명 양식이 "지역적 변이들"을 설명하지 못한다는 마니의 견해에 나도 동의한다. 규제적 심리전기가 "여성들의 의식"뿐만 아니라 "젠더화된 에피스테메"(지식의 진술을 위한 타당성-기준과 함께 지식 대상을 구축하는 메커니즘)를 생산할 때, 그것은 또 다른 양식의 "텍스트주의적 억압"(textualist oppression)이 된다. 여기서는 딱히 "말로 된(verbal) 텍스트로 읽어야" 하는 것은 아니다. 그것은 그람시가 말한 "흔적 없는 재고 목록"에 비견되는 무엇이다(Gramsci, *Selections from the Prison Notebooks*, trans. Quintin Hoare and Geoffrey Nowell Smith, New York: International Publishers, 1971, p. 324[『옥중 수고』 2권, 이상훈 옮김, 거름, 1993, 162~163쪽]). 마니처럼("Contentious Traditions", *Recasting Women*, p. 125, n. 90) 나 역시 다모다르 다르마난다 코삼비의 "전략들"에 뭔가를 "보태고" 싶다. 나는 "고고학, 인류학, 사회학, 그리고 적당한 역사적 관점을 명민하게 사용하여 [고대 인도 문화의 문제들에 대한 언어학적 연구를—스피박] 보충"(Damodar Dharmananda Kosambi, "Combined Methods in Indology", *Indo-Iranian Journal*, Vol. 6, 1963, p. 177)하는 데 정신분석학의 통찰을 보탤 것이다. 정신분석학의 선택인 규제적 심리전기의 통찰은 아니겠지만 말이다. 우리에겐 사실지상주의적(factualist) 페티시가 있는데도, '사실들'만이 여성 억압을 설명해 줄 수 있다는 것은 애석한 일이다. 하지만 우리가 어떤 것이 (그) 사실들인지를 결정할 때, (그) 사실들은 우리로 하여금 젠더화에, 즉 우리 자신이 말려 들어가 있는 그물에 접근하도록 결코 허용해 주지 않을 것이다. 코삼비의 대담하고 솔직한 발언은 인식론적 편견 때문에 오해될 소지가 있고 실제로 오해받아 왔다. 그렇지만 "살아간다"는 단어에 대한 코삼비의 용법은 정신의 무대라는 좀더 복잡한 개념을 생각할 수 있는데, 마니는 이를 할 수가 없다. "푸라나(Purāna)를 썼던 브라만들의 후예보다 도시에서 멀리 떨어진 촌락에 사는 인도 소작농들이 푸라나가 쓰였던 시대와 좀

거인 『리그베다』*Rg-Veda*와 『다르마사스트라』*Dharmaśāstra*에 자리 잡고 있는 기원이다. 미분화된 초월적인 기원 이전 공간은 이 다른 역사에서는 너무나 손쉽게 서술될 수 있을 뿐이다.

내가 구축한 문장["백인종 남자가 황인종 남자에게서 황인종 여자를 구해 주고 있다"]은 황인종 남자와 백인종 남자 사이의 관계(때때로 황인종 여자와 백인종 여자도 끼어드는)를 기술하는 수많은 전위들 중 하나다.[97] 이 문장은 '과장된 찬사'를 일삼는 몇몇 문장들 사이에, 혹은 데리다가 '상형문자적 편견'과 관련하여 경건한 죄의식 운운한 몇몇 문장들 사이에 자리를 잡는다. 제국주의적 주체와 제국주의의 주체 사이의 관계는 적어도 모호하다.

힌두 과부는 죽은 남편을 화장한 장작더미에 올라가서 자신을 불태

더 밀접한 방식으로 **살아간다**"(강조는 스피박). 바로 그렇다. 젠더화 중인 자기-재현은 푸라나적 심리전기에 의해 브라만을 모델로 하여 규제된다. [『포스트식민 이성 비판』의] 4장에서 나는 코삼비가 다음 문장들에서 언급하는 내용이 무엇인지 고찰할 것이다. "한 단계 더 거슬러 올라가 보면 대체로 주변적 카스트 수준으로 전락한 부족 집단들의 가련한 파편들이 있다. 그들은 식량-채집에 상당히 의존하며 이에 상응하는 심성을 지니고 있다." 다소 교조적인 맑스주의로 말미암아 코삼비는 부족적 에피스테메를 낙후된 것 이외의 어느 것으로도 사유하지 못한다. 1987년 9월 루프 칸와르(Rup Kanwar)의 사티가 있은 이후 당대 상황에 대한 문헌이 쏟아져 나왔다. 그것은 꽤나 상이한 개입을 요구한다. Radha Kumar, "Agitation against Sati, 1987~88", *The History of Doing: An Illustrated Account of Movements for Women's Rights and Feminism in India, 1800~1990*, New Delhi: Kali for Women, 1993 참조.

97) Kumari Jayawardena, *The White Woman's Other Burden: Western Women and South Asia during British Rule*, New York: Routledge, 1995 참조. 윤리적 책임감이 부재할 때 이 노력들이 반대되는 결과들을 초래하게 만드는 통로가 바로 선망(envy), 반발(backlash), 반동-형성 같은 것들이다. 이런 맥락에서 나는 반복해서 멜라니 클라인(Melanie Klein)과 아시아 제바르(Assia Djevar)를 떠올렸다. Spivak, "Psychoanalysis in Left Field and Fieldworking: Examples to Fit the Title", Sonu Shamdasani and Michael Münchow eds., *Speculations After Freud: Psychoanalysis, Philosophy, and Culture*, London: Routledge, 1994, pp. 66~69 참조.

운다^{immolate}. 이것이 바로 과부 희생이다(산스크리트에서 과부를 관습적으로 표현하는 단어는 사티^{sati}이다. 식민 초기 영국인들은 이것을 수티^{suttee}라고 썼다). 이 제의는 보편적으로 수행된 것도, 특정 카스트나 계급에 한정된 것도 아니었다. 영국인들에 의한 이 제의의 폐지는 일반적으로 '황인종 남자에게서 황인종 여자를 구해 준 백인종 남자'의 한 사례로 여겨져 왔다. 19세기 영국 선교 기록에 나오는 여성들에서 메리 데일리$^{Mary\ Daly}$에 이르기까지 백인종 여자들은 이와 다른 대안적 이해를 생산해 내지 못했다. 이 문장에 맞서는 진술로는 "여자들이 죽고 싶어 했다"라는, 상실된 기원을 향한 향수를 패러디하는 인도 토착주의 진술이 있다. 이 진술은 지금도 여전히 개진되고 있는 중이다.[98]

두 문장["백인종 남자가 황인종 남자에게서 황인종 여자를 구해 주고 있다"와 "여자들이 죽고 싶어 했다"]은 서로를 정당화해 주는 오랜 역사를 갖고 있다. 우리는 여자들의 목소리-의식에 대한 증언과 결코 마주치지 않는다. 물론 그런 증언은 이데올로기-초월적이지도, '온전히' 주관적이지도 않겠지만, 하나의 대항 문장을 생산하는 요소들을 구성할 법하다. 우리가 동인도회사 기록에 포함된 경찰 보고서에서 이 여자들, 즉 순사^{殉死}한 과부들이 이름조차 아주 괴상하게 잘못 전사되어 있는 기록을 훑어 내

---

98) 라타 마니가 자신의 탁월한 글에서 인용하고 있는 여성 복화술의 공모성을 보여 주는 예들(Lata Mani, "Production of an Official Discourse on *Sati* in Early Nineteenth Century Bengal", *Economic and Political Weekly*, Vol. 21, No. 17, 1986. 4. 26, women's studies supplement, p. 36)이 나의 요점을 입증해 준다. 여기서 요점은, 한 번의 거부라도 **여성의 권리**를 지지하는 복화술이라는 것이다. 그렇다고 그 복화술만이 올바른 자유의지라고 시사하는 것은 아니다. 우리는 의지의 자유가 협상 가능함을 시사하고 있으며, 우리가 어떤 행동, 이 경우에는 과부를 불태우는 짓에 반대하며 모두를 적절하게 만족시킬 어떤 행동을 정당화할 수 있게 되는 것은, 이해관계가 얽혀 있지 않은 자유의지에 근거해서가 아님을 시사하고 있다. 이 윤리적 아포리아는 협상 가능한 게 아니다. 우리는 이 점을 알고 행동해야 한다.

려가 본다고 하더라도 하나의 '목소리'를 짜 맞출 수는 없다. 우리가 감지할 수 있는 최대의 것은 골격만 남은 무지한 설명(예컨대 카스트를 부족이라고 규칙적으로 기술하는)을 꿰뚫고 나오는 거대한 이질성이다. 메트로폴리스에 거주하는 이주민 페미니스트(탈식민화의 실제 무대에서 멀리 떨어져 있는)는 "백인종 남자가 황인종 남자에게서 황인종 여자를 구해 주고 있다"와 "여자들이 죽고 싶어 했다"라는 변증법적으로 서로 얽혀 있는 문장들과 마주해, "이게 도대체 무엇을 의미하나요"라는 단순한 기호 현상semiosis과 관련된 질문을 던지며 하나의 역사를 짜내기 시작한다.

 내가 다른 곳[『포스트식민 이성 비판』의 2장 「문학」]에서 시사했듯이, 내부의domestic 혼란으로부터 좋은 시민사회가 탄생하는 계기를 표시하기 위해, 법의 정신을 제정하고자 법의 문자를 깨뜨리는 특이한 사건들이 종종 환기된다. 남자들이 여자들을 보호한다는 명분이 종종 그러한 사건을 제공한다. 영국 사람들은 인도의 토착 관습/법을 완전히 공평하게 대하거나 거기에 아예 간섭하지 않는 태도를 자랑해 왔다. 우리가 이 점을 기억한다면 존 던컨 마틴 데렛의 다음 지적에서 법의 정신을 위해 법의 문자를 위반하는 인가된 경우를 환기하는 것을 읽을 수 있다. "힌두법에 부과된 최초의 법령은 단 한 명의 힌두교도의 동의도 받지 않고 처리되었다." 여기서 그 법령의 명칭은 밝혀지지 않고 있다. 탈식민 후에도 남아 있는, 식민지에서 확립된 '좋은' 사회의 생존에 함축된 의미를 고려해 본다면, 그 조치의 명칭이 밝혀지는 다음 문장도 똑같이 흥미로울 것이다. "독립한 인도에서 사티의 재발은 아마 이 나라의 가장 후진적인 지역에서조차도 오래 생존할 수 없는 반계몽주의의 부흥일 것이다."[99]

 이러한 관찰이 정확하건 그렇지 않건 내게 흥미로운 것은 여성(오늘날에는 '제3세계 여성')의 보호가 **좋은** 사회를 확립하는 데 필요한 기표가 된다는 사실이다. 여기서 좋은 사회(지금은 좋은 지구)의 확립은 그 출범 시기에는 단순한 합법성^{legality} 혹은 법 정책상의 형평성을 위반해야만 한다. 이 특수한 경우에, 좋은 사회가 확립되는 과정은 또한 제식으로서 용인되고 널리 알려져 있고 칭송되던 관습을 범죄로 재정의하는 것을 허용했다. 달리 말하자면, 힌두법에서의 이 한 가지 조항이 사적 영역과 공적 영역 사이의 경계를 뛰어넘어 버렸다.

서유럽에만 초점을 맞추고 있는 푸코의 **역사적 서사**는 범죄의 용인이 18세기 후반 범죄학의 발전에 선행한다[100]고만 보고 있을 따름이다. 그렇지만 그 서사에 나오는 '에피스테메'에 대한 그의 **이론적 기술**은 적절하다. "그 **에피스테메**는 참과 거짓의 분리가 아니라, 과학적인 것이라고 특징지어질 수도 있는 것과 과학적인 것이라고 특징지어지지 않을 것", 즉 범과학에 의해 고정되는 범죄와 대립하는, 미신에 의해 고정되는 제식의 "분리를 가능하게 만드는 '장치'입니다."[101]

---

99) John Duncan Martin Derrett, *Hindu Law, Past and Present: Being an Account of the Controversy Which Preceded the Enactment of the Hindu Code, the Text of the Code as Enacted, and Some Comments Thereon*, Calcutta: A. Mukherjee and Co., 1957, p. 46.
100) Foucault, "Prison Talk", *Power/Knowledge*, p. 41[「권력의 유희」, 『권력과 지식』, 66쪽].
101) Foucault, "The Confession of the Flesh", *Ibid.*, p. 197[「육체의 고백」, 같은 책, 239쪽]. 코삼비는 이러한 이동이 당연지사라고 논평한다. 그는 예컨대 상당한 찬사를 받은 과부의 재혼 개혁에 대해 이렇게 적고 있다. "자신[라마크리슈나 고팔 반다르카르Ramakrishna Gopal Bhandarkar—스피박]이 인도 전체를 대변하려 했지만 매우 편협한 한 계급만을 대변했을 뿐이라는 사실이 그를 난처하게 만들지는 않았다. 그것은 그 문제에 관한 한 다른 동시대 '개혁가들'도 마찬가지였다. 그래도, **강조점이 카스트에서 계급으로 조용히 변화한 것은 필연적인 진전이었다**"(Kosambi, *Myth and Reality: Studies in the Formation of Indian Culture*, Bombay: Popular Prakashan, 1962, p. 38, n. 2. 강조는 스피박). '진전'(advance)보다는 '이동'(shift)이라고 말하는 게 낫다. 오늘날의 힌두 민족주의가 스스로를 카스트 제도에 반대하는 민족주의, 심지어 '세속적' 민족주의라고 주장하도록 허용해 주는 것이 바로 세기가 넘는 기간 동안 일어난 이 인식론적 이동이기 때문이다. 그런데 사티의 구축을 식민적 협상들에 국한하고 급기야 람 모훈 로이(Ram Mohun Roy)와 윌리엄 벤팅크(William Bentinck)

수티가 사적인 영역에서 공적인 영역으로 도약한 것은 상업과 무역상 거주했던 영국인들이 영토적이고 행정적인 주둔으로 전환한 상황과 명백하면서도 복잡한 관계를 맺고 있다. 이러한 도약 과정은 경찰서, 하급 및 고등 법원, 이사회, 왕립 법원 등등 사이에 오고간 서신들에서 추적될 수 있다('식민지'에서 필연적으로 비뚤어지는 '봉건주의에서 자본주의로의' 이행에서 등장한 '식민 토착 주체'의 관점에서 보면, 사티가 전도된 사회적 책무를 지고 있는 기표라는 점에 주목하는 것은 흥미롭다. "서구의 영향에 노출됨으로써 심리적으로 주변부가 된 집단들은……자신들에게나 다른 사람들에게 그들의 제의상의 순수함이나 전통 고급문화에 대한 충성심을 입증해야 한다는 압력을 받게 되었다. 옛날 규범들이 내부에서 흔들리게 되었을 때 그들 중 많은 사람에게 사티는 그 규범들에 순응하는 중요한 증거가 되었다"[102]).[103]

사이의 협약에 국한하는 것 또한 '서발턴 의식'의 문제를 회피하는 것이다. 마니와 나의 차이점에 대한 좀더 심도 있는 논평은 Sumit Sarkar, "Orientalism Revisited: Saidian Frameworks in the Writing of Modern Indian History", *Oxford Literary Review*, Vol. 16, 1994, p. 223 참조. "스피박이 「서발턴은 말할 수 있는가?」에서 거론한 사티에 관한 식민 이전 및 식민 담론들에 대한 훨씬 더 실질적인 논의와 마니의 글은 뚜렷한 대척 지점에 서 있다"고 지적해 준 사르카르 교수에게 감사하는 바이다. 카스트나 음핵 절제가 식민적 구축물 이상은 아니라고 주장하는 것은 오늘날 아무것도 진척시키지 못한다. 로밀라 타파르(Romila Thapar)는 7세기 역사가 바나바타(Bānabhatta)가 사티에 반대했다고 내게 일러 주었다. 제국주의가 유럽과 함께 시작되었다는 가정에는 유럽 중심적인 뭔가가 있을 터이다.
102) Ashis Nandy, "Sati: A Nineteenth Century Tale of Women, Violence and Protest", Vijaya Chandra Joshi ed., *Rammohun Roy and the Process of Modernization in India*, Delhi: Vikas Publishing House, 1975, p. 68.
103) 오늘날, 여성의 문화적 프라이버시에 대한 간섭은 경제적 영역에서는 농촌 여성을 미시-사업에 동원할 수 있게 만드는 기획, 정치적 영역에서는 여성의 삶을 더 좋게 만드는 기획으로 남는다. 변화의 폭력이 에피스테메에 상처를 내지 않도록 좀더 책임감 있는 템포(여성의 시간)를 요구하는 것은 종종 성급하게 문화적 보수주의로 거부된다.

상업에서 영토로의 이행과 봉건주의에서 자본주의로의 이행이 내 문장——"백인종 남자가 황인종 남자에게서 황인종 여자를 구해 주고 있다"——에 최초의 역사적 기원을 하나 제공한다면, 그러한 기원은 노동으로서 인간성의 좀더 일반적인 역사 속에서 명백하게 상실된다. 맑스는 그 기원을 인간 존재와 **자연** 사이의 물질적 교환 혹은 '신진대사', 자본주의적 팽창의 이야기, 상품으로서 노동력의 느린 자유화, 생산양식 서사, 봉건주의에서 중상주의를 경유해 자본주의로 가는 이행 속에 두었다.[104] 1장 [『포스트식민 이성 비판』의 「철학」]에서 논의한 것처럼, 이러한 서사의 불안정한 규범성조차도 변화가 없다고 추정되는 '아시아적' 생산양식이라는 임시변통에 의해 지탱된다. 아시아적 생산양식은 불안정한 그 규범성을 유지하기 위해 개입한다. 자본 논리의 이야기가 서구의 이야기이며, 제국주의만이 생산양식 서사의 보편성을 공격적으로 주장할 수 있고, 오늘날 서발턴에 대한 무시와 침해가 좋든 싫든 전 지구화의 이해관계 속에서 근대화의 이름으로 제국주의 기획을 지속시키는 일임이 분명해질 때마다 말이다. 그리하여 내 문장의 기원은 더욱더 강력한 다른 담론들이 뒤섞이는 동안 상실된다. 여하튼 사티의 폐지 자체는 칭찬할 만한 일이다. 그런데도 내 문장의 기원을 감지해 내는 지각이 개입주의적 가능성들을 담지할 것인지 여전히 궁금해할 수 있을까?

나중에 나는 **사티**로의 여성 동원을 '민족'의 이름하에 죽는 자살인 '영웅주의', '신'의 이름하에 죽는 자살인 '순교', 그 외 다른 종류의 자기-'희생'이라는 서사시적 심급의 자리에 위치시킬 것이다. 이것들은 시간의

---

104) Marx, *Capital, Volume 3*, trans. David Fernbach, New York: Viking Penguin, 1981, pp. 958~959[『자본』 III-2, 강신준 옮김, 길, 2010, 1094~1096쪽].

선물(의 행위자)을 나타내는 초월적 형상화들이다. 페미니즘 기획은 여성을 그저 희생자로 상연할 게 아니라 이렇게 물어야 한다. 왜 '남편'이 **근본적 대타성**radical alterity을 나타내는 적합한 이름이 되는가? 왜 '존재하기'to be 가 '아내이기'to be wife와 똑같단 말인가? 이는 '존재하기'를 '월급을 꽤 많이 받는 직장에 고용되기'와 등치시키는 우리 시대의 등식에 대한 질문들로도 우리를 인도할 수 있겠다.[105] 그렇지만 이런 계열의 질문은 그만두도록 하자. 왜냐하면 그것이 일반 독자로 하여금 사티를 '문화적 차이'의 특수주의들particularisms 내부에 봉쇄된 채 있도록 두지는 않을 테니 말이다. '문화적 차이'의 특수주의들은, 제국주의가 '문명화 사명' 속에서 그 자신에게 또 하나의 정당화를 부여하도록 허용했다. 오늘날 좀더 관용적일 수 있는 문구인 '젠더와 발전'으로 재코드화된 '문명화 사명'은 그러한 정당화를 반복한다. 계사 '와'가 (대리보충 작업을 은폐한 채 부과하면서) 좀더 투명했던 이전의 문구 '발전 속의 여성'을 대체함에 따라 그렇다.[106]

좋은 사회를 확립하는 자로서 제국주의(혹은 지구화)의 이미지는 여성을 같은 종족에게서 보호받아야 할 **대상**으로 옹호하는 입장에 의해 특징지어진다. 우리는 **주체**의 자유로운 선택 권한을 겉으로만 여성에게 부

---

105) Spivak, "Diasporas Old and New: Women in a Transnational World", *Textual Practice*, Vol. 10, No. 2, 1996, p. 248.
106) 데리다는 모든 계사(copula)는 대리보충이라고 주장한다(Derrida, "The Supplement of Copula: Philosophy Before Linguistics", *Margins of Philosophy*). 그는 자신의 연구에서 윤리적인 것에 주목함으로써 계사를 새롭게 조명했다. '젠더와 발전'이라는 문장에서 계사는 남성과 여성의 관계가 합리화될 때까지 그 관계는 가부장적임을 뜻할지도 모른다. 이것은 의식화 작업이나 고전 맑스주의와 그다지 동떨어져 있지 않다. 이러한 주장들은 "Foucault and Najibullah", Kathleen L. Komar and Ross Shideler eds., *Lyrical Symbols and Narrative Transformations: Essays in Honor of Ralph Freedman*, Columbia, SC: Camden House, 1998[「1996: 푸코와 나지불라」, 『다른 여러 아시아』, 태혜숙 옮김, 울력, 2011]에서 암시된 애도 작업을 촉구한다.

여하는 가부장적 전략의 이 위장을 어떤 식으로 검토해야 하는가? 달리 말해 우리는 '영국'에서 '힌두교'로 어떻게 넘어갈 것인가? 그런 시도만 해 보아도 '발전'처럼 '제국주의'도 피부색주의, 즉 유색인에 대한 단순한 편견과 동일하지 않다는 사실이 드러난다. 이 질문에 접근하기 위해 나는 『다르마샤스트라』와 『리그베다』를 간략히 다룰 것이다. 두 텍스트는 서로 엄청나게 다르지만 프로이트와 나 자신 사이의 상동 관계가 갖는 '태곳적 기원'을 나타낼 수 있다. 나의 읽기는 국외 거주 여성이 억압의 조제 과정을 비전문가로서 이해관계를 갖고 조사하는 것이며, 여성의 의식, 따라서 여성의 존재, 따라서 좋은 여성, 따라서 좋은 여성의 욕망, 따라서 여성의 욕망에 대한 하나의 구축된 대항 서사이다. 역설적이게도 이 동일한 움직임들은 우리로 하여금 하나의 기표로서 여성의 고정되지 않은 장소를 사회적 개인을 기입하는 데서 목격하게 한다. 그리하여 '여성'은 자본의 이해관계가 깔려 있는 '규범화'와 피식민 남성의 퇴행적 '선망' 사이에 붙들려 있다.[107] '계몽된' 식민 주체는 심리전기의 덜 '실제적'인 문제를 묻지 않은 채 자본의 규범화 쪽을 향해 움직여 간다. 일단 사티가 다시금 피해 자주의 대 문화적 영웅주의로 이해된다면, 사티는 실패한 탈식민화의 틈 속으로 되돌아온다. 양심의 발전 과정에서 폭력의 역할을 무시하는 것은 계산 가능성accountability으로서의 자살의 반복을 자초하는 것이다. 나로 하여금 그렇게 제안하도록 확신을 준 사람은 바로 다소 광적인 멜라니 클라인이다.[108]

---

107) 나는 '선망'을 멜라니 클라인이 확립한 의미로 사용한다. Melanie Klein, "Envy and Gratitude", *Envy and Gratitude and Other Works, 1946~1963*, New York: Free Press, 1975.

심리전기의 문제를 묻는다는 것은 무엇을 뜻하는가? 여기서 진짜 논쟁을 벌이려면 훨씬 더 많은 학식이 필요하리라. 하지만 학자가 근본적인 문제를 물을 수 없다는 것이야말로 바로 이런 고전적 학식의 감퇴라는 비극적 서사의 일부를 이룬다.[109]

『다르마샤스트라』에서 나의 관심을 끄는 두 계기는 인가된 자살 및 죽은 자를 위한 제의의 성격에 관한 담론들이다.[110] 두 담론 안에서 틀 지어진 과부들의 자기-화살은 규칙의 예외로 보인다. 일반적인 경전의 교리로 보면 자살은 비난받아 마땅하다. 하지만 정형화된formulaic 수행으로서 자살의 현상적 정체성을 상실한 특정 형태의 자살이 존재할 여지 또한 있다. 인가된 자살의 첫번째 범주는 타트바즈냐나tattvajñāna, 즉 올바른 원칙들에 대한 지식에서 생겨난다. 여기서 앎의 주체는 자기 정체성의 비실체성 혹은 (비현상성과 동일한 것일 수 있는) 단순한 현상성을 이해한다. 특정 시기에 타트 트바tat tva는 '그런 당신'으로 해석되기도 했다. 하지만 그냥 타트바tatva는 그러함thatness 혹은 본질quiddity이다. 그리하여 각성된 자아는 정체성의 '그러'함"that"-ness을 진실로 알고 있다. 이 자아가 그 정체성을 파괴하는 것은 아트마가타ātmaghāta(자아 살해)가 아니다. 앎의 한계들을 아

---

108) Klein, "The Early Development of Conscience in the Child", *Love, Guilt and Reparation and Other Works, 1921~1945*, London: Hogarth, 1975, p. 257.
109) 바로 이런 정신에서 아시아 제바르는 *Far from Medina*, trans. Dorothy S. Blair, London: Quartet, 1994를 쓰기 위해 그녀에게 특정 아랍 연감을 창의적으로 읽게 해줄 한 아랍 학자에게 도움을 청했다. 나는 Peter van de Veer, "Sati and Sanskrit: The Move from Orientalism to Hinduism", Mieke Bal and Inge E. Boer eds., *The Point of Theory: Practices of Cultural Analysis*, New York: Continuum, 1994에서의 확증에 힘을 얻었다.
110) 내가 전문가가 아니기 때문에 이어지는 설명은 다음 책에 상당히 의존했음을 밝혀 둔다. Pandurang Vaman Kane, *History of the Dharmasastra*, 5 Vols., Poona: Bhandarkar Oriental Research Institute, 1963.

는 것의 역설은, 행위 능력의 가능성을 부인하기 위해 행위 능력을 가장 강력하게 주장하는 것이 행위 능력 자체의 사례가 될 수는 없다는 점이다. 참으로 이상하게도 신들의 자기-**희생**은 자기-지식에 의해서보다 **자연의 경제**와 **우주**를 작동시키는 데 유용한 자연 생태학에 의해 인가된다. 인간 존재가 아니라 신들이 거주하는, 전위들의 이 특정한 연쇄로 이루어지는 **논리적으로** 선행하는 이 단계에서 자살ātmaghāta과 희생ātmadāna은 '내부적' 인가(자기-지식)인지, '외부적' 인가(생태학)인지 딱히 구분되지 않는다.

그러나 이러한 철학적 공간은 자기를 불태우는 여성을 수용하지 않는다. 그녀를 위해서 우리는 어쨌든 쉽게 입증할 수 있고 스므리티smriti(기억)보다는 스루티sruti(들음)의 영역에 속하는 상태로서 진리-지식을 주장할 수 없는 자살들을 여성에게 인가해 줄 공간이 어디에 있을지 찾아본다. 일반적 규칙의 이 세번째 예외는 자기-화살이 특정한 깨달음의 상태가 아니라 특정 장소에서 수행될 경우, 그 화살의 현상적 정체성 혹은 비합리성을 폐기시켜 준다. 그리하여 우리는 내부적 인가(진리-지식)에서 외부적 인가(순례지)로 옮겨 간다. 여성은 **이러한** 유형의 (비)자살을 수행할 수 있다.[111]

그러나 순례지조차도 여성한테는 자신의 고유한 자아를 파괴함으로써 자살이라는 고유명사를 폐기하기에 **적합한** 장소가 아니다. 왜냐하면 죽은 배우자를 화장한 장작더미 위에서 수행된 여성의 자살만이, 인가된

---

[111] Upendra Thakur, *The History of Suicide in India: An Introduction*, Delhi: Munshi Ram Manohar Lal, 1963, p.9에서는 신성한 장소들에 관한 산스크리트의 기초적 원전들을 나열한 유용한 목록을 보여 준다. 공을 많이 들인 훌륭한 이 책은 부르주아 민족주의, 가부장적 공동체주의, '계몽된 합리성'과 같은 식민 주체의 정신분열 신호를 모두 드러내 보여 준다.

자기-화살이기 때문이다(다른 사람을 화장한 장작더미 위에서 자기를 불태운 몇몇 남자들의 예가 힌두 고대 문헌에서 인용된다. 이것은 스승이나 윗사람에 대한 열정과 헌신을 입증하면서 제의 내에 있는 지배 구조를 드러낸다).

이러한 자살 아닌 자살은 진리-지식과 경건한 장소 둘 다의 시뮬라크르로 읽힐 수도 있다. 만일 그 자살이 진리-지식의 시뮬라크르라면, 자신의 비실체성과 단순한 현상성에 대한 **주체 안에서의** 지식이 극화되어 죽은 남편은 소멸된 주체의 외화된 사례이자 장소인 것처럼 되고 과부는 '그것을 실행하는' (비)행위자인 것처럼 된다. 이는 행위 능력을 대타성 속에 두는 것의 논리적 결과이자, 부재하는 행위자의 의도를 지레짐작으로 코드화하는 제도적 계산으로 윤리를 변형시키는 것이다. 만일 그 자살이 경건한 장소의 시뮬라크르라면, 자신으로부터 법적으로 전위된 여성 주체를 소진시키는 정교한 제의에 의해 구축된 저 불타는 장작더미가 모든 신성한 장소를 가리키는 환유가 되는 것 같다. 자유로운 선택의 역설이 작동하는 것은 바로 여성 주체의 전위된 장소를 둘러싼 이 심층적인 이데올로기의 견지들에서이다. 남성 주체의 경우, 주목되는 것은 자살 자체의 지위를 확립하기보다 폐기하게 될 자살의 환희이다. 여성 주체의 경우, 인가된 자기-화살은 인가되지 않은 자살에 부여되는 '추락'^pātaka 의 효과를 없애면서 또 다른 등기부에서는 선택 행위라는 찬양을 불러일으킨다. 순장은 성차화된 주체를 부단히 이데올로기적으로 생산한다. 그리하여 여성 주체는 그 죽음을 과부 행실의 일반적 규칙을 초과하는, 자기 욕망의 **예외적인** 기표로 이해할 수 있게 된다.

특정 시기와 특정 지역에서 이러한 예외적인 규칙은 특정 계급에만 일반적인 규칙이 되었다. 아시스 난디^Ashis Nandy 는 18~19세기 벵골에서 이 규칙이 눈에 띄게 만연했던 현상을 인구 조절에서 공동체의 여성 혐오에 이르는 요인들과 연결시킨다.[112] 확실히 이전 세기들에 벵골에서 사티 관습이 만연했던 것은 인도의 다른 지역과 달리 벵골에서는 과부가 재산을 상속할 수 있었기 때문이다. 그러므로 영국 사람들이 불쌍한 인도 여자들이 학살당하고 희생된다고 본 사안은 사실 이데올로기적 전쟁터였다. 『다르마사스트라』를 연구한 위대한 역사가 카네$^{Pandurang\ Vaman\ Kane}$가 정확히 관찰했듯이, "벵골에서 아들이 없는 남자의 과부에게는 고인이 된 남편이 그 대가족 재산에 대해 누렸을 권리와 똑같은 권리를 가질 자격이 주어진[다는 사실은—스피박] …… 유족들로 하여금 가장 고통스러운 순간에 남편에 대한 그녀의 사랑과 헌신에 호소해 과부를 없애 버리도록 수차 부추겼던 게 틀림없다".[113]

하지만 자비롭고 계몽된 남성들은 이 문제를 놓고 자유롭게 선택하는 여성의 '용기'에 동조했고 지금도 동조하고 있다. 그리하여 그들은 종종 성차화된 서발턴 주체의 생산을 받아들인다. "근대 인도는 사티 관습을 정당화하지 않는다. 다만 근대 인도인들은 사티가 된 여자들, 여성다운 행실의 이상을 품고 자우하르^{jauhar}[114]를 수행한 인도 여자들의 차분하고 굽힐 줄 모르는 용기에 찬탄하고 존경하는 마음을 표한다. 그런다고 근대 인도인들을 비난하는 것은 왜곡된 심성이다."[115]

이러한 가부장적 찬탄은 과부 희생 관습의 논리와 일치한다. 이와 대조적으로, 이 논리와 영국인의 자비심 사이의 관계는 사실 "양편의 주장

---

112) Nandy, "Sati", *Rammohun Roy and the Process of Modernization in India*.
113) Kane, *History of the Dharmasastra*, Vol. 2, Pt. 2, p. 635.
114) 인도 무사 계급의 일원인 크샤트리아를 일컫는 자르푸트 신분의 전쟁 과부들이 승리한 무슬림 수중에서 강간을 당하지 않으려고 집단으로 자신을 불태운 것을 뜻한다.—옮긴이
115) *Ibid.*, p. 636.

에 적용될 수 있는 판단 규칙이 부족하기 때문에 공평하게 해결될 수 없는······ 갈등의 한 경우"이다. "한편의 정당성이 다른 편의 정당성 부족을 함축하지는 않는다."[116] 역사적으로 정당성이란 물론 추상적인 제도권 권력에 의해 확립되었다. 19세기 인도에 있었던 어떤 사람이 여성의 시간을 기다렸을 수 있었을까?

> 디페랑differend에서는 무엇인가가 문구로 표현되기를 '요청하며', 당장 문구로 표현될 수 없는 잘못 때문에 고통을 느낀다. 언어를 의사소통의 도구로 사용할 수 있다고 생각하는 인간 존재들이 침묵에 수반되는 고통을 (또 새로운 표현 양식의 발명이 수반하는 즐거움을) 알게 될 때가 있다. 바로 그때 그들은 자신들의 이득을 위해 기존의 표현 양식을 가지고 소통할 수 있는 정보의 양을 증가시키기 위해서가 아니라, 문구로 표현되기 위해 남아 있는 것이 현재 그들이 문구로 표현할 수 있는 것을 초과함을, 그리고 아직은 존재하지 않는 표현 양식을 그들이 도입하도록 허용되어야 한다는 점을 깨닫기 위해서 언어로 소환된다.[117]

물론 이런 허용이 영국령 인도의 비부르주아 여성들의 행위 능력을 위해 혹은 그것을 통해 이루어질 수 있었다거나 포착될 수 있었다고는 생각할 수 없다. 오늘날 지구화 속에서 페미니즘의 이름으로 그것을 생각할 수 없듯이 말이다. 결국 개혁가들이 감지한 이교도의 제식 혹은 미신 담론

---

116) Jean-François Lyotard, *The Differend: Phrases in Dispute*, trans. Georges Van Den Abbeele, Minneapolis: University of Minnesota Press, 1988, p. xi.
117) *Ibid.*, p. 13.

은 범죄로 재코드화되었다. 그 때문에 여성의 자유 의지에 관한 한 가지 진단이 다른 진단으로 대체되었다. 우리는 1부 텍스트의 마지막 부분에서 재생산적 신체를 써 내려 가는 중에 한 가지 표현 양식의 계기를 도입하려는 노력이 어떻게 펼쳐질 수 있었을지 목도하게 될 것이다. 그것은 읽히지도, 들리지도 않았다. 그것은 디페랑의 공간 속에 남아 있었다.

우리는 과부의 자기-화살이 **한결같은** 제의 명령은 아니었다는 점을 기억해야 한다. 그렇지만 과부가 제의의 문자를 초과하기로 결정한다면 그것의 철회는 특정한 유형의 고행을 명령받는 위반이 된다.[118] 이와 대조적으로, 죽기로 결단한 후에 이 화살을 감독하는 영국인 지방 경찰에게 설득되어 죽지 않겠다고 하는 것은 진정 자유로운 선택, 자유의 선택을 나타내는 표시였다. 토착 식민 엘리트 입장이 지닌 모호성은 자기를 희생하는 이 여성들의 순수함·강함·사랑에 대한 민족주의적 낭만화에서 드러난다. 틀에 박힌 두 가지 예를 들자면 "자기를 버린 애국적인 벵골 할머니들"에게 보낸 라빈드라나드 타고르$^{\text{Rabindranath Tagore}}$의 찬가, 수티를 "신체와 영혼의 완벽한 통일을 보여 주는 최후의 증거"라고 한 아난다 쿠마라스와미$^{\text{Ananda Coomaraswamy}}$의 찬가가 있다.[119]

---

118) Kane, *History of the Dharmasastra*, Vol. 2, Pt. 2, p. 633. 사회적 실천이 이 '명령받은 고행'을 훨씬 초과했다는 제안들이 있다. 1938년에 출판된 아래의 책에 나오는 "용기"와 "군건한 성격"과 같은 문구들에서 작동하는 여성 의지의 자유에 관한 힌두교 교부적(patristic) 가정들을 참조하라. 저 문구들에서 검토되지 않은 채 상정된 전제들은, 과부-첩의 완전한 대상화가 주체의 지위를 나타내 주는 용기를 낼 권리를 포기한 데에 대한 처벌이라는 점이다. 즉 "그렇지만 어떤 과부들은 장작더미 위의 고행을 감내할 용기를 갖지 못했다. 또한 그들은 자신에게 명령된 고결한 금욕적 이상[브라마차리아brahmacarya—스피박]에 부응할 정신의 힘이나 군건한 성격을 충분히 갖추지 못했다. 그들이 첩 혹은 유폐된 아내(avaruddha stri)의 삶을 살도록 내몰렸다고 기록하자니 슬프다". Anant S. Altekar, *The Position of Women in Hindu Civilization: From Prehistoric Times to the Present Day*, Delhi: Motilal Banarsidass, 1938, p. 156.

분명 나는 과부를 죽이는 행위를 옹호하고 있는 것은 아니다. 자유에 관해 서로 경합하는 두 견해 내부에서 볼 때, **삶**에서 여성 주체의 구성 자체가 디페랑의 장소임을 시사하고 있는 중이다. 과부의 자기-희살의 경우, 제식은 가부장제가 아니라 **범죄**로 재정의되고 있다.[120] 제국주의의 심각함이 '사회적 사명'에 그것의 이데올로기적 에너지를 집중시킨 데 있었듯, 사티의 심각함은 '보상'에 그것의 이데올로기적 에너지를 집중시킨 데 있었다. 가부장제와 **발전** 사이에서, 이것이 오늘날 서발턴 여성이 처한 상황이다. 그러므로 에드워드 톰슨이 사티를 '처벌'로 이해한 것은 초점을 한참 빗나간 셈이다.

산 채로 마음대로 꿰어 찌르고 껍질을 벗기는 무굴 사람들이 수티에 대해 느꼈던 감정은 부당하고도 비논리적인 것처럼 보일지도 모른다. 사실 수티가 영국인의 양심에 충격을 주기 거의 1세기 전에 마녀 화형과 종교적 박해의 소란을 알았던 유럽 사람들 역시 몹시 잔혹한 처형 코드를 갖고 있었다. 그러면서도 그들이 수티에 대해 느껴야만 했던 감정이란 부당하고도 비논리적으로 보일 것이다. 하지만 그들에게 차이점이란 다음과 같아 보였다. 즉 그들의 잔혹함에 희생되는 사람들은 그들을 범죄자로 간주하는 법에 의해 고통을 받는 반면, 수티라는 희생자들은 아무 죄도 없이 다만 남자들이 마음대로 할 수 있을 만큼 육체적으로 약하다는 점 때문에

---

119) Dineshchandra Sen, *Brhat-Banga*, Vol. 2, Calcutta: University of Calcutta Press, 1935, pp. 913~914에서 재인용.
120) 데리다는 *Gift of Death*, trans. David Wills, Chicago: University of Chicago Press, 1995, pp. 85~86에서 자기 아들을 신에게 제물로 바치려고 한 아브라함의 희생이 오늘날 범죄라는 꼬리표를 달게 되는 경위를 시사했다.

처벌받는다는 것이었다. 순장 의식은 그 밖의 어떤 다른 인간적 악도 도저히 드러내지 못할 타락과 오만함을 입증하는 것 같았다.[121]

아니다. 일반적인 자기-희생인 전쟁·순교·'테러리즘'에서처럼 '행복한' 사티는 자신이 윤리적인 것을 초과하고 초월하고 있다고 생각했(다고 상상되었)을 터이다. 바로 그 점이 위험하다. 모든 군인이 마지못해 죽는 것은 아니다. 여성 자살 폭탄 특공대도 있다.

법의 코드화에도 불구하고, 18세기 중후반 내내 인도의 영국인들은 브라만들의 동질화된 힌두법에 따를 때 수티가 합법적인지 아닌지에 관해 학식 있는 브라만들에게 의견을 구했고 그들과 협력했다. 사티는 이해관계를 갖는 문화 상대주의의 사용 내부에 여전히 포섭되어 있었다. 과부를 설득해 자기-화살을 단념시킨 의미심장한 경우에서 보듯, 영국인들과 브라만들의 협력은 종종 특이한 양상을 보여 주었다. 어린 자식들을 두고 있는 과부의 화살에 대한 일반적인 금지에서 보듯, 영국 측의 협력도 때로 혼란스러워 보인다.[122] 19세기가 시작될 무렵 영국 당국, 특히 영국에 있던 영국인들은 영국이 순장 실천을 너그러이 묵과해 주는 것처럼 보이도록 협력하라고 거듭 제안했다. 마침내 사티 관련 법령이 완성되었을 때 협력의 긴 역사는 지워졌고, 그 법령의 언어는 야만적인 악습을 실행하는 나쁜 힌두인에 반대하는 고상한 힌두인을 찬양했다.

---

121) Thompson, *Suttee*, p. 132.
122) 여기서 사티를 둘러싸고 벌어진 브라만들의 논쟁을 보려면 Mani, "Production of an Official Discourse on *Sati* in Early Nineteenth Century Bengal", *Economic and Political Weekly*, Vol. 21, No. 17, pp. 71 이하 참조.

수티 관습은……인간 본성의 감정에 반하는 역겨운 것이다.……많은 경우 힌두인 자신들에게도 충격적인 잔학 행위가 계속 저질러졌다.……바로 이런 고려들에 고무되어 의회 총독은 다음 법령의 확정이 옳다고 생각했다. 정의와 휴머니타라는 최상의 명령들을 범하지 않고 체계를 지킬 수 있는 한, 모든 계층의 백성이 안전하게 그들의 종교적 관행을 준수할 수 있도록 해야 한다는, 인도를 통치하는 영국 체계의 가장 중요하고 기본적인 원리들 중 하나로부터 떨어져 나올 의향은 추호도 없이 말이다.……[123]

(이 화제는 『프랑켄슈타인』에 나오는, 괴물에 대한 사피[Safie]의 찬양과도 이어진다.)

이것은 갖가지 자살을 '죄악'으로 기입하기보다 예외로 보고 거기에 등급을 매겨 인가하는 대안적인 이데올로기였다. 이 사실은 물론 이해되지 않았다. 물론 사티는 기독교 여성 순교와 함께, 초월적 존재를 대표하는 죽은 남편과 함께 읽힐 수 없었다. 사티는 전쟁과 함께, 주권자나 국가——도취적인 자기-희생 이데올로기가 이를 위해 동원될 수 있는——를 대표하는 남편과 함께 읽힐 수도 없었다. 사티는 살인, 영아 살해, 아주 나이 든 노인의 죽음 방치와 함께 범주화되어야 했다. 행위 능력은 항상 남성적인 것이었고 여성은 항상 희생자였다. 여성으로 구성되는 성차화된 주체의 자유의지라는 수상한 자리는 성공적으로 지워졌다. 여기서 우리가 다시 추적할 수 있는 주체의 여정이란 없다. 다른 인가된 자살들은 여성 주체를 구성하는 무대에 포함되지 않았기 때문에, 그 자살들

---

[123] Kane, *History of the Dharmasastra*, Vol. 2, Pt. 2, pp. 624~625.

은 『다르마사스트라』의 전통이라는 태곳적 기원 수준에서의 이데올로기적 전쟁터에도, 영국 쪽에서 제식을 범죄로 재기입하고 폐지하는 무대에도 들어가지 못했던 것이다. 이와 관련해 단식 투쟁을 뜻하는 사티아그라하^{satyāgraha} 개념을 저항으로 재기입한 마하트마 간디가 유일한 변화를 보여 주었을 따름이다. 하지만 여기가 저 커다란 변화의 세부 사항을 논의할 자리는 아니다. 나는 그저 과부 희생과 간디식 저항의 아우라를 비교해 보도록 독자들을 초대할 뿐이다. 사티아그라하와 사티의 어근은 같다.

푸라나^{Purāna} 시기(그 최초는 기원전 400년경으로 거슬러 올라가는)가 시작된 이래, 학식 있는 브라만들은 일반적으로 신성한 장소에서 인가되는 자살로서 사티의 원론적인 적절성을 두고 논쟁을 벌였다(지금도 이 논쟁은 학술적으로 계속되고 있다). 때로는 순장 관습의 카스트 기원이 문제로 떠올랐다. 하지만 과부들이 브라마차리아^{brahmacarya}를 지켜야 한다는 일반법에는 거의 이견이 없었다. 브라마차리아를 '금욕'^{celibacy}으로 번역하는 것은 충분하지 않다. 존재의 네 시기를 언급하는 힌두(혹은 브라만)의 **규제적** 심리전기에서 브라마차리아는 결혼을 통해 친족에 기입되는 것에 선행하는 사회적 실천이라는 사실이 인식되어야 한다. 홀아비나 남편인 남성은 바나프라스타^{vānaprastha}(숲의 생활)를 거쳐 성숙한 금욕과 포기인 삼니아사^{samnyāsa}(버림) 단계로 들어간다.[124] 아내인 여성은 가라스티아^{gārhasthya}(살림)에 필수불가결한 존재라서 남편을 따라 숲의 생활로 갈 수도 있다. 여성은 (브라만의 제재 탓에) 금욕주의의 최종적 단계인 삼니아

---

[124] 우리가 여기서 말하고 있는 것은 '있는 그대로의 과거'라기보다 브라만주의의 규제적 규범들이다. Robert Lingat, *The Classical Law of India*, trans. J. D. M. Derrett, Berkeley: University of California Press, 1973, p. 46 참조.

사에 접근하지 못한다. 신성한 교리의 일반법에 따르면, 과부가 된 여자는 정체(停滯)로 변형된 선행 상태로 퇴행해야만 한다. 이런 법에 수반되는 제도적인 해악들은 잘 알려져 있다. 나는 성차화된 주체의 이러한 이데올로기적 형성에 일반법이 초래한 비대칭적 효과를 고찰해 보고 있는 중이다. 그리하여 힌두인들 사이에서나 힌두인과 영국인 사이에서나 자기-화살에 대한 **예외적** 명령이 적극 논쟁에 붙여지긴 했지만, 과부들의 비예외적 운명은 전혀 논쟁이 되지 않았다는 사실은 훨씬 더 큰 의미를 지닌다.[125] 바로 여기서 (성적으로) 서발턴인 주체를 복원할 가능성은 다시금 상실되고 중층결정된다.

이렇게 주체의 지위 속에 있는 법적으로 프로그램된 비대칭성으로 말미암아 여성은 **한** 남편의 대상으로 효과적으로 정의된다. 분명히 이러한 비대칭성은 법적으로 대칭적인 남성의 주체-지위를 위해 작동한다. 그리하여 과부의 자기-화살은 일반법의 예외보다는 극단적인 사례가 된다. 그렇다면 다른 여성들과 경쟁하여 단독 소유자[남편]의 대상이 되는 삶의 질이 강조된 곳에서 사티가 받을 천상의 보상을 읽어 내는 것은 놀라운 일이 아니다. 거기서는 황홀경에 빠진 천상의 무희들이, 여성의 아름다움과 남성 쾌락의 권화들이 사티를 찬양하는 노래를 부른다. "천상에서 그녀는 남편에게만 헌신하며 아프사라스^{apsarās}[천상의 무희들—스피박] 집단의 찬양을 받는다. 그녀는 열네 분의 인드라^{Indras}가 다스리는 동안 남편과 즐

---

125) 고대 인도에서 가능했던 과부 재혼의 흔적과 1856년 과부 재혼의 법적 인정은 모두 남성들 사이의 거래이다. 과부 재혼은 그저 하나의 예외일 뿐이다. 아마 그것이 주체-형성 프로그램을 전혀 건드리지 않기 때문일 것이다. 과부 재혼을 언급하는 모든 '구전 설화'에서 이기적이지 않고 개혁주의적 용기를 가졌다고 칭송되는 편은 바로 아버지와 남편이다. 코삼비가 우리에게 상기시켜 준바, 우리는 여기서 힌두-카스트 인도만을 고찰하고 있다.

거운 나날을 보낸다."[126]

이렇게 여성의 자유의지를 자기-화살에서 찾는 데 깃들어 있는 심각한 아이러니는 앞에서 인용한 구절과 이어지는 연에서 다시 한번 드러난다. "여자[아내^{stri}—스피박]가 죽은 남편을 따라 자기 몸을 불태우지 않는 한, 자신의 여성 육체^{strisarir}[윤회 속에 있는—스피박]에서 결코 해방되지^{released, mucyate} 못한다." 여성에게만 인가된 자살은 개인적 행위 능력으로부터의 가장 미묘하고도 일반적인 해방을 작동시키는 바로 그 순간에 개인적 행위 능력을 초개인적인 것^{the supraindividual}과 **동일시함**으로써 그것의 이데올로기적인 힘을 끌어오고 있는 셈이다. "남편을 화장한 장작더미 위에서 지금 당신 자신을 죽여라. 그러면 윤회 속에 있는 당신의 여성 육체를 죽일 수 있다"는 것이다.

이 역설을 좀더 비틀어 보면, 자유의지를 이런 식으로 강조하는 것 자체가 여성의 육체를 장악하고 있는 특이한 불행을 확립할 것이다. 실제로 불타고 있는 자아에 해당하는 단어는 가장 고귀하고 비인격적인 의미로 정신을 가리키는 표준어(아트만^{ātman})이다. 한편 '해방시키다'라는 동사는 가장 고귀한 의미에서의 구원의 어근을 통해 수동태로 쓰이고 있으며, 윤회 속에서 폐기되는 것은 몸을 가리키는 일상적 단어이다. 그 이데올로기적 메시지는 자비로운 20세기 남성 역사가의 찬탄 속에 쓰여 있다. "치토르^{Chitor}나 다른 지역들의 라즈푸트^{Rajput}[인도 무사 계급의 일원인 크샤트리아—스피박] 부인들이 승리한 무슬림의 수중에서 이루 형언할 수 없는 잔학 행위를 당하지 않으려고 실행한 자우하르는 너무 잘 알려져 있어서 새삼 길게 주목할 필요도 없다."[127]

---

126) Kane, *History of the Dharmasastra*, Vol. 2, Pt. 2, p. 631.

엄밀히 말해 자우하르는 사티의 행위가 아니다. 또한 나는 '무슬림'이나 그 외 다른 정복 군대의 남성에게 용인되는 성폭력을 대변하고 싶지도 않다. 하지만 성폭력에 직면한 여성의 자기-화살은 강간을 '자연스러운' 것으로 정당화하며 결국엔 여성 생식기의 단독 소유를 위해 작동하게 된다. 정복자들이 영구화하는 집단 강간은 영토 획득을 축하하는 환유이다. 누구도 과부를 위한 일반법에 의문을 품지 않듯 이러한 여성의 영웅적 행위도 아이들에게 들려주는 애국 이야기 가운데 살아남아 가장 조잡한 이데올로기적 재생산을 일삼는 수준에서 계속 작동한다. 여성의 영웅적 행위는 또한 힌두 공동체주의를 실행하는 가운데 정확히 중층결정된 기표로서 엄청난 역할을 수행해 왔다(인터넷은 방글라데시에서 있었던 힌두 '대량 학살'을 놓고 그럴듯하지만 피상적인 가짜 통계 수치를 내놓고 있는 실정이다).[128] 이와 동시에 성차화된 주체의 구성이라는 더욱 광범위한 문제는 사티에 대한 가시적 폭력만이 강조됨으로써 은폐되고 만다. (성적으로) 서발턴인 주체를 복원하는 과제는 태곳적 기원을 갖는 제도적 텍스트성에서 상실된다.

앞서 언급했듯이 고인에게 남은 **여성** 미망인에게 재산 소유자로서 법적 주체의 지위가 일시적으로 부여될 수 있을 때, 과부의 자기-화살이 엄격하게 강제되었다. 15세기 말~16세기의 법학자 바타차리아 라구난다나 Bhattācārya Raghunandana 는 그러한 강제에 가장 큰 권위를 부여한 인물로 여겨

---

127) Kane, *History of the Dharmasastra*, Vol. 2, Pt. 2, p. 629. 나와 같은 시기에 자란 벵골 중간 계급 아이들에게는 제임스 토드(James Tod, 1782~1835)가 쓴 유명한 *Annals and Antiquities of Rajasthan*, London: Oxford University Press, 1920을 타고르가 풍부한 상상력으로 멋지게 재구성한 *Raj-Kahini*, Calcutta: Signet, 1968을 통해 이런 이데올로기가 주입되었다.
128) Biju Mathews et al., "Vasudhiava Kutumbakam: The Hindu in the World"(미출간 초고).

지고 있다. 그는 가장 오래된 힌두 경전이자 스루티^{Sruti}들 중 첫번째 텍스트인 『리그베다』에 나오는 이상한 구절을 자신의 텍스트로 삼는다. 그렇게 함으로써 그는 인가를 내리는 바로 그 자리에서 시행되는 특이하고도 투명한 오독을 기념하는 수세기에 걸친 오랜 전통을 따르고 있는 셈이다. 그 부분에는 죽은 사람을 위한 제식 중 특정 단계들을 개괄하는 연이 나온다. 그 연은 언뜻 읽어 보아도 "과부에게가 아니라, 고인이 된 남성 집안의 사람이되 남편은 살아 있는 부인들에게 말하는" 내용임이 분명하다. 그렇다면 왜 이 구절이 권위 있는 것으로 채택되었을까? 죽은 남편을 살아 있는 남편으로 슬그머니 전환한 것은 지금까지 우리가 논의해 온 질서들과는 다른, 태곳적 기원을 갖는 신비한 질서이다. "가치 있는 남편이 아직 살아 있는 이 여자들로 하여금 눈물을 보이지 말고 건강하고 잘 차려입은 상태로 집에 들어가도록 하라."[129]

그러나 이 중요한 전환이 여기서 유일한 실수는 아니다. 권위는 또 다른 논쟁적인 구절과 대안적인 독법에 맡겨져 있다. "이 아내들로 하여금 먼저 집에 발을 들여놓도록 하라"고 번역된 둘째 행에서 '먼저'^{first}에 해당하는 단어가 아그레^{agré}이다. 어떤 사람들은 이것을 아그네^{agné}, 즉 '불'이라고 읽었다. 하지만 카네가 분명하게 밝히고 있듯이 "이러한 변화가 없더라도 아파라르카^{Aparārka}와 여타 다른 사람들은 사티 관습을 바로 이 연에 의존한다".[130] 서발턴 여성 주체의 역사의 한 가지 기원 주위에 놓이는 또 하나의 스크린이 여기 있다. "그러므로 원고가 오염되었거나 라구난다나가 순진하게 실수했다는 것을 인정해야 할 것이다."[131] 우리가 이와 같

---

129) Kane, *History of the Dharmasastra*, Vol. 2, Pt. 2, p. 634.
130) *Ibid.*, Vol. 4, Pt. 2, p. 199.

은 진술에 따라 수행해야 할 것은 역사적인 해몽이란 말인가? 시의 나머지 부분은 과부를 위한 정체-속의-브라마차리아라는 일반법——사티는 하나의 예외다——을 다루고 있거나 "과부와 결혼함으로써 고인이 된 남편의 대를 이어 줄 자손을 양육할 형제나 가까운 인척을 지명하는" 니요가^{niyoga}를 다루고 있다. 이 사실은 언급되어야 한다.[132]

카네가 『다르마사스트라』의 역사에 관한 권위자라면, 물라$^{Dinshah\ Fardunji\ Mulla}$의 『힌두법의 원칙들』$^{Principles\ of\ Hindu\ Law}$은 그 실제적 안내자이다. 여기서 우리가 파헤치려고 하며 물라의 책이 증거로 제시하는 것도, 프로이트가 부른바 '솥 논리'$^{kettle\ logic}$를 구성하는 역사적 텍스트의 일부다. 물라의 책이 우리가 고찰 중인 『리그베다』의 시행^{詩行}을 "몇몇 옛날 텍스트에서 과부의 재혼과 이혼을 인정하고 있는" 증거라고 확정적으로 제시하는 것을 보면 그렇다.[133]

이제 요니^{yoni}라는 단어의 역할에 대해 의아해하지 않을 수 없다. 위치를 표시하는 부사 아그레^{agré}(앞에)와 더불어, 맥락상 이 단어는 '거주지'$^{dwelling-place}$를 의미한다. 하지만 그것은 (아직 특별히 **여성** 생식기는 아닐) '생식기'라는 일차적 의미를 지우지는 못한다. 이 경우 그 요니라는 이

---

131) Kane, *History of the Dharmasastra*, Vol. 2, Pt. 2, p. 634.
132) Monier Monier-Williams, *Sanskrit-English Dictionary*, Oxford: Clarendon, 1989, p. 552. 모더니스트들이 '페미니즘적' 판단을 수입해 고대 가부장제들에 적용하려고 하는 것처럼 보일 때 역사가들은 종종 성급해진다. 물론 진짜 문제는 가부장적 지배 구조들이 왜 아무 의심도 받지 않으면서 기록되어야 하는가 하는 점이다. 역사학 외부에 있는 사람들이 헤게모니적 전통에 의해 그 자체 객관성으로 보존되어 온 '객관성'의 기준들에 의문을 제기할 때만 사회 정의를 향한 집단적 행동을 지지하는 역사적 인가들이 전개될 수 있다. 사전처럼 아주 '객관적인' 도구가 "고인이 된 남편의 대를 이어 줄"(!)과 같이 심히 성차별적이고 편파적으로 설명하는 표현을 사용할 수 있다는 점에 주목하는 것도 부적절하지는 않겠다.
133) Sunderlal T. Desai, *Mulla: Principles of Hindu Law*, Bombay: N. M. Tripathi, 1982, p. 184.

름이 환기하는 거주지에 들어가는—그리하여 그 맥락 외적인 아이콘이 시민적civic 생산이나 탄생에 들어가는 거의 한 가지 통로가 되는—잘 차려입은 아내들을 찬양하는 구절이 있다. 우리는 어떻게 이 구절을 과부의 자기-화살이라는 선택을 지지하는 권위로 삼을 수 있는 것일까? 역설적으로, 질과 불의 이미지적 관계가 이러한 권위-주장에 일종의 힘을 부여한다.[134] 이 역설은 "먼저 그들로 하여금 **흐르는**[혹은 불의—스피박] 처소abode[혹은 기원, 물론 요니라는 이름을 갖는 기원, ā rohantu jalayōnimagné—스피박]에 오르게 하소서, 오 불이시여"라고 라구난다나가 수정한 시행에 의해 강화된다. 왜 우리가 이것을 "아마도 '불이 그들에게는 물처럼 차갑게 하소서'를 의미할 것이다"[135]라고 받아들여야 한단 말인가? 타락한 문구인 흐르는 불의 생식기란 타트바즈냐나tattvajñāna(진리-지식)의 지적 불확정성에 하나의 시뮬라크르를 제공하는 성적(性的) 불확정성을 형상화하는 것일지도 모른다. 확실히 이런 사변들은 내가 인용해 왔던 사변들 못지않게 부조리하다. 달리 말해 경전의 인가는 합리적인 텍스트적 지지라기보다 증거를 내세우려는 제스처이다.

앞에서 나는 여성의 의식, 따라서 여성의 존재, 따라서 좋은 여성, 따라서 좋은 여성의 욕망, 따라서 여성의 욕망에 대한 하나의 구축된 대항서사에 관해 썼다. 이러한 미끄러짐은 사트sat의 여성형인 사티라는 단어 자체에 기입된 균열에서 볼 수 있다. 사트는 남성성이라는 젠더 특유의 어

---

134) 이 문구를 놓고 나와 토론해 준 트리니티 칼리지(코네티컷주 하트퍼드 소재)의 앨리슨 핀리(Alison Finley) 교수에게 감사하는 바이다. 핀리 교수는 『리그베다』 전문가이다. 고대를 연구하는 역사가로서 그녀에게 '모더니즘적'으로 보일 나의 읽기들이 무책임하게 '문학-비평적'이었을 것이라고 나는 서둘러 덧붙인다.
135) Kane, *History of the Dharmasastra*, Vol. 2, Pt. 2, p. 634.

떠한 개념이건 초월하며 인간적 보편성뿐만 아니라 영적 보편성 속으로도 상승한다. 그것은 동사 '존재하다'$^{\text{to be}}$의 현재분사이며, 그런 만큼 존재뿐만 아니라 진·선·정도 의미한다. 경전에서 그것은 본질이자 보편 정신이다. 접두사로서도 그것은 '적절한', '지고의', '적당한'을 가리킨다. 그것은 현대 서구 철학의 가장 특권화된 담론, 즉 존재에 관한 하이데거의 성찰에 도입될 정도로 고귀하다.[136] 그런데 이 단어의 여성형인 사티는 그저 '좋은 아내'를 의미할 뿐이다.

과부의 자기-화살 제의를 지칭하는 고유명사로서 사티 혹은 수티는 사실 영국인의 문법적 오류를 기념한다. 이는 '아메리칸 인디언'이라는 명명이 콜럼버스의 사실 오류를 기념하는 것과 마찬가지다. 여러 인도어들에서 사티 혹은 수티는 '불타는 사티', '불타는 좋은 아내'를 뜻하며, 따라서 브라마차리아 중인 과부가 퇴행적 정체를 벗어나는 것을 뜻한다. 이것은 그런 상황의 인종-계급-젠더 중층결정을 예증한다. 그 상황은 좀 밋밋해질 때조차도 아마 파악될 수 있을 것이다. 즉 황인종 여자를 황인종 남자에게서 구하려고 애쓰는 백인종 남자는 **담론적 실천 안에서** 무지한(그러나 인가된) 제유에 의해 좋은 아내됨을 남편을 화장한 장작더미 위에서의 자기-화살과 절대적으로 동일시하며, 그리하여 황인종 여자들에게 더 큰 이데올로기적 구축을 부가한다. 이러한 **대상** 구성의 맞은편에는 내가 지금껏 논의하고자 애썼던 여성 **주체** 구성의 힌두적 조작이 있는데, 그러한 대상 구성의 폐지(혹은 제거)가 단순한 시민사회와 구별되는 좋은 사회를 확립할 기회를 제공한다는 것이다.

---

136) Martin Heidegger, *An Introduction to Metaphysics*, trans. Ralph Manheim, New York: Doubleday Anchor, 1961, p. 58[『형이상학입문』, 박휘근 옮김, 문예출판사, 1994].

(나는 1928년에 출판된 에드워드 톰슨의 『수티』에 대해 이미 언급한 바 있다. 여기서 나는 제국주의를 문명화라는 사명으로 정당화하는 이 완벽한 표본을 공정하게 평가할 수 없다. 공공연히 "인도를 사랑하는" 누군가가 썼다는 그의 책 어느 곳에서도 영토 확장주의와 산업 자본의 경영이 촉발한, 인도에서 영국인이 보여 준 '유익한 냉혹함'에 의문을 품지 않는다.[137] 실로 톰슨의 책이 갖는 문제는 합리적인 휴머니티의 투명한 목소리를 들려주고자 하는 '양식 있는 남자'의 시각으로부터 국가 수뇌들과 영국 행정가들의 용어로 연속적이고 동질적인 '인도'를 구축하려고 한 재현의 문제이다. 그때 '인도'란 다른 의미로는 제국주의 지배자들에 의해 재현될 수 있는 그런 것이다. 여기서 내가 톰슨의 수티를 언급하는 이유는, 자기 책의 바로 첫 문장에서 사티라는 단어가 '충실하다'는 뜻을 갖도록 교묘하게 처리하는 톰슨의 면모를 보기 위해서이다. 이것은 부정확한 번역이다. 그런데도 여성 주체를 20세기 담론에 집어넣기 위해 영국적 허용을 감행한 것이다.[138] 그런 식으로 주체를 길들인 후에 톰슨은 「'사티'의 심리학」이라는 제목하에 "나는 이것을 검토해 볼 작정이었지만, 진실을 말하자면 사티는 내게 더 이상 수수께끼처럼 보이지 않았다"고 쓸 수 있었다.)[139]

가부장제와 제국주의 사이에서, 주체-구성과 대상-형성 사이에서 여성의 형상은 본래의 무無가 아니라 폭력적인 왕복 운동 속으로, 전통과 근대화, 문화주의와 발전 사이에 사로잡힌 '제3세계 여성'의 전위된 형상

---

137) Thompson, *Suttee*, p. 37.
138) *Ibid.*, p. 15. '표지'(mark)로서 고유명사가 지니는 지위에 대해서는 Derrida, "My Chances/ *Mes Chances*: A Rendezvous with Some Epicurean Stereophonies", Joseph H. Smith and William Kerrigan eds., *Taking Chances: Derrida, Psychoanalysis, and Literature*, Baltimore: Johns Hopkins University Press, 1984 참조.
139) Thompson, *Suttee*, p. 137.

화 속으로 사라지고 만다. 이런 고찰들은 서구 섹슈얼리티의 역사에서나 타당해 보이는 판단들의 세부 사항을 모두 수정하게 만들 것이다. 푸코는 "억압의 속성은 단순한 형법이 유지하는 금지들과 구별되는 그런 것이다. 억압이란 사라지라는 선고의 기능뿐만 아니라 침묵하라는 명령, 비실존non-existence을 긍정하라는 명령의 기능을 잘 수행한다. 따라서 이 모든 것에 대해 말할 것도, 볼 것도, 알 것도 없다고 진술하게 한다"140)고 쓴다. 제국주의-속의-여성의 범례로서 수티의 사례는 주체(법)와 지식의 대상(억압) 사이의 이런 대립에 도전하고 그 대립을 해체할 것이다. 또한 그 사례는 침묵이나 비실존과는 다른 무엇으로써, 주체와 대상 지위 사이의 폭력적인 아포리아로써 '사라짐'의 자리를 가리킬 것이다.141)

---

140) Foucault, *The History of Sexuality. Vol. 1: An Introduction*, trans. Robert Hurley, New York: Vintage, 1980, p. 4[『성의 역사 1: 지식의 의지』, 이규현 옮김, 나남, 2010, 27쪽].
141) 여기서 유럽의 맥락은 다르다. 데리다가『죽음의 선물』(*The Gift of Death*)에서 특히 키르케고르를 논의하면서 지적한 바 있듯이, 유일신교의 전통에서 희생(sacrifice)의 계기——자기 아들을 죽일 준비가 된 아브라함——는 사랑을 증오로 바꾸고 윤리적인 것을 전위시킨다. 데리다는 "무엇이 여성을 이 서사에 도입하는가?"라고 묻는다. 존 D. 카푸토는 역사적으로 남성이 여성에 관해 가져 온 상상이 제공하는 다양한 목소리들로 말함으로써 자비로운 미국-페미니즘적 해답을 만들고자 시도해 왔다. 그는 심지어 "사라[아브라함의 아내]라는 이름……폭력의 이름"임을 인정하려고 했다. "사라는 자기 아들 이삭의 유산(heritage)을 보호하기 위해 자신의 이집트인 노예이자 아브라함의 첩인 하갈과 그 두 사람이 낳은 서자 이스마엘을 사막으로 데려가 버리라고 아브라함에게 시킨다. 이스마엘의 자손들인 '이스마엘족'은 떠도는 유목민 부족이자 추방자들이 되었다"(John D. Caputo, *Against Ethics: Contributions to a Poetics of Obligation with Constant Reference to Deconstruction*, Bloomington: Indiana University Press, 1993, pp. 145~146). 하지만 우리가 시간 관계상 프로이트의 직관 정도만 기억하더라도, 어머니의 희생(maternal sacrifice)은 『성경』에 나오는 족속들만이 아니라 유일신교 이전 및 유사 유일신교 세계의 사람들을 환기시킬 게 틀림없다(Freud, "Moses and Monotheism", *The Standard Edition of the Complete Psychological Works of Sigmund Freud*, ed. James Strachey, Vol. 23, London: Hogarth, 1964, p. 83[「인간 모세와 유일신교」, 『종교의 기원』, 이윤기 옮김, 열린책들, 2004, 360쪽]). "타자들 없는 세상, 법이 없는 세상에서"(Caputo, *Against Ethics*, p. 141) 카푸토가 말한 "침묵의 요한나"(키르케고르의 예명인 '침묵의 요하네스'의 여성형)는 아브라함을 상상한다. 하지

사티는 오늘날 인도에서 여성의 고유명사로 상당히 널리 사용되고 있다. 여자아이에게 '좋은 아내'라는 이름을 갖다 붙이는 것은 자체의 예변법적proleptic 아이러니를 갖는다. 그리고 보통명사의 그러한 의미가 고유명사에서는 기본적인 작동 요소가 아니기 때문에 그 아이러니는 더욱더 커진다.[142] 아이에게 그런 이름을 붙이는 이면에는 힌두 신화에 나오는 **바로 그 사티**, 즉 좋은 아내로 현현한 두르가Durga가 버티고 있다.[143] 신화의 일부에서 이미 사티라고 불리고 있는 그 사티는 자신의 신성한 남편 시바Siva도 초대받지 못한 아버지의 집 뜰에 도착한다. 그녀의 아버지는 시바를 욕하기 시작하고 사티는 고통 속에 죽는다. 시바가 분노하며 도착해 자

만 상상될 수 있는 것은 아브라함만이 아니다. 『빌러비드』에서 토니 모리슨은 어머니의 희생의 사례, 즉 법이 없는 그러한 세계에서 역사적으로 곧 자유로워질(아프리카인도 미국인도 아닌 채로) 노예 시드(Sethe)의 경우를 보여 준다. 역사는 불가능한 통과 지점에서 어머니의 희생을 요구하며 어머니의 손을 붙들어 주지는 않는다. 계약(covenant)──시드의 이름 없는 어머니의 가슴에 새겨진 낙인──의 반지는 연속성을 확보해 주지 않는다. 역사성은 계보학으로 변화되지 않는다. 노예제의 모계 전승은 지하 철도에서 파열된다. 시드는 자기 어머니의 말(tongue)을 이해하지 못한다. 애니미즘에서 탈혜게모니화된 기독교로 가는 폭력적 변화의 출발점에 바로 어머니의 희생이 있다. 그것은 합리적 알레고리화에 대한 끈질긴 거부를 나타낸다. 최초의 아프리카계-미국인이 태어난 것은 바로 이러한 피 흘림이 있고 난 후이다. 이 최초의 아프리카계-미국인이 태어날 때 도움을 주었던 백인 여성의 이름을 따라 이름 지어진 덴버가 보여 주듯 말이다. 미국의 시민사회(그리고 물론 문화. 모리슨의 다음 책은 『재즈』이다)가 바로 이 출발점을 길들여 왔다. 『빌러비드』는 후대에게 전해지지 않는 이야기로 남아 있다. 사랑받는 유령은 영면에 빠진다. '신대륙' 정복자들과 대면한 라틴아메리카 인디언들(여러 면에서 얼마나 착오적인 명명의 역사를 갖는가)의 비밀 유지(secrecy) 주장이라는 토포스가 있다. 그럼에도 불구하고 나는 모리슨과 리고베르타 멘추 모두에게서 비밀 유지라는 주제를 뽑아낸 도리스 소머가 설득력이 있다고 본다 (Doris Sommer, "No Secrets", George M. Gugelberger ed., *The Real Thing: Testimonial Discourse and Latin America*, Durham: Duke University Press, 1996).

142) 이 단어가 좋은 집안에서 태어난 여성('숙녀')을 지칭하는 형태로도 쓰인다는 사실은 사태를 더 복잡하게 만든다.

143) 이러한 설명이 온갖 신들의 신전(pantheon) 내부에서 수많은 형태로 현현하는 그녀의 면모를 일축해 버리지 않는다는 점을 지적해 두어야겠다.

기 어깨에 사티의 시체를 걸머지고 우주를 떠돌며 춤을 춘다. 비스누^{Visnu}는 사티의 몸을 절단하여 그 조각을 대지 위에 흩뿌린다. 그 조각들의 주위에 위대한 순례지가 생긴다.

아테나^{Athena} 여신——"자궁에 의해 오염되지 않았다고 자처하는, 아버지의 딸들"——과 같은 형상들은 여성의 이데올로기적 자기-비하를 확립시키는 데 유용하다. 이 자기-비하는 본질주의적 주체를 해체하는 태도와는 구별된다. 신화에 나오는 사티의 이야기는 제의의 모든 서사소^{narrateme}를 뒤집는 가운데 비슷한 기능을 수행한다. 즉 살아 있는 남편이 아내의 죽음에 복수하며, 위대한 남성 신들 사이의 거래가 여성 육체의 파멸을 완수하고 대지를 신성한 지리로 기입한다. 이를 고전적 힌두교의 페미니즘의 증거로 보거나, 인도 문화가 여신 중심적이라서 페미니즘적이라는 것의 증거로 보는 것은 토착주의나 그 뒤집힌 형태인 에스노 중심주의에 의해 이데올로기적으로 오염된 것이다. 찬란하게 싸우는 어머니 두르가의 이미지를 지우고, 사티라는 고유명사에다 신성한 제물로서의 무력한 과부——제물로 바쳐져야만 구원받을 수 있는——를 불태운다는 의미만 부여하는 것도 제국주의적이다. 소위 미신(두르가)의 힘을 부여하는 empowering 목소리야말로 '사리 분별'(영국 경찰)에 대한 백색 신화를 얕잡아보거나 단죄하는 것보다 변혁을 위한 더 나은 출발점이지 않을까? 기업이 자신의 이해관계에 따라 행하는 자선 사업은 이 질문을 던질 만한 가치가 있도록 해준다.$^{144)}$

포스트모던 자본하에서 억압받는 사람들이 '올바른' 저항에 매개된 접근밖에 할 수 없다면, 주변부의 역사에서 나온 사티 이데올로기가 어떤 개입주의적 실천 모델 속으로 지양될 수 있을까? 상실된 기원에 대한 그런 모든 명백한 향수는 특히 대항 헤게모니적인 이데올로기적 생산을 위한 기반으로 삼기에는 의심스럽다. 이 에세이는 그러한 생각에 따라 작동하고 있기 때문에, 하나의 사례를 경유해 논의를 더 진척시켜야 하겠다.[145]

열여섯 내지 열일곱 살의 젊은 처녀 부바네스와리 바두리Bhubaneswari Bhaduri는 1926년 북캘커타에 있는 자기 아버지의 평범한 아파트에서 목매달아 자살했다. 그녀의 자살은 풀리지 않는 수수께끼였다. 자살하던 때 생리 중이었으므로 불륜으로 인한 임신 때문에 자살한 것은 분명 아니었다. 부바네스와리는 인도 독립을 위한 무장 투쟁에 개입한 수많은 집단들 중 한 단체의 구성원이었다. 이 사실은 자살한 지 거의 10년이 지나서야 그녀가 언니에게 남긴 편지에서 밝혀졌다. 그녀에게 정치적 요인을 암살하라는 임무가 맡겨졌다. 그녀는 이 과업을 감당할 수 없었다. 하지만 신의를 지켜야 한다는 실제적 필요성을 알고 있었기 때문에 그녀는 스스로 목숨을 끊었다.

---

144) 나는 메트로폴리스의 다문화주의를 분석하는 글(1999년 3월 스미소니언 박물관 아서 M. 새클러 박물관에서 열린 '위대한 여신 전시회'에서 발표한 「이동하는 데비」)에서 이 질문을 더 심화시켜 논의했다. Spivak, "Moving Devi", Vidya Dehejia ed., *Devi: The Great Goddesses*, Washington, DC: Smithonian Institute, 1999[「이동하는 데비-1997: 비-거주민과 추방자」, 『다른 여러 아시아』]참조.
145) 대항 헤게모니적인 이데올로기적 생산의 토대로서 향수에 반대하는 입장은 향수의 부정적 사용을 인정하지 않는다. 우리 시대 정치경제의 복잡성 내부에서는, 예를 들어 결혼 지참금을 충분히 가져오지 못한 신부들을 불태워 버린 뒤 자살로 위장하는 현재 인도 노동 계급의 범죄가 있다. 이 범죄가 사티-자살 전통의 **사용**인지 **남용**인지를 밝히라고 다그치는 태도는 매우 의심스럽다. 최대한 주장할 수 있는 것은, 이 범죄가 기표로서 여성 주체와의 기호 현상 사슬에 일어난 하나의 전위라는 점이다. 이는 우리가 해명해 온 서사로 우리를 다시 되돌려 보낸다. 분명 우리는 신부를 불태우는 범죄를 중단시키기 위해 **온갖 방법**을 강구해야 한다. 그렇지만 그 작업이 검토되지 않은 향수나 그 대립물에 의해 성취된다면, 인종/에스노(race/ethnos) 혹은 단순한 생식기주의를 여성 주체의 자리에 있는 하나의 기표로 대체하는 것을 적극 도와줄 것이다.

부바네스와리는 자신의 죽음이 불법적인 정열의 결과로 오인될 것을 알고 있었다. 그래서 그녀는 생리가 시작되기를 기다렸다. 의심할 바 없이 좋은 아내가 되기를 고대하는 브라마차리니^{brahmacārini}였던 부바네스와리는 그러한 기다림 속에서 사티-자살이라는 사회적 텍스트를 개입주의적 방식으로 다시 썼을 것이다(설명할 수 없는 그녀의 행동을 시험 삼아 한번 설명해 보자면, 아버지의 죽음에다 너무 나이 들어 시집도 못 갈 거라는 형부의 놀림으로 인한 우울증 탓이었을 수도 있다). 그녀는 자기 육체를 생리학적으로 써 내는 가운데, 미혼 남성과의 합법적 정열 안에 자기 육체가 감금되는 것을 전위하려고(단순히 거부하는 것이 아니라) 엄청난 수고를 아끼지 않음으로써, 여성 자살에 인가된 동기를 일반화했다. 직접적인 맥락에서 보자면, 그녀의 행동은 불합리하기 짝이 없었고 멀쩡하기보다 환각에 빠진 사례가 되었다. 생리가 시작되기를 기다리는 전위 제스처는 우선 자신을 불태우려는 과부가 생리 중이어서는 안 된다는 금기를 역전시킨다. 불결한 과부가 그다지 좋다고 할 수 없는 자신의 특권을 주장하기 위해서는 더 이상 생리를 하지 않는 나흘째 되는 날에 목욕재계할 수 있을 때까지 공개적으로 기다려야 하기 때문이다.

이러한 읽기에서 부바네스와리 바두리의 자살은, 맹렬하고 투쟁적이며 가족적인 두르가라는 헤게모니적 설명만큼이나, 사티-자살이라는 사회적 텍스트를 특별히 강조하지 않으면서 특별하게 서발턴의 입장에서 다시 쓰는 것이다. 투쟁적인 어머니라는 헤게모니적 설명과 다른 견해를 부상시킬 가능성들은 인도 독립 운동의 남성 지도자들과 참여자들의 담론을 통해 잘 기록되어 있고 대중적으로도 잘 기억되고 있다. 반면 여성으로서 서발턴은 들릴 수도 읽힐 수도 없다.

나는 부바네스와리의 삶과 죽음을 가족 인맥을 통해 알고 있다. 나는 부바네스와리를 좀더 철저하게 조사하기에 앞서, 그 과정을 출범시킨다는 뜻에서 초기에는 나와 거의 같은 지적 연구를 해온 벵골 여성 철학자이자 산스크리트 연구자에게 질문을 해보았다. 두 가지 반응이 나왔다. ① 왜 당신은 온전하고 훌륭한 삶을 영위한, 바두리의 두 언니 사일레스와리와 라세스와리 대신 불운한 부바네스와리에게 관심을 갖느냐? ② 바두리의 조카들이 보여 준 반응인데, 불륜을 저지른 것 같다.

나는 의사소통의 실패에 낙담했다. 그 때문에 나는 1부 텍스트의 첫 판본[「서발턴은 말할 수 있는가?」]에서 정념에 찬 통탄을 담아 "서발턴은 말할 수 없다!"고 썼던 것이다. 이 말은 권장할 만한 주장이 아니었다.

1988년에 에세이 형태로 출간된 「서발턴은 말할 수 있는가?」와 지금 이 수정본 사이에 가로놓인 세월 동안에 1988년 초고에 대응한 수많은 논평들이 간행되었다. 그것들로 인해 나는 큰 덕을 보았다. 여기서는 「서발턴은 투표할 수 있는가?」와 「시코락스 침묵시키기」라는 두 개의 글만 언급하겠다.[146]

내가 주장해 왔듯이, 부바네스와리 바두리는 '진정한' 서발턴은 아니었다. 그녀는 부르주아적 독립 운동에 은밀히 연계되어 있었던 중간 계급 출신 여성이었다. 내가 여기[이 에세이—영어판 편집자]에서 논의하고 있었던 것처럼 보이는 바의 일부는, 서발터니티 주장에 대한 여성들의 끼어들기는 이질적인 환경에 처한 여성들의 말 없음^{muting} 때문에 정의定義상의

---

146) Abena P. A. Busia, "Silencing Sycorax: On African Colonial Discourse and the Unvoiced Female", *Cultural Critique*, No. 14, Winter 1989~1990; Leerom Medovoi et al., "Can the Subaltern Vote?", *Socialist Review*, Vol. 20. No. 3, July-Sept. 1990.

엄밀한 노선들을 가로질러 분명하게 구획될 수 있다는 것이다. [『포스트식민 이성 비판』의 앞부분에서 논의된—영어판 편집자] 라니 굴라리는 우리에게 말을 걸 수 없다. 토착 가부장적 '역사'가 그녀의 장례식 기록만을 남기고자 하며 식민 역사는 그녀를 부수적인 도구로서만 필요로 하기 때문이다. 부바네스와리는 자신의 육체를 여성/글쓰기의 텍스트로 바꿈으로써 '말하기'를 시도했다. "서발턴은 말할 수 없다"는 내 선언에 담긴 즉각적인 정념은 그녀 자신의 가족에서도, 여성들 사이에서도, 50년의 세월 속에서도 그녀의 시도가 실패했다는 절망에서 나왔던 것이다. 나는 여기서 **식민** 당국 편에서의 침묵에 비난의 화살을 돌리려는 게 아니다. "가야트리 스피박의 「서발턴은 말할 수 있는가?」의 4절은 영국 법의 역사에서 인도 여성들이 감당해 온 사라져 주는 역할을 잘 설명한다"고 말하는 부시아는 그렇게 생각하고 있는 것 같지만 말이다.[147]

오히려 나는 새로운 주류라고 할, 더 많이 해방된 바두리 손녀들이 바두리를 침묵시키는 경위를 지적하고 있는 중이다. 이 새로운 주류에 더 새로운 두 집단이 가세할 수 있다. 그 중 하나는 자유주의적인 다문화주의적 메트로폴리스 학계로, 수전 바턴(Susan Barton)[148]의 증손녀쯤 되는 집단이다.

내가 내내 말해 왔듯, 정확하게 장기적으로 좀더 효과적이기 위해 이 말 없음에 우리가 공모하고 있다는 사실을 인정하는 것이 중요하다고 생각한다. 우리가 항상 속죄양을 갖고 있다면 우리의 작업은 성공할 수 없다. 포스트식민 이주민 신분의 연구자는 식민 사회 구성체의 영향을 늘 받

---

147) Busia, "Silencing Sycorax", *Cultural Critique*, No. 14, p. 102.
148) 『포스트식민 이성 비판』의 2장에서 분석되고 있는, 대니얼 디포의 『로빈슨 크루소』와 『록사나』를 다시 쓴 존 M. 쿳시(John M. Coetzee)의 소설 『포』(*Foe*)의 화자이다.—옮긴이

는다. 아무튼 내가 부바네스와리의 사례를 읽어 낼 수 있고, 그래서 부바네스와리가 어떤 면에서는 말해 **왔다**고 부시아는 지적한다. 그때 부시아는 차후의 심화 작업을 위한 긍정적인 선율을 포착한 셈이다. 물론 부시아가 맞다. 모든 말하기는 가장 즉각적인 것처럼 보여도 다른 이가 거리를 두고 해독^{decipherment}하는 것, 잘해야 끼어들기인 것을 수반하게 마련이다. 바로 이것이 말하기다.

나는 이러한 이론적 지적을 인정한다. 또한 자신과 다른 이들을 위해 향후 작업을 낙관하기가 실천적으로 중요함을 인정한다. 하지만 수년 뒤 학계의 제도(좋든 싫든 지식-생산 공장인) 안에 있는 누군가가 토론의 여지가 있는 해독을 내놓았을 때, 그 해독이 성급하게 서발턴의 '말하기'와 동일시되어서는 안 된다. 식민화된 사람들 사이에도 서로 다른 집단화가 이루어지고 거기서부터 차이가 생긴다. 식민 혹은 포스트식민 서발턴은 그 차이와도 맞은편에 있는 존재로, 인식론적 균열로 정의된다. 이렇게 말하는 것은 단순한 동어반복이 아니다. 우리가 서발턴은 말한다고 주장할 때 관건은 무엇일까?

「서발턴은 투표할 수 있는가?」에서 세 명의 저자는 관건이 되는 지점을 '정치적 말하기'에 적용한다. 내가 보기에 이것은 서발턴의 말하기에 대한 나의 읽기를 집단적 영역으로 확장시키는 유익한 한 가지 방법이다. (국가의) 투표자가 됨으로써 '시민권'(시민사회)에 접근하는 것은 실로 서발터니티를 헤게모니로 동원하는 상징적 회로이다. 민족 해방과 지구화 사이에서 계속 교섭 중인 이 지형은 투표 행위 자체를 서발턴 주체의 진술적^{constative} '말하기'로 주어진 수행적^{performative} 관습으로서 검토하게 해준다. 지구화를 정당화하기 위해 국민 투표와 시민사회의 조합이 조작되는 방식을 알아보는 것이 요즘 나의 관심사들 중 일부이다. 하지만 이것은 이 에세이의 범위를 넘어선다. 나는 학문적 산문 영역에 남아 다음과 같은 세 가지 요점을 개진시켜 본다.

① 우리가 단순히 포스트식민 사람이거나 에스닉 소수 집단의 구성원이라고 해서 '서발턴'인 것은 아니다. '서발턴'이라는 단어는 탈식민화된 공간의 순전한 이질성을 위해 남겨진다.

② 서발턴 집단의 구성원과 시민권 혹은 제도성의 회로들 사이에 의사소통의 선이 확립될 때, 그 서발턴은 헤게모니로 가는 장구한 도정에 투입된다. 우리가 좀 모순된 표현인 '서발터니티를 보전하기'에 대해 낭만적 순수주의자 혹은 원시주의자가 되고 싶지 않다면, 이 점이 전적으로 욕망되어야 한다(에스닉 기원에 대한 박제화된 혹은 교과과정화된 접근——이것은 반드시 싸워야 하는 또 하나의 전투인데——은 서발터니티를 보전하기와 동일하지 않다. 이것은 두말할 필요가 없다). 우리가 이 점을 기억하면 사명 운운하지 않으면서 우리 작업에 자긍심을 갖게 된다.

③ 이 흔적-구조(드러냄 속의 지움)는 피상적인 유토피아주의에서가 아니라, 비말 크리슈나 마틸랄^{Bimal Krishuna Matilal}이 '도덕적 사랑'이라 부른 것의 심층에서 우러나오는 정치적 액티비스트의 비극적 감정으로 표면에 드러난다. 지칠 줄 모르는 액티비스트인 마하스웨타 데비^{Mahasweta Devi}는 이러한 감정을 「프테로닥틸, 푸란 사하이, 피르타」 Pterodactyl, Puran Sahay, and Pirtha에서 절묘하게 기록하고 있다.

인도 여성의 새로운 주류를 이루는 마지막 세번째 집단이 있다. 부바네스와리의 큰언니의 장녀의 장녀의 장녀는 지금 미국에서 이주민으로 살고 있으며 최근 미국에 기지를 둔 초국적 기업의 중역으로 승진했다. 그녀는 부상 중인 남아시아 시장을 도와줄 것이다. 그녀가 잘 자리 잡은 남반구 출신의 디아스포라라는 바로 그 점 때문이다.

> 유럽에서 새로운 자본주의가 옛 자본주의를 **확실하게** 대체했던 때는 상당히 정확하게 획정될 수 있다. 그것은 20세기 초엽이었다.……19세기 말의 호황과 1900~1903년의 위기와 더불어……카르텔이 경제 생활 전체의 초석들 중 하나가 된다. 자본주의는 제국주의로 변형되어 왔다.[149]

지구적 금융화라는 오늘날의 프로그램이 이 계주에서 바톤 터치를 한다. 부바네스와리는 민족 해방을 위해 싸웠다. 그녀의 조카 증손녀는 **새로운 제국**을 위해 일한다. 이러한 상황 또한 서발턴을 역사적으로 침묵시킨다. 이 젊은 여성의 승진 소식은 대대적인 환호를 받으며 가족에게 전달되었다. 그때 나는 부바네스와리 세대 중 살아남은 가장 나이 든 여성에게 이렇게 말하지 않을 수 없었다. 탈루Talu라는 별명으로 불렸던 "부바네스와리가 헛되이 목을 맸군요". 큰 소리로 떠든 것은 아니다. 이 젊은 여성이 다문화주의에 충실하며 자연 분만을 지지하고 면제품 옷만 입는다고 한들 뭐 그리 대수롭겠는가?

---

149) Vladimir Il'ich Lenin, *Imperialism: The Highest Stage of Capitalism: A Popular Outline*, London: Pluto Press, 1996, pp. 15, 17 [『제국주의론』, 남상일 옮김, 백산서당, 1988, 48~49쪽].

2부

컨텍스트들과 궤도들

「서발턴은 말할 수 있는가?」에 관한 성찰들
스피박 이후의 서발턴 연구

파르타 차테르지

가야트리 차크라보르티 스피박의 에세이 「서발턴은 말할 수 있는가?」는 1983년 여름에 일리노이 대학의 어배너-섐페인Urbana-Champaign 캠퍼스에서 처음 발표되었다. 그 후 20년이 지나 이 에세이를 성찰하고 평가하고자 컬럼비아 대학에서 열린 이 인상적인 자리에 내가 참석하지 못한 것은 정말 너무나 실망스러운 일이었다. 로절린드 C. 모리스가 내게 지적하기를, 스피박의 에세이가 적어도 부분적으로는 서발턴 연구회Subaltern Studies Group의 작업에 의해 촉발되었으니 이 연구회와 관련된 누군가의 발표가 하나도 없다면 이 학술 대회가 불완전하지 않겠느냐고 했다. 내가 서발턴 연구 동인 전체를 대신해서 발언할 수는 없을 것이다. 이 동인은 미국 학계에서뿐만 아니라 인도의 정치적이고 지적인 무대에서도 다양한 위상을 갖고 있던 학자들이 참여한 공동체로서 늘 다기하게 변화해 왔기 때문이다. 하지만 이 학술 대회 덕분에 이 에세이가 처음 출판된 이후 다년간 서발턴 연구 기획에 준 충격을 나 나름대로 되돌아보고 평가할 수 있게 되었다.

인도에서 연구하다 보니 우리는 1985년이 되어서야 스피박의 에세이를 알게 되었다. 내가 스피박을 처음 만난 것은 1982년 여름, 영국의 역사학 학술지인 『과거와 현재』Past and Present가 옥스퍼드에서 개최한 학술 대회에서였다. 기안 판데이$^{Gyan\ Pandey}$, 샤히드 아민$^{Shahid\ Amin}$과 함께 나는 그 대회에서 논문을 발표했고, 그 무렵에 『서발턴 연구』$^{Subaltern\ Studies}$ 창간호가 막 나왔다. 물론 우리는 스피박이 유력한 문학 연구자라는 걸 들은 바 있었다. 하지만 그 당시 우리는 농업사와 농민 운동에 관심을 두고 있었고, 데리다가 알제리 출신이라고 해도 그가 인도의 소작농들과 희미하게나마 무슨 연관을 맺을 수 있으리라고 생각할 수는 없었다(우리가 진심으로 소중하게 여겼던 프랑스 학자는 에마뉘엘 르 루아 라뒤리$^{Emmanuel\ Le\ Roy\ Ladurie}$와 조르주 뒤비$^{Georges\ Duby}$였고, 이론 쪽으로 더 경도되어 있었던 이들에게는 루이 알튀세르였다). 열렬한 서발턴주의자였던 우리 셋이 옥스퍼드의 어떤 술집 바깥 자리에 앉아 우리의 새로운 동인 기획에 관해 스피박에게 말했던 기억이 난다. 그녀는 자신의 문학적이고 철학적인 관심사와 우리의 역사학적인 작업 사이에서 전혀 예상치 못한 연결을 막 시도하던 중이었다. 우리가 그것을 알게 된 것은 한참 뒤였다.

나는 1985년 초에 「서발턴 연구: 역사 기술을 해체하기」$^{Subaltern\ Studies:\ Deconstructing\ Historiography}$라는 에세이의 원고와 함께 「서발턴은 말할 수 있는가?」를 처음으로 읽었다. 첫 반응은 당혹스러움이었다. 「서발턴은 말할 수 있는가?」에서 전개된 주제들과 논지들과 준거들은 숨을 멎게 할 정도로 광범위한 것들이었고, 내가 흡수할 수 있는 것 이상이었다. 「서발턴 연구」는 우리의 작업에 더 초점을 맞추고 있어서 흡수하기가 더 쉬웠다. 나는 「서발턴은 말할 수 있는가?」를 아마 십수 차례 읽었을 것이다(가장 최근에는 이 에세이가 방갈로르의 대학원생들을 위한 문화연구 워크숍에 배당된 글이어서 3주 전에 읽었다). 그래도 이 에세이에 대한 나의 이해는, 『서발턴 연구』 4호(1985)에 게재되고 『서발턴 연구 선집』$^{Selected\ Subaltern\ Studies}$(1987)에 「서문」으로 수록된 「서발턴 연구」를 동시에 읽은 것에 의해 여전히 규정되고 있다.

스피박이 초기의 『서발턴 연구』에 가한 비판의 충격이 우리의 작업에 스며들고 우리 기획의 내용과 방향을 바꾼 그 정확한 경로를 추적하는 것은 내게 어려운 일이다. 다만 그녀가 1986년에 캘커타에서 열린 제2차 서발턴 연구 학술 대회와 그 이후 여러 차례 열린 서발턴 연구회 모임에 참여하고, 1993년에 연구회 편집진에 합류함으로써 우리에게 영향을 미친 것은 확실하다. 나는 1986년 캘커타 학술 대회의 긴장과 흥분을 결코 잊지 못할 것이다. 그 학술 대회가 열리던 당시, 제도권 학계는 우리의 작업을 의심하고 적대시하는 분위기였다. 우리는 기금 지원이나 후원을 받지 못해 『서발턴 연구』 첫 세 호의 인세를 모아 학술 대회를 열었다. 하지만 우리는 우리에게 매혹된 독자들이 생기고 있다는 것을 발견했다. 청중석이 꽉 차서 사람들이 통로에 앉거나 창문에 걸터앉아 있었기 때문이다. 스피박이 마하스웨타 데비$^{Mahasweta\ Devi}$의 단편 「젖어미」$^{Breast-giver}$에 대한 분석을 발표할 때 뜻밖에 데비 본인이 청중석에 앉아 있었던 기억이 난다. 이 단편에 대한 비평가의 분석에 관해 저자더러 한말씀 해달라는 청에 응한 마하스웨타는 놀랍게도 스스로를 낮추면서 이 단편을 집필할 때의 자신의 의도에 관해 다소 상투적인 진술을 했다. 청중석에 있던 많은 청중은 저자 자신의 진술이 비평가의 독해를 제압했다고 생각했다. 그렇지만 우리 중 일부에게는 그 사건이야말로 서발턴을 재현하기라는 문제를 놓고 스피박이 제기한 근본적인 질문을 극적으로 환기해 준 것이었다.

『서발턴 연구』의 이른바 두 국면에 관해서는 수년간 많은 논의가 있었지만, 거기에 전부 다 동조하거나 동의하는 것은 아니었다. 이른바 초급진적 정치의 초기 국면을 지나더니 나중에 변절했다고 『서발턴 연구』를 비난하면서 포스트모던한 언어학적 전환 이후에 비해 소박하게 정치적이었던 초기가 더 낫다고 주장한 이들이 많았다. 1998년에 출간된 『서발턴 연구』 벵골어 선집에 수록한 「서문」에서 나는 나름대로 그 충격에 대해 냉정하고도 그 어느 쪽 편도 들지 않는 평가를 시도했다. 여기서 그것을 인용해 보겠다.

> 서발턴 역사 연구는 서발턴이 식민 통치와 민족주의 정치 영역의 안과 밖에 동시에 있음을 보여 주었다. 서발턴이 바깥에 있는 한, 서발턴은 자율성을 유지했다. 하지만 서발턴은 이 영역 안으로 들어갔고, 이 영역에 있는 과정들과 제도들에 참여했으며, 그리하여 스스로도 변모해 갔다. 모든 역사적 증거가 서발턴은 "이상적인 것에서의 일탈"a deviation from the ideal이라는 사실을 가리키고 있었다. 그렇다면 도대체 왜 서발턴 의식의 "순수 구조"를 찾아야 하는가? 게다가 스피박이 영향력 있는 두 논문에서 주장했듯이, 서발턴 역사는 부르주아 역사 쓰기의 주권적 주체였던 '인간' 또는 '시민'이 실은 엘리트였을 뿐임을 성공적으로 보여 주었다. 서발턴에게 주권적 주체의 의상을 입히고 그를 역사를 만드는 자로 무대에 올리는 것이 왜 여전히 필수적이었는가? 사실 서발턴 역사 기술은 완전한 의식을 보유한 주권적인 역사 주체가 있어야만 한다는 바로 그런 관념에 도전했다. 왜 그 똑같은 관념을 서발턴 역사 안으로 다시 들여온단 말인가? 서발턴이 역사가의 서술을 통해 직접적으로 말할 수 있으리라는 것은 신화일 따름이었다. 사실 역사가는 역사의 페이지 위에서 서발턴을 다만 재현하고 있을 뿐이었다. 스피박이 공언했듯이, 서발턴은 말할 수 없다.

『서발턴 연구』의 새로운 전환은 대략 1989~1990년의 5호와 6호에서 시작되었다. 서발턴 역사들은 단편적이며 분리되어 있는 미완의 역사들이라는 점, 서발턴 의식은 그 자체 안에서 분열되어 있다는 점, 이 의식은 지배 계급과 종속 계급 양쪽의 경험에서 유래하는 요소들로 구성된다는 점이 예전보다 훨씬 더 진지하게 인정되었던 때가 바로 그 무렵이었다. 반란의 순간에 서발턴들이 발휘하는 자율성의 증거와 더불어, 일상적 종속 경험을 겪는 서발턴의 의식 형태들도 이제 연구의 주제가 되었다. 일단 이러한 질문들이 의제로 등장하자, 서발턴 역사는 더 이상 농민 반란 연구에 국한될 수 없었다. 이제 질문은 "서발턴의 참된 형식은 무엇인가?"가 아니라 "서발턴은 어떻게 재현되는가?"가 되었다. 여기서 재현이란 '다시 제시함'present again과 '누구를 대신함'stand in place of이라는 이중의 의미를 지녔다. 연구의 주제와 방법이 모두 변화를 겪었다.

일부 논평가들과 반대로, 아카이브들을 새로 뒤져서 서발턴의 진정한 목소리를 어느 정도 복원할 수 있으리라고 믿을 만큼 그 시절에 우리가 그토록 순진했다고 나는 생각하지 않는다. 이와 관련해서 한마디 한다면, 새로 발견된 '서발턴 텍스트들'은 많지 않았다. 우리는 식민주의 아카이브와 민족주의 아카이브에 있는 기성 텍스트들을 새로운 관점에서 읽는 데 대부분의 작업을 할애했다. 우리의 읽기는 서발턴 의식의 변별적인 구조를 찾으려는 것이었다. 우리는 이 구조를 전형적으로 보여 주는 것이 봉기에 나선 소작농의 의식이라고 생각했다. 우리의 방법에 대한 가장 권위 있는 진술은 라나지트 구하의 『식민 인도에서 농민 봉기의 기초적 측면들』Elementary Aspects of Peasant Insurgency in Colonial India (1983)[1]에서 펼쳐졌다. 새로운 언어의 열쇠를 찾은 것만 같았다. 다시 말해, 우리가 반란에 나선 서

---

[1] 라나지트 구하, 『서발턴과 봉기: 식민 인도에서의 농민 봉기의 기초적 측면들』, 김택현 옮김, 박종철출판사, 2008. —옮긴이

발턴 언어의 문법과 사전을 찾을 수만 있다면 우리는 역사의 주체임을 자임하는 서발턴을 역사가의 학문적인 언어 안에서 '다시 제시할'present again 수 있으리라고 생각했던 것이다(머뭇거리지 않고 고백하자면 우리는 반란에 나선 서발턴을 남성형으로 생각했다). 물론 여기에는 하나의 정치가 있었다. 인디라 간디Indira Gandhi의 지배가 한창일 때 우리는 포스트식민적인 국민국가를 권위주의적이고 비민주적이라고 간주했다. 우리는 그 포스트식민적인 국민국가에 맞서 농민을 동원할 수 있는 원천들에 역사적으로 접근하고 싶었다.

 요즘 나는 스피박의 에세이가 『서발턴 연구』의 포스트구조주의적 계기로 우리에게 다가왔다고 생각한다. 그 에세이에는 제3세계 주체가 서구 담론 안에서 어떻게 재현되는가에 관한 질문도 있었고, (스피박 본인이 동요한 대목이지만) 전략적 본질주의에 관한 주장도 있었고, 들뢰즈와 푸코와 데리다의 철학적 통찰들에 대한 상대적 평가도 있었다. 그렇지만 스피박의 개입으로 『서발턴 연구』가 의식적인 포스트구조주의적 방법으로 이동한 것은 어렵고도 힘든 일이었다. 이것을 프랑스에서 일어난 지적 유행의 변화를 그냥 흉내 낸 것이라 부른다면 그럴듯하지만 실은 틀린 것이다. 우리가 작업하던 인도의 정치적·사회적 맥락에 중대한 변화가 없었더라도 『서발턴 연구』가 과연 1980년대 후반 이후 걸었던 그 길을 향해 나아갔을지 나는 의심스럽다. 간단히 말해, 우리 눈앞에서는 서발턴 주민들이 통치성governmentality의 망으로 급속하게 병합되어 가는 변화가 일어났다. 도시 엘리트가 조직 정치에서 멀어져 가고 발전국가로 하여금 사회경제적 역할에서 물러나도록 압박하면서, 서발턴 계급들은 점점 더 선거 정치의 공간을 외치고 그 안으로 들어섰으며 국가를 상대로 복지 정책을 요구했다. 서발턴주의 학자가 포스트식민적인 국민국가는 '본질적으로' 서발턴

의식에 외재적인 어떤 것이라고 강조하는 것은 더 이상 가능하지 않았다. 스피박의 에세이 덕분에 우리는 이러한 발전들이 초래한 일단의 새로운 연구 문제들을 다룰 방법론적 전략들을 고안할 수 있게 되었다는 것이 요즘 내 생각이다.

변화의 신호는 일찍이 『서발턴 연구』 5호에 게재된 구하의 탁월한 에세이 「찬드라의 죽음」 Chandra's Death에서 나타났다(본서에 실린 라제스와리 순데르 라잔의 에세이 참조). 일단 '서발턴의 재현'에 대한 질문이 표면화되자 식민 인도에서 확산된 근대적 제도와 지식의 전체 장이 서발턴 역사를 위해 열렸다. 식민 통치의 확장, 영어 교육, 종교적·사회적 개혁 운동들, 민족주의의 발흥처럼 많이 연구된 주제들이 『서발턴 연구』 역사가들에 의해 새로운 질문거리로 열렸다. 중고등학교와 대학, 신문과 출판사, 병원, 의사, 의료 체계, 인구 조사, 등록 관청, 산업 노동 과정, 학문 제도 등 이 모든 제도가 서발턴 역사 쓰기의 주제가 되었다. 가장 의미 있는 사안으로는, 젠더와 종교와 카스트라는 주제들이 서발턴 관점에 입각하여(그렇다고 서발턴 역사들이 서발턴 관점에서 또는 서발턴 목소리로 서술되고 있었다고 말하려는 것은 아니다) 논의되기 시작했고, 정치적으로 불편한 여러 질문이 제기되었고, 진보 정치에 대해 인도에서 통용되던 확실성이 복잡해졌다는 것을 들 수 있다. '서발턴을 재현하기'라는 관념에 근거하여 진행된 이러한 논의들이 『서발턴 연구』들에만 국한된 것은 전혀 아니다. 이 논의들은 이제 더 넓은 정치적 논쟁과 갈등의 영역으로 번져 나갔는데, 애초에 『서발턴 연구』를 지었던 건축가들은 이 논쟁과 갈등에 영향을 미치지도 못했고 통제하지도 못했다.

여기서 나는 인도의 지적·정치적 맥락에서 『서발턴 연구』 기획이 진화하는 가운데 스피박의 두 에세이가 이 기획에 가한 충격에 대해서만 언급했다. 영미 학계의 포스트식민 연구라고 알려진 것 안에서는 이 에세이들이 다른 반경을 그려 왔다는 것을 나도 알고 있다. 실은 북미 대학에서 서발턴 연구회의 작업이 알려진 것도 대개 이 두 에세이를 통해서였다. 우리의 작업이 두 가지 맥락에서 각기 다르게 수용되는 것을 보고 나는 종종 놀라웠고 곤혹스러웠다. 내가 생각하기에 포스트식민 연구를 지배한 질문은, 1983년에 스피박이 제시한 것처럼, "제3세계 주체는 서구 담론에서 어떻게 재현되는가"이다. 그런데 이 질문에 대해 종종 해답으로 주어지는 답변들은 당혹스러울 만큼 광범위하다. 포스트식민적인 진정성에 향수를 느끼며 집중하는 것에서 포스트식민적인 혼종성을 긍정하는 것에 이르는, 포스트식민적인 다문화주의에서 포스트식민적인 도덕적 제국주의에 이르는, 심지어는 때때로 내가 포스트식민적인 신오리엔탈리즘이라고 생각하는 것에 이르는 광범위한 답변들이 제시되어 왔다.

 스피박은 「서발턴은 말할 수 있는가?」에서 『포스트식민 이성 비판』(1999)에 이르는 긴 여정을 거쳐 왔다. 그녀의 1983년 에세이에 연원을 두고 있다고 주장되는 포스트식민 연구의 많은 트렌드에 대해 정작 스피박 자신은 『포스트식민 이성 비판』에서 거리를 두고 있다. 내가 이 논쟁에 밝지 않다는 것을 고백해야만 하겠다. 대륙들에서 발전된 이 모든 지적 전통이 단 하나의 에세이 덕분이라고 제안한다면 멍청한 과장일 것이다. 하지만 개념들과 관념들의 전화transformation에 대해 역사적 관점을 취하든 계보학적 관점을 취하든, 이정표가 되는 기여들이 있는 것은 사실이다. 「서발턴은 말할 수 있는가?」가 여러 목적지로 뻗은 길들을 가리키는 바로 그러한 이정표라는 점에는 의심의 여지가 없다. 주목할 점은 저자 자신이 한 자리에 머물러 있지 않았다는 것이다. 2008년 1월에 델리에서 열린 서발턴 연구 학술 대회에서 일부 논자들은 한때 맑스주의 극좌파에 연계되었던 우리 서발턴 연구회가 이제는 과거에 간디주의자였던 이들 및 사회주의자였던 이들과 협력하고 있다고 지적했다. 이런 사실에 대해, 이단들은 항상 서로 만날 길을 찾았다고, 오직 정통만이 멈춰 서 있다고, 샤히드 아민은 답했다. 스피박의 작업이 지난 25년간 그 어떤 정통을 낳았는지 나는 모른다. 내가 알고 있는 것은 그녀 자신이 구제 불능의 이단이라는 것, 친숙하지 않은 것과 주저하지 않고 대면한다는 것, 언제나 새로운 문제들을 고심할 태세를 갖추고 있다는 것이다. 그녀의 지적인 동지애 덕분에 『서발턴 연구』는 깊고 풍부해졌다.

포스트식민 연구

이제 그것은 역사다

리투 비를라

「서발턴은 말할 수 있는가?」의 역사를 어떤 개념의 역사로 성찰하려면, 우리는 역사라는 개념을 역사화하기의 실천으로, 또 주체-형성의 서사로 성찰하라는 요청에 직면하게 된다. 또한 우리는 역사성의 환원 불가능한 차이에 관해 성찰하라는 요청에도 직면하게 된다. 이런 다수의 의미를 작동시키면서, 게다가 엄정한 페미니즘 실천을 통해 「서발턴은 말할 수 있는가?」는 행위자agent-로서-주체 생산과 이에 수반되는 주체 재현representation의 역학과 대면한다.[1] 이 문제들은 「서발턴은 말할 수 있는가?」를 포스트식민 연구의 근간이 되는 텍스트로 만든다. 지금 「서발턴은 말할 수 있는가?」를 다시 읽으면서, 우리는 포스트식민 비판을 결코 정체성 정치, 토착주의, 막무가내 다문화주의로 환원해서는 안 된다는 점을 환기한다. 1990년대 중반에 가야트리 차크라보르티 스피박이 어떤 대담에서 '포스트-식민'이 "제 살을 파고 있다"고 언급했을 때 그녀가 개탄한 것

---

1) Gayatri Chakravorty Spivak, "Can the Subaltern Speak?", Lawrence Grossberg and Cary Nelson eds., *Marxism and the Interpretation of Culture*, Urbana: University of Illinois Press; Basingstoke: Macmillan, 1988[「하위주체는 말할 수 있는가?」, 태혜숙 옮김, 『세계사상』 4호, 1998].

은 바로 이러한 환원이었다.[2] 왜? **포스트식민**이 제도들(학계, 더 폭을 넓힌다면 엔지오 엘리트와 법인 엘리트의 지구화된 공간)의 재현 정치에서 그냥 하나의 꼬리표가 될 때, 식민주의는 과거의 일, 그것도 동질적인 '포스트식민' 정체성과 정체성주의의 기반이 되어 전혀 문제시될 게 없는 과거의 일이 된다. 이런 판본의 식민주의는, 그리고 실로 역사는 포스트식민 비평의 추동력과 뚜렷한 대조를 이룬다. 포스트식민 비평이 주목하는 것은 현재도 진행 중인 식민 형성들, 탈식민화의 실패, 인간과 자본의 새로운 초국적 흐름과 더불어 기이하게 다시 구현되는 식민 관계들이다. 스피박의 『포스트식민 이성 비판』은 이런 임무에 홀린 채, 예컨대 분과학문들 안에서 분과학문들을 가로지르면서 '**토착 정보원**'Native Informant을 해체하며, 식민·포스트식민·지구적 주체의 계보학을 펼쳐 보인다.[3] 『포스트식민 이성 비판』의 「역사」 장에 「서발턴은 말할 수 있는가?」를 수정하여 짜 넣은 것은 이런 사로잡힘을 적절하게 상연하며, 많이 인용된 이 에세이의 당대적인 관심사를 재활성화하기 위해 이 에세이를 역사화하는 셈이다. 이러한 정신에 따라 나는 여기서 「서발턴은 말할 수 있는가?」를 포스트식민 연구의 상실된 기원이 아니라, 비판적 역사 연구의 관심사들 ——『포스트식민 이성 비판』의 부제에 들어 있는 스피박의 말을 빌리자면 사라져 가는 현재가 동기를 부여하는 관심사들 —— 을 사유하기 위한 매개로 간주하고 재론한다. 그렇게 하기 위해 나는 이 에세이의 중요한 실마리 하나를 따라갈

---

2) Spivak, "Setting to Work(Transnational Cultural Studies)", Peter Osborne ed., *A Critical Sense: Interviews with Intellectuals*, London: Routledge, 1996, p. 167.
3) Spivak, *A Critique of Postcolonial Reason: Toward a History of the Vanishing Present*, Cambridge: Harvard University Press, 1999[『포스트식민 이성 비판: 사라져 가는 현재의 역사를 위하여』, 태혜숙·박미선 옮김, 갈무리, 2005].

것이다. 재현의 이중 구속double bind에 대해 윤리적으로 부과되는 분석을 통해 다루어질 뿐만 아니라 주체성과 행위 능력agency에 대한 꼼꼼한 해명을 통해서도 다루어지는 타자화othering의 문제가 바로 그 실마리이다.

「서발턴은 말할 수 있는가?」를 페미니즘과 포스트식민주의의 텍스트로 가장 잘 특징짓는 것은 아마도 타자화의 다양한 과정에 대한 엄격한 주목일 것이다. 이러한 렌즈를 통해 추출되는 이 에세이의 주요 흐름은 우리의 미래 독해의 궤도를 안내하는 지도 역할을 할 수 있다. 이 에세이는 서발터니티를 차이-속의-동일성으로 여기는 관념을 펼치면서 타자화에 대한 구별되면서도 연관되는 두 가지 문제를 제시하는데, 하나는 동일성의 서사들과 정치들에 관련되는 문제이고, 다른 하나는 대타성alterity의 윤리를 성찰하는 문제이다. 우선, 이 에세이는 유럽의 타자의 형성formation을 언급하는데, 이 타자의 형성에는 타자로서 식민 주체를 형성하기making뿐만 아니라 유럽의 자아를 형성하기making도 내포된다. 이곳이 '토착 정보원'——식민 당국의 효율적인 통치에 도움이 되도록 '토착민'을 대변하는 도구——이 만들어지는 장이다. 여기서 이 분석은 타자로 배정되었던 것이 '자아'가 될 수 있는 거의 무한한 방식에 주목하는데, 이는 타자성otherness을 정체성의 기반으로 전유하고 행위 능력을 지닌 단일 주체를 타자의 자리에 상정함으로써 이루어진다. 여기서 본보기가 되는 사례는 반식민 민족주의의 그것인데, 이 민족주의에서 '토착적'이고 '진정한' 모든 것에 집중investment하는 것은 부상하는 민족국가가 해방을 천명할 때조차도 식민적 타자화 논리를 재생산하는 데 복무한다.[4] 하지만 토착적인 것을 긍정함으로써 유럽적인 역사 주체Subject of History의 거울상을 만드는 것을 스피박은 해방의 움직임으로 찬양하지 않는다. 그녀는 정체성과 인정의 정치에 만족하지 않는다. 따라서 이 에세이는 또한 '전적인-타자'의 부름call of the "quite-other", 대타성의 문제, 즉 서사와 정체성 속에서 공고해지는 것에서 벗어나는 그것과도 대면한다. 여기서 대타성은 서발턴 여성의 말하기에 대한 질문을 통해 검토된다. 타자의 이중적 의미(유럽이라는 **자아**와 그것의 **타자**를 생산하는 논리 안에서 규제되는 것으로서의 타자, **그리고** 그 논리 바깥에 실존하는 더 근원적인 대타성으로서의 타자)는 주체·행위자·재현의 이중적 의미에 대한 스피박의 조심스러운 독해를 추동한다. 스피박은 이러한 이중적 독해에서 주체성과 행위 능력의 불연속성을 강조하는 가운데 그녀 특유의 비판적 개입을 행한다.

과부 화살火殺, immolation 담론에 관한 논의에서 정교화되는, 서발턴으로서의 여성 형상은 이 불연속성의 뚜렷한 사례이다. 여기서 여성의 바로 그 주체성이라는 것은 위장dissimulation 과정 안에서 부상한다. 여성은 이 담론 안에서 선택을 하는 주체로, 자유의지로 복종과 죽음을 선택한 행위자로 나타난다. 이러한 위장을 폭로하려고 스피박은 토착 남성 권위나 식민적 가부장제가 여성의 '목소리'를 도구로 구축하는 방식들을 제시한다. 여기서는 여성의 주체성이 그녀 자신의 것이 아닌 어떤 행위 능력의 난폭하고 불안정한 효과로 읽힐 뿐만 아니라, 그녀가 그 행위 능력의 도구로 우리에게 드러난다. 사실 그녀의 바로 그러한 도구성은 그녀의 '선택'이라는 관념에 수반되는 위장들에서 비롯된다고 볼 수 있다.

페미니즘 이론에서 비판 법학과 발전 정책에 이르기까지 숱한 맥락에서 인용된, 이 [에세이의] 흐름들은 역사의 역할과 힘에 관련되는 몇 가

---

4) 이 과정과 그 미묘함들에 대한 분석의 종결자로 Partha Chatterjee, *Nationalist Thought and the Colonial World: A Derivative Discourse*, London: Zed Books, 1986[『민족주의 사상과 식민지 세계』, 이광수 옮김, 그린비, 2013]; *The Nation and Its Fragments: Colonial and Postcolonial Histories*, Princeton: Princeton University Press, 1993 참조.

지 중요한 질문들을 제기하기도 했다. 정체성의 (개별적이면서 집단적인) 생산을 위한 서사로서의 역사에 관련되고, 정치적 실천으로서의 역사에 관련되며, 경험적 지반(앞의 두 과정은 이 지반 위에 뿌리내린다고 흔히 말해진다)으로서의 역사에 관련되는 질문들. 그러한 일단의 질문들을 다음과 같이 정식화해 볼 수 있을 것이다.

① 정체성의 서사가 아니라 대타성의 문제로서의 역사를 과연 우리는 어떻게 사유할 수 있는가?
② 일정하고 미분화된 동질적인 포스트식민 희생자를 가정하지 않고서도 식민주의의 난폭한 변형들과 실효성을 설명해 주는, 식민주의의 역사를 과연 우리는 어떻게 서술할 수 있는가?
③ 시공간상의 맥락들의 특수성과 종별성^{specificity}, 역사성에 대해 과연 우리는 어떻게 토착적인 진정성의 담론을 재생산하지 않으면서 사유하는 일에 착수할 수 있는가?

이 질문들은 우리를 (행위 능력을 지닌 단일 주체를 가정하는) 서사로서의 역사와, 역사적 사유의 비판적 추동력(주체-생산의 역사성과 상황적 복합성들) 사이의 일반적인 긴장으로 인도한다.

이번 학술 대회를 기회로 「서발턴은 말할 수 있는가?」를 다시 읽어 보니 이 텍스트만 갖고도 한 학기 강의를 할 수 있겠다는 생각이 들었다. 이 에세이를 교육의 도구로 생각하는 것은 에세이를 대리보충^{supplement}하는 전환점들과 각 절들의 분석의 상호 연관과 학제적인 방법의 윤곽을 그리는 데 도움이 된다. 그러니 교육적으로 사유하고 네 개 절로 나뉜 논문의 궤도를 검토하는 가운데, 당면한 질문들을 논하는 네 가지 주제를 각별하게 고려해 보자. 네 가지 주제는 철학적이고 역사적인 행위자로서의 주체라는 문제, 주체-형성의 과정들 안에서 재현의 정치, 정체성[동일성]과 대타성의 상연play, 특수성·역사성·진정성의 문제이다. 이 텍스트는 유럽이라는 **자아**로서의 주체-형성에 대해 질문을 던지고 재현의 정치, 급진 정치에서 지식인의 역할을 논하면서 시작한다. 2절은 유럽의 급진적인 지적 실천에서 명명되지 않는 **타자**에 관한 논의로 넘어가면서 논지를 보충한다. 2절에서 우리는 힌두법의 코드화에 담긴 인식론적 폭력epistemic violence에서 정교화되는 **타자** 생산에, 그리고 이 논리 바깥에서 서발터니티라는 관념에 다가간다. 3절은 '전적인-타자'를 향한 데리다의 요청에, 즉 진정성에 맞서 상정되는 것이자 정치와 이질적인 "**타자 구성의 역학**"에 주목하는 방법인 대타성의 질문을 향한 요청에 귀 기울이는 것으로 조율된다.[5] 마지막으로 우리는 사티sati 자살이라는 사회적 텍스트에, 여성 주체의 폭력적인 생산에, 주체성과 행위 능력의 불연속성에, 그리고 책임의 윤리를 향한 요청에 다가간다.

   1절은 철학적 서사와 역사적 서사에서 종종 붕괴되는, **주체와 재현**representation이라는 두 단어의 이중적 의미를 천착하여 드러냄으로써 역사적 재현의 정치를 논한다. 1절은 푸코와 들뢰즈가 나눈 대담에서 제기되는, 주체 문제에 대한 비판을 제공한다. 이 비판은 **주체**라는 단어의 두 가지 의미를 천착하면서 이루어진다. 첫째, 철학적/윤리적 **주체**Subject. 둘째, 정치적 권위의 대상이나 '왕의 신민들' 운운할 때처럼 정치의 주체subject. 따라서 이 에세이는 주체성에 대한 여하한 분석이건 복속subjection뿐만 아

---

5) Spivak, "Can the Subaltern Speak?", *Marxism and the Interpretation of Culture*, p. 294 [본서 454쪽].

니라 주체-형성$^{\text{subject-formation}}$과 주체화^{subjectification}의 정치에 주목해야만 한다는 점을 강조한다. 이와 동시에, 주체-형성의 정치에 주목하는 것이 반드시 역사적-철학적 주체를 없애는 것은 아니라는 경고가 우리에게 주어진다. 표면상 "의사주체의 매트릭스"$^{\text{parasubjective matrix}}$인 푸코의 **권력** 담론은 "이름이 붙여지지 않은" 철학적인 **권력**의 **주체**를 전제하며 "도입"한다고 스피박은 주장한다.[6] 다시 말하자면, 푸코의 분석들이 표면상 주체-효과들의 특정 위상에서의 미시정치를 향할 때조차, 푸코의 분석들을 이루는 하나의 원리인 **권력**은 철학적·역사적·정치적 행위 능력을 지닌 **주체**로 작동하는 경향을 조용히 나타낸다.

　스피박은 또한 급진적인 철학자들의 이 대담에서 "아무 의심 없이 피억압자들에게 주체의 가치를 부여하는" 경위가 어떻게 산출되는지를 강조한다.[7] 이 가치 부여를 "아무 의심 없이"라고 한 이유는, 권력의 정치와 관계들 안에 박힌 피억압 주체가 매개와 흐트러짐 없이 하나의 **자아**(행위 능력을 지닌 **주체**)로서 말할 수 있다고 주장하는 것이 바로 그러한 가치 부여이기 때문이다. 즉 푸코와 들뢰즈가 지적인 노동에 짐이 되는 재현의 문제들을 생략하는 것은, 정확히 그들이 이론이 실천이라는 급진적인 주장을 하기 때문이다. 실로, "재현이란 더 이상 없습니다. 행동만 있을 뿐이죠"(즉 이론이 실천이다)라고 주장하기 위해서, 이 사상가들은 또한 피억압자 경험의 "현실"을 강조한다.[8] 재현을 부정하고 경험의 현실을 강조하는 움직임과 더불어 푸코와 들뢰즈는 피억압자를 "대변하기"$^{\text{speaking for}}$에

---

6) *Ibid.*, p. 274[본서 406쪽].
7) *Ibid.*, p. 274[본서 407쪽].
8) *Ibid.*, pp. 274~275[본서 408~409쪽].

저항하지만, 그들의 바로 그러한 추정은 지식인이 감당할 "대항 헤게모니적인 이데올로기적 생산이라는 어려운 과업"에 해당되어야만 하는 재현의 역학을 정지시킬 뿐만 아니라 실증주의적이고 본질주의적으로 가정되는 "경험의 현실"과 일치한다.[9] 여기서 이데올로기에 관한 강조는 에세이의 핵심 관심사를, 즉 주체의 생산 안에 있는 행위의 역학을 사고하는 것을 부각시킨다. 이데올로기 안에서 우리가 권력이라 부르는 것의 광대하고 유동적인 흐름은 주체-형성의 복합적인 과정들 안에서 위상을 갖게 되는데, 에세이는 이제 이 과정들로 넘어간다.[10]

재현으로부터 후퇴하는 푸코와 들뢰즈에 대한 스피박의 비판은 특히 『루이 보나파르트의 브뤼메르 18일』에 나오는, 맑스적 재현의 이중 의미에 대한 상세한 읽기에 의해 진전된다. 맑스에게 주목하는 것은 푸코의 권력 은유 안에 어렴풋이 남아 있는 행위 능력의 문제를 노출시킨다. 자본의 행위 능력을 정교하게 제시하는 맑스는 정확히 역사적-철학적 행위자가 아닌 (계급 형성에서의) 집단 주체에 대해 말한다. 스피박은 맑스에게 있는 재현의 이중 의미를 통해 대자적 행위자가 아닌 어떤 주체의 문제를 정교하게 제시한다. 맑스는 vertretung으로서의 재현에 대해, 즉 대리 또는 '대변'하는 정치적인 대표로서의 재현에 대해 말한다. 그리고 다시-제시 re-presentation라고 번역되기도 하는 Darstellung으로서의 재현에 대해, 예술과 묘사와 상연에서의 재현에 대해 말한다. "재현이란 더 이상 없습니

---

9) Spivak, "Can the Subaltern Speak?", *Marxism and the Interpretation of Culture*, p. 275 [본서 408쪽].
10) 푸코의 권력 문제를 세밀하게 따져 보는 글로는 Spivak, "More on Power/Knowledge", Thomas E. Wartenberg ed., *Rethinking Power*, Albany: State University of New York Press, 1992[「권력/지식에 덧붙이는 논의」, 『교육기계 안의 바깥에서: 초국가적 문화연구와 탈식민 교육』, 태혜숙 옮김, 갈무리, 2006] 참조.

다. 행동만 있을 뿐이죠"[11]라는 들뢰즈의 주장에서 무너지는 것은 바로 이 이중 의미이다. 『루이 보나파르트의 브뤼메르 18일』에 대한 스피박의 분석은, 이데올로기 이론들이 재현의 이러한 두 겹 작용을, 즉 주체의 철학적 상연이라는 면에서의 재현과 국가와 법 안에서의 재현을 엄밀하게 천착해야만 한다고 단언한다. "[이데올로기 이론들은—비를라] 재현 속에서의 세계의 상연—세계의 글쓰기 무대, 세계의 묘사^{Darstellung}—이 '영웅들', 아버지의 대리자들, 권력의 행위자들, 즉 대표^{Vertretung}를 선택하고 요구하는 과정을 위장하는 경위에 주목해야 한다."[12] 「서발턴은 말할 수 있는가?」는 재현의 이러한 작용을 주체-형성의 문제로 가져오면서, 타자화에 대한 질문을 던지고, 푸코의 분석이 유럽 안에, 즉 "국제 노동 분업에서 착취자의 편에" 머물고 있다는 점을 부각시킨다.[13] 재현의 두 과정 사이에서 서발턴의 문제가 시야에 들어온다.

2절은 스피박이 타자화의 "인식론적 폭력"이라 부르는 것과 국제 노동 분업의 맞은편으로 넘어가면서 푸코와 들뢰즈 비판을 보충한다.[14] 여기서 두 개의 과정이 도입된다. 먼저, 유럽의 타자 구성. 이것은 식민 주체, 즉 헤게모니 안에 기입되며 식민 담론의 논리 안에서 이 논리에 의해 생산되는 그런 형상의 형성 과정이다. 이 현상을 조명하기 위해 스피박이 제공하는 사례는 힌두법의 코드화 안에서 식민 주체의 생산이다. 이어서, 그람시로 돌아가, 독자에게 서발턴 문제와 대타성—헤게모니 형성들의 논리

---

11) Spivak, "Can the Subaltern Speak?", *Marxism and the Interpretation of Culture*, p. 275 [본서 409쪽].
12) *Ibid.*, p. 279[본서 418~419쪽].
13) *Ibid.*, p. 280[본서 421쪽].
14) *Ibid.*, p. 280[본서 422쪽].

의 바깥 또는 너머에, 그리고 한계 지점에 실존하는 다른 공간들——문제를 제시한다. 의미심장하게도, "서발턴의 문화적·정치적 운동을 헤게모니화하는 데서 지식인이 맡은 역할"에 관한 그람시의 관심이 이 텍스트에서 부각된다.[15] 여기서 스피박은 지식인의 책임에 대한 질문으로 되돌아간다. 푸코와 들뢰즈가 '대변'speaking for에 저항하고 재현의 정치와 뒤섞이지 않으려고 뒤로 물러서는 데 비해, 서발턴 연구회Subaltern Studies Group의 역사가들은(여기서 그녀는 이 연구회의 초창기인 1980년대 중반의 작업에 대해 말하고 있다), 그람시에게 충실하게, 서발턴은 말할 수 있는지를 물어야만 한다. (인도의) 식민 형성에 대한 역사적 분석들은 피억압자가 말할 수 있다는, 즉 말없이 있을 수 없다는 가정을 재고하고 심지어 거부해야 하며, 오히려 말 없게 된 목소리들이 식민 아카이브 안에 깊숙이 박혀 있다고 주장할 것을 요구한다. 그러므로 이 시기 서발턴 연구의 역사 기획은 종속적인 주체의 역사적 행위 능력의 복원으로 이해되었다. 억압당한 행위 능력의 발굴을 추구하는 그러한 복원은 피억압자의 재현에 저항하는 푸코와 들뢰즈의 정반대를 보여 주었고, 재현의 짐을 반어적으로 수용했다. 포스트식민성에 있는 젠더의 딜레마들과 씨름한 스피박의 경우에는 포스트식민적인 맥락이 재현의 문제틀에 대한 훨씬 더 복합적인 심문을 고무했다(본서의 파르타 차테르지 논문 참조).

「서발턴은 말할 수 있는가?」는 『서발턴 연구』 1호에 실린, 이 집단을 창설한 구하의 텍스트를 읽어 가면서 서발턴 공간을 차이-속의-동일성으로 이론화한다.[16] 구하에게 서발터니티가 권력과의 관계에서 확정적인

---

15) Spivak, "Can the Subaltern Speak?", *Marxism and the Interpretation of Culture*, p. 283 [본서 429쪽].

위상을 갖는 것이라면, 스피박에게 그것은 안이면서 바깥이다. 즉 하나의 한계인 그것은 헤게모니의 바깥에 있는 자율적인 공간인 동시에 그 헤게모니의 가능성의 조건으로서 내부인 셈이다. 스피박은 서발턴 연구의 접근 방법으로 가능해진 새로운 연구에도 불구하고 서발턴 여성이 "깊은 그림자 속에" 남아 있다고 주장한다.[17] 젠더에 대한 질문을 제기하는 것은 서발터니티에 대한 분석을 확장하면서 또한 변형한다. 그리하여 우리는 서발터니티에 대한 분석론 안에서도 대타성에 대해 질문하게 된다. 이러한 페미니즘적 개입은 교양 독자를 자기가 아는 지식의 한계들로, 자기가 알 수 없는 모든 한계들로 끌고 간다. 여기서 「서발턴은 말할 수 있는가?」는 재현의 아주 상이한 정치들을 제공함으로써 바깥의, 근원적으로 바깥의 한계들을 다룬다. "['생존에 연연하는 농부들, 미조직 농업 노동자들, 부족민들, 거리나 시골을 배회하는 밑바닥 노동자들'과 ─ 비를라] 대면하는 것은 그들을 대표하는^{vertreten} 것이 아니라 우리 자신을 묘사하는^{darstellen} 법을 배우는 것이다."[18] 여기서 요점은 서발턴들이 스스로를 대변할 줄 모른다는 데 있는 것이 아니다. 이는 서발턴의 말하기 기획과 특히 부바네스와리 바두리 이야기에 대한 완벽한 오독이다. 지식인 쪽에서 서발턴은 스스로 말할 수 있으며 말하고 있다고 주장하는 것은 오히려 억압의 문제들을 그냥 방치함을 뜻한다. 마찬가지로, 단지 서발턴을 '위한' 말하기^{speaking} $^{"for"}$로 억압에 대해 무언가를 한다는 주장 또한 들을 수 있느냐에 관한 질

---

16) Ranajit Guha, "On Some Aspects of the Historiography of Colonial India", Ranajit Guha ed., *Subaltern Studies No. 1: Writings on South Asian History and Society*, Delhi: Oxford University Press, 1982를 보라.

17) Spivak, "Can the Subaltern Speak?", *Marxism and the Interpretation of Culture*, p. 288 [본서 439쪽].

18) *Ibid.*, pp. 288~289[본서 441~442쪽].

문을 막아 버림으로써 자비로운 문명화 사명과 억압 문제를 더 심화시킨다. 스피박은 우리에게 우리 자신을 다시-제시하라고 요청하면서, 우리가 책임responsibility의 윤리에 입각하여——인정의 기반으로 유사성을 요구하지 않으면서 타자에게 응답하고respond 반응할responsive 수 있는 능력을 함양한다는 의미에서——'대변'의 자비로운 의도를 대리보충할supplement 것을 요청한다. 스피박의 최근 작업에서, 이러한 논지는 더 진전되어 권리 담론들의 대리보충을 요구해 왔다. 「잘못을 바로잡기」 같은 시론들에서 그녀는 권리들을 보위하라는 필수적인 요청과 "목소리를 주겠다는" 약속은 법과 정의가 그렇듯이 불연속적이라고 제시한다. 이 두 가지 충동은 모두, 제아무리 선의에서 나온 것이라 해도, 무언가 다른 것, 즉 모든 것을 통약 가능한 것으로 만들려는 기획에서 타자화의 문제에 관해 성찰하기를 주문한다. 권리 담론들과 국제 시민사회에 대한 스피박의 비판적 포용 안에서, 특권적인 메트로폴리스의 주체들은 정치와 윤리를 필연적으로 구성하는 타자화 과정(자신들이 끊임없이 연루되는 과정)에 눈을 뜨며, 재현의 문제를 경유하여 시종 이 과정과 씨름하게 된다.[19]

'전적인-타자'를 부르기는 데리다에 관한 3절에서 더 정교하게 제시되는데, 거기서는 특히 제국주의 비판이 논의된다. 스피박은 이 절에서 유럽과 그 **타자** 사이의 순진한 이원 구도를 재생산하는 것을 모면하는 데 관심을 기울인다. 그녀는 서발턴 입장을 더욱 투명하게 반영하고자 하는 어떤 것에 흥미를 기울이느라 유럽 철학을 부인하는 짓은 하지 않는다. 들뢰

---

[19] 이 논지를 정교하게 다듬는 글로는 Spivak, "Righting Wrongs", *South Atlantic Quarterly*, Vol. 103, Nos. 2~3, Spring/Summer 2004[「잘못을 바로잡기」, 『다른 여러 아시아』, 태혜숙 옮김, 울력, 2011] 참조. 해체의 윤리라는 맥락에서 책임을 생각하는 글로는 Spivak, "Responsibility", *boundary 2*, Vol. 21, No. 3, Fall 1994[「책임」, 같은 책] 참조.

즈와 푸코가 유럽의 지적 전통을 전부 대변하는 것은 아니다. 오히려 그들은 특별히 유망한 궤도 안에서 모종의 특수한 실패를 대변한다. 스피박은 글쓰기 안에서 생산되는 에스노 중심적인 **자아**와 그 **타자**에 관심을 두는 데리다를 방어하면서, 대타성에 주목하는 것은 **타자**를 구성하는 다중다양한 과정들을 정교하게 보여 줄 수 있다고 설명한다. "내가 [데리다에게서―비를라] 유용하다고 여기는 것은 **타자** 구성의 **역학**mechanics에 관해 지속적으로 진척되는 작업이다. 타자의 **진정성**authenticity을 환기하기보다 **타자** 구성의 역학을 이용함으로써 우리는 분석이나 개입에 훨씬 더 유리한 지점을 확보할 수 있다."[20]

마지막 절은 "서발턴의 지속적인 구성을 위해 엘리트가 경계해야 할 일은 무엇일까?"라는 경고성 질문으로 시작한다.[21] 여기서 서발턴 연구의 역사 기획―서발턴에게 역사적 행위 능력을 부여함으로써 서발턴의 주체성을 복원하는 것―은 조심스러운 말들로 대리보충된다. 우리는 진정성의 담론들이 서발턴 목소리의 복원을 위장하면서 서발턴을 **자아**와 **타자**의 논리 안에서, 행위 능력을 지닌 단일한 주체로, 실은 **자아**가 되는 **타자**로 구축한다는 경고를 받는다. 그러한 흐름들은 서발터니티라는 바로 그 관념의 비판적이고 정치적인 힘을, 적어도 부분적으로는 이 관념이 대타성의 질문과 맺는 관계에서 유래하는 힘을 폐제하는 위험이다. 이 점을 예증하려고 스피박의 텍스트는 "서발턴으로서 여성의 의식이라는 심대한 문제"로 넘어간다.[22] 히스테리 환자의 목소리를 회복시키는 데 기울인 프

---

20) Spivak, "Can the Subaltern Speak?", *Marxism and the Interpretation of Culture*, p. 294 [본서 454쪽].
21) *Ibid.*, p. 294[본서 455쪽].
22) *Ibid.*, p. 296[본서 459쪽].

로이트의 이해관계와의 유비를 통해 사티-자살이라는 사회적 텍스트를 자세히 읽는 것은 여성의 자유의지가 두 개의 가부장제 담론 안에서 구축된다는 점을 폭로한다. 토착주의적인 가부장제 담론은 과부-화살을 고대의 성스러운 제식으로 코드화하는 반면에, 식민주의적 가부장제 담론은 그것을 범죄로 제도화했다. 『리그베다』와 『다르마사스트라』 텍스트들에 근거하는 토착주의적 독해는 "여자들이 죽고 싶어 했다"고 (쉽게 달리 표현하여) 진술하고 있는 데 반해, 식민주의적인 독해는 여성의 진정한 욕망을 보호한다는 명분에 입각하여 국가 공권력이 여성을 지키고 그들의 자유의지를 회복시켜야 한다고 주장하면서 맞섰다.[23)] 내가 앞에서 언급했듯이, 여기서 분석은 여성의 선택이 위장임을 조명한다. 두 경우 모두, 여성의 소위 자유의지는 정확히 자유의지가 아니다. 그녀의 주체성은 가부장제 행위 능력의 도구로 구축될 뿐이다. 이러한 예에서, 우리는 헤게모니를 갖는 행위 능력을 위한 목소리로서——즉 말할 수 있지만 오직 복화술로만 말할 수 있는 자로서——구성된 주체들을 해체하는 수단으로 젠더를 사용하여 여성을 서발턴 형상으로 사유하고 있다. 서발턴 여성들에 대한 경험적인 질문과, 그들의 윤리적-정치적 행위 능력의 영역들과 가능성들에 대한 경험적인 질문은 대타성으로의 또 다른 지연^{deferral}인데, 스피박은 세계 구획^{worlding}·권리·책임에 관한 최근의 작업에서 이 대타성에 대해 다시 질문한다. 최근의 시론들에서 그녀는 「서발턴은 말할 수 있는가?」에서 제기된 문제들로 돌아가 서발턴 여성들을 재현하고 이들 편에서 말하려는 자들이 얼마나 더 저 여성들의 생활-세계들에 접근할 수 있을지에 주

---

23) Spivak, "Can the Subaltern Speak?", *Marxism and the Interpretation of Culture*, p. 297 [본서 462~463쪽].

목한다. 이와 동시에 그녀가 주목하는 것은 서발턴 여성들이 (격렬하게 힘을 길러) 상층으로 이동할 가능성들이 실제로 줄어들어 왔다는 점이다. 국제 시민사회에서 서발턴 여성을 대표하는 대리인들의 증식이라는 바로 그 이유 때문에 서발턴 여성은 좀더 이른 자본의 지구화 시절에 비해 오늘날 더욱 제한되고 말 없게 된다.[24] 「서발턴은 말할 수 있는가?」에서 정교하게 제시된 타자화의 역학——유럽의 타자가 진정성의 담론들을 통해 **타자로** 견고해지며, 그리하여 침묵당하게 되는 방식들에 관한 경고——은 서발턴 연구의 다음 국면에서 주요 주제들을 이루었다. 이 에세이의 출간과 수용 이후에 서발턴 연구의 움직임을 특징지은 것은 여성과 포스트식민적인 시민권/통치성, 페미니즘과 법, 역사적 차이의 문제를 표명하기와 관련해 바로 그 질문에 대한 접증하는 주목이다. 물론 이런 것들과 더불어 경험적인 질문들과 이론적인 문제들이 남아 있지만 말이다.

「서발턴은 말할 수 있는가?」는 우리가 행위 능력의 상황성situatedness에 주의를 기울이면서도 주체-형성의 자리매김 과정들locating processes에 대해 엄밀한 작업을 하기를 주문한다.[25] 이 글은 특수성들에 대한, 타자화의 역학들이 지닌 종별적인 맥락들에 대한 연구를 요청함과 아울러 '전적

---

24) Spivak, "Righting Wrongs", *South Atlantic Quarterly*, Vol. 103, Nos. 2~3[『잘못을 바로 잡기』, 『다른 여러 아시아』] 참조. 최근의 한 대담에서 스피박은 서발턴을 정치적이고 경험적인 주체로 새롭게 정의하고 있다. Spivak, "Mapping the Present", Interview with Meyda Yegennoglu and Mahmut Mutman, *New Formations*, Vol. 45, January 2002 참조. 이 대담에서 스피박은 이렇게 설명하고 있다. "남아시아의 역사가 집단이 서발터니티를 정의하면서 서발턴은 이동성의 회로 바깥에 있는 사람이라고 못 박았던 초기 국면과는 달리, 오히려 작금의 서발턴은 도처로 스며들고 있어요. 그래서 제한적인 스며들 수 있음이라는 새로운 개념을 정식화했던 것이지요. 위에서부터 바닥으로 스며들 수 있어요. 휴대전화를 지닌 여성학자요. 그렇지만 아래에서부터 지배자의 영역으로 스며드는 것은 예전처럼 제한적이죠. 아니 전보다 더 제한적이죠." *Ibid*., p. 11.

인-타자'를 중단시키는 것을 강조한다. 종별적인 사건들과 과정들을 시간 안에 자리매김함으로써 역사화에 착수하는 기획들과 현재를 또 다른 시간의 특수한 맥락들과 사회적 텍스트들에 취약하게 만드는 기획들이라는, 이 두 유형의 기획들에는 역사 쓰기의 비판적 실천을 위한 함의들이 있으며, 그에 따르면 역사 쓰기의 비판적 실천은 목소리 주고받기의 한계들을 인식하는 것에 의해 형성되고 강화되어야 한다. 이런 측면에서 「서발턴은 말할 수 있는가?」에 들어 있는 중요하지만 종종 간과되는 주장을 기억하는 것이 유용하다. 인식론적 폭력에 관한 논의를 시작하면서, 스피박은 우리에게 "이러한 인식론적 폭력을 가장 명확하게 보여 주는 사례는, 식민 주체를 **타자**로 구성하고자 저 멀리서 편성되고 널리 퍼진 이질적 기획"이라고 말한다.[26] 이것을 예증하려고 텍스트에서는 힌두법의 영국적 코드화를 다룬다. 하지만 상세한 묘사에 앞서 스피박은 다음과 같은 단서를 단다. "인도 사례가 모든 나라·민족·문화를, 그리고 **자아**로서 유럽의 **타자**로 환기될 수 있을 유사한 것을 대표한다고 간주될 수는 없다."[27] 그러니 인도를 사례로 든 것은 정체성을 주장하려는 것, 즉 개인적인 향수에 도움이 되는 역사화는 분명히 아닌 것이다. 오히려 인도 사례는 **타자화**의 모든 사례들을 대표^{vertreten}할 수 없다고, 요컨대 대변할 수 없다고 말할

---

25) 민주주의에 관한 최근의 토론에서도 그녀는 다음과 같이 말한다. "제가 이해하는 바로는 주체 생산의 복합성들 덕분에 우리가 행위 능력의 한계들을 파악할 수 있는 겁니다. 그렇다고 해서 행위 능력이 부적합하다거나 또는 '주체'가 무기력하다는 것은 아니죠." Spivak, "A Dialogue on Democracy", Interview with David Plotke, David Trend ed., *Radical Democracy: Identity, Citizenship and the State*, New York: Routledge, 1995, p. 214.
26) Spivak, "Can the Subaltern Speak?", *Marxism and the Interpretation of Culture*, pp. 280~281[본서 422쪽].
27) *Ibid.*, p. 281[본서 424쪽].

수 있을 것이다. 이 종별적 사례에 주목하는 것은 **타자화의 상이한 상연**(다시-제시)들을 정교화하자고 요청하는 것이다. 여기서는 자체의 한계들을 아는 특수한 사례를 제공하겠다는 주장인 셈이다. 그런 태도는 특수성particularity에 대한 이해, 즉 역사성의 논리적 기반인 순전한 차이 그 자체**로서의 종별성**specificity에 대한 이해에 따른 것이다. 진정성을 주장하겠다는 발상으로 빠질 여지는 전혀 없다.

특수성에 대한 이러한 질문(문화와 정치경제와 역사를 다루는 모든 연구에 기반을 제공하고 그 연구들을 구성하는 특수한 상황과 관계들을 어떻게 다룰 것인가 하는 질문)은 '타자' 연구가 북미 학계에서 제도화되는 방식을 구조화하는 상호 학제적인 문제이다. 정체성/진정성의 서사들과 그것에 저항하는 역사성 사이의 긴장에 주목하는 「서발턴은 말할 수 있는가?」에서, 우리는 맥락의 종별성을 연구하는 저명한 엄밀함과 진정성을 수행하기의 함정 사이의 종종 검토되지 않은 관계에 관해 생각할 도구들을 얻는다. 이 에세이의 포스트식민적인 비판적 실천의 현재적 상관성을 고려하면서, 여기에 해당하는 사례로 지역 연구(제2차 세계대전 이후 지적 생산을 통치했던 이해관계의 척도들과 구조들 내에서 '타자들'을 연구하고 비준하려는 기획으로 이해되는 지역 연구) 내부의 이러한 관계에 대한 내 생각을 짧게 제시해 보겠다.

북미 학계에서 지역 연구가 지적인 분야로 형성된 것은 최근에 많이 연구된 논제였고, 실로 긴요한 지정학적 논제였다.[28] 나는 여기서 지역 연

---

28) 예컨대 Spivak, *Death of a Discipline*, New York: Columbia University Press, 2006[『경계선 넘기』, 문화이론연구회 옮김, 인간사랑, 2008. 이 한국어판의 제목이 원서의 제목과 많이 달라, 본서의 본문에서는 원서의 제목을 따라 『한 분과학문의 종언』으로 표기한다], 특히 1장; Spivak, "Deconstruction and Cultural Studies: Arguments for a Deconstructive

구 비판의 예행연습을 하려는 것이 아니라, 어떤 '지역'을 연구하는 학자가 한 분과학문 안에서 배정받는 위치를 생각해 보려는 것이다. '지역들'에 대한 연구는 지정학적 세계인 특정 공간의 역사들과 '문화적 가치들'의 특수성을 강조한다. 그와 동시에, 북미와 유럽에 대한 연구들은 인문학과 사회과학에 속하는 분과학문들을 계속 지배했다. 나름의 맥락들의 종별성들에 아무리 주목하더라도 이 연구들은 여하튼 국민국가와 자본과 근대성과 민주주의와 정의에 관해 보편적이라 추정되는 질문들을 열어 주는 연구들이다. 반면에 '지역들'을 연구하는 학자들은, 특히 남반구를 연구하는 학자들은 현지에 대한 전문성을 제공할 것을, 특히 지역의 특수성에 착목할 것을 요청받는다. 이런 기획이 물론 절대적으로 필수적이며 중요한 일이기는 하지만, 적어도 논리적인 바탕에서 보자면 경제와 역사와 문명을 다룰 보편적인 틀의 생산을 거스르는 기획이다. **오직** 특수자만을 대변하게 된다는 것, **오직** 한 지역에 대한 전문가로서만 목소리를 낸다는 것은 과연 무슨 의미일까? '지역들'의 특수성들에 대한 엄밀한 주목이 진정성의 담론들에 복무할 때 이렇듯 한정된 제도권 목소리가 주어지게 된다. 상이한 장소들에서 일들이 어떻게 상이하게 일어나는가에 관한 정보를 갖고 주인의 서사들을 조각내겠다는 주장들을 급진화하는 것은 여기

Cultural Studies", Nicholas Royle ed., *Deconstructions: A User's Guide*, Basingstoke and New York: Palgrave, 2000; Miyoshi Masao and Harry D. Harootunian eds., *Learning Places: The Afterlives of Area Studies*, Durham: Duke University Press, 2002; Gulbenkian Commission, *Open the Social Sciences: Report of the Gulbenkian Commission on the Restructuring of the Social Sciences*, Stanford: Stanford University Press, 1996 참조. 1958년의 국가방위교육법(National Defense Education Act) 제6조에 입각한, 미국의 지역 연구 기관들의 기금을 둘러싼 작금의 논쟁들은 그와 같은 논의의 필요성을 확인해 준다.

서 힘을 잃어버린다. 그리고 우리는 '문화적 가치들'의 이름으로 아무 의심 없이 타자에 가치를 부여하는, 너무나 편재되어 있는 태도로 나아간다. '타자들'의 특수성들과 종별성들에 이런 식으로 주목하는 것은 대타성의 문제를 회피한다. 타자화에 대한 주목이 단지 토착민으로서의 타자를 공고히 하는 데만 복무할 때, 지역 연구는 정체성 정치가 된다. 이런 과정에 포스트식민적인 비판은 저항할 수 있지만, '포스트식민인들'의 정체성주의는 저항할 수 없다.

여기에 역사학의 실천을 위한 중요한 교훈이 있다. 이 실천의 비판적인 추동력은 역사성을 실천의 인식론적 토대로 인지하는 데 있을 것이다. 「서발턴은 말할 수 있는가?」의 관심사들이 우리에게 환기해 주는 것은 한편으로 역사성과 다른 한편으로 맥락의 종별성을 정교화하라는 요청 사이의 차이이다. 역사성에 집중하는 것은 우리가 서사를 전개할 때 재현의 정치에 주목할 것을 요청하는데, 이는 어떤 주어진 순간 혹은 사실의 종별성이 그다음의 것과는 환원 불가능한 차이를 지니기 때문이다. 경험적인 것의 바탕 그 자체에 있는 근본적인 차이에 주파수를 맞추는 것은 목소리 주기 기획에서 특수성들에 주의를 기울여 이야기하기를 찬양하는 것과는 다르다. 「서발턴은 말할 수 있는가?」에서 이러한 구별은, 타자에게 '진정성'을 귀속시키고 목소리를 주는 가운데 타자를 주체로 공고히 하는 과정 안에서 구성되고 정당화되는 헤게모니들을 진지하게 검토했던 비판적인 방법론에 입각하여 시작되었다. 그런 만큼 「서발턴은 말할 수 있는가?」는 정체성을 위한 서사로서의 역사가 행한 좀더 현저한 역할에 도전했던 비판적 실천으로서의 역사 연구를 위한 도구들을 제공해 주었다.

역사적 재현들의 문제들이 「서발턴은 말할 수 있는가?」를 형성했던 만큼, 스피박의 최근 작업에 배어 있는 것은 지구화의 역사와 정치이다.

『포스트식민 이성 비판』을 쓴 이후 스피박은 '세계 구획'이라는 포스트하이데거적 개념을 구사해 책임에 기반을 둔 윤리를 이론화했고, 타자화와 대타성의 구별에 관한 논지를 지구적인 틀로 확장했다. 「시르무르의 라니」 같은 초기 에세이들과 『포스트식민 이성 비판』에서 **세계 구획**이라는 용어는 폭력적인 세계 형성을 시사했다. 요컨대 "'토착민'이 스스로를 '타자'로 보도록 만드는 힘을 발생시키는" 것이 세계 구획이었다. 최근의 작업에서는 타자화의 역학들로부터 대타성의 가능성들로 옮겨 가면서 세계 구획이 다루어지고 있다. 그리하여 『한 분과학문의 종언』에서는 **행성**planet이 우리가 거주하는 대타성을 위한 이름으로, 우리가 알 수 없는 세계인 우주에 대해 상상하되 단 거울상을 통한 통제를 생산할 수 없는 관점에서 상상할 것을 요청하는 세계 내 존재 방식으로 제안되었다. 세계world와 달리, 행성은 절대적으로 내려다보는 주요 담론들에 입각해 우리에게 친숙한 통합된 영역을 그저 이해할 가능성이 아니라, 외부에서 즉 외계인alien의 관점에서 볼 가능성이 배어들어 있는 개념적 은유다. 행성은 현대 자본주의의 통약 가능성의 논리와 새로운 금융 네트워크의 확장된 장악을 나타내는 용어가 되어 버린 지구globe를 대체한다.[29] 유사하게, 스피박은 데리다와 레비나스를 경유하여 '전적인-타자'라는 개념에 착안함으로써 책임의 윤리를 이론화한다. 앞에서 언급한 것처럼, 타자의 부름에 대한 관심으로서 활동 중인 책임은 지구적인 인권 담론에의 대리보충으로 제기되었다. 인간의 권리human rights라는 표현에서 '인간'human이 모든 이가 동일

---

[29] 세계 구획에 관해서는 Spivak, *A Critique of Postcolonial Reason*, p. 211과 Chap. 3[『포스트식민 이성 비판』, 305~306쪽과 3장] 참조. 또한 Spivak, "The Rani of Sirmur: An Essay in Reading the Archives", *History and Theory*, Vol. 3, No. 24, 1985; *Death of a Discipline*, pp. 70~73[『경계선 넘기』, 141~144쪽] 참조.

하다는 이해와, 따라서 권리는 보편적으로 배포될 수 있는 것이라는 이해와 더불어 시작된다면, 책임 개념은 인간을 타자와의 윤리적 관계 속에 있는 존재로 이해하는 데 바탕을 둔다. 권리에 기반한 담론이 모든 차이를 통약 가능한 것으로 만드는 공통의 토대를 찾는 데 반해, 스피박은 어떤 한계, 알 수 없는 대타성, 초과를 성찰한다. 이 지점에 비교와 교환은 해당되지 않으며 평등이 이 지점까지 확장되어야 한다. 스피박의 관심은 응답하기 위해 이러한 대타성을 사유하는 법을 어떻게 배울 것인가에 있으며, 여기서 문학의 기능은 상상력을 훈련시키는 기이한 제도로 나타난다.

> 급진적 대타성—완전한 타자$^{\text{the wholly other}}$—은 상상하기를 통해서 사유되어야 한다. 인간으로 태어난다는 것은 어떤 타자를 향해, 그리고 타자들을 향해 맞춰진 각을 지니고 태어난다는 것을 뜻한다. 이것을 헤아리기 위해 인간 존재는 전적인-타자$^{\text{the quite-other}}$를 전제한다. 이것은 '윤리적 관계-속에 있는-존재'로서의 '인간-존재'의 기본이다. 정의상 우리는—그 어떤 자아도—전적인 타자에 도달할 수 없다.……이 전적인 타자는 모든 행동과 대화 속에서, 무엇보다도 특히 우리가 윤리적인 것—역사적이고 정치적인 것—에 가장 가깝다고 이해하는 행동과 대화 속에서, 이런 행동과 대화를 정립하는 간극이다. 우리는 이 간극을 대리보충하려는 시도를 약간이라도 해야 한다.[30]

---

30) Spivak, "A Moral Dilemma", Howard Marchitello ed., *What Happens to History: The Renewal of Ethics in Contemporary Thought*, New York: Routledge, 2001 참조. 인용은 pp. 215~216. 또한 Spivak, "Responsibility", *boundary 2*, Vol. 21, No. 3[「책임」, 『다른 여러 아시아』]; "Righting Wrongs", *South Atlantic Quarterly*, Vol. 103, Nos. 2~3[「잘못을 바로 잡기」, 같은 책] 참조.

「서발턴은 말할 수 있는가?」는 역사적이고 정치적인 재현의 필연성들과, 목소리를 주는 제도적 채널들을 초과하는 존재 방식들 사이의 간극을 대리보충하려는 전위적인 시도였다. 이 주제의 상관성은 스피박의 최근 저술과 액티비스트 실천에서도 계속되고 있다. 거기서 세계 구획과 책임이라는 개념은 상상력의 윤리와 정치를 열어 주고 있다. 여기서 **상상력** imagination이란 **회피**를 가리키는 암호가 아니다. 그것은 하나의 능력, 차이와 대면하고 대결하는 능력이다. 따라서 상상력의 연습을 통해 우리를 다른 자아들이나 존재 방식들과 관계 맺도록 해주는 인문학 훈련은, 통약 가능성 논리에 근거한 가치 체계들을 통해 차이를 관리하거나 해소하는 것을 지향하는 사회과학에서의 전문성을 대리보충한다. 「서발턴은 말할 수 있는가?」가 재현의 정치를 풀어헤쳐 놓았다면, 상상력 훈련은 재현의 정치와 협상하는 새로운 방식을, 스피박이 말하듯 "코드 변환을 위해서"가 아니라 "응답을 끌어내기" 위해 타자와 교섭하는 새로운 방식을 열어 준다.[31] 이곳은 또한 우리가 책임감을 가지고 응답하는 법을 배우는 곳이다.

---

31) 포에시스(poesis) 또는 상상적인 형성, 정책 형성, 그리고 상호 학제성 문제라는 맥락에서 타자의 부름을 논하는 것으로는 Spivak, *Death of a Discipline*[『경계선 넘기』] 참조. 여기서의 관심사는 "코드 변환을 위해서가 아니라 응답을 끌어내기 위해, 타자의 수행성 안으로 인내를 요하며 잠정적으로 영원히 지연되는 도착을 준비하고자" "상상력 훈련으로서의 문학 교육의 역할을" 활용하는 데 있다. *Ibid*., pp. 12~13[같은 책, 47~48쪽].

인권의 윤리적 긍정

가야트리 스피박의 개입

드루실라 코넬

> 나는 왜 부단히 이동하는 집단성들의 인정이라는 질문을 우리의 분과학문적 실천에서 개시하고자 하면서 주로 여성에 대해써 왔을까? 여성은 특별한 경우가 아니며 인간적인 것을 재현할 수 있기 때문이다. 그와 같은 어떠한 재현에든 비대칭성들을 수반하면서 말이다. 그것은 그토록 명확하다.
> ─가야트리 차크라보르티 스피박

우리는 정치적이고 미학적인 재현representation의 복합성들에 대한 가야트리 차크라보르티 스피박의 통찰력 있는 분석을 인권에 관한 그녀의 최근 작업과 어떻게 결합시킬 것인가? 그녀가 해체deconstruction와 평생 작업해 온 것은 인권 담론에서의 그녀의 개념화와 재현, 그 법적·도덕적 자격을 어떻게 형성하고 있는가? 이 에세이에서 나는 사회적 다윈주의의 자유주의의 함정을 피하려면 인권 담론을 책임responsibility의 윤리로 꿰매야만suture 하리라는 그녀의 강조를, 「서발턴은 말할 수 있는가?」에서의 가차 없는 반실증주의적 비판과 연결하고자 시도한다. 이 책임의 윤리는 현장에서의 페미니즘 실천들에 대한 스피박의 헌신이라는 측면에서 분석되는데, 이는 그러한 실천들이 그녀 자신의 정치적 참여를 이루기 때문이다. 종종 그녀는 이론적 노동과 실천적 노동 사이의 분열을 재생산한다고, 또는 정치적 현재성에 참여할 가능성을 지연시키거나 무효화하는 유형의 쓰기와 읽기에 가담한다고 비난받아 왔다. 그녀가 성취하는 것은 그 반대임을 우리는 궁극적으로 보게 될 것이다. 그녀는 정치적 마비에 대한 이론적 허가를 용인하지 않는다. 그렇게 함으로써 세계적 계급 차별이라고 자신이 지칭한 것에 반대하는 투쟁에 대한 정치적으로 큰 꿈에 지속적으로 투신하겠다는 주장을 스스로 자유롭게 개진한다.[1] 정치적 항의와 투쟁에는 서발턴을 부정적으로 이상화하면서 다시 가두는 위험이 불가피하기에 이 항의와 투쟁은 항상 자체의 재현들과 정면으로 마주해야만 한다. 스피박에게 책임의 윤리는 바로 이 점을 인정하는 데서 시작된다. 윤리는 결코 정치를 대체하지 못한다. 하지만 스피박의 기여가 우리에게 보여 주는 것은, 일단 우리가 정치 투쟁에 내포된 이상들과 인민들 둘 다에서 재현이 불가피함을 받아들인다면, 우리가 그 재현들을 통해 타자들을 형성하면서 아직 탈식민화되지 않은 상상태not-yet decolonized imaginary뿐만 아니라 식민적인 것의 이미지들과 판타지들도 강화하는 경위를 우리는 반드시——이 **반드시**가 여기서 윤리적 계기인데——직시해야 한다는 점이다.

스피박은 언제나 과감하게도 페미니스트였다. 그녀는 서발턴 연구회Subaltern Studies Group의 역사 쓰기를 비판적으로 검토하던 초기부터 그 기획의 작업에 젠더화된 서발턴을 포함시키는 것이 단지 정치적 올바름을 깔끔하게 추가하는 데 불과한 것이 아니라 그 기획에서 공언된 윤리적 목적에 결정적인 것이라고 주장했다. 디페시 차크라바르티는 그러한 윤리적 갈망을 "아직 이해하지 못한 것을 듣는 능력이라고 하이데거의 용어로 내가 표현할 수밖에 없을 만큼 그토록 근본적인 열림radical openness에 사로잡히고자 하는" 목적이라고 정리한다.[2] 하지만 무제한의 수용성unlimited

---

1) Gayatri Chakravorty Spivak, "Righting Wrongs", *South Atlantic Quarterly*, Vol. 103, Nos. 2~3, Spring/Summer 2004, p. 176[「잘못을 바로잡기」, 『다른 여러 아시아』, 태혜숙 옮김, 울력, 2011, 37쪽].
2) Dipesh Chakrabarty, *Provincializing Europe*, Princeton: Princeton University Press, 2000, p. 36.

receptivity에 대한 꿈은 젠더를 설명할 필요가 있다. 아직 읽기 어려운 그의 말을 들을 수 있게 하는 단 하나의 주체란 없다는 사실을 포착하기 위해서 그렇다. 서발턴 연구 기획에 개입한 초기에 스피박은 젠더화된 서발턴을 숙고한다면 '여성'이 인간성에 가하는 바로 그것을 서발턴 범주에도 불가피하게 가하게 될 것이라고, 즉 서발턴을 개념으로 재현하는 데 수반되는 비대칭성을 표시하게 될 것이라고 강도 높게 주장한다. 인권에 관한 스피박의 에세이에서, 서발턴이 부단히 이동하는 집단성으로 재현될 때조차도 서발턴은 저 비대칭성 앞에서는 여전히 부적합하다. 스피박은 서발턴을 역사 속으로 데려오려는 급진적 이론들 내부에서, 이 서발턴의 포착될 수 없음에 충실하고자 하는 재현들에서조차, 역시 저 비대칭성이 수반된다는 점을 우리에게 보여 준다. 스피박의 논점은 서발턴에 대한 그 어떤 재현도, 그녀 자신의 역사의 주체라는 서발턴의 관점에서 역사를 다시 쓰려는 재현도, 우리를 인지와 재현에 관한 가장 심오하게 철학적인 질문들로 끌고가리라는 점이다. 유명해진 것이 당연한 그녀의 에세이 「서발턴은 말할 수 있는가?」에서 개진된 "서발턴은 말할 수 없다"라는 비관적인 듯 보이는 결론을 스피박의 근본적인 반-실증주의를 통해 읽을 수도 있겠다. 스피박의 반-실증주의는 젠더화된 서발턴 자체가 스스로를 들리도록 할 수 있는 재현 공간은 실존하지 않는다는 점을 강조한다. 그 결과, 재현의 실패에 주목하는 것 자체가 일종의 듣기 형태가 되는 것이다.

  서발턴에 **유념할**heed 수 있는――나는 이 '유념하다'라는 단어를 조심스럽게 골랐는데――페미니스트 공동체라면, 하이데거가 우리에게 요청하는 근본적인 열림에의 충실성fidelity을 성취하려고 우리가 투쟁함에 따라, 그것은 항상 '도래할'to come 공동체이다. 궁극적으로, 하이데거에게 이러한 열림은 우리를 인내에 연루시키는데, 왜냐하면 우리는 그저 기다리면서 새로운 시작의 발생이라 할 그 무엇을 향해 열릴 수 있을 뿐이기 때문이다. 이러한 발생은 예견될 수도 계산될 수도 없다. 그것은 하이데거가 수학적인 것이라고, 모든 앎의 과학화라고 불렀던 것(우리가 여기에 맑스주의적 개혁가들의 앎을 덧붙여도 될 것이다) 너머에서 등장할 터이다. 하지만 스피박에게 우리의 책임이란 인내를 넘어간다. 사실, 우리가 철저하게 불공정한 세상에 처해 있으니, 행동하라는 부름을 타자에게서 받는 것은 불가피하다. 우리는 남반구의 가장 가난한 여성들과 맺는 비대칭적이고 위계적인 관계에 우리를 놓는 재현 체계들에 우리가 언제나 이미 연루되어 있다는 사실에서 벗어날 길이 없다.

스피박은 인권에 관한 자신의 최근 작업에서 정치적이면서 동시에 윤리적인 교훈으로서의 재현의 한계들로 되돌아가, 우리의 세상을 제1, 제2, 제3세계로 나누는 그런 그림 속에 우리가 이미 빠져든 그 방식을 조명한다. 여기서 그녀는 자신이 "배움을 위해 우리의 특권을 잊기"unlearning of our privilege라 부르는 것에서 시작되는 윤리의 실천을 변호하는데, 이 특권은 역설적이게도 또한 언제나 무엇보다도 우리가 말하고 쓰고 재현할 수 있는 자격이다. 이러한 배움을 위해 특권을 잊기에 앞서 먼저 주목할 필요가 있는 것은 이러한 자격을 고수하려는 태도이다. 뿐만 아니라 바로 이렇게 자격을 고수하려는 태도야말로 직접 경험을 정치적 액티비즘의 기반으로 간주하는 실증주의적 호소에서 간과되고 마는 저 재현 체계들의 토대에 있는데, 스피박은 바로 그 토대들을 폭로한다. 내가 이 글에서 도출하고 싶은 것은 스피박의 페미니즘, 그녀의 가차 없는 반실증주의, 인권 변호에 대한 그녀의 결정적인 재사유 사이의 연관이다.

스피박이 「서발턴은 말할 수 있는가?」에서 푸코와 들뢰즈와 가타리를 책망하는 것은, 그들이 주체로서 자신의 권한을 파악하는 데 실패했기 때문이다. 여기서 주체는, 어쩌면 노동자들의 목소리를 그저 제시하는 지위로 축소된 것이기는 하지만, 노동자들에 대한 자신의 주장을 통해 어쨌건 노동 계급을 재현하는 그런 주체이다. 즉자적으로 그리고 대자적으로 말하는 대중들의 직접 경험을 명목으로 내세워 재현을 거부하는 것은, 맑스가 계급 의식에 대한 이해를 통해서 평생에 걸쳐 비판했던 그런 종류의 실증주의로 추락하고 마는 셈이다. 스피박은 이 점을 공들여 보여 준다. 스피박이 우리에게 환기하는 것처럼, 맑스에게서는 "수백만의 가족들이 생활양식을 [다른 계급과―스피박] 분리시키는 경제적 실존의 조건하에 살아가는 한에서……**그들은 하나의 계급을 형성한다.** 그들 이해관계의 동일성이 하나의 공동체 감정을 생산하는 데 실패하는 한에서……그들은 **하나의 계급을 형성하지 않는다**".[3] 나는 스피박의 맑스 해석이 옳다고 생각한다. 스피박은 맑스에게서 하나의 계급이 대자적 계급이 되고자 벌이는 투쟁――이것도 하나의 투쟁인데――은 항상 적어도 두 종류의 재현을 통해서 진행된다고 말한다. 스피박은 대표^{Vertreten}와 묘사^{Darstellen}를 구별하여, 우리가 경제적 이해관계들의 재현^{representation}이라 여기는 것과 이러한 이해관계들의 재-재현$^{re\text{-}representation}$이라 여기는 것을 맑스가 어떻게 능수능란하게 다루는지를 지적한다. 경제적 이해관계들의 재-재현이란, 노동 계급이 하나의 대자적 계급으로, 착취의 사슬에서 인류를 해방시키며 노동 계급이 전유하지 않는다면 자본이 차지할 **주체**의 기능을 대자적으로 전유하는 해방 기획의 담지자로, 의식화되는 그런 투쟁에서 이 이해관계

---

[3] Spivak, "Can the Subaltern Speak?", Lawrence Grossberg and Cary Nelson eds., *Marxism and the Interpretation of Culture*, Urbana: University of Illinois Press; Basingstoke: Macmillan, 1988, p. 277[「하위주체는 말할 수 있는가?」, 태혜숙 옮김, 『세계사상』 4호, 1998; 본서 414쪽]. 강조는 코넬.

들이 투쟁의 일부가 되면서 이루어진다. 우리가 스피박의 구별을 이해할 수 있는 것은, 노동자들이 스스로 통합union을 이루는 단순한 사례를 놓고 그녀가 맑스 자신의 텍스트를 꼼꼼하게 독해한 덕분이다. 맑스에게는 경제 투쟁, 즉 노동조합 투쟁union struggle의 두 종류 사이에 차이가 있다. 한 종류의 투쟁은 노동자들이 **그들을 재현하며 동시에 그들의 대리자로 행동하려 하는** 하나의 조합적 실체로 이미 설립된 어떤 통합union에 그냥 가담할 때의 투쟁이다. 이런 유형의 통합union에서, 노동 계급의 집단적 이해관계를 제한적인 경제 개혁 프로그램으로 담지하겠노라 자처하는 것은 노동자들이 아니라 바로 저 노동조합union이다. 다른 한 종류의 노동조합 투쟁은 노동자들이 스스로를 **통합체**in union로, 자본주의 안에서의 경제 개혁이라는 관념을 산산조각 내는 이해관계를 지닌 계급으로 재현할 때 일어난다. 그때 통합체라는 것이 의미하는 바를 놓고 노동 계급 해방 기획을 재현하는 관점들에 관한 투쟁이 벌어지는 것이다. 때로 맑스의 더욱 강령적인 저작에서 이 통합은 상이한 형태의 사회 질서에서, 즉 우선 사회주의에서, 이어 공산주의에서 공히 궁극적인 토대를 이루는 것으로 간주될 수 있다.

    이 에세이의 서두에서 스피박이 제기하는 논점은, 들뢰즈와 가타리와 푸코 모두가 노동 계급의 직접 경험에 호소하는 것을 통해 노동자들의 목소리를 재현할 수 있는 자신들의 권한을 지움으로써 타자를 이상화된 자아–그림자로 구성하는 데 개입한다는 것이다. 이 그림자는 지워지는 동시에 이상화된다. 저항하는 타자가 지식인 스스로 그렇게 되기를 열망하지만 이룰 수 없는 어떤 것이 된다는 점에서 그렇다. 지식인이 그런 열망을 이룰 수 없는 이유는 지식인이란 재현하는 자이고 따라서 단순하게 "대중과 결합할" 수 없다는 바로 그 점 때문이다. 스피박이 "타자의 불안정한 **주체–성**Subject-ivity 속에 있는 **타자의 흔적을 비대칭적으로 말소하는**

것"[4]이라 부른 것에 지식인이 휘말리지 않는다면 아마도 그 타자는, 그림자라는 단어를 일부러 써서, 지식인의 그림자라고 할 수 있을 것이다. 적어도 스피박의 비판에 따르면, 이들 사상가 셋은 순수한 활동, 즉 어떤 종류의 부과된 재현에도 오염되지 않는다는 의미에서의 순수한 활동인 직접 행동을 상상함으로써만 자신의 재현들에 따르는 윤리적 책임을 회피할 수 있다. 물론 스피박의 논점은 지식인들이 무기력한 개혁주의적 이상에 따라 순수하다고 상상하는 노동 계급의 직접 행동 그 자체가 하나의 재현이며, 그것도 재현하는 자를 지움과 더불어 직접 행동을 정의하는 데서 재현하는 자가 수행한 역할도 지우는 위험한 재현이라는 것이다. 스피박은 들뢰즈와 가타리에게, 때로는 푸코에게 거의 고집에 가까운 단순함을 결부시킨다. 이 단순함은 데리다의 공들인 해체들과 대비된다. 이 해체들은 자체가 재현 구도들에 의존하고 언어적인 받침대들을 갖는다는 점을 인정함으로써 항상 일어나며, 실로 다만 일어날 수 있을 뿐이다.

스피박은 재현에 대한 의존, 재현의 힘, 재현을 벗어날 수 없음에 관한 바로 이 성찰 행위를 해체 안에 있는 윤리적 계기라고 읽는다. 스피박의 작업이 시작되던 바로 그때부터 데리다는 그녀의 작업에 결정적이었다. 스피박은 정치를 재현 형성체들이 부재한 행동 유형으로 이해하는 모든 통념을 데리다가 거부한다고 간주한다. 그녀의 작업 안에서 해체의 자리가 시작되는 지점이 바로 그곳이다. 차라리 스피박은 우리로 하여금 데리다의 작업에서 다음과 같은 차원에 초점을 맞추도록 한다고 말할 수도 있겠다. 유럽적인 주체와 인간 주체에 대한 그 유럽 주체의 철학적 투사

---

[4] Spivak, "Can the Subaltern Speak?", *Marxism and the Interpretation of Culture*, p. 281[본서 423쪽].

가 어떤 외부, 즉 지워지는 동시에 주체성을 통해 자체의 자격에 대한 주장을 구성하는 데 동화되는 어떤 외부에 의해 공고해지는 경위를 심문하는 그런 차원 말이다. 달리 말하자면, 우리의 언어 안에서 우리의 재현 형태들을 통해 우리에게 말하고 있기에 우리가 듣고 있는 그 말을 하고 있는 저 타자는 그 또는 그녀를 재현하는 주체에 의해 이미 동화되어 있으며 따라서 전유된다. 만약 저 재현하는 주체가 이 타자는 거부당한 자격을 지닌 위치에 있다면, 재현은 항상 바로 저 자격에 의해 오염될 것이다. 만일 우리가 우리의 현재 이해로는 타자인 그녀, 즉 역사 지식을 포함하여 우리에게 허용된 지식 체계의 울타리에서 우리더러 빠져나오라고 부르는 타자인 그녀와 관계를 맺으려 한다면, 주목하고 해체할 필요가 있는 것은 바로 이러한 자격이다. 그래서 스피박은 단순히 '저기에' 자신의 경험을 지닌 '대중들'이 있는 것이 아니라고, 우리──각자 대학 안에 주어진 장에서 타자들을 재현할 수 있게 된 우리 모두가 이 '우리'에 포함되는데──가 정면으로 맞서야만 하는 재현적인 장은 역사에서 젠더화된 서발턴이라 할 수 있을 그 무엇에 대한 논쟁적인 재현들을 궁극적으로 가려 버리도록 우리와 우리가 연구하는 타자들 양자가 만들어지는 그런 장임을 우리에게 환기시킨다. 스피박을 인용하자면, "가부장제와 제국주의 사이에서, 주체-구성과 대상-형성 사이에서 여성의 형상은 본래의 무^{無}가 아니라 폭력적인 왕복 운동 속으로, 전통과 근대화 사이에 사로잡힌 '제3세계 여성'의 전위된 형상화 속으로 사라지고 만다. 이런 고찰들은 서구 섹슈얼리티의 역사에서나 타당해 보이는 판단들의 세부 사항을 모두 수정하게 만들 것이다."[5] 스피박의 페미니즘이 지니는 급진성은 여기서 확연해진다. 그 함축들이 심원한 이유는 다음과 같다. 즉 만약 우리가 인간적인 것$^{\text{the human}}$의 모든 재현들에 수반되며 여성이 상기시키는 저 비대칭성들에 주목하게 된다면, 우리는 섹슈얼리티와 성차뿐만 아니라 인간적이라는 것에 관한 그리고 실로 인간성humanity 그 자체의 이상형으로 우리가 의미하는 바에 관한 우리의 가장 기본적인 가정들 일부를 수정해야만 하는 현실에 직면할 것이기 때문이다.

스피박이 인권을 다시 사유하는 가운데 우리에게 요청하는 것은, 인간적인 것에 관한 우리의 판단들에 대한 이런 유형의 근본적 수정이다. 사실 여기서 스피박이 우리에게 제시하는 것은 누가 인권 담론에서 재현자의 자격을 갖는지를, 더 특정하게는, 누가 인권 위임에서 집행자의 위치를 갖는지를 우리가 인지하도록 주의를 환기하는 일의 실천적 중요성이다. 그녀가 주목하는 역사 안에서, 인권(인권의 배분과 수여와 방어)은 타자들이 서구의 경제적 주체성의 이상과 규범에 부응해야 한다는 종종 폭력적인 요구의 알리바이가 된다. 그렇지만 스피박이 인권에 반대하는 것은 아니라는 점을 확인하는 것이 중요하다. 그녀는 인권 안에서 이중 구속의 구조를 인식한다. 오히려 그녀가 주장하는 것은 책임responsibility 개념으로, 즉 자아의 바깥으로 보이는 것으로 우리를 돌아가게 하는 개념으로 인권 담론을 우리가 '꿰매야'만 한다는 것이다. (또한 모든 에세이는 사례를 통한 교육 활동이므로) 초점을 명확히 하기 위해 스피박이 사용하는 사례는, 우리는 항상 우리 자신의 것일 수 없는 어떤 언어와 더불어 태어나는 피조물로 이 세상에 오는 법이라는 것이다. 이 언어의 낯섦foreignness은 억압적인 외재성으로 보일 수도 있다. 하지만 이 언어의 타자성otherness에서, 우리를 존재하게 하는 그 타자성에서, 규칙과 이상형을 익히는 과정을 통해 우

---

5) Spivak, "Can the Subaltern Speak?", *Marxism and the Interpretation of Culture*, p. 306[본서 484쪽].

리가 그 안으로 삽입되는 이 언어는 적어도 우리를 바깥 세계를 향한 좁은 의미의 의무감으로 이끈다. "내가 나의 유전자와 장난칠 수 없고 내 모국어의 전체 역사성에 접근할 수 없듯이, 일반적인 의미에서 근본적인 것이라고 전제된 대타성도 '그렇다'. 물론 이 대타성은 '바깥 세계에 대한 책무accountability'라는 좁은 의미 속으로 피를 흘리며 들어가고 만다. 그런데 그 대타성은 종종 초월적인 것이 되고 형식적인 것이 되기도(권리 진영에서 말하는 천부적 자유가 그렇듯) 하지만, 저 접근할 수 없는 상상된 대타성에 닻을 내린다."[6] 스피박이 우리에게 환기하는 것은 내가 해체의 윤리적 계기라고 묘사한 그것이다. 이 윤리적 계기는 파악할 수 없는 타자성을 항상 우리에게 환기한다. 우리의 도달 범위 너머에 머물지만 심층에서는 우리가 누구인지를 구성하는 타자성, 우리가 빚지고 있는 것이자 동시에 우리 책무의 범위를 완전히는 알 수 없게 하는 그 타자성 말이다.

 여기서 내가 우리의 목적에 맞춰 강조하고자 하는 바는, 우리가 스스로를 권리의 주체로 재현하는 것이나 특히 우리가 스스로를 그러한 주체로 재현할 수 있게 되는 것이 인권 담론 안에서 인간 본성이 종종 '부당 전제로 단정되는' 방식과 하등 분리될 수 없다는 것을 스피박이 우리에게 제시한다는 데 있다. 그것은 어떻게 부당 전제로 단정되는가? 그것은 인권 옹호에 참여하는 이들이 타자들에 의해 그리고 타자들을 위해 '옳은 일을 하도록' 요청받은 이들이라는 공인되지 않은 가정을 통해 부당 전제로 단정된다. 달리 말하면, 어떤 관점에서는, 이들이 타자들의 부름에 응답하고 있는 것이고, 그럼으로써 자신의 책임을 실행하고 있는 것이다. 하지만 인

---

6) Spivak, "Righting Wrongs", *South Atlantic Quarterly*, Vol. 103, Nos. 2~3, p. 201 [「잘못을 바로잡기」, 『다른 여러 아시아』, 64쪽].

권을 옹호하는 많은 이들이 간파하지 못한 것은, 자신들이 '바로잡고' 있는 잘못들을 정의할 때 타자들(그들이 올바른 일을 하려는 것도 이 타자들을 위해서인데)에 대한 윤리적으로 위험한 재현이 수반된다는 점이다. 스피박의 분석에서는 잘못들을 바로잡으려는 진지하고 뿌리 깊은 욕망이 사회적 다윈주의의 가정들과 너무 자주 완벽하게 얽힌다. 이 가정들이란 과연 돕는다는 것은 무엇을 의미하는지에 관해, 또 영원히 우리의 도움이 '필요하다고' 재현되는 이들에 관해 이루어지는 가정들이다. 물론 사회적 다윈주의 담론은 서구를 인류의 가장 진보적인 형성체로 특권화하고 마는 여러 목적론 중 하나에 불과하다. 하지만 나는 사회적 다윈주의를 일부 인권 담론의 핵심에 내재해 있는 목적으로 식별해 내고 강조하는 스피박이 옳다고 생각한다. 그처럼 위험한 사회적 다윈주의에 대한 비판이 여기서 적절해 보이는 두 가지 이유가 있다. 첫째, 미셸 푸코가 보여 주었듯이, 근대의 과학적 지식은 종종 자연적인 유형의 분류에 의해 특징지어지며, 이러한 분류는 위계적 질서를 갖는 자연적 현실에 대한 투명하다고 일컬어지는 묘사들(그러나 역사적으로 구성되며 정치적으로 파당적인 묘사들)을 통해 이루어진다.[7] 둘째, 여러 인류학자와 포스트식민 학자가 보여 주었듯이, 사물들과 유형들의 이러한 분류는 식민주의 담론 안에서 인종화되었다. 발렌틴 Y. 무딤베를 인용해 보자.

물론 일반화란 위험하다. 그래도 **식민주의**와 **식민화**가 기본적으로 의미하는 것은 조직화와 배열이다. 두 단어는 '경작하다' 또는 '설계하다'를 뜻

---

[7] Michel Foucault, *The Order of Things: An Archaeology of Human Sciences*, New York: Vintage, 1994[『말과 사물』, 이규현 옮김, 민음사, 2012].

하는 라틴어 단어 콜레레^{colère}에서 유래한다. 사실 역사적인 식민 경험은 이 단어들의 평화로운 함의들을 반영하지 않으며 분명히 그럴 수도 없다. 그러나 식민주의자들(다수의 현지인들을 지배하여 영토를 착취한 자들)뿐만 아니라 식민자들(지역에 이주하여 정착한 자들)도 비유럽 지역을 근본적으로 유럽적인 구성물로 변형하고 조직하는 경향을 갖는다는 점을 인정할 수는 있다.[8]

무딤베가 우리에게 환기해 주듯이, 식민주의 담론의 결정적 측면 하나는 종속된 자들을 변형하려는 것이다. 노동 형태, 법체계, 교육 제도, 언어에서 종교에 이르는 모든 것의 코드화를 통해, 요컨대 식민지를 만드는 자들의 세계관에서 유래하며 이 세계관을 짜는 구성물들을 통해서 말이다. 식민주의자들의 임무는 새로운 세계를 건설하는 것이고 자신의 세계를 확장하는 것이다. 그럼으로써 그들은 자신의 식민화 대상들에게 불가피하게 자신의 세계를 강요하면서 이 세계에 수반되는 사회적 관행과 믿음 체계도 강요한다. 식민화되는 자는 종속되어야만 하며, 마침내 '문명' 세계로 이른바 진입하기에 적격인 자가 되도록 변형되어야만 한다. 사실 식민주의가 내거는 약속은, 이제 정복된 '타자'의 세계는 식민주의가 만들고 있는 세계 **안으로 들어오도록** 허용되리라는 것이다. 이 약속, 하나의 지연이기도 한 이 약속은, 절대적인 차이와 진보 이데올로기의 부여를 통해 정당화된다. 식민화되는 자의 인종화는 이들의 믿음 체계가 열등하다고 일컫는 것을 당연시하는 방식이 된다. 이런 식으로 식민화되는 자를 향한

---

[8] Valentin Y. Mudimbe, *The Invention of Africa: Gnosis, Philosophy, and the Order of Knowledge*, Bloomington: Indiana University Press, 1998, p. 1.

식민화하는 자의 진화적인 목표는 자연스러운 것이 되는 한편, 식민화되는 자는 원래 열등하며 원조가 필요한 '유형'으로 아울러 파악된다. 스피박은 식민화를 정당화하는 데 내장되어 있는 이러한 진화 도식의 자연화를 사회적 다원주의로 특징짓는다. 사회적 다원주의는 서구의 [남성] 인간(이 표현을 일부러 사용하는데)이 인간 종이 가장 진화한 형태라는 미망을 유지시킨다. 따라서 서구의 [남성] 인간이 타자들의 권리를 인정하는 것은 시혜의 형식이며, 이 형식은 자신의 선의와 우월을 나타내는 기호이다. 이런 맥락에서 식민화되는 자들을 그들 자신으로부터 보호해 주기 위해 식민화하는 자가 인권을 나누어 주게 된다.

이렇게 이해되는 인권은 위와 아래에서 가해지는 압력 형식이 될 수 있다. 이러한 형식은 가장 위험하게는 예컨대 최근에 우리가 이라크 사례에서 보았듯이 인권 의제에 부합하는 삶을 살지 못한다고 여겨지는 인민과 지도자를 상대로 벌인 전면전을 정당화한다. 책임의 윤리는 우리를 그녀의 더 이전 에세이로, 우리의 재현 자격이 인권을 이해하고 정당화하는 우리의 방식을 포함하는 재현 공간에 어떠한 작용을 가하는지를 고심하는 그 에세이로 되돌아가게 한다. 스피박에게는 잘못을 바로잡는 일을 누가 어떻게 하는지를 명시적으로 질문하는 윤리가 책임의 윤리이다. 이 윤리로 인권 담론을 꿰매는 데 다다르지 못한다면, 우리는 사회적 다원주의의 이런저런 화신에 근거하여 인권을 정당화하게 될 것이다.

다원주의적인 자유주의에 대한 스피박의 비판을 고려하면서, 마사 누스바움Martha Nussbaum의 시도를 간략히 검토해 보자. 인간의 기본적인 능력들을 명명하려는 누스바움의 시도는, 정확히 인권으로 간주되는 자연권이 어떻게 시민권을 능가하려 할 수 있었고 또 실로 국민국가의 주권을 무시하는 것을 정당화할 수 있었는가라는 딜레마를 풀려는 솔직한 시도이다. 비록 누스바움이 인간의 기본적인 능력들에 대한 문화적 해석을 위한 여지를 남겨 두고 싶어 하긴 하지만, 그녀는 이러한 능력들의 고유한 내용과 기능을, 따라서 완전한 인간 존재가 되는 것이 뜻하는 바를 규범적인 관점에서 묘사할 수 있다고 믿는다. 스피박이 보기에 누스바움은 무엇을 할 것인지를 먼저 알고 있다고 가정되기에 타자들을 향한 시혜를 베풀 수 있는 그 누군가에 해당되는 사례이다. 여기서 '먼저'란 젠더화된 서발턴의 현장에 참여하기 이전을 뜻한다. 권리를 옹호하는, 특히 인권을 옹호하는 페미니스트들은 페미니즘과 여성의 자유에 대한 자신들의 재현과 결부된 윤리적 자만과 대결하는 것을 외면하고 근자에는 자신을 권리의 배포자$^{rights\ dispenser}$로 재현하면서 영예를 누리는 데 급급하다. 스피박은 바로 이 점을 누차 우리에게 환기한다. '여성의 자유'와 같은 어떤 것이 정말 있으려면, 스피박의 '도래할' 공동체가 언제나 상기되어야만 할 것이다. 왜냐하면 바로 그와 같은 자유에는 그 어떤 마지막 말 또는 실정적인^{positive} 묘사가 결코 주어질 수 없기 때문이다. 과연 그 자유에 무엇이 수반될 수 있을지 우리는 아직 모른다. 재현할 수 있는 자격을 갖추는 것이 우리의 인권 이해 방식에 실제로 작용을 가하는 방도에 대해, 인권을 옹호하는 페미니스트들이 정면으로 대처하기 시작해야만 비로소 우리는 스피박이 요청하는 '꿰매기' 기획에 착수할 수 있다. 분명히 해두자. 젠더화된 서발턴을 **위하는** 현장 작업이 **아니라**, 그들과 **더불어 하는** 현장 작업에 진지하게 임하는 페미니스트들에게 스피박이 요구하는 것은 다음과 같다.

나는 독자의 지각을 인류학적인 것에서 역사적-정치적인 것으로 변천시켜 똑같이 짜인 결을 하나의 찢어진 문화적 직물로 볼 것을 요구하고 있다. 하나의 역사적 계기를 지배하는 베틀에서 떨어져 나오는 바람에 찢어진 문화적 직물 말이다. 그것이 바로 서발턴이 의미하는 바다.……자본과 제국을 목적(텔로스)으로 삼았던 역사를 통해 이러한 문화적 직물들은 강압적으로 정당성을 박탈당하는 형태로만 작동하도록 허용되어 왔다.……그러므로 나의 일반화는 입증 가능하면서도 불안정한 것이 된다. 찢어진 직물을 꿰맨다는, 정당성을 탈취당한 문화적 형성체를 다시 코드로 만들어 낸다는 이런 개념-은유는 내 논의의 후반 전체에 중요하다.[9]

여성의 권리도 인권이라 말하는 것은 진부해졌다. 우리 앞에서 인간 본성과 책임이 부당 전제로 당연시되고 있음을 강조한 스피박 덕택에 우리는 저 잘 주조된 구절을 훨씬 더 급진적으로 읽을 수 있게 되었다. 다시 스피박을 인용하자면, "여성은 특별한 경우가 아니며 인간적인 것을 재현할 수 있기 때문에", 그리고 여기에 스피박이 덧붙인 "그와 같은 어떠한 재현에든 비대칭성들을 수반하면서 재현할 수 있기 때문에"라는 부분으로부터 저 급진적 읽기가 시작된다. 인권 안에서 인간적인 것을 그렇게 재현하는 데 동반되는 비대칭성을 이렇듯 주목하게 되면, 우리는 인간의 동일성sameness에 대한 비전 및 인권의 토대로 이해되는 인간적 특성human characteristic을 총합하는 자에 대한 비전과 마주할 수밖에 없게 된다. 그래서 이것은 단순히 권리들의 목록에 여성의 권리를 추가하는 문제가 아니라, 여성의 권리가 인간 본성에 관한 안이한 묘사를 빗나가도록 하는 방식을 두고 고심하는 문제이다. 재현할 수 있게 된 우리가 바로 이 재현할 수 있게 된 것 때문에 재현할 수 없는 그 무엇이 잔존하게 된다. 그래서 젠더화

---

9) Spivak, "Righting Wrongs", *South Atlantic Quarterly*, Vol. 103, Nos. 2~3, p. 199[「잘못을 바로잡기」, 『다른 여러 아시아』, 62쪽].

된 서발턴은 우리를 압박하여 인간적인 것에 관한 우리의 정의의 한계들을 보게 하며, 저 잘못들의 뜻을 파악하는 게 우리이므로 서발턴에게는 잘못들을 바로잡을 우리가 필요하다고 자처하게끔 만드는 불평등들에 관한 우리 견해의 한계들을 비대칭성을 통해 보게 한다. 달리 말하자면, 그들이 잘못 대접받아 왔다고 이렇게 재현하는 '우리'는 과연 누구인가?

더 나아가 내가 제시하고 싶은 것은, 젠더화된 서발턴은 이미 주어진 재현 체계들('견딜 만한' 불평등에 대한 정의定義라고 일컬어지는 것들과 자유를 포함하여)로 환원될 수 없는 비대칭성을 지니며 바로 이 비대칭성이야말로 우리를 밀어붙여 세계적 계급 차별과 정면으로 맞서도록 한다는 것이다. 이 차별 안에서 동화는 이루어지지 않으며, 우리가 돕고자 한 타자는 우리의 도움 바깥에서 우리가 다다를 수 없는 곳에 머물고 있다. 그리고 바로 그 순간에 삶은 현실적으로 영위되고 있다. 우리는 이러한 비대칭성을 실정적인 묘사 또는 주장과 혼동해서는 안 되는데, 이런 묘사 또는 주장에 따르면, 타자는 단지 타자일 뿐이고, 따라서 우리는 타자에 관해 어떤 것도 알 수 없을뿐더러, 누구는 인간으로 계산되고 누구는 계산되지 않는 우리 자신의 등급제에 대처해야 한다는 관점을 취하면 우리는 우리를 낚는 갈고리를 벗어 버리는 셈이다. 나는 바로 이러한 점 때문에 『한계의 철학』[10]에서 우리에게 책임을 요청하는 그 무엇이, 타자의 현상학적 대칭성에 대한 인정과 양립할 수 있을 뿐만 아니라 그러한 인정의 정식화 postulation를 주문한다고 썼던 것이다. 타자로서 그녀의 존재 안에 있는 타자는 그녀의 타자성의 바로 이러한 있음을 향한 존중을 전제한다. 나는 하이데거의 존재론에 대한 레비나스의 윤리학적 거부를 데리다가 꼼꼼하게

---

[10] Drucilla Cornell, *The Philosophy of the Limit*, New York: Routledge, 1992.

해체한 것에 준거하고 있다. 타자가 계속 타자로 남아 있는 윤리적 비대칭성에 레비나스가 계속 충실하려면, 레비나스는 자신의 의도가 무엇이든 간에 여하튼 현상학적 대칭성을 재기입해야만 한다. 데리다는 이 점을 조심스럽게 논증한다. 우리는 하이데거의 기본적 통찰로 되돌아가게 되는데, 디페시 차크라바르티도 이 통찰에 준거하고 있다. 그의 통찰에 따르면, 우리가 사전에 이해할 수는 없는 존재들, 즉 타자로 '있는' 것이지만 여하튼 '있는' 바로 그것을 향한 윤리적 열림이 요구된다. 이 현상학적 대칭성이야말로 비대칭성의 윤리의 토대를 형성한다. 이 윤리는 타자에게서 타자성을 부정하는 선입관인 재현 체계들을 깨뜨리며, 우리가 마주하고 있는 궁핍과 기아와 비하와 종속을 우리에게 낯선 추상으로만이 아니라 우리를 타자의 존재와 대면하도록 끌어당기는 무엇으로 만들어 준다.

책임의 윤리를 명명하는 스피박에게 애매한 구석이라곤 전혀 없다. 그녀는 그것에 대해 다음과 같이 쓴다. "[책임의 윤리를] 계급-문화 차이의 윤리라고 부르기로 하자. '장차 도래할' 미래의 견지에서, 권리의 배포자를 잘못의 희생자와 멀리서 연관시키는 윤리 말이다"라고 쓴다.[11] 혁명 이후에 재분배되는 자유를 내포한 이 윤리를 향한 스피박의 지칠 줄 모르는 헌신은, 기존의 위계로 환원될 수 없는 윤리적 비대칭성과 현상학적 대칭성 사이의 이상한 관계에 입각한 것임에 틀림없다. 데리다가 근본적으로 상기시키는 것은, 타자와의 관계라면 그 어떤 관계이든 다 구조화하는 윤리적 비대칭성은 타자가 결코 나의 것이 아니라는, 즉 타자일 뿐이라는 사실로부터 도출된다는 것이다. 평등——또는 스피박이 혁명 이후에 분

---

11) Spivak, "Righting Wrongs", *South Atlantic Quarterly*, Vol. 103, Nos. 2~3, p. 202[「잘못을 바로잡기」, 『다른 여러 아시아』, 65쪽].

배되는 자유라고 부르는 그것—을 정당화하고자 하는 초월적 윤리도 역시 윤리적 비대칭성과 현상학적 대칭성의 이상한 조합에 입각해야만 한다. 데리다가 상기시키는 바는 우리 모두를 인권으로 되돌아가게 한다. 왜냐하면 현상학적 대칭성의 이러한 정식화를 통해서라야 스피박이 우리에게 권하는 교육을 우리가 비로소 시작할 수 있기 때문이다. 스피박이 자격에 대한 우리 자신의 위계적인 감각을 해체함으로써 우리에게 권하는 교육을 말이다. 우리는 그 교육을 인간됨의 핵심 통념에서 분리하고자 하며, 속성들에 대한 복합적이면서도 폭력적인 명명—폭력적이지 않을 경우에는 현상학적 대칭성의 정식화를 넘어서는 명명—에서도 해방시키고자 한다.

이 지점에서 스피박 자신의 말이 도움이 된다.

남반구와 북반구 양쪽의 인권 액티비스트들은 자연권과 시민권 사이의 부당 전제의 의미를 가시화함으로써, 자신을 인권의 배포자로, '[적자생존의] 최적자'로 재현하는 가정을 가시화함으로써, 책임을 키우는 교육을 받아야 한다. 여기서 추정 가능해 보이는 전부는 '인권'의 시정 작업은 다음 두 전제를 계속해서 불안정하게 만들 수 있는 교육에 의해 대리보충되어야 한다는 점이다. 즉 잘못을 합리적으로 바로잡는 일이 그 일을 할 태세를 차분히 갖춘—남반구와 북반구를 아우르며, 계급을 따라 불균등하게 분할된—집단들의 피할 수 없는 명백한 운명이라는 전제, 그리고 [인권의] 수혜 집단 사이에서 분명 놀라울 것도 없이 때가 될 때마다 잘못이 횡행할 것이라는 전제 말이다. 결과적으로 '인권'을 배포하는 집단들은 제국적 형성들과 지구적 경제 재구조화를 좇아 일어난 소요에 의해 촉발된, 최근에 지구적 지배소로서 부상한 인권 모델의 측면을 인식해야 한다. '천부 인권'이 역사적인 프랑스 대혁명에 의해 촉발되었고, '세계인권선언'이 제2차 세계대전을 유도했던 역사적 사건에 의해 촉발되었던 것처럼 말이다. 지구적으로 정의된 자연권에 따라 주조된 시민사회를 정치적으로 조작하는 근거가 되는 부당 전제를 가시화하는 과제는 그런 만큼 그저 **문화적** 상대주의를 경유해서 될 일이 아니라 시급한 사안이다.[12]

우리가 인권의 배포자로서의 자격을 배움을 위해 잊기 시작하는 것은, 스피박이 종속 문화들이라 부르는, 근대 자본주의의 가정들에 동화되지 않는다는 의미에서 '종속적인' 그 문화들에 대한 책임을 상정할 때이다. 어떤 종속 문화의 일부라는 것, 선진 자본주의의 명령에 따라 보자면 비생산적이라고 간주되는 것이야말로, 서발턴을 서발턴으로 표시해 주는 일부이다. 후기 자본주의에서 생산하는 자의 이미지에 맞춰진 타자의 인권만을 인정할 수 있는 자들의 변혁적인 개입주의는 이렇게 정당화된다. 스피박이 간결하게 제시했듯이, "실로, 멀리서의 중재 없이 시정이 부재한 형편이 서발턴을 서발턴으로 만든다".[13] 「잘못을 바로잡기」라는 에세이에서 스피박은 서발턴에 관한 여러 관련 정의들 중에서 이 정의를 제시한다. 그녀가 단순 명쾌하게 제시한 대로, "내가 뜻하는 '서발턴'은 사회적 이동성의 노선들에서 격리된 사람이다".[14]

우리가 인권에 대한 이러한 독해에 수반되는 이중 구속과 협상하는 것을 도와주고, 우리가 타자의 변화를 주문하지 않고 우리 자신을 변혁하

---

12) Spivak, "Righting Wrongs", *South Atlantic Quarterly*, Vol. 103, Nos. 2~3, p. 178[「잘못을 바로잡기」, 『다른 여러 아시아』, 39쪽].
13) *Ibid.*, p. 202[같은 글, 같은 책, 65쪽].
14) *Ibid.*, p. 180[같은 글, 같은 책, 42쪽].

면서 서발턴**과 더불어** 자유를 추구하는 것을 도와주는 데서 인문학의 역할은 결정적인 것일 수 있다. 스피박에게는 그렇다. 그런데 그것은 인문학이 욕망들과 사회적 의미들의 비강제적 변혁을 성취하고자 하는 정도에 달려 있다. 여기서 스피박은 중요한 것을 추가하는데, 저 비강제적 변혁은 책임의 행위 능력 개념에 대한 우리의 재사유를 요구한다는 점이다. 스피박을 인용하자면, "내가 논의해 왔던 대로, 그렇다면 종속된 책임의 문화들은 책임의 행위 능력의 근거를 자아의 바깥에다 둔다. 거의 자료화되어 있지 않아 직접 접근할 수 없는 자아 속에 또한 있는, 자아의 저 바깥에다 말이다".15) 거칠게 말해, 스피박의 논지는 타자의 대타성과 연대를 이루어야만 한다는 것이며, 그녀가 우리에게 권하는 꿰매기조차 능력을 부여하는 폭력an enabling violation이 되는 것을 피할 수 없다는 것이다. 스피박이 우리에게 권하는 고된 수선 작업은, 일종의 윤리적 수임mandate으로서 서발턴 '자신의' 언어 안에서 진행되어야만 하는데, 스피박의 용어를 사용하자면, "하나의 역사적 계기를 지배하는 베틀에서 [서발턴이―코넬] 떨어져 나오는"16) 것을 이 작업을 통해 지울 수는 없다. 서발턴의 언어로 이루어지는 실천이라 하더라도 모국어 역시 지배 언어 및 담론과의 대치에 의해 기입되는 타자성을 함유한다는 점과 마주하는 것을 피할 길이 없다. 오직 급진적으로 변혁된 기록 실천archival practice을 통해서만, 스피박의 은유를 사용하자면, 찢어진 직물을 꿰매는 끝없는 과정을 시도할 수 있으며, 이러한 과정과 더불어 "정당성을 탈취당한 문화적 형성체를 다시 코드로 만들

---

15) Spivak, "Righting Wrongs", *South Atlantic Quarterly*, Vol. 103, Nos. 2~3, p. 199[「잘못을 바로잡기」, 『다른 여러 아시아』, 62쪽].
16) *Ibid.*, p. 199[같은 글, 같은 책, 62쪽].

[기]"의 가능성이 부상한다.[17]

적어도 새로운 페다고지가 있어야만 젠더화된 서발턴의 정당성을 탈취당한 종속 문화들 안에서 또 이 문화들을 통해서 우리는 젠더화된 서발턴인 그녀와 더불어 일할 수 있게 될 것이다. 스피박은 지금까지 다년간 일련의 학교를 운영해 오고 있는데, 처음엔 인도 농촌에서 아동을 위한 학교를 열었고, 지금은 중국에서 학교를 운영한다. 이 학교들은 그녀가 근본적인 가르침의 임무라고 생각하는 것을 떠맡는데, 이 가르침이야말로 그녀가 자신의 학생들에게서 배워야 할 것이라고 스피박은 말한다. 그녀는 이 배움이 뜻하는 바의 사례를 제공한다. 그녀가 운영하는 학교들 중 한 곳에서 몇몇 학생이 학교를 그만두고 부모와 함께 "동부로 가게" 되었다. '동부로 가기'는 단지 아이들이 수개월간 학교를 떠난다는 것을 뜻하는 게 아니었다. 그것은 이주 노동과 가족 통합을 뜻했다. 스피박은 대개 구술 전통이 현실적 지혜의 토대라고 여겨지는 상황에서 교육의 가치를 장황하게 토론해 봐야 무용한 일임을 지적한다. 스피박이 이 학생들 중 누군가라도 학교에 남도록 애를 써 봐야 하는 것인지 아닌지를 생각해 볼 수 있으려면, 먼저 그녀는 '동부로 가기'가 복합적으로 뜻하는 바를 간파해야만 했다. 스피박을 인용하자.

> 그들이 어떤 불합리한 논리를 따라야만 '교육의 가치'와 같은 대항-직관적인 무엇에 대한 중간 계급 사람의 이해理解 속으로 즉각 이행해 갈 것인가? 그러한 강의는 '법 인식' 스타일의 임시변통인 교훈을 생산한다. 이런 교훈의 효과는 피상적이기 짝이 없지만, 그 날림 구조물이 무너지기 전까

---

17) *Ibid.*, p. 199 [같은 글, 같은 책, 62쪽].

지는 액티비스트들을 만족시킨다. 그들이 농촌 공동체에 느끼는 공감을, 학교를 떠나가는 학생들의 이면에 있는 사랑과 책임을 분명히 이해하게 되었을 때, 몇몇 학생은 내년에 남아 있어도 된다는 허락을 받게 되었다. 나는 중앙정부의 보조를 받는 100명의 소위 농촌 선생(멍청한 통계)에게 장기결석을 다루는 방식에 관해 말해 주었다. 그랬더니 편견에 찌든 농촌 힌두교도 교사 중 한 사람──그는 실업자로 지내다가 어느날 갑자기 '선생'이 되었다──이 나한테 다음과 같이 충고했다. 그는 엘리트 도시인인 내가 무슨 소리를 하고 있는지도 모른다고 생각했는지, 확대된 선주민 공동체가 아이들에게 식비를 쓰는 데 반대할 것이라고 했다. 물론 그의 말은 토착 정보원에게 익히 있는 허튼소리에다 편견에 가깝다.[18]

스피박에게 인문학 교육, 특히 비교 문학은 "우리 욕망의 비강제적 재배치"의 토대로 정당화된다. 그러므로 내가 주장하고 싶은 바에 대해 스피박도 동의하리라 보는데, 우리 욕망의 이러한 비강제적 재배치는 항상 우리가 누구인지에 관한 전망을 다시 하고 우리가 사는 세계에 대한 상상을 다시 하는 가운데 이루어진다는 것이다. 우리가 스스로를 다르게 봄에 따라 우리의 욕망도 변한다. 스피박의 독자는 "비록 완벽하진 않을망정 타자화othering를 목적 그 자체로 삼아 노력하기에 적당한 상상력"을 갖추게 된다.[19] 달리 말하자면, 스피박이 보기에, 우리가 읽고 가르치는 것은 코드를 바꾸고 교훈을 전하려는 것이 아니라, 어디까지나 궁극적으로는

---

18) Spivak, "Righting Wrongs", *South Atlantic Quarterly*, Vol. 103, Nos. 2~3, p. 215[『잘못을 바로잡기』, 『다른 여러 아시아』, 78~79쪽].
19) Spivak, *Death of a Discipline*, New York: Columbia University Press, 2006, p. 13[『경계선 넘기』, 문화이론연구회 옮김, 인간사랑, 2008, 48쪽].

텍스트 그 자체가 번역들과 읽기들에 무한히 복속되게 해주는 어떤 응답을 끌어내려는 것이다. 이러한 번역들과 읽기들은 단순한 동일시 구조 바깥에서 텍스트와 대결하는 이들의 몫이다. 그러므로 스피박에게는 인문학이 공격을 받는 것은 우연이 아니다. 그 이유는 인문학이 이런 느린 독해를 참으라고 주문하기 때문이고, 여기서의 시간 프레임은 인권 감시 활동의 빠른 임시변통의 시간 프레임이 정확히 아니기 때문이다. 이런 식으로 스피박은 컬럼비아 대학에서 인문학 교수로서 하는 일과 인도 농촌 학교에서 하는 일을, 비록 표면적으로는 이 두 세계가 별도의 세계들로 보일 수 있더라도, 한 가지 기획의 부분으로 이해한다. 대학에서 그것도 인문학부에서 일하는 이들이 자신이 익힌 문화적 상대주의에서 벗어나 그것이 오히려 문화적 절대주의였음을 깨닫는 기획은, 실정적인 현실에 대한 기성 견해들을 끝없이 해체하는 것을 통해 진행된다. 이 현실은 특히 윤리적이고 정치적인 현실인데, 어찌하여 우리가 인간인지에 관해, 우리의 미래가 어떻게 이미 우리의 과거에 전제를 두고 있는지에 관해, 우리에게 최후의 말을 준다고 자임하는 합리적 선택의 특정 상표들 같은 그런 현실이다. 인권 담론을 교육으로 대리보충하려는 스피박의 프로그램은 그녀 자신에 의해 간결하게 묘사되며, 그녀 자신이 제안하는 책임의 윤리와 연결된다.

나는 그렇게 위험한 모험을 감수하지 않고서 간단하게 요약하겠다. 첫째, 책임의 문화는 타락해 있다. 우리는 그것을 아래로부터 인내심을 갖고 배우고자 하며, 그것을 보편적 인권의 상상된 행복한 주체에다 꿰매고자 계속 노력할 뿐이다. 둘째, 교육 제도는 식민 모델의 타락한 폐허이다. 우리는 그 제도를 끈질기게 해체하고자 하며, 민주적 시민성의 습관을 가르치려고 노력할 뿐이다. 셋째, 타락한 책임의 문화에 대한 책임을 갖고 그 습

관을 가르치는 것은 아이들에게 민족주의, 저항-토크, 정체성주의를 주입하는 것과는 다르다.[20]

젠더화된 서발턴은 말할 수 있는가? 2004년의 스피박의 답은 그렇다이다. 이는 우리에게 이미 주어져 있는 인지적 구도를 통해 서발턴을 재현하는 것이 아니라 서발턴에게 말을 걸고자 한다는 단서하에 나온 복합적인 긍정이다. 스피박이 우리에게 권한 그 교육을 우리가 감히 하고자 한다면, 우리 자신은 서발턴을 도울 자격을 자임하는 자들과는 다르다고 재조망하는 지난한 작업을 개시함으로써 그 교육을 한다면, 사실 우리가 할 수 있는 일은 서발턴과 더불어, 서발턴에게 말을 거는 것뿐이다.

스피박이 요청하는 계급-문화 차이의 윤리에 우리가 과연 함께할 수 있을까? 나는 신자유주의와 지구적 자본주의의 법칙과 명령 너머로 우리의 세계를 변혁시킬 수 있다는 희망의 이름으로, 그렇게 해야만 한다고 생각한다. 「잘못을 바로잡기」라는 강연에서 스피박이 여담처럼 던진 중요한 언급이 있다. "권고가 뒤따라야 하는데, 그것은 특정한 실천의 장에서 우리가 이래저래 서로 만날 때까지 독자의 상상력에 호소하라는 것이다. 물론 우리 모두, 적당한 냉소를 지닌 채, 아마 그렇게 일이 풀리지는 않으리라는 점을 알고 있다. 하지만 제의처럼 수행되는 강의는 독자로 하여금 가공의 적과 싸우게 할 것이며, 그러한 실천이야말로 근대성에 진입하는 문화를 생산하기 위해 인권 소송 작업을 대리보충하기를 바랄 수 있는 유일한 방식이라고 주장하게 할 것이다."[21]

---

20) Spivak, "Righting Wrongs", *South Atlantic Quarterly*, Vol. 103, Nos. 2~3, p. 226[「잘못을 바로잡기」, 『다른 여러 아시아』, 90쪽].

나의 이 글이 발표된 이번 학술 대회에서, 우리 모두는 특정한 실천의 장에서 만나 스피박의 작업에 관해 토론해 달라는 요청을 받았다. 철학자 테오도르 W. 아도르노는 언젠가 이렇게 썼다. "냉소는 선진 자본주의의 이데올로기이다." 스피박은 30년 넘게 용감하게 작업해 오면서 두려움 없이 과감하게 "가공의 적과 싸[웠으며]", 세계를 바꾸는 투쟁을 단념하고 이 투쟁이 우리에게 부과하는 윤리적 주문도 모조리 포기한다면 이것은 우리에게 운명의 문제가 아니라 윤리의 결여라는 문제라고 강조해 왔다. 해체가 우리에게 환기해 주는바, 불가능한 그 무엇을 우리가 알 수 없는 까닭은 이성에 대한 우리의 이해를 전면적으로 합리화하는 것이 불가능하다는 바로 그 점 때문이다.[22] 자크 라캉이 이성의 한계들에 대한 그 어떤 개념화든 모두 다 정신분석학적으로 비틀었다는 것은 유명하다. 그의 논지는 불가능한 그 무엇을 우리가 알 수 있다는 것으로, 여성적인 성차와 우리가 살아가는 상징적 현실 사이의 불가피하지만 무의식적인 장벽을 표시함으로써 그것을 알 수 있다는 것이다. 이 장벽은 언제나 차이의 남근숭배적인 체계에 의해 상징적 현실이 표시된다는 점에 기인한다.[23]

우리가 주저하지 말고 "가공의 적과 싸[워야]" 한다고 강조함으로써 스피박은 정치적 현실주의라는 장애물을 거부한다. 이렇게 해서 그녀는 프랑스 페미니즘 이론에서 중요한 문제에 관한 자신의 예전 작업으로 되돌아가는데, 스피박이 거기서 중요하게 여겼던 것은 프랑스 페미니즘 이론의 반실증주의이다. 이 반실증주의는 여성으로서 우리가 누구인지를

---

21) *Ibid.*, p. 221[같은 글, 같은 책, 85쪽].
22) Cornell, *The Philosophy of the Limit*, Chap. 1.
23) Cornell, "Rethinking the Beyond of the Real", *Cardoza Law Review*, Vol. 16, Nos. 3~4, 1994/1995.

묘사하는 데서 페미니즘에 기반을 두는 것을 거부하고, 그러한 실증적 묘사의 실패 위에서 페미니스트 액티비스트로서 우리가 과연 누구일 수 있는지를 포착하려 한다. 여성이 누구라고 재현될 수 있으며 어떻게 재현될 수 있는지를 완전하게 아는 것이 불가능하다면, 그럴 때 우리는 불가능한 것을 알기의 불가능성에 관한 데리다의 강조를 라캉에게 보내는 답으로 간주할 수 있다. 그와 같은 해체적 개입이 스피박에게 중요한 동맹이 되는 이유도 바로 거기에 있다. 젠더화된 서발턴의 투쟁들이 정치적이고 미학적인 재현의 현행 공간들에 무한히 도전하고 있으니 이 투쟁들이야말로 우리를 계급 차별 너머의 세계로 데려갈 수 있으리라는 꿈을 포함해, 큰 꿈들을 꾸는 것이 미친 짓인지를 우리는 알 수 없다. 스피박은 페미니스트이자 인권 액티비스트인 우리에게 이 계급 차별의 영속화에 정면으로 맞서는 동시에 우리 스스로 책임질 것을 일관되게 주문한다.

3부

(안) 들리는 것을 말하기

죽음과 서발턴*

라제스와리 순데르 라잔

우리 시대에 죽음과 존재 사이의 연관은 쇄신되었고 만연해 있다. 바로 이 맥락에서 나는 예전에 이루어진 이론적인 개입으로 되돌아가기를 제안하는데, 이 개입은 주체를 상이한 일단의 속성들의 관점에서, 의식과 말하기와 행위 능력agency에서 유래하는 속성들의 관점에서 명명했다.[1] 이러한

---

* 나는 이 논문의 여러 초고를 읽어 준 친구들의 비평과 정정, 제안과 주장에 큰 빚을 졌다. 댄 모셴버그(Dan Moshenberg), 박유미(You-me Park), 벤카트 라오(Venkat Rao), 아누파마 라오(Anupama Rao), 카우시크 순데르 라잔(Kaushik Sunder Rajan)이 베푼 너그러움과 가르침에 가슴에서 우러난 고마움을 전한다. 컬럼비아 대학을 필두로 내가 이 논문의 여러 판본을 발표했던 옥스퍼드 대학과 아이오와 대학과 어배너-샴페인의 다양한 포럼들에 참석했던 청중들에게도 감사한다. 로절린드 C. 모리스와 가야트리 차크라보르티 스피박이 이 논문집을 출범케 할 2002년 학술 대회에 영광스럽게도 나더러 참여해 달라고 요청하면서 나는 이 논문을 처음 썼다. 스피박의 「서발턴은 말할 수 있는가?」는 그에 대한 허다한 반응들뿐만 아니라 이 논문도 낳았다고 할 수 있다. 나는 그녀의 학문과 이론적 통찰, 그리고 정치적 진정성에서 지속적으로 영감을 받는 신세를 지고 있다.

1) 우리 시대에 주체성이 삶의 방식들보다는 죽음에 의해 정의되어 가고 있다는 관찰을 벗어날 도리가 없다. 죽음과 주체 사이의 연관은 죽음 정치(necropolitics)로 묘사되는 동시대 주권 양식에 대한 지각에서 적어도 부분적으로 유발된다. 죽음 정치라는 용어를 고안한 아실 음벰베는 서구 철학 사유에서 오랫동안 죽음과 주체성 사이의 연속성을 탐사해 온 궤적을, 헤겔에서 하이데거를 거쳐 만년에 생명정치를 논한 푸코에 이르는, 그리고 푸코에서 동시대 이탈리아 철학자 아감벤에 이르는 궤적을 그려 준다. 20세기에 이와 같은 관념들이 가장 강도 높게 적용된 것들을 식민지와 플랜테이션에서, 이어서 두 차례의 세계전쟁과 홀로코스트에서, 그리

기준들이 서발턴 역사 기술subaltern historiography 기획을 정의했는데,[2] 그 중에서 이론적으로 정교화된 가장 유명한 것으로는 스피박의 에세이 「서발턴은 말할 수 있는가?」를 들 수 있다.[3] 스피박이 서발턴(즉 엘리트가 아닌) 식민 주체라고 초기에 든 가장 극적인 역사적 사례는 남편의 장례식에서 남편을 화장한 장작더미 위에서 죽는 힌두 여성인 사티sati이다. 스피박의 에세이를 이루고 있는 사색들을 촉발한 것은 바로 이 죽은 여성 주체이다. 그렇다고 할지라도, 그녀의 작업과 더 넓게는 서발턴적인 페미니즘적 역사 연구에서, 그와 같은 죽음에 무매개적으로 **선행하는** 사티의 자유의지와 욕망과 상태가 사티의 주체성을 구조화한다.

이 서발턴의 죽음이 중요하다고 해도 그것이 주체-구성적이지는 않다. 어딘가에 그런 곳이 있다면 확실히 죽음이야말로 서발터니티가 해소되리라고 기대할 수 있는 곳이다. 그러나 서발턴의 죽음에 의해 제기되는 질문들은 죽음이 위대한 평등주의자라는 믿음과 상충된다. 스피박의 에세이는 한 여성의 젠더화된 서발터니티가 어떤 방식으로 그녀의 죽음과

고 현재에는 영토 강점과 테러에 맞선 전쟁이라는 현상들에서 볼 수 있다고 음벰베는 제시한다. Achille Mbembe, "Necropolitics", *Public Culture*, Vol. 15, No. 1, Winter 2003 참조.
2) 서발턴 연구(특히 초기)는 서발턴 봉기의 사례들을 사용하여 "서발터니티를 위기로 몰아넣는" 기획이었다. 수정된 서발턴 역사의 이 주체들은 "자신들의 [서발터니티의—순데르 라잔] 속박을 파열시켜 저항에 나선다". 서발턴 역사 기술 기획은 그렇게 "서발턴을 헤게모니화"하고자 했다. Gayatri Chakravorty Spivak, "Scattered Speculations on the Subaltern and Popular", *Postcolonial Studies*, Vol. 8, No. 4, 2005, 특히 pp. 476~477 참조.
3) 이 에세이는 처음에 『쐐기』(*Wedge*)라는 저널에("Can the Subaltern Speak?: Speculations on Widow Sacrifice"), 그리고 Lawrence Grossberg and Cary Nelson eds., *Marxism and the Interpretation of Culture*, Urbana: University of Illinois Press; Basingstoke: Macmillan, 1988[「하위주체는 말할 수 있는가?」, 태혜숙 옮김, 『세계사상』 4호, 1998]에 실렸으며, Spivak, *A Critique of Postcolonial Reason: Toward a History of the Vanishing Present*, Cambridge: Harvard University Press, 1999[『포스트식민 이성 비판: 사라져 가는 현재의 역사를 위하여』, 태혜숙·박미선 옮김, 갈무리, 2005]의 3장 「역사」에 포함된다.

연관되고 있는지를, 또는 그녀의 죽음이 어떤 방식으로 그녀의 젠더화된 서발턴적인 조건과 연관되고 있는지를 검토한다. 서발턴적인 죽음 또는 죽은 서발턴은 죽음의 방식에 관한 질문들을 제기할 뿐만 아니라, 산 자와 죽은 자 사이의 경계를 가로지르는 사후死後 소통 안에 있는 어떤 특별한 죽음의 의미에 관한 질문들도 제기한다. 이것은 단순히 인과성에 관한 질문(죽음의 원인은 무엇인가?)이 아니며, 심지어 가시성에 관한 질문(서발턴 여성의 죽음이 아카이브 안에서 해명될 수 있도록 하는 조건들은 무엇인가?)도 아니다. 오히려 이것은 서발턴 여성의 죽음에 대한, 서발턴 여성이 역사 담론 안에 출현하는 가능성의 조건처럼 보이게 되는 죽음에 대한 역사가의 의존에 관한 질문이다. 스피박의 에세이는 우리가 분과학문으로서의 서발턴 역사 및 동시대 구미의 생명정치 이론 양자와 상이한 방식으로 마주하도록 압박한다.

1987년 『서발턴 연구』 5호에 실렸던 라나지트 구하의 에세이 「찬드라의 죽음」은 스피박의 작업을 더 돋보이게 해주며 좀더 관행적인 서발턴 역사를 대표하는 글이다.[4] 나는 여기서 구하의 이 에세이도 논할 것이다. 이러한 비교를 부추기는 것은 「찬드라의 죽음」에 나오는 서발턴 주체 역시 죽은 여성이라는 사실이다. 서발턴 역사가인 구하에게 여성 서발턴의 죽음은 역사 기술과 그 방법론의 문제틀을 제기하며 예증하는데, 바로 이 문제틀은 윤리의 문제와 불가분의 것이 된다. 이러한 병렬 덕분에 우리가 스피박의 에세이에 담긴 엄밀함과 확장된 함의들을 더 뚜렷하게 지각하게 되었으면 하는 것이 나의 바람이다. 스피박은 스스로 '해체주의자-맑

---

4) Ranajit Guha, "Chandra's Death", Ranajit Guha ed., *Subaltern Studies No. 5: Writings on South Asian History and Society*, Delhi: Oxford University Press, 1987.

스주의자-페미니스트'임을 자임하면서 역사 쓰기에 접근하기 때문에, 그녀의 에세이가 특별하게, 또 이렇게 추론해도 된다면, 의도적으로 전면화하는 서발턴 의식의 복원 기획에서는 흥미로운 모순들이 표면화되고 있다.[5] 이제 「서발턴은 말할 수 있는가?」를 읽으면서, 생산적 위기의 이러한 지점들을 조명해 보겠다.

「서발턴은 말할 수 있는가?」

스피박의 에세이에 관해 후술할 나의 논의에서는 에세이의 말미에 예화 형태로 나오는 부바네스와리 바두리Bhubaneswari Bhaduri의 자살에 초점을 맞출 것이다. 우선 나는 부바네스와리의 자살에 대한 스피박의 독해에서 도출되는 일련의 서로 구별되면서도 연관된 관찰들로 시작할 것인데, 이는 우리로 하여금 죽음과 서발턴의 연관에 관해 스피박의 작업이 그토록 풍부하게 시사하고 있는 바를 진전시킬 수 있도록 해줄 것이다.

스피박은 자신의 에세이의 궤도를 다음처럼 간명하게 묘사한다. "주체를 문제화하는 최근 서구의 노력들을 비판하는 것"에서 시작하여, 「서발턴은 말할 수 있는가?」는 "제3세계 주체가 서구 담론 안에서 재현되는represent" 방식을 보여 주는 데 관심을 기울인다고 말이다. 그 비판의 중심에 푸코와 들뢰즈의 대담이 있는데, "서구의 지적 산물들이 여러 방식

---

5) Spivak, "Subaltern Studies: Deconstructing Historiography", Guha ed., *Subaltern Studies No. 4: Writings on South Asian History and Society*, Delhi: Oxford University Press, 1985[「하위주체 연구: 역사 기술을 해체하기」, 『다른 세상에서: 문화정치학 에세이』, 태혜숙 옮김, 여이연, 2008]에서, 스피박은 서발턴 역사 기술 기획이 전반적으로 가정하는 방법론들의 이러한 충돌들을 분석한다.

으로 서구의 국제적인 경제적 이해관계들과 공모하고 있다"는 비난을 이 대담에 가한다. 이들 급진 이론가들이 피억압자에게 주체라는 가치를 부여하는 것은 이론가들이 "본질주의적 유토피아 정치"를 대변하도록 몰아간다.[6] 데리다에게 그런 것처럼, 스피박은 『루이 보나파르트의 브뤼메르 18일』에서 "주체를 탈중심화하는" 맑스를 중요하게 평가한다. 그 부분은 이 에세이의 가장 유명한 부분 중 하나에 해당한다. 바로 여기서 **재현**representation에 대한 질문이, "정치에서의 대변speak for, vertreten"과 "예술 또는 철학에서의 다시-제시re-presentation, darstellen"라는 두 가지 의미에서의, 혹은 대리proxy와 묘사picture라는 두 가지 의미에서의 재현에 관한 질문이 중점적으로 다루어진다.[7] 스피박 자신의 개입은 "서구의 담론들과 서발턴 여성에 대해(혹은 서발턴 여성을 위해) 말할 수 있는 가능성 사이의 관계들에 관한 대안적인 분석"이라고 그녀가 진술한 형태를 취한다. 여기서 그녀는 19세기 초 인도에서 사티(과부 화살火殺, immolation)를 영국이 폐지한 것을 예로 든다.[8] 힌두 여성을 힌두 남성에게서 구해 내야 할 식민 주체로 삼는 제국주의는 반대편에서 "죽고 싶어 했던" 것은 사티라고 주장했던 토착적인 가부장제에 의해 견고해진다. 사티에게는 자신의 의식을 말할 수 있는 여지가 남지 않는다. 에세이는 [스피박의] 여성 조상인 부바네스와리에 관한 일화를 다루면서 논쟁적인 것으로 유명한 주장, 즉 "서발턴은 말할 수 없다"는 결론에 이른다.[9]

---

6) Spivak, "Can the Subaltern Speak?", *Marxism and the Interpretation of Culture*, p. 276[본서 413쪽].
7) *Ibid.*, p. 275[본서 412쪽].
8) *Ibid.*, p. 271[본서 463쪽].
9) *Ibid.*, p. 308[본서 490쪽].

스피박의 텍스트에서 전해진 부바네스와리 바두리 이야기는 이러하다. 열여섯 내지 열일곱 된 처녀가 1926년 캘커타에 있는 부친 집에서 목을 맸다. 자살 시점에 그녀는 생리 중이었고 이는 그녀가 임신하지 않았음을 시사해 줄 것이다(처녀의 자살 이유로 흔히 '불륜'을 꼽는 가정과 상충된다). 이러한 신호에도 불구하고 바두리의 죽음은 계속 '불륜' 탓으로 여겨져 왔다(그녀의 죽음이 그나마 거론될 때 그랬다는 것이다). 수년 뒤에 밝혀진 사실은 자신이 속해 있던 어떤 혁명 집단의 과업을 수행할 수 없어서 자살했다는 것이다. 하지만 그녀가 자신의 몸에 스스로 기입한 '메시지'는 읽히지 않았다. "그녀는 '말했지만' 여자들은 그녀의 말을 '듣지' 않았고 지금도 듣지 않는다."[10]

나의 연구는 이 경우 서발턴인 그녀가 **죽는다**는 것이 의미하는 바가 무엇인가에 관한 추정으로 시작하여, 그녀의 **죽음 이후의 삶**living on의 대안적 시나리오로 끝난다. 나는 **전형성**exemplarity에 관한 질문을 제기하고, 이어서 그녀의 죽음이 **자살**이라는 사실에 대해 검토한다. 또한 내가 관심을 둔 것은 심리전기적 서사psychobiographic narrative에 그녀가 삽입되면서 빚어진 결과들과 함의들인데, 나의 독해에서 이것들은 인도 페미니스트 학자들이 여러 맥락에서 씨름해 왔던 여성에게 가해지는 폭력이라는 쟁점들을 틀 짓는 구실을 할 것이다. 역사, 문학, 규제적 심리-전기의 구조 안에서 그녀의 죽음이 지닌 가독성의 한계 또는 비가독성은 서발턴의 죽음에 대한 재현이 요구하는 정동적이고 윤리적인 응답들에 주목하게끔 나를 이끈다. 추정 부분의 종결부에서 내가 제시할 여성의 형상은 아미타브 고시Amitav Ghosh의 소설 『그림자 선』Shadow Lines에 나오는 인물로, 그녀의 삶은

---

10) Spivak, *A Critique of Postcolonial Reason*, p. 247[본서 46쪽].

죽어 가던 그녀의 정황들만 빼면 기이하게도 부바네스와리의 삶과 닮아 있다. 이러한 비교 덕분에 나는 결론에서 죽음과 젠더화된 서발턴 사이의 몇몇 연관들을 제안할 수 있게 된다.

전형성

부바네스와리는 오직 죽어야만 서발턴이 되기에 죽은 것이라는 점을 제시하면서 시작해 보겠다. "서발턴은 말할 수 없다"고 말하는 것은 적어도 두 가지 이유 때문에 부바네스와리의 죽음이라는 전형example을 초과하거나 그것과 어긋난다. 첫번째 이유는, 우리가 서발턴이라는 용어로 확정적인 계급 위치를 뜻한다면 부바네스와리는 서발턴이 **아니**라는 것이다. 이 점을 스피박은 『포스트식민 이성 비판』(「서발턴은 말할 수 있는가?」의 수정본이 「역사」 장의 일부로 수록된 1999년 책)에서 여러 번 수긍한다. 주지하듯이 「서발턴은 말할 수 있는가?」는 '서발턴은 말할 수 있으며 말을 한다'는 식의 숱한 비난과, **전형**의 지위를 주요한 문제 지점으로 제기했던 다른 비평을 불러일으켰던 논쟁적인 글이다.[11] 따라서 이 에세이의 첫 출간 이후 여러 해가 지나 출간한 책의 수정본에 스피박이 도입한 변화와 삭제와 첨가와 명료화는, 이 에세이에 가해진 비판적 반응들에 대한 묵시적인(그리고 여러 곳에서는 명시적인) 대응이기에 흥미롭다. 스피박은 부바네스와리를 언급하면서 미리 주의를 당부한다. "내가 이 섹션에서 말하

---

11) 스피박이 유사하게 '서발턴 아닌' 서발턴으로 제시한 다른 전형들로는 여왕("전혀 서발턴이 아니었던" 시르무르의 라니. Spivak, *A Critique of Postcolonial Reason*, p. 208[『포스트식민 이성 비판』, 300~301쪽])과, 마하스웨타 데비의 단편 「스타나다이니」(Stanadayini, 스피박이 「젖어미」The Breast-Giver로 영역한)의 인물로 브라만이라는 상층 카스트 여성인 유모 자쇼다(Jashoda)가 있다(Mahasweta Devi, "The Breast-Giver", Spivak, *In Other Worlds: Essays in Cultural Politics*, New York: Routledge, 1987[「젖어미」, 『다른 세상에서』]).

려는 여성은 '진정한' 서발턴이 아니라 메트로폴리스의 중간 계급 처녀이다."[12] 그리고 다른 곳에서는 "이번 장에서 말할 두번째 여성은 바로 이 중간 집단[지역 혹은 지방 차원의 엘리트─순데르 라잔]에 속한다"라고 말한다.[13] 그녀는 심지어 부바네스와리가 "진정한 서발턴은 아니었음"을 "주장"하기에 이른다.[14] 그녀는 이 경우에 "뚜렷하게 서발턴인 사람을 고르지 않은 것"을 정당화하면서 "순수한 서발터니티 그 자체에 대한 낭만적 애착"의 감정들을 모두 거부했다.[15] 스피박은 서발턴의 정체성[동일성]을 확인하는 일반적인 규칙으로서의 정체성[동일성]주의적 본질보다는 "차이성–속의–동일성"identity-in-differential이라는 구하의 서발터니티 정의에 더 의존한다.[16] 그렇지만 더욱 설득력 있는 견해는 그녀의 계급 위치와 대립되는 여성으로서의 정체성[동일성](즉 젠더)이 부바네스와리의 종속성을 규정한다고 주장하는 것이다.[17] 여성들의 취약함은 그녀들이 계급적인 또는 인종적인 특권들을 누릴 때조차도 상대적으로는 권력 박탈 상태에 놓여 있다는 점에 있다. 그러므로 여성으로서 부바네스와리나 시르무르의 라니가 서발터니티를 지닌다는 주장은 "이질적인 환경에 처한 여성들의 말 없음muting 때문에 정의定義상의 엄밀한 노선들을 가로질러 분명하게 구획될" 수 있다.[18]

---

12) Spivak, *A Critique of Postcolonial Reason*, p. 273[본서 84쪽].
13) *Ibid.*, p. 272[본서 83쪽].
14) *Ibid.*, p. 308[본서 135쪽].
15) "이 여성은 중간 계급이지요." 대담 "Subaltern Talk", Interview with Donna Landry and Gerald Maclean, *The Spivak Reader: Selected Works of Gayatri Chakravorty Spivak*, eds. Donna Landry and Gerald Maclean, New York: Routledge, 1996, 특히 p. 289 참조.
16) Spivak, *A Critique of Postcolonial Reason*, p. 271[본서 81쪽].
17) *Ibid.*, p. 272[본서 83쪽].

또 다른 이유는, "서발턴은 말할 수 없다"는 결론은 이 서발턴의 지나치게 의미 있는 말/글이라는 이러한 실제 사례에 위배된다는 데 있다. 의사소통의 실패에도 불구하고 부바네스와리 쪽에 말의 뚜렷한 부재 또는 무능력이 있는 것은 아니다. 또한 그녀의 죽음이 주목을 받지 못한 것도 아니다. 죽음의 원인을 둘러싼 침묵과 미스터리보다는 오히려 그녀의 자살 이유들이 넘쳐 나고 있었다. 그녀가 미혼 상태에서 받았으리라는 우울증에 덧붙인 부정한 정념이 사람들에게 알려지거나 사람들이 짐작한 이유들이다. 하지만 거의 10년이 지나 발견된 그녀의 편지가 자살의 참된 이유를 제공해 준다(부바네스와리의 자살에 관한 이 사소하지만 중요한 정보가 『포스트식민 이성 비판』에는 들어가 있지만 그 전에 나왔던 「서발턴은 말할 수 있는가?」의 판본들에는 빠져 있다).[19]

의심할 바 없이 자살은 **일반적으로** 수수께끼 또는 미스터리(『포스트식민 이성 비판』에서 부바네스와리의 죽음을 언급할 때 스피박이 여러 번 사용한 단어들)로 다가오며, 자살 그 자체가 저항의 힘을 지닌다고 여겨질 수 있을 것이다. 그런데 의미심장한 것은 스피박이 수수께끼 같은 **자발적** 침묵의 전형으로 이 선조 여성을 제시하지 않는다는 점이다. 침묵의 성공적인 형상(서발턴이 된 노예)은 『포스트식민 이성 비판』의 다른 곳에 나오는, 존 M. 쿳시의 작품 『포』^{Foe}의 프라이데이^{Friday}라는 인물인데, 프라이데이는 자신의 '글쓰기'를 해독하려는 모든 시도에 저항하는 인물이다. 이 사례에 관해 스피박은 '토착민'인 프라이데이가 자신의 비밀을(어쩌면 비밀이라 할 수도 없을 비밀을) 성공적으로 지켜 냈으니 "희생자일 뿐만 아니라

---

18) Spivak, *A Critique of Postcolonial Reason*, p. 308[본서 135~136쪽].
19) *Ibid.*, p. 307[본서 133쪽].

또한 행위자"라고 주장한다.[20] 부바네스와리와 프라이데이는 이 둘을 동일시할 수 있는 수수께끼를 품고 있다는 주장도 물론 가능하다. 하지만 주목할 만한 차이가 있다. 프라이데이가 '해독되기를' 거부하는 바로 그 자리에서, 우리가 만나는 부바네스와리는 자살한 이유를 설명하려고, 게다가 자기 행동의 이유에 해당하지 **않는** 것이 무엇인지를 강조하려고 애를 쓰고 있다. 부바네스와리는 "복원될 **의도**을 갖고 자신의 몸으로 글을 썼다. 그녀는 자신의 몸을 문자소로 만듦으로써 죽음을 가로질러 '말하려고' 시도했던 것 같다"고 스피박은 쓴다.[21] 그리고 우리가 알다시피 그녀에게 닥친 것이 실패뿐임은 유명한 사실이다. 내가 부바네스와리와 프라이데이를 구별하려는 이유는, 스피박이 서발턴의 말하기라는 맥락에서 프라이데이가 아니라 부바네스와리를 내세운다는 점이 흥미롭기 때문이다. 이 두 전형 사이의 차이는 그 이유를 이해하려는 우리를 도와줄 것이다.

이렇게 비교되는 두 형상의 양립 불가능성은 정확히 그들의 (실패한) 말의 장 안에 있다. 사실 스피박은 어디에서도 프라이데이(크루소의 프라이데이든 쿳시의 프라이데이든)의 정체성을 '서발턴'이라 규정하지 않으며, 다만 '주변인'이나 '토착민' 또는 '타자' 등으로 다양하게 규정할 따름

---

20) *Ibid.*, p. 190[『포스트식민 이성 비판』, 277쪽]. 프라이데이를 논한 에세이 "Theory in the Margin"은 처음엔 Jonathan Arac and Barbara Johnson eds., *Consequences of Theory: Selected Papers of the English Institute, 1987~88*, Baltimore: Johns Hopkins University Press, 1991에 실렸고, 『포스트식민 이성 비판』에서는 「문학」 장에 나온다. 쿳시의 소설 『포』에서, 수전 바턴과 프라이데이 사이의 권력 작용은 아주 명시적으로 인종적이며 젠더적이다. 수전은 프라이데이에게 아주 다양한 소통 수단(말과 글과 그림과 마임)을 가르쳐서 그의 비밀을 끌어내 보려 하지만 소용이 없다. 소설의 인물인 포처럼, 쿳시 본인도 프라이데이의 비밀을 '말하지' 않기에 관해 저자로서의 용의주도한 과묵함을 보인다. 프라이데이의 내면으로 들어갈 길이 없다.
21) Spivak, *A Critique of Postcolonial Reason*, p. 246[본서 45쪽]. 강조는 순데르 라잔.

이다. 왜 프라이데이는 노예로서 전적으로 권리를 박탈당한 지위에 놓여 있음에도 불구하고 '서발턴'이라 규정되지 않는가? 스피박이 맑스의 『루이 보나파르트의 브뤼메르 18일』에 대한 자신의 독해를 경유하여 서발턴 이론을 향해 간 자신만의 특별한 궤도를 최근에 명료하게 밝힌 바에 따르면, 서발터니티가 말의 실패와, 그녀가 표현하기로는, "행위 능력의 비-인정"과 긴밀하게 겹쳐 있음이 강조된다.[22] 프라이데이는 말할 수 없는, 또한 말하지 않을(무엇보다도 혀를 잘렸으니) 서발턴의 **문자 그대로의** 전형일 것이다. 다른 한편, 부바네스와리는 말할 수 없는, 그러나 실은 말을 한, 서발턴의 **형상화된** 전형 구실을 한다. 이 맥락에서 '할 수 없음'이 의미하는 바는 말의 부재가 아니라 말의 실패다. 프라이데이의 침묵은 저항(자발적인 거부 또는 단순히 소통 욕망의 결여)이라고 읽힐 수 있겠지만, 부바네스와리의 말은 소통하려고 전력투구한 현장에서 실패하고 만 사례의 구실을 한다. 그러니 문자 그대로 보자면, 부바네스와리의 이야기는 "서발턴은 말할 수 없다"의 불완전한 전형이다. 혹시 **서발턴** 말하기의 무능력 또는 서발턴 **말하기의 무능력**을 예증하는 것만이 의도였다면, 우리는 스피박의 동료인 산스크리트 연구자와 더불어 그녀에게 이렇게 물어볼 수 있겠다. "[다른 많은 전형들을 다룰 수 있는데도—순데르 라잔] 왜 당신은 불운한 부바네스와리에게 관심을 갖나요?"[23]

　　여기서 잠시 논의를 멈추고 내가 개진하고 있는 일반적인 논점을 단도직입적으로 진술해 보자. 내가 반대 논점을 복화술로 말하는 것이 나 자

---

22) Spivak, "Scattered Speculations on the Subaltern and Popular", *Postcolonial Studies*, Vol. 8, No. 4, p. 477.
23) Spivak, "Can the Subaltern Speak?", *Marxism and the Interpretation of Culture*, p. 308 [본서 489쪽].

신의 논점이라는 오해를 사지 않기 위해서 말이다. 나는 스피박의 전형 선택을 탐색함으로써 그녀의 논지를 흔한 오독으로부터 구해 내고자 한다. 스피박이 '완전한' 전형보다 우선적으로 '불완전한' 전형을 선택하는 것, 즉 문자 그대로의 해석에 그녀가 저항하는 것이 서발턴 말하기의 (불)가능성을 이해하는 데 중심적이다. 달리 말해, 또 더욱 일반적으로 말해, "'서발턴은 말할 수 있는가?'라는 문구는 형상화된 것과 문자 그대로의 것 사이의 관계를 다시 사유하라는 초대이며, 그 어떤 형상화된 단위도 고유하고 적합한 문자 그대로의 지시 대상을 찾을 수는 없다는 시사이자, 형상화된 것과 문자 그대로의 것 사이의 관계는 고전적인 합치의 규범에 근거하여 결정되는 어떤 것이 아니라 언제나 차이의 관계로 남을 것이라는 시사이다".[24]

　　나의 논점은 반대 전형을 사용함으로써 더 분명해질 것이다. 나 자신의 작업에서 숙고했던 것은 출생 시 사망한 여성 영아들과 인도의 국영 기관에 있는 정신 지체 여성들의 피해에 관한 것이었다.[25] 이러한 맥락들 안에서 말과 의도의 문제를 제기했더라면 아마도 조롱거리가 되었을 것이다. 그래서 나는 지체 없이 **그들의** 주체성 너머에 있는 쟁점들로, 그들과 인접해 있는 이들의 관리와 변호와 개입의 정치로 분석을 이동시켰던 것이다. 젠더화된 서발턴의 '좋은' 전형들로 내가 선택한 여성 영아와 정신 지체 여성은 "서발턴은 말할 수 없다"는 식의 운운이 오히려 사치스러울 그런 한계에 놓여 있었고, 그래서 나는 삼갔던 것이다.

---

24) 이렇게 생각을 다듬을 수 있도록 사적인 대화를 나누며 도와준 벤카트 라오에게 감사드린다.
25) Rajeswari Sunder Rajan, *The Scandal of the State*, Durham: Duke University Press, 2003.

데리다의 어떤 구절은 스피박이 다른 곳에서 "전형성의 아포리아"[26]라고 지적한 것을 좀더 정당화해 줄 수 있는 빛이 될 것이다. 데리다는 어떤 사물(텍스트, 사람)이 "패러다임 이상의 것으로, 그리고 상징과는 다른 것으로" 간주되기를 주문한다. "하나의 전형은 항상 그 자체를 넘어선다. 따라서 그것은 무언가를 증거하는 차원을 연다. 전형은 무엇보다도 타자들을 향하며 자아를 넘어선다. …… 그렇게 이접된 전형은 더 이상 자신만을 위한 전형이 아니거나 또는 아직 그런 전형이 아니기에 충분할 정도로 자신과 분리되거나 또는 전형을 제공하는 그 누구와도 분리된다."[27] 하나의 전형이 아닌 전형은 따라서 특이성을 유지할 수 있게 된다.[28] 하지만 전형은 자신의 특수함들을 통해 위태로운 일반화와 연결——마치 원에 접하는 접선처럼 오직 한 지점에서만이라 하더라도——되고[29] 일반화에 기여하는데, 바로 이것이 전형의 기능이 수행되는 방식이다. 동어반복이 되지 않기 위해서는 논점과 범례가 서로 불연속적이어야만 한다. 스피박의 '급진적 이질성론'radical heterology은 사실상 '서발턴이 서발턴이라고' 선포하는

---

26) Spivak, *A Critique of Postcolonial Reason*, p. 430[『포스트식민 이성 비판』, 587쪽].
27) Jacques Derrida, *Specters of Marx: The State of the Debt, the Work of Mourning, and the New International*, trans. Peggy Kamuf, New York: Routledge, 1994, p. 41[『마르크스의 유령들』, 진태원 옮김, 이제이북스, 2007, 82~83쪽].
28) '특이성'(singularity)에 관해서는 Spivak, "Scattered Speculations on the Subaltern and Popular", *Postcolonial Studies*, Vol. 8, No. 4가 계몽적이다. 부바네스와리의 (구술사로서의) 이야기는 특이한 것으로, 즉 "보편의 전형이 아니라 반복의 더미들 중 하나로" 재현됨으로써 문자 텍스트와 닮는다. "특이성은 순수 내재성으로서의 삶이며, 이 삶 중의 삶이 될 그 무엇이다"(*Ibid.*, p. 475).
29) 이 비유는 번역에 관한 벤야민 논의의 의도적인 반향이다. Walter Benjamin, "The Task of the Translator", *Walter Benjamin: Selected Writings, Volume 1(1913~26)*, eds. Marcus Bullock and Michael W. Jennings, Cambridge: Harvard University Press, 1996, p. 261[「번역자의 과제」, 『언어 일반과 인간의 언어에 대하여/번역자의 과제 외』, 최성만 옮김, 길, 2008, 139쪽] 참조.

꼴이 될 순환 논법에서 벗어나려는 시도이다.[30]

그렇지만 **개인적인** 수준 또는 역사적인 일화의 수준에서는 부바네스와리가 서발턴이라는 정체성을 갖지 않는 경우로 남는 데 반해서, **구조적인** 수준에서는 스피박이 부바네스와리를 서발턴이라는 형상으로 읽어 내는 데 아무런 미혹도 없다. 여기에서 부바네스와리의 서발터니티는, "생산 양식 서사의 외부에 있는 여성들은⋯⋯분과학문적인 역사 쓰기에서 흐릿하게 사라지는 지점들을 표시"하며 그녀들은 "그 서사에서 불충분하게 재현되고 있거나 불충분하게만 재현될 수 있다"는 일반론의 한 실례로 제시된다.[31]

자살

서발턴'이다'라고 할 수 없는 서발턴의 죽음에 초점을 두고 질문하는 것에서 부바네스와리의 죽음이 **자살**로 인한 죽음이라는 점이 의미하는 바가 무엇인지를 묻는 것으로 이제 넘어가겠다. 죽음의 양태가 자살이라는 것도 역시 서발턴 주체에게는 비정형적인 untypical 것으로 간주될 수 있다. 우리가 성격 묘사 characterization 의 고전적인 규범들을 적용해 본다면, 부바네스와리의 결정적인 두 행동은 고도로 진전되고 계급적 특징을 띠는 페미니즘적 개인주의의 표식들이다. 우선 테러주의 단체에 가담하고 이어서 감행하는 자살은 것은 어느 곳의 누구에게나 그렇겠지만 특히 1920년대 인도의 힌두교도 중간 계급 여성에게는 더욱더 자유의지와 독립성의 표

---

30) '급진적 이질성론'이라는 표현은 조금 다른 맥락에서이긴 하지만 Derrida, *Gift of Death*, trans. David Wills, Chicago: University of Chicago Press, 1995, p. 83에도 나온다.
31) Spivak, *A Critique of Postcolonial Reason*, p. 244[본서 42쪽].

식들이다. 스피박은 그것을 "한 여인으로서는 두렵고, 고독하며, '클리템네스트라[아가멤논의 부정한 아내] 같은' 기획"이라고 묘사한다.[32]

자유의지와 **독립성**은 저의가 담긴 용어들이다. 그래서 이러한 범주들을 인식할 여지가 없다고 주장될 만한 어떤 문화의 맥락에서 이 용어들을 내세울 때는 문제가 될 수 있다는 반박이 즉각 나올 것이다. 의심할 바 없이 바로 이러한 이유 때문에 스피박은 부바네스와리의 자살을 상이한 틀 안에, 즉 **인가된 자살**이라는 힌두교의 심리전기적 서사의 틀 안에 넣는다. 하지만 이런 맥락에서도 부바네스와리의 자살은 위반의 행동이다. 자살을 금하는 일반적인 종교적 금지와 세속적인 법적 금지를 어긴 것이기 때문에 그럴 뿐만 아니라 힌두교의 규제적 심리전기와 연계되어 있는 인가된 자살 담론의 특정한 윤곽 안에서 작동되기 때문에 그렇다. 이 심리전기에서 그러한 죽음은 사티를 제외하면 오직 남성에게만 허용된다. 그런데 죽음의 시점을 생리가 시작되는 때와 일치시킴으로써 부바네스와리는 "[『다르마사스트라』에 나오는 — 순데르 라잔] 자신을 불태우려는 과부가 생리 중이어서는 안 된다는 금기를 역전시킨다". 그러므로 스피박은 이 행동을 "사티-자살이라는 사회적 텍스트를 특별히 서발턴의 입장에서 다시 쓰는 것"이라고 읽는다. 그렇지만 "맹렬하고 투쟁적이며 가족적인 두르가"라는 상이한 자원을 내세워 희생적인 사티의 이미지와 경합하는 일이 대중적으로 일어나는 사회에서는, 부바네스와리의 행동을 스피박처럼

---

32) Spivak, "Scattered Speculations on the Subaltern and Popular", *Postcolonial Studies*, Vol. 8, No. 4, p. 481 참조. 이 특수한 역사적 정세(스와데시 운동)에서 중간 계급 여성은 "소위 테러 운동에" 관여하여 "자살을 통해 메탈렙시스적으로 원인을 효과로 대체하고 있으며 민족 해방의 관념을 산출하고 있다고", 스피박은 역사가인 파르타 차테르지가 부바네스와리에 관해 논평한 대목을 인용해 쓰고 있다(*Ibid.*, p. 481).

이해하지 않았다.[33)]

처녀들이 자살을 하면, 아무도 그녀들의 행동 이유로 불륜 말고 다른 것을 보지 않는 것 같다. 최근의 에세이에서 스피박은 "새로운 서발턴들"인 농촌의 토착 여성들이 지구적 경제 안에서 "살아남더라도" 역시 이러한 운명을 벗어나지 못한다고 지적한다. 그녀들이 "정치에 진입한 여성들"로 유엔 통계에는 잡힐 수 있겠지만, 그럴 때라도, "난폭하게 전형성의 아포리아를 통과하게 된다". 스피박은 로다[Lodha] 부족 중에서 유일하게 대학에 다닌 여성인 추니 코트왈[Chuni Kotwal]을 여러 번 거론한다. 그녀가 미스터리한 상황에서 목을 매자 음울하지만 피할 수 없게도 "불륜에 관한 온갖 루머들이 떠돌았다"(스피박은 씁쓸하게 덧붙인다. "자칭 서발턴들과 구술사가들은 서발턴이 정녕 말할 수 있다고 여전히 지면에서 서로를 북돋우고 있다").[34)]

자살의 또 다른 동시대 준거는 이른바 테러주의에 있다. 우리가 부바네스와리의 행동의 '진짜' 원인을 찾아가노라면, 우리는 1920년대 벵골에서 정치적 폭력의 경로를 밟았던 반식민 인도 민족주의 운동에 그녀가 관여했음을 알게 된다. 어떻게 하면 그녀의 시대에서 오늘의 시대를 내다보면서, 그녀의 행동을 팔레스타인이나 스리랑카 또는 뉴욕에 있는 자살 폭파범들의 행동과 결부시켜 이해할 수 있을까? 아마도 어떤 유형의 자살 저항이든 간에 이런 행동을 "다른 수단이 전혀 통하지 않을 때 몸에 기입

---

33) Spivak, "Can the Subaltern Speak?", *Marxism and the Interpretation of Culture*, p. 308 [본서 488쪽].
34) Spivak, "Discussion: An Afterword on the New Subaltern", Partha Chatterjee and Pradeep Jeganathan eds., *Subaltern Studies No. 11: Community, Gender and Violence*, Delhi: Permenent Black, 2000, p. 328.

한 메시지"로 읽을 수 있겠다. 그래서 스피박은 특히 자살 폭파로 인해 살인자와 희생자가 함께 죽는 것이 "자아와 타자 모두를 향한 사형이자 동시에 애도라고, 당신이 어느 편이든 나와 같은 대의를 위해 죽는 것이니 그렇게 죽음을 나누는 데 불명예란 없다는 함의를 지니고 있다고" 읽는다(자살 폭파와 사티의 공통점은 희생자들이 죽게 된다는 것이다. 따라서 사티에 대한 스피박의 분석 중 무엇인가가 테러에 대한 그녀의 독해 안에서 반향을 얻는다).[35] 부바네스와리는 '테러' 조직의 일원으로서 자신에게 맡겨진 정치적 암살 임무를 이행할 수 없었다는 점을 상기하라(겁이 나서 그랬는지 아니면 원칙적인 혐오 때문인지 우리는 모르지만). 그래서 자살 폭파범과는 반대로, 그녀는 타인은 놔두고 (오직) 본인만 죽인다. 이것을 양심의 가책 탓이든 아니면 자아-처벌 탓이든, 타자의 죽음인데 자아에게 **전위된** 죽음이라고 읽는 것은 매혹적이다. 테러에 관한 스피박의 연설인 「테러: 9·11 이후의 연설」은 자살 폭파범들의 마음속을 상상해 보라는 자신의 요청을 쟁점화해서 논쟁이 되었다. 2004년에 출간된 그 연설문에서 그녀는 이러한 윤리적 시도와 그러한 죽음의 형언할 수 없음 사이에 있는 모순을 인정한다. "나는 자살 폭파를 폐쇄적으로 싸잡아 '테러'라고 부르지 않고 달리 상상해 보려고 노력한다. 그렇더라도 잠재적인 자살 폭파범인 청년들을 위한 진정한 교훈은 **그들의 메시지가 결코 들리지 않을 것**이라는 데 있다.……자살이란 언제나 예외적인 죽음이며, 그것은 하나의 불가능한 문구이다. 자살 폭파에 관해 가장 감상적이고 가장 강력한 것은, 교령춤^{ghost} ^{dance}과 마찬가지로, 성공 불가능성이야말로 그것의 성공이며…… 그것은 위험 부담을 감수할 가치가 없다는 점이다."[36]

---

35) Spivak, "Terror: A Speech After 9-11", *boundary 2*, Vol. 31, No. 2, Summer 2004, p. 96.

이러한 동시대의 전형들로부터(비록 이 전형들이 부바네스와리의 죽음과 관련이 없지만 나는 그것들이 그녀의 죽음의 의미와 상관성이 있다고 제안하는데) 도출되는 것은, 자살이란 구성적으로 해독 불가능하다는 교훈이다. 자살의 동기는 허다하고 심지어 자살자 본인에게도 모호하다. 뚜렷한 의지가 작동하는 것이 아니라 그것의 의심스러운 대체물인 절망과 모방과 교리 주입만이 작동한다. 그러므로 부바네스와리의 자살을 **서발턴적인** 죽음의 사례로 만든 것은 **자살** 그 자체에 관한 이와 같은 뻔한 소리들이 아니다. 오히려 그것은 처녀들에게는 "불륜이었어"라고, 자살 폭파범들에게는 "테러주의야"라는 식으로 단정하는 것에 의한 의미의 폐제이다.

젠더, 섹슈얼리티, 폭력, 페미니즘

부바네스와리의 서발터니티는 구성적으로, 또는 적어도 부수적이기보다는 훨씬 더, 젠더화된 조건이며, 이 조건의 종별성은 **성차화된 여성적 몸의** 조건으로 표시된다.[37] 그녀가 죽을 때 생리 중이었다는 조건은 "성별화된 것의 초과"excess of the sexuate를 표시하는데, 이러한 초과는 민족주의, 자본주의, "사티의 심리문화적 체계"와 같은 다양한 체계들의 코드화를 벗어난다.[38] 여성들의 성차화된 몸의 부분들(부바네스와리의 생리와 자쇼다의

---

36) *Ibid.*, p. 97. 강조는 순데르 라잔.
37) 이 형상들의 젠더화됨(genderedness)은 여성적이라는 일반화된 조건에 놓여 있는 것이 아니라, 그것들의 성차화된 몸이 갖는 종별적 속성에 **그리고** 그 몸의 전개에 놓여 있다. 스피박은 "들리지 않는 메시지를 기입하려고 자신의 젠더화된 몸을 사용했던" 부바네스와리 바두리와는 다르게, 라지브 간디를 암살한 자살 폭파범 "역시 여성이었지만 그렇게 하지 않았다"는 것을 강조한다(*Ibid.*, p. 97). 이 여성 자살 폭파범은 "젠더화된 논점"을 만들어 내지 않으며, 다만 교리 주입의 희생자일 따름이다(*Ibid.*, p. 96).
38) Spivak, *A Critique of Postcolonial Reason*, p. 247, n. 76[본서 46쪽 주 4].

수유와 도울로티Douloti의 성매매하는 몸은 스피박의 저작 여러 곳에서 이렇게 대유법적으로 제시된다)에는 그러한 탈안정화의 잠재력이 투입되어 있다. 몸의 이 부분들이 항상 "들리거나 읽히는" 것은 아닐지라도 그렇다.[39]

물론 여성의 성차화된 몸은 폭력의 장場과 대상이기도 하다. 과연 스피박으로 하여금 부바네스와리의 생리 중인 몸에 담긴 메시지는 불륜으로 인한 임신을 부인하는 것이라고 읽어 내도록, 더 나아가, 부바네스와리의의 죽음에 관해 명시적으로 표명된 이유(즉 암살 임무를 이행하지 못한 데 대한 가책)보다도 이 메시지를 우선시하도록 이끄는 것은 무엇인가? 그 답은 문학 비평가의 인물 성격(말하자면 부바네스와리의 동기와 의도 혹은 내면) 분석에서가 아니라, 젠더화된 행태를 읽을 때 그것을 사회적으로 조건 짓는 측면에서 읽는 페미니스트 역사가의 정당한 습성에서 찾아야만 한다. 부바네스와리가 자신의 죽음의 진짜 원인을 주장하는 데 유서로는 불충분하다고 여겼고, 오직 불륜으로 인한 임신 운운하는 그 어떤 오해도 불식시키기 위해서 **추가로** 자신의 몸을 통해 코드화된 메시지를 전달하려고 했다는 점, 바로 **이것**이 그녀의 젠더화된 서발터니티의 기호이다. 성차화하는 몸의 초과(여기서는 죽을 때 생리 중인 몸의 불결한 조건)에 담긴 위반의 잠재력이 무엇이든 간에, 이 사례에서는 여성 주체의 순결이 심지어 죽을 때조차 충족되어야 한다는 사회 체제의 일관된 요구의 폭력에 여성이 예속됨으로써 그 잠재력이 제거된다.[40] 자살로 죽는 여성은 순결하지

---

39) Spivak, "Translator's Preface", Mahasweta Devi, *Imaginary Maps: Three Stories*, ed. and trans. Gayatri Chakravorty Spivak, New York: Routledge, 1995, p. xxvii.
40) 오르한 파묵의 소설 『눈』에는 기이하게 유사한 상황이 나온다. 터키의 카르스(Kars)라는 마을에서 연달아 무슬림 처녀들이 자살하는 사태가 생기는데, 마을 공동체는 이를 설명하는 데서 불륜을 선호한다. 실은 이들의 자살 대부분은 베일을 쓰고 학교에 가는 것을 국가가 금지한 것에 좌절하여 벌어진 일이었다. 파묵은 그렇게 알려졌는데도 마을 공동체가 자살의 이

않다는 사회적 가정이 너무 강해서 그녀의 이 시도마저도 실패한다. 하지만 이 실패는 스피박의 독해 안에서, 그녀의 젠더화된 조건의 완벽한 척도가 되며 서발턴의 말할 수 없음의 진정한 '증거'가 된다.

그런데 여기서 단서를 하나 붙이는 게 수순에 맞겠다. 나는 스피박의 페미니즘에서 관습적으로 진부하게 '여성에게 자행되는 폭력'을 여성의 서발턴적인 조건을 진단하는 데 충분한 신호라고 취급하기를 꺼리는 면모를 알아차린다. 나는 그런 면모의 귀결로 그녀가 에토스의 사회문화적인 토양에 깊이 내리고 있는 이러한 폭력의 뿌리들을 연구한다는 점을 조명하기 위해 그녀의 초반부 논의 중 사티에 관한 부분으로 약간의 우회를 하겠다. 그녀는 사티가 "성차화된 주체의 구성"을 중심으로 하는 좀더 광범위한 질문을 감추고 있다면 사티를 **그저 폭력일 뿐**이라고 읽는 것으로는 만족할 수 없다는 견해를 피력한다.[41] 그래서 스피박은 힌두교도 과부의 성적인 서발터니티를 탐색하기 위해 과부의 금욕 상태를 규제적 심리전기 안에 나오는 수도사의 금욕으로 퇴행한 형태로 간주하자고 제안한다. "자기-화살에 대한 **예외적** 명령이 적극 논쟁에 붙여졌던" 데 반해, 왜 **금욕주의**가 모든 과부의 숙명으로 이의 없이 수용되었는지 스피박은 묻는다. 만약 여성이 실제로 "한 남편의 대상"으로 정의된다면, 사티 자체는 "일반법의 예외보다는 극단적인 사례"에 불과한 것이다.[42]

유로 불륜을 선호했음을 보여 준다. 소설의 주인공인 언론인 카(Ka)는 그 자살들에 관해 마을 사람들이 전반적으로 그에게 말하기를 꺼리는 사태와 마주친다. 오직 한 처녀의 부모만이 다가온다. 한 선생이 그 처녀가 임신 중이었다는 "악랄한 거짓말"을 퍼뜨린 것을 폭로함으로써, 그들은 "자신의 아이의 순결에 관한 근거 없는 루머"가 일소되기를 희망한다. 그 부모는 그녀의 부검으로 그녀가 처녀임이 밝혀졌다고 카에게 말한다. Orhan Pamuk, *Snow*, trans. Maureen Freely, New York: Knopf, 2004, p. 16[『눈』, 이난아 옮김, 민음사, 2005, 31~32쪽].
41) Spivak, *A Critique of Postcolonial Reason*, p. 300[본서 124쪽].

힌두교의 규제적 심리전기와 이것의 발동을 사티의 식민 이전 역사의 텍스트로 묘사한 것은, 비록 미완의 기획이긴 하지만, 내게는 이 에세이의 큰 공헌들 중 하나로 남아 있다. 스피박이 (맑스주의 역사가인 다모다르 다르마난다 코삼비$^{Damodar\ Dharmananda\ Kosambi}$의 작업 맥락에서) 제시한 일반적으로 가치 있는 논점은, 고대 인도 문화에 대한 연구는 정신분석의 통찰에서 도움을 받아야 한다는 것이다("정신분석학의 선택인 규제적 심리전기의 통찰은 아니겠지만"). 그 이유는 "사실들만이 여성들의 억압을 설명해 줄 터인데……그 사실들이 우리로 하여금 **젠더화**에……접근하도록 결코 허용해 주지 않기" 때문이라는 것이다.[43] 스피박이 사티-자살에 기여하는 '힌두교의 규제적 심리전기'(의 가설)의 구성을 향하는 것은, 사티-자살을 단지 여성 억압으로서만이 아니라 '젠더화'의 체계 안에서 이해해야 한다는 지각 덕분이다. 여성에게 자행되는 폭력을 단지 범죄 또는 남성 병리학의 증거로 이해하기보다는 그 폭력 자체를 젠더화의 문제틀 안에서 이해하자는 것이다. 그러한 이해는 심리문화적 표현 양식에 의해 굴절되는 서사에 접근할 뿐만 아니라 이 서사(의 식민 이전 상태)를 조사하는 좀더 폭넓은 역사적 틀을 창출할 것도 요구했다. 그러한 틀은 또한 여성적 위반의 요소들을 복원하고 말하는 것을 허용했다.

스피박이 특히 인도 맥락에서, 동시대의 젠더 작업에 제공했던 것은 이러한 모델이다. 적어도 1980년대에는 여성에게 자행된 풍토병적인 폭력 현상에 깊이 몰두했던 인도 페미니즘 작업에 긴요하게 필요했던 것은 바로 이러한 문제를 통한 급진적 사유였다. 그렇지만 페미니스트 액티비

---

42) Spivak, *A Critique of Postcolonial Reason*, p. 299[본서 122쪽].
43) *Ibid.*, p. 286, n. 63[본서 103쪽 주96]. 강조는 순데르 라잔.

즘의 경향은 여성에게 자행되는 폭력에 공공의 주목을 모으고, 시위를 주도하고, 국가로 하여금 입법 수단과 행정 수단을 통해 폭력을 처벌하자는 다소 구체적인 의제에 국한된 것이었다. 이러한 틀 밖에서 작업하던 스피박은 이 문제를 몇몇 다른 수준에서 동시에 다룰 수 있는 주요 인사였다. 여기서 나는 이러한 분석의 중층결정들을 일일이 제시하지는 않을 것이다. 하지만 이 문제를 정의하고 설명하는 데 '여성에게 자행되는 폭력'이라는 문구면 충분하다고 여긴 시기에, 그 폭력 현상을 이해하는 데 그렇게 확장적인 기획이 필요했다는 확신은 표명해 두겠다. 인도의 페미니스트 역사학의 최근 작업들(또한 페미니스트 개입의 가장 생산적인 형식들이었던 작업들)은 혼인과 과부다움과 성노동과 민족주의에 대한 질문들, 즉 우리를 문화적 젠더화의 뿌리들로 데려가는 질문들을 탐색하기 시작했다.[44]

재현, 윤리적 책임, 상상의 기능

자살이 미스터리로 남아 있도록 허용한다는 것은 죽음에 무관심하다는 것이다. 만약 "그녀는 왜 죽었지?"라는 질문에 우리가 "누가 알겠어?"라고 대답했을 뿐이라면, 우리는 마하스웨타 데비가 쓴 단편 소설 「젖어미」에 나오는 '비중 있는 인물도 아닌'noncharacter 주방 아줌마가 주인 아들이 덮치는 바람에 후다닥 성관계를 한 뒤 내뱉은 "말할 게 뭐가 있는데?"라는 수사학적인 물음과 유사한 폄하를 실행하는 셈이다. 독자인 스피박은 "실로 말할 게 뭐가 있는데?"라는 물음에 동의한다. 하지만 스피박은 저자인 마하스웨타는 다르게 생각한다고 지적한다. 마치 자쇼다의 이야기 자

---

[44] 특히 Tanika Sarkar, *Hindu Wife, Hindu Nation: Community, Religion, and Cultural Nationalism*, New Delhi: Permanent Black, 2001.

체가 "대답하기—이야기를 말하기—의 (불)가능성의 조건을 가능성의 조건으로 바꾸는 수사학적인 물음을 고집스럽게 오해한 결과"로 나오는 것만 같다.[45]

"경험, 사유, 지식, 모든 휴머니즘적 학문 생산, 아마 특히 문학이나 역사에서 서발턴의 재현, 이 모든 것의 생산은 그 기원에 있는 이러한 이중 구속에 묶여 있다"고 말하면서 스피박은 성찰을 이어 간다.[46] 특히 죽음의 특이성은 우리에게 이해하려는 노력과 애도하는 태도를 주문한다. 역사적 주체로서의 젠더화된 서발턴은 그러한 복원에 저항하리라는 점을 우리가 알고 있을 때도 그러하다.

분석과 설명 그 자체가 **정동**.affect을 폐제하는 것을 불완전한 전형이 전략적으로 막는다면, 기원에 있는 이중 구속은 재현의 과제에 연루된 **윤리적** 시도를 가리킨다. 내가 「서발턴은 말할 수 있는가?」를 처음 읽었을 때, 그 글은 고전 비극의 효과들인 카타르시스와 연민과 공포를 산출하려는 강한 당파성의 힘으로 추동되는 것처럼 보였다. 부바네스와리는 자신의 계급적 지위의 보호를 받는데도 죽어야 했다는 점, 그녀의 자살의 의미는 그녀가 "말하기 위해 엄청난 노력"을 했음에도 불구하고 오해받아야 했다는 점, 설명이 부재한 가운데 구슬픈 외침으로 허공에 울려퍼지는 "서발턴은 말할 수 없다"라는 탄식이 강조했던 것은 바로 이런 점들이다. 『포스트식민 이성 비판』에서 스피박은 (학문적인 말하기의) 이 수사학적 일탈에 대한 회고적인 분석을 제공한다. "첫 판본에서 나는 정념에 찬 통

---

45) Spivak, "A Literary Representation of the Subaltern: A Woman's Text from the Third World", *In Other Worlds*, p. 263[「하위주체의 문학적 재현: 제3세계 여성 텍스트」, 『다른 세상에서』, 533쪽].
46) *Ibid.*, p. 263[같은 글, 같은 책, 533~534쪽].

탄을 담아 '서발턴은 말할 수 없다!'고 썼던 것이다."[47] 그녀의 '고뇌'anguish 는 숙명론 같은 어떤 것을, 이 문장이 여러 군데서 "서발턴은 말**하려 하지 않을 거야**shall not speak!"라고 선포하는 문장으로 수사학적으로 재론되었던 양식의 정반대를 표시한다.[48]

정동에서 윤리적 응답으로의 이동은 책임responsibility으로의 도정에서 필수적이다. 우리는 **정동의 노동**에 대해 두 가지 의미에서, 즉 결과적인 것이라는 의미와 시도의 비용이라는 의미에서 말해 볼 수 있을 것이다.[49] 이 경우에 적합한 지식 또는 재현은 비극적이고 회고적인 형상화를 통해서만 가능하기는 하지만 여하튼 약속된 결과물이다.[50] 그 시도는 에세이의 깊이와 넓이에 반영되는데, 이 깊이와 넓이는 "서발턴은 말할 수 없다"는

---

47) Spivak, *A Critique of Postcolonial Reason*, p. 308[본서 135쪽].
48) **고뇌**는 스피박이 "Subaltern Talk", *The Spivak Reader*, p. 292에서 사용한 단어다. 최근의 자전적인 글인 "If Only", *Writing a Feminist's Life: The Legacy of Carolyn G. Heilbrun, Scholar and Feminist Online*, Issue 4, No. 2, Spring 2006, Barnard Center for Research on Women, http://sfonline.barnard.edu/heilbrun/spivak_01.htm에서는 당파성이 더 공공연하게 표현된다.
49) 현대 인도에서의 여아 살해에 관해 쓰느라 애쓰던 무렵에 나는 방법론적인 곤경 이상의 어떤 것을 겪었다. 내가 알게 된 것은 심지어 개혁주의적인 페미니즘 담론에서도 "죽음이라는 인간의 '사안'을 향한 감정이입과 연민"이 전혀 표현되지 못한 것 같다는 점이었다. 대체로 이것은 공감(sympathy)의 언어가 오염된 탓이었다. 나는 국가와 사회의 담론들 안에서 여아 살해를 다룰 때의 도구적 합리성을 추적하다가 그것의 끔찍한 논리 때문에 낙담했다. 결국 나는 여성의 사회적 가치 절하와 그것의 원인 등을 '설명'하는 논리에 대응하기 위해서 "문학적 정동을 수단으로 하여 인간의 삶과 죽음에 관한 윤리적 감수성의 분위기"를 창출하는 처방을 내리는 데로 내몰렸다(Sunder Rajan, *The Scandal of the State*, p. 208). 처방의 문제는 여전히 까다로운 것으로 남아 있다.
50) Spivak, "Scattered Speculations on the Subaltern and Popular", *Postcolonial Studies*, Vol. 8, No. 4에서 스피박은 역사가의 당파성을 일종의 "수행성"(performativity)으로 문제화한다. 일부 서발턴 역사학의 단순히 "사실 진술적인"(constative) 기능과 반대로, 스피박은 그람시적인 지식인이 정치에서 행하는 더욱 개입주의적인 역할을 추구한다. 부바네스와리라는 전형은 일찍이 그녀에게 "특이하게 대립적인 것을 취한다"는 의도를 심어 놓았다(*Ibid.*, p. 479).

결론의 비관주의와의 격렬한 모순 속에서 기능한다. 내 생각엔 아베나 P. A. 부시아의 논지(무엇보다도 스피박이 부바네스와리 사례를 읽을 수 있었다는 점에서 부바네스와리는 이미 어떤 식으로는 말을 **했다는**)에는,[51] 이에 대한 스피박의 반박("수년 뒤 학계의 제도[좋든 싫든 지식-생산 공장인] 안에 있는 누군가가 토론의 여지가 있는 해독을 내았을 때, 그 해독이 성급하게 서발턴의 '말하기'와 동일시되어서는 안 된다"[52])에서 시사되는 것보다 인정할 만한 것이 더 많은 것 같다.[53] 서발턴 말하기의 복원 가능성에 관한 일반론으로서 부시아의 논지는 정당하게 거부된다. 전형을 반대 전형으로 돌리는 것은 생산적인 전환이 아니라고 말이다. 그러나 역사가의 재현 담론의 정동적인 노동이, 여기서도 **역시** 위태로운 이 노동이 무용하다고 폄하되어서는 안 된다.

죽음 이후의 삶을 살기

「서발턴은 말할 수 있는가?」에 대한 나의 독해를 마무리하면서 부바네스와리에게 어울리는 어떤 삶을 상상해 보고자 한다. 이것을 위해 인도의 현

---

51) Abena P. A. Busia, "Silencing Sycorax: On African Colonial Discourse and the Unvoiced Female", *Cultural Critique*, No. 14, Winter 1989~1990.
52) Spivak, *A Critique of Postcolonial Reason*, p. 309[본서 137쪽].
53) 도나 랜드리(Donna Landry)는 스피박과의 대담에서("Subaltern Talk", *The Spivak Reader*) 이런 질문을 재론한다. 부바네스와리의 자살을 스피박이 읽어 냈다는 사실은 "귀를 기울여 공모하는 비평가에 의해 서발턴이 읽힐 **수 있고** 재현될 **수 있다**는 것을 나타내지 않는가?" 더 나아가 "이 에세이에서 푸코와 들뢰즈에 대해, 피억압자들이 스스로를 재현할 수 있으니 지식인들인 자신들은 피억압 (서발턴) 집단들을 재현할 필요 없이 그냥 그들이 '스스로를 대변하도록' 내버려 두면 된다는 부정직한 주장을 한 것을 들어 비판했던 부분의 절정이 바로 이 대목일까?" 이 기회에, 스피박은 "그런 함의가 있다"는 것에 기꺼이 동의하지만, 그래도 여전히 그보다는 부바네스와리의 시도를 강조하고 싶어 한다. "부바네스와리는 자신을 재현하려고 **죽어라** 노력했어요."(*Ibid.*, p. 306).

대 문학 텍스트인, 아미타브 고시의 소설『그림자 선』(물론 우연의 일치이겠지만 이 소설도 1988년에 출간되었다)으로 나의 논의를 돌려 보겠다.[54]

이 소설의 서사에는 부바네스와리 이야기의 위기-산출$^{crisis-producing}$ 사건과 기이하게 닮은 계기가 있다. 그것은 소설 초반부에 (당시 어린 소년이었던) 화자에게 그의 할머니가 들려주는 자전적인 형식의 대목에 등장한다(할머니와 화자 모두 소설에서는 익명이다). 할머니는 1920년대에 다카^{Dhaka}에 있는 대학에 진학해서 격동의 시대를 살았노라고, 화자인 손자에게 말해 준다. 어느 날 영국인 관리가 이끄는 경찰들이 학교에 들이닥쳐 학교 친구 한 명을 연행해 갔다. 그는 다년간 혁명적인 비밀 결사의 조직원이었으며 영국인 행정관을 암살하라는 임무를 막 이행하려던 참이었는데 적발되어 체포되었던 것이다. 그때 이후로 할머니는 그에 관한 꿈을 수년간 꾸었다면서 이렇게 말한다. "내가 알았더라면 그와 함께 쿨나^{Khulna}에 가서 그의 곁에서 손에 총을 쥐고 그 영국인 행정관을 기다렸을 거란다. 아마 겁이 났겠지.……하지만, 그래, 난 아마 그자를 죽이고 말았을 거야." 왜냐하면 "그건 우리의 자유를 위한 거였고, 나는 자유로워지기 위해서라면 무슨 일이든 하고야 말았을 테니까"라고 그녀는 덧붙인다.[55] 그녀는 1965년 전쟁에서 인도가 중국의 공격을 받았을 때도, 똑같이 광신적이었고 전쟁의 대의를 위해 금목걸이를 내놓았다. "우리의 목적을 위해. 우리의 자유를 위해. 그들이 우리를 죽이기 전에 우리가 먼저 그들을 죽여야 한다. 그들을 쓸어버려야 한다."[56] 그래서 그녀가 영국인들에게 감탄

---

54) 고시의『그림자 선』은 1988년에 초판이 나왔지만 여기서의 인용은 1995년에 나온 학생판 (student edition)을 따른다. Amitav Ghosh, *Shadow Lines*, Dellhi: Oxford University Press, 1995.
55) *Ibid.*, pp. 37~39.

하는 것은 그들이 "피로 국경선을 그었던" 민족이라고 믿기 때문이다. 이런 그녀의 면모 때문에, 런던에 사는 조카 손녀인 일라[Ila]는 그녀를 "전쟁광인 파시스트"라고 일축해 버린다. 하지만 화자인 손자는 이에 동의하지 않는다. "그분은 파시스트가 아니셨어. 다만 근대적인 중간 계급 여성이셨지.……민족다움과 영토는 통합적이라는 것을, 자존과 국력은 통합적이라는 것을 지지했던 분이고. 역사는 그분이 근대적인 중간 계급의 삶을 온전히 누리는 것을 부인했고, 그분은 그것 때문에 역사를 용서할 수 없었던 거야."[57]

그렇다면 부바네스와리가 이 소설의 (일라가 묘사하는) 할머니처럼 '파시스트 전쟁광'이나, 또는 (손자의 좀더 관용적인 반응에서 묘사되는) 단순히 근대적인 중간 계급 여성(그 어느 쪽이든 할머니가 참여할 기회를 잡지 못했던, '민족의 자유'를 위한 혁명적인 대의의 꿈을 지니고 쭉 살아가며 그 꿈에 미치도록 사로잡히는 것인데)이 되지 않도록 그녀를 구해 준 것은 그녀의 죽음인가? 부바네스와리와 할머니는 아주 엇비슷한 동시대인이기 때문에, 캘커타와 다카의 유사한 중간 계급 가족에서 성장했음에 틀림없다.[58] 부바네스와리의 죽음이 사티를 흉내 냈다면, 이 다른 여성은 힌두교도 과부에게 주어진 유일한 다른 선택지인 금욕적 과부다움을 선택했으

---

56) Ghosh, *Shadow Lines*, p. 237.
57) *Ibid*., p. 78.
58) 주목할 만한 다른 유사성들도 있다. 두 여인 모두 자신들을 배반했다고 할 수 있을, 디아스포라 상태로 살아가는 조카 손녀들을 두고 있다. 이 소설의 할머니가 격렬한 증오를 내보이는 상대는 코스모폴리탄인 일라인데, 할머니가 보기엔 일라가 갈망하는 '자유'는 이기적이고 부도덕한 유형의 개인적 자유이다. 『포스트식민 이성 비판』에 "새로운 미국 이주민"이자 미국의 다국적기업 직원으로 등장하는, 부바네스와리의 조카 증손녀와 비교해 보라. "부바네스와리는 민족 해방을 위해 싸웠다. 그녀의 조카 증손녀는 **새로운 제국**을 위해 일한다"(Spivak, *A Critique of Postcolonial Reason*, p. 311[본서 139쪽]).

니, 그녀의 삶은 죽지 않은 과부들에게 규정된 가혹한 규율과 힘든 노동으로 각인된다.

이 여인이 아무리 대차고 똑 부러진다고 해도, 우리는 그녀의 다기한 곡절에 서발턴의 흔적들을 표시할 수 있다. 난민으로서, 과부로서, 중간 계급이 아주 아닌 것은 아닌 자로서("당신은 그런 유형의 사람들이 누릴 환상의 세계로 분칠하는 자기 기만에 빠지지 않으셨을 거야"), 그녀의 세계와 시대는 어긋나 있다. 가장 중요한 것은 그녀 역시 부바네스와리처럼 유서를 남겼다는 점이다. 그녀의 유서는 대학 학장에게 쓴 복수의 유서인데, 이 학장은 창녀촌에 드나들었다고 그녀의 손자를 비난하면서 그것을 이유로 손자를 퇴학시키려 했다. 비록 그녀의 유서가 기이하게(그녀가 손자의 대학 생활을 알 길이 없었기에 기이하다고 할 만한) 정확하긴 하지만, 신뢰할 수는 없는 것이었다. 우리는 이런 유형의 실패가 거부할 수 없는 방식으로 서발터니티를 드러내는 것은 아닌지 묻게 된다.

이론적 여담이라는 참조틀 밖에 있는, 고시의 소설에 나오는 이 전형을 내가 왜 불러왔는지를 상술해 보겠다. 나는 부바네스와리의 죽음에 관해 어떤 대안을 상상하는 것이, 특히나 우연히 맞닥뜨린 소설의 전형을 경유하여 상상하는 것이, 그 어떤 것을 입증하거나 반증하는 데 소용이 없다는 것을 알고 있다. 그러한 질문하기의 궤도를 따라가는 것은 일종의 문자 그대로 해석하기이며, 내가 했던 식으로 플롯의 개연성을 강조한다고 해서 해체주의적인 논의를 깨뜨릴 수도 없는 노릇이다. 또한 이런 비교를 해 보는 나의 의도가 소설의 인물인 할머니를 모델로 부바네스와리가 죽지 않고 계속 살았더라면 필시 '파시스트 전쟁광'이 되고야 말았을 거라고 특정한 방식으로 예언하려는 것도 아니었다.[59] 물론 그런 변신이 가능성의 영역 안에 남아 있다는 것이 나의 암시이긴 하지만 말이다.[60] 나는 부바네스와리에게 보내는 스피박의 공감에 주목함으로써 이런 유형의 편벽한 독해를 견제했다(그러면서도 나는 그 정동적인 관계를 긴장의 지점으로 표시할 수 있었다). 나는 또한 부바네스와리의 궁극적이고 치명적인 '죽이지 못함'에도 주목했다. 소설 자체에서는 일라가 할머니를 '파시스트 전쟁광'이라 특징짓는다. 이렇게 판단하는 그녀가 (그녀의 많은 견해들에서 그랬듯이) 인색하고 편협한 것으로 그려진다. 이 둘의 평행에 주목한 나의 의도는, 우선 20세기 초반에 민족주의 운동에 사로잡힌 벵골 중간 계급 여성의 궁지predicament와 주체-형성을 상황 속에서 고려해 보자는 것이었다. 이 두 여성은 결코 정형적인 형상들이 아니며, 게다가 역사의 기록에서든 소설 서사에서든 여성 혁명가는 두드러지지 않았다.[61] 스피박은 자신의 글을 회고적으로 성찰하는 가운데, 비록 그 글의 집필 시점에는 부바네스와리 이야기를 "단지 사티의 관점에서만 보았"으나 그 이야기는 "젠더와 민족주의의 장에 개입하는 것으로 주목할 만한 값어치가 있다"는 점을 인정한다.[62]

이 반대 전형을 통한 우회가 두 가지 논점을 제기하는 데 유용했으면 하는 것이 나의 바람이다. 하나는 부바네스와리라는 전형이 스피박에게

---

59) Spivak, "If Only", *Writing a Feminist's Life*, Issue 4, No. 2 참조. 나의 이 에세이가 처음 발표된 컬럼비아 대학 학술 대회에서 스피박은 나의 암시에 동의하지 않았고 「그렇기만 하다면」에서도 거듭 동의하지 않고 있다.
60) 푸코는 이런 궁지의 위험에 대해 민감하게 경계한다. "(특별히) 자신이 스스로 혁명 투사라고 믿는 바로 그때 어떻게 해야 스스로 파시스트가 되지 않고 버틸 수 있을까?"(그는 들뢰즈와 가타리의 포스트-68적인 관심을 파시즘의 모든 표현에 반대하는 것으로 언급하고 있다) Michel Foucault, "Preface", Gilles Deleuze and Félix Guattari, *Anti-Oedipus: Capitalism and Schizophrenia*, trans. Robert Hurley, Mark Seem and Helen R. Lane, London: Athlone, 1984, pp. xi~xvi, 특히 p. xv 참조.
61) 예컨대 타고르의 마지막 소설 *Char Adhyay*, Calcutta, 1934와 앞의 주 32 참조.
62) Spivak, "Subaltern Talk", *The Spivak Reader*, p. 306.

서 하나의 **서사**로 구축되고 있으며, 그리하여 죽음이 그 서사 안에서 일종의 종결로, 심지어 어떤 불가피함으로 기능할 수 있다는(사실 나는 그렇게 기능한다고 보는데) 점에 주목하려는 것이다. 나는 위기 산출적인 사건의 너머에서, 연장된 삶의, 죽지 않았음의, 평행 서사를 내세워 이 종결을 동요시키고자 했다. 두번째는 스피박의 서발턴 전형들이 모두 죽는다고 해서(부바네스와리 이외에 거론된 것만 해도 자쇼다와 도울로티와 시르무르의 라니가 있다) 죽음이 서발터니티의 **기호**인 것은 아니라는 논점이다. 여기에 필연적인 삼단논법이 있는 것은 아니다. 갑·을·병이 죽는데, 이들 모두가 서발턴이니(서발턴으로 생산되니), 따라서 서발턴들은 (반드시) 죽는다는 논법 말이다. 나는 이런 논리의 일부가 스피박의 작업 안에, 또 그 작업에 의해 포함된다는 점을 인정한다. 이러한 함의들에 거슬러 가고 싶어서 나는 소설에 나오는 강하게 살았던 할머니에게서 서발턴의 '흔적들'을 찾아냈던 것이다.

그러나 이러한 시도들에 죽음과 서발터니티 사이의 필연적인 연관들을 탐색하려는 지향이 있다고 해도, **그 할머니의 유서에 담긴 메시지가 실패하면서 비로소** 그녀의 무기력함이 마침내 전모를 드러낸다는 점에도 아울러 주목하도록 하자. 말하기의 한계들과, 그 가장 그럴 법한 원인이 그녀의 여성 젠더라는 사실이, 그녀의 죽음이 드러내는 적절한 논점으로 부상한다. 달리 말해서, 죽음은 서발터니티 안에서 서발터니티를 나타내는 속성이라기보다는 **드러냄**disclosure으로 기능하며, 여전히 서발턴적인 정체성을 그렇게 드러내기 위한 필수적인 조건으로 남아 있다. "정말이지, [젠더화된 서발턴들이—순데르 라잔] **우리를 위해** 하나의 서사에 들어와 형상화될 수 있는 것은 오직 그들의 죽음 속에서뿐이다"라는 것이 바로 핵심 논점이다.[63)]

찬드라의 죽음

대안이 아닌 하나의 결론

라나지트 구하의 「찬드라의 죽음」은 서발턴 연구회Subaltern Studies Group의 고전으로 1987년 『서발턴 연구』Subaltern Studies 5권에 게재되었다. 널리 알려졌듯이 이 글은 서발턴 연구회에서 스피박이 아닌 다른 누군가가 여성 서발턴을, 그리고 서발터니티의 구성에서 젠더의 역할을 중점적으로 다룬 최초의 에세이다. 구하는 19세기 중반 무렵에 어설픈 낙태 시술의 결과로 사망한, 벵골의 천한 카스트 출신의 젊은 여성인 찬드라의 죽음에 관한 일단의 법정 기록들을, 어둠에 묻혀 있던 그 사료를 구해 낸다. 찬드라는 형부에 의해 임신하게 된 젊은 과부였다. 그자는 급히 그녀에게 낙태를 명령했는데, 이 약점을 잡아 그자가 그녀를 베크bhek 상태로 몰아넣게 된다(즉 그녀를 파문시키게 된다). 그녀의 가족과 친지가 불행을 몰고 올 낙태를 시행하고 마침내 식민지 형사 제도에 의해 살인죄로 기소되는 처지에 빠지게 된 것은 이러한 최후 통첩의 결과이다. 그녀의 여동생, 어머니, 낙태 약을 제공한 남자가 이 재판의 피고가 되어 진술한 단편적인 법정 증언들(에크라르스ekrars, 즉 증거)은 이 자료들에 대한 "사회학적인 관심" 덕분에 비슷한 사료들과 묶여 보존되어 왔다. 구하는 법적이고 학문적인 자료라는 이 증언들의 출처에 역행하면서, "역사를 위한 사료로 되찾아 올" 것을 명시적으로 제안한다.[64]

이것이 서발턴 역사라고 자인된 기획이다(구하는 이 에세이에서 그것

---

63) Spivak, *A Critique of Postcolonial Reason*, p. 245[본서 44쪽].
64) Guha, "Chandra's Death", *Subaltern Studies No. 5*, p. 135.

을 "비판적 역사 기술"이라 부르기를 선호한다). 이 기획은 전통적 역사 기술의 "큰 사건과 제도"를 무시하면서 "사회적 실존의, 특히 그것의 밑바닥에서, 작은 드라마와 세부"를 연구하는 데 전념하는 것으로 묘사된다. 이 작업을 어떻게 성취할 수 있을 것인가? 구하는 "시간의 경과 속에서 서발턴적인 삶의 흔적들을 찾아내기 위해 바닥에 더 가깝게 숙임으로써" 성취할 수 있다고 답한다.[65] 이 재건에 장애가 되는 것은 서발턴 역사에 내재하는 문제인, 증거의 부족, 아카이브의 "단편화", "찢겨 나간 과거의 잔여로만" 우리에게 전해지는 이야기 등이다.[66]

구하는 "충만함을 향한 충동"이 역사 연구를 추동하지만, 이 충동은 부족한 자료와 사료의 부재 그리고 그러한 자료를 "사례"case로 실존하도록 하는 구조적인 법칙 등으로 인해 좌절된다는 점을 솔직히 시인한다. 「찬드라의 죽음」이라는 에세이에서 역사가의 임무는 서발턴에게 목소리를 되돌려 주는 것이 아니라(찬드라의 목소리는 잃어버려 되찾을 수 없으며, 그녀의 여동생과 어머니의 목소리는 오직 법정 증언으로만 나올 수 있다), 차라리 사건을 맥락화하고 사건에 두터운 세부를 제공하는 것이다. "사실"의 건조한 뼈대를 제공하는 법이 "국가가 파견하는 특사"라면, 역사가는 공동체(사회/사마지samaj)의 복합적인 실천과 믿음을 기록하는 자일 것이다. 이것은 분과학문 차원의 도전이며, 수정주의적 역사 기술의 강령적 의제이다. 이 의제는 윤리적 헌신으로 코드되고, 내가 말했듯이 구하에게서 윤리적 헌신은 서사를 비극으로 끌어올리는 시도이다. 중요한 것은, 구하의 분석이 명시적으로 페미니즘적인 것으로 선언되고 있으며, 가부장

---

65) *Ibid.*, p. 138.
66) *Ibid.*, pp. 138~139.

제의 작동 및 찬드라의 죽음 안에서 찾을 수 있는 여성적 연대와 저항이 저 가부장제와 대조적으로 행하는 역할을 노출시키는 것을 목표로 삼고 있다는 점이다.

이러한 기획이 「서발턴은 말할 수 있는가?」에 있는 스피박의 기획과 어디에서 달라지는지, 또 두 작업이 죽음과 서발턴을 동일시하는 기획으로 어디에서 통합되는지가 곧 명확해질 것이다.[67] 그 중 일부를 요약 형태로 정리해 보겠다.

- 구하는 「찬드라의 죽음」에서 너무 지나치게 유형의 맥락화를 행하는데, 스피박은 그렇게 하지 않는다. 내가 때때로 넌지시 부바네스와리 이야기를 '일화'로 간주했던 것처럼, 사실 그것은 매우 개략적인 설명이다. 역사적 사건의 기록에서 건질 수 있는 것들이 앙상해서 그에 대한 보상으로 정교한 맥락을 제공하는 구하와 달리, 스피박은 그러한 보상적인 설명을 유보한다.
- 찬드라는 그녀의 서발터니티를 입증해야 할 더 이상의 필요가 전혀 없는 '그냥' 서발턴이다. 그녀는 가장 가난하고 천한 카스트에 속하는 바그디Bagdi 카스트의 일원이며, 취약한 과부 신세다. 반면에 스피박은 부바네스와리에게 서발턴으로서의 정체성이 없다는 점을 통해 젠더화된 서발터니티의 조건을 탐색하고자 한다.

---

67) 스피박 자신이 "Scattered Speculations on the Subaltern and Popular", *Postcolonial Studies*, Vol. 8, No. 4에서 두 작업을 간명하게 비교한다. 스피박은 부바네스와리 이야기처럼 「찬드라의 죽음」에서도 "죽은 여성은 홀로 남았다. 거기서도 주제는 출산으로서의 재생산이다"라고 지적한다. 하지만 구하의 에세이에서 "여성은 심지어 자살이라는 최소한의 행동조차 하지 못한 희생자이다"(*Ibid.*, p. 478).

- 두 여성 다 죽는다. 하지만 차이가 있다. 요컨대 찬드라는 모호할 것이 없는 희생자인데(스피박 자신도 그런 지적을 한 바 있듯이), 반면에 부바네스와리의 자살에는 서발턴 주체-구성과 관련되는 좀더 모순적인 함축들이 있다.
- 찬드라가 도를 넘은 과부라면, 부바네스와리는 미혼이고 숫처녀이다. 상이한 시기에 그리고 상이한 계급적 층위에서이긴 하지만, 여하튼 둘 다 자기 사회의 동일한 경직된 가부장적 성 규범의 먹이가 된다. 구하에게, 가부장제의 대표자들은 개인적으로든(찬드라를 버리고 협박하고 결국엔 자기만 간통의 후과에서 벗어난 애인) 집단적으로든(타락한 여성을 파문하고자 하는 사마지) 모두 남성이다. 우리가 보았듯이 스피박에게 가부장제란, 심리전기라는 더 큰 서사 안에 포함된다.
- 낙태냐 파문이냐, 죽음이냐 치욕이냐, 찬드라가 봉착한 이 딜레마는 외부에서 그녀에게 강제된 것이고, 그 딜레마의 원인은 자명하다. 반면에 부바네스와리에게는 이런 선택권이 내부에 있다.
- 여성의 성차화된 몸은 젠더화됨genderedness의 짐을 감당한다. 그래서 구하와 스피박 모두 그 몸에는 규범들의 안정성을 동요시킬 수 있는 잠재력이 있다고 강조한다. 차이가 있다면 구하가 임신을 "여성적인 몸의 영역"[68]이라고 쓰면서 여성의 타자성의 신비에 집중한다는 것이다. 그의 독해에서는, 『제2의 성』의 시몬 드 보부아르를 따라, 임신에서 남성들은 배제된다. 왜냐하면 "어떤 여성이 자신에게 속하는 아이를 위해 실존하기 때문에 그녀의 몸이 결국 그녀 자신의 것임"을 알게 될 때, 바로 그때 그 여성은 "자신의 몸에 대한 통제를 주장하기"

---

[68] Guha, "Chandra's Death", *Subaltern Studies No. 5*, p. 162.

때문이다.[69] 이와 대조적으로, 부바네스와리의 몸의 조건에 관한 스피박의 독해는 생리에 대한 탈신비화된 직접적인 탈코드화의 견지에서 제공된다. 따라서 생리는 임신하지 않은 여성의 기호이며 단순한 '증거'이다.
- 구하의 이야기에서 교훈은 "친족과 쿠툼kutumb"을 초월하는 여성적인 **연대**이다. 스피박은 여성적인 **누설**betrayal을 상정함으로써 결론짓는다.
- 두 에세이 모두 비애와 저자의 당파성에 각인된 정동적 영역에서 서술된다. 나는 남성으로 젠더화된 저자가 고통받는 여성성과 함께하려는 당파성에는 기사도를 향하는 경향이 있다고 주장하고 싶다(토머스 하디라는 잘 알려진 문학적 전형과 그의 『더버빌가의 테스』에 나오는 여성 주인공 경우처럼 때로는 에로티시즘에 의해 강화되기도 하는 기사도 말이다). 반면 스피박의 경우에서처럼, 여성으로 젠더화된 저자/비평가는 정치적 연대 행위에 더욱 성공적으로 공감하게 된다.
- 찬드라는 법과 사회(사마지) 사이에 사로잡혀 있다. 반면에 부바네스와리/사티는 제국주의와 가부장제 사이에 사로잡혀 있다. 물론 이 제도들은 서로 긴밀하게 연계되어 있다. 즉 식민지 법은 제국주의의 산물이며, 사마지는 가부장적이다. 그럼에도 불구하고 이 용어에는 무시할 수 없는 강조의 차이가 담겨 있다.

구하의 서발턴은 말할 수 있는가? 기록 속에서 찬드라의 침묵은 특히 마가람Magaram의 강한 언사들과 비교할 때 두드러진다. 그의 목소리는 "보

---

69) Guha, "Chandra's Death", *Subaltern Studies No. 5*, p. 163.

이지는 않지만 도처에 퍼져 있는 권위의 목소리"이며, 심지어 그 목소리가 오직 찬드라 모친의 증언 안에서 보고될 뿐일 때도 그러하다.[70] 찬드라의 침묵은 자연스러운 것이 된다. 도대체 그녀가 무엇을 말할 수 있어야만 하는가? 대조적으로 구하는 그녀의 여동생인 브린다의 말(그녀는 "저는 그 약을 먹이면 언니가 낙태할 수 있을 거라 믿었어요. 언니가 죽을지도 모른다는 걸 몰랐어요"라고 증언한다)을 거듭 정밀하게 검토한다. 구하는 브린다의 진술을 이렇게 읽어 내려간다. "브린다는 더 이상 자신을 범죄에 대해 말하는 피고라고 여기지 않고 오히려 자신의 언니에 대해 말하는 사람으로, 또 다른 여성에 대해 말하는 한 여성으로 여긴다.…… 그녀의 발언은 법의 간지^{ruse}를 거부하며, 이 [증언] 텍스트에 비극적 담론의 위엄을 부여한다."[71] 역사가의 조심스러움을 넘어 버린 저자의 목소리가 이 암울한 변론에서 울려 나오는 영웅주의와 비극의 어조를 읽는 특권을 실행한다.

결국 서발턴 여성의 이야기를 우리에게 재현해 줌으로써 그 이야기를 복원하려는 구하의 시도는, 스피박의 분석에 담긴 힘과 진실을 강조해 줄 뿐이다. 그의 이야기에는 우리에게 질문을 청하며 스피박의 앞선 탄식을 떠올리게 하는 침묵들이 여전하다. (기록도 없고 구하도 우리에게 그것을 알려 주는 것을 유보하기 때문에) 우리가 전혀 알지 못하는 것이 바로 그 재판의 결과이다. 우리는 브린다와 그녀의 모친이 자신들의 '범죄'에 대해 사형 선고를 받았는지 여부를 모른다. 그녀들의 죽음의 이러한 사라짐은 물론 또한 그녀들의 죽음이기도 하다. 서발턴은 말할 수 없다.

---

70) *Ibid.*, p. 154.
71) *Ibid.*, p. 161.

말하기와 죽기 사이에서
미국 노예제의 맥락에서 출현한 서발턴에게 긴요한 몇 가지

압둘 R. 잔모하메드

획기적이며 폭넓은 영향력을 행사한 가야트리 차크라보르티 스피박의 에세이 「서발턴은 말할 수 있는가?」는 베다 경전으로 정식화된 일부 전통들의 남근 중심적인 전유 밑에 묻혀 있을 뿐만 아니라 일부 유럽 중심주의적 담론들 밑에도 묻혀 있던 이론적인 지뢰를 제거함으로써 포스트식민 담론과 소수자 담론을 가능하게 하는 데 큰 힘을 발휘했다. 이 담론들의 숨은 가정들이 계속 묻혀 있었더라면 서발턴 의식들을 파내려고 설계된 여러 비판적 기획들이 폭파되고 궤도를 이탈하는 일이 반복되었을 터이다. 그러니 특정한 지뢰들을 제거하는 일이 중요하고 필수적이겠지만 그렇다고 나의 에세이가 그 일에 기여하려는 것은 아니다. 대신에 나는 스피박의 에세이에 담긴 정신, 또는 적어도 그 정신들 중 하나를 이어 갈 것이다. 요컨대 "부정성의 노동"the work of the nagative이 그것이다.[1] 스피박은 단 한 번, 그것도 짧게 지나가면서 헤겔을 내세우지만, 푸코와 들뢰즈에 대한, 그리

---

1) Gayatri Chakravorty Spivak, "Can the Subaltern Speak?", Lawrence Grossberg and Cary Nelson eds., *Marxism and the Interpretation of Culture*, Urbana: University of Illinois Press; Basingstoke: Macmillan, 1988, p. 277 [「하위주체는 말할 수 있는가?」, 태혜숙 옮김, 『세계사상』 4호, 1998; 본서 459쪽].

고 사티를 둘러싼 영국과 인도의 남성적인 담론들에 대한 그녀의 비판이 부정성의 노동의 유력한 사례들임은 분명하다. 심지어 데리다의 읽기 전략들 일부의 가치를 더 '긍정적으로' 평가하는 것조차도, 해체 역시 내재적으로 부정성의 노동인 한에서, 이러한 정신의 한 부분을 이룬다.

나는 스피박의 논문에서 제기된 두 질문에 비춰 프레더릭 더글러스Frederick Douglass의 1845년 자서전을 검토하는 가운데 이 부정성의 노동을 확장시키고 싶다. 첫 질문은 물론 이 논문 전체를 지탱하는 질문이다. 즉 서발턴의 말하기의 생산에 수반되는 다양하고 복합적인 가능성의 조건들은 무엇인가? 하지만 내게는 이 근본적인 질문 안에 인식론적 관점에서뿐만 아니라 역사적 관점에서도 중요한 또 다른 질문에 대한 요청이 담겨 있는 것으로 보인다. 즉 저 말하기를 '들을 수 있음'에 수반되는 가능성의 조건들은 무엇인가? 만약 서발턴이 말한다면, 또는 차라리 서발턴이 말할 때, 과연 우리에게 있는 수용성의 본성에, 이데올로기적이고 인식론적으로 정의되는 그 본성에, 저 말하기에서 표명되는 근본적 관심사들 중 일부를 우리가 들을 수 있고 이해할 수 있다는 의미에서의 저 수용성의 본성에 필요한 것은 무엇일까? 내가 보기에 발견과 관련해 중요한 것은 서발턴 말하기의 생산에 수반되는 조건들을 그 말하기의 수용에 수반되는 조건들과 구별하는 것이다. 왜냐하면 전자는 역사적으로 불변인 데 반해, 후자는 그것들이 오늘날 우리의 비판적이고 인식론적이며 무엇보다도 정치적인 정황들인 한에서 적합한 정밀 검토 여부에 따라 가변적이기 때문이다. 나는 이러한 말하기의 생산과 수용을 둘러싼 질문에 초점을 맞추고 싶은 것인데, 그 이유는 내가 보기에 우리는 서반구에서 노예의 '반란'과 '저항'을 충분하게(그리고 어떤 면에서는 정당하게) 가치 평가하면서도 실상 다소 실증주의적으로, 즉 반란과 저항이라는 이 실증적 행위들의 선행 조건들로 보이는 반복적 부인과 지속적 부정성의 심층적 행위들을 적합하게 평가하지 않은 채로 그렇게 가치 평가했던 것 같기 때문이다. 스피박의 에세이에서 내가 말하고 싶은 두번째 질문은 그녀 에세이의 말미에 제기된다. 잠재적 저항 행위로서 자살의 가능성에 수반되는 조건들은 무엇인가? 노예가 반란 행위에 나서면서 '기꺼이' 자신의 죽음에 직면하겠다는 것은 자살에 준하는 것이다. 이 기꺼이 하겠음이 나타내는 것은 노예의 '삶'을, 내가 다른 곳에서 검토한 바로는 '죽음에-묶인-주체'의 삶인 노예의 '삶'을 규정하는 가능성의 조건들과 관련된 심층의 '부정성'의 계기이다.[2]

내가 서둘러 덧붙여야 할 것은 (여성) 노예의 말하기/들을 수 있음에 수반되는 가능성의 조건들이든 노예의 삶/죽음을 건 투쟁에 수반되는 가능성의 조건들이든 이것들을 순전히 존재론적이거나 인식론적인 영역에서 검토하는 데는 관심이 없다는 점이다. 내가 그 가능성의 조건들에 관심을 기울이는 것은 차라리 정치적 영역 위에서인데, 이 영역 안에서는 존재론적 고려와 인식론적 고려와 윤리적 고려와 미학적 고려와 기타 등등의 고려들이 나름대로 두루 다 밀접한 관련이 있다. 그렇다고 하더라도 이 고려들은 사회적이고 심리적인 지배 관계들이 최종 심급에서 결정하는 어떤 정치경제에 의해 이 영역들이 어떻게 재접합되는지를 묻는 질문에 모두 종속된다. 더 직설적으로 말하자면, 말하고 듣는 행위들과 살고 죽는 행위들에 수반되는 가치들인 사용가치와 교환가치와 잉여가치 사이의 복

---

[2] '죽음에-묶인-주체'(death-bound-subject), '죽음의 변증법'(dialectics of death), '사회적-죽음'(social-death), '실제-죽음'(actual-death), '상징적-죽음'(symbolic-death), '죽음-작업들'(death-works), '날 목숨'(bare life) 등등의 개념과 용어에 관한 정의와 논의를 위해서는 나의 최근 저서인 *The Death-Bound-Subject: Richard Wright's Archaeology of Death*, Durham: Duke University Press, 2005 참조.

합적인 변증법적 연관에 의해, 말하는 능력과 죽는 능력이 언제나 이미 깊숙이 코드화되는 영역이 바로 정치적 영역이다.[3]

「서발턴은 말할 수 있는가?」에서 스피박은 베다어 텍스트들(『다르마샤스트라』와 『리그베다』)에 나오는 '인가된 죽음'의 첫번째 범주라고 부른 것을 매혹적인 방식으로 또박또박 제시한다. "자살의 첫번째 범주는 타트바즈냐나^{tattvajñāna}, 즉 진리에 대한 지식에서 생겨난다. 여기서 앎의 주체는 자기 정체성의 비실체성 혹은 (비현상성과 동일한 것일 수 있는) 단순한 현상성을 이해한다." 그 정체성이 비현상^{nonphenomenal}으로 간주되기에 각성한 자아가 "그 정체성을 파괴하는 것은 아트마가타^{ātmaghāta}(자아 살해)가 아니다. 앎의 한계들을 아는 것의 역설은, 행위 능력^{agncy}의 가능성을 부인하기 위해 행위 능력을 가장 강력하게 주장하는 것이 행위 능력 자체의 사례가 될 수는 없다는 점이다".[4]

나는 잠시 이 정식화의 두 측면에 집중하고 싶다. 첫째, 내 생각에 중요하다고 강조해야 할 점은, 베다적인 진리 체제 안에서 '삶' 또는 '정체성'을 '비현상성'으로 지칭하는 것이 삶/정체성에의 집중을 해지하는^{decathect} 과정에서 근본적으로 필수적인 수순이며, 그래야만 자살 행위에서 삶/정체성을 최종적이고 총체적으로 부인하는 것이 덜 모순적이고 덜 역설적인 것으로 보인다는 점이다. 요컨대 인식론적인 역설이 실제로 실존적인

---

3) 이것들이 또한 리처드 라이트의 『미국의 아들』(*Native Son*)에 나오는 주인공 비거 토머스(Bigger Thomas)에게 동기를 부여한 쌍생적인 긴요함이다. 소설의 말미에 죽음이 닥치자 그는 "죽어야만 했고 [자신의 죽음에 관해—잔모하메드] 말해야만 했다"고 느낀다. Richard Wright, *Early Works: Lawd Today! Uncle Tom's Children, Native Son*, New York: Library of America, 1991, p. 845[『미국의 아들』, 김영희 옮김, 창비, 2012, 597쪽] 참조.
4) Spivak, "Can the Subaltern Speak?", *Marxism and the Interpretation of Culture*, p. 299[본서 467~468쪽].

간지ruse라는 것이다. 혹은 이를 달리 표현하면 어떤 인식론적인 자살이 이미 선행하여 후속되는 실존적인 자살을 가능하게 만든다는 것이다. 따라서 삶/정체성을 '비실체성' 또는 '비현상성'으로 지칭하는 것은 집중 해지 decathexis의 근본 형태이다. 이 형태가 자살 '자체'의 집중 해지의 총체적인 후속 형태를 허용한다. 집중 해지의 제2행위는 제1행위 없이는 불가능할 것이다. 그러니 제1행위 역시 제2행위만큼이나 자살이다. 삶이 그 자체에의 집중을 해지하려는 '자살적인' 시도를 상세히 검토해 보면 그러한 시도들에는 항상 선행 '자살들'의 복합 연쇄가 내포되어 있으며, 보통 이 연쇄는 인접해 있지만 비실존적인 영역들에서 접합된다는 점이 잘 밝혀질 것이다. 앞으로 내가 주장하려는 것은 이 계기에 내포된 집중 해지의 모든 다양한 형태는 전부 '자살/죽음'의 형태들이며, 이 형태들에는 힘을 부여하는 부정성이 내포되어 있는데 이 부정성이야말로 우리가 노예 반란 행위들에서 더 잘 평가해 낼 필요가 있다는 점이다. 둘째, 나는 스피박의 에세이에 부분적으로 동의하면서도 하이데거적인 입장[5])에는 반대하면서, 행위 능력agency의 가능성에 대한 부인으로서의 자살 가능성은 특정한 정황에서는 행위 능력의 가장 강한 천명에 기반이 될 뿐만 아니라 앎의 한계들을 아는 능력을 정의할 수 있다고 주장한다. 이 능력은 거의 총체적인 부인의 계기로부터 그것의 그림자를 회고적으로 소급시켜서 서발턴 주체 또는 노예 주체가 자신의 '기원'의 계기를 재접합하거나 또는 재개념

---

5) 하이데거는 현존재가 자신의 죽음 '가능성'에 대해 이해하는 것에 집요하게 집착하면서 이 가능성의 '현실화' 형태는 어떤 것이든 다 맹렬하게 반박하며, 그리하여 당사자의 죽음 가능성을 현실화하는 것으로서의 자살을 금지한다. Martin Heidegger, *Being and Time*, trans. John Macpuarrie and Edward Robinson, New York: Harper and Row, 1962[『존재와 시간』, 이기상 옮김, 까치글방, 1998] 참조. 이 대립에 관한 진전된 논의를 위해서는 JanMohamed, *The-Death-Bound-Subject*의 마지막 장 참조.

화하고, 그리하여 자신의 정체성을 형성하는 과정들과 사회정치적인 투자investment들을 더 크게 통제할 수 있도록 하는 능력이다.

노예제의 맥락에서는, 삶/정체성에의 집중을 필연적으로 해지하는 것을 허용하는 준-자살적인 선행 조건들을 표명하거나 또는 자살을 인가할, 도덕-겸-법/인식론적인moral-cum-legal/epistemological 어떤 외재적 권위를 탐색하기라는 문제는 없다. 그렇지만 베다 전통과 노예제 두 경우 모두 아주 유사한 분명한 역설이 있다. 둘 다 행위 능력을 정식화하고 유효하게 통제하는 가운데 부인의 노동work of negation을 강력하게 강조한다. 그 안에 담긴 함의는, 주체의 행위 능력을 긍정하는 최상의 계기가 그러한 행위 능력에 대한 총체적인 부인에 가능한 한 밀착되어 있다는 것, 행위 능력에 대한 궁극적인 통제는 이 행위 능력의 죽음을 기꺼이 포용하는 데서 비롯된다는 것, 죽음의 포용과 변혁된 주체의 재탄생 사이에서 맺어지는 차이의 연관은 언제나 점근 곡선(재구현의 순환이 무한한 과정일 수 있는) 위에 위치한 변증법적 관계라는 것이다. 베다 사회와 노예 사회라는 두 맥락 모두, 행위 능력의 복원은 선행하는 거의 총체적인 집중 해지에, 삶과 정체성에 대한 총체적인 부인에 달려 있다.

1

프레더릭 더글러스의 『프레더릭 더글러스의 삶에 관한 이야기: 한 미국 노예』는 더글러스가 장기적으로 집요하게 부인에 집중하는 것을 통해, 즉 총체적인-집중 해지-로서의-죽음에 집중하는 것을 통해 이 역설을 설득력 있게 복합적으로 표명한다.[6] 여기서 나는 이 역설을 검토하면서, 더글러스가 노예화 과정에서 죽음의 도구적 기능을 반헤겔적으로 전유하고 접합한 양상에 대해 폴 길로이가 진행한 설득력 있고 대단히 계몽적인 연구의 족적을 따라갈 것이다. 길로이가 주장하듯이, 더글러스가 자신의 죽음 가능성을 전유하는 것은 주체로서의 자신의 남성성과 행위 능력을 재접합하는 기반이 된다. 길로이는 이 전유를 부정적인 동시에 긍정적인 행위로 본다. 앞으로 나는 행위 능력이 다시 기능하는 가운데 부정성과 긍정성 사이에서 맺어지는 복합적 연관들을 더 정확하게 접합해 보고 싶다.[7]

노예 감독관이 덤비Demby라는 노예를 채찍으로 때리려고 개울에서 나오라고 하는데 덤비는 싫다고 했다가 총에 맞는다. 아주 어린 시절에 이 장면을 목격한 더글러스는 노예의 처지는 '날 목숨'이라는 것을, 살인이나 신성모독으로 정의될 수 있을 살인 범죄를 저지르지 않아도 얼마든지 죽을 수 있는 삶이라는 것을 깨닫는다. 하지만 이러한 실제 사례의 교훈(더글러스를 비롯해서 모든 노예가 묵시적이든 명시적이든 '사회적 죽음'의 구조 안에 갇힌 '삶'을 살고 있다. 이런 갇힘은 '실제 죽음'의 위협에 의해, 노예들의 '삶' 위에 내려져 있는 대체된 죽음 선고가 주인의 기분에 따라 취하될 수도 있다는 변덕스러운 가능성에 의해 가능해진다)은 아무리 겁나고 끔찍

---

6) Frederick Douglass, *Narrative of the Life of Frederick Douglass: An American Slave*, *The Autobiographies*, New York: Library of America, 1996[『미국 노예, 프레더릭 더글러스의 삶에 관한 이야기』, 손세호 옮김, 지만지, 2011].
7) 한편으로 길로이는 더글러스와 마거릿 가너(Margaret Garner)가 "지속되는 예속보다 죽음을 **긍정적으로** 선호하는 것이 자유 그 자체의 본성에 관한 노예 담론에 기여하는 것으로 읽힐 수 있다"고 주장한다. 다른 한편으로, 길로이는 또한 "속박보다 죽음을 거듭 선택하는 것은 **부정성의 원칙**을 표명하는 것이다. 근대 서구 사유의 특징을 이루는, 노예는 헤겔적으로 죽음보다 속박을 선호한다는 데서 표현되는 형식 논리적이고 합리적인 계산에 대립하는 것이 바로 이 부정성의 원칙"이라고 주장한다. Paul Gilroy, *The Black Atlantic: Modernity and Double Consciousness*, Cambridge: Harvard University Press, 1993, p. 68 참조. 강조는 잔모하메드. 내 생각엔 두 진술 모두 사실 옳아서, 부정성의 원칙을 긍정적으로 선호하는 것의 종별성을 뒤에서 정리해 보겠다.

해도 여전히 상대적으로 추상적이다. 더글러스의 반골 기질로 인해 결국 주인이 그를 노예 훈육사 slave breaker인 에드워드 코비 Edward Covey에게 대여하는 지경에 이르러서야 비로소 그는 자신의 삶을 일관되게 총체적으로 규정하는 근본적 부정성으로서의 자신의 잠재적 죽음을 경험하기 시작한다. 더글러스는 코비의 농장에 와서 처음 반년간 자신의 죽음의 내재성을 온전하게 인정하기를 '본능적으로' 거부하고, 심지어 죽음의 위협을 거듭 받으면서도 다른 가능성들을 찾는다. 마침내 곧 닥칠 자신의 죽음을 외면하지 않겠다고 마음먹게 되자 비로소 그는 자신의 잠재적 죽음의 부정성을 전유하여 자유의 토대로 전화시킬 수 있게 된다. 요컨대 그는 자신의 죽음의 부정성을 포용함으로써만 자신의 행위 능력을 주인의 안녕을 위해서가 아니라 자신의 안녕을 위해서 복원할 수 있다. 코비와 더글러스의 싸움과 이 싸움에 이르는 장면들은 비평가들에 의해 셀 수 없이 검토되었다. 그렇지만 나는 상세히 정밀 검토를 더 하다 보면 개인의 행위 능력과 인격의 자유를 위한 환경을 설정하는 데서 부정성이 하는 역할에 관한 더 진전된 통찰을 낳을 수 있다고 생각한다.

(더글러스 스스로 '불순응'이라 부른 수동적인 저항이 초래한) 매주 벌어지는 채찍 매질로 인해 더글러스는 죽음의 변증법 안으로 들어서게 되는데, 이것이 그로 하여금 자신의 조건은 "날 목숨"이고, "짐승으로 변한 인간"이고, 우울함에 젖어 인사불성인 상태라는 것을 깨닫게 해준다.[8] 그의 날 목숨이 그를 "죽일 수 있음"에 의해 정의되는 한에서, 그는 자신의 조건을 포용하는 것을 숙고한다. "나는 때때로 내 목숨을, 그리고 코비의

---

[8] Douglass, *Narrative of the Life of Frederick Douglass*, p. 58 [『미국 노예, 프레더릭 더글러스의 삶에 관한 이야기』, 126쪽].

목숨도 앗아가고픈 충동에 사로잡혔다." 하지만 그토록 생산적일 포용의 가능성은 아직 숙성되지 않은 것이다. 왜냐하면 그가 자신의 죽음에 묶이는 것을 가로막는 "희망과 공포의 조합"이 여전하기 때문이다. 그가 자신의 (날) 목숨에 집중하는 것이 바로 이 조합으로 인해 지속된다.[9] 날 목숨에의 이러한 결착attachment은 인접한 실제-죽음의 가능성에 가혹하게 노출됨으로써 서서히 부식된다. 처음에는 코비가 그의 머리를 베어 버려서 출혈 과다로 죽는 가능성에 의해, 이어서 코비의 농장으로 돌아가면 코비가 그를 죽일 거라는 공포에 의해, 마지막으로 그의 근본적인 선택은 상이한 죽음의 양식들 중에서 고르는 것임을 깨닫는 것("난 그날 온종일 숲에서 지냈는데, 내 앞에 놓인 선택은 집에 가서 맞아 죽느냐, 아니면 숲에 남아 굶어 죽느냐였다")에 의해서 말이다.[10] 죽음의 편재가 그의 보잘것없는 삶의 굴레를 점차 느슨하게 하고, 그가 자신의 잠재적 죽음에 묶이는 것을 숙고하도록 해준다. 이 역설적인 전환에서 에로스의 에너지들(프로이트에 따르면 이 에너지들의 특징은 대상들을 묶어 주는 경향에 있다)이 완전히 반전되어 이제 "묶인 걸 풀어 주는" 과정인 타나토스에 "묶이는데", 더글러스의 이야기에서 이 과정은 아주 미묘해서 거의 알아차릴 수 없다.

더글러스는 도망치는 것을 숙고할 때, "투항해서" 죽임을 당하는 것과 마찬가지로 도망치다가 죽임을 당할 가능성도 똑같이 크다는 것을 인정해야만 한다. 투항이란 그에게는 사회적-죽음이거나 또는 실제-죽음이다. "내가 가진 죽음은 열병으로 죽거나 학질로 죽는 거였다. 잃어버릴

---

9) Douglass, *Narrative of the Life of Frederick Douglass*, p. 59[『미국 노예, 프레더릭 더글러스의 삶에 관한 이야기』, 126쪽].
10) *Ibid.*, pp. 61~63[같은 책, 130~134쪽].

삶은 어차피 하나다. 내가 가진 죽음은 서서 죽거나 달리다 죽임을 당하는 거였다."[11] '달리다'는 실제-죽음의 가능성에 대한 '통상적인' 대응인 회피와 거부의 모든 형태에 관한 하나의 환유로 이해되어야 한다. 반면에 '서서'는 일찍이 그가 삶에 연연하도록 했던 '공포'의 사라짐으로 이해되어야 할 뿐만 아니라 또한 그러한 가능성을 어느 면에서는 '허용'하는 의미를 지니는 것으로 이해되어야만 한다. 이 해석을 북돋아 주는 것은 죽음 과정을 지칭하는 동사를 더글러스가 능동과 수동 형태로 쓴다는 점이다. 달리다 '죽임을 **당하는**' 가능성에 담긴 함의는 자신의 운명 앞에 내보이는 회피와 수동성이다. 여기서 죽음 행위의 행위자는 주인이지 노예가 아니다. 반면에, 서서 '죽기'와 죽음과 대면하기에 담긴 함의는 능동적인 전유이며, 자신의 죽음을 포용하는 것이나 매한가지다. 요컨대 여기서 죽음의 결단에 책임을 지는 자는 노예이다.[12] 더글러스는 한 명의 노예로서 자신에게 주어진 조건에 책임이 있는 기초적인 부정성(즉 죽음 위협)을 그렇게 무조건적으로 포용함으로써 자신의 죽음 가능성을 능동적으로 전유하는 지점에, 그리고 마침내 자신의 실제-죽음이 부정성의 근본 형태로 깊숙이 코드화되어 있다고 하더라도 오직 그에게만 사용가치를 갖는다는 것(주인은 이 가치 형태를 결코 전유할 수 없다는 것)을 깨닫는 지점에 이른다. 내가 다른 곳에서 논했듯이, 주인은 죽음 **위협**을 가해서, 때로는 (부당할 정도로 빈번한) 집행을 통해 효력을 배가시켜 가면서 막대한 이익을 누린다. 왜냐하면 더글러스가 충분히 입증했듯이 주인에게 막대한 교환가치와 잉

---

11) *Ibid.*, p. 59[같은 책, 128쪽].
12) 리처드 라이트가 그린 인물들 중 하나는 곧 죽게 될 상태에서, 자신의 죽음에 대한 행위자다운 통제를 이렇게 표명한다. "**그들**이 그를 죽이도록 내버려 두기에 앞서 **그**가 죽을 것이다" ("Down by the River Side", *Early Works*, p. 326, 강조는 잔모하메드).

여가치를 생산해 주는 노예 노동을 그러한 위협을 통해 얻기 때문이다. 그렇지만 노예의 실제-죽음은, 다른 노예들에게 보여 줄 본보기로서의 효력을 제외하면, 주인에게 사용가치 또는 교환가치를 안겨 주지 않는다.[13]

죽음 위협과 이것이 배치하는 구조들은, 노예에게 조건에 따라 대체되는 죽음 선고처럼, 명확히 노예의 행위 능력(통상적으로는 그 자신의 필요에 따름)을 철저하게 삭감하고 이 행위 능력을 주인의 필요와 욕망에 맞춰 조정하기 위해 설계된다. 그렇듯 주인과 노예 사이의 목숨을 건 투쟁은 명확히 노예의 행위 능력 통제를 놓고 벌이는 투쟁이다. 죽음에 대한 노예의 공포 또는 '어떤 대가를 치르더라도' 죽음을 피하고픈 욕망은, 그의 조건을 노예로 생산한다. 따라서 목숨을 건 투쟁 장면으로의 회귀는 노예로 하여금 자신의 행위 능력 회복을 시도할 수 있게끔 해준다. 잘 알려진 것처럼 이것이 코비와 더글러스 사이에 벌어진 두 시간의 싸움에서, 더글러스가 '이긴' 그 싸움에서 일어난 바로 그 일이다. 더글러스의 뒤이은 변모, 즉 그의 잘 알려진 '부활' 역시 완벽하게 연구되었다. 그렇지만 노예제의 맥락에서 행위 능력과 부정성의 연관에 관해 이 장면이 무엇을 밝혀줄 수 있을지를 확인하기 위해 이 장면을 재검토하는 것도 유용할 듯하다. 첫째, 부활은 죽음의 변증법의 완료를 나타낸다는 점이 주목되어야만 한다. 즉 그의 '실제-죽음'(과 생존의) 가능성과 대면함으로써, 더글러스는 자신의 '사회적-죽음'을 무화시킨다. 그의 말에 따르면, 자신이 "외형상 계속 노예이더라도 사실상 한 명의 노예일 수 있는 날은 영원히 지나가 버렸으

---

13) 물론 다른 노예들의 순응을 보장하기 위해 고안된 노예 처형/린치에서 일부 '교환가치'를 주인이 끌어내는 것은 유일한 예외이다. 확실히 그러한 강제는 다른 노예들의 노동을 통한 교환가치의 증산으로 이어질 것이다. 하지만 주인이 죽이거나 자살한 노예의 노동에서는 교환가치를 더 이상 추출해 낼 수 없을 것이다.

며", 그리하여 그는 '상징적-죽음'을 달성한다. 부활의 수사학에 담긴 함의는 그가 죽었다가 다시 태어났다는 점과, 그가 사회적-죽음의 구조 안에 자리했던 노예라는 주체-위치는 죽었고 그는 잠재적인 실제-죽음을 극복하고 살아남았으며 그리하여 새로운 주체-위치로 다시 태어날 수 있었다는 점이다. 이것은 충분히 간단하다. 하지만 강조될 필요가 있는 더 중요한 두번째 논점은, 이러한 부활이 비록 그 심층에서 긍정적인 발전이긴 하지만 더글러스의 노예로서의 남은 생애 동안 이 부활을 가능하게 하고 그 자리에서 유지시키도록 하는 것은 심층의 부정성이라는 점이다. 그의 새로운 삶의 탄생과 자유 추구를 키우고 지속시키는 것은 죽음의 부정성에 깊이 묶이는 것이요, 묶임을 풀기라는 원칙에 깊이 묶이는 것이다.

더글러스는 이 역설을 알고는 있지만, 코비와의 길게 이어진 싸움에 앞서 또는 그렇게 싸우는 동안에 이 역설을 완전하게 설명할 수는 없다. 그렇다고 해도 그가 싸움에서 이긴 뒤에 미래의 잠재적 행위 능력과 관련하여 내린 결단들은, 삶과 죽음 사이의 연관의 아포리아가 중요하고도 필연적이라는 것을 그가 분명하게 파악했음을 입증한다. 코비는 더글러스를 달래서 방비를 허술하게 만든 뒤에 공격한다. "코비 씨는 이제 자기가 나를 가졌다고, 그러니 하고 싶은 걸 할 수 있겠다고 생각하는 것 같았다. 하지만 바로 이 순간, **내가 모르는 정신이 왔던 바로 그때**, 나는 싸우겠다고 결심했다."[14] 힘이 모자라 저항에 실패한 것이 분명한 바로 그 순간에 실질적인 잉여 에너지가 정체를 알 수 없는 원천으로부터 솟구쳐 오른다. 나는 『죽음에-묶인-주체』에서 이런 유형의 조건들 아래 죽음을 '포용'

---

14) Douglass, *Narrative of the Life of Frederick Douglass*, p. 64[『미국 노예, 프레더릭 더글러스의 삶에 관한 이야기』, 136~137쪽]. 강조는 잔모하메드.

embrace하는 것이 '상징적-죽음'에 필연적으로 선행하며, 노예의 주체-위치가 철폐되고 이와 '같은' 주체가 더욱 해방된 주체-위치로 재탄생하는 것에도 필연적으로 선행한다고 주장한다. 그렇지만 포용 개념은 그 텍스트에서 상대적으로 이론화가 더딘 채로 남아 있다. 더글러스가 이 순간을 딱 짚어 낸 덕분에 우리는 그것의 이론화를 더 진전시킬 수 있다.

더글러스는 실제로 죽음의 개연성을 운명이라 여기고 체념한 **이후에**, 즉 자신이 행사할 수 있는 선택의 자유 중에 의미 있는 유일한 것은 자신의 죽음 양식을 선택하는 것이라고 정한 이후에, 삶을 위한 싸움을 결정한다. 이러한 선택에의 실질적인 집중에서는 '삶'에의 집중 해지가 묵시적으로 수반된다. 그런 한에서, 이 선택 자체가 투쟁에서의 최종적 죽음 가능성에 선행하는 죽음 형식이다. 스스로의 잠재적인 죽음 양식들에 묶이는 것에는, 근본적으로 지속적인 묶음 과정에 불과한 '삶' 또는 에로스에의 묶임을 푸는 것이 반드시 수반된다. 여기서 덧붙여야 할 중요한 것은, 상이한 죽음 양식들 사이에서 내리는 선택이 인식론적 영역에 갇혀 있게 되면 그것은 실제적인 변혁의 순간일 수 없지만, '발화된 언표'illocutionary utterance의 형태를 띠면서, 말하자면 '상징적 행위'로서 실존의 영역으로 넘어가게 되면 그때는 선택 그 자체가 죽음의 형식이 된다는 점이다. 상징적 행위로서의 이 선택은 죽음 가능성을 '포용하기'를 구성하며, 이 포용은 그 가능성 자체에 선행한다. 이러한 정식화에서 두 가지 이론적 결과가 나온다. 첫번째 결과는 '삶'에의 집중을 묵시적으로 해지하는 것이 에로스의 에너지들을 자유롭게 해서, 이 에너지들이 우선은 죽음에 그리고 뒤이어서는 다소 변경된 형태로 '삶'에 '묶일' 수 있는——고도로 '부정적'이긴 해도——해방된 집중의 에너지들이라는 형식으로 즉각 회귀한다는 점이다. 바로 이 회귀야말로 더글러스가 자기 '정신'의 신비한 분출을 언급하면서 놀라워한 바로 그것이다. 두번째 결과는, 우리가 발화상의-죽음illocutionary-death이라 부를 수 있을 만한 것과 실존적인 실제-죽음이라 부를 수 있을 만한 것 사이의 공간이 열리는 덕분에 우리는 상징적-죽음이라는 통념을 발화상의-죽음과 더불어 시작되는 역동적인 변혁적 관어로 재접합할 수 있게 된다는 것이다. 이 발화상의-죽음은 집중의 에너지들을 해방시키고 그것들을 위한 환경을 재설정하며, 목숨을 건 투쟁에서 살아남는 노예에게는 재탄생의 순간으로 귀결되어, 해방된 집중의 에너지들이 새로운 묶임 과정을 시작할 수 있게 해준다. 요컨대 두 순간이 합쳐져서 더글러스와 다른 노예들이 부활이라 불렀던 것의 구조를 구성하며 관통한다.

죽음에 대한 '정상적인' 태도는 보통 거부와 회피에 기반을 두기 때문에,[15] 주인과 노예의 이 투쟁에서 에로스와 타나토스가, 그리고 삶과 죽음이 얽혀서 아포리아를 이루는 것의 몇몇 특성들은 더 정교하게 검토해 볼 필요가 있다. 첫째, 많은 면에서 심층적으로 반헤겔적인 더글러스의 회상은, 삶에의 집중을 기꺼이 해지하는 것을 마다하는 투사는 투쟁에서 지게 되리라는 헤겔의 강조를 실은 긍정하고 있다. 분명히, 더글러스가 지적하듯이, 코비는 노예제를 보증하는 경찰 당국에 도움을 청하는 것을 꺼리는데, 왜냐하면 그렇게 도움을 청함으로써 노예 훈육사로서의 자신의 명성에 금이 갈까 봐 두렵기 때문이고, 결국 이것이 그의 경제적 부에 영향을 미칠 것이기 때문이다. 그러니 노예 소유주와 훈육사로서의 그의 '삶'에 그가 '결착'되어 있고 '투자'하고 있다는 것이, 그로 하여금 전투에서 이기

---

15) 이러한 거부를 하이데거는 죽음에 대한 "진정성 없는"(inauthentic) 태도라고 부른다. 하지만 내게는 질문 거리인 태도들과 결착들의 저변 구조를 해명하기보다는 가리는 것이 이 진정성 (authenticity)이라는 용어인 것 같다.

지 못했는데도 후퇴하도록 압박하는 것이다. 반면에 더글러스는 자신의 '사회적-죽음'에 입각한 '날 목숨'을 제외하면 잃을 것이 아무것도 없다. 둘째, 더 중요한 것은, 이런 정황에서는 결코 일시적이거나 우연적인 것이 아님을 우리가 반드시 기억해야 할 저 죽음 위협에 대한 저항의 성공은 발화상의 헌신의 부정성에 깊이 몰두하는 지속적인 묶임에 달려 있다는 점이다. 더글러스가 이것을 완벽히 인식하고 있음은 그가 코비와의 싸움에서 이겨 부활한 뒤에 "나는 내게 채찍질을 하는 데 성공할 것이라고 예상한 백인은 나를 죽이는 데도 성공해야 한다는 것을 알게 하는 데 주저하지 않았다"고 강조할 때 확인된다. 그의 진술은 이어진다. "비록 내가 그 이후 4년간 노예로 남아 있었지만 그 순간 이후 결코 다시는 불려가서 채찍질이나 당하던 내가 아니었다. 나는 여러 번 싸웠지만 결코 채찍으로 맞지는 않았다."[16)

이 정식화에서는 '죽임을 당하는' '수동성'과 '죽어 버리는' '능동적' 입지 사이의 대립 구조가 침울하게 되풀이된다. 채찍을 그냥 맞고만 있는 상황의 함의는 행위 능력의 폐지이다. 말하자면 그 상황에서 자아의 종속이 아무리 '최소한의' 수준이거나 또는 '마지못한' 것이라 해도, 여하튼 '자발적인' 종속이라는 함의를 갖고 있는 것이다. 반면에 '싸움'에 담긴 함의는 행위 능력의 통제이며, 폭력에는 폭력으로 맞서겠다는 결단이며, 필요하다면 싸우다 죽겠다는 의지이다.[17) 죽음의 경우나 싸움의 경우 모두, 더

---

16) Douglass, *Narrative of the Life of Frederick Douglass*, p. 65[『미국 노예, 프레더릭 더글러스의 삶에 관한 이야기』, 139쪽].
17) 반투 스티브 비코(Bantu Steve Biko)가 더글러스의 영향을 받았는지 여부는 불분명하지만, 비코가 아파르트헤이트 체제에 의해 살해되기 전에 가진 대담에서 거의 동일한 언어로 동일한 입장을 발언한 것은 주목할 만하다. 그의 에세이 "On Death", *Write What I Like*, San Francisco: Harper and Row, 1986 참조.

글러스는 수동적인 입지에 대립하는 능동적인 입지를 택한다. 따라서 확실하게 분명해지는 것은, '행위 능력'의 전유와 천명이 부정적이자 부인하는 태도에의 총체적 헌신과 능동적 입지를 혼합하는 데서 비롯된다는 점이다. 더글러스의 나머지 이야기에는 능동적 입지와 부정성을 결합하려는 그의 결정과 결심을 증명하는 사례들이 숱하게 나온다. 요컨대 더글러스는 코비와의 싸움에서 자신의 삶을 거는 위험 부담을 감수할 뿐만 아니라, 노예로서의 삶이 이어지는 동안에도 **지속적인** 방식으로 그렇게 한다. 발화의 순간에는 삶에의 집중에 대한 대단히 강렬한 해지가 동반되어야만 하며, 노예가 자유를 얻으려면 이 강렬함이 장기간 지속되어야만 한다. 이것을 현상학적이고 정치적인 관점에서 이해하는 것이 중요하다. 더글러스가 스스로를 표명하는 영역과 함께하면서도 그것과는 상이한 영역에서 내가 제안하고 있는 바는, 노예의 자유 추구는 부정성의 노동에 대한 지속적인 헌신을 요청한다는 것이다.

2

우리가 더글러스의 이야기 및 부정성의 노동의 실효성에 관한 그의 성찰에 접근하는 것은, 그 이야기와 성찰들이 앎의 과정으로 구성되고 또 앎의 과정에 의해 구성되는 한에서, 물론 그의 말하기 능력에, 더 세부적으로 말하자면, 그의 글쓰기 능력에 달려 있다. 얼마나 많은 다른 노예들이 다소간 더글러스처럼 목숨을 건 투쟁의 이 고전적인 판본에 참여했는지, 얼마나 많은 노예들이 그 과정 중에 죽었는지, 얼마나 많은 노예들이 도망에 성공해 자유롭게 되었는지 등등을 우리는 다만 추정할 수 있을 따름이다. 아마도 성공했던 노예들이 많았을 테고, 노예제의 여러 측면에 관해 더글러스와 해리엇 제이콥스Harriet Jacobs 같은 개인들이 보여 준 통찰보다 더 뛰어난 통찰을 지녔던 노예들도 많았을 것이다. 하지만 이 노예들이 더글러스와 제이콥스처럼 글을 읽고 쓸 수 있게 되어야, 비로소 우리는 이들의 통찰에 접근하게 된다. 그들에게 말하기 능력이 없다면, 특히 글쓰기 능력이 없다면 그들의 통찰은 우리에게 전해지지 못할 것이다. 따라서 내가 제안하려는 바는, 부정성의 노동에 대한 더글러스의 당위적인 헌신이 내 주장처럼 지속적이고 총체적이려면 글을 익혀서 그것을 정치적으로 전개하는 가운데 표현되어야만 하리라는 것이다. 그는 글을 익히는 것의 '부정적' 가치와 '부정적' 동기에 관해 믿을 수 없을 만큼 너무나 분명하고 단호하고 유려하게 쓰고 있다. 그래서 유명한 언급을 길지만 다시 한번 인용해 보는 것도 아마 가치 있을 것이다.

주인이 하도 결연하게 말하고, 내게 교육을 베푸는 일이 야기할 사악한 결과들에 대한 인상을 자기 부인에게 심어 주려 하길래, 그 자신이 말하고 있는 진실들에 대해 깊이 의식하고 있다는 것을 나는 확신하게 되었다. 덕분에 내가 얻은 최상의 보장은, 그의 말대로 내게 읽기를 가르쳐서 빚어질 결과들에 내가 아주 자신 있게 의지해도 되겠다는 것이었다. 그가 가장 겁냈던 것, 그것이 바로 내가 가장 욕망했던 것이다. 그가 가장 사랑했던 것, 그것이 바로 내가 가장 증오했던 것이다. 그에게는 조심스럽게 피해야 할 엄청난 악이었던 그것이, 내게는 부지런히 찾아야 할 엄청난 선이었다. 글 읽기를 배우지 말라던 그의 따뜻한 설득은 내게는 반드시 배워야겠다는 욕망과 결의를 불러일으켰을 따름이다. **나는 읽기를 배우면서 여주인의 친절한 도움에 신세를 진 것만큼이나 남주인의 신랄한 반대에도 큰 신세를 진 셈이다. 나는 두 사람에게 받은 수혜를 인정한다.**[18]

주인의 의도와 욕망과 계획 등을 부인해야 할 필요를 병렬 구조 속에서 반복하고 수사학적 스타일을 구축한 앞 인용문에서는, 목숨을 건 투쟁에서와 같은 유형의 지속적이고 집요한 부정성이 뚜렷하게 그 윤곽을 드러낸다. 주인을 부정해야 할 이러한 필요의 절대적 본성이 과연 어느 정도로 성숙하고 자유로운 더글러스의 자신감(미성숙하고 아직 문맹인 젊은이에게 회고적으로 투사되고 있는 중인)의 발로인지, 또는 과연 어느 정도로 (그런 정황하에서) 젊은이의 명료한 이해와 담대한 열망과 읽기 능력의 정치적 가치에 대한 직관적 포착의 정확한 지표인지를 규정하기란 불가능할 것이다. 그렇지만 글을 깨우치면서 젊은 더글러스가 직면하는 장애에도 불구하고 결과적으로 그가 입증하는 목적의 집요함은, 금지의 부정성에도 불구하고/금지의 부정성 때문에 그가 지속적으로 글 습득에 매진한 것을 논란의 여지 없이 증언한다. 게다가 더글러스는 글을 읽고 쓸 줄 알아야 한다는 여주인의 격려와 그것에 대한 남주인의 금지가 모두 "수혜"임을 인정하는 가운데, 긍정적 가치와 부정적 가치의 변증법적 관계들에 대한 예리한 평가를 드러낸다. 글을 읽고 쓰는 능력이 어떤 세계를 구획하는 데 결정적인 한에서, 그것은 세계를 인식론적으로 묶고 푸는 것을, 세계를 창조하고 살해하는 것을 내포한다. 더글러스가 "흑인을 노예화하는 백인의 힘"을 전적으로 이 인식론적 테크놀로지 탓으로 돌리고 있으니, 그는 이 테크놀로지의 정치적 가치를 완벽하게 자각하고 있는 셈이다.[19]

더글러스는 체계적으로 이론화하지는 못하지만 읽기 능력과 지식의

---

18) Douglass, *Narrative of the Life of Frederick Douglass*, p. 38[『미국 노예, 프레더릭 더글러스의 삶에 관한 이야기』, 85쪽]. 강조는 잔모하메드.
19) *Ibid.*, p. 37[같은 책, 84쪽].

영역에서 이루어지는 부정성의 노동과, 삶과 죽음의 영역에서 이루어지는 부정성의 노동 사이에 심층적인 공생적 연관들이 있음을 직관적으로 알고 있다(또 그의 행동과 헌신이 이러한 직관의 힘을 분명하게 입증한다). 그가 단호한 부인을 거쳐 읽기 능력을 획득하지 않았더라면, 자신의 부활을 허용했던 사회적-죽음과 실제-죽음의 지양에 대해 결코 쓸 수 없었을 것이다. 역으로, 역시 단호한 부인을 거쳐, 노예의 주체-위치를 먼저 파괴하지 않았더라면(이어서 노예제의 장에서 물리적으로 도망치지 않았더라면) 그는 결코 살아남아 그것에 관해 쓸 수 없었을 것이다. 내 생각에 이 두 유형의 부인은 일반적으로 인식되고 있는 것보다 더 깊이 연계되어 있다.

그러나 이 공생적 관계의 본질적인 표현을 검토하기에 앞서, 우리는 더글러스가 읽고 쓰는 능력을 통해 책과 잡지에 접근할 수 있었고 덕분에 그가 노예제와 자유의 본성에 관해 독학할 수 있었다는 점에, 지식은 자신의 조건을 극복하지 못하는 무능력에 의해 생기는 깊은 부정성의 짐을 떠안게 된다는 점에 주목할 필요가 있다. 자신의 감금을 더 잘 이해하게 되자 더글러스는 코비가 휘두르는 채찍으로 잔인한 취급을 받는 것보다, 오히려 낙담 속에서 자신의 죽음 가능성에 더 가까이 다가간다. "나는 종종 내가 이 세상에 태어나지 말았으면, 죽어 버렸으면 하는 회한에 빠졌다. 다만 자유로워지고 싶다는 희망 하나로 나는 자살을 하거나 아니면 죽임을 당할 무슨 일인가를 저질러야 한다는 것을 추호도 의심하지 않았다."[20]

여기에 있는 준자살quasi suicide의 가능성은 실존적인 실제 죽음의 가능성에 선행하는 발화상의 인식론적/정동적 죽음과 거의 동일한 기능을

---

20) Douglass, *Narrative of the Life of Frederick Douglass*, p. 43[『미국 노예, 프레더릭 더글러스의 삶에 관한 이야기』, 94~95쪽].

갖는다. 하지만 발화상의 집중 해지와 달리, 읽기 능력 덕분에 더글러스는 자신의 자서전에 존재하는, 가장 심오하면서도 다른 것이라고는 거의 아무것도 섞이지 않은 순수한 에로스적인 묶임의 형태라는 결정적 계기를 이 순환 안에 삽입할 수 있게 된다. 그가 사바트^{Sabbath}라 부르는 학교를 위험을 감수해서라도 열겠다는 결정을 내림으로써 에로스적인 유대 맺기$^{erotic\ bonding}$가 발생하는데, 이 학교에서 그는 다른 노예들에게 읽고 쓰는 방법을 가르친다. 그는 한 번에 40명에 달하는 학생을 모아 매주 일요일에, 겨울이 되면 매주 3일을 추가해서 가르친다. 그는 이 동료 노예 학생들과 자신의 관계에 대해 "우리는 각기 연계되어 있고 특히 상호 연계되어 있다"고 말한다. "나는 그때까지 내가 경험했던 그 어떤 것보다도 더 강한 사랑으로 그들을 사랑했다." 실제로 이들 개인은 명백하게 다 함께 묶여서 단일한 집단 주체를 이룬다. "우리는 상호 협의 없이는 그 어떤 중요한 일도 결코 착수하지 않았다. 우리는 결코 따로 움직이지 않았다. 우리는 하나였다."[21] 하지만 이 가장 긍정적인 유대가 타나토스의 그림자 아래 이루어졌다는 점에 주목하는 것 또한 중요한데, 왜냐하면 그 유대에서는 강점조차 죽음의 관점에서 표현되기 때문이다. "우리는 서로를 위해 죽을 것"이라고 더글러스는 첨언한다. 노예의 가장 깊은 헌신 형태가 스스로저 애착을 위해 기꺼이 죽겠다는 견지에서 표명되는 것은 우연이 아니다. 비슷하게, 몇몇 동료 노예에게 함께 도망치자고 독려하는 더글러스의 결정은 "목숨을 바치는 결단"이라는 특징을 갖는다고 그 자신이 제시한다.[22] 그들의 도망 계획이 진행되면서, 더글러스는 그 시도의 와중에 모두들 죽

---

21) *Ibid.*, p. 72[같은 책, 152~153쪽].
22) *Ibid.*, p. 73[같은 책, 153쪽].

을 수도 있다는 높은 개연성에 대해 완전하게 알고 있음을, 그렇지만 자신들은 결연히 시도할 것이고 필요하다면 그 와중에 함께 죽을 것임을 명확히 한다. 그리하여 사바트 학교에서 발생한 유대 맺기에 의해 가능해진, 자서전에 나오는 가장 실질적인 사회적·정치적 단결 자체가 죽음 위협에 의해, 묶임을 총체적으로 풀어 버리겠다는 위협에 의해, 둘러싸여 있거나 또는 '묶여' 있다. 그럼에도 불구하고, 더글러스는 앞서 그랬듯이 다시 이 부정적 가능성을 포용하며, 죽음에 대한 공포로 인해 목적에서 벗어나는 일이 없도록 한다. 그리하여 글쓰기는 그의 '말하기'가 그랬듯이 채찍질을 당하느니 차라리 기꺼이 죽고 말겠다는 의사를 드러내는 그의 결정과 같은 동일한 유형의 발화 기능을 수행하게 된다. 더글러스의 자서전에서 삶의 노동과 묶임의 노동은 일관되게 고의적으로 부정성의 노동에, 죽음 위협이 발휘하는 묶임을 푸는 힘의 노동에 반대하며 이루어진다. 그의 시도의 가장 현저한 특징은 전자가 항상 후자에게서 대부분의 자양분을 끌어온다는 데 있다.

3

더글러스가 죽음-작업을 자양분으로 삼는 것은 너무나 근본적이다. 그래서 그는 직접 개인적으로 생사의 투쟁을 벌일 때나 사바트 학교처럼 사회정치적인 기관에서 투쟁을 벌일 때 그것에 의지할 뿐만 아니라, 자서전 서사 구조의 **형식**에서도 역시 그것에 의지한다. 요컨대 죽음-작업의 부정성은 너무 강력해서, 더글러스는 소통하고자 하는 지식의 수사학적 틀에서도 그렇지만 이 지식의 정동적인 구조에서도 역시 매혹적인 효과를 발휘하기 위해 그것을 전유하고 활용한다는 것이다.

나는 이 자서전의 정동적인 형식이 느슨하나마 '블루스'의 그것이라고 제안하고 싶다. 애덤 구소는 블루스가 부분적으로는 린치 현상에 대응하면서 시작되었다고 논한다.[23] 그 점을 감안하면, 블루스가 더글러스의 서사에 실체뿐 아니라 형식도 제공하리라는 사실과 둘 다 죽음 작업에 기반을 둔다는 사실은 놀랍지 않다. 더글러스는 서사의 초반부에서 블루스의 힘을 상기시키며, 노예제의 공포와 힘에 대한 그의 최종적인 이해에 블루스가 중요한 역할을 했다고 쓴다. 그가 어릴 때 들었던 "야생의 노래들"의 구조와 기능이 그 자신의 서사의 모델처럼 여겨졌을 것이라고 나는 제안하고 싶다. 첫째, 이 노래들은 "비통한 이야기이고······가장 쓰라린 고뇌로 들끓는 영혼의 불만과 기도를 [속삭이며―잔모하메드]" 이 노래들을 처음 들었을 때와 노래들에 대해 쓸 때 눈물에 잠기게 한다.[24] 가장 기본적인 층위에서 더글러스의 자서전은 확실히 블루스만큼이나 뭉클한 비통함의 이야기이다. 둘째, 모든 블루스가 다 그렇듯이, 이 노래들은 외관상 조화롭지 않은 요소들을 결합한다. "가장 달뜬 환희와 가장 깊은 슬픔을 한 번에 드러내고, 때로는 가장 애처로운 감상을 가장 황홀한 톤으로 노래하며 혹은 그 반대로 노래한다."[25] 스타일의 층위에서 더글러스의 자서전은 굉장히 두려운 사건들과 경험들을 아주 유려하게 표명하는데, 그 중에서도 가장 유명한 것으로는 그의 아주머니인 헤스터[Hester]에 대한 채찍질이 있다. 일부 비평가들은 이 경험에 대한 더글러스의 무시무시한 묘사를 통

---

23) Adam Gussow, *Seems Like Murder Here: Southern Violence and the Blues Tradition*, Chicago: University Of Chicago Press, 2002.
24) Douglass, *Narrative of the Life of Frederick Douglass*, p. 24[『미국 노예, 프레더릭 더글러스의 삶에 관한 이야기』, 56쪽].
25) Ibid., p. 23[같은 책, 55쪽].

해 그 자신이 그 채찍질에 가담하고 거기서 느끼는 대리적 쾌락이 누설된다고 본다. 이 '부조화', 즉 슬픔을 환희로 표현하거나 또는 총체적 경멸의 공포와 부정성을 유려하게 표명하는 부조화에도 불구하고 또는 그 부조화 때문에, 블루스와 더글러스의 이야기는 심층에서 카타르시스 효과들을 낳으며, "아리는 마음을 눈물로 낫게 하듯이" 고통을 낫게 해준다.[26]

그런데 더욱 중요한 점은 블루스에 있는 다른 두 가지 특성이 심층에서 더글러스의 자서전의 인식론적 기능을 담당한다는 것이다. 첫째, 블루스와 자서전 서사에서는 노예의 사회정치적 조건에 관한 지식이 보존되고 소통된다. 말하자면 미래의 재고를 위한 기초적인 지식이 저장되어 있다. "내가 노예제의 비인간적인 특징을 희미하게 이해하기 시작한 것은 저 노래들로 소급된다"고 더글러스는 말한다. 그는 이 노래들에 대한 자신의 과거 경험들에 대해 쓰고 있다. 그것은 이제 그가 "얼핏 일관성도 없어 보이는 저 거친 노래들"의 의미를 명료하게 표명할 수 있게 되었음을 뜻한다. 더글러스는 이 노래들에 담겨 있는 노예제에 대한 지식이 같은 주제에 대한 다른 형식의 지식보다 우월하다는 점을 올바르게 강조하고 있다. 이 점은 무엇보다 중요하다. "나는 노예제에 관한 온갖 철학책들을 읽는 것보다 오히려 저 노래들을 그냥 듣는 것만으로도 노예제의 무시무시한 특징에 대한 인상을 사람들의 마음에 더 잘 새길 수 있으리라고 때때로 생각했다."[27] 블루스처럼 더글러스의 자서전은 노예제의 구조를 이루는 죽음 작업에 대해 헤겔과 알렉상드르 코제브 같은 철학자들의 이론화보

---

26) Douglass, *Narrative of the Life of Frederick Douglass*, p. 24[『미국 노예, 프레더릭 더글러스의 삶에 관한 이야기』, 57쪽].
27) *Ibid.*, pp. 23~24[같은 책, 56쪽].

다 더 예리하고 복합적인 이해를 코드화하고 있다. 내가 이 글 내내 함의해 왔듯이, 더글러스가 부정성에 있는 해체하면서 묶임을 푸는 힘을 집요하게 고수하는 것에 바로 이 코드를 푸는 열쇠가 있다.

노예 사회를 추동하는 죽음 작업의 구조를 이루는 근본적 역설은, 죽음 위협이 지닌 부인하며 묶임을 푸는 힘이 주인에 의해 노예를 주인의 물질적이고 상징적인 필요와 욕망에 묶는 데 사용된다는 것이다. 만약 노예가 불가능하게도 묶이지 않은 주체로서 묶인다면, 그의 주체-위치의 불가능한 부정성은 그의 행위 능력과 잠재적 자유를 천명하는 유력한 도구가 될 수 있다. 그가 이 부정성을 활용하는 것을 배울 수 있는 한에서 그렇다. 이 글은 저 부정성에 묶여 있는 더글러스가 자신을 파괴하고 통제하려는 주인의 시도에 저항하기 위해 저 부정성을 조정하는 다양한 길들을 지도로 나타내려는 작업이었다. 더글러스가 주인의 부인을 부인하는 방식의 마지막 사례를 좀더 상세히 검토함으로써 그의 노력들에 대한 본 검토를 마무리하고 싶다. 매우 적절하게도, 이 사례가 등장하는 곳은 자서전의 초입, 더글러스가 자신의 계보를 추적해서 "연원"을 확인해야만 하는 지점, 말하자면 작가로서 스스로를 자기 자서전의 주체로 "생산"해야만 하는 지점이다. 정확히 그의 상징적-죽음의 지점에서, 그가 스스로를 (문학적으로) 탄생시켜야만 하는 결정적인 성찰의 순간에, 그는 자신을 부인하려는 주인의 시도를 눈부시게 부인하면서 시작한다. 내가 보기에는, 부인에 대한 더글러스의 힘을 키워 주는 집중은 목숨을 건 투쟁에서 태어나, 그의 서사의 모든 모세관적 구조들로 스며들어, 서사의 서두에 통사론syntax의 정치경제학의 미시적 층위에서 표현된다.

자서전을 시작하는 문장들은 충분히 잘 알려져 있지만, 여기서 다시 인용해 보자. "나는 터커호Tuckahoe에서 태어났는데, 터커호는 힐스버러

Hillsborough 근처, 이스턴에서 대략 12마일 떨어진 곳에 있으며, 이곳은 메릴랜드주의 탈보트 카운티에 속한다. 나는 내 나이를 정확하게 알지 못하며, 나이가 기입된 제대로 된 기록을 본 적도 없다. 말들이 지들 나이에 대해 아는 게 없듯 대다수의 노예도 제 나이를 알지 못하며, 내가 아는 한 노예들을 그렇게 무지하게 두는 것이 대부분의 주인들이 바라는 바다."[28] 첫 문장은 주저 없이 정확하게 그의 정체성을 **공간의** 구도에서 획정한다. 지리적인 좌표들이 반복되며 한 지점에서 동심원적으로 퍼져 나가는 것은 어떤 불안을, 또는 적어도 어느 정도 영속적인 모양새로 정체성을 고정시키려는 강한 욕구를 나타낸다. 반면에 두번째 문장과 세번째 문장은 정체성의 **시간적** 좌표들을 표시하고자 하며, 지식의 정치와 협상하고 읽기 능력의 부인하는 힘과 협상한다는 함의도 있는 어떤 복합적인 책략에 귀속된다. 물론 시간적인 영역이 그러한 책략에 순종해야 하리라는 것은 자크 라캉이 "뒤돌아 봄 효과"retroversion effect라 부른 것이 바로 이 영역에서 일어난다는 점에서 적절하다. 달리 말하자면 부인을 부인하기의 가치가 가장 결정적인 구실을 하는 곳은, 주체가 자신을 재건할 수 있는 바로 이 영역이다. 그래서 더글러스는 자신의 (재)건을 성찰하게 된 바로 그 첫 기회에, 자기-지식과 자기-재현과 자기-표명의 인식론적 영역에서 부정성의 노동의 필연성을 간접적으로 입증한다. 얼핏 무해한 것으로 보이는 두번째 문장과 세번째 문장은 또한 지식을 규제하고 부인하려고 고안된 일련의 동심원적 원환을 구성한다. 중심에는 비지식nonknowledge의 원이 있다. 더글러스에게는 자기 나이에 대한 정확한 지식이 결여되어 있고(두번째

---

28) Douglass, *Narrative of the Life of Frederick Douglass*, p. 15[『미국 노예, 프레더릭 더글러스의 삶에 관한 이야기』, 39쪽].

문장), 더 일반적으로는 노예가 말들처럼 무지하다는 통념이 있다. 말들의 능력은 타고난 것인 데 반해, 노예의 능력은 주인에 의해 인위적이고 강압적으로 제한되었던 것이다. 달리 말하면 노예의 비지식은 주인의 지식이라는 원에 의해 의도적으로 생산되고 규제되어 실로 '묶여' 버리는데, 더글러스는 노예의 인간다움을 규제하고 부인하려고 고안된 헤게모니적이고 폭력적인 장치를 바로 저 주인의 지식을 통해 정식화한다. 마지막 셋째 원은("**내가 아는 한** 대부분의 주인들의 바람") 주인의 지식의 정치적 목적들에 대한 더글러스의 지식을 정의한다. 달리 말하면, 더글러스의 지식은 주인의 지식을 규제하고 부인하는데, 주인의 지식이란 더글러스의 지식의 가능성을 규제하고 부인하려고 고안된 것이었다. 내가 입증하려고 노력했듯이, 인식론적인 묶기와 묶임 풀기를 놓고 벌이는 부정성의 전투에서 자서전이 '개시'되고, 이 전투는 자서전의 형식과 내용 전체에 스며든다.

    노예를 부인하려는 주인의 시도를 부인해야 할 노예의 필요는 실제-죽음의 위협과 공포를 극복할 수 있는 노예의 능력에서 결정적인 것만큼이나, 노예의 '말하고' '쓰는' 능력에서도 결정적이다. 두 경우 모두 주체성의 더 해방된 재건 또는 재탄생의 가능성을 근본적으로 규정하는 것은 부정성의 노동이다. 인식론적 부인을 놓고 벌이는 투쟁의 가장 명확한 표현을 찾아야 하는 곳이 더글러스가 자신의 '정체성'을 정의해야 하는 바로 그 지점이라는 것은 물론 우연이 아니다. 이 지점에서 더글러스가 '부정 변증법'에 연루된다는 것은 적절하다. 왜냐하면 아도르노가 설득력 있게 제시했듯이 "변증법이란 비동일성nonidentity에 대한 **일관된** 감각"이기 때문이고, 또는 우리 나름대로 말하자면 모순의 무한한 현존에 대한 일관된 감각이기 때문이다.[29)] 정확히 노예의 '정체성'은 '비정체성'nonidentity의 언제나 현존하는 위협에 의해, 죽음을 거친 총체적 부인의 위협에 의해 구성된다. 노예는 불가능하고 아포리아적인 주체-위치, 즉 하나의 주체로 **존재**하려 하는 그녀의 욕망과 가차 없이 모순되는 어떤 주체-위치를 차지하도록 강제당한다. 어떤 노예가 자기 모순적인 주체의 축도縮圖인 한에서 그 노예는 근본적으로 부정성에 의해 구성된다. 그가 이 부정성에 의지하고 부정성의 힘을 전유할 때 부정 변증법은 자유를 향한 그의 왕도가 된다.

앞에서 나는 죽음에 묶인 주체로서 더글러스의 삶의 정치적 조건을 규정하는 '묶임을 푸는' 부정성에 '묶이는' 더글러스의 능력과, 자신의 '읽고' '쓰는' 투쟁 쪽으로 그 부정성을 조정하는 그의 능력을 분석했다. 이러한 분석은 적절한 변경을 통해 해리엇 제이콥스의 전투로 쉽게 확장될 수 있다. 비록 내가 여기서 그녀의 투쟁에 대한 논의로 확장해 갈 수는 없지만, 7년간 자기 할머니의 다락방(관의 두 배쯤 되는 공간)에 스스로를 격리한 그녀의 결정은 더글러스에 비해 더하다고 할 수는 없어도 그에 버금가는 집요함과 용기를 갖고 죽음을 포용한 것이라는 점이 지적되어야 한다. 그녀가 '사회적으로 죽은' 주체가 되어 갇혀 있던 다락방, 그녀가 여러 번 죽은 것이나 진배없는 상태가 된 다락방, 그녀가 은밀히 "후퇴의 구멍"이라 부르는 다락방은 또한 그녀가 말하는 공간이다. 그 다락방은 그녀의 자유를 확고히 해서 마침내 감상적이고 가정적인 소설의 우세한 양식들을 자신의 목적에 맞게 탁월하게 전유함으로써 그녀 자신의 이야기를 하는 데 충분히 유효한 공간이다. 내가 여기서 이토록 짧게나마 그녀 사례를 거론하는 것은, 더글러스에 대한 나의 분석이 배타적으로 '남성주의적인' 투쟁만 표명한 것으로 보아서는 안 된다는 점을 강조하기 위함이다. 내가 표

---

29) Theodor W. Adorno, *Negative Dialectics*, trans. E. B. Ashton, New York: Continuum, 1997, p. 5[『부정변증법』, 홍승용 옮김, 한길사, 1999, 58쪽]. 강조는 잔모하메드.

명했던 부정성의 생산적 고수가 젠더 위치들에 의해 실질적으로 변경될 수도 있겠다.[30] 그렇지만 나는 노예에게 내려지는, 조건에 따라 바뀌는 사형 선고가 산출하는 부정성의 **구조**를 젠더 위치들이 유의미하게 결정한다고 보지 않는다. 또한 죽음에 묶인 주체로서의 자기 구성의 부정성을 감히 전유하는 노예가 행사할 수 있는 본원적 힘도 이 젠더 위치들이 유의미하게 결정한다고 보지 않는다. 젠더 차이도 그렇고, 노예의 주체-위치와 서발턴의 주체-위치를 구별해 줄 차이도 그렇고, 이런 차이를 이 자리에서 논할 수는 없다. 그래도 나는 서발턴과 노예 양자의 "말 없음에 우리가 공모하고 있다는 사실을 인정"해야만 한다는 스피박에게 동의하는 것으로 이 글을 끝내고 싶다.[31] 노예와 서발턴의 투쟁을 침묵시키는 우리의 경향은 대부분 우리의 무의식적인 필요와 투자에 의해 결정되며, 정확히 우리가 '삶'에 무의식적으로 '투자'하는 것이 결정하고 해방하는 죽음의 힘을 보지 못하도록 우리의 눈을 멀게 한다. 그렇기 때문에 우리가 '부정의 능력'에 의거해야만 하고, 또는 『죽음에-묶인-주체』에서 내가 "자동사적인 정체성 구축"intransitive identification 능력이라고 규정했던 것에 의거해야 하며, 저항의 다양한 양식을 위해——목숨을 건 투쟁에 기꺼이 나서기 위해 또는 말할 수 있는 (정치적) 능력을 위해——부정 변증법(죽음 위협에 의해 묵시적으로 초래되는)의 가치와 힘을 인정해야만 한다고 나는 주장한다.

---

30) 사실 지금 언급하는 사례가 그러하다. 제이콥스는 (린다 브렌트Linda Brent라고도 알려진) 자신의 삶이 너무 비참해서 아마도 자신이 죽은 뒤에 남을 자기 아이들의 운명을 염려하지 않았다면 죽어 버렸을 것이라는 점을 분명히 하고 있다.
31) Spivak, *A Critique of Postcolonial Reason: Toward a History of the Vanishing Present*, Cambridge: Harvard University Press, 1999, p. 309[『포스트식민 이성 비판: 사라져 가는 현재의 역사를 위하여』, 태혜숙·박미선 옮김, 갈무리, 2005, 428쪽].

참전 서발턴들*
제1차 세계대전의 식민지 군대와 제국전쟁묘지위원회의 정치

미셸 바렛

제1차 세계대전은 요즘 포스트식민적인 맥락에서 해석되고 있는 중이다. 서부 전선의 참호전에 초점을 맞추되 동부 전선에서의 사상자들과 해전에도 약간의 눈길을 주던 전통적인 접근이 덜 유럽 중심적인 관점으로 대체되고 있다.[1] 식민지 군인들의 역할이, 영국의 경우엔 특히 인도인 군대 Indian Army의 역할이 새롭게 주목받고 있다.[2] 대중적인 전쟁 지도책을 일별하기만 해도 얼마나 많은 전쟁(제국적 동기들 때문에 제국 열강이 벌였던 전쟁)에서 군사 작전이 유럽뿐만 아니라 식민지 현지에서도 전개되었는

---

* 이번 학술 대회('서발턴은 말할 수 있는가?: 서발턴 개념의 역사에 관한 성찰들')에 초대해 주고, 본 논문의 초기 판본에 흥미로운 논평을 해준 가야트리 차크라보르티 스피박과 로절린드 C. 모리스에게 감사드린다. 또한 본 논문이 처음 게재되었던 『개입들』(*Interventions*)의 앨리슨 도넬(Alison Donnell)과 로버트 J. C. 영(Robert J. C. Young)에게도 감사한다. 본 논문을 다듬어 가던 중에 던컨 바렛(Duncan Barrett), 산타누 다스(Santanu Das), 트레이시 로런(Tracey Loughran), 키스 매클레랜드(Keith McClelland), 니르말 푸워(Nirmal Puwer), 피터 스탤리브래스(Peter Stallybrass)가, 또 제국전쟁박물관(Imperial War Museum)의 폴 코니시(Paul Cornish)와 니컬러스 손더스(Nicholas Saunders)가 주관한 '물질성들'(materialities) 세미나의 동료들이 내게 논평과 충고를 해주었다. 그분들에게 감사드린다.

1) John H. Morrow, *The Great War: An Imperial History*, Abingdon: Routledge, 2004; Hew Strachan, *The First World War, Vol. 1: To Arms*, Oxford: Oxford University Press, 2001.

지를 충분히 제시할 수 있다. 1914년 가을만 봐도, 토골란드Togoland, 카메룬Cameroon, 독일령 동아프리카German East Africa와 독일령 사모아German Samoa에서 전투가 있었다. 솔로몬 제도Solomon Islands, 마셜 제도Marshall Islands, 포클랜드 제도Falkland Islands에서 상륙작전이 있었고, 메소포타미아에서는 작전이 개시되었다.[3] 런던의 제국전쟁박물관은 애초 이름이 '국민' 박물관이었다가 1920년 개관 당시에 식민지인 부대의 전공戰功을 인정하기 위해 제국이라는 이름을 명시적으로 사용했다. 대영제국의 '자치령' 출신 부대들의 전쟁 경험, 예컨대 갈리폴리Gallipoli에서 호주와 뉴질랜드 부대가 치렀던 경험이나 프랑스의 비미 리지Vimy Ridge에서 캐나다 부대가 치렀던 경험은 연대와 민족 정체성의 중요한 촉매제였다. 이 군사 경험들은 전후 정치적 자율성의 발전과 민족의 독립에 연계되었고, 이들 제1차 세계대전 전적지의 기념비들은 민족적 정동national affect의 견지에서 이 경험들이 지닌 중요성을 반영한다. 이 복합적인 식민지 전쟁에 대한 추모의 정치사는 복잡해질 수밖에 없다. 예를 들어, 아일랜드에서는 영국 육군British Army에 입대해 싸웠던 남자들을 대개 아일랜드 독립의 대의를 배반한 자들로 간주했으며, 솜므Somme강 전투 직전에 1916년 부활절 봉기Easter Rising가 일어났다. 따라서 더블린에서 공식적인 기념의 역사는 골치 아픈 사안이다.[4]

---

2) Gordon Corrigan, *Sepoys in the Trenches: The Indian Corps on the Western Front, 1914~1915*, Staplehurst: Spellmount, 1999; Santanu Das, "'Indian Sisters!……Send Your Husbands, Brothers, Sons': India, Women, and the First World War", Alison S. Fell and Ingrid Sharp eds., *The Women's Movement in Wartime: International Perspectives, 1914~19*, Basingstoke: Palgrave Macmillan, 2007.
3) Anthony Livesey, *The Viking Atlas of World War I*, London: Viking, 1994.
4) Keith Jeffery, *Ireland and the Great War*, Cambridge: Cambridge University Press, 2000.

1998년에 당시 아일랜드 대통령은 휴전 80주년을 기념하느라 특별히 주의를 기울여 계획된 추모 시설을 개관했다. 벨기에의 메신Messines 마을 근처에 세운 '아일랜드섬'Island of Ireland 공원이 그것이다. 메신에서는 영국군과 아일랜드군이 1914~1918년 전쟁에서 나란히 싸웠다.

전쟁 중에 대영 식민지 군대들이 감당한 몫을 추모하는 것은 제국전쟁묘지위원회Imperial War Graves Commission(1960년 이후에는 영연방전쟁묘지위원회Commonwealth War Graves Commission)의 책임이었다. 위원회의 공적 개요는 창설자인 페이비언 웨어Fabian Ware 경이 1920년에 확립한 논쟁적인 기본 원칙들을 일관되게 견지하는 것에 의지한다. '위원회의 원칙들'은 위원회 웹사이트(www.cwgc.org.uk)의 '소개'난에 다음과 같이 실려 있다.

- 전사자 한 분 한 분의 이름을 묘지나 기념비에 새겨 추모해야 한다.
- 묘비와 기념비는 영구적이어야 한다.
- 묘비는 똑같은 형태라야 한다.
- 군인의 계급 또는 민간인의 서열, 그리고 인종 또는 교리에 따른 차별이 있어서는 안 된다.

제국전쟁묘지위원회가 초기에 이렇게 추모 사업에 관해 내린 결정은 논쟁적이었다. 위원회는 사병에 대한 새로운 존중을 창출한 개척자를 자처했는데, 사실 한 세기 전만 해도 워털루 전투가 끝난 뒤 교전 쌍방의 사병들과 동물들이 같은 구덩이에 매장되었을 정도였다. 위원회는 장교와 사병의 구별을 없애고 그들 모두를 그들이 전사한 바로 그곳에 매장하기를 원했다. 시신을 영국으로 송환하지 않겠다는, 군내 서열이나 사회 계급으로 군인들을 차별하지 않겠다는, 묘지에 십자가 모형의 묘비를 허용하지 않겠다는, 이 모든 위원회의 결정은 의미심장한 정치적 논쟁들과 고도로 감성적인 논의들을 낳았다. 유족들은 할 수만 있다면 시신을 고향으로 모셔 와 매장하기를 원했고, 묘지에 기독교 십자가를 세울 수 없게 되었다(프랑스인들은 십자가를 세우고 있었다)는 것에 질겁한 이들이 많았다. 이제 와서 보면 위원회의 창설적인 평등주의적 결단 덕분에 많은 방문자들이 대체로 적절하고 우아하며 존엄하다고 여기는 공원 묘지들이 서부 전선과 그 밖의 다른 곳에 세워졌다고 할 수 있다. 그곳들은 영구적이고, 그곳들에는 일관성이 있으며, 그곳들에서는 서열과 계급을 차별하지 않고 평등하게 대한다.

또한 위원회는 '인종과 교리'에 따른 차별이 있어서는 안 된다고 주장한다. 이 원칙은 위원회 자료들의 도처에서 반복된다. 나는 위원회의 여러 원칙들 중에서 바로 이 요소를 본 논문에서 검토하고자 한다.[5] 나는 1920년대 말에 프랑스에 세워진, 서부 전선에서 사망한 인도인 군단Indian Corps의 병사들과 노무자들을 기리는 뇌브샤펠Neuve Chapelle 기념비에 대한 논의에서 시작한다. 1947년에 인도가 분할되기 전으로 소급되는 이 군단은 통합 인도군Armies of Undivided India의 일부를 이루고 있었다. 여기서 우리는 다소 극적인 역사 지우기를 최초로 보게 되는데, 1960년대에 사후적으로 뇌브샤펠 기념비를 '인도-파키스탄' 기념비로 고쳐 부르고 싶어 했던 파키스탄 정부가 전쟁묘지위원회를 설득하여 기념비 등록부에서 **인도**라는 단

---

5) 영연방전쟁묘지위원회의 아카이브는 영국의 메이든헤드(Maidenhead)에 있는 위원회 본부에 보관 중인데, 이 아카이브의 목록을 대영도서관 및 다른 소장처에서 열람할 수 있다. 그것은 1977년에 알렉스 킹(Alex King)에 의해 편찬되어 위원회에서 출간되었다. 본 논문에서 인용되는 자료들은 주로 다음의 아카이브에서 찾을 수 있다. Rulings, WG 290; Neuve Chapelle and Basra, 기념비 관련 파일, East and West Africa, file numbers WG 122(1~2), WG 243(1~4). 아카이브에서 일하는 마리아 출레스(Maria Choules)의 도움에 감사드린다.

어를 지우려 했던 것이다. 그러한 삭제 시도들이 으레 그렇듯이 이번에도 그러한 역사의 흔적을 남긴다. 서부 전선에서 인도인 군단이 입은 피해는 메소포타미아에서 입은 피해에 비하면 사소한 것이었는데, 메소포타미아에서의 피해는 바스라^{Basra}에 있는 기념비에 기록된다. 영연방전쟁묘지위원회의 아카이브를 이용하여 두 기념물을 비교해 보면 뚜렷한 결론이 나오는데, 전몰자들 각자의 이름을 밝혀 추모해야 한다는 '원칙'이 오직 유럽에 한정해서만 지켜졌다는 것이다. 바스라 기념비에는 인도인 사병들의 개별 이름이 열거되지 않는데, 이런 정책이 내부 통신문에 자세히 진술되어 있다. 토머스 W. 래커$^{Thomas\ W.\ Laqueur}$는 전사자와 실종자의 이름을 끝없이 열거하는 것을 제1차 세계대전 기념물의 "과대-명목주의"$^{hyper\text{-}nominalism}$라 부르는데, 추모를 연구하는 학자들은 그것을 많이 논의해 왔다.[6] 하지만 유럽 바깥에서는 수는 충분해도 이름은 그렇지 않았다는 점이 드러난다. 아프리카에 있는 파일들로 논의를 돌려 보면, 평등한 대우의 '원칙'은 제국전쟁묘지위원회의 관리들이 '백인 묘지'라 부르는 것과 아프리카 '토착민 묘지'가 구별되는 가운데 일관되게 무시된다. 토착민들의 묘지는 대개 유지되지도 않았다. 이것은 아마 놀라운 일도 아닐 텐데, 특히 식민지 역사를 공부하는 이들에게는 더욱 그럴 것이다. 하지만 놀랍게도 전쟁묘지위원회와 이 단체의 역사가와 언론인은 '평등한 대우'가 지침이라고 강조하는 노력을 계속하고 있다. 그들은 자신들이 백인과 아프리카인을 얼마나 평등하지 않게 대우했는지에 관해 자신들의 파일들에 들어

---

6) Thomas W. Laqueur, "Memory and Naming in the Great War", John R. Gillis ed., *Commemorations: The Politics of National Identity*, Princeton: Princeton University Press, 1994.

있는 증거를 외면하면서, 제1차 세계대전에서 사망한 20만 명 이상의 아프리카인에 대한 기억을 계속해서 지우고 있다.

'추모의 과대-명목주의'와 거명의 정치

동아프리카의 군인과 수송원을 기리는 기념비에 러디어드 키플링^{Rudyard Kipling}이 남긴 명문에는 "그대가 조국을 위해 싸운다면, 비록 그대가 죽더라도, 그대의 아들이 그대의 이름을 기억하리라"라는 글귀가 적혀 있다. 키플링도 알고 있었듯, 이 죽은 아버지들 각자가 기념비 자체에 기입되지도 않을 것이다. 다만 이 기념비는 그곳에서 벌어진 전투에서 영국을 위해 싸우고 영국을 지지하다 죽은 대략 5만 명의 아프리카인을 집단으로 묶어 익명으로 기릴 따름이다. 이 이름들의 사후 세계는 공적인 기념비에 의해 보장되지 않는다. 반대로, 래커는 서부 전선 전몰자 개인들의 이름을 거명하는 것이 필수적이라고 지각되는 사태를 강조해 왔다. 래커는 프랑스와 벨기에에 있는 주요 기념비들이 "이름들을 위한 자리일 뿐이다"라고 보면서, 그 많은 이름들을 적을 수 있는 담 공간을 최대화하느라 건축가들이 직면한 설계상의 문제를 논한다.[7] 래커는 모든 사병의 이름을 필수적으로 거명해야 했던 것을 그 어떤 합의된 공명하는 이미지 또는 이상형의 부재에 대응하는 것으로 해석한다. 서부 전선, 갈리폴리, 그 밖의 다른 곳들에서 "일종의 추모의 과대-명목주의에 의지한" 것은 자명하다.[8]

래커는 자신의 설명을 '이름'의 중요성이라는 역사적 맥락 안에 위

---

7) *Ibid.*, p. 163.
8) *Ibid.*, p. 160.

치시킨다. 그는 셰익스피어가 전투의 사상자들을 언급하면서 『헨리 5세』에서 "이름은 아무것도 아니야"라고 말하는 대목과 『헛소동』에서 "이름은 상관없어"라고 말하는 대목을 지적한다. 이름은 근대 초기에는 개인에게 해당되지 않았고 혈통에 해당되었다. 그러므로 사병 개인의 이름을 거명하는 것은 명확하게 근대적인 발전이다. 중세와 근대 초의 무덤에는, 기사騎士에 대한 재현을 이중의 형태로 나타낼 수 있었다. 위에는 친족 체계 안에서 문장학을 통해 확인되는 신체인 "계보학적 신체"의 조형이 놓이며, 밑에는 "벌레의 자양분"인 익명의 시신이 놓인다.[9] 이러한 이미지는 전몰자에 관해 래커가 제시하는 논점을 예증한다. 요컨대 한편에는 전쟁에서 '사라진 자들'의 이름이 그들의 신체와 분리되어 있고, 다른 한편에는 익명의 신체(무명용사)가 모든 신체를 대변하고 있다. 그런 식으로 무명용사는 억지로 보편적인 것이 되며, 래커의 말로 하자면 "그 어떤 뼈를 불문하고 모든 뼈를 똑같이 잘 재현하거나 또는 볼품없이 재현하는 뼈들"[10]이 되기를 요청받는 것이다. 이런 논지는 식민지 부대에 대한 차별 대우를 해석하는 데 일정한 타당성을 갖는다. 대니얼 J. 셔먼은 프랑스 식민지 부대의 전몰자 7만 명을 언급하면서, 그들을 공적으로 인정하고 싶지 않은 마음을 다음과 같이 설명한다. "식민지 부대를 별도의 범주로 너무 많이 인정하다 보니⋯⋯ 프랑스 제국 안에서 식민지 부대의 종속적 지위에 관한 불편한 질문들이 제기되는 위험에 처했다. 이런 면에서 예컨대 무명용사에 구현된 서사 같은 통합의 서사들은 분명하게 나름의 유리함

---

9) Ann Rosalind Jones and Peter Stallybrass, *Renaissance Clothing and the Materials of Memory*, Cambridge: Cambridge University Press, 2000, p. 250.
10) Laqueur, "Memory and Naming in the Great War", *Commemorations*, p. 158.

을 가지고 있었다."[11]

20만 명 이상이 죽었다고 추산되는 아프리카에서, 제국전쟁묘지위원회는 자체적으로 '백인 묘지'라 불렸던 것을 보존하는 반면 '토착민' 묘지는 자연 상태로 방치하는 정책을 펼쳤다. 토착민 묘지에 묻힌 이들은 묘지에 세워진 묘비보다는 기념비에서 추모되었다. 위원회는 신원이 확인된 묘지와 기념비에 올리는 이름 사이의 차이를 중시했다. 그에 따라서, 토착민들은 '파견된 실종자'sent Missing라는 유려한 표현으로 묘사되었다. 일찍부터 유럽에서의 정책과 다른 곳에서의 정책 사이에는 중요한 구별이 실시되었다. 이것은 인도인 군대(당시의 명칭)에 복무했던 군인들에 대한 두 기념비를 비교해 보면 알 수 있다. 뇌브샤펠에 있는 기념비에는 대략 5천 명의 군인들이 계급에 상관없이 모두 개별적으로 거명되었다. 메소포타미아에서 죽은 무려 3만 5천 명의 인도인을 추모하는 바스라에서는 상이한 정책이 적용되었다. 제국전쟁묘지위원회의 제1부비서principal assistant secretary인 아서 브라운Arthur Browne 경은 1924년에 "유럽 바깥에서는" 기념비에 영국인과 인도인 장교의 이름만 등재되고, 토착민 하사관과 사병은 소속 연대의 이름 밑에 전체 수만 기입될 것이라고 설명했다. 바스라 기념비에 실행된 정책과 동일한 정책이 나이지리아 연대Nigeria Regiment와 서아프리카 국경수비대West African Frontier Force의 사병들에게도 적용되었다. 그들의 이름은 "인도인들의 이름처럼 오직 병적에만 등재되고" 기념비 자체에는 나오지 않을 것이라고 얘기된다. 나는 동아프리카와 서아프리카에서 제국전쟁묘지위원회가 실천했던 것들에 초점을 맞춰 논하기에 앞서, 인

---

11) Daniel J. Sherman, *The Construction of Memory in Interwar France*, Chicago: University of Chicago Press, 1999, p. 101.

도인 군대의 경우를 좀더 개괄적으로 살펴보겠다. 이렇게 함으로써 우리가 서부 전선에서의 실천을 메소포타미아에서 적절하다고 여겨졌던 것과 비교할 수 있게 되기 때문이다.

'통합인도군'

스피박의 영향력 있는 에세이 「서발턴은 말할 수 있는가?」(1988)는 문학 연구에서 통용되는 서발턴 개념을 제공해 왔다. 그렇지만 서발턴이라는 단어는 영국 육군에서는 그 나름의 매우 특정한 역사를 갖고 있어서 대위 계급보다 하위인 장교를 가리켰다. 제1차 세계대전에서 서발턴 장교들은 보통 소위였고, 스무 명 가량의 소대원을 통솔했다. 유명한 '전쟁 시인들' 다수가 소위였거나 소위로 경력을 시작했고, 그만큼 이 계급은 표준적인 신참 장교의 계급이었다. 그런 시인들 중에는 루퍼트 브룩Rupert Brooke, 윌프레드 오언Wilfred Owen, 시그프리드 서순Siegfried Sasson, 로버트 그레이브스Robert Graves, 에드먼드 블런던Edmund Blunden, 에드워드 토머스Edward Thomas 등이 있다. 이들은 스피박식으로 말하기보다는 영국 육군식으로 말해서 '서발턴'이었다. 그들 다수는 계급적으로 상당한 부와 권세를 가진 집안 출신이고, 옥스퍼드나 케임브리지 같은 일류 사립 대학에서 배웠다.

오히려 인도인 군대야말로 목소리와 행위 능력agency이 거부된 종속 형태로서의 스피박적 서발터니티와 영국 육군 장교 서열의 측면에서 정의되는 서발터니티 사이의 어떤 만남을 제공한다. 인도 분할 이전의 군대와 군인은 나중에 '통합인도군'armies of Undivided India으로 불렸다. 1914년에 전쟁이 발발하자 인도인 군대의 다양한 연대들이 인종과 카스트를 기준으로 조직되었다. 그렇지만 정작 이 구조에 우선했던 상이한 위계가 있었으니, 바로 모든 장교는 유럽인이라는 것이었다. 세포이들은 소대 지휘관 이상의 역할을 맡을 수 없었고, 그들에게는 하사관의 직위만 주어졌다. 역사가들이 주목했듯이, 이것은 겨우 전쟁 막바지에 가서야 인도의 전쟁 공헌에 대한 반응으로 변했다.[12] 1917년에 원칙적으로는 인도인 장교들에게 '국왕의 장교들'이라는 직위를 하사하자는 데 동의가 이루어졌으나, 실제로는 "이들에게 교육 및 필요한 사회적 품위의 결핍"이라는 문제가 있어서 전후에 군사 학교를 다니게 했고, 장교단의 "인도화"가 실현되었다.[13]

1914년 9월에 왕-황제는 "짐의 인도 제국의 제후와 인민"에게 메시지를 보냈다. "짐의 인도인 신민과 인도의 봉건 제후 및 족장이 짐의 왕좌를 향해 보여 준 열정적인 헌신과 왕국의 대의를 위해 아낌없이 바친 자신들의 목숨과 자원보다 더 짐을 감동시킨 것은 아무것도 없었노라"라고 그는 선언했다.[14] 전투 부대이자 노동 지원 부대이기도 한 인도인 군단이 1914년 가을에 마르세유에 도착하여 서부 전선 전투에 합류했다. 이 경험은 다양한 군사 회고록과 역사서에 기록되었다. 그 중에는 제임스 윌콕스의 『프랑스에서의 인도인들과 더불어』(1920),[15] J. W. B. 미어웨더와 프레더릭 스미스의 『프랑스에서의 인도인 군단』(1919),[16] 토머스 앤서니 히스코트의 『인도인 군대』(1974)가 있고,[17] 더 최근에 나온 것으로는 고든 코

---

12) Rosina Visram, *Ayahs, Lascars, and Princes: Indians in Britain, 1700~1947*, London: Pluto, 1986, p. 114.
13) Dewitt C. Ellinwood and S. D. Pradhan eds., *India and World War 1*, New Delhi: Manobar, 1978, pp. 199~200.
14) Charles Lucas, *The Empire at War*, Vol. 1, London: Oxford University Press, 1921, pp. 301~302.
15) James Willcocks, *With the Indians in France*, London: Constable, 1920.
16) John Walter Beresford Merewether and Frederick Smith, *The Indian Corps in France*, London: Murray, 1919.

리건의 『참호 속의 세포이들』(1999)이 있다. 서부 전선에서의 경험들은 문학 영역에서는 물크 라지 아난드의 『오수를 가로질러: 소설』에서 힘차게 재생되었으며,[18] 인도인 군인들이 검열 체계 아래 고향으로 써 보낸 편지들을 모은 매혹적인 개인 자료 모음집이 이제 출간되었다.[19] 프랑스에서 인도인 군단의 복무 기간은 14개월이었고, 특히 그 기간 중에 그들은 영국군이 뺏겼던 뇌브샤펠 마을을 탈환했다.[20] 그들이 출국할 즈음, 왕에게서 또 다른 전언이 내려왔다. 왕은 전사자들을 가리켜 "그대들의 군주의 명예와 짐의 제국의 안전이라는 정의로운 대의에 그대들의 생명을 바쳤으니, 이를 그대들의 자랑이자 위안이 되게 하라"라고 말했다.

뇌브샤펠 기념비에는 5천 명이 넘는 인도인 군인의 이름이 열거되어 있다. 그것은 1923년에 허버트 베이커$^{Herbert\ Baker}$에 의해 설계되었는데, 그는 뉴델리 도시 설계 계획에서 에드윈 루티엔스$^{Edwin\ Lutyens}$의 협력자였다. 기념비의 설계는 서로 갈등적인 종교적 맥락에서 이루어졌다. 무슬림과 힌두교도와 시크교도가 모두 제각각 별개의 기념물을 원했지만, 세 주요 교리를 아우르는 적절한 비문을 새겨 프랑스에서 사망한 모든 인도인을 기리는 단일 기념비를 세운다는 결정이 내려졌다.[21] 1927년에 뇌브샤펠 인도 기념비가 완공되었다.

---

17) Thomas Anthony Heathcote, *The Indian Army: The Garrison of British Imperial India, 1822~1922*, Newton Abbot: David and Charles, 1974.
18) Mulk Raj Anand, *Across the Black Waters: A Novel*, London: Jonathan Cape, 1940.
19) David Omissi, *Indian Voices of the Great War: Soldiers Letters, 1914~18*, Basingstoke: Macmillan, 1999.
20) Corrigan, *Sepoys in the Trenches*, p. 247.
21) Philip Longworth, *The Unending Vigil: The History of the Commonwealth War Graves Commission*, London: Leo Cooper, 2003[1967, 1985], p. 37.

기념비는 원형의 벽으로 둘러싸인 일종의 성소인데, 그 정면에는 인도의 상징물이 조각되어 박혀 있고, 인도의 초기 성지풍으로 에워싸는 난간이 있다. 이 난간의 중심부는 견고하며, 그 위에 세워진 바위 덩어리 같은 기둥은 아소카^{Asoka} 황제가 인도 전역에 건립했던 유명한 비문이 새겨진 기둥들을 연상시킨다. 그 기둥 위에는 연꽃 모양의 기둥머리와, 제국의 왕관과 인도 성훈장이 얹혀 있다. 기둥의 어느 면이든 망자의 사원을 수호하는 호랑이 두 마리가 새겨져 있다. 기둥의 하단에는 영어로 "신은 유일하며, 승리는 그분의 것이리"라는 비문이, 같은 뜻의 아랍어와 힌두어와 구르무키어^{Gurmukhi} 텍스트와 함께 기입되어 있다. 기둥의 받침에는 "인도, 1914~1918"이라고 기입되어 있다.[22]

기록자는 루퍼트 브룩의 「군인」$^{The\ Soldier}$이라는 시에서 유명해진, 희생을 통한 애국주의적 친밀함의 환기를 반향하면서 "외국 땅의 한 구석 / 그곳이 영원히 잉글랜드이리"라고 추측한다. 또 "우리는 이러한 비문이 프랑스를 떠나 들어서게 된 아주 작은 구석의 프랑스 땅을, 영원한 인도를 표시하는 것이라 간주해도 되지 않겠는가?"[23]

최종 형태의 기념비는 상당한 논쟁의 최종 산물이다. 영연방전쟁묘지위원회 아카이브를 보면 위원회와 런던의 인도관할청$^{India\ Office}$ 사이에서 설계의 모든 측면이 충분히 논의되었다. 난처한 쟁점은 제국 왕관 디자인에 있는 십자가였다. 베이커 씨는 "나는 델리에서 왕관 디자인을 자유

---

22) Stanley Rice, *Neuve Chapelle – India's Memorial in France, 1914~1918: An Account of the Unveiling*, London: Imperial War Graves Commission, 1928.
23) Ibid..

롭게 쓰고 있으며 기념비에 왕관이 있다고 반대하는 경우를 보지 못했다"고 말한 것으로 전해졌다. 인도관할청은 동의하지 않았고, 알렉산더 코브Alexander Cobbe 장군은 처음부터 반대했다. 1925년에 코브 장군은 "기념비 꼭대기에 디자인된 제국 왕관 위에 말타 십자가Maltese cross가 있어야 한다면, 차라리 나는 그 디자인들을 모조리 없애는 것이 낫다는 데 찬성한다"고 말했다. 기둥에 기입될 표현은 "신은 유일하며, 승리는 그분의 것이리"였지만, 과연 어떤 언어들로 기록할 것인가? "영어 말고 다른 언어가 필요한가? 인도의 언어 중 하나면 되는가?" 하는 것이 제국전쟁묘지위원회의 질문이었다. 인도관할청의 코브 장군은 모든 것을 감안할 때 "하나의 토착어를 포함하는 것이 적절하다면 그것은 우르두어Urdu여야 한다"고 생각했다. 건축가인 허버트 베이커는 영어, 힌두어, 우르두어, 구르무키어를 주장했다. 결국 그들은 예전에 위원회에서의 비문과 관련된 유사한 갈등을 해결한 적이 있는 대영박물관 관장인 프레더릭 케넌Frederick Kenyon 경에게 자문을 구했다. 1926년에 그는 조심스럽게 답변했다. "저는 어떤 견해를 갖출 만한 동양학자가 아닙니다. 확실히 이것은 토착민의 견해를 청해야 할 경우입니다.……토착민의 최상의 견해에 귀를 열었다고 말할 수 있는 것이 아닌 바에야 인도 주민의 그 어느 큰 부문이라도 마음을 다치게 할 소지가 있다면 어떤 것도 내놓지 말아야 합니다."

1927년에 국왕은 기념비가 "인도인 전몰자들의 인도 친지(대부분 저 멀리 떨어진 전쟁터에 결코 가볼 수 없는)에게 짐의 제국 전체가 다 함께 자애심과 깊은 경외감으로 인도인 전몰자들을 영구히 기억하리라는 생생한 깨달음을 전달하는 수단이기"를 바란다는 희망을 피력했다. 하지만 기념비에 비치된 방명록을 보면, 저렴한 해외여행과 제국과 결산하고 싶은 욕망이 동기가 되어, 인도에 거주하는 많은 이들이 프랑스 북부로 여행한 것을 확인할 수 있다.

　기념비 관리 사무실에 있는 공식 명부의 표지에는 **인도**라는 단어를 지우려고 감색 볼펜으로 여러 줄을 그은 것이 보인다. 명부 본문의 페이지마다 거듭 **인도**라는 단어를 검은 색 펠트펜으로 지워 놓았다. 이렇게 바꿔놓은 것이 거의 낙서처럼 보이긴 하지만 공식적인 조치였다. 1966년에 있었던 명부 개정 발표에 따르면, "통합인도군의 전몰 군인들을 추모하는, 전에는 '뇌브샤펠 인도 기념비'로 알려진, 뇌브샤펠에 있는 1914~1918 기념비가 앞으로는 오직 뇌브샤펠 기념비로만 알려질 것임이 결정되었다". 우리는 여기서, 기념비의 주춧돌에는 **인도**라는 단어가 대문자로 새겨져 있는데 관련 서류에서는 그 단어를 삭제한 조치의 애매함을 본다. 명부에서 **인도**라는 단어를 삭제한다는 결정에 대한 나의 질의에 영연방전쟁묘지위원회는 2001년 12월에 답변을 보내 왔다. "1966년 11월에 위원회의 대외관계 및 기록 책임자는 파키스탄 대표자와의 토의를 거쳐 '통합인도군'의 전몰 군인들을 추모하는 기념비의 명칭을 '뇌브샤펠 인도 기념비'에서 뇌브샤펠 기념비로 변경하기로 결정했습니다."

　"인도여 영원하라"는 40년간 유지되어 왔던 것이다. 1920년대에 프랑스에서 인도 기념비의 세부 사항에 관해 대단히 많은 자문을 받았고, 영연방전쟁묘지위원회의 창고에는 이 주제에 관한 문서 파일과 소묘한 그림과 비명 도판 등등이 보관되어 있다. 당시에 종교와 인종에 관련된 문화정치가 민감하고 중요하다고 여겨졌다. 1966년에 인도라는 단어를 빼는 조치는 오찬 회동에서 정해졌다. 오찬을 나눈 인사들은 영연방전쟁묘지위원회의 대외관계 책임자인 윈 메이슨[Wynne Mason]과 런던 주재 파키스탄 고등판무관사무실[High Commission for Pakistan]의 군사국장[head of the Military Mission] M. H. 후세인[M. H. Hussain] 준장이었다. 후세인 준장은 윈 메이슨에게 보낸 6

월 28일자 서한에서, "귀하가 뇌브샤펠 인도 기념비의 명칭을 '뇌브샤펠 인도-파키스탄 전쟁 기념비'로 변경하는 것을 고려하는 호의를 베풀어 주실 수 있다면 감사하겠습니다. 저희가 이런 구별을 해야 한다고 여기는 이유는 이제 아대륙이 파키스탄과 인도라는 두 독립국으로 나뉘었기 때문입니다. 이렇게 구별해 줘야 이제 파키스탄이라는 나라를 구성하고 있는 지역 출신인 사람들의 복무가 분명하게 드러날 것입니다"라고 썼다.

원 메이슨은 "저와의 오찬 초대에 응해 주시면 기쁘겠습니다. 오찬을 나누며 충분한 시간을 갖고 이 사안의 모든 측면을 논의할 수 있을 겁니다"라고 답했다. 오찬 만남은 9월 하순에 있었다. 그리고 나서 메이슨은 "친애하는 후세인에게" 보낸 서한에서 "오찬 담소"가 얼마나 유쾌했는지를 말하고, 이어서 "뇌브샤펠에 있는 1914~1918 기념비와 관련하여, 앞으로는 이것이 뇌브샤펠 기념비로 불리도록, 이렇게 표기된 도로 안내판을 세우도록 확실히 조치하겠습니다"라고 썼다. 이 결정을 설명하는 그 어떤 기록도 영연방전쟁묘지위원회의 저 방대한 아카이브에서 찾아볼 수 없었다. 이것은 위원회 회의에서 논의되지 않았거나 아니면 회의록이 작성되지 않은 것으로 보인다. 단 하나의 노트가 있는데, 10월 20일 고위 간부 회의 기록의 5항을 보면, "뇌브샤펠 인도 기념비에 관해 대외관계 책임자[메이슨—바렛]는 파키스탄 대표와의 토의에 따라 상기 기념비의 명칭을 변경할 필요가 있어 앞으로는 뇌브샤펠 기념비로 부르게 될 것이라고 발언했다. 사무총장은 이 사안에 관해 국장들에게 회람을 돌리는 편이 좋겠다고 발언했다"고 나온다.

영연방전쟁묘지위원회가 '인도-파키스탄'이라는 명칭에 동의할 리가 없었다. 그들은 그런 식의 사후적인 명칭 변경을 지지하지 않았다. 또한 그 동기가 재정적인 것도 분명히 아니었다. 1947년의 인도 분할에 따라, 영연방전쟁묘지위원회 운영 분담금은 인도와 파키스탄 사이에 2:1로 배분되었다. 관련 총액은 실질적으로는 축소되었다. 인도인 군대의 사병들 다수가 비싼 유지비가 요구되는 묘지가 아니라 기념비에 등재되는 이름으로 기록된다는 사실이 인정되었기 때문이다. 파키스탄이 영연방을 탈퇴하면서 위원회도 탈퇴했지만, 그것은 1970년대의 일이었고, 이 시점에는 좋은 관계에 있었다. 위원회에서 현재 정보 담당 일을 하는 관계자에 따르면, 아무래도 메이슨이 후세인의 정치적 주장에 설득되었다고 생각하는 게 가장 그럴듯해 보인다. 인도와 관련된 다른 공원 묘지와 기념비의 명칭을 변경해 달라는 요청은 없었고, 오늘날까지 인도라는 단어가 들어 있다. 다른 것들과 뇌브샤펠의 차이는, 단순히 하나의 실종자 기념물이 아니라 국민적인 **인도인의** 무공 기념비이고 바로 그래서 재협상의 핵심 현장이었다는 데 있다. 파키스탄에 대한 인정은 기념비에서 **인도**라는 단어를 삭제하는 조치를 취함으로써 대단히 쉽게 이루어진 것 같다. 이는 추모의 '명목주의'라는 맥락에서는 아이러니가 실린 제스처였다. 삭제는 기념비가 있는 현장과 서류상에서 제한되게 성공했을 뿐이다. 이 조치가 내려지고 수년이 지난 뒤에도, 계속해서 '인도' 기념비라고 지칭하는 직원들을 나무라는 짜증이 담긴 메모들이 영연방전쟁묘지위원회 파일에 다수 포함되어 있다.

'인도인들'을 거명하기의 정치

뇌브샤펠에 있는 '인도' 기념비의 후속 정치사가 얼마나 복합적이든 간에, 그것은 확실히 실종자의 이름을 거명하여 기록한다는 면에서 제국전쟁묘지위원회의 일반적인 관행을 따랐다. 서부 전선의 인도인 군대에서 176명의 장교, 5천 명 이상의 '여타 계급' 병사, 2천 명 이상의 '수행원'과 '노무자'가 죽었다. 인도인 군대는 또한 이집트, 동아프리카, 갈리폴리에도 배치되었는데, 전쟁을 통틀어 인도인 사상자 대부분은 메소포타미아에서 발생했다. 거기서는 364명의 장교, 3만 5천 명 이상의 여타 계급 병사, 1만 7천 명의 수행원이 죽었다. 최근 진행 중인 이라크 전쟁에서 주목받았던 지역이 바로 제1차 세계대전 동안에 메소포타미아였던 그곳이다. 당시 전쟁의 성패는 어디에 달려 있었던 것일까? 『인도인 군대와 국왕의 적들』의 저자인 찰스 체네빅스 트렌치에 따르면, "목표는 단순하고 뚜렷했다. 모함메라Mohammerah와 아바단섬Abadan Island에 있는 앵글로-페르시안석유회사Anglo-Persian Oil Company의 시설들을 지키는 것이었다. 이 시설들이 없으면 대영제국은 단 일주일도 전쟁을 계속할 수 없었을 것이다". 확신에 찬 트렌치의 서술이 이어진다. "아바단에서 20마일 위로는 아주 더럽고 오염된 바스라 항이 있는데, 그 시설은 그저 그렇지만 메소포타미아에서 유일한 항구였다."[24] 인도인 군단은 이곳으로 파견되었다. 석유 공급 시설의 보위라는 트렌치의 적절한 지적에 덧붙여 메소포타미아 작전은 "갈리폴리에서의 패배로 인해 떨어진 위신을 만회하는 것"[25]을 명확하게 추구했다. 왕립식민지연구소Royal Colonial Institute에서 편찬하고 전쟁 직후에 출간한 공식 기록은 1915년 가을에 메소포타미아에서 위험 부담을 무릎썼던 동력을 다음과 같이 묘사한다. "본국 정부는 바그다드 점령이 정치적으로나 군사적으로나 가져다준 큰 이익에 깊은 인상을 받았다. 갈리폴리에서의 전망

---

24) Charles Chenevix Trench, *The Indian Army and the King's Enemies, 1900~1947*, London: Thames and Hudson, 1988, p. 75.
25) *Ibid.*, p. 76.

은 불확실했고, 독일군은 콘스탄티노플까지 돌격해 올 것 같았다. 그래서 정부로서는 동부에서의 대대적이고 현격한 승리가 절실했다."[26]

인도인 군대가 메소포타미아 작전에서 막중한 책임을 지고 있었고, 사망자가 5만 명이 넘을 정도로 막대한 사상자를 냈다. 전쟁 중에 사망한 인도인 군대의 사병은 총 7만 4천 명이 넘었고, 이 수치는 캐나다군과 호주군의 사망자 수를 상회한다. 이렇게 인도를 (백인) 자치령들과 비교하는 것은 다른 면에서도 유익하다. 거칠게 잡아도, 캐나다와 호주의 신원 확인 묘지 수는 실종자 기념비에 기록된 수의 두 배이다. 인도인 군대의 경우에는 신원 확인된 매장지의 수가 10퍼센트 미만이다. 과연 그럴듯하게 주장되듯이 이것이 힌두교도와 시크교도의 종교적 관습의 효과일까, 아니면 인도인 군인과 노무자의 생명의 가치를 경시하는 것과 같은 또 다른 요인이 작용한 것일까?

이 질문에 대해서는 뇌브샤펠을 메소포타미아에 있는 상응하는 기념물과 비교해 봄으로써 더욱 진전된 검토를 해볼 수 있다. 1929년 3월에 '메소포타미아 원정군 실종자 기념비'Memorial to the Missing of the Mesopotamia Expeditionary Force가 바스라에서 이라크 주재 대영제국 고등판무관인 길버트 클레이턴Gilbert Clayton 경에 의해 제막되었다. 어쩌면 뇌브샤펠의 경우를 능가했을 제막식 자체는 예컨대 인근의 계류감응기뢰moored인 루핀HMS Lupin에서 19발의 예포를 쏘아 올린 것과 같은 제국 특유의 절차들로 꾸려졌다. 그런데도 길버트 경은 의전과 "토착민의 견해"에 대해 불안해했다. 그가 위원회에 자문을 구했을 때 그는 바그다드에서 온 암호화된 전보를 받고 애를 먹고 있었다. "저는 바스라 실종자 기념비를 3월 27일에 제막할

---

26) Lucas, *The Empire at War*, Vol. 5, London: Oxford University Press, 1926, p. 288.

것입니다. 실종자 중에는 기독교도와 이슬람교도와 힌두교도가 다 있는데 과연 영국인 목사가 기도를 올리는 것이 적절할지 의심스럽습니다. 선례를 알려 주시기 바랍니다." 위원회의 답변은 이랬다. "영국인 장교들과 모든 계급의 인도인 군인들의 이름이 기록된, 프랑스의 인도 기념비 제막식에서는 그 어떤 종교 의식도 거행되지 않았음. 바스라에서도 같은 대처를 제안함." 뇌브샤펠과 비슷하게, 바스라 기념비도 디자인 측면에서 많은 논란거리가 되었다. 인도의 세 가지 주요 신앙을 나타낼 필요는 있었지만 종교 집단의 갈등을 야기할 위험이 걱정이었다. 인도관할청의 결정은 막힌 건물은 적당치 않다는 것이었다. "그런 건물에서는 예를 들어 건물에 들어선 어떤 무슬림이 어떤 힌두교도의 종교적 감수성을 자극할 무슨 짓을 아주 쉽게 저지를 수 있고, 그 역도 가능하기" 때문이다. 이런 이유 때문에 건축가의 초기 시도는 거부되었고, 기둥을 일렬로 세우고 오벨리스크 모양을 한 개방형 디자인이 선호되었다.

 유력한 선례임에도 불구하고, 두 기념비 사이에는 놀랄 만한 차이가 하나 있었다. 뇌브샤펠에서는 모든 개인의 이름이 거명되어 기록되었다. 하지만 바스라에서는 그렇지 않았다. 제국전쟁묘지위원회의 아서 브라운은 1924년에 이 정책을 다음과 같이 설명했다. "모든 개연성에 비추어 볼 때 사병의 친지들이 기념비까지 와서 눈으로 살펴보지는 않을 것임을 감안하여, 문제가 되는 유럽 바깥의 기념비에는 관련 연대들의 이름만 넣고, 이어서 각각의 경우에 영국인 장교의 이름(과 해당자가 있을 시에는 하사관의 이름)과 인도인 장교의 이름과 토착민 하사관과 사병의 수를 기입할 것이다." 다른 한편, "많은 방문자가 기념비를 보러 올 것이고, 게다가 관련 인도인 이름이 그리 많지 않은 유럽에서는 영국인과 인도인 장교들 및 인도인 사병들의 이름을 거명하여 추모할 것이다". 이런 결정에 따라, 제국전쟁묘지위원회의 기념비들 중 유럽 바깥에 있는 것들에서는 인도인 부대들은 개인별 이름이 아니라 특정 연대 출신별 수만 기록하는 것이 일반화된다.

'인종과 교리'의 정치

1926년 5월에 바스라 기념비의 세부 사항 논의에 이르러 인종/서열 연쇄 race/rank nexus에 따른 차별은 인도인들만 겨냥한 것은 아니었던 것으로 보인다. 인명 명부Nominal Roll를 조회하면서 기록 책임자는 "토착 아프리카인 부대Native African Units의 사병들은 인도인들처럼 수로 추모되어야 하지만, 혹시라도 그들 중에서 토착민 장교를 찾게 되면 그들의 이름을 기입해 추모해야 한다"고 지적했다. 메소포타미아 작전은 이 시기의 군 내부의 태도 및 일반인들의 태도에 관한 풍부한 정보의 보고를 제공한다. 1915년 가을에 성공적이지 못했던 바그다드 진격에 관한 묘사에서 하나의 작은 사례를 가져오겠다. 이것은 도슨 소령의 사례인데, 그는 82명의 펀자브인과 함께 슈란벤드Shumran Bend에서 티그리스강을 건넌다. 그 공격은 "내 생애 가장 장대한 일이었다. 우리는 [기관총 사격에—바렛] 세 번이나 강타당했다. 소대 전체가 나가떨어졌지만 그래도 우리는 착실하게 전진했다.……나는 정말이지 우리 대원이 자랑스럽다.……나의 군복 외투는 네 번이나 주인이 바뀌었다. 처음에는 내 당번병이 그것을 걸쳤다. 그가 총에 맞고 나서 외투는 다른 병사에게 넘겨졌다. 계속 그런 식으로 네 번이나. 나의 무슬림 병사들은 나의 외투를 입게 되는 것을 영예라 여겼다."[27]

---

27) Trench, *The Indian Army*, p. 85.

이 도슨 소령에게 '그의 무슬림 병사들'의 생명의 가치는 무엇일까? 주디스 버틀러는 오늘날 세계적인 폭력의 맥락에서 "누가 인간으로 셈해지는가?", "누구의 생명이 생명으로 셈해지는가?"를 묻는다.[28] 특히 그녀는 이슬람의 생명이, 아랍의 생명이 어떻게 탈인간화되는가를 묻는다. "압도적인 다수가 이슬람 신앙을 실천하는 아랍 사람들은, 동시대 휴머니즘의 작동에 의해 '인간다움'이 '서구적인' 틀 안에서 자연화되어 왔던 만큼, 과연 어느 정도나 '인간다움'의 바깥으로 추락했는가?"[29] 크레온과 안티고네로 소급해 가는 버틀러의 준거가 유용하게 시사하듯이, 우리 시대의 질문에는 고전적인 족보가 있다.[30] 하지만 메소포타미아에서 가장 중요한 의제는 철학적 휴머니즘이라기보다는 식민 권력이다. 솔직히, 제1차 세계대전에서 '토착민 부대'의 생명과 죽음은 영국인의 생명과 동일한 가치를 갖는다고 간주되지 않았다. 버틀러의 용어로 말하자면, 이 사람들은 "누가 정상적으로 사람인지를 정하는 배타적인 관점" 바깥에 있었다. 그들은 "살아 볼 수 있는 생명과 애도할 수 있는 죽음"을 가졌다고 셈해지지 않았다.[31] 바그다드 진격은 실패했고, 쿠트-엘-아마라$^{Kut\text{-}el\text{-}Amara}$ 수비대로 퇴각하게 되었다. 1916년 봄에 쿠트는 파국적인 포위 상태에 처했고, 마침내 4월에는 항복하게 되었다. 이 무렵은 이미 많은 인도인 군인들이 군 지휘자의 충고를 따르지 않고 카스트별 식사 관습을 고집하여 말과 노새 고기

---

28) Judith Butler, *Precarious Life: The Powers of Mourning and Violence*, London: Verso, 2000, p. 20[『불확실한 삶: 애도와 폭력의 권력들』, 양효실 옮김, 경성대학교출판부, 2008, 46쪽].
29) *Ibid.*, p. 32[같은 책, 62쪽].
30) *Ibid.*, p. 36[같은 책, 67쪽]. 또한 Butler, *Antigone's Claim: Kinship Between Life and Death*, New York: Columbia University Press, 2000[『안티고네의 주장: 삶과 죽음, 그 사이에 있는 친족 관계』, 조현순 옮김, 동문선, 2005] 참조.
31) Butler, *Precarious Life*, p. xv[『불확실한 삶』, 15쪽].

로 연명하면서 기아에 허덕이던 때였다.

작동 중인 서발터니티는 오랫동안 전승되어 왔던 영국인 백인 장교들의 한정된 간부단 전통과 결합되어 인도인 군대의 위계 안에 있는 그런 서발터니티였다. 그렇지만 제국전쟁묘지위원회의 후속 결정들에 의해 벌어진 지우기와 침묵시키기야말로 식민적인 서발턴에 관해 스피박이 그토록 유려하게 설명했던 바로 그것이다. 바스라에서 열리는 길버트 경의 제막식을 위해 제국전쟁묘지위원회가 준비한 공식 지시에는 사실관계의 오류(가령 인도인 장교들의 이름이 기록되었다는)가 아주 분명하게 진술되어 있다. 그렇지만, 그 지시는 정책의 저변의 의미에 관해 우리에게 모든 것을 말해 준다. "백인 장교들과 사병들은 기념비에 그 이름이 기록되지만, 인도인 군인들의 이름은 거기에는 나오지 않고 나중에 출간될 명부에만 들어갈 것이다. 부언하자면 나이지리아 연대와 내륙 수운 Inland Water Transport에 복무한 서아프리카 국경 수비대의 사병들 이름도 인도인들 경우처럼 오직 명부에만 나올 것이다."

아프리카에서의 제국전쟁묘지위원회

의도치 않았겠지만 이렇게 '백인' 장교들과 사병들을 언급한 것은, '백인'과 '토착민'의 구별이 지대한 영향을 미쳤던 아프리카에서 제국전쟁묘지위원회가 사업을 펼치는 가운데 전면적으로 작업한 어휘 목록을 열어 준다. 위원회의 아카이브에는 1914~1918년 전쟁 동안에 세계 전역에서 펼쳐진 작전의 결과로 생긴 묘지들에 대해 자신들이 벌인 사업을 상세하게 기록한 자료들이 남아 있다. 그 파일들을 보면 평등주의적 원칙들에서 일탈한──특히 아프리카에서의──경우들이 나온다. 위원회의 다양한 역사가들이 이 원칙들을 무시했다. 그 중에서도 특히 중요한 역사가로는 필립 롱워스가 있는데 그의 『끝없는 기도』라는 책의 재판이 최근에 나왔다.[32] 거기에 서아프리카에서의 정책 실행에 대한 가이드로서 아주 중요해 보이는 진술서가 하나 나와 있는데, 이것은 일반적 정책들을 묶어 놓은 '결정문들'이라는 얇은 파일 안에 사본으로 철해져 있었다. 거기서 우리는 아서 브라운의 정책에 대한 공식 진술서를 찾을 것이다. 이 자료는 제국전쟁묘지위원회의 기록 책임자에게 브라운이 보낸 메모로, 1925년 11월 24일로 일자가 기입되어 있고, '토착민을 위한 공원 묘지 기념비 명부들'이라는 제목을 달고 있다. 그 문건은 "여건이 허락하는 한에서 영국인 부대와 토착민 부대에 동일한 대우를 해야 한다는 것이 언제나 부의장[페이비언 웨어—바렛]의 견해였다"는 진술로 시작한다. 브라운은 "그러므로 명부는 전사한 토착민 군인들 모두와 토착민 수송원들까지 포함해서 편찬되어야 한다"고 말했다. 이어서 브라운은 "토착민 군인 또는 수행원의 이름이 묘비에 있다면, 응당 공원 묘지 명부에도 나올 것이다"라고 적는다. 다음으로 그는 등록된 묘지에 묻히거나 또는 공원 묘지 안에 매장된 것이 확인되지만 개별적인 기념비(즉 묘비)는 없는 토착민들의 범주를 언급한다. 이런 이름들이 공원 묘지 명부에 나타나서는 안 된다고 그는 말한다. 그 이름들은 적절한 기념비 명부에 들어가야 한다. 이렇게 해야 하는 이유는 "우리가 이런 이름들을 전부 공원 묘지 명부에 포함하려 하게 되면, 묘비를 세워 추모하는 것을 우리가 간과해 왔다는 사실에 불필요한 이목이 쏠릴 것이기" 때문이다.

이 대목은 적어도 브라운은 위원회의 원칙으로부터의 일탈이 아프리

---

32) Longworth, *The Unending Vigil*.

카에서 벌어지고 있다는 것을 자각했으며, 그것에 쏠리는 이목을 막으려고 애썼다는 것을 시사해 준다. 실제로 동아프리카와 서아프리카에서 개별 유럽인 묘지 또는 '백인 묘지들'을 찾을 때는 시간과 돈을 아낌없이 썼다. 반면에 많은 아프리카인의 신원이 확인되어 알려진 묘지들은 유기되었으며 그들의 이름은 그냥 '실종자'로 분류되었다. 멜빈 페이지[Melvin Page]를 따라 휴 스트래천은 "200만 명을 상회하는 아프리카인이 제1차 세계대전에서 군인으로 또는 노무자로 복무했으며, 그들 중 20만 명이 넘는 이들이 전사했다"고 제시했다.[33] 수송원들의 사망률은 군인들의 그것보다 훨씬 더 높았다. 제프리 호지스는 나이지리아 수송원들의 경우에 사망률이 20퍼센트를 넘는다고 보았는데, 군인의 평균 사망률은 7퍼센트였다는 것이다.[34]

동아프리카 : 인종과 교리의 구별들

제국전쟁묘지위원회는 동아프리카에서 사업을 펼치는 가운데 아프리카 토착민들을 추모하는 일반적 전략을 개발했다. 1918년 내내 묘지 등록 담당자와 군 사이에 서신 왕래가 있었다. 그 중 하나는 스토바트[Stobart] 중령이 동아프리카 원정대의 부대장에게 보낸 전보로, 영구 기념비는 전쟁 이후까지 기다려야 하겠지만 "그 사이에라도 확실하게 신원 확인된 묘지들을 현지에서 마련할 가능한 최상의 조치를 취해 줄 것"을 군 당국에 요청

---

33) Strachan, *The First World War*, p. 497; Melvin Page ed., *Africa and the First World War*, Basingstoke: Macmillan, 1987, p. 14.
34) Geoffrey Hodges, "Military Labour in East Africa and Its Impact on Kenya", *Ibid.*, p. 143.

하고 있다. 조지 에번스$^{George\ Evans}$ 소령은 묘지 등록을 책임진 장교였다. 그의 보고서에서 추산된 바에 따르면 동아프리카에서 사망자로 기록된 군인은 4천 명이고 노무자는 5만 명이었다. 그래서 그는 개별 묘비를 세우게 되면 "공금의 낭비"일 것이라고 생각했다. 에번스는 덤불 속에 묻힌 토착민 군인들과 짐꾼들(다른 곳에서는 노무자와 수송원으로 언급되는 이들을 포함하는)은 그 지역 주요 도시에 공적인 조형물을 세워 추모해야 한다고 제안했다. 아서 브라운은 동아프리카 관련 자문을 하면서 이런 제안들에 상당 부분 공감을 표명했다.

1920년 2월에 페이비언 웨어 자신은 토착민에게 바치는 기념물을 제국전쟁묘지위원회가 대외식민지관할청$^{Colonial\ and\ Foreign\ Office}$과 그 지역별 대표자들에게 자문을 구해야 할 "정치적 문제"로 간주했다고 말한다. 제국전쟁묘지위원회는 그러한 자문 기록들을 보관하고 있는데, 그 중에는 1922년 12월에 다르에스살람$^{Dar\ Es\ Salaam}$에서 탕가니카^{Tanganyika} 보호령 총독과 회의를 한 기록도 있다. 총독은 "다르에스살람과 그 밖의 다른 곳에 많은 자리를 차지하고 있는 수송군단 공동묘지$^{Carrier\ Corps\ Cemeteries}$는 가능한 한 신속하게 자연 상태로 되돌려 놓아야 한다고 생각했으며 아프리카 토착민의 인명 손실 통계를 고려조차 하지 않았다".

다른 곳에서처럼 동아프리카에서도 일반적인 논쟁의 영역은 '집중' 정책에 관한 것이었다. 사체를 발굴하여 중앙 공동묘지에 다시 매장하는 것이 집중 정책이다. 집중 과정 중에 지극히 중요하다고 여겨졌던 것이 바로 인종과 교리의 구별이었다. 1922~1923년에 제국전쟁묘지위원회의 영국 직원인 밀너는 케냐 식민지$^{Kenya\ Colony}$에서 일하던 현장 감독으로 살라이타 언덕$^{Salaita\ Hill}$[전투]에서 사망한 유해 수습 작업을 하고 있었다. 그의 보고서는 다음과 같은 관찰을 기록하고 있다.

이 유해들 중에는 의치를 한 두개골이 하나, 아래 어금니 세 개에 금 충전재를 넣은 두개골이 하나 있고, 두 두개골에는 각각 위턱 전면에 금니 하나가 있다. 여섯 개의 두개골 이마가 아주 좁은 걸 보면 나머지 것들과는 인종이 분명 다르고 아프리카 토착민의 두개골이 아닌 것이 확실하다. 나는 이 유해들 중 적어도 열네 구는 유럽인 군인들의 것이라고 확신한다.

이 보고서에 따르면 다른 여섯 구의 유해는 인도인의 것이고, 스무 구의 유해는 타베타 공동묘지Taveta Cemetery에 있는 단체 무덤에 다시 매장되었다. 이렇게 유해들의 인종별 차이를 구별해야 할 필요는 문화적으로 적절한 방식으로 유해들을 처리할 수 있도록 하기 위함이 아니라, 혹은 그렇게 하기 위함일 뿐만 아니라, 유해 처리 과정에서 상대적인 중요성의 구별을 확립하도록 하여 추모의 자격을 구별할 수 있도록 하기 위함이다.

이런 식의 작업이 '인종' 구별과의 연관에서가 아니라 제국전쟁묘지위원회가 보통 '교리'라 부르던 종교적 신앙의 구별과 연관되어 분명하게 진행되는 것을 보여 주는 기록이 있다. 역시 케냐에서, 한 해 전에, 현장 부소장이 보이Voi의 공동묘지에 묘비가 얼마나 필요할지를 조사했다. 그는 99기의 무덤에 묘비가 필요하다고 보고했다. 그런데 그가 덧붙이기를 "기독교도의 무덤이라고 지목되는 9기의 토착민 무덤만이 기독교도 공동묘지에 매장되었는데, 인근에서 죽은 숱한 다른 토착민들과 비교해서 특별한 배려를 받았던 것이다. 나의 추론으로는 그들이 기독교도로 간주되어 표준형 묘비로 추모될 가치가 있다고 사료된다". 그는 그들이 기독교도라는 점이 아프리카 '토착민'이라는 그들의 지위를 압도할 수 있고, 그래서 그들은 묘비를 세워 줄 '가치'가 있으며, 이는 그들이 공동묘지 명부에 등록되리라는 것을 뜻한다고 아주 확실하게 여겼던 것이다.

서아프리카와 문명화 주장

제국전쟁묘지위원회는 서아프리카에서 묘지 사업을 벌이게 되었을 때, 앞서 동아프리카에서 이미 있었던 일들을 앞으로 있을 일들에 접합할 수 있었다. 1923년 4월 12일에 브라운은 나이지리아 총독에게 상황을 정리하라는 서한을 보내면서 그의 의견을 묻는다.

우리의 기록에 따르면 나이지리아에는 유럽인 군인들의 묘지가 37기, 토착민 군인들의 묘지가 292기 있다. 유럽인 장교들과 사병들의 묘지는 현지 여건이 허락하는 한, 통상적인 방침대로 조치되어야 한다고 본다. 토착민들의 경우, 조건이 약간 다르다. 케냐의 탕가니카랜드^{Tanganyikaland} 등에서는 아프리카 토착민들은 그들의 묘지에 묘비를 세워 개별적으로 추모되고 있지 않다. 이는 주로 그들의 매장지에 대한 적절한 기록이 보존되지 못했다는 사실 탓이기도 하지만 또한 동아프리카 부족들 대부분이 도달한 문명화 수준이 아직은 이런 방식의 추모를 제대로 알아볼 수 있는 안목이 부족한 단계인 탓이기도 하다. 따라서 동아프리카에서는 알맞은 비문을 갖춘 일반 유형의 중앙 기념비를 세워서 토착민 병사들과 수행원들을 추모하기로 결정했던 것이다.

브라운은 나이지리아의 경우에 "개별 묘지들은 모두 파악된 것으로 보인다"며, "토착민 묘지들"에 기념비를 세우지 말고 아예 "유기하는 것"이 묘지마다 개별 묘비를 세우는 것에 대한 대안이 될 거라고 지적했다. 총독의 회신에 따르면, 나이지리아 연대를 추모하는 기념비가 제작 중이고 이 기념비에는 전사자들의 이름이 새겨질 것이며, "이러한 이유로, 그리고 귀하의 서한 세번째 단락에서 제시된 이유[문명화 주장―바렛]로, 아프리카 군인들에게 개별 기념비를 세워 줄 필요는 없다고 봅니다".

1923년 초에 브라운은 골드코스트 보호령(현 가나)의 총독을 런던에서 만나 비슷한 대화를 나눴다. 이 만남의 기록을 보면 제국전쟁묘지위원회가 아프리카에서 실제로 하고 있는 짓들로 인해 그 원칙들이 훼손되었던 것이 틀림없다. 그렇지만 이 원칙들은 자유주의 진영에 서 있는 식민지의 행정관들이 지닌 견해와는 대조적임을 알 수 있다. 프레더릭 구기스버그Frederick Guggisberg 경은 "골드코스트의 평균적인 토착민은 묘비를 이해하거나 제대로 평가하지도 못할 테고", 그러니 중앙 조형물을 하나 만드는 것이 "더 합리적인" 안이라고 생각했다. 브라운은 다음과 같은 세련된 요점으로 응대했다. "나는 아마 200~300년이 흘러 토착민들이 더 높은 단계의 문명화에 도달했을 때, 토착민 묘지에 묘비가 세워져 있는 것을 보고 토착민 군인들이 그들의 백인 동료들과 정말로 동등한 대우를 받았다며 기뻐할 것이라고 말했다." 실제로는 토착민 묘지들은 대부분 유기되었고, 거기 매장된 이들의 이름은 실종자 기념비에 포함되었다.

1928년 말에 브라운은 서아프리카 식민지에 관한 개요를 준비해 제국전쟁묘지위원회에 제출했다. 추모해야 할 사상자가 대략 4천5백 명 있었다. 상이한 태도를 지닌 장교가 시에라리온에 있는 서아프리카 연대를 1927년에 지휘하고 있었다. 그는 토착민들의 이름이 개별적으로 기입된 기념비를 원했다. 브라운의 반응은 "내가 보기에는 그런 것은 필요하지 않다"라는 것이었다. 기록 책임자인 체틀 소령은 마지못해 찬사를 늘어놓았다. "제 생각에는 우리가 토착민들의 이름을 새겨 넣는 것이 더 나을 것 같습니다. 이들은 우리 자신의 군대만큼 훌륭한 군대 조직을 갖춘, 확실히 탁월한 자질을 지닌 군인이었습니다." '백인 묘지들'과 '토착민 묘지들' 간의 실제 차이는 카메룬의 난감한 역사에서 아주 분명하게 드러난다. 거기에 있던 63기의 '백인 묘지'를 두알라^{Duala} 공동묘지로 모은다는 것이 당시 정책이었다. 1933년에 영국 부영사가 보낸 보고서에는 4세트의 유해가 발굴된 뒤 두알라로 운구되어 "최고의 군인 예우"를 받는 의식에 따라 이장된 과정이 묘사되어 있다. 토착민 묘지들은 또 다른 사안이었다. 이 경우 토착민 묘지들은 401기에 달했는데, 그 중 11기만 신원 확인이 되지 않았다. 이렇게 신원이 확인되어 이름을 지닌 390기의 묘지는 이제 통상적인 대우를 받았고, "서아프리카 정부들$^{West\ African\ Governments}$이 생기면서 토착민 묘지의 유지는 제안되지 않고 있다".

1929년 5월에 체틀 소령은 서아프리카에서 일반적으로 토착민 묘지들의 위상이 어떠한지, 또 "위원회가 관련 공동묘지들을 유지하기로 정했는지 아니면 포기하기로 정했는지" 질문을 받았다. 명부 담당자인 미스킨 대위는 "토착민들에 관한 제 생각은 그들 대부분이 이미 기념비로 추모되고 있으며, 예외적인 경우들을 제외하면 그런 기념비 추모가 합당하리라는 것입니다"라고 적었다. 체틀은 토착민들의 매장을 위해 "묘지에 영구적인 표시는 해야 하더라도 아주 예외적으로만 하게 될 것"이라고 부언한다. 미스킨은 팔레스타인이나 이라크에서 유사한 경우에 내려진 결정들에서 보듯, "공동묘지에 매장되더라도 공동묘지 명부가 발행되지 않을 것 같은 경우라면 '실종자'로 보내질 것"이라고 결론지었다.

해석

제국전쟁묘지위원회의 추모 활동에서 식민지 부대의 대우에 관해 곤란한 질문들이 제기된 이유는 위원회가 자신의 원칙들과는 반대로 유럽 바

끝에서 '인종 또는 교리'에 근거한 구별을 많이 했기 때문이다. 이런 구별이 비용 문제로 인한 것이라고 해석하면 명쾌하다. 제국전쟁묘지위원회가 제시한 묘비 딸린 표준형 묘지의 비용은 10파운드이며, 영구 유지를 위한 비용도 발생한다. 토착민들을 '실종자'로 보내면 물질적인 이점이 있다. 즉 기념비에 이름을 올리는 훨씬 저렴한 조치를 취할 수 있는 것이다. 체틀은 1932년에 쿠마시Kumasi의 기념비뿐만 아니라 아크라Accra의 기념비 자금 조성을 고려하면서, "사실 우리는 골드코스트에서 우리의 부채를 대단히 낮은 이자율로 처분했고, 아크라에서는 기념비에 75파운드를 지출한 덕분에 평균 지출이 많이 삭감될 것이다"라고 적었다. 다른 한편 카메룬에서 찾아낸 63기의 백인 묘지는 상당한 지출을 감수할 만한 가치가 있었다. 한번은 아서 브라운이 런던에서 관리를 파견하여 이 묘지들의 추후를 특별히 감독하자고, 그렇게 하면 묘지당 책정된 10파운드의 예산이 30파운드로 터무니없이 치솟겠지만 그래도 그렇게 하자고 제안하기까지 했다(이 제안은 거부되었고, 결국 이 묘지들은 갈리폴리 스타일의 더 작은 돌을 묘비로 썼다). 시에라리온에서 브라운은 기념비에 수행원들의 이름을 새기자는 제안에 선을 그으면서, (평등하게 대우하라는 압력을 가하던) 페이비언 웨어에게 서한을 보내 "저는 수송원들의 이름을 포함하지 않으려 합니다. 사실 저는 그자들이 과연 이름을 포함시켜도 합당할 정도로 충분히 문명화되어 있는지도 모르겠습니다"라고 말했고, "그들의 이름을 포함하면 기념비의 비용도 엄청나게 증가할 것입니다"라고 덧붙였다. 이것은 사실이었다. 사망한 군인이 59명인 데 반해 수송원들은 795명일 정도로 수가 많았던 것이다. 결국 군인들의 이름은 개별로 기록되었던 반면 수송원 군단의 사람들은 단체로 '기리게' 되었다.

    제국전쟁묘지위원회에서 일하던 이들은 이러한 쟁점들에 어떤 입장을 취했는가? 페이비언 웨어(부의장)는 가능하다면 평등한 대우를 해주자는 견해를 밀어붙였지만, 현실에서는 현저한 불평등을 주도하고 있었다. 제1부비서로 핵심 인물이었던 브라운은 실제로는 정책을 입안하고 거침없이 자기 견해를 피력했는데, 이런 면모는 이 시기에 전형적인 것이었다. 명부 담당자인 미스킨 대위는 기질적으로 브라운과 같았다. 기록 책임자인 체틀 소령은 좀 조심스러운 편이어서 분명히 민감한 쟁점이다 싶으면 결정을 요청하는 경향을 보였다. 그런데 제국전쟁묘지위원회와 영연방전쟁묘지위원회가 사업을 벌이면서 인종과 교리에 따라 차별 대우를 했다는 쟁점을 그 공식 역사가들이 그토록 완벽하게 '표백했다'는 것은 놀랍다. 페이비언 웨어의 『불멸의 유산』(1937)이 그나마 가장 쉽게 현대 독자들에게 용서받을 법한 책이다. '인종' 쟁점에 대한 그의 태도는 공원 묘지의 관리인이 벨기에인이기보다는 영국인이어야 한다고 주장하는 식이다.[35] 필립 롱워스의 『끝없는 기도』는 위원회 사업 50주년을 기념하여 1967년에 처음 출간되어, 1985년에 수정되었다가 2003년에 재판이 나왔는데 더욱 도전적인 책이다. 그는 아카이브를, 아마도 일반적인 '결정들'이 들어 있는 파일도 포함된 아카이브를 조사했을 것이다. 그런데 그는 정작 자신이 책 초반부에서 "원칙들을 마련하기"에 관해 논의하는 가운데 정리한 바로 그 원칙들을 위원회가 실천하지 않았던 여러 방식에 대해 그냥 어물쩍 넘어가 버린다. 그는 "세계적인 과제"에 대해 논하면서, "서부 전선의 표준으로부터의 일탈들"이 있었다고, 특히 팔레스타인에서 그랬

---

35) Fabian Ware, *The Immortal Heritage: An Account of the Work and Policy of the Imperial War Graves Commission During Twenty Years, 1917~1937*, Cambridge: Cambridge University Press, 1937, p. 56.

지만, 이는 어디까지나 "불가피하게 필요해서이지 위원회의 원칙과 불일치한 것은 아니다"라고 쓴다.[36] 세계를 쭉 둘러보면 일부 나라들에는 수천 기의 묘지가 있고, 다른 나라들에는 단 한 기의 묘지만 있지만, "거칠게 버려져 있는 단 하나의 무덤이라도 만 기의 무덤이 있는 공동묘지 안에 있는 그 어느 무덤과 매한가지로 중요하다. 책임을 마다하는 일은 있을 수 없다"고 그는 역설한다.[37] 이와 똑같은 평등주의적 수사학이 최근에 90주년 기념으로 나온, 위원회의 사진집에서 되풀이된다. 이 책에는 캐나다의 어느 따로 떨어진 무덤 하나를 찍은 사진이 있는데, "위원회가 돌보는 그 어느 묘지와 마찬가지로 경건하게 돌보고 있는" 묘지라고 적혀 있다.[38] 아프리카인들의 묘지를 유지하지 않겠다던 결정에 관해서는 언급이 없다. 아프리카 토착민 기념비들을 찍은 사진이 있기는 하지만, 영연방전쟁묘지위원회 자료 안에서 아주 드물게 보일 뿐이다. 롱워스가 최근에 쓴 위원회의 역사책 안에 나이지리아 라고스Lagos의 토착민 기념비 사진이 하나 실려 있는데, 나이지리아 군인 한 명과 수송원 한 명이 조각된 기념비를 찍은 사진이다. 그런데 두 사람 중 한 사람의 머리가 잘리도록 사진이 찍혔고 인쇄되었다는 점에 주목한 이는 아무도 없는 것 같다.

에드윈 깁슨과 G. 킹슬리 워드는 『기억되는 용기』(1989)에서 독자들이 희생의 단일함이라는 위원회의 원칙을 배워야 한다고 경건하게 명한다.[39] 그들은 40기의 묘지가 있는 공동묘지라야 희생의 십자가Cross of Sacrifice를 설치할 수 있다는 규칙을 지키지 않은 예외를 언급하는 가운데,

---

36) Longworth, *The Unending Vigil*, p. 117.
37) *Ibid.*, p. 123.
38) Julie Summers, *Remembered: The History of the Commonwealth War Graves Commission*, London: Merrell, 2007, p. 157.

의도하지는 않았지만 불평등 대우에 관한 흥미로운 사례를 제공한다. 그러한 십자가 하나를 전간기에 선박 편으로 산카를로스$^{San Carlos}$ 공동묘지에 있는 21기 묘지를 기리기 위해 포클랜드섬에 보내게 되어 있었다.[40] 이 묘지들은 대영제국의 정서가 결부된 것들이다. 1914년에 코로넬^{Coronel}에서 대영제국 소함대가 패배한 뒤에 '드레드노트'^{Dreadnought} 전함 두 척이 영국에서 포클랜드로 파견되었는데, 압도적인 속력과 화력으로 독일군을 따라잡았고 마침내 그라프 폰 스페$^{Graf\ von\ Spee}$ 제독과 그의 해병들을 죽였다.[41] 이 전투들은 믿을 수 없는 잠수함의 시대가 오기 전에 외해^{外海}에서 마지막으로 펼쳐진 용맹하고 명예로운 해전이었다. 윈스턴 처칠은 해군성에서 전보를 보내, 구조된 독일 장교들은 명예로운 항복의 자격이 있으니 그들의 검을 소지하도록 허용할 것을 명했다.[42] 따라서 포클랜드 공동묘지는 대영제국 해군의 서사에서 의미심장한 지점을 가리키는 표식이며, 제국의 고조된 정서를 나타내는 표식이다. 그곳을 추모하기 위해 규칙을 어기는 것은 하등 이상하지 않다. 그곳의 공동묘지와, 오래전에 자연 상태로 방치된 아프리카인들의 묘지 사이의 대조는 '교훈적'이다.

영연방전쟁묘지위원회는 평등한 대우가 인종과 교리에 적용된 원칙이라고 도대체 왜 그토록 집요하게 주장하는 것인가? 1920년대 하원의 핵

---

39) Edwin Gibson and G. Kingsley Ward, *Courage Remembered: The Story Behind the Construction and Maintenance of the Commonwealth's Military Cemeteries and Memorials of the Wars of 1914~1918 and 1939~1945*, London: HMSO, 1989, p. 71.
40) *Ibid.*, p. 53.
41) Julian Corbett, *Official History of the Great War. Naval Operations*, Vol. 1, London: Imperial War Museum, Battery, 1997; John Irving, *Coronel and the Falklands*, London: Philpot, 1927.
42) Winston Churchill, *The World Crisis, 1911~1914*, London: Thornton Butterworth, 1923, p. 434.

심 논쟁에 주목해 보면 이 질문에 대한 그럴듯한 대답을 얻을 수 있을 것이다. 만약 송환과 전투 현장에서의 사적 기념이 허용되고 평등의 원칙이 무너지면, 위원회의 원칙들은 현실적인 위협에 처하고 그 사업은 심각하게 중단될 위험에 처한다. 평등한 대우라는 위원회의 원칙은 페이비언 웨어에 의해 사회적인 계급과 군사적 서열이라는 측면에서 그 틀이 만들어졌고 실로 대단히 진보적이었다. 1937년에 웨어가 설명한 바에 따르면, 이 원칙이 1918년에 동의되었을 때는 인종과 교리의 차원은 강조되지 않았다. 웨어는 "세 가지 일반적인 원칙"을 언급한다. 즉 영속성, 단일성, "군사적인 혹은 민간의 서열"상의 구별 없음이 그것이다.[43] 유사하게, 역시 위원회의 창설적 문헌인 1918년의 케넌 보고서Kenyon Report도 평등한 대우를 "군사적 서열과 민간인 삶에서의 위상"이라는 측면에서 논한다.[44] 제국전쟁묘지위원회에는 분명히 언제나 정의상 제국적인 차원이 있었다. 이것은 "우리의 자치령에서 모든 계급과 인종 사이의 유대를 강화하며" "공통의 시민다움에 대한 감정을 촉진하고 그들이 신민으로 있는 우리의 제국에 충성하는 마음을 촉진하려는" 욕망의 견지에서 왕립 헌장Royal Charter으로 명문화되었다.[45] 의회 안의 전투에서 평등한 대우 원칙을 옹호하려 한 웨스트민스터 하원의원인 윌리엄 버데트-코츠William Burdett-Coutts와 윈스턴 처칠은 이 쟁점을 국민의 관점보다는 제국의 관점에서 다루었다. 그들은 기념비 건립은 제국 군인들의 희생을 추모하기 위함이라고 말했으며, 버데트-코츠는 전쟁을 가리켜 "제국 전역에 걸쳐 인종과 피부색과 교리

---

43) Ware, *The Immortal Heritage*, p. 30.
44) Frederick Kenyon, *War Graves: How the Cemeteries Abroad Will Be Designed*, London: HMSO, 1918, p. 6.
45) Longworth, *The Unending Vigil*, p. 28.

를 구별하지 않고 사람들을 하나로 융합하고 결합하는 것"이라 했다.[46] 이러한 주장이 논쟁에서 이기자 제국전쟁묘지위원회의 입지가 안전해졌다. 위원회는 의회 연설을 소책자로 출간하기까지 했다.[47] 하지만 제국 전역의 통일성이 곧 평등한 대우를 내포하는 것은 아니다. 이는 실천을 인도하는 원칙과 추구되어야 할 이상 사이의 선이 애초부터 흐릿했다는 것을 뜻했다. 식민지 서발턴 부대는 평등하게 추모되지 않았고, 이러한 결정들의 역사가 충분하게 인정되지 않았다는 것은 아마도 그리 놀랄 일도 아닐 것이다. 이렇게 해서 서발턴을 더욱 침묵시키는 일이 발생한다. 이 생명들이 추모되지 않을 뿐만 아니라, 배제의 행위들 자체가 지워진 것이다.

---

46) Longworth, *The Unending Vigil*, p. 52
47) CWGC Add 1/1/10.

4부

동시대성들과 가능한 미래들
말하(지 않)기와 듣기

생명권력과 새로운 국제 재생산 노동 분업

펭 치아

현대 비판 이론에 대한 「서발턴은 말할 수 있는가?」의 귀중한 기여는 이론이 지구적 자본주의에 물질적으로 박혀 있음을 내재적으로 비판한 점이다. 이 에세이를 처음 읽었을 때 내게 충격을 주었을 뿐 아니라 오늘날에도 여전히 인상적인 것은 권력에 대한 푸코와 들뢰즈의 설명이 이데올로기적으로 눈이 멀어 국제 노동 분업을 보지 못한 다양한 경로를 그녀가 폭로해 내는 날카로운 방식이다. 가야트리 차크라보르티 스피박의 에세이는 맑스 자신의 실천 중 하나인 이데올로기 비판의 고전적 제스처를 따른다. 맑스의 이데올로기-비판은 헤겔 관념론과 영국 정치경제학 같은 지식 형태들을 비판한다. 맑스의 비판은 이 지식들의 지적 일관성과 진리-내용이 이것들의 역사적인 가능성의 조건들인 근본적인 물질적 정황들에 대한 왜곡 또는 신비화를 전제하고 있음을 보여 줌으로써 이 지식들이 등장했던 그 다양한 자본 형성체들로 지식들을 돌려보낸 비판이다.

그런데 스피박이 푸코 같은 포스트맑스주의자들에 대해 비슷한 비판을 할 때는 조금 더 비튼다. 사실 잘 알려진 것처럼 푸코는 사회적·정치적 관계들의 재생산을 이해하는 데 이데올로기 개념 자체가 과연 유용한 설명력을 갖고 있는지를 묻는다. 스피박은 푸코의 바로 이 대목이야말로 그 자체로 그의 이론이 국제 노동 분업에서 지배하는 쪽(즉 서구)의 사회화된 자본 안에서 만들어진다는 사실을 드러내는 하나의 이데올로기적 징후라고 주장한다.[1] 스피박은 정치 운동에서 재현representation의 역할을 이해하기 위해서는 국제 노동 분업이 갖는 기간구조적infrastructural 지위와 복합적인 함의들을 고려해야 한다는 점을 우리에게 일깨워 준다. 나의 에세이는 스피박을 따라 푸코의 생명권력biopower 분석을 읽기 위해 스피박의 푸코 비판을 재개하고, 그녀의 에세이에 담긴 도발들을 활용하여 새로운 국제 노동 분업에서 생명권력이 어떻게 작동하는지를 생각해 보려는 시도이다. 스피박은 제3세계 주체의 형성에서 이데올로기가 갖는 중요성을 전면에 내세운다. 그녀는 푸코의 권력 이론이 맑스주의 이데올로기 개념에 대한 논쟁적 거부에 의해 활성화되는 한, 식민자the colonizer의 구성을 이해하는 데는 가치 있는 것으로 남겠지만 피식민자 또는 새로운 피식민자the colonized or neocolonized의 구성을 이해하는 데는 도움이 되지 않는다고 주장한다. 이 에세이에서는 두 가지 질문을 제기한다. 첫째, 푸코의 권력 분석과 맑스주의 이데올로기 개념의 관계는 무엇인가? 둘째, 우리가 푸코에게는 국제 노동 분업에 대한 '인가된 무지'가 있다는 비판을 수긍한다고 하더라도, 생명권력은 국제 노동 분업의 맞은편 주체들을 만들어 내는 데서

---

1) Gayatri Chakravorty Spivak, "Can the Subaltern Speak?", Lawrence Grossberg and Cary Nelson eds., *Marxism and the Interpretation of Culture*, Urbana: University of Illinois Press; Basingstoke: Macmillan, 1988, p. 272[「하위주체는 말할 수 있는가?」, 태혜숙 옮김, 『세계사상』 4호, 1998; 본서 402쪽]. 이 에세이의 수정본은 Spivak, *A Critique of Postcolonial Reason: Toward a History of the Vanishing Present*, Cambridge: Harvard University Press, 1999[『포스트식민 이성 비판: 사라져 가는 현재의 역사를 위하여』, 태혜숙·박미선 옮김, 갈무리, 2005]에 들어 있다. 나는 주로 먼저 나온 에세이에 준거할 것이다. 뒤에 나온 수정본에서 변경된 내용을 논할 때는 그때마다 먼저 나온 에세이의 쪽수를 표기하고 수정본 쪽수를 덧붙일 것이다.

스피박이 허용하는 것보다 더 근본적인 역할을 하고 있는가? 나는 과대 발전 중인hyperdeveloping 동남아시아의 가사 노동에서 일어나는 초국적 거래를 고찰함으로써 두번째 쟁점을 검토하겠다.

생명권력, 이데올로기, 이해관계

스피박의 푸코 비판에는 주요한 두 줄기가 있다. 첫째, 그녀는 이데올로기 개념에 대한 푸코의 거부가 맑스의 저술과 맑스주의 전통에서 이 개념이 갖는 복합성을 인지하지 못하는 지나치게 단순화된 이해에 근거한다고 주장한다. 결과적으로, 푸코는 이데올로기에 대한 이론을 갖지 못하며, 실증주의적 경험주의와 이어지는 일종의 재현주의적 리얼리즘representationalist realism에 동의하는 셈인데, 이는 피억압자의 구체적 경험에 대한 순진한 가치 부여로 귀착된다. 둘째, 사회화된 자본 안에서는 충분히 문제적인 푸코의 권력 이론이 지구적 프레임 안에 자리매김될 때는 선진 자본주의의 신식민주의를 견고히 하는 데 실제로 도움이 된다. 지구적 자본주의의 착취는 제3세계 주체 또는 포스트식민적 남반구 주체의 정교한 이데올로기적 구축에 의해 견고해진다. 이 주체의 구체적 경험은 현장 조사와 여타 데이터 수집 형태들을 통해 복원된 목소리-의식 안에서 표현되며, 지구적 자본주의 축적틀 안에서 이루어지는 자본주의적 근대화와 발전은 주변부의 인민에게 유익하다는 것이 이 경험에 의해 반박할 수 없게 확증된다. 푸코는 이데올로기 개념을 기각하고, 피억압자는 자신들이 당하는 착취의 본성을 알 수 있으며 표현할 수 있다고 믿는다. 그 때문에 푸코는 제3세계 주체의 지속적인 이데올로기적 건설과 공모하며, 따라서 그가 제3세계 주체의 현행 형태들 안에서 제국주의 기획을 반복한다고 말할 수 있다.

바로 이 맥락에서 스피박은 서발턴의 문제틀을 꺼낸다. 스피박의 견해로는, 유럽 스스로를 견고하게 해주는 **타자**로 구축된 제3세계 주체는 탈식민화된/포스트식민적인 공간의 진정한 이질성^{heterogeneity}을, 즉 지구적 자본주의 아래에서의 초과 착취를 모호하게 한다. 국제 노동 분업의 회로 안에서 이 이질성에는 도시의 여성 하부프롤레타리아트가 포괄된다. 하지만 이 회로 바깥에, "생존에 연연하는 농부들, 미조직 농업 노동자들, 부족민들, 거리나 시골을 배회하는 밑바닥 노동자들"이 있다.[2] 바로 이들이 서발턴이다. 그 주체의 흔적들은 토착 법의 코드화와 교육을 통한 식민 주체 형성의 인식론적 폭력에 의해 말소되어 왔기 때문에 분과학문적 지식 생산과 지적 액티비즘의 울타리를 초과해 있다. 이 울타리 안에서는 이해될 수 없는 어떤 의식을 위한 이름이 서발턴이다. 오늘날, 발전 또는 억압의 주체에게 접근하기를 열망하는 데이터 수집가 또는 액티비스트도 서발턴 공간을 구성하며 이 공간에의 접근을 봉쇄하는 복합적 사회 관계들(가부장제, 다신교, 계급과 카스트와 부족의 분할들)에 주목하지 않는다.

실로 스피박에게는, 서발턴의 진정한 목소리-의식을 복원했다는 외침이나 주장과 서발턴으로 **존재**한다는 주장 모두, 국제 노동 분업을 통한 자본의 지속적 발전과 깊이 공모한다. 그 주장들은 식민주의의 인식론적 폭력을 지속시킨다. 그것들은 서발턴의 진정한 목소리와 이해관계들을 표현하는 대리인 노릇을 하는, 이데올로기적으로 가공된 주체들의 광대한 정렬^{整列}의 일부이다. 우리가 『포스트식민 이성 비판』에 나오는 수정들을 감안한다면, 이 대리인들로는, 지구적 남반구의 민족적 주체, 신용-

---

[2] Spivak, "Can the Subaltern Speak?", *Marxism and the Interpretation of Culture*, p. 288[본서 440쪽].

미끼에 걸린 농촌 여성, 유엔 행동계획 속에 있는 발전의 주체로서의 여성, 구식민지 주체/토착 엘리트 출신 토착 정보원으로서의 포스트식민/제3세계 주체가 있고, 마지막이지만 역시 중요한, "지구화를 미국화로 찬양"하는 "혼종주의적인 포스트민족적 이야기"에 열중하는 "포스트모던 포스트식민주의자"가 있다.[3] 스피박은 "주목받지 못한 서발턴의 역사를 펼쳐야 하는 것은 바로 이 불운한 꼭두각시의 그림자 속에서이다"라고 신랄하게 쓴다.[4] 그녀의 견해로는 권력에 대한 푸코의 설명은 의도하지 않았지만 서발턴의 침묵을 조장한다. 그 정확한 이유는, 푸코가 이데올로기의 기능을 무시함으로써, 서발턴을 지우는 이 대리인들과 다툼을 벌일 대항 헤게모니적인 이데올로기적 생산을 위한 필요를 폐제하기 때문이다.

푸코가 국제 노동 분업에 무지하다는 스피박의 비판은 설득력이 있으며, 지속되는 복화술과 서발턴의 말 없음을 날카롭게 진단해 내는 스피박의 논의는 퍽 인상적이다. 그런데 나를 곤혹스럽게 하는 것은 「서발턴은 말할 수 있는가?」의 다음과 같은 논평이다.

> 푸코에게서 유용한 부분은 규율화와 제도화의 역학, 말하자면 식민자의 구성이다. 그는 이를 제국주의의 어느 판본과도, 초기 제국주의나 후기 제국주의, 원제국주의나 포스트제국주의 어느 것과도 연결시키지 않는다. 초기 제국주의, 후기 제국주의, 원제국주의, 포스트제국주의는 서구의 쇠락에 관심을 갖는 지식인에게 크게 유용하다. 그것들이 그들에게는

---

3) Spivak, *A Critique of Postcolonial Reason*, pp. 255, 259, 361[본서 59, 64쪽. "지구화를 미국화로 찬양"하는 "혼종주의적인 포스트민족적 이야기"에 열중하는 "포스트모던 포스트식민주의자"라는 표현은 『포스트식민 이성 비판』 4장에 나온다].
4) *Ibid.*, p. 259[본서 64쪽].

큰 유혹이고 우리에게는 두려움이다. 그것들이 조사하는 주체……의 공모성이 자체를 투명성 속에 위장하게끔 허용했을 수도 있기 때문이다.[5]

푸코의 권력 분석이 주변부 공간의 주체 구성을 이해하는 데는 별로 기여하지 못한다는 점에 주목함으로써 스피박이 시사하는 바는, 국제 노동 분업의 맞은편에서는 권력이 상이한 방식으로 작동한다는 것이다. 그렇게 그녀는 지구적 자본주의에서 권력이 실제로 기능하는 방식을 이해하는 데 더욱 적합하고 더 잘 부합하는, 권력에 대한 대안적인 지도 그리기 또는 지도 작성법cartography을 제공하겠다고 주장한다.

내가 말할 수 있는 한, 스피박의 지도 작성법은 두 가지 점에서 푸코를 정정하고 있다. 첫째, 유럽의 영토 제국주의에서도 그랬지만, 미국에 의한 전략적 군사력의 집중으로 그것이 점차 전위되는 상황에서 여전히 지배적인 것은 권력의 주권적 양태이며, 이는 국외를 겨냥하는 폭력과 군사적 강제에 의존하는 데서 입증된다는 것이다.[6] 둘째, 비공식적인 미국 제국이라는 이 틀 아래 포스트식민적인 주변부에서 번성한 경제 발전 모델에는 노동자들의 생명과 능력을 향상시키는 생산적 형태의 권력이 내포되어 있지 않다는 것이다.[7] 푸코가 초점을 맞추는 생산적 형태의 권력

---

5) Spivak, "Can the Subaltern Speak?", *Marxism and the Interpretation of Culture*, p. 294[본서 454쪽]. 이 구절은 『포스트식민 이성 비판』에는 나오지 않는다.
6) *Ibid.*, p. 290[본서 444~446쪽]. 스피박은 여기서 미국 제국주의에 관해 마이크 데이비스(Mike Davis)를 인용한다. 이 대목이 수정본에는 없다.
7) 비공식적인 미국 제국에 관해서는 Charles S. Maier, "The Politics of Productivity: Foundations of American International Economic Policy After World War II", Peter J. Katzenstein ed., *Between Power and Plenty: Foreign Economic Policies of Advanced Industrial States*, Madison: University of Wisconsin Press, 1978 참조.

은 소비주의 훈련과 같은 외연을 갖고 있으며, 바로 이것이 시민사회의 역사적 형성을 결정짓는다. 이런 이유로 헤게모니적인 서구의 인민에게는 신생의 정치적 의지라는 것이 있다. 푸코는 유럽 국가를 이 새로운 형태의 권력의 암묵적인 배경이자 발생 지점으로 간주하기 때문에, 19세기 영토 제국주의가 산업적인 유럽을 형성하는 근본적인 물질적 조건으로서 중요하다는 점을 고려하지 못한다. 이 점을 고려한다면 권력이 자본주의 세계 체제의 주변부에서는 생산적으로 기능하지 않는다는 점이 분명해질 것이다. 바로 이것이 스피박의 주장이다. 스피박은 현대의 국제 노동 분업을 "19세기 영토 제국주의의 분할된 장이 전위된 것"으로 간주하는데, 이 국제 노동 분업의 목표는 엘리트가 아닌, 노동력 또는 인적 자본으로서의 주체들의 능력을 향상시키는 데 있지 않다.[8] 포스트포드주의와 수출 지향적인 국제적 하청은 주변부에서 유지되는 값싼 노동 공급을 전제로 한다. "노동법의 부재(혹은 노동법의 차별적 집행), 전체주의적 국가(종종 주변부 국가의 발전과 근대화에 수반되는), 노동자 편에서의 최소한의 생존 요건들"이 값싼 노동 공급의 유지를 보장한다. 또한 고임금과 노동 운동과 자본에 저항하는 연합 정치coalition politics로 이어질 소비주의 성장을 저지하는 것 역시 값싼 노동 공급 유지를 보장한다.[9]

지구적 자본주의에는 국가 형성체와 정치경제 체계라는 거시적 형태의 두 권력이 내포되어 있다. 이것들은 지구적 무대에서 구성되며 상호작용한다. 두 권력은 주권적이며 억압적이다. 스피박은 모세관 권력에 대

---

8) Spivak, "Can the Subaltern Speak?", *Marxism and the Interpretation of Culture*, p. 287[본서 439쪽].
9) *Ibid.*, p. 288[본서 440쪽].

한 해명만으로는 지구적 차원에서 집요하게 재생산되는 자본주의 착취 관계를 설명할 수 없다고 주장한다. 스피박이 아도르노의 용어법을 끌어와 주장하는 바에 따르면, 지구적 자본과 국제적 지리정치라는 **거시논리적** macrological 형성들은 이데올로기적인 주체 형성을 통해 권력의 예견할 수 없는 미시논리적micrological 기능 작동을 장악해 낸다.[10] 따라서 이데올로기는 권력의 거시논리적 형태와 미시논리적 형태 사이를 매개하고 양자를 연결하는 제3양태의 권력이다. 사회경제적 행위 능력agency의 형태로서의 계급 이해관계는 이러한 매개와 수단에 의해 개별 신체들에 행사되는 권력의 변덕스러운 테크놀로지들에 영향을 주고 통제할 수 있다. 달리 말하자면, 이데올로기적인 주체 구성은 이 신체의 힘들을 모아서, 이 힘들이 구사되고 전개되어 지배와 착취의 정치적이고 경제적인 구조들의 기능 작동이 더 부드럽게 이루어질 수 있도록 한다. 더 명확히 하자면, 스피박의 견해로는, 지구적 자본주의의 기능 작동에 내포되는 두 형태의 이데올로기적 주체 구성이 있다. "중심부 국민-국가 이데올로기들 내부에 있는 노동자와 실업자의 주체-생산"과, 헤게모니를 갖는 서구 즉 북반구 스스로를 견고하게 해주는 **타자**로서의 제3세계 민족 주체 또는 포스트식민적 민족 주체가 바로 그것이다. 후자의 주체 구성은 "주변부 노동 계급이 잉여가치의 실현에서, 그리하여 소비주의 안에서의 '휴머니즘적' 훈련에서 점차 축출"되도록 조장하며, "주변부 농업의 이질적인 구조적 지위가 나타날 뿐만 아니라 의사擬似자본주의적 노동이 대규모로 존재하는 현상"을 모호하게 한다.[11] 푸코는 이데올로기 개념을 거부하며 이데올로기 개념에

---

10) *Ibid.*, p. 279[본서 418쪽]; *A Critique of Postcolonial Reason*, p. 264[본서 71쪽].
11) *Ibid.*, p. 272[본서 402쪽].

내포되어 있는, 이해관계들의 행위 능력에 대한 정교한 이해를 거부한다. 스피박은 바로 그 때문에 푸코의 권력 분석이 지구적 자본주의에서 이 근본적 양태의 권력에 저항할 가능성을 폐제한다고 주장한다.

우리가 열성적인 푸코주의자가 되어(물론 나는 그렇지 않지만), 푸코에게는 이해관계들에 대한 복합적 이론이 없으며 그가 항상 피억압자의 구체적 경험을 특권화한다고 말하는 것이 전적으로 정확한 것은 아니라고 논평할 필요는 없다. 아마도 스피박의 이데올로기-비판이 푸코 저작 중 주변적인 텍스트 하나에 대한 징후 독해에 너무 심하게 의존하기 때문에, 맑스에게 깊이 있게 논쟁적으로 연루되는 푸코의 측면이 그녀에게는 후방으로 처져 버렸는지도 모른다. 심지어 때로 스피박은 푸코의 권력 분석이 경제적 착취의 환원 불가능성을 적합하게 논의하지 못한다고까지 주장한다.[12] 결과적으로, 주권적 권력 모델과 이데올로기 이론으로 설명하는 데는 한계가 있다는 푸코의 비판은, 스피박에 의해 이러한 현상들의 지속적인 실존과 실효성을 기각하는 것과 등치되는 쪽으로 기운다. 그렇지만 사실 푸코의 비판은 자본주의가 어떻게 기능하는지에 대한 대안적 이해에서 도출된다. 맑스주의 이론에서는, 왜곡하고 혼란스럽게 하는 이데올로기의 본성을 탈신비화하는 것은 그러한 관념의 형태들과 이 형태들의 물질적 효과들을 이것들의 발생과 생산의 물질적 조건들 안에 다시 박아 넣는 것을 내포한다. 그래서 이데올로기의 궁극적인 허위성은 이 저변의 경제적 조건들의 착취적 특성에서 유래하는 것이다. 이 조건들은 이데올로기의 **현실적** 또는 **경험적** 토대이며 과학으로서의 맑스주의 사유의

---

12) Spivak, "Can the Subaltern Speak?", *Marxism and the Interpretation of Culture*, pp. 280, 289~290[본서 421~422, 442~447쪽] 참조.

고유한 연구 대상이다. 푸코가 지적하듯이, "전통적인 맑스주의 분석에서, 이데올로기는 일종의 부정적 요소로서, 주체의 진리와의 연관 또는 단순하게 말해 지식 연관이 바깥에서 지식 주체에게 가해지는 실존 조건들, 사회 관계들, 정치 형태들에 의해 가려지고 모호해지고 침해당한다는 사실을 전달하는 요소이다. 이 정치적 또는 경제적 실존 조건들이 마땅히 진리를 향해 열려 있어야 할 지식 주체에게 남기는 표식이자 얼룩이 곧 이데올로기이다".[13] 그러니 "이데올로기는 이데올로기의 기간구조로, 물질적·경제적 결정인 기타 등등으로 기능하는 어떤 것에 비해 부차적인 위치에 있다".[14] 실로 이데올로기는 이중으로 부차적이다. 왜냐하면 부르주아의 억압 장치로 보이는 국가라는 정치적 상부구조의 상부구조이기 때문이다.

하지만 푸코에게 산업 자본주의의 성장이란 이데올로기적이지도 않고 억압적이지도 않은 새로운 형태의 권력에 의해 가능해진 것이다. 이러한 형태의 권력은 관념의 왜곡을 통해 부인하든 물리적 폭력을 통해 부인하든 자신의 목표물을 부인하는 것이 아니라, 진리 담론들을 통해 자신의 대상들을 현실에서 적극 빚어내고 생산한다. 그의 말에 따르면,

> 신체의 이러한 정치적 투자는 신체와 정치의 복합적인 상호 관계에 맞추어 가면서도 신체의 경제적 용도에 속박된다. 신체에 권력 관계와 지배 관계가 투자되는 것은 대체로 생산의 힘으로서이다. 다른 한편, 노동력으

---

13) Michel Foucault, "Truth and Juridical Forms", *The Essential Works of Michel Foucault. Vol. 3: Power*, ed. James D. Faubion, trans. Robert Hurley et al., New York: New Press, 2000, p. 15.
14) Foucault, "Truth and Power", *Ibid.*, p. 119 [「진실과 권력」, 『권력과 지식: 미셸 푸코와의 대담』, 홍성민 옮김, 나남, 1991, 151쪽].

로서의 신체의 구성은 신체가 종속의 체계에 잡혀 있어야만 비로소 가능하다(이 체계 안에서는 필요 또한 꼼꼼하게 준비되고 계산되어 사용되는 정치적 도구이다). 요컨대 신체는 생산적인 신체이면서 동시에 종속된 신체일 때만 유용한 힘이 된다. 이러한 종속이 폭력 또는 이데올로기의 도구들에 의해서 확보되는 것만은 아니다. 종속은 직접적이고 물리적이면서 힘과 힘의 충돌을 불러오고 물질적 요소들과 관련되면서도, 폭력을 수반하지 않을 수도 있다. 오히려 종속은 계산되고 조직되고 기술적으로 사유될 수도 있으며, 무기도 공포도 이용하지 않으면서도 물리적인 질서를 구축할 수 있다. 말하자면, 신체의 기능 작동에 대한 과학은 분명히 아닌 신체의 '지식'이라는 것이 있을 수 있으며, 신체의 힘들을 정복하는 능력 이상인, 신체의 힘들에 대한 통달이라는 것이 있을 수 있다. 이러한 지식과 통달이 신체의 정치적 테크놀로지라 불릴 만한 것을 구성한다.[15]

이러한 유형의 지식은 이데올로기적이지 않다. 그것은 권력에 접해 있으며, 신체들의 물리적 층위에서 작동한다. 그것은 자본주의의 경제적 기간구조를 구성하기 때문에 상부구조적이라고 간주될 수 없다. 같은 이유에서, 이 권력 양식은 정치적 상부구조에서 나오지 않는다. 그러한 권력-지식은 기간구조적인데, 왜냐하면 그것이 자본주의의 경제적 토대를, 즉 유용한 생산력으로서의 노동하는 신체의 바로 그 능력을 제조하기 때문이다. 이 권력 양식이 사회 관계들을 유지하는 것은 강제 또는 위장, 즉

---

15) Foucault, *Discipline and Punish: The Birth of the Prison*, trans. Alan Sheridan, Harmondsworth: Penguin, 1979, pp. 25~26[『감시와 처벌: 감옥의 역사』, 오생근 옮김, 나남, 2003, 56~57쪽].

국가의 정치적 상부구조와 법적 도구들이나 이데올로기를 통해서가 아니다. 이 권력 양식은 그것들의 필수불가결한 **구성적** 힘으로서의 경제적 과정들의 영역과 사회적 신체 안에서 작동한다. 푸코의 견해로는, 인간의 노동 능력은 맑스가 부여한 일차적인 또는 선험적인 지위를 갖는 것이 아니다. 그것은 어떤 기간구조적인 권력의 생산물-효과인데, 푸코는 이 권력을 아래-권력infrapower이라 부른다.

> 자본주의는 훨씬 더 깊이 우리의 실존 속으로 침투한다. 자본주의 체계가 19세기에 확립되었을 때, 어쩔 수 없이 일단의 정치적 테크닉을 정교하게 만들어야 했다. 이 권력 테크닉들에 의해 인간은 노동과 같은 어떤 것과 엮이게 되었고, 이 일단의 테크닉에 의해 인민의 신체와 시간은 효율적으로 사용되어 초과 이윤으로 변형될 수 있게끔 노동력이 되고 노동 시간이 되어 갔다. 그런데 초과 이윤이 있으려면 아래-권력sous-pouvoir이라는 것이 있어야 했다. 미시적이고 모세관적인 정치 권력의 망이 인간의 실존 자체의 층위에서 확립되어야 했고, 이 망이 인간을 생산 장치에 부착시키면서, 인간을 생산의 행위자로, 노동자로 만들었다. 이렇게 인간을 노동에 묶는 것은 인공적인 것이었고 정치적인 것이었다. 그것은 권력에 의해 야기된 하나의 연계였다. 아래-권력 없이는 초과 이윤도 없다.……내가 언급하고 있는 것은 국가 장치 또는 집권 계급이 아니라, 최하 수준에 있는 소소한 권력들, 소소한 제도들 전반이다. 내가 하고자 했던 것은 이 아래-권력을 초과 이윤을 가능하게 하는 조건으로 분석하는 것이었다.[16]

---

16) Foucault, "Truth and Juridical Forms", *The Essential Works of Michel Foucault. Vol. 3*, pp. 86~87.

우리는 이와 같은 푸코의 지적에서 인간의 필요들 자체는 계산에 의해 제조되는 정치적 도구들이라는 점을 볼 수 있다. 그런 것처럼 푸코의 아래-권력 해명에는 이해관계와 필요에 대한 이론이 들어 있다. 하지만 그것은 현저히 비-맑스주의적이다. 인간의 필요에 대한 맑스주의 개념도 실은, 이데올로기 개념처럼, 기원적인 인간 주체, 즉 비록 부정성의 변증법적 노동을 통해서일망정 기원이 될 수 있는 어떤 주체를 소급 지시한다. 맑스주의 이론에서 인간의 필요는, 소비에서 직접 유래하지만 더 중요하게는 생산 과정에서 유래하는 기본적인 사회적 필요이다. 대체로 이해관계들은 어떤 계급의 삶-활동과 객관적인 사회적 위치에 의해 그 계급 성원들 안에서 (무의식적인 잠재적 형태로) 창출되는 일단의 사회적 조건들로, 기본적인 필요들을 충족시켜 주거나 또는 충족을 가로막는다.[17] 지배계급의 이해관계는 특수한 배타성을 갖고 있어서 하나의 전체로서의 사회, 즉 모든 역사의 필요들을 충족시킬 수 없다는 시나리오에서 이러한 계급적 이해관계들은 이데올로기적인 주체 구성을 통해 사회를 좌지우지하고 조직할 수 있다. 이러한 헤게모니는 자본주의하에서 대단히 철저하다.[18] 그러므로 맑스주의 이론은 항상 이해관계와 필요를 구별하는데, 이

---

[17] 계급 의식은 계급적 이해관계의 의식적인 반영이며, 오직 자본주의에서만 진정으로 생길 수 있다. Georg Lukács, "Class Consciousness", *History and Class Consciousness: Studies in Marxist Dialectics*, trans. Rodney Livingstone, Cambridge: MIT Press, 1971, p. 51[『역사와 계급의식: 마르크스주의 변증법 연구』, 박정호·조만영 옮김, 거름, 1999, 127~128쪽] 참조. "사실 이제 계급 의식은 생산 과정 안의 어떤 특수한 정형적인 위치에 '귀속되는'(zugerechnet) 적절하고 합리적인 반작용들로 이루어진다. 그러므로 계급 의식은 계급을 이루는 개인들이 개별적으로 생각하거나 느끼는 것의 총합도 아니고 그 평균도 아니다. 또한 하나의 전체로서의 계급이 취하는 역사적으로 의미 있는 행동들도 궁극적으로는 개인의 사유에 의해서가 아니라 이러한 의식에 의해 규정된다. 따라서 이 행동들은 오직 이 의식에 준거해야만 이해될 수 있다."

필요는 근본적이고 기본적이자 사회 전체와 관련되는 것으로, 필요의 발전은 사회 혁명의 토대 구실을 한다.

이와 상반되게, 푸코는 필요와 이해관계를 권력의 지형 안에 둔다. 생명권력의 제2기둥인 통치에 포함되는 것은 인구의 생명 조절인데, 여기서 인구란 생물학적 특성들(번식, 출생과 사망, 건강 수준과 기대 수명 같은 것들)을 지닌 산 존재들의 체계라 이해되며, 종별적인 과학 지식들과 합리적인 테크놀로지들을 통해서 알 수 있고 분석할 수 있다.[19] 그러한 의미에서의 인구는 국가의 경제적 자원과 힘을 증대시키려는 정책 개입을 통해 변경되고 관리될 수 있다.[20] 이제 권력이 생산적인 이유는 그것이 투자와 가치화를 통해 개별 신체들의 능력과 적성을 향상시키기 때문이며, 효율적

---

18) *Ibid.*, p. 65[같은 책, 146~147쪽]. "부르주아지의 헤게모니는 정말로 사회 전체를 포용한다. 그것은 정말로 자신의 이해관계 안에서 사회 전체를 조직하려고 시도하는 것이다(게다가 이런 면에서 그것은 일정한 성공을 거두었다). 이것을 달성하기 위해 부르주아지의 헤게모니는 경제와 정치와 사회를 아우르는 일관된 이론('세계관'Weltanschauung을 전제하며 '세계관'에 해당하는 이론)을 발전시킬 수밖에 없었고, 사회를 통제하고 조직하는 것이 자신의 소명이라는 의식을 만들어 그것을 계속 믿을 수밖에 없었다."

19) 푸코의 생명권력 해명에 대한 나의 재구성은 주로 Foucault, *The History of Sexuality. Vol. 1: An Introduction*, trans. Robert Hurley, New York: Vintage, 1980, pp. 138~145[『성의 역사 1: 지식의 의지』, 이규현 옮김, 나남, 2010, 154~162쪽]에 근거한다. 생명권력의 두 기본 형태는 규율(discipline)과 통치(government)이다. 푸코는 통치의 테크닉들이 규율의 테크닉보다 나중에 형성되었다고 분명하게 진술하고 있다. 그렇지만 그는 규율에서 통치로의 이동이 인구 개념의 정식화와 더불어 18세기에 일어났다는 점에 주목하는 것 말고는 그 이동이 정확히 언제 발생했는지 진술하지 않는다. 푸코가 강조하는 바는 그것이 규율 사회가 통치 사회로 대체되는 문제가 아니라 우세한 것의 이동 문제라는 것이다. 또한 "Governmentality", *The Essential Works of Michel Foucault. Vol. 3*, pp. 218~219 참조.

20) Foucault, "Security, Territory, and population", *The Essential Works of Michel Foucault. Vol. 1: Ethics, Subjectivity, and Truth*, ed. Paul Rabinow, trans. Robert Hurley et al. New York: New Press, 1997, pp. 68~71[「강의 요지」, 『안전, 영토, 인구』, 오트르망 옮김, 난장, 2011, 486~490쪽]; "The Politics of Health in the Eighteenth Century", *The Essential Works of Michel Foucault. Vol. 3*, pp. 95~96[「18세기 질병의 정치학」, 『권력과 지식』, 210~211쪽] 참조.

인 경제적 자원으로서의 인구의 자질을 높이기 때문이다. 하지만 권력이 기본적인 인간적 필요의 주체도 생산하는지는 덜 분명하다. 산업 사회에서는 개인의 **인간적 필요들**을 충족시켜 줄 임금과 자유롭고 자발적으로 교환되는 상품으로서의 노동력의 저장소가 개인의 신체라고 가정된다. 복지 정책이 출생률과 건강과 분배에 작용을 가해 인구를 만들어 내는 한, 통치 테크놀로지들은 철저하게 인간 생명에 집중하며 그것의 기본적인 필요를 만들어 낸다. 이에 대해 푸코는 다음과 같이 지적한다.

> 인구는 필요와 열망의 주체이지만, 또한 통치의 수중에 있는 대상이기도 한데, 통치와 상대하며 자신이 원하는 바를 알긴 하지만 자신에게 무슨 일이 벌어지는지는 알지 못하는 대상이다. 인구를 이루는 각 개인의 의식으로서의 **이해관계**가 있는가 하면, **하나의 전체로서의 인구를 구성하는 개인들의 특수한 이해관계들과 열망들이라 할 수 있는 그 무엇과 완전히 무관하게 하나의 전체로서의 인구의 이해관계라고 간주되는 이해관계**가 있다. 바로 이 후자가 인구 통치의 새로운 목표이며 근본적인 도구이다.[21]

우리에게 중요한 것은 푸코가 인구의 이해관계를 놓고 이해관계와 필요를 맑스주의식으로 구별하지 않고 말한다는 점이다. 대신에 그는 필요 그 자체가 언제나 이미 통치 테크놀로지들을 통해 만들어진다고 주장한다. 이 주장이 뜻하는 바는, 이해관계를 통한 주체들의 조작이 일차적으로 사회경제적인 계급의 층위에서, 그리고 이데올로기를 통해 일어나는

---

21) Foucault, "Governmentality", *The Essential Works of Michel Foucault. Vol. 3*, p. 217. 강조는 치아.

것이 아니라는 점이다. 조작과 계산은 필요 그 자체를 주조하는 물리적 층위에서 이미 발생한다. 그러므로 권력에 대한 푸코의 지도 작성법은 스피박에 의해 개관된 맑스주의 모델과는 상이한 방식으로 이루어진다. 국가 제도의 거시논리적 구조와 정치경제 사이를 매개하는 것은, 이데올로기를 통한 주체 형성이 아니라 생명정치적 테크닉들의 대향적인subtending 기간구조이다. 이 테크닉들은 정치적이고 법적이며, 이데올로기적인 상부구조들과 경제적인 하부구조를 솔기 없는 망 또는 네트워크로 접합한다. 그렇다고 이데올로기가 부적합해졌다는 뜻은 아니다. 계급 이데올로기들은 실존하며 지속적으로 생성된다. 하지만 계급 이데올로기들에 일차적인 형성력을 부여하지 않고, 계급 이데올로기들을 유지하는 생명정치적 테크닉의 장 안에 이데올로기적 주체-형성의 과정들을 기입하는 것이 중요하다. 이러한 테크닉들은 "분리와 사회적 위계화의 요인들로" 기능함으로써 지배 관계와 헤게모니 효과를 보장한다.[22]

새로운 국제 재생산 노동 분업

나는 필요와 이해관계에 대한 푸코의 해명이 스피박이 허용하는 것보다 더 복합적이며, 그의 권력 분석은 경제적인 것을 회피하지 않고 오히려 기간구조적인 형태의 권력 안에 다시 두려는 것이라고 주장했다. 스피박은 푸코의 권력 이론에 대한 자신의 애초 독해를 후에 질적으로 보강하기는 하지만, 푸코의 생명권력 개념에 한결같은 방식으로 개입하지는 않았다.[23] 본 에세이의 목적에 비춰 더 큰 중요성을 갖는 것은, 푸코의 권력 분

---

22) Foucault, *The History of Sexuality. Vol. 1*, p. 141[『성의 역사 1』, 158쪽]

석이 오직 식민 주체의 생산 및 이 주체가 오늘날 포스트식민성으로 교체되는 것을 이해하는 데만 관련된다는 그녀의 애초 논지가 반복되고 있다는 점이다.[24] 스피박의 주장에 따르면, 그런 식의 초점은 서발턴이 거듭 지워짐을 간과하게 할 뿐이며, 서발턴이 자원의 배분을 규제하고자 할 수 있고 포스트식민 공간에서 지구적 자본의 약탈에 저항하려고 할 수 있는 그 어떤 공적인 목소리 또는 정치 공간에도 서발턴이 접근할 수 없도록 거부됨을 간과하게 할 뿐이다. 그리하여 서발턴의 목소리는 접근 불가능하게 된다. 왜냐하면 식민 주체의 형성 기획에서 서발턴이 배제되고 이어서 포스트식민적인 민족 주체 또는 인민의 형성 기획에서도 서발턴이 배제된 결과, 서발터니티의 공간은 탈식민화와 포스트식민성의 지배적 에피스테메들에 의해서도 봉쇄되기 때문이다.

구식민지의 이해관계를 역전시키는 세속주의, 민주주의, 사회주의, 민족 정체성, 자본주의 발전, 즉 구식민지로부터 파생된 규제적 논리에 의해

---

23) 스피박은 "More on Power/Knowledge", Thomas E. Wartenberg ed., *Rethinking Power*, Albany: State University of New York Press, 1992, p. 35[「권력/지식에 덧붙이는 논의」, 『교육기계 안의 바깥에서: 초국가적 문화연구와 탈식민 교육』, 태혜숙 옮김, 갈무리, 2006, 74쪽]에서 푸코의 생산적인 권력 이론이 "대다수 이데올로기 이론들이 생산해 내는 것보다 사물들에 관한 훨씬 더 '진실한' 견해이다. '호명'이라는 개념은 정신 운동의 법칙과 연루된 정신분석학과 너무 깊이 얽혀 있다"고 주장한다.
24) Spivak, "Foucault and Najibullah", Kathleen L. Komar and Ross Shideler eds., *Lyrical Symbols and Narrative Transformations: Essays in Honor of Ralph Freedman*, Columbia, SC: Camden House, 1998, p. 218 참조. "여기서 우리가 푸코에게 의심의 이점(benefit of doubt)을 부여한다고 해도, 그의 분석을 식민주의에 적용해서 얻을 수 있는 것은 아마도 식민 주체의 생산을 추적하는 정도일 것인데, 프랑스의 경우 그런 식민 주체의 최상의 예들을 든다면 호치민, 파농, 아시아 제바르일 것이다." 이 글의 더 긴 수정본이 스피박의 최근 책 『다른 여러 아시아』에 실린 「1996: 푸코와 나지불라」이다.

신생 국가의 정치적 목표들이 결정된다고 가정된다.……이 역전의 에너지에 동참할 수 없는 공간이 신생 국가에는 늘 존재한다. 이 공간에는 제국주의 문화와 거래할 만한 확립된 행위 능력이라곤 없었다. 역설적으로 이 공간은 또한 조직화된 노동의 바깥에, 자본 논리를 역전시키려는 시도 아래에 있다. 관습적으로 이 공간은 **하부프롤레타리아** 혹은 **서발턴**의 서식지라고 기술된다.[25]

국제 노동 분업에 대한 유럽 비판 이론의 인가된 무지에 관한 「서발턴은 말할 수 있는가?」의 가르침은, 이 에세이가 처음 집필된 25년 전과 마찬가지로 오늘날에도 여전히 긴요하다. 그러나 제기되어야만 하는 질문은 현 지구화에서 과연 권력이 식민주의 아래 확립된 것과 같은 규제적 논리에 따라 작동하는가 하는 것이다. 우리는 이 규제적 논리를 식민적인 권력 패러다임이라 부를 수 있는데, 이 패러다임에서는 배제와 강압에 의해 실행되는 권력이 전형적이다. 혹시 오늘날의 권력은 포스트식민 세계에서 억압당하는 주민들과 관련해 푸코적인 권력 분석이 실제로 확장되고 있는 그런 방식으로 작동하는가? 나는 스피박의 귀중한 비판적 제스처를 확장하고자 하면서도 나 나름으로 다음 질문들을 던진다. 현대 국제 노동 분업에서 기간구조적인 권력은 어떻게 작동하는가? 생명권력의 테크놀로지들은 얼마나 지구화되었으며, 유연한 지구적 자본주의 축적이 현재 베푸는 시혜 안에서 국가 경제의 발전 기획을 어떻게 지속시키는가? 역으로, 이 테크놀로지들에 의해 열리는 저항 양식들은 무엇인가?

---

25) Spivak, "Women in Difference", *Outside in the Teaching Machine*, London: Routledge, 1993, pp. 77~78[「차이 속의 여성」, 『교육기계 안의 바깥에서』, 154쪽].

스피박의 가르침에 의해 열린 스펙트럼으로, 그녀의 에세이에 나오는 궁금한 대목을 거론해 보자. 주체로서의 서발턴 여성의 흔적이 말소되는 경위를 정교하게 제시할 때, 그녀는 실제로 현대 지구적 자본주의의 무대에서 머뭇거리지 않는다.[26] 대신에 그녀는 식민주의의 인식론적 폭력으로 소급해 가며, 레닌의 제국주의 정의에 따라, 종속 이론의 중심-주변 모델을 통해 식민주의를 현대 국제 노동 분업에 연관시킨다. 스피박의 에세이에는 **매판**comprador이라는 단어가 거듭 사용되며, 구식민지에서 인민을 값싼 노동력으로 착취한 측면에서 보자면 형식적 탈식민화는 별로 중요하지 않다는 사실이 지적된다. 실로 한 가지 측면에서는 사태가 더욱 나빠졌다. 구식민지를 만들었던 자들이 공식적으로는 주변부를 다스리지 않으면서도 지금까지 착취를 계속할 수 있기에, 식민주의의 한 가지 생산적 측면인 교육이 더 이상 필요 없고, 그러니 주변부에서 소비주의의 출현은 더욱 가로막힌다. 그녀의 에세이에서는 국제적인 하청이 언급되고 있으며, 단행본에서는 **매판**이라는 단어가 빠지는 대신 지구적 자본주의의 구조들이 포스트포드주의와 재정화fiscalization와 소련 내파라는 견지에서 새롭게 진술되고 있다. 그렇다고 하더라도 여전히 되풀이되는 주제들은 중심-주변 분할의 완강함과, 주변부에서의 인적 자원 개발과 소비주의의 결여이다.[27] 그렇게 스피박은 국제 노동 분업으로 인해 이 분업의 위계 안에 있는 나라들에는 이동성이 크지 않으며, 이전에 식민지였던 나라들은 이 위

---

26) Spivak, "Can the Subaltern Speak?", *Marxism and the Interpretation of Culture*, p. 287 [본서 439~441쪽] 참조.
27) *Ibid.*, p. 287[본서 439~441쪽]; *A Critique of Postcolonial Reason*, pp. 274~275[본서 86~88쪽] 참조[이 부분에서 치아는 fiscalization이라는 표현을 쓰고 있는데, 스피박 텍스트의 해당 부분에는 이 표현이 없고 financialization이라는 표현이 있다. 치아가 실수로 fiscalization이라는 표현을 쓴 것 같다].

계에서 위로 올라가려는 시도를 공격적으로 하지 않는 상태에 있다는 듯이 쓰고 있다. 하지만 폴커 프뢰벨과 그의 공저자들에 의해 "새로운 국제 노동 분업"이라 명명되었던 그것이, 1997년 아시아 금융 위기 이전의 30년간 과대 발전된 동남아시아에 가한 충격을 우리의 주제로 삼는다면, 우리가 얻는 그림의 지구적 자본주의는 완고한 중심-주변 이원론과 차이가 있고, 기간구조적인 권력에 대한 푸코의 지도 작성법과 더욱 양립 가능하다.[28] 지구적 자본주의의 주요 특징들 중 하나는 가사 노동에 종사하는 외국인 여성의 거래를 통한 국제 재생산 노동 분업의 확립이다. 여기서는 농촌 주변부 출신의 가난한 여성이 임시 이주 노동자로 국제 노동 분업에 통합된다. 이러한 통합은 필요의 주체로서 그녀들이 갖는 이해관계를 생명정치적으로 공들여 만듦으로써 이루어지고, 그녀들의 목소리를 이데올로기적 주체 형성을 통해 모호하게 하기보다는 그녀들의 필요를 지구적 자본주의의 천으로 짬으로써 이루어진다.

새로운 국제 노동 분업은 섬유와 가전과 반도체 분야 산업의 생산 과정을 해외 직접 투자를 통해서든 아니면 국제적인 하청을 통해서든 노동 비용이 낮은 개발도상국들로 이전하거나 '아웃소싱'하는 한편, 연구·개발과 기술적·경영적 통제는 중심부에 남겨 둔 소산이다. 동아시아와 동남아시아의 여러 나라가 이 경향에 긍정적으로 반응했다(물론 오늘날 아웃소싱은 재래식 공업을 넘어 데이터 가공·분석이나 주식 시장 조사 같은 서비스 분야와 하이테크 및 소프트웨어 분야 직업들로 확장되었다). 그 나라들은 자

---

[28] Folker Fröbel, Jürgen Heinrichs and Otto Kerye, *The New International Division of Labor: Structural Unemployment in Industrialised Countries and Industrialization in Developing Countries*, trans. Pete Burgess, Cambridge: Cambridge University Press, 1980.

신들의 비교 우위——대량의 값싼 노동력과 숙련도, 기술적 능력, 기간구조와 낮은 세금——를 활용하여 이 새로운 국제 노동 분업에서 틈새를 개척했고, 자신들의 발전 기반을 "외부 지향적인 수출 주도 산업화 전략"에 두었다.[29] 이 대규모의 국가 주도 발전 전략들이 지구화를 거쳐 동아시아와 동남아시아 성장에 미친 충격은 극적이었다. 그 전략들은 1997년까지 한국, 대만, 홍콩, 싱가포르의 동아시아 신흥 공업 경제들의 '경제 기적'을 만들어 냈다.[30] 그 패턴은 거듭 반복되었고, 과대 발전은 미국의 자금이 들어오고 일본과 한국 그리고 아시아 역내 자본 흐름이 유입된 동남아시아의 호랑이 경제들로 빠르게 확산되었다.

여기서 우리가 목도하는 것은 새로운 국제 노동 분업 내의 주변에서 반주변과 중심으로 올라가는 이동성이며, 노동을 '싸게' 유지하는 것에 전제를 두지 않고 소비주의를 발전시키고 생활 표준을 끌어올리겠다는 목표를 내건 국가 정책을 통해 인적 자원의 업그레이드와 향상에 전제를 둔 이동성이다. 이미 1979년에 싱가포르는 싼 노동을 통한 산업화의 약점을 깨달았다. 싱가포르는 노동 집약적인 생산에서 능동적으로 빠져나와 정

---

29) 동남아시아에서 수입 대체 산업화로부터 수출 주도 산업화로의 이러한 이동에 대한 간명한 설명으로는 Richard Robison, Richard Higgott and Kevin Hewison, "Crisis in Economic Strategy in the 1980s: The Factors at Work", Richard Robison, Richard Higgott and Kevin Hewison eds., *Southeast Asia in the 1980s: The Politics of Economic Crisis*, Sydney: Allen and Unwin, 1987 참조. 인용은 p. 5.
30) 동남아시아에서 전자 산업의 외환 투자와 발전의 관계에 대한 설명으로는 Jeffrey Henderson, "The New International Division of Labour and American Semi-conductor Production in Southeast Asia", C. J. Dixon, D. Drakakis-Smith and H. D. Watts eds., *Multinational Corporations and the Third World*, Boulder: Westview, 1986; Henderson, "Electronics Industries and the Developing World: Uneven Contributions and Uncertain Prospects", Leslie Sklair ed., *Capitalism and Development*, New York: Routledge, 1994 참조.

교한 과학적 기술 공학과 숙련과 지식에 근거한 고부가가치 형태의 생산으로 업그레이드하여 이웃의 저임금 나라들과의 경쟁에서 우세를 점함으로써 경제 성장을 유지하고자 했다.[31] 세계적인 수준에서 경쟁력 우위를 유지하려는 이 도시 국가의 지속적인 드라이브를 보면, 일련의 국가 발의들의 총체가 해명된다. 이 발의들은 하이테크놀로지 연구·개발의 중심이 되는 것에서부터, 전 세계에서 재능 있는 인력을 끌어모을 수 있는 세계시민적인 지구적 도시가 되는 것, 가장 중요하게 이번에는 싱가포르에 기반을 둔 다국적 기업들이 다른 곳의 낮은 노동 비용으로 이익을 얻으려고 아웃소싱을 하는 것을 조성하는 것까지 걸쳐 있다. 또한 이 국가 전략들에는 인적 자본 육성을 겨냥한 사회적 재생산 레벨의 일단의 생명정치적 테크놀로지들이 동반된다.

다른 한편, 세계은행과 국제통화기금의 신자유주의 정책 아래 수출 주도 산업화의 길을 채택해서 상품 수출에 의존해야 했지만 성공하지 못했던 저성장 나라들은 낮은 상품 가격과 높은 국제수지 적자, 많은 외채와 대량 실업으로 인해 경제적으로 불구가 되었다. 인적 자본의 향상 기획에 착수했던 고성장 나라들과 달리, 가난한 나라들은 적극적인 노동자 해외

---

31) 바람직한 공업 형태들로는 정밀 화학, 제약, 정밀 기술 설비, 광학 계기와 설비 분야들이 있다. Garry Rodan, "The Rise and Fall of Singapore's Second Industrial Revolution", *Southeast Asia in the 1980s: The Politics of Economic Crisis*, Sydney: Allen and Unwin, 1987. 싱가포르라는 강한 국가와 이 국가에 의한 노동조합 운동의 무력화에 관해서는 Rodan, "Industrialisation and the Singapore State in the Context of the New International Division of Labour", Richard Higgott and Richard Robinson eds., *Southeast Asia: Essays in the Political Economy of Structural Change*, London: Routledge and Kegan Paul, 1985; Henderson, "Changing International Division of Labour in the Electronics Industry", Duncan Campbell, Aurelio Parisotto, Anil Verma and Asma Lateef eds., *Regionalization and Labour Market Interdependence in East and Southeast Asia*, New York: St. Martin's, 1997 참조.

송출에 의존하여 실업과 국제수지 적자를 관리하고자 했다. 그리하여 동남아시아 내에서 실행된 노동의 지역적 분할은 자본주의 발전의 난폭한 경쟁적 특성을 날카롭게 증언한다. 경제적 지구화를 통한 발전 사례 각각의 성공 또는 실패는 서로 연결되어 있는 것이 아닌 듯하다. 왜냐하면 그것은 해당 나라 특유의 역사·경제·사회·정치 각 요인들에 뿌리를 두기 때문이다. 하지만 노동력에 관한 한, 자본 축적 논리의 구조적 변화는 그 지역 내의 다양한 나라들을 마치 동일한 동역학의 계기들처럼 연결한다. 사실 싱가포르나 말레이시아 같은 나라들은 급속한 산업화의 결과로 노동인구의 변형을 겪음에 따라, 미숙련 육체 노동이 부족한 사태가 생긴다. 저가 산업 노동과 가사 노동의 싼 원천을 다른 데서 찾는 것이 경제적으로 더 나은 셈이기 때문에, 그 나라들은 "더럽고 위험하고 고생스러운" 일명 3D 직업에서 일할 이주 노동을, 발전이 더딘 이웃 나라들에서 수입해 오기 시작한다. 반면에 필리핀과 인도네시아와 스리랑카 같은 나라들은 자신의 경제가 시민들의 노동을 흡수할 능력이 없어서 노동자들의 해외 송출에 적극 나선다. 그러므로 국가가 후원하는 지구화를 통해 성공적인 발전을 이룩한 각각의 사례가 있는가 하면, 국가가 추동하는 노동 송출이라는 또 다른 사례도 있는 것으로 보인다. 이 둘의 상호 연계는 지구적 경제의 보이지 않는 법칙이 명한 결과물인 것만 같다. 물론 이주 노동의 거래는 그 어떤 절대적 의미에서도 발전에 필수적이지 않다. 하지만 많은 국가들이 그 거래를 발전의 수단으로 조장했으며, 그러한 발전의 회로 안에서 이주 노동의 거래는 경제에 기여한 바가 있었다.

    여기서 놀라운 것은 노동 이주 및 발전이, 국제 기구들의 인가 아래 국민국가를 통해 진행된 그것들의 공격적인 제도화와 체계적인 연관을 맺고 있다는 점이다. 세계은행은 『세계 개발 보고 1991』에서 노동 이주가 실업을 억제하고 세계적인 소득 불균형을 축소하는 데 도움이 될 수 있으리라고 보고한다. 더 발전된 나라에서 돌아온 이주자들은 또한 테크놀로지의 보급에도 기여했다.[32] '통합되고 있는 세계의 노동자들'이라는 제목을 단 1995년 보고서에서는 이주를 "노동이 부족한 곳에 노동을 재배치하도록" 해주는 "중요한 경제적·사회적 안전판"이라고 묘사했으며, 이것이 거두는 효율성 개선도 강조했다. 그 효율성 개선의 경우들은 이주 노동자에게는 더 많은 임금, 송출국에는 외환 송금 및 자본 투자에 일어날 수 있는 활성화, 노동을 받아들이는 나라에서는 더 낮아지는 생산 비용이다.[33] 또한 노동 송출은 생명권력의 한 형태인데, 그것도 경제적으로 약한 국민국가들의 생명권력이다. 이러한 관찰들은 1970년대 이후 이미 가동되고 있던 가정들을 공식적으로 정리해 낸 것에 불과했는데, 그 시절에 저발전된 나라들은 석유 부자인 중동에서 급증하는 수요에 대한 반응으로 노동을 송출하기 시작했다. 이 나라들의 노동 또는 인력 관련 부처에서는 노동 이주를 장려하고 조정하기 위해 예를 들면 필리핀해외취업청Philippine Overseas Employment Administration 또는 스리랑카해외취업국Sri Lanka Bureau of Foreign Employment 같은 부서들을 설치했다. 마르코스Ferdinand E. Marcos 정권은 노동 송출을 '국익'이 걸린 사안으로 간주했고, 만성적인 실업 완화와 국제수지 적자 경감을 핵심적인 두 가지 경제 이익으로 꼽으면서 공격적인 노동 송출 정책에 착수했다. 필리핀은 멕시코 다음가는 세계 2위 노동 송출국이다. 1997년에 필리핀 출신의 해외 계약 노동자의 수는 610만 명으로 추산되었다.[34] 2001년 12월에는 그 추산 수치가 740만 명으로 뛰었는

---

32) *World Development Report 1991*, New York: Oxford University Press, 1991, p. 93.
33) *World Development Report 1995*, New York: Oxford University Press, 1995, pp. 64~66.

데, 이는 인구의 10퍼센트 그리고 전체 노동력의 21퍼센트에 육박하는 규모이다.[35] 그들은 필리핀 경제에 필수불가결한 기여를 하고 있다. 해외 계약 노동자들이 보내오는 송금 총액은 2003년에 74억 달러였는데, 이는 국민총생산의 8퍼센트를 약간 상회하는 것이었고, 재화 및 용역 수출 총액의 19퍼센트에 해당하는 것이었다.[36] 그렇게 애초에는 외환 유입을 늘리고 실업을 줄이기 위한 임시 방책이었던 것이 나중에는 씁쓸하게도 필리핀 국가에 의해 경제 성장과 민족 발전을 위한 장기 수단으로 내세워졌다.

우리에게 특별히 흥미로운 것은 이 가속화된 초국적 노동 거래가 초국적 노동 이주의 여성화를 강화한다는 점이다. 이어서 이러한 여성화는 국제 재생산 노동 분업을 낳는데, 이 분업의 장에서는 상이한 국민국가들의 발전 정책을 지탱하는 생명권력 테크닉들이 외국인 가사 노동자의 형상을 둘러싸고 교차하며, 수렴되고, 충돌한다. 내가 주장하고 싶은 바는, 유연한 지구적 자본주의에서 성쇠를 겪는 포스트식민적 발전을 대표적으로 보여 주는 담지자로 외국인 가사 노동자를 고려할 수 있다는 것이다.

일반적으로 '노동의 여성화'는 가족의 생계가 어려워 이에 대한 대책으로 여성들이 서비스업이나 다국적 기업의 공장에서 낮은 급여를 받는 일에 취업하는 것을 가리킨다. 그러한 노동은 저부가가치 공업에 외자

---

34) Charles Stahl, "Trade in Labour Services and Migrant Worker Protection with Special Reference to East Asia", *International Migration*, Vol. 37, No. 3, 1999, Table 1, p. 564.
35) Philippine Overseas Employment Administration, http://www.poea.gov.ph/html/statistics.html; National Statistics Office, Republic of the Philippines, http://www.census.gov.ph/; Department of Labor and Employment, Republic of Philippines, http://www.dole.gov.ph.
36) Central Bank of the Philippines, http://www.bsp.gov.ph/statistics/spei/tab11.htm, http://www.bsp.gov.ph/statistics/spei/tab29.htm, http://www.bsp.gov.ph/statistics/spei/tab1.htm.

가 투자되는 나라의 국제 경쟁력을 보장한다. 더 명확하게 하자면, 초국적 노동 이주의 여성화는 낮은 지위의 여성화된 직종들을 채워 줄 노동자——가사 도우미, 식당과 호텔 종사자, 유흥업 종사자——에 대한 수요가 국제적으로 커지자 1970년대 후반 이후 아시아 여성의 이주가 늘어난 것을 가리킨다. 이러한 수요 증대를 초래한 것은 고성장 경제 내부의 또 다른 젠더 동역학이다. 충분하게 훈련된 중간 계급 여성이 화이트칼라 직종으로 진입한 것과, 이와 동시에 전개된, 전통적으로 중간 계급 가구의 유급 가사 노동을 공급해 왔던 남아도는 젊은 여성 노동이 공장과 비가사 서비스 분야로 완전히 흡수되어 버린 것이 그 젠더 동역학이다. 나는 싱가포르에 초점을 맞춰 이 젠더 동역학을 상세히 논할 것인데, 싱가포르가 동남아시아 나라들 중에서 가장 '발전된' 나라이기 때문이다.

전문적이고 숙련된 노동 부문을 증가시키려고 싱가포르 정부는 교육 수준이 높은 중간 계급 여성이 노동 인구에 결합되도록 고무했는데, 그러면서도 그녀들의 출산율과 결혼율 쇠퇴를 반전시키고자 했다. 결국 발전된 경제 안에서 여성들은 이중의 짐을 짊어진다. 그녀들에게 기대되는 것은 국가 경제성장에 기여하는 것만이 아니라 남성 중심 사회가 부여한 가정 관리의 책임까지 떠맡는 아내와 엄마의 역할을 유지하는 것이다.[37] 그러니 집안 허드렛일을 치다꺼리하고 아이를 돌봐 줄 입주 외국인 가사 도우미의 풀을 가용한 것으로 만드는 일이 필수적이었다. 달리 말하자면, 고등교육을 받은 여성들의 전문 직종 참여를 늘려서 인적 자본을 육성한다

---

37) 완고한 부르주아 관점에서 제시되는 전면적인 해명으로는 Jean Lee, Kathleen Campbell and Audrey Chia, *The Three Paradoxes: Working Women in Singapore*, Singapore: AWARE, 1999 참조.

는 전략은 미숙련 이주 노동자의 수입을 요구했다. 따라서 싱가포르에서 탈산업적인 과대 발전을 부분적으로 지속시키기 위한 필요조건은 상이하면서도 구성적으로 상호 의존적인 두 주체의 생산이다. 여기서 두 주체란 자유주의적인 중간 계급 전문직 여성과 유순한 외국인 가사 노동자이다. 후자의 노동이 전자의 고용을 가능케 한다. 싱가포르 여성들은 재생산 노동의 짐을 다른 곳으로 전가해야 비로소 노동 인구에 결합될 수 있다. 교육받은 중간 계급 여성을 전문직과 고부가가치 서비스 산업에 자리 잡도록 하기 위해서는 이주 여성이 사회와 인적 자본을 재생산하는 기계로서, 그리하여 자신의 신체의 힘이 재생산 노동으로 추출될 수 있도록, 싱가포르 가정에 얽매여 있어야만 한다. 이 만연한 이중의 얽매임은 일종의 의존으로 발전했다. 싱가포르에서 중간 계급의 일하는 여성 다수는 외국인 도우미를 사치보다는 필수로 간주하는데, 1996년 학계의 한 연구에서 이곳의 외국인 도우미 의존은 워낙 꾸준해 "도우미 문화가 이제는 싱가포르의 삶의 방식이 되어 버렸다"고 언급할 정도였다.[38] 게일 루빈의 말대로 "'아내'를 노동자의 필수품 중 하나로 규정하는 것"이 섹스/젠더 체계라면, 싱가포르의 포스트산업적인 과대 발전에서는 외국인 도우미가 아내의 필수품 중 하나로 널리 여겨지고 있고 그래야만 아내는 나라 경제를 더 낫게 만들기 위해 일할 수 있다는 것이다.[39] 어떤 의미에서는 이 여성 이주 노동자들이 자신의 국민국가의 발전(과 실패)의 짐을, 또 자신을 부른 나라의 발전(과 실패)의 짐을 짊어지게 된다. 노동을 받아들이는 국가는 사회

---

38) "Maid Dependency Here to Stay, Study Finds", *Straits Times*, February 3, 1996.
39) Gayle Rubin, "The Traffic in Women: Notes on the 'Political Economy' of Sex", Rayna R. Reiter ed., *Toward an Anthropology of Women*, New York: Monthly Review Press, 1975, p. 164.

적 재생산의 비용과 짐을 가난한 나라에서 온 이주 여성에게 적극적으로 전가한다. 이것이 뜻하는 바는 새로운 국제 노동 분업 내의 경제적 성공이 새로운 국제 재생산 노동 분업을 낳고 또 이 분업에 의해 그 성공이 지속된다는 점이다. 경제적으로 발전한 동남아시아 나라들의 전문직 여성의 가정을 그 지역의 저성장 나라들에서 온 임시 이주 여성들이 보살피는 것도 바로 이러한 분업을 통해서이다.

외국인 가사 노동자들의 생명정치

나는 그러한 외국인 가사 노동자들이 과연 서발턴인지 알지 못한다. 확실히 그들 중 일부, 특히 인도네시아와 스리랑카에서 온 이들은 가난한 농촌 지역 출신이다. 스피박은 지구화된 현 시대의 새로운 서발턴 여성을 언급하는 후속 작업에서 지구적 자본주의의 다양한 힘들이 거듭 침묵시키고 배제하는 새로운 서발턴 여성을 강조해서 적시한다. 한편에서는 포스트식민적인 민족 엘리트가 발전을 정당화하는 알리바이로 '인민' 건설을 계속한다. 다른 한편에서는 유엔을 비롯하여 인권을 염려하고 현지 문화 파괴를 염려하는 국제 시민사회의 엔지오들을 망라하는 초국적 기구들이, 현행 지구적 헤게모니의 정당화 형태인 인권의 담지자라는 인간 존재를 구축한다. 사실 스피박은 여성들의 권리에 관심이 있는 초국적인 페미니즘 엔지오들조차 지구적 금융화의 알리바이로서 지구적 통합성이라는 표상을 내세우기 위한 여성의 도구화에 한몫 거든다고 시사한다. "남겨지는 것은 자기-의식적인 비판적 행위자로서 남반구의 가난한 여성들인데, 이 대상-구성object-constitution 정책들이 우호적으로 대하지 않는 남반구의 바로 저 비정부 조직들을 통해 그녀들이 말할 수도 있을 것이다."[40] 이 더 급진적인 엔지오 활동가들 스스로가 서발턴 여성은 아니다. 그렇더라도 이러한 배제는 "서발턴의 말할 수 없음을 대신하는" 것으로 간주될 수 있다. 이는 "서발턴의 말할 수 없음은 여하한 적절한 반응도 제공되지 않는 말하기 시도에 입각해 있다"는 사실 덕택이다.[41]

스피박이 초국적이고 포스트식민적인 다양한 국가의 행위자와 서발턴 사이의 관계를 이해하기 위해, 「서발턴은 말할 수 있는가?」에서 식민 권력 패러다임에 근거하여 개진했던 핵심 논지를 확장하고 있음은 분명하다. 오늘날 지구적 발전의 "광범위한 정치학은 저항과 서발턴을 침묵시키는 것이다. 그때, 서발턴적 항의의 수사는 끊임없이 전유된다".[42] 결과적으로, 차이의 구조적 공간으로서의 서발터니티는 대상-구성의 재현적 메커니즘과 억압에 의해 공적 시야에서 흐려지는데, 이 서발터니티가 포스트식민적이고 국민적인 지구적 자본주의의 지배자에 맞서는 저항의 잔여 공간을 구성한다. "서발턴 봉기의 연속성"은 대상-구성("제국주의에서 발전으로 릴레이"한 일부분)의 이들 상이한 체제들과 맞서는 가운데 "영원한 의사擬似진지Parabasis", 즉 "이성과 자본주의의 완전한 텔로스를 지속적으로 방해하는 것"이라고 스피박은 주장한다.[43] 그녀의 견해로는, 서발턴

---

40) Spivak, "'Woman' as Theatre: United Nations Conference on Women, Beijing 1995", *Radical Philosophy*, Issue 75, Jan.-Feb. 1996, p. 2.
41) Spivak, "Responsibility", *boundary 2*, Vol. 21, No. 3, Fall 1994, p. 62[「책임」, 『다른 여러 아시아』, 태혜숙 옮김, 울력, 2011, 145쪽].
42) Spivak, *A Critique of Postcolonial Reason*, p. 373[『포스트식민 이성 비판』, 510쪽].
43) Spivak, "Responsibility", *boundary 2*, Vol. 21, No. 3, pp. 56~57, n. 66, 55[「책임」, 『다른 여러 아시아』, 137~138쪽, 438쪽 주 75]. 스피박은 내게 사적으로 보낸 편지에서 이렇게 지적하고 있다. "서발턴은 오늘날(혹은 아마 언제나) 착취 또는 지배에 사용될 때조차도 접근을 허용하지 않거나 또는 접근할 수 없도록 제거되어 있어요. 내가 이해하기로, 의사진지는 방해하기랍니다. 물러나기와는 정반대예요. 의사진지는 지배자의 물러나기일 터인데, 그건 지속성을 갖는 집단이 말하기를 하는 것이지요."

을 향한 책임 있는 행동은 무엇보다도 지구적 금융화에 맞선 저항의 잠재적 전선인 서발턴 말하기(서발턴이 '말할' 수 있도록 하기)의 방해하는 힘이 강화될 수 있도록 그 말하기에 응답하는 것을 포함한다. 이것은 책임responsibility에 기반한 윤리의 부활을 요청한다. 이 윤리는 '전자본주의적인' 형태의 사유들로부터 배우고, 이 사유들을 민주적 권리의 추상적 구조와 연결해서 하나의 복합체를 다시 만든다. 마침내, 농촌의 문맹 퇴치 프로그램과 풀뿌리 교육 프로그램을 통해 서발턴은 대의제 결정 과정에서 역할을 하도록 교육받을 수 있다.[44]

스피박의 윤리적 비전은 영감을 주는 것임이 확실하다. 그래도 나로서는 권력은 일반적으로 힘 또는 이데올로기를 통한 배제와 억압보다는 생산적인 병합에 의해 작동하며, 심지어 병합의 형태들이 강제적일 때조차 그렇다고 주장하고 싶다. 지금의 강제는 피억압자의 물질적 실존과 신체적 필요를 생산하는 층위에서 벌어진다. 그러므로 저항의 잔여 공간으로서의 서발턴을 재현의 지배적인 체제들을 통해 배제되는 것으로 이해하는 스피박에게, 더 일반적으로 말하자면, 이데올로기적 재현을 권력의 주요 양태로 이해하는 스피박에게 의문의 소지가 있을 것이다. 이 에세이의 마지막 부분에서 나는 스피박과 공명하는 저항에 관한 몇 가지 생각을 제공할 것이다.

---

44) 나는 스피박의 다음과 같은 글들을 압축하여 요약하고 있다. "Responsibility", *boundary 2*, Vol. 21, No. 3[「책임」, 『다른 여러 아시아』]; "Imperatives to Re-imagine the Planet", Willi Goetschel ed., *Imperatives to Re-Imagine the Planet/Imperative zur Neuerfindung des Planeten*, Vienna: Passagen, 1999. Rpt. in Alphabet City, No. 7, 2000; "Foucault and Najibullah", Kathleen L. Komar and Ross Shideler eds., *Lyrical Symbols and Narrative Transformations: Essays in Honor of Ralph Freedman*, Columbia, SC: Camden House, 1998의 수정본[「1996: 푸코와 나지불라」, 『다른 여러 아시아』].

외국인 가사 노동자는 그러한 강제적 병합의 사례를 재현[대표]한다. 다시 한번 말하지만, 나는 이들 외국인 가사 노동자가 서발턴인지 여부를 알지 못한다. 확실히 그들 중 일부, 특히 인도네시아와 스리랑카에서 온 이들은 가난한 농촌 지역 출신이다. 하지만 그들은 자금을 모아 항공 요금과 고용 허가와 다른 진행 비용과 중개인의 강탈적인 수수료에 드는 경비를 충당했으니 국제 노동 분업에 병합되는 도상에 있는 셈이다. 그들은 확실히 고향에 남은 친지와 지인에게는 '더 행운이 따라 준' 것으로 여겨진다. 왜냐하면 그들은 몇 년 안에 경제적으로 더 강한 위치에 설 것이기 때문이다. 그들은 또한 소비자로 훈련되고 있는 중이고, 나중엔 고향에 남겨 둔 저 사람들을 소비자로 훈련시킬 것이다. 그들이 송금하는 외화는 대개 세탁기나 평면 텔레비전 같은 외제 사치품 소비에 쓰인다.

외국에 나가 일하겠다는 이 의지의 생산을 우리는 과연 어떻게 특징지을 수 있을까? 이것은 계급 이데올로기를 통한 주체-형성 subject-formation 형태인가 아니면 생명권력을 통한 주체화 subjectification 형태인가? 외국인 가사 노동자의 임시 이주를 추동하는 것은 자신들을 좋은 아내와 딸과 엄마와 누이로 구성하는 이데올로기만은 아니다. 물론 이것이 중요한 요인이기는 하지만 더 결정적으로는, 생명권력에 의해 필요의 주체로서의 그들의 이해관계들이 공들여 만들어진다는 것이다. 외국인 노동자들을 수입하기 위한 기반도, 역시 비슷한 통치 테크놀로지에 의해 그 노동자들의 고용주들이 공들여 준비하는 것이다. 결과적으로, 새로운 국제 노동 분업은 (스피박이 서발턴 여성에 관해 주장하듯이) 이데올로기를 통해 피억압자의 목소리를 모호하게 만듦으로써가 아니라, 피억압자의 바로 그 필요를 지구적 자본주의의 직물 안으로 병합함으로써 견고해진다. 이 여성 이주자들의 의지를 형성하는 데서 이데올로기가 맡은 역할이 무엇이든 간에, 그녀들은 자신의 삶을 개선하겠다는 강고한 욕망을 갖고 움직인다. 왜냐하면 그녀들의 필요와 이해관계가 통치 테크놀로지들에 의해 빚어졌던 방식이 바로 이것이기 때문이다.

노동을 받는 나라나 보내는 나라 모두 지구적 자본주의의 이 특수한 회로 안에서 두 유형의 노동자-주체를 육성한다. 그런데 그것이 명백히 비인간적인 결과들을 초래한다는 점이 문제이다. 코앞에 닥친 이 상황은 생명권력에 대한 푸코의 해명에 가해지는 중요한 변경을 나타낸다. 생명권력은 인구를 **비오스**bios로, 즉 구성원 각자의 공헌이 꼭 화폐적인 것만은 아닌 수익과 상으로 보상을 받게 되는 수단과 목적의 체계로 조직함으로써 국가의 자원이 최대화될 수 있게 한다. 그렇지만 이 개념을 정식화해서 유럽 산업 자본주의의 등장을 설명할 때, 푸코는 북대서양 바깥에서 포스트산업적인 과대 발전이 이루어지면서 그것이 **재생산** 노동에 종사하는 인간 신체의 대대적인 전개를 요청하게 되리라는 점과, 문제가 되는 노동력인 임시 노동 회전 풀은 영주 인구의 일부가 되는 것이 강하게 막혀 있는 **외국인** 신체들로 이루어지리라는 점을 생각하지 못했다. 싱가포르 국가가 모아들여서 영주 정착민으로 보유하고 싶어 한 금융과 하이테크 같은 고부가가치 부문의 국외 거주 전문직들과 달리, 외국인 가사 노동자는 사회적 삶과 시민 생활 유지에 결정적인데도 '외국인 인재'로 인정받지 못한다. 그들은 이 도시 국가의 사회적 직물 속으로 통합되기보다는 쓰고 나면 버릴 '외국인 노동자'일 따름이다. 그러한 신체들은 영주 노동력에 속하는 이들과 같은 방식으로 육성하고 증진시킬 필요가 없다. 그들의 영주 노동 인구로의 흡수는 그들을 받아들이는 나라에 아무런 가치도 없기 때문에 강력하게 금지되어야 한다. 그들의 힘이 다 고갈되면 그들은 다른 임시 이주자로 대체되어 언제든지 다시 채워질 수 있다.

그러므로 이러한 형태의 노동에는 규율과 규제가 내포되지만, 합의된 훈련을 통해 그들의 신체적 힘을 증진/향상시키는 일도 없고 그 어떤 주체화도 없다. 결코 싱가포르 시민이 되기를 바랄 수도 없고 비오스의 일부도 아닌 외국인 가사 노동자는 수단으로 활용될 준주체$^{\text{quasi subject}}$로 구성된다. 그들을 싱가포르의 경제 기계에 부착시킬 수 있는 유일한 주체적 인센티브는 재정적인 보상뿐이다. 국가가 교육된 전문직 이주 노동자들의 통합을 통해 향상시키기를 원하는 수단과 목적의 체계에서 배제된 외국인 가사 노동자는 순전히 기술적인 효용성의 견지에서만 시야에 들어온다. 그것도 국가의 계산에서 고려될 필요가 있는 그들 나름의 목적은 없고, 단지 타자의 목적을 이루어주는 수단으로만 시야에 들어온다. 그리하여 우리는 비오스의 복지 없는 통치 규제 형태만 갖는다. 외국인 가사 노동자는 **생산적인** 규제 테크닉의 대상이 되는 대신에, 국가의 완곡어법에 따라 '사회적 비용'이라 언급되는 것을 감축하기 위해 감시될 필요가 있다. 사회적 비용은 그들 때문에 싱가포르 사회가 안게 되는 부정적 결과들로서, 공적 공간의 혼잡에서부터 그들에 대한 현지 주민의 학대로 인한 송출국과의 긴장 관계에 이르는 일련의 문제들과 관련된다.

이러한 생명정치적 형성이 외국인 가사 노동자를 학대하는 구조적 기반인데, 대표적인 사례 두 가지를 소개하고자 한다.

〈옷핀으로 도우미를 고문한 여인〉

파리다 압둘 파타$^{\text{Faridah Abdul Fatah}}$는 도우미가 늦게 깨우는 바람에 화가 났다. 그래서 그녀는 22세의 수지아르티 수지노$^{\text{Sugiarti Sugino}}$ 양에게, 이 젊은 여성이 금방 잊어버릴 수 없을 본때를 보여 줘야겠다고 마음먹었다. 그녀는 옷핀 8개를 도우미인 수지노 양의 귀에 꽂고 하나씩 잡아챘다. 그

녀는 도우미에게 창피를 주려 했다. 하지만 그것이 그녀가 한 짓의 전부가 아니었으니…….[45]

⟨학대받은 도우미가 말하다: 내가 보낸 공포의 7개월⟩
"그녀는 내가 월병을 잘못 잘라서 자기가 월병을 먹을 수 없게 되었으니 차라리 내 유방을 먹는 게 낫겠다고 내게 말했어요." 그녀는 자르고 지지고 두들기고 베어 물었다. 십대의 도우미는 심한 상처로 젖꼭지가 떨어져 나갈 때까지 주인의 학대를 견뎠다. 인도네시아 사람인 도우미 쿠스미라 무자디Kusmirah Mujadi는 일을 시작한 지 사흘 만에 주인에게 두들겨 맞았을 때, 주인인 제니시아 초우 엔 핑Jennicia Chow Yen Ping과의 생활이 험악하리라는 것을 알았다. 하지만 이 19세의 도우미는 7개월 뒤에 전날 밤 주인이 그녀의 젖꼭지를 너무 아프게 베어 물어서 핏자국이 밴 티셔츠를 입고 도망치게 될 거라고는 전혀 예상하지 못했다. 쿠스미라 양은 팔뚝에는 벌겋게 성난 켈로이드keloid 상처가 난 채로, 그리고 주인인 초우 씨에게 고용된 불행한 7개월 동안 주인이 저지른 자르기와 지지기와 두들기기를 영원히 떠올려 줄 흔적들을 다수 간직한 채로 동이 트기 전에 우드랜즈 서클 플랫을 떠났다.[46]

그러한 학대를 저지른 것은 주로 여성 고용주들이다. 여기서 중요한 것은 외국인 가사 노동자의 광범위한 비인간화를 내재적으로 조장하는

---

45) Alethea Lim, "She Tortured Maid with Cloths Pegs", *Straits Times*, November 7, 2000.
46) Wong She Maine, "Abused Maid Speaks: My Seven Months of Horror", *Ibid.*, March 20, 2002.

구체적인 구조적 조건들이지, 개인적 잔인함 또는 개별 고용주의 병리학이 아니다. 후자는 전자의 생산물-효과 또는 극단적 징후일 따름이다. 이 구조적 조건들에서 작동되는 합리성은 국가의 행정 부서에서 고용 관련 기관 그리고 개별 고용주들에 이르는 범위에 퍼져 있다. 이 합리성은 이주 노동자를 고용주의 경제적 성취 추구와 더 크게는 국가 발전 기획에 사용될 도구 또는 수단으로 간주한다.

이 합리성은 1993년에 출간된, 흥미 위주의 자기 계발서 장르의 인기 도서인 『구하기와 잡아 두기: 도우미를 구하고 부리는 방법』의 제목에서 아주 잘 드러난다.[47] 인간을 목적 그 자체로 다루라는 칸트의 정언 명령을 어기는 저자는 수사학적인 반어법을 쓰지 않고 「서문」에서 이렇게 공표한다. "이 책은 외국인 도우미에 관한 쟁점을 가볍게 바라보는 관점을 벗어나 이제 가정에서 도우미를 어떻게 최대한 사용할 것인지를 진지하게 생각해 보려 한다."[48] 이 책처럼 도우미 '관리'를 다루는 가이드북이 많아지면서 경영의 수사학과 전술이 가정 안으로 확장된다. 그것은 가정의 일정한 상업화를, 효용성과 노동 효율성이라는 경제적 명령이 가정의 기능으로 도입되는 것을 나타낸다. 고용주들이 그렇게 배워서 합리적으로 기대하게 되는 것은 "도우미들이 해야 할 필요가 있는 일들은 모두 다 하도록 해야 한다는 것이다. 당신의 도우미가 하루치 일을 하지 않아서 당신이 속았다고 느끼게 되는 상황에 처하지 않기 위해 당신이 할 수 있는 것이 여기 있다.……나중에 속았다고 느끼는 것보다는 (도우미가 얼마나 일에 열

---

47) C. P. Kei, *To Have and to Hold: How to Have a Maid and Keep Her*, Singapore: Armour, 1993.
48) *Ibid.*, p. vi.

심인가와는 상관없이) 더 감시하고 감독하는 편이 낫다고 경험과 상식이 당신에게 일러 줄 것이다".[49] 외국인 도우미는 아내의 아내다. 하지만 그 도우미는, 마치 직장에서 전문직 여성의 효율성이 증진되어야만 하듯이, 효율성의 증진을 위해 관리되어야 할 피고용인이다. 이런 규제는 대부분 주로 보안 채권security bond의 매입을 통해 국가가 고용주에게 위임한다. 채권은 고용주가 국가에 5천 달러를 내고 매입한다. 외국인 가사 노동자에게 주어지는 노동 허가에는 다음과 같은 억압적인 부수 조건들이 붙어 있다. 체류하는 동안 싱가포르 시민 또는 영주권자와의 결혼이 금지되고, 임신도 금지되며, 연 2회 임신 여부와 전염성 성병 감염 여부를 검사받아야 한다. 이 조건들 중 하나라도 위반하면 외국인 가사 노동자는 송환되고 채권은 몰수되기 때문에, 외국인 가사 노동자가 고용된 동안에 이들의 행동거지를 고용주가 엄격하게 감시하고 제한하도록 하는 도구로는 이 채권이 안성맞춤이다. 이 채권은 노동자들에 대한 감독을 효과적으로 가정에 이전하며, 외국인 가사 노동자들이 공적 공간에 진입하기 전부터 가정의 고용주들은 이들의 '불법' 행동 가능성을 막으려고 대단히 열정적이고 효과적인 감독을 수행할 수 있다.

그렇게 외국인 가사 노동자들은 처음부터 인격이 없는 신세로 천시된다. 이 노동자들의 경제적 유용성을 최대화하기를 원하며 채권을 상실할까 봐 겁내는 고용주들은 도우미들을 끊임없이 감시하는데, 그네들이 일하고 먹을 때의 습관, 사교 생활, 전화 사용까지 감시한다. 종종 아이들이 주요 감시원이다. 부모는 아이를 부추겨서 도우미들에 관해 일러바치게 하고 심지어 그렇게 하면 상도 준다. 자기가 돌보는 아이에게 자기를

---

49) *Ibid.*, pp. 76, 78.

공경하라고 명할 수 없는 처지에서 아이를 돌보는 외국인 가사 노동자의 일에는 엄마의 보살핌에 있는, 주체를 만들고 인간을 구원하는 차원을 구성하는, 정서적 보상과 인정이 주어지지 않는다. 전문직 여성이 인간다운 발전과 성취를 이루는 데는 일정한 비인간성이 내포된다. 탈인간화된 이방인을 가정으로 끌어들여, 인간-구원적인 양상이라곤 하나도 없이, 그가 아내와 아이의 여성화된 허드렛일을 물려받게 하기 때문이다.

도구성의 장 안에서 인간의 자유

자유주의적인 중간 계급 전문직 여성과 유순한 외국인 가사 노동자를 공들여 만들어 내는 테크놀로지들에는 분명히 비인간적인 효과들이 있다. 이 테크놀로지들은 혼인으로 맺어진 부르주아 가족의 내밀한 영역 안에서 지구적 자본주의 체계의 불균등성을 미시논리적으로 복제하는데, 위르겐 하버마스가 인간성의 보편적 이상을 함양하는 신성한 공간이라고 묘사하는 이 영역은 잠재적이고 현재적인 폭력의 일상적인 장이 되었다.[50] 이 폭력적인 착취는 시민사회로 연장된다. 왜냐하면 외국인 가사 노동의 거래는 사회경제적 계획화planning에 포함되는 사회 생활의 필수적 일부가 되어 지금은 나름의 고유한 전문 단체까지 갖춘 거대하고 수익성 좋은 사업이 되었기 때문이다. 지구적 자본의 비인간성은 과대 발전을 통해 사해동포적이고 문명화된 인도적humane 사회를 꾸리겠다는 싱가포르

---

50) Jürgen Habermas, *The Structural Transformation of the Public Sphere*, trans. Thomas Burger, Cambridge: MIT Press, 1989, p. 48[『공론장의 구조 변동: 부르주아 사회의 한 범주에 관한 연구』, 한승완 옮김, 나남, 2004, 123~124쪽] 참조.

국가의 야망 안에 자신의 표식을 남기며, 이 야망을 잠식한다.

하지만 외국인 가사 도우미의 도구화와 관련해서 가장 곤혹스러운 것은, 페미니즘의 국제적 연대에서 그것이 갖는 함의이다. 나는 싱가포르에서 중간 계급의 자유주의 페미니즘을 공고히 한 것의 전제는 외국인 가사 노동자의 착취라는 점을 이미 주목했다. 이것이 페미니즘의 국제 연대에 뜻하는 바는 과연 무엇일까? 포스트식민적 아시아 내에서 외국인 가사 노동자의 인간성은 1995년 베이징에서 열린 제4차 세계여성대회 Fourth World Conference on Women 의 행동 강령 Platform for Action 같은 초국적인 페미니즘 연대에 근거한 인간화의 힘을 통해 천명될 수 있을까? 불행하게도 그렇지 않다. 그 강령이 전제하고 의지하는 생명정치적 테크놀로지들은 외국인 가사 노동자의 탈인간화로 귀착되었던 테크놀로지들과 동일하다. 싱가포르에서 진행된 시나리오——화이트칼라 노동에 여성이 진입하는 것——는 발전된 국가 또는 과대 발전 중인 국가 안에서 여성이 상향 이동하는 서사이다. 그 강령은 바로 이러한 서사를 찬양한다. 그 강령에는 경제적·사회적·문화적 권리 규약 Covenant on Economic, Social, and Cultural Rights 의 언어가 들어가 있고, 일할 권리, 생계를 유지할 권리, 보호받을 권리, 일터에서 공평한 처우를 받을 권리에 관련된 조항들이 포함되어 있다. 그것은 또한 여성 이주자들에게 가해지는 폭력의 철폐와 지속 가능한 발전의 권리에도 명시적으로 관심을 표한다. 그렇지만 초국적인 여학생 클럽의 여타 진보적인 기획들이 그렇듯이, 이 계획의 기본 전망은 **남성**과 비교해서 불평등을 바로잡는 데 있고, **국민-국가**에 딱 들어맞는 발전과 성취의 틀 안에서 여성의 평등 및 발전의 권리를 귀중한 인적 자원으로, 그리고 생명정치적 육성의 목표로 간주한다.[51)] 그 강령은 발전의 경쟁적 본성을 반드시 전제하면서도 인정하지는 않는다. 강령은 지구적 착취의 엄혹한 현실을 인정하는 대신에, 각 국민-국가의 이해관계가 계몽되고 관대해져서 원컨대 곧 여성적인 상호성을 갖추면서 벼려질 온화한 국제주의를 향한, 즉 국민-국가들이 각자 냉전 이후 전쟁의 지구성 안에서 다른 국민-국가를 침해하지 않으면서 저마다의 안녕을 최대화하려고 분투하는 그런 국제주의를 향한 제스처를 보인다.[52]

이 강령이 촉진하는 "다소 확장된 여성 정체성은 모성성에 덧붙여 자유 시장 이데올로기를 수용하게 한다"고 주장되어 왔다.[53] 불균등 발전 속에서, 이주 가사 노동자야말로 자신보다 특권적인 동남아시아 자매의 성취와 개척 정신을 매우 뚜렷하게 지속시켜 준다. 강령의 118항이 시사하듯, 강령은 여성에게 가해지는 폭력을 남성이 자행하는 어떤 것으로만 이해할 수 있을 뿐이어서 싱가포르에서 학대받는 외국인 가사 노동자 대부분이 여성 고용주에 의해 억압당한다는 사실을 설명할 수 없다. '여성'이라는 집단성 안에 있는 균열과 동일한 균열이 초국적인 자매애도 위태롭게 한다. 비록 154항에서 여성 이주 노동자들의 공헌이 인정되었지만, 지구적인 여학생 클럽은 이주 노동자의 권리에 대한 1990년 대회의 비준을 요청하는 필리핀을 더 확고하게 지지할 정도로 강하지는 않았다. 베이징 대회에 참가한 132개 나라 중에서, 단 5개국(방글라데시, 인도, 파키스탄, 스리랑카, 타이)만이 긍정적인 반응을 보였다. 그 나라들은 모두 노동을 송

---

51) *Report of the Fourth World Conference on Women. Beijing*, September 4~15, 1995, A/CONF.177/20, October 17, 1995, Par. 159.
52) 11항은 냉전 이후 전쟁의 지구성에 대한 낙관주의적 견해를 피력하며, 41항은 강령의 온화한 국제주의를 표명하고 있다.
53) Dianne Otto, "Holding Up Half the Sky, But for Whose Benefit?: A Critical Analysis of the Fourth World Conference on Women", *Australian Feminist Law Journal*, Vol. 6, March 1996, p. 27.

출하는 나라다. 카르멜라 토레스가 주목한 것처럼, "나라들 사이의 교역이 자유화되고 서비스 교역과 인력 이동이 자유로워지는 흐름에도 불구하고, 이주 노동자들과 그 식솔들을 불러올 거라 기대되는 부자 나라들 다수는 이주 노동자들을 보호주의적으로 대하는 경향을 띤다".[54]

이러한 경쟁이 시사하는 바는, 포스트식민적 경제 발전은 필연적으로 내가 도구성의 유동적인 장이라 부르려 하는 것 안에서 이루어진다는 점이다. 지구적인 차원에서 국가들의 이해관계와 목적, 국가들의 행정적인 행위 능력, 경제 발전과 노동 이주의 과정 안에 있는 고용주와 개별 노동자의 행동은, 자본주의적 축적이라는 더 큰 구조적 메커니즘을 구성하며 또한 이 메커니즘이 그것들을 조건 짓는다. 이 행위자들은 자유로운 동의에 입각하여 움직이는 행위 능력의 소지자들로 의식적인 선택을 하지만, 다른 한편으로는 어떤 위치에 놓인 상태에서 선택을 하게 된다. 왜냐하면 그들의 거처는 경제 발전과 노동의 위계적인 분할의 접합을 궁극적인 목적으로 갖는 명령들과 전략들의 역동적인 장이기 때문이다. 첫째로, 수출 지향적 산업화는 자본, 숙련도, 테크놀로지, 노동의 위계에 전제를 두고 있다. 게다가, 어떤 한 나라가 특정 부문에서 국제 노동 분업상의 상층으로 올라가더라도, 이 나라가 더 높은 등급으로 올라가 자기 자리를 비워주지 않는 한, 이 나라의 성공은 다른 나라들이 비슷한 등급 상향을 할 기회를 제한하는 것이다. 국가들은 저마다 위계 안에서 높이 올라가기를 갈망하며, 그 정책의 성공과 실패 여부야말로 해당 국가가 차지할 자리를 정

---

54) Carmela Torres, "Asian Women in Migration in the Light of the Beijing Conference", Graziano Battistella and Anthony Paganoni eds., *Asian Women in Migration*, Quezon City: Scalabrini Migration Center, 1996, p. 188.

해 준다. 그래서 '틈새시장 개척'의 중요성에 관한 경제적 어휘들이 만연해진다. 한 나라의 위상이 그 나라의 사회를 빚어낼 것이다. 이런 사회가 조건이 되어, 해외에 나가 외국인 가사 노동자라는 직업을 갖겠다는 여성 노동자의 결정 같은 그런 개별 시민의 행동들이 나오게 되는 것이다. 여기서 결정적인 논점은, 그러한 명령들과 전략들이 지구적인 생명정치적 장의 일부이고, 이 생명정치적 장에서는 지구적 자본주의에 의해 착취되는 개인들의 이해관계와 필요가 제조되며, 지구적 자본주의는 이 개인들을 체계라는 직물에 짜 넣어서 통합한다는 점이다. 이데올로기 비판과, 국가 발전이라는 공식적인 비전에 이의를 제기하는 대항 헤게모니적인 이데올로기들의 생산은 무척 중요하다. 그렇다고 해도 이 생명정치적 테크놀로지들의 지구적인 도달 범위 또는 심층으로의 침투의 깊이에 필적할 수는 없다. 이 테크놀로지들은 대중들을 착취되고 억압될 수 있는 규제 가능한 개인들과 통치 가능한 인구들로 주체화하기 때문이다. 스피박과 **반대로**, 정작 여기서 드는 끔찍한 생각은, 지구적 자본주의에 저항하는 길 대신에 포스트식민적 주변부에서 소비주의를 훈련하는 것이야말로 바로 그 문제의 일부라는 것이다. 포스트식민적인 나라 어디 한 군데서 소비주의가 등장하는 것이 그 나라가 경제를 발전시켜 새로운 국제 노동 분업에서 높은 자리로 올라가는 데 달려 있다면, 소비주의의 훈련은 초과 착취를 당하는 자들로 하여금 반자본주의 연대를 통해 착취 체계를 깨뜨리게 하는 대신에 오히려 지구적 자본주의를 지속시키는 도구성의 장 안에 그들을 더 깊이 빠뜨린다.

생명권력에 관한 푸코의 생각에 도움을 받아 내가 초벌로 제시한, 지구적 자본주의 권력에 대한 이러한 지도 작성법에서 가능한 저항의 장들은 무엇인가? 지금 다루고 있는 특정한 사례로 되돌아가자면, 외국인 가사 노동자는 어떻게 인간화될 수 있을까? 그녀의 인간성이 지구적 자본주의 안에서 어떻게 다시 긍정될 수 있을까? 잘 알려진 것처럼, 「세계 인권 선언」은 인간관계의 도구화 또는 기술공학화, 즉 다른 인간을 또 다른 목적 추구의 도구 또는 수단으로 간주하는 것에 대한 칸트적인 도덕적 금지에 의해 보증된다. 칸트의 말처럼, "인간 및 모든 합리적 존재 일반은 목적 그 자체로 **실존하며**^{Zweck an sich selbst}, 이런저런 의지의 재량에 따라 사용되는 **수단으로서만 실존하는 것은 아니다**. 오히려 그는 자신의 모든 행동에서, 이 행동이 자신을 향한 것이든 또는 다른 합리적 존재를 향한 것이든, **동시에 목적으로** 항상 간주되어야만 한다".[55] 만약 다른 인간이 수단으로 취급된다면, 목적 그 자체로서의 그녀의 존재론적 지위가 무시된다면 인간의 자유도 침해되는 것이다. 왜냐하면 목적 그 자체로서의 우리의 존재론적 구성은 우리에게 자유의 능력, 타고난 존엄, 우리가 인간의 자유에 부여하는 여타 관련 특성들을 제공하는 것이기 때문이다. 이 도덕적 금지의 나약함은 인간관계에서 도구성을 온전히 피하기는 불가능하다는 사실에서 분명하게 보인다. 대부분의 인간관계를 이루는 실용적인 행동에서 인간은 관행적으로 유용한 수단으로 취급된다. 인권의 목적은 인가에 의해 지지되는 법적인 또는 준^{quasi}법적인 틀을 확립하는 것이다. 사람들이 자신도 인간이기에 가져 마땅한 자유를 다른 사람에게서 박탈하는 행동을 하지 않는 한, 자신의 이기심과 자유로운 선택에 따라 행동할 수 있도록 인간관계를 한정하고 규제하기 위한 것이 바로 이 틀이다. 간단히 말해, 인권이

---

55) Immanuel Kant, *Groundwork of the Metaphysics of Morals*, Immanuel Kant, *Practical Philosophy*, ed. and trans. Mary J. Gregor, Cambridge: Cambridge University Press, 1996, p. 79[『윤리형이상학 정초』, 백종현 옮김, 아카넷, 2005, 145~146쪽].

라는 도구는 실용적인 상호작용에 총체적인 합리적 형식을 또는 인간의 얼굴을 부여하려는 것이다. 한마디로 그 도구는 도구성의 장을 **인간화**하려고 한다.

하지만 동남아시아에서 발전과 노동 이주 정책을 지속시킨 생명정치적 테크놀로지들이란 국가의 성장을 통해 자기 시민들의 전면적 인간다움을 육성하려는 것에 불과했음을 우리가 상기한다면, 사태는 현저히 더 복잡해진다. 실로 노동 송출의 정당화들 중 하나는 개별적이고 국가적인 페다고지의 형식으로 이루어진다. 이주자들이 해외에서 **도야**Bildung의 형식을 접할 것이라고 주장된다. 그들은 새로운 기술을 배울 것이고, 노동 경험을 얻을 것이고, 돌아와 이런 훈련을 전해 줄 것이고, 그리하여 국가의 테크놀로지 자원과 지식 자원을 향상시켜 줄 것이며, 국민의 발전을 용이하게 해줄 것이다. 그러므로 이들 외국인 가사 노동자의 인간다움을 다시 긍정하려는 그 어떤 시도도 반드시 동일한 테크놀로지들에 의지한다. 나는 글을 마무리하면서, 싱가포르 안에 출현하고 있는 페미니즘적인 시민사회 요소들이 시도하고 있는 외국인 가사 노동자의 인간화 시도를 논해 보고, 이를 활용하여 도구성의 장에 관한 잠정적인 약간의 이론적 결론들을 도출해 보겠다.

싱가포르의 페미니즘 엔지오들은 외국인 가사 노동자의 탈인간화에 우려를 표명해 왔는데, 특히 플로르 콘템플라시온Flor Contemplacion 사건의 여파가 주효했다.[56] 이 단체들 중에서 가장 두드러지고 성공적인 '행동과

---

56) 콘템플라시온은 필리핀인 도우미로, 친구인 또 다른 필리핀인 도우미 델리아 마가(Delia Maga)와 마가가 돌보던 네 살 배기 중국 소년을 살해한 혐의로 유죄 판결을 받았다. 1995년 3월 집행된 그녀의 교수형으로 인해 필리핀에서는 소요가 빈발했고, 싱가포르와 마닐라의 외교 관계에 심각한 긴장이 초래되었다.

조사를 위한 여성 연합'Association of Women for Action and Research, AWARE은 자신들이 벌이고 있던 여성 차별과 폭력 철폐 운동을 외국인 가사 노동자 학대를 포함하는 운동으로 확대하고자 했다. 그 단체 회원 중 일부는 그런 학대가 아이들에게 잘못된 사회적·윤리적 가치를 심어 주고, "인도주의적인 시민사회"를 향한 싱가포르의 시도를 침식한다고 강조했다. 그들은 또한 여성 고용주가 외국인 가사 노동자를 학대하는 것이 페미니즘의 근본적 원칙인 평등주의와 여성 권한 증대에 모순되기 때문에 그것은 페미니즘의 대의를 퇴행시킨다는 사실을 경고한다.[57] 이 페미니스트들은 가정의 학대 문제를 싱가포르 문화의 더 광범위한 위계적인 사회 구조, 가치 체계, 태도 내부에 설정하는데, 이런 것들이 싱가포르 삶의 모든 층위에서 권위주의적인 엘리트주의와 경제적 약자에 대한 냉담한 취급을 야기한다는 것이다. 그들이 관심을 기울이는 것은, 양심 교육/도야conscientious education/Bildung를 통해 공적 의식과 국가 실천을 변화시키는 것이며 그리하여 외국인 가사 노동자에 대한 처우 개선을 향한 구조적 이동이 일어나도록 하는 것이다.

    2003년 1월에 AWARE 회원들과 여타 사회 성원들이 다양한 교회 집단 및 외국인 가사 노동자의 조건 개선에 관심이 있는 개인들과 힘을 합쳐 시민사회의 관점에서 자체를 제시하는 광범위한 동맹을 결성했다. 자칭 TWC2라는 이 동맹이 모델로 삼은 것은 '시민사회의 운영위원회'Working Committee of Civil Society, TWC인데, 이 조직은 사회 활동을 위한 현재의 역할과 미래의 역할을 동일시함으로써 비판적인 시민사회를 창출하려고 시도했

---

[57] Kelly Fu and Constance Singam, "The Culture of Exploitation and Abuse", January 5, 2003(미출간 원고) 참조.

던 동맹이다. TWC2는 여기서 받은 탄력을 외국인 가사 노동자의 복지 개선으로 모아 가고자 했으며, 이러한 의제가 시민사회를 더욱 견고하게 하고 활력을 부여하는 데 기여하기를 희망했다. TWC2의 구체적인 목표는, 외국인 노동자가 생계를 꾸리러 싱가포르에 온 사람들이므로, 싱가포르 노동자나 가령 금융과 하이테크 분야의 국외 거주 전문직 종사자 같은 고급 외국인 인력이 누리는 모든 혜택을 이들도 누릴 수 있게 만드는 것이다.[58] 이러한 목표의 달성을 위해, TWC2는 외국인 가사 노동자의 역경에 대한 공적 각성을 증진시키려는 광범위한 운동을 조직했다. 또한 이 단체는 외국인 가사 노동자의 권리를 위한 법적 토대가 될 수 있는 법령화된 개혁들의 필요성에 관해 해당 부처와 논의를 개시했다.

이러한 활동들은 인간다움을 이윤과 화폐와 자본에 대립시키는 신칸트주의적인 이론적 원칙에 의해 고무되었다. 이 단체의 지도 원리인 '연체된 존엄: 도우미들의 권리 존중'에 담긴 함의는 집안일이 노동이고, 자아로서의 자양분을 얻는 인간의 보편적 활동이라는 것이다. 집안일은 "비인간적이고 비하하는 대우"를 받아서는 안 되며, 다른 형태의 노동들이 받는 존중을 마땅히 받아야만 한다. 왜냐하면 집안일도 인간이 기울이는 모든 노력에 어울리는 존엄을 갖고 있기 때문이다. 가사 노동자의 복지에 이렇게 특정한 초점을 맞추는 데에는 두 가지 이유가 더 추가된다. 첫째, "싱가포르의 경제적이고 사회적인 안녕"에 대한 그들의 기여가 "인정되고 가치 있게 여겨져야만 한다".[59] 둘째, 여성에게 가해지는 폭력을 철폐하려는

---

58) Interview with Braema Mathi, January 7, 2004. 또한 Braema Mathi, "Letter to the Editor", *Straits Times*, November 7, 2003도 참조.
59) http://www.aware.org.sg/twc2/objectives.shtml.

더 폭넓은 운동 안에서 특별한 주의를 외국인 가사 노동자에게 기울여야 하는데, 왜냐하면 "그녀가 우리 가정에서 가장 약자의 처지에 있는 여성이기 때문이다. 그녀는 우리의 초대를 받아 여기에 온 손님 노동자로 우리의 가족을 지탱해 주고 그녀의 가족을 위해서 정직하게 생계를 꾸리려는 노동자이다".[60] 이 단체는 지금껏 그녀들에게 거부되었던 소속감을 이제 부여하도록 공중과 국가에 촉구함으로써 사회적 인정을 통해 외국인 가사 노동자를 주체화하려는 시도를 하는 것이다.

이 단체는 시민사회 세력이 중요한 사회정치적 의제에 대한 참여를 강화한다는 관점에서, 외국인 가사 노동자와 싱가포르 국민-국가를 인간화하려는 노력을 분명하게 이해한다. 이에 내포된 함의는 국가로부터 자유로운 또는 자율적인 공간으로서의 시민사회의 발전이야말로 근대성의 지구적 확산과 함께 가는 목적론적인 선인데, 그 이유는 강한 시민사회 구조가 인간다움의 성취를 용이하게 하기 때문이라는 것이다. 이러한 노력들은 자기 나라의 이미지를 우려하며 자기 국민이 책임 있는 사람들이기를 원하는 시민들의 **국민적** 수치를 표현한 것임을 주목해야 한다. 이 단체의 회원들은 중앙 언론을 통해 "싱가포르에 있는 외국인 가사 노동자의 현 상태는 국민을 난처하게 하는 원천"이고 "외국인 가사 노동자의 복지 보호야말로 우리 국민의 의무"라고 강조한다.[61] 비슷하게 콘스탄스 싱감도 주목하기를, "일부가 저지르는 학대는, 도우미의 권리를 보호하는 정책과 입법의 결여와 더불어, 우리 사회와 정부를 헐뜯게 할 것이다.······ 도우

---

60) http://www.aware.org.sg/twc2/wrc.shtml.
61) Imran Andrew Price and Lim Chi-Sharn, "Reliance on Maids—Let's Have Affordable Alternatives", Letter. *Straits Times*, October 3, 2003.

미 학대는 싱가포르가 아세안^{ASEAN}의 파트너들과 맺는 관계에도 영향을 준다. 그것은 싱가포르인은 자신과 다른 사람에게 오만하다는 인상을 강화할 것이다."[62]

그런데 더 꼼꼼히 검토해 보면, (국민적인) 시민사회가 국가의 명령들로부터 자율적인 공간이며 인간적 자유를 달성하는 데 필수불가결한 메커니즘이라고 보는 이해는 문제적인 것이 된다. 실은 TWC2가 인간다움에 대한, 특히 가사 노동자의 인간다움에 의해 예증되는 그런 인간다움에 대한 보편적 관심을 재현한다는 주장은 그것의 다양한 논지들 사이의 흥미로운 긴장에 의해 곤혹스러워진다. 모든 노동에는 인간 활동으로서의 타고난 존엄이 있다는 보편주의적 논지와는 달리, 이 단체의 다른 두 가지 논지―도우미들이 위약한 상태라는 논지와 이들이 싱가포르 경제에 기여한다는 논지―는 고용주들이 손님 노동자를 수입하기로 결정했고 이 노동자의 노동에서 혜택을 누렸기 때문에 처하게 되는 특수주의적인 이해관계와 상황에 근거하는 공리주의적 논지들이다. 외국인 가사 노동자들에 대한 더 나은 처우를 정당화하기 위해 다양한 형태의 자기-이해관계에 이렇게 호소하는 것은, 인간 노동은 모두 신성불가침의 존엄과 타고난 자유를 누리며 모든 특수주의적 이해관계를 넘어서는 초월적 지위를 지닌다는 관념과 어울리지 않는다. 왜냐하면 그런 호소에는 가사 노동의 혜택과 결과에 대한 계산이 들어가 있기 때문이다. 외국인 가사 노동자들이 위약한 처지에 놓여 있기 때문에 싱가포르인들이 그들을 자국으로 수입하려 할 때는 더 많이 고려해서 그들을 대우해야 한다고 주장된다. 그들

---

[62] Singam, "Worker Treatment Reflects on Singapore", Letter. *Straits Times*, October 3, 2003.

이 더 나은 대우를 받아야 하는 이유는 그런 대우가 그들이 국민 경제에 기여한 바에 딱 맞는 보상이기 때문이다. 그리고 그들이 더 나은 대우를 받아야 하는 이유는, 그렇게 하지 않으면 싱가포르의 국제적인 이미지가 손상되고 이로 말미암아 대외 사업과 무역에 지장을 줄 것이기 때문이다. 적절한 윤리적 행동에 대한 이 모든 계산에서, 외국인 가사 노동자는 기술적인 관계 또는 목적-수단 관계의 사슬에 여전히 매여 있다. 그녀는 일반화된 도구성의 장 안에서 하나의 도구 또는 수단으로 남아 있는 셈이다.

외국인 가사 노동자를 다시 인간화하려는 이 시도들에서 우리는 중간 계급 전문직 여성 주체를 생산하는 생명정치적 테크놀로지와 동일한 것들이 국가 제도의 지형 너머에서 확산되는 모습을 본다. 이 시도들은 생명정치적 전술을 사회적 삶과 활동의 모든 층위로 연장한다. 이 테크놀로지들의 비인도적 효과들을 진정시키기 위해, 예전에는 싱가포르 비오스의 성원으로서의 중간 계급 고용주에게만 부여되던 인간다움이 이제 와서야 비로소 외국인 가사 노동자에게 조금 연장된다. 외국인 가사 노동자를 탈인간화하는 것과 동일한 테크놀로지들이 이제 부분적으로 전도되어 그녀의 인간다움을 다시 긍정한다. 시민사회 부류가 제시하는 인도적 해법들은 불가피하게 제한된다. 왜냐하면 그 해법들은 도우미를 통제하기 위한 것과 동일한 기업주의적 경영 테크닉과 행정 전략에 의지하기 때문이다. 그런 테크놀로지들은 시민사회의 근본적 합리성이고 저변의 지주이다. 결과적으로, 시민사회의 자유주의적 제도와 통치성 사이에는 근본적인 연관과 수렴의 지점들이 있게 된다. 싱가포르 국가는 순전히 실용적인 이유 때문에 점차 TWC2의 인간화하는 어휘를 전유했다. 예컨대 '가정부'라는 용어를 존중의 뉘앙스가 좀더 담긴 '가사 노동자'로 대체했다.

이런 이동을 시민사회에 의한 국가의 점진적인 계몽이라고, 이것이 진정한 변혁으로 이어지리라고 보면 위안이 되긴 할 것이다. 그래서 싱가포르의 진보적인 지식인은 거듭해서 진보적 시민사회 모델과 보수적 시민사회 모델을 나누고, 전자는 인민 지향적이고 인간성humanity에 대한 의식으로 동기화되는 데 반해 후자는 자본주의 시장 경제의 실용적인 명령들을 조장한다고 구별해 왔다. 이 선명한 대립이 호도하는 것은 저 인간성 자체가 자본의 형태라는 사실이다. 국가는 시민사회의 참여를 요청한다. 왜냐하면 국가 기능의 성공적인 작동은 인적 자원에 기반을 두고 있으며 통치 테크놀로지들을 통해 인민의 이해관계들을 접합/형성하기 위한 지형이 바로 시민사회이기 때문이다. 국가와 시민사회 공통의 기초 물질substrate로서 양자를 지속시키는 것은, 바로 우리가 TWC2의 공리주의적인 논지들에서 이미 간파해 냈던 테크닉들 또는 수단-목적 연관이다. 도구성의 이러한 장이 시민사회를 국가에 결합시킨다. 그것은 시민사회의 이해관계들이 국가에 침투하도록 해준다. 하지만 같은 이유에서, 그것은 또한 국가가 자신의 목적을 위해 시민사회의 발의를 포획하도록 해준다. 바로 이와 같은 방식으로 싱가포르 국가는 경제 발전이라는 자체의 목적에 도움이 되도록 바깥의 전략들을 늘 베껴 왔던 것이다.

이것은 시민사회가, 우리가 종종 국가로부터 자율적인 공간이라고 찬양하는 바로 그 시민사회가, 통치성governmentality의 생산물-효과라는, 직관과는 반대되는 푸코의 논지를 긍정한다. 이렇게 되면 자유주의가 통치성 안에서의 하나의 변주가 되며, 사회의 이름으로 통치를 최소화하고자 하는 통치의 한 형태가 된다.[63] 우리는 싱가포르 경우에서 정확히 통치의 두 가지 상이한 테크놀로지의 복합적인 조합을 본다. 싱가포르 국가는 자유시장이라는 자유주의적 수사학에 전략적 동의의 표시로 고개를 끄덕거린다. 하지만 이러한 자유주의적 수사학은 또한 사회적 통제의 형식으로, 이러한 통제에 의해 국가가 갖게 되는 탐욕스러운 능력은 외부의 비평을 흡수하는 능력이며, '반대파의' 인도적인 생각들을 병합하고 새롭게 조정하여 경제적 자기-이해관계를 더 밀고 나아가는 능력이다. 달리 말하자면, 시민사회가 인간의 이해관계들을 접합하기 위한 도가니이기 때문에 시민사회의 발의들은 본래 결정될 수 없으며 취약하여 국가에 접수되기 쉽다. 시민사회의 인간화 노력들은 모두 탈인간화로 귀결될 수 있다. 실제로 외국인 가사 노동자 편에 선 시민사회의 많은 주장에는 애초에 위계적인 함의들이 들어 있다. 외국인 가사 노동자들은 결코 싱가포르 비오스의 일부가 될 수 없는 이들이고, 그런 노동자들은 시민사회에 속하는 동등한 참여자가 아니다. 기껏해야 그들은 시혜의 대상이거나, 시민사회의 선의를 받아들이는 자들일 수밖에 없다. 왜냐하면 그들이 싱가포르에 있는 목적은 싱가포르 시민들의 삶을 더 편하게 만들어 주는 데 있기 때문이다. 그들에게 해줄 수 있는 최선은, 그들이 체류하는 동안 그들의 복지를 보호해 주고, 그들이 귀국해서 더 나은 취업 기회를 갖도록 그들의 숙련도를 높여 주는 것이다.

둘째, 외국인 가사 노동자의 고용을 없애는 것을 정당화할 때 누설되는 것은, 시민사회 부류들이 싱가포르의 선진적인 경제적 지위에 대해 갖는 자부심이며, 그것의 당연한 귀결로, 그 자부심 안에 함축되어 있는 후진적인 이웃들에 대한 업신여김이다. 문명적 우월함의 물질적 조건이 경

---

63) Foucault, "The Birth of Biopolitics", *The Essential Works of Michel Foucault. Vol. 1*, p. 75[「강의 요지」, 『생명관리정치의 탄생』, 오트르망 옮김, 난장, 2012, 438쪽] 참조. "사회라는 관념은 통치 테크놀로지로 하여금 통치란 이미 '너무 심한', '지나친' 것이라는 원칙 위에서 발전되도록 해준다.……국가와 시민사회의 구별을 우리로 하여금 모든 구체적인 체계들을 조사할 수 있게 해주는 하나의 역사적 보편으로 삼는 대신에, 우리는 그 구별을 통치의 특수한 테크놀로지 한 가지에 특유한 도식화 형태로 보고자 할 수 있다."

제적 경쟁력이므로 선진적인 가사 노동 관계를 확립하라고 독려하는 것은, 싱가포르인들이 우월한 경제적 지위와 생활 표준을 계속 누릴 수 있도록 외국인 가사 노동자를 잘 대우해야만 한다는 입장으로 쉽게 변조된다. 그래서 경제적 이해관계에 호소함으로써 온당한 대우를 정당화하는 논지들이 나타난다. 예컨대 외국인 가사 노동자는 더 열심히 일하는 것으로 고용주의 호의에 답할 것이고, 그들이 계속 있어 주어야 싱가포르가 국외 거주 고급 노동자에게 더욱 매력적인 곳이 될 테니, 그들에게 좋은 것이 경제적으로도 잘된 일이라는 논지가 그렇다. 어떤 작가는 계약 종료 시점에 도우미에게 일괄 지불로 퇴직금을 주는 제도를 지지했다. 왜냐하면

> 퇴직금을 기대하느라 일하는 태도가 더 좋아질 것이기 때문이다.…… 게다가 퇴직금 제도는 필리핀과 인도네시아 같은 이웃 나라에게 더 큰 호의를 받을 수 있을 것이다. 이 나라들에서 국민 생계의 상당 부분은 도우미를 포함하여 해외에서 일하는 자기 시민들의 송금에서 충당되고 있기 때문이다. 싱가포르에 도우미가 없다면 싱가포르는 외국인 인재의 가족들에게 매력이 떨어질 것이다. 그러니 우리가 도우미를 더 잘 대해 주고 그들이 계속 여기로 와서 일하게 하는 것은 우리 자신의 이해관계에 들어맞는다.…… 우리는 이웃 나라들에게 그 나라의 시민을 단지 종으로 여기는 것이 아니며 그들을 배려한다는 것을 보여 주어야만 한다.[64]

농노의 자유로운 임노동자로의 전화를 선의를 가지고 현대적으로 각색한 이 판본에서, 외국인 가사 노동자는 언제나 수단 또는 도구이다. 그

---

64) Conrad Raj, "Let's Give Our Maids More", *Streats*, March 10, 2003.

들은 "싱가포르인이 더 나은 질의 삶을 누리도록 돕는다. 그들은 노인과 환자를 간병하는 일부터 차와 창을 닦는 일까지 대부분의 싱가포르인이 창피해서 외면하거나 또는 완전히 경멸하는 일들을 한다".[65]

TWC2의 주장과는 반대로, 외국인 가사 노동자의 복지는 결코 화폐와 상품화의 회로를 초월할 수 없다. 잔혹한 사실은 그녀의 고용주의 시간과 일이 그녀의 것보다 더 귀중하고 중요하다고 간주되는 만큼 그 고용주가 맡고 싶지 않은 업무들을 맡아서 하고 급여를 받으라고 그녀를 싱가포르로 데려온다는 데 있다. 외국인 가사 노동자의 인간적 존엄을 제대로 온당하게 존중하려면 무엇을 해야 하는가? 유일한 해법은 고용주들이 외국인 가사 노동자 채용을 그만두는 것이다. 하지만 외국인 가사 노동자의 완전 폐기는 더 많은 비용이 드는 재생산 노동, 덜 편리한 라이프스타일, 저하되는 경제적 생산성으로 이어질 것이다. 싱가포르 페미니스트 개인의 사적 선의와 무관하게 우리가 국제 노동 분업의 착취적인 위계적 구조에, 그리고 이것을 지속시키는 재생산 노동 분업에 얽혀 들지 않을 수 없음을, 또 그 이유는 이 분업 구조들이 싱가포르의 경제적 성공에 결정적이라는 데 있음을 인정하는 데서 진정한 위기가 온다. 경쟁적인 포스트식민적 발전 안에서 이루어진 중간 계급 여성의 해방이 필연적으로 오염되어 있다면, 외국인 가사 노동자를 구제하고 보호하려는 페미니즘적 시도는 페미니즘에 혜택을 주었던 바로 그 발전 형태의 문제적인 특징에 대한 끈질긴 질문에 의해 보충되어야만 한다. 그렇게 하지 않으면, 그러한 페미니즘적 시도는 모두 자유주의적 주체가 그녀 스스로를 괜찮은 고용주라고 자축하는 자기 만족적으로 진정된 양심으로 퇴화하고 만다.

---

65) *Ibid.*.

이론적인 관점에서 이는 외국인 가사 노동자의 인권을 긍정하고 보호하려는 어떠한 시도도 그들의 인간성을 도구적 관계 너머로 올려놓을 수 없다는 점을 진지하게 받아들이는 것에 다름 아니다. 여기서 벌어지고 있는 일은 고작해야 도구성을 하나의 장과 층위에서 다른 장과 층위로 전위시키는 것이요, 사람을 다른 사람의 목적을 위한 수단으로 다루는 학대가 어느 특정 지점에 지나치게 집중되어서 체계 전체를 와해시키지 않도록 그 학대의 결과들을 재배분하는 것이다. 인간관계의 도구화가 지구적 자본주의 내부의 경제 발전의 본성 그 자체에 뿌리를 내리고 있는 만큼 해법이란 없다. 우리에게 필요한 것은 이러한 시나리오에서 적어도 도구적 관계의 세 유형을 구별하는 것이다. 첫째로 가정 안에서 고용주와 외국인 노동자의 수단-목적 관계, 둘째로 국제 노동 분업의 위계 안에서 값싼 노동의 지구적 착취라는 보다 일반적인 관계, 셋째로 노동을 보내고 받는 국가들과 다른 행위자들이 생명권력의 테크닉을 통해 인적 자본을 구성하고 전개하고 규제하는 것이다. 가정 내부의 수단-목적 관계는 국민경제 발전의 경쟁적이고 불균등한 성격을 지속시키고 재생산한다. 이 두 유형의 도구성을 매개하는, 이것들의 모호한 형판template이자 이것들을 연결시키는 기초 물질이 바로 생명정치적 테크닉이다. 첫 두 유형의 도구성의 불균등성은 단지 가정 안으로 투사된 테크닉 관계의 불평등이며, 지구적 틀 안에서 더 뚜렷해진 것이다.

인간의 삶에서 도구적 관계가 필연적이고 피할 수 없는 것임을 감안한다면, 도대체 우리는 어떻게 해야 인간을 목적 그 자체로 대우하라는 도덕적 명령에 응답할 수 있을까? 문화적 영역에 대한 전체주의적인 관료적 지배와 후기 자본주의의 상업화에 직면하여, 프랑크푸르트 학파는 도구적 이성과 비판적 이성을 구별하여 반정립적인 이 원리들을 조화시키고자 했다. 도구적 이성은 오직 책략/테크네가 지성을 요청하는 한에서만 인간적이다. 사실 그것은 비인간적인데, 왜냐하면 그것 자체로는 인간성에 고유한 것, 즉 도덕적 자유의 성취에 다다를 수 없고 심지어 해롭기까지 하기 때문이다. 이와 대조적으로 비판적 이성의 함양 과정은 우리의 정신적 능력을 향하는 테크네의 특수 형태이다. 도덕적 자유의 실천을 고무하는 보편 가치를 터득시켜 우리를 단순한 도구성의 영역 너머로 올려 주는 것은 바로 일종의 자아-도구화self-instrumentalization이다. 하지만 인간의 초월성에 있는 넋을 빼놓을 듯한 이 모티브는 내가 여기서 분석했던 도구성의 장에서는 적절함을 상실한다. 외국인 가사 노동자에 대한 착취와 학대는 그들이 국가, 고용주, 다른 당사자와 각기 맺는 관계의 도구적 특성에서 비롯된다. 하지만 인간성 그 자체가 생명권력의 테크놀로지들에 의해 생산되기 때문에 우리는 이 도구성의 장을 초월할 수 없다. 인간성에 고유한 초월의 힘——자아-함양, 도야, 비판적 이성——을 생성하는 과정들은 생명권력의 주체화하는 측면 또는 인간화하는 측면이다. 바로 그 때문에 인간화의 계기는 필연적으로 제한적인 것이게 된다. 주체화 과정이 모든 사람에게 전반적으로 또는 획일적으로 적용될 수는 없다. 생명권력이 모든 사람에게서 똑같이 인간성을 생산할 수는 없다. 왜냐하면 테크닉 관계는 불평등 및 수단과 목적의 위계적인 분할에 근거하고 있기 때문이다. 어느 지점에서든, 테크닉 관계의 장 안에 있는 특정 위치와 층위에서 인간성을 생성하려는 경쟁적 시도들이 있을 뿐이다. 하지만 역설적이게도, 외국인 가사 노동자의 인간성에 대한 책임은 상이한 세력들의 유동적이고 갈등적인 이해관계들의 일련의 복합적이고 민감한 협상의 결과로 현존하게 되는 것 역시 바로 이 도구성의 장으로부터이다.

    여성 이주 노동자의 인권은 유동적이고 변천하는 규모의 연대로부터 생성된다. 그 인권은 종결되지 않는 정치적 협상, 푸코라면 정치적 전술이라 말했을 그것의 생산물-효과이다. 인권은 언제나 변천하는 상이한 힘관계들의 합리화요, 관념의 코드화$^{ideational\ codification}$요, 임시 종결점이다. 일단 인권이 제도화되면, 구체적인 이상으로서 이 힘관계의 장에 영향을 미치고 이 장에 집중할 것이다. 시민사회 세력은 이렇게 인권을 구체적인 이상으로 삼아 노동 송출과 수입 국가들에 입법적 변화를 위한 압력을 가하고 요구를 제출하는 것이다. 하지만 이러한 이상은 어떤 초월적인 위치에서 이 장의 변동을 좌지우지할 수 없다. 우리는 도구적인 힘의 장으로부터 출현하는 보편적인 인간 규범의 전적인 잠정성과 우발성에 관해 말하고 있는 중이다. 여기서 작동하고 있는 것은 테크놀로지 생산 형태인데, 이것은 인간성의 가능성의 조건이기 때문에 규제되거나 초월될 수 없다. 이것은 구체적인 인간과 이 인간이 지니는 모든 능력을 가장 물질적인 층위에서 형성한다. 이렇게 인권이 도구성에 구성적으로 얽혀 있다는 것이 불가피하게 허무함으로 귀착되지는 않는다. 우리는 도구성을 완전하게 통제할 수 있는 인간의 조건을 결코 알지 못하므로 테크네를 이상적인 인간다움의 부패로 보는 대신에 다음과 같이 물어야 한다. 지구적 자본을 지속시키는 테크놀로지들이 어떻게 인간성의 효과들을 유도하며, 이 효과들은 얼마나 오염되는가?

　나는 국제 노동 분업에 주목하라는 「서발턴은 말할 수 있는가?」의 경고를 유념하는 것이 중요하다고 주장했다. 그런데 나의 견해로는, 그러한 주목은 권력으로서의 헤게모니적인 재현 체제들에 의해 항상 배제되는 차이의 구조적 공간으로 서발터니티를 이해하는 태도를 질문하도록 우리를 이끌어야만 한다. 왜냐하면 권력은 이제 생산적인 병합을 통해 기능하기 때문이다. 외국인 가사 노동자는 생산적인 병합의 한 사례이다. 심지어 중국 연안의 벽촌에 사는 소수 부족들도 세계적인 관광 산업과 약초 수출업에 의해 지구적 자본주의에 '기꺼이' 병합된다. '그들이 진정으로 원하는' 것은 그것이 아니라는 것을 과연 우리가 어떻게 알겠는가? 나는 외국인 가사 노동자의 인권 주장을 도구성의 초월이 아니라 오히려 도구성의 일반화된 장 안에서 일어나는 어떤 것으로 사유해야만 한다고 주장했다. 나는 여기서 북반구의 '보편주의적' 페미니즘에 대한 스피박의 예리한 진단과 공명한다. 또 나는 자본주의와 사회주의의 관계는 일종의 동종요법적인 관계이며 "자본을 자아에서 타자로, 암으로서 경제성장을 약(파르마콘)으로서 재분배로 끈질기게 움직여 나갈" 필요는 종결되어서는 안 된다고 주장하는 그녀와 연대한다.[66]

---

66) Spivak, *A Critique of Postcolonial Reason*, p. 402[『포스트식민 이성 비판』, 548쪽].

서발터니티로부터 이동하기

과테말라와 멕시코의 토착민 여성들

진 프랑코

2003년에 가야트리 차크라보르티 스피박은 라틴아메리카 연구 학회$^{\text{Latin American Studies Association}}$의 학술 대회에서 기조 연설을 해달라는 초청을 받았다. 장관도 아니고 워싱턴의 유력 인사도 아닌 라틴아메리카 비전문가가 초청을 받는 것은 이례적이다. 청중 중에는 그동안 숱한 말들이 쏟아졌던 과테말라 활동가 리고베르타 멘추가 있었고, 인도의 서발턴 연구를 모델로 라틴아메리카 서발턴 연구회 결성을 도왔던 여러 학자들도 있었다. 그 [라틴아메리카 서발턴 연구회의] 발의는 미국 학계에서 서발턴을 과시적으로 재현하지 **않는** 것$^{\text{ostentatiously not representing}}$이 무엇인가를 놓고 벌어진 불일치와 부조화 때문에 난감한 상황에 처해 있었다.

스피박은 라틴아메리카가 아니라 이라크 전쟁에 대해 연설했다. 식자층을 이루는 작가와 지식인이 오랫동안 문맹자를 대변하고 재현한다고 주장되었던 라틴아메리카에서 '서발턴은 말할 수 있는가?'라는 스피박의 질문은 반향을 일으킬 수밖에 없었을 터이다. 그런데도 이 자리에서 멘추와의 공개 토론은 없었다. 1960~1970년대만 해도 빈민에 헌신하는 해방신학이나, 지적 작업보다는 무장 투쟁을 우선시하는 게릴라 운동의 적극적인 사회 참여에 대해서는 말할 것도 없고, 지식인의 책임에 관한 논쟁이 숱한 학술 회의에서 오갔다. 하지만 그 어떤 토론과 논쟁에서도 스피박의 에세이에서 제기된 질문들은 던져지지 않았다.

「서발턴은 말할 수 있는가?」는 미국의 라틴아메리카 연구자들에게, 특히 한 명의 특별한 '서발턴'인 멘추에 관한 논쟁들과 주장들에 가장 큰 충격을 주었다. 엘리자베스 부르고스-드브레가 전사(轉寫)한 멘추의 대담과 증언은 스페인어로 나온 지 1년 뒤인 1984년에 영어 번역본이 출간되자마자 유명해졌고 논란이 되었다.[1] 스탠퍼드 대학 교과목 개요syllabus에 등재된 이후에 이 책은 서구 정전에 관해 린 체니Lynn Cheney가 촉발시킨 논쟁에 끌려들어 갔다. 이 책은 죄책감에 빠진 학자들에게는 영감을 주는 원천으로 다가왔고, 미국 학생들의 타문화 이해를 증진시키려 시도하는 교재라고 주장되었으며, 윤리적 전형이라고, 구술성을 억압해 온 문학 연구에 대한 도전이라고 주장되었다.[2] 널리 알려진 대로 멘추는 또한 정치적 이유 때문에 과테말라 봉기에 관한 자신의 편향된 판본을 지어냈다고 비난받았다. 그녀의 증언은 언제나 사실관계가 정확하지 않다는 인류학자 데이비드 스톨의 주장에 근거해 나온 적대적인 보도들은 곧장 그녀를 거짓말쟁이라 불렀다.[3] 하지만 이 증언은 서발턴인 멘추를 공공 지식인으로 만들어 주었고, 1983년에 출간된 책에 국한되지 않는 영향력을 그녀가 행사

---

1) Rigoberta Menchú, *I, Rigoberta Menchú: An Indian Woman in Guatemala*, ed. Elizabeth Burgos-Debray, trans. Ann Wright, London: Verso, 1984[『나의 이름은 멘추: 마야, 퀴체족 인디오 여인의 기록』, 유정태 옮김, 지산미디어, 1993].
2) Mary Louise Pratt, "I, Rigoberta Menchú and the 'Culture Wars'", Arturo Arias ed., *The Rigoberta Menchú Controversy*, Minneapolis: University of Minnesota Press, 2001. 이 책에는 관련 자료들과 반응들뿐만 아니라 아르투로 아리아스의 에세이 "Rigoberta Menchú's History Within the Guatemalan Context"도 들어 있다. 또한 George M. Gugelberger, *The Real Thing: Testimonial Discourse and Latin America*, Durham: Duke University Press, 1996도 참조.

하도록 해주었다. 구글에서 멘추를 검색하면 3만 개가 넘는 결과가 나온다. 그녀는 재단의 책임자로서 대표단들을 접견하며 국제 포럼에 참가했고, 멕시코 대통령 비센테 폭스Vicente Fox에게 이라크 전쟁을 지지하는 유엔안전보장이사회 결의안을 지지하지 말라고 촉구하는 공개 서한을 썼는가 하면, 자신이 공적 무대에서 마주쳤던 난관들을 기술한 두번째 책 『마야의 딸 리고베르타 멘추』를 출간했다.[4] 달리 말해 그녀는 서발턴이라기보다는 정치적 액티비스트에 속한다. 그녀는 여기 미국에서, 또 1980년대에 약 10만 명에 달하는 토착민이 학살되고 450개 이상의 마야 부락이 파괴된 과테말라에서 인종과 젠더와 서발터니티에 관한 모든 종류의 사변과 결부된 이름이 되었다.[5] 이 인종 학살의 맥락에서 멘추의 생존은 일정하게 의미심장한 것인데, 단지 생존만이 아니라 그녀를 서발터니티에서 출발하여 공공 지식인이 되도록 띄워 준 이 증언도 의미심장한 셈이다.

멘추와 스피박의 토론이 불발로 그쳤으니 나는 이 둘의 대화를, 일부 논평가들이 이들을 몰아넣으려 하던 경직된 입장들에서 각기 벗어나 나누는 그런 대화로 상상해 보고 싶다. 스피박의 경우에 그것은 최근 몇몇 텍스트를 고려함을 뜻한다. 그 텍스트들보다 더 중요한 것은 「서발턴은

---

3) David Stoll, *Rigoberta Menchú and the Story of All Poor Guatemalans*, Boulder: Westview, 1999. 또한 Jorge Palmieri, "Lies by the Nobel Prize Winner"; Palmieri, "The Pitiful Lies of Rigoberta Menchú"도 참조. 이 글들은 각각 *El Periódico de Guatemala*와 스페인 신문 *El País*에 실렸고, Arias ed., *The Rigoberta Menchú Controversy*에 재수록되었다.
4) Menchú, *Rigoberta: La nieta de los Mayas*, Mexico City: El País/Santilla, 1998. 이 텍스트에 대한 논의를 위해서는 Ileana Rodríguez, *Liberalism at Its Limits: Crime and Terror in the Cultural Text*, Pittsburgh: University of Pittsburgh Press, 2009 참조.
5) Arias, "Rigoberta Menchú's History Within the Guatemalan Context", Arias ed., *The Rigoberta Menchú Controversy*, pp. 4~5.

말할 수 있는가?」가 수정되어 실린 『포스트식민 이성 비판』의 「역사」 장이다.[6] 이 풍부하고 복합적인 장에서 그녀는 시르무르의 라니^(Rani of Sirmur)를 연구 대상으로 삼아 동인도 회사 아카이브 자료를 섭렵하고 있고, 여러 분야의 통찰들을 전유하면서 다른 누구보다도 특히 들뢰즈와 가타리 그리고 푸코에 대한 비판을 전개하고 있다. 먼저 나온 판본과 나중에 나온 판본 모두, "재현되지 않는 주체를 보도"하는 저 지식인들의 "투명성"을, 그리고 "대항 헤게모니적인 이데올로기적 생산이라는 어려운 과업의 필요성을 폐제해 버리는 것"을 신랄하게 비판한다.[7] 또한 스피박은 확실하게 서발턴이 아닌 라니가 제국의 역사 기록에서 삭제된 것도 검토한다. 그녀는 「역사」 장에서 국가 건설과 관련해 서발터니티를 새롭게 정의하고 있으며(이것은 『다른 세상에서』의 11장으로 수록된 마하스웨타 데비의 「드라우파디」에서 탁월하게 다루어진다[8]), 착취당하는 주민 부문들, 특히 여성들에게 부인되는 소비와 전 지구의 금융화에 의해 등장한 "새로운 서발턴"의 정의도 내려 주고 있다. 이렇게 폭넓은 논의를 하는 가운데, 스피박은 자이푸르^(Jaipur)에 갔다가 거기서 만난, 동물 먹이로 나뭇잎과 풀을 채집하는 여성들을 묘사하면서, "그들은……왕국과 국민국가 사이의 계주로부터 역사적으로 거리가 있는 농촌 서발턴"이라고 논평한다. 계속해서 그녀

---

6) Gayatri Chakravorty Spivak, *A Critique of Postcolonial Reason: Toward a History of the Vanishing Present*, Cambridge: Harvard University Press, 1999, pp. 198~311[『포스트식민 이성 비판: 사라져 가는 현재의 역사를 위하여』, 태혜숙·박미선 옮김, 갈무리, 2005, 289~430쪽].
7) *Ibid.*, pp. 248~266[본서 47~75쪽].
8) Spivak, "'Draupadi', by Mahasweta Devi, with a Foreword by Gayatri Chakravorty Spivak", *In Other Worlds: Essays in Cultural Politics*, New York: Routledge, 1987[「드라우파디(마하스웨타 데비)」, 『다른 세상에서: 문화정치학 에세이』, 태혜숙 옮김, 여이연, 2008].

는 "그들은 자신의 운명을 규범으로 받아들이는 농촌의 서발턴이자, 페미니즘의 실제 구성 인자였다. 그들은 위기에 처해 저항하는 도시의 하부프롤레타리아트 여성과 달랐다"라고 쓰고 있다.[9] 이어지는 논의에서 스피박은 이 "자기 땅이 없으며 미조직된 여성 노동을 하는 이 여성 집단은 지역적·국가적·국제적 자본이 가로지르는 초과 착취의 과녁들 중 하나[이며]······초과 착취 노선에 의해 자본의 논리 속에, 위기와 저항의 가능성 속에 들어오게 되었다"는 데에 주목한다.[10] 스피박의 주장에 따르면, 그녀들을 "제3세계 여성의 저항"과 같은 일반적 범주 안에 넣을 수 없다. 같은 장 후반부에서 그녀는 **새로운 세계 질서** 안에서 출현하고 있는 새로운 서발턴을 언급한다. "포스트포드주의와 국제적 하청하에 [이 새로운 서발턴은] 오늘날의 지구화 단계에서 이미 세계무역의 대들보가 되[며]", "민족주의적 사례와 상당히 다르다".[11]

그렇게 스피박은 서발터니티들 사이에, 또 농촌 서발턴과 도시의 하부프롤레타리아트 사이에 구별을 두었다. 그들의 경우 "소비주의나 착취 구조의 부인과 철회는 가부장적 사회 관계들에 의해 더욱 복잡해진다".[12] "이 집단과 대면하는 것은 기간 구조의 뒷받침이 부재한 상태에서 그들을 지구적으로 대표할^{vertreten} 뿐 아니라 우리 자신을 묘사하는^{darstellen} 법을 배우는 것이다"[13]라는 제안은 비록 내게 약간 수수께끼 같고 그래서 스피박이 그 제안을 좀더 확장해 주었으면 하는 것이 나의 바람이다. 그래도

---

9) Spivak, *A Critique of Postcolonial Reason*, p. 242[『포스트식민 이성 비판』, 344쪽].
10) *Ibid.*, pp. 242~243[같은 책, 344~345쪽].
11) *Ibid.*, pp. 276[본서 88~89쪽].
12) *Ibid.*, pp. 277[본서 90쪽].
13) *Ibid.*, pp. 276[본서 89쪽].

여하튼 그 장의 결론은 전향적이다. 스피박은 「서발턴은 말할 수 있는가?」에 대한 일부 반응들을 숙고하면서, 여러 저자가 공동으로 집필하여 「서발턴은 투표할 수 있는가?」라는 제목으로 『사회주의 리뷰』$^{Socialist\ Review}$에 게재한 논문에 대해 논평한다. 그녀는 서발턴의 말하기에 대한 독해를 집단의 장으로 확장하는 유익한 길이 있다고 보는 저자들에게 동의하면서 그 길은 "(국가의) 투표자가 됨으로써 '시민권'(시민사회)에 접근하는 것은 실로 서발터니티를 헤게모니로 동원하는 상징적 회로이다"라고 쓴다. 여기에 스피박은 다음과 같은 내용을 덧붙인다. "우리가 좀 모순된 표현인 '서발터니티를 보전하기'에 대해 낭만적 순수주의자 혹은 원시주의자가 되고 싶지 않다면, 이 점이 전적으로 욕망되어야 한다."[14] 나는 바로 이 논점을 멘추 자신의 "헤게모니로의 동원"에 준거할 뿐만 아니라 오늘날 라틴아메리카 토착민 여성들의 운동 일부에도 준거하여 더 검토해 보려고 한다.

스피박은 『포스트식민 이성 비판』 「역사」 장의 두 군데 각주에서 멘추의 증언을 언급한다. 두 경우 모두에서 스피박이 주목하는 대목은 증언의 마지막 부분이다. 거기서 멘추는 자신이 독자들에게뿐만 아니라 전사자이자 편집자인 엘리자베스 부르고스-드브레에게도 일부 정보의 공개를 유보했다고 밝힌다.

물론, 내가 여러분에게 내 동포의 모든 것을 이야기하려면 많은 시간이 필요합니다. 그런 것을 이해하기란 쉬운 일이 아니니까요. 나는 내 설명 속에 그것에 대한 생각을 집어넣어 왔을 겁니다. 그런데도 나는 나의 인

---

14) *Ibid.*, pp. 309~310[본서 137~138쪽].

디오 정체성을 여전히 비밀로 하고 있습니다. 내 생각에 아무도 알아서는 안 되는 바를 나는 여전히 비밀로 하고 있어요. 인류학자들이나 지식인들이 책을 얼마나 많이 갖고 있건, 우리의 비밀을 모두 알아내지는 못할 겁니다.[15]

첫번째 각주는 스피박이 자신의 입지를 "말썽꾼"이라고, 생산양식 서사에 보조를 맞추는 여성들의 입지를 "참여자/저항자/희생자"라고 논하는 가운데 박혀 있다.[16] 이 각주는 "식민 정복에 맞선 훨씬 더 오래된 집단적 전술[즉 비밀 유지secrecy—프랑코]에서 빌려 오느라 그녀에게 불가피했던 정체성-정치와 관련된 표현 양식에 맞서서" 멘추를 읽으라고 권한다. 스피박은 증언의 종결부를 논평하면서 "그러한 텍스트는 책들 속에 있지 않으며, 비밀이 우리를 지켜 준다. 그 반대가 아니라 말이다"라고 쓰고 있다.[17] 이 논평에 따라 나는 저 비밀이 우리의 자리에서 "우리를 지켜 준다"고 이해한다. 이때 우리의 자리는 저 영원히 신기하면서도 경험적으로 다른, 메트로폴리스의 정보 복원자라는 자리이다.

두번째 각주는 토니 모리슨의 『빌러비드』를 모성의 희생이라는 맥락에서, 마치 "애니미즘에서 탈헤게모니화된 기독교로 가는 폭력적 변화의 출발점에" 있는 것 같은 맥락에서 논한다. 이것은, 약간은 멘추의 진짜 토착민 정체성처럼, 전해질 수 없는 이야기이다. "'신대륙' 정복자들과 대면한 라틴아메리카 인디언들(여러 면에서 얼마나 착오적인 명명의 역사를 갖

---

15) Menchú, *I, Rigoberta Menchú*, p. 247[본서 43쪽 주 1].
16) Spivak, *A Critique of Postcolonial Reason*, pp. 244~245, n. 73[본서 43~44쪽, 43쪽 주 1].
17) *Ibid.*, p. 245, n. 73[본서 43쪽 주 1].

는가)의 비밀 유지 주장이라는 토포스가 있다. 그럼에도 불구하고 나는 모리슨과 멘추 모두에게서 비밀 유지라는 주제를 뽑아낸 도리스 소머가 설득력이 있다고 본다."[18] 도리스 소머는 자신의 논문에서 "여성들의 증언을 읽는 것은 흥미롭게도 제1세계의 '자아'와 제3세계의 '타자' 사이의 긴장을 누그러뜨리는 것이다. 이렇게 말하는 내 말의 의미는 차이의 부정을 허가하는 데 있는 것이 아니라, 존중할 만한 비-총체화의 정치에 증언하는 주체가 모델이 될 수도 있으리라는 것을 제안하는 데 있다"고 주장한다.[19] 물론 이것은 미국 학계의 맥락에서는 예외적인 입장이며, 무지에 근거한 오만보다야 확실히 더 나은 입장이다. 미국 학계의 몇몇 비평가는 스피박이 푸코와 들뢰즈에게서 간파하는 투명성을 모면하기 위해 제1세계의 오만을 벗어나 옮겨 갔다. 하지만 같은 방식의 죄를 짓지는 않겠다는 이 비평가들의 거부가 언제나 설득력이 있는 것도 아니며, 자신들이 제도적으로 처해 있는 위상은 말할 것도 없고 '비밀들'을 둘러싼 애매함도 전혀 바꾸지 못한다.[20] 제도 안에 박혀 있는 우리 같은 비평가들에게 희망이라면 멘추가 제시하는 가이드라인을 따라 책임^{responsibility}을 실행하는 것이다. 다시 말하면 널리 알려지고 기억되어야 할 잔악한 행위들에 대한 정보가 사적인 삶——토착민의 경우 이 삶은 공동체의 삶이기도 하다——에 해당되는 것일 때 이 정보의 분산을 실행하는 것이다. 전해져서는 안 될 비밀은 사실 멘추의 토착민 정체성이고, 이 경우에 그녀의 진짜 이름을 스

---

18) *Ibid.*, p. 305, n. 167[본서 131쪽 주 141].
19) Doris Sommer, "No Secrets", Gugelberger ed., *The Real Thing*, p. 137.
20) 특히 Walter Mignolo, *Local Histories/Global Designs: Coloniality, Subaltern Knowledges, and Border Thinking*, Princeton: Princeton University Press, 2000[『로컬 히스토리/글로벌 디자인: 식민주의성, 서발턴 지식, 그리고 경계 사유』, 이성훈 옮김, 에코리브르, 2013]에서 어떤 사이 위치(an in-between position)를 확립하려는 시도를 참조.

스로 말하는 것을 금지하는 공동체에 그녀를 묶어 버리는 것도 바로 그 토착민 정체성이다.

이것에 대해 두 가지 논점이 제시되어야 한다. 첫째는 비밀 유지와 말하기 충동 사이의 자각되지 않는 갈등이다. 증언이라는 바로 이 장르는 기독교의 공개적인 신앙 선언에 뿌리를 두고 있다. 이런 면에서 멘추의 정치의식이 17~18세기 선교사들로 소급되는 반자본주의 풍조를 전승했던 해방신학의 기초 공동체와 교리 문답에 의해 불붙었다는 대목은 주목할 만하다.[21] 증언의 스페인어 제목 '나의 이름은 리고베르타 멘추이고 나의 의식은 그렇게 태어났다'는 멘추의 정체성과 개성을 명확하게 의식의 획득에 결부시킨다. 하지만 내전으로 인해 토착민 공동체에 학살과 이산이 벌어지더라도, 증언해야 할 의무가 이 공동체에 의해 그녀에게 주어진 비밀의 정체성에까지 해당되지는 않는다. 비밀 유지는 위협받고 있는 공동체를 묶어 주며, 여성 서발턴을 전사로 밀어붙이는 게릴라 전쟁의 요청뿐만 아니라 패배와 전유의 오랜 경험에서도 습득되었다. 멘추의 이야기에는 증언하라는 명령과 감추라는 명령 사이의 경합이 있는데, 이는 오직 좀더 최근의 발전에 의해서만 조명될 수 있다.

비밀 유지는 공동체의 관습을 방어하려는 전략으로서, 자신들의 관습이 외부의 면밀한 조사에 버틸 수 있도록 하려는 것이다. 확실히, 그 조사가 보편적이라고 가정되는 대의를 걸고 메트로폴리스에서 실시되는 한, 그것은 의심에 휩싸일 수밖에 없다. 그러나 멘추의 증언이 출간된 이후,

---

21) Enrique Dussel, "Cuestión étnica, popular en un cristianismo policéntrico", *Teología y Liberación. Religión, cultura y ética. Ensayos en torno a la obra de Guetavo Gutiérrez*, Lima: Instituto Bartolomé de las CasasRimac, 1991 참조.

이제 토착민 공동체의 관습은 스스로 서발터니티에서 나와 시민권으로 들어가려고 해온 토착민 여성들에 의해서 권리의 이름으로 면밀하게 조사되고 있다. 이것은 장구한 길이며, 우리는 그 역사적 궤도를 따라가야만 한다.

멕시코와 안데스 지역에서 네 세기가 넘도록 토착민 공동체들이 거듭 다시 만들어졌다. 이것이 사실임에도 불구하고, 정착한 토착민의 '포획'이라는 장구한 과정이 원시 공동체라는 통념을 고무했다. 정복 이후에 토착민들은 처음에는 인디오 공화국으로 조직되었고(정복자들은 토착민을 통치하기 위해 종종 토착민 중 귀족을 이용했다), 나중에는 권력은 제한되었어도 공유지가 있는 인디오 촌락으로 조직되었다. 준 내시의 말을 빌리자면, "라디노Ladino가 지배하는 도시들과 국가에 이익이 되는 불균등 교환 안에서 공동체의 노동력과 생산물을 뜯어냈던 착취 관계를 이 허구적인 문화적 자율성이 은폐했다. 그렇지만 인디오들은 바로 이 자율성 덕분에 자신의 공동체 안에서 독특한 문화적 실천들을 실행할 수 있다".[22]

멕시코의 경우를 고려해 보라. 19세기에 자유주의 개혁 정책이 공유지의 법적 기반을 와해시켜서, 많은 공유지가 지주들의 차지가 되었다. 1910~1917년 혁명의 여파로 비로소 토착민에 대한 태도에 급진적인 변화가 일어났고, 토착민은 그제서야 토지와 국적을 약속받아 혁명 이후 국민의 일부로 다시 상상되었다. 1917년 헌법 4조에 따르면, "토착 언어와 문화와 용례와 관습과 자원과 특정 형태의 사회적 기구는 법으로 보호되고 장려될 것이며, 그 성원들은 국가의 사법권에 실효적으로 접근할 수 있도

---

22) June Nash, *Mayan Visions: The Quest for Autonomy in the Age of Globalization*, New York: Routledge, 2001, p. 44.

록 보장받을 것이다".[23] 인디오 마을들은 "국가의 보호 아래 구조되어 공동체로 재건"되었다.

인류학자들을 비롯해 일각에서는 인디오 공동체를 폐쇄적이고 정체적인 것으로 묘사했다. 이러한 이유로 인디오 공동체는 반자본주의적인 고립 지역으로 이상화되거나 근대화의 장애물로 간주되었다. 이러한 양가성은 토착어로 글을 가르치는 것과 스페인어로 가르치는 것 사이에서 동요하며 오락가락했던 언어 정책 안에 반영되었다.[24] 1929년에서 2000년에 이르는 장기 집권 동안에 멕시코의 제도혁명당$^{Partido\ Revolucionario\ Institucional}$은 토착민 공동체의 충성 유지를 위해 조합주의 전략들을 활용했다. 공동체의 지도자들이 여당에 입당했고, 그들의 영입은 상이한 인종들이 마침내 혼합될 어떤 국민^{nation}이라는 허구――메스티조 국가$^{a\ mestizo\ state}$――를 영속시켰다. 그런데도 국가가 문맹 퇴치 운동을 통해 발전 프로그램과 동화 정책을 추구했을 때조차, 원시적인 토착민 공동체는 국가에 유용한 하나의 신화로 유지되었다. 특히 빈곤 때문에 토착민이 국가의 주변에 머물면서 계절 노동으로 내몰렸을 때, 토착민 집단들을 보호 지역으로, 지역 자치체로 편성한 것은 사실상 온정주의적으로 통제하고 방치하는 데 유효한 방법이었다.

1980년대에 발전주의 정책이 절정에 달했던 동안에 토지를 분배하고, 곡물 수출을 장려하여 소작농을 자급 농민 이상의 수준으로 전환시키려는 간헐적 시도들이 있었다. 1990년대에 이 상황은 급격하게 변했다. 살

---

23) Nash, *Mayan Visions*, p. 49에서 재인용.
24) Shirley Brice Heath, *Telling Tongues: Language Policy in Mexico, Colony to Nation*, New York: Teachers College Press, 1972.

리나스Carlon Salinas 정부(1988~1994년)의 부패가 심화되는 동안에 부채 위기의 여파로 진행된 신자유주의 경제 개혁은, 멕시코 혁명에 의해 개시되었던 농업 개혁 강령을 변경시켰고, 공유지의 사유화를 허용했다. 그 와중에 북미자유무역협정으로 인해 값싼 식량과 다른 주식의 수입 상품들이 들어와 자급 경제의 농업 기반이 파괴되었다. 위기가 특히 심했던 곳은 치아파스Chiapas였다. 이곳에서는 1970년대에 일었던 석유 산업의 붐이 토착민의 노동에 대한 수요의 급증을, 적어도 댐 건설과 농업 발전 프로그램에서 일할 남성 노동에 대한 수요의 급증을 야기했다.[25] 일부 토착민 남성들은 석유 공장에서 시간제로 일했고, 일하면서 스페인어를 익혔으며, 여성들은 마을 살림을 돌보도록 남겨졌다. 특히 1982년에 토착민들은 곤경에 처했는데, 이 시기에 석유 가격이 떨어지면서 촉발된 부채 위기가 파괴적인 구조조정으로 귀착되었기 때문이다. 예를 들어 국제시장에서의 커피 가격 하락과 빈농 신용 고갈 사태가 겹쳐 일어나는 식이었다. "전통과 근대화, 문화주의와 발전 사이에 사로잡힌 …… 폭력적인 왕복 운동 속으로" 사라지는 "제3세계 여성"이라는 스피박의 강한 진술보다 그 사태를 더 잘 조명하는 것은 없다.[26]

그렇지만 치아파스에는 다른 정황도 있었다. 정부가 라칸돈Lacandon 정글의 토지를 경작을 위해 무상 분배하고 무토지 농민들이 이 땅을 개척하면서 여성의 위상이 달라졌던 것이다. 복합적인 요인들이 작용하면

---

25) María Josefina Saldaña Portillo, *The Revolutionary Imagination in the Americas and the Age of Development*, Durham: Duke University Press, 2003, pp. 214~215. 또한 George A. Collier, with Elizabeth Lowery Quarantiello, *Basta!: Land and the Zapatista Rebellion in Chiapas*, Oakland: Food First, 1994; Nash, *Mayan Visions* 참조.
26) Spivak, *A Critique of Postcolonial Reason*, p. 304[본서 129쪽].

서 소수의 잔존 좌파 투사들과 이주해 온 토착민 농민이 힘을 합쳤다. 바로 이렇게 해서 라칸돈 정글에서 사파티스타 민족해방군Ejército Zapatista de Liberación Nacional, EZLN이 탄생했으며, 젠더화된 서발턴은 서발터니티에서 빠져나올 길을 찾았다.

 토착민 여성들은 자신의 공동체 안에 고립되어 있어서 보통 자신들의 부족어(토호발tojobal, 차물라chamula, 촐레chole, 조케zoque, 첼탈tzeltal, 초칠tzotzil)만 썼다. 이것은 식민주의의 분열 효과를 상기시킨다. 정글 개척에 함께 투입되면서 다른 집단들과 더 이상 분리되지 않게 된 그녀들이 공동체 관행에 예속되는 것도 줄었다. 일부 여성들은 사파티스타군에 들어가 무기를 다루는 법을 배웠다. 공동체 정치에 여성이 참여하는 것을 가로막고 여성의 교육과 복지를 금지했던 관습들에 도전하기 시작했던 부류도 바로 사파티스타군에 들어간 여성들이었다. 그녀들은 봉기자insurgente라는 명사가 여성을 가리킬 때는 '보편적인' 남성형 관사가 아니라 여성형 관사를 써야 한다고 역설했고, 스스로를 봉기자의 여성형인 insurgentas로 칭했다.[27] 그녀들이 취한 두번째 결정적인 행동은 여성권리선언을 작성한 것이었다. 이 선언은 여러 요구 중에서도 특히 남편을 고를 권리와 낳을 아이의 수를 정할 권리와 의학적인 치료와 교육을 받을 권리와 공동체의 결정에 참여할 권리를 포함하는 권리들의 이름으로 명확하게 '악습'에 도전했다. 1994년 1월에 라칸돈 정글에 사파티스타군이 출현하여 "신

---

27) "Marcos to the insurgentas: Insurgentas!(The Sea in March)" on the EZLN Web page, "Writings of Sub-Comandante Marcos of the EZLN"(March 12, 2000). 마르코스의 글 모두가 이 웹페이지에 정리되어 있다. 마르코스는 사파티스타군의 대변인이다. 시민사회와 협력하는 '사령관들'이 그의 위에 있다. 마르코스는 성명을 발표하고, 연설을 하거나, 이야기를 들려준다.

자유주의에 맞선 제1차 반란"을 선포했을 때, 여성들은 지자체들의 점거에 가담했다. 이제 사파티스타군의 약 40퍼센트가 여성들로 추산된다.[28]

이 권리선언[Ley Revolucionaria de Mujeres del EZLN][29]은 전국토착민여성회의[National Indigenous Women's Meeting]에서 여성의 권리를 논의하는 기초가 되었고, 사령관 에스테르[Esther]가 멕시코 의회에서 연설하면서 널리 알려졌다. 동등한 기반 위에서 공동체에 참여할 여성 권리에 대한 언급은 산안드레스협정[San Andrés Accords]에도 들어가 있다. 이 협정은 사파티스타 반군의 주요 정책 강령이며, 비록 공식적인 비준을 받지는 못했어도 정부 대표와 합의한 것이었다. 이 협정에서는 토착민 공동체의 자율성도 승인되었다.[30]

스피박은 우리에게 국제 수준에서 하는 인권 호소가 제1세계의 정치적인 통제 전략일 수도 있음을 경고했다. 「잘못을 바로잡기」에서 스피박은 권리 훈련으로서의 아래로부터의 교육을 옹호하는데, 이는 권리들이 헤게모니적 권력의 압력에 대한 단순한 하나의 대응으로 끝나지 않도록 하기 위함이다. "누군가가 가장 낮은 수준에서 그러한 힘 기르기[empowerment]에 관여한다면, 국가에 압력을 가할 국제/국내 엘리트의 필요성이 영원히 일차적인 것으로 남지는 않으리라는 희망은 있을 것이다."[31]

이것에 비춰 보면, 토착민 공동체가 여성을 예속시킨다는 것을 근거

---

28) Nash, *Mayan Visions*, p. 180.
29) Guiomar Rovira, *Mujeres de Maíz*, Mexico: Era, 1997, p. 112.
30) Margarita Gutiérrez and Nellys Palomo, "A Woman's Eye View of Autonomy", Arecely Burguete Cal y Mayor ed., *Indigenous Autonomy in Mexico*, Copenhagen: IWGIA, 2000. 토착민 공동체의 자율성을 지지한 EZLN은 자체적으로도 다인종적인 공동체들을 형성하고 있었다.
31) Spivak, "Righting Wrongs", *South Atlantic Quarterly*, Vol. 103, Nos. 2~3, Spring/Summer 2004, 특히 p. 173[「잘못을 바로잡기」, 『다른 여러 아시아』, 태혜숙 옮김, 울력, 2011, 34쪽] 참조.

로, 토착민 여성의 권리를 이용하여 토착민 공동체의 자율성을 훼손함으로써 토착민 여성의 권리를 포획하려던 멕시코 정부의 새로운 유형의 시도에 주목하는 것은 흥미롭다. 공동체들을 비개혁적인 국가의 감시 아래 놓으려 하는 새로운 법안이 의회에서 통과되었다. 이 법안은 대부분의 토착민과 멘추, 그리고 몇몇 저명한 지식인의 공분을 사는 바람에 거부되었다.[32] 사파티스타 반군은 토착민의 권리 문제와 이 법안을 놓고 시민사회와 협의하기 위해 멕시코 전역으로 조직원을 파견했다. 그들이 여성 사령관 에스테르를 의회에서 연설하도록 보낸 것은 탁월한 조치였다. 사령관 에스테르는 사파티스타의 전매특허인 스키 마스크를 써서 얼굴을 가리고, 스페인어로 연설하면서, 의회의 연단에 나온 이 사람은 한 명의 전투 사령관이 아니라 한명의 토착민 여성이라고 강조하며 "내 이름은 에스테르이지만 그건 지금 중요하지 않아요. 나는 사파티스타 반군의 일원이지만 이 순간 그건 중요하지 않아요. 나는 일개 토착민 여성이고 지금 중요한 문제는 바로 그거예요"라고 말한다.[33] 그 순간은 멕시코 역사에서 가장 인상적이고 이례적인 순간 중 하나였다. 그것은 차이들을 존중하는 나라를, 인디오이면서 멕시코인이 될 수 있는 나라를 고대했던 담대한 조치였다. 그녀는 토착민 공동체에 있는 전통적인 여성 종속을 인정하고 여성 억

---

32) "Con el voto de PAN, PRI y PVEM aprueva la Cámara la ley indígena", *La Jornada*, April 29, 2001. www.jornada.unam.mx/2001/4/29/003n1pol.htm. 사파티스타 반군이 멕시코군에 의해 포위되어 있을 때 이 법안이 통과되었다는 점에도 주목해야 한다. 본 논문을 집필하고 있는 이 시점에도 그 포위는 계속되고 있다.

33) "Mensaje Central del EZLN ante el Congreso de la Union. Miércoles, 28 de marze de 2001. Comandante Esther", Reinhard Krüger ed., *Mexico Insurgent: Los Zapatistas y la marcha por la dignidad indígena*, 24 Febrero-11 Marzo 2001: *Los discursos en el Congreso y el regreso a Chiapas*, Berlin: Weidler, 2001, pp. 93~103.

압을 언급하면서도, 토착민 공동체가 자신들의 문화를 가져야 할 권리와 그 공동체 내에서 여성이 가져야 할 권리 역시 천명하면서, 토착민 공동체를 온정주의적인 국가의 통제 아래 두려는 정부의 시도를 함축적으로 거부한다. 에스테르의 실행은 서발턴이 헤게모니로 옮겨 가는 경로의 전형을 보여 준 장관이었다.

그럼에도 불구하고 토착민 여성 조직에서 표면화되고 있는 한 가지 문제는 EZLN이 강력하게 지지하는 자율성 요구와 토착민 여성의 권리 사이에서 어떻게 균형을 찾을 것인가이다.[34] 어떻게 해석되든 간에 이것은 복잡하고 대단히 논쟁적인 의제인데, 언제나 남성들이 정치적 지도를 맡아 왔던 토착민 공동체의 자율성은 개인의 권리들과 충돌하는 것으로 보일 것이다.[35]

이달고주의 나우아족 Nahua people of Hidalgo 출신인 토착민 지식인으로 산안드레스협정에 관해 사파티스타 반군에게 자문을 해주었던 마르가리타 구티에레스와 콜롬비아 활동가인 네이스 팔로모는 토착민 여성의 요구가 개인과 공동체 사이의, 사적인 것과 공적인 것 사이의 관계를 차별화해서 정립해야 한다고 주장했다. 그들은 산안드레스협정의 다음 진술을 인용한다. "자율성은 가정에서, 일터에서, 공동체에서, 지역에서 시작된다. 시각을 갖춘 seeing 조직화와 참여의 형태들인 의사 결정 기관들에서 남녀평등이 보장되어야 한다." 여기에 그들은 국가의 민주화가 "페미니즘

---

34) EZLN도 치아파스에서 다인종적인 공동체들을 조직했다.
35) 자율성에 관해서는 Rodolfo Stavenhagen, "Towards the Right to Autonomy in Mexico", Mayor ed., *Indigenous Autonomy in Mexico*; Margarita Ruiz Hernández, "The Process of Creating a National Legislative Proposal for Autonomy", *Ibid.* 참조. 자율성의 범위는 '자율성을 위한 다수 토착민 회의'(Plural National Indigenous Assembly for Autonomy)라는 단체의 일련의 전국 회의에서 논쟁되었다.

관점에서 보면 사생활에 영향을 미치는 가정의 민주화와 병행하며, 그리하여 공적인 변화가 내밀한 영역 안에서, 즉 개인적인 것의 층위에서 일어나는 변화 과정들에 수반되는 가족이나 사랑의 영역 안에서 반향을 얻을" 것이라는 논평을 추가한다.[36] 그들은 계속해서 "개인적인 것은 여성들의 사회적 삶의 맥락 안에서, 자유와 책임에 근거해 이런저런 형식으로 행동하고 자유롭고 독립적일 수 있다. 토착민 여성은 바로 이러한 자율성을 위해 투쟁하고 있는 것"이라고 논의한다.[37] 이 진술에서 흥미로운 것은 개인성을 그저 신자유주의적 개념이라고 치부해 기각하지 않으며, 개인성과 공동체를 대립시키지도 않는다는 점에 있다. 이 여성들이 자신들 나름의 조건들에 따라 시민권에 입장할 때 개인적인 것의 재의미화가 일어나고 있었다.

스피박의 관점에서 서발턴이라는 것이 의미하는 바는, "사회적 이동성의 노선에서 격리된 사람들"을 망라한다. 여성이 "어떤 옛날의 순결한 부족성 중에 번성하도록 따로 남겨져야 한다"는 제안을 스피박이 두드러지게 거부하고 있어도 그렇다. 그녀는 「잘못을 바로잡기」에서 다음과 같이 지적한다. 지구적 문화가 전 세계로 침투하는 동안에

> 전 세계 서발턴 문화의 거대한 이질성 사이에는 소통이 결핍되어 있다. 문화적 국경은 거대 도시로 된 여러 나라의 피상적인 문화적 상대주의로부터 손쉽게 횡단된다. 반면 다른 쪽으로 가 보면, 소위 주변부 나라는 관

---

36) Gutiérrez and Palomo, "A Woman's Eye View of Autonomy", Mayor ed., *Indigenous Autonomy in Mexico*, p. 79.
37) *Ibid.*, p. 82.

료주의적이고 감시받는 프런티어와 마주친다. 발생적인 공적 역할을 하나도 발전시키지 못했던 서발턴 문화의 프런티어는 상호 침투의 채널을 갖고 있지 않다. 또한 그 문제는 식민 주체의 후손들에게서 나온 지도력을 갖고 남반구에 진지를 둔 지구적 운동에 가담한 예외적 서발턴들을 포괄하는 방식으로는 지속성 있게 해결되지 못한다. 이들은 일반적인 서발턴 계층을 더 이상 대표하지 않는다.[38]

하지만 치아파스의 토착민 여성들의 행동이 우리에게 뭔가를 말해주고 있다면, 그것은 바로 "발생적인 공적 역할"을 해나가는 데는 여러 길이 있다는 점이다.

스피박이 옹호하는 것은 일종의 아래로부터의 세속적 교육이며, 이는 국제기구와 엔지오의 의심스러운 자비와는 근원적으로 상이하다. 그녀는 지나가는 말로 파울루 프레이리와 그의 명저 『피억압자의 페다고지』 *Pedagogy of the Oppressed*를 언급한다. 그녀가 주목하는 점은 이 책이 게릴라 전쟁 시기에 쓰였다는 것이다. 그렇지만 (그녀가 주목하지 않은 것은) 지금도 이 책이 세계 여러 곳의 조직들에서 채택되고 있다는 점이다.[39] 실로 아래로부터의 교육에는 많은 상이한 형식들이 있다. 사파티스타 여성들의 경우에는 (세속적) 전쟁을 통해 스페인어를 익히고 이것을 공적인 만남에서 응용하는 가운데 이루어지는 교육이 있고, 멘추의 경우에는 가톨릭 기초공동체를 통한 교육이 있다.[40]

---

38) Spivak, "Righting Wrongs", *South Atlantic Quarterly*, Vol. 103, Nos. 2~3, pp. 194~195 [「잘못을 바로잡기」, 『다른 여러 아시아』, 57쪽].
39) *Ibid*., p. 195[같은 글, 같은 책, 58쪽]. 현재 진행 중인 작업에 관해서는 Paulo Freire On-Line Journal, alyjuma@ucla.edu 참조.

스피박은 언젠가 자신을 "말썽꾼"이라 묘사했는데, 그건 나쁜 표현이 아니다.[41] 그녀는 우리에게 우리 자신의 오도된 자비에 관해 경고할 뿐만 아니라, 역사로부터의 저러한 "사라짐들"을 계속 경계하도록 만든다. 영감이 서려 있는 한 구절에서 그녀는 부족들을 "촘촘히 짠 사회적 직물"에 속하는 것으로 보는 인류학자들을 언급하고, 이에 맞서 "나는 독자의 지각을 인류학적인 것에서 역사적-정치적인 것으로 변천시켜 똑같이 짜인 결을 하나의 찢어진 문화적 직물로 볼 것을 요구하고 있다. 하나의 역사적 계기를 지배하는 베틀에서 떨어져 나오는 바람에 찢어진 문화적 직물 말이다"라고 말한다.[42] 이 찢어진 직물을 저 찢어진 직물의 수선을 암시하는 또 다른 은유로 보충해 보자. 매년 여성의 날에 부사령관 마르코스는 사파티스타 여성들을 축하한다. 그는 1995년(유엔이 조직한 베이징 세계여성대회Beijing International Conference on Women가 열린 그해)에 EZLN 창립 12주년을 맞이하여 어떤 익명의 여성을 내세워 다음과 같이 말했다. "그녀는 희망이라 불리는 저 복합적인 꿈을, 묵묵히 한 땀 한 땀 다른 남녀와 함께 짜기 시작한다. 우리 자신을 위한 것은 전혀 없이 모든 것을 모두를 위해서 말이다. 그녀는 얼굴을 지우고 이름을 숨기고 3월 8일과 만난다." 스피박은

---

40) 바티칸의 해방신학 탄압에도 불구하고 기초 공동체는 여전히 건재하다. 예컨대 Denis Lynn Daly Heyck, *Surviving Globalization in Three Latin American Communities*, Toronto: Broadview, 2002의 여러 예들 참조. 교육과 사파티스타에 관해서는 Subcomandante Marcos, "Democratic Teachers and the Zapatista Dream", Juana Ponce de León ed., *Our Word Is Our Weapon: Selected Writings of Subcomandante Marcos*, New York: Seven Stories, 2001[『민주적인 교사와 사파티스타의 꿈』, 『우리의 말이 우리의 무기입니다』, 윤길순 옮김, 해냄, 2002] 참조.
41) Spivak, *A Critique of Postcolonial Reason*, p. 244[『포스트식민 이성 비판』, 347쪽].
42) Spivak, "Righting Wrongs", *South Atlantic Quarterly*, Vol. 103, Nos. 2~3, p. 199[「잘못을 바로잡기」, 『다른 여러 아시아』, 62쪽]. 직물(textile)은 스피박의 작업에서 중요한 은유다. 이 에세이에서 그녀는 "문화적 직물"과 "꿰매기"(suture)를 거론한다.

마르코스의 이 말에 토를 달 것 같지 않다. 마르코스 연설의 끝부분에 대해서도 그럴 것이다. "반란에 나선 이들과 안온함을 잃은 멕시코 여성들에게, 그들이 없었다면 나쁜 우화에 불과할 저 역사의 근간을 이루며 몸을 굽혀 받쳐 주고 있는 그들에게 고하니, **내일**, 만약 내일이라는 것이 있다면, 그것은 여성들과 더불어, 무엇보다도, 여성들에 의해 만들어지리라."[43]

---

43) Marcos, "Twelve Women in the Twelfth Year: The Moment of War", León ed., *Our Word Is Our Weapon*[「12년 된 열두 명의 여성」, 『우리의 말이 우리의 무기입니다』].

5부

스피박의 응답

응답

뒤를 돌아보며, 앞을 내다보며

가야트리 차크라보르티 스피박

「서발턴은 말할 수 있는가?」는 1983년 여름에 개최된 '맑스주의적 문화 해석들: 한계들, 프런티어들, 경계들'Marxist Interpretations of Culture: Limits, Frontiers, Boundaries이라는 학술 대회에서 '권력과 욕망'Power and Desire이라는 제목으로 발표되었다. 그 판본은 한 번도 출간되지 않았지만 발표를 했던 그날 저녁은 흥미로운 시간이었다. 청중 중에는 그때 나의 학생이었으며 지금 오리건 대학에서 가르치고 있는 포리스트 파일Forest Pyle, 현재 UCLA에서 가르치고 있는 제니 샤프Jenny Sharpe, 그때 학생이었다가 지금은 CUNY에서 가르치고 있는 새 친구 퍼트리샤 클러프Patricia Clough, 최근에 영국에서 와 버룩Baruch 칼리지에서 가르치고 있는 시원스런 이방인 피터 히치콕Peter Hitchcock, 당시에는 몰랐으나 지금은 좋은 친구로 지내고 있으며 당시에 학생이었지만 지금은 CCNY에서 가르치고 있는 햅 비서Hap Veeser가 있었다. 그 세션의 마지막에 코넬 웨스트Cornell West가 강당 위쪽 자리에서 달려 내려와 나를 살짝 안아 주었다. 내 생각에 그가 그런 행동을 한 것은 내가 '제3세계의 차이'──1983년에는 여전히 발언 가능했던 문구──를 질의응답 시간에 반복해서 여성스럽게 환기하고 있었기 때문이다. 당시 동료 발표자들로는 엘런 윌리스Ellen Willis와 캐서린 매키넌Catharine McKinnon

이 있었다. 이름은 기억나지 않는 어떤 스코틀랜드 지식인은 훨씬 나중에 『빌리지 보이스』*Village Voice*에 다음과 같이 썼다. 미국을 처음 방문한 자신은 가야트리 스피박에게서 가구 배치를 바꾸는 것으로 자유를 성취할 수 있다고 믿는 미국인 운운하는 이야기를 들었다고 말이다.

그 첫 판본에서 나는 푸코와 들뢰즈의 현혹에서 빠져나오려고 애쓰고 있었다. 내가 보기에 기호분석적인 semanalyse 사람들이 모든 것을 일종의 미국 그래피티인 양 바꾸어 놓고 있었기 때문이다. 나는 라타 마니 Lata Mani에게 영향을 받아 사티 sati에 관해 말하고 있었지만, 부바네스와리의 메시지에 관해서는 아직 쓰고 있지 못했다.

그 발표는 데리다 논의의 방향을 정치로 선회시키는 출발점이었던 것 같다. 나는 그 선회를 성취하기 위해 나의 출신인 벵골 중간 계급으로 시선을 돌렸다. 나의 작업 영역은 프랑스 이론이었고 예이츠였으며(나는 유럽 연구자이다) 맑스였다. 하지만 나는 변화를 원했다. 그 변화를 처음으로 분출하면서 나는 고향 쪽으로 방향을 돌렸고 나의 계급으로 돌아갔다.

나는 이 이야기를 수차례 했다. 1981년에 나는 『예일 프랑스 연구』*Yale French Studies*로부터 프랑스 페미니즘에 관해, 『비판적 탐구』*Critical Inquiry*로부터 해체에 관해 기고해 달라는 청탁을 받았다. 이것이 변화를 위한 시점이라는 느낌이 들었다. 즉각적인 결과물은 「국제적 틀에서 본 프랑스 페미니즘」이라는 글과 마하스웨타 데비의 「드라우파디」 번역이었다.[1] 당시

---

1) Gayatri Chakravorty Spivak, "French Feminism in an International Frame", *In Other Worlds: Essays in Cultural Politics*, New York: Routledge, 1987, pp. 136~141[「국제적 틀에서 본 프랑스 페미니즘」, 『다른 세상에서: 문화정치학 에세이』, 태혜숙 옮김, 여이연, 2008, 281~292쪽]; "'Draupadi', by Mahasweta Devi, with a Foreword by Gayatri Chakravorty Spivak", *Ibid.*[「드라우파디(마하스웨타 데비)」, 같은 책].

나는 변화에 대한 충동에 진지하게 응답하고자 벵골 중간 계급인 마하스웨타 데비와 나의 이모할머니인 부바네스와리 바두리에게로 시선을 돌리고 있었다. 그때 나는 우선 사적 경외심으로 시작하고자 했던 셈이다.

부바네스와리가 그 망각된 편지를 써서 부치고자 했던 여성이 나의 외할머니였고, 나한테 부바네스와리의 이야기를 해주었던 여성이 바로 나의 어머니였다. 나의 사촌은 나의 어머니가 말했던 내용을 이해하려 들지 않았다. 나는 캘커타 대학의 영문과 우등생이었고 사촌은 철학과 우등생이었다. 그녀는 나와 비슷한 교육을 받았지만 그 교육은 그녀에게서 아무런 차이도 만들어 내지 않았다. 사티를 지지했던 공리들을 지우기 위해 더러운 비밀인 생리를 활용해 자살함으로써 말하고자 했던 자기 할머니의 말을 나의 사촌은 들을 수 없었다. 그 단편적인 이야기에서 사티는 말하지 않는, 혹은 차라리 말할 수 없는, 말하고자 했지만 들리게 하는 데 성공하지 못한 서발턴을 일반화할 수 있는 사례로 제시되지 **않았다**. 라타는 나를 오해했다. 들릴 수 없었던 것은, 심지어 라타에게도 들릴 수 없었던 것은 부바네스와리였다.

내가 말하고자 했던 요점은, 저항을 위한 유효한 제도적 배경이 아예 없다면 저항은 인지될 수 없다는 것이었다. 사티를 활성화시켰던 공리들에 대한 부바네스와리의 저항은 인지될 수 없었다. 불행히도, 힌두 카스트 관습인 사티는 제도적으로 정당화된 상태**였고**, 나는 그 정당화를 가능한 한 많이 해명했다. 나의 요점은 그녀들이 말을 할 수 없었다는 것이 아니라, 누군가가 다른 무언가를 하고자 했을 때 제도적 정당화라는 것이 아예 없으니 그 다른 무언가를 인정받을 수 없었다는 것이었다. 말하지 않는 사티들이라는 것이 나의 요점은 아니었다.

푸코와 들뢰즈 같은 위대한 지식인들이 충분히 이론적인 논의를 할 때는 모습을 드러내지 않던 특정한 종류의 신념들이 대답, 말하자면 대화라는 것을 나눌 때, 누설된다. 푸코와 들뢰즈에 대한 나의 논의는 바로 이 요점을 말하고자 했다. 나는 그 요점에 대해 『포스트식민 이성 비판』 1부에서 칸트를 다루는 나의 논의가 '덜 입증된' 것이라는 비판에 응답하면서도 말한 바 있다. 실제로 그런 것 같아 보인다. 왜냐하면 나는 영구 평화에 관해 쓰는 칸트를, 즉 『순전한 이성의 한계들 안에서의 종교』$^{Religion\ Within\ the\ Boundaries\ of\ Mere\ Reason}$에서 윤리적 국가에 관해 쓰는 칸트를 보는 것이 아니기 때문이다. 나는 「계몽이란 무엇인가에 대한 답변」에서 영구 평화와 윤리적 국가라는 논점들에 관해 말하는 칸트를, 우리에게 코스모폴리테이아^{cosmopolitheia}를 제시하는 칸트는 주시하는 게 아니다. 오히려 나는 가장 핵심적인 철학 문제를 해결하는 방법을 가르치면서, 철학화^{philosophizing} 작업을 기술하면서, 제4세계나 **선주민**에 대한 엄청난 불경을 보이는 칸트를 주시한다.[2] 이것이 바로 문학 비평가로서 내가 읽는 방식이다. 나는 텍스트를 해명해 주는 '주변부적'^{marginal} 계기를 주시한다. 역설적으로 그 계기가 텍스트에 '정상적인' 것, 텍스트의 규범을 이루는 것에 대한 감각을 우리에게 제공한다.

나는 데비와 민족주의 여성들과 함께 남아 있지 않았다. 그것이 종결점이 아니라는 것을 나는 곧 깨달았다. 데비와 부바네스와리는 나한테 가능성들을 열어 주었다. 나는 서발터니티라고 생각할 수 있는 다른 종류의 것들을 향해 나아갔다. 부바네스와리는 죽음을 불사하면서까지 자신의

---

[2] Spivak, *A Critique of Postcolonial Reason: Toward a History of the Vanishing Present*, Cambridge: Harvard University Press, 1999, pp. 19~36[『포스트식민 이성 비판: 사라져 가는 현재의 역사를 위하여』, 태혜숙·박미선 옮김, 갈무리, 2005, 58~79쪽].

몸이 말하게 만들고자 하면서 자신의 서발터니티를 위기로 몰아넣었다. 이 글의 뒷부분에서 상세히 설명하겠지만, 나는 맑스의 『루이 보나파르트의 브뤼메르 18일』의 영향하에 부바네스와리를 읽었고 서발턴 연구회 Subaltern Studies Group의 영향하에 그녀를 다시 코드화했다.[3] 그러나 점차 나는 억압 자체인 서발터니티가 벵골 농촌 빈민들의 저변 underside에서 정상성으로 받아들여지던 현장에 발을 내디뎠다. 어떻게 해서 그렇게 되었는지는 잘 기억나지 않지만 나는 그러한 서발턴 공간에서 그들과 어울리기 시작했고, 그곳에 있는 동안 그러한 어울림을 정상적인 가르치기의 현장이라고 생각하려 했다. 그렇게 노력하면서 나는 가르치기에 관해 무언가를 배웠다. 모든 가르치기는 변화를 시도하지만, 동시에 하나의 공유된 현장을 상정한다.

내가 미국 대학에서 달러로 연봉을 받는 덕분에, 서발턴 공간에서 그들과 어울리는 동안 점차 몇몇 학교를 열게 되었다. 이 학교들은 서발턴을 거지라고 해야 서발턴의 말을 확실하게 들어 줄 교육 제도 속에서 허우적거리기 십상이고, 허약하기 짝이 없다. 이 현장은 민족 해방과, 또 옛 캘커타에 살던 마단 미트라 라네 Madan Mitra Lane라는 부바네스와리의 이웃과도 아주 다르다. 서벵골에서 가장 낙후된 지역인 푸룰리아 Purulia와 비르붐 Birbhum에 있는 열 개의 학교는 「서발턴은 말할 수 있는가?」가 처음으로 출간된 해[1988년]에 세워지기 시작했다.

나의 출신 계급에서 이동하는 것만으로는 충분하지 않았다. 나는 비

---

3) Karl Marx, "The Eighteenth Brumaire of Louis Bonaparte", *Surveys from Exile*, trans. David Fernbach, New York: Penguin, 1973, p. 239[『루이 보나빠르뜨의 브뤼메르 18일』, 『칼 맑스·프리드리히 엥겔스 저작 선집』 2권, 최인호 외 옮김, 박종철출판사, 1993, 382쪽].

교문학 연구자이다. 서발턴과 조우하기 위해서는 모국어에서도 벗어날 필요가 있었다. 1989~1994년에 나는 평화봉사단 안내서와 지역 강사들에게 모로코 아랍어를 배웠고, 알제리에서 사회주의자 여성들에게 도움을 받아, 도시 하부프롤레타리아트를 거쳐, 사헬^{Sahel}을 향해 조금씩 이동하며 나의 길을 걸어갔다. 나는 매년, 어떤 때는 1년에 두 번 알제리에 갔다. 나는 벤 벨라$^{Ben\ Bella}$가 세운 오래된 사회주의 마을의 여성들에게 "투표하는 게 뭘까요?"라고 물었다. 나는 마라부츠^{Marabouts}에서, 여성 클리닉에서 말없이 앉아 있었다. 나는 와란^{Wahran}에 있는 초라한 집에서 사회주의자 여성들과 함께 선거 교육을 실시했다. 이슬람 구국 전선$^{Islamic\ Salvation\ Front}$이 1차 투표에서 이겼을 때, 나는 그녀들과 함께 투표 부스를 감독했다. 1994년에 나는 만종이 울리자 그곳을 떠나야만 했다. 알제리에서 보낸 시간을 이끌었던 질문은 누가 서발턴의 말을 듣느냐는 것이었으리라. 그 질문은 그때 이후로 나와 함께해 왔다.

2001년 이래 나는 중국어를, 주로 표준 중국어를 때로는 광둥어를 배웠다. 나는 농촌 산간 지역인 시솽반나 다이족 자치주^{西双版納傣族自治州}의 작고 외진 학교 세 곳을 간다. 중국이 이러한 아래를 치워 버리려고 하는데 나는 과연 서발턴의 말을 들을 수 있을까?

연봉을 받는 교수 일, 정기적 출간, 순회 강연과 병행하는 이 이상한 모험이 어떻게 그 흐름에 자양분을 주고 또 거기에 의지하는지 나는 모른다. 나는 다만 나를 이 길로 가게 한 것은 부바네스와리를 읽어 보고자 한 시도였다는 것만 알 뿐이다.

내가 뉴욕에 있을 때 그 부유함을 감지하지 못하듯, 저 학교들에 있을 때는 그 가난함을 알아차리지 못한다. 나는 그렇게 말하는 나 자신을 발견한다. 여러분이 가르치고 있을 때 여러분은 가르치고 있는 것이다. 지난 수년에 걸쳐 나는 사람들에게 피난처를 마련해 주는 것, 심지어 저항을 위한 집단체를 만드는 것조차도 나의 길이 아니라는 점을 깨닫게 되었다. 수차례 말해 왔듯, 나의 일은 욕망의 비강제적 재배치, 공공 영역에 대한 직관의 함양, 즉 선생의 일이다. 1980년대 방글라데시에서 나는 정상성에 대한 서발턴의 감각에 개입하고자, 예방하고 함양하는 습관들을 조성하고자, 다시 한번 말하자면 선생의 일을 하고자 농촌의 의료 활동가들과 여러 곳을 여행했다. 이것 또한 서발터니티를 위기로 몰아넣을지도 모른다. 정상성에의 이러한 개입은 도시 여성인 나를 내 학생들의 가족들과 공동체들이 도모하는 생태 농업을 조직하는 데로 이끌었다. 여기서도 우리는 「서발턴은 말할 수 있는가?」와의 차이점에 주목해야 한다. 내가 언급했듯이, 부바네스와리가 나와 계급이 같은 도시 여성이었다는 것이 다가 아니다. 그뿐 아니라 그녀는 이미 서발터니티를 위기로 몰아넣었고, 그녀를 읽어 내고 듣고 그녀로 하여금 부족한[by default] 말을 하게 하기 위해서만 나를 필요로 했던 것이다('[행해야] 한다'는 프랑스어 표현 il faut가 또한 '깨지다'crack나 '부족하다'default라는 의미도 실어 나른다는 데리다의 논의는 놀랍다.[4] 나와 부바네스와리의 관계를 생각하노라면 그 점을 상기하게 된다).

    지금 우리는 가난의 근절, 질병의 근절, 민주주의의 수출, 정보 통신 기술의 수출을 통해 세상을 개선하겠다는 광범한 기획들의 시대에 살고 있다. 나는 이 기획들에 관한 나 자신의 정치적 분석을 갖고 있다. 여기서 이 기획들을 출범시킬 것은 아니다. 이 기획들이 칭찬받을 만한 것이라고

---

4) Jacques Derrida, *Rogues: Two Essays on Reason*, trans. Pascale-Anne Brault and Michael Nass, Stanford University Press, 2005, p. 109[『불량배들: 이성에 관한 두 편의 에세이』, 이경신 옮김, 휴머니스트, 2003, 227쪽].

가정해 보자. 그렇더라도 이 기획들이 위에서 아래로 가해지는 통제를 받지 않고 자체를 지속하기——지속 가능성은 바로 이 의미에서만 중요해진다——위해서는, 화려하지 않으며 인내심을 갖고 손으로 직접 하는 작업으로 대리보충되어야 한다. 이 작업이 우리가 교실에서 가르치는 방식인데, 바로 그 방식을 모든 곳에서 가르치기 위해서는 그러한 대리보충이 있어야 한다. 대체로 우리는 모든 세대가 교육받아야 한다고 생각한다. 그런데 서발턴에 관한 한 그 점을 잊어버린다. 「서발턴은 말할 수 있는가?」에서 나는 그 점에 집중했다. 나는 두 세대에 걸쳐 그 집안 여성들이 그녀[바두리]를 읽는 법을 망각해 왔다는 점을 깨달았다. 그것은 교육의 실패에 대한 사적 서사였다. 더 일반적인 서발턴 정상성의 지형으로 이동하면서 나는 이러한 사적 서사를 점점 공적 서사로 보았던 셈이다. 나는 교실, 선생, 교과서, 선생, 아동 취학을 위한 사회적 허가가 중요하겠지만, 그냥 그것들 자체가 중요한 것은 아니라는 점을 인식하기 시작했다. 서발턴이 헤게모니의 길에 접어들 때 절대 "그들이 하부억압자가 되지 않게", 그리고 그들이 서발터니티를 벗어났다는 이유만으로 우리가 그들을 찬양하지 않게 한다는 부가 조항이 없으면, 여타의 세부 사항들은 사회적으로 생산적이지 못하다.[5]

    이렇게 해서 벵골 중간 계급으로 선회해야겠다는 생각이 나를 사로잡았다. 나는 첫 판본에서 실수를 저질렀다. 나는 내가 남아시아라는 소재에 무지하다는 점을 보여 주는 진술을 계속 해왔다. 부바네스와리가 나의

---

[5] 적당한 페다고지가 없으면 억압받는 자들 자체가 하부억압자가 된다는 발상은 Paolo Freire, *The Pedagogy of the Oppressed*, trans. Myra Bergman Ramos, New York: Herder and Herder, 1970, pp. 29~34[『페다고지』, 남경태 옮김, 그린비, 2009, 33~39쪽]에서 나온 것이다.

이모할머니라는 것을 드러냈다면 그렇지 않다는 것을 알릴 수 있었으리라. 그러나 그렇게 했다면 그것은 하나의 야합이 되어 나를 정당화했을 것이다. 왜냐하면 나의 이모할머니는 자살했기 때문이다. 결국 나는 많은 적대적인 반응을 초래하고 말았고, 그 반응들은 글로 발간되었다. 그러나 그것은 사실 사적 경외심의 행위였다.

내가 지적해 왔듯이, '세상의 개선'에 대한 나의 언급에 나오는 제국주의는 전 세계에 걸쳐 자체를 전위해 왔을 것이다. 데이비드 하비 같은 사상가는 상당히 터놓고 다음과 같이 말한다.

> 나는 자본주의처럼 제국주의도 결핍과 필요로부터 인간이 해방되는 토대를 준비할 수 있다는 견해를 맑스와 공유한다. (환경 보전을 포함해) 실존의 물질적 문제들에 직면해 공중 보건, 농업 생산성, 과학과 기술의 적용 같은 영역에서 자본주의와 제국주의는 더 나은 미래를 위한 잠재적인 길들을 열어 주었다. 문제는 자본주의의 지배적 계급 관계들과 이 계급 권력들이 발생시키는 제도적 배치들 및 지식 구조들이 이런 잠재성의 활용을 늘 가로막는다는 점이다. 게다가 이 계급 관계들과 제도적 배치들은 그들 자체의 재생산 조건들을 보전 혹은 고양하는 데 전념하는 제국주의적 형태들을 작동시킨다. 그리하여 그것들은 세계 인구의 대부분과 관련해 더욱더 큰 수준의 불평등과 더욱더 약탈적인 실천들(내가 '강탈에 의한 축적'이라 부른)을 초래한다.

현재의 계기에 미국은 그러한 실천들에 개입하는 것 외에 다른 선택이 없다는 것이 나의 논점이다. 현존하는 계급 관계들과 그것들에 연루된 헤게모니적 제도들 및 정치-경제적 실천들에 도전하는 계급 운동이 내부적으로 발생하지 않는다면 말이다. 이것은 세계 인구의 나머지에게 (많은 개발도상국에서 일어나고 있는 사회운동들의 경우에서처럼) 미국 제국주의에 직접 도전하거나, 아니면 예컨대 미국 권력의 비호 아래 하부-제국주의를 형성함으로써 미국 제국주의의 방향을 바꾸고자 하는 혹은 그것과 타협하고자 하는 선택지를 남겨 놓는다. 반제국주의 운동들은 자본주의가 뿌려 놓은 잠재성을 충분히 사용하는 대안적인 지구화와 대안적인 근대성을 추구하기보다 순수한 그리고 전적인 반근대 운동이 될 수 있다는 점에서 위험하다.[6]

하비는 전위된 제국주의를 쓰고 있다(말하자면 하부제국주의들의 증식이라는 특징을 지니는 후기 단계의 제국주의를 말하고 있는 걸까?). 공산주의는 민족 해방 진영의 진보적 부르주아지와 연계할 필요가 있다는 레닌의 논의는 하비를 선취한 셈이다. 레닌은 제국주의에 의해 민족 해방주의 식민 주체가 '자유로워졌다'고 암묵적으로 논의하고 있기 때문이다.[7] 하비는 부바네스와리가 자신의 자리를 발견했을 이 이전의 민족 해방 운동들을 언급하지 않는다.

나는 오늘날 미국에 부과된 짐을 승인하는 하비의 논의를 받아들이기 어렵다. 그렇다고 나의 대안이 구식 민족주의로 돌아가자는 것은 아니다. 나 자신의 글을 인용하자면 "지구화된 포스트식민성 속에서 우리는 전시하기에 좋도록 민족-해방 민족주의를 박제화할 수 있다. 우리는 역사

---

[6] Agglutianations.com, November 3, 2003.
[7] 하비가 지적하듯, 실로 이 입장은 이미 맑스에게 존재한다. Marx, "The Future Results of The British Rule in India", *Surveys from Exile*[「영국의 인도 지배의 장래의 결과」,『칼 맑스·프리드리히 엥겔스 저작 선집』 2권] 참조. 맑스주의의 목적론적 관점에 질문하는 것은 루이 알튀세르의 구조주의적 기획에 가장 강하게 연루된다. 맑스의 입장을 역으로 정당화하며 질문하는 서발턴주의자는 위험하게도 민족주의에 기댈 수 있다.

를 규율하기에 좋도록 민족-해방 민족주의를 교과 과정에 넣을 수 있다. 상상력을 위한 과제란, 박물관과 교과 과정이 새로운 문명화 사명들의 알리바이를 제공해 우리가 우리의 우방을 잘못 선택하는 일이 없도록 하는 것이다."[8] 오히려 나는 "계급 관계들에……도전하는 계급 운동이 내부적으로 발생하지 않는다면"이라는 하비의 구절에 초점을 맞출 것이다.

멋진 말이다. 그람시가 가르쳐 준 교훈은, 서발터니티 내부에서 해방의 원천이 될 수 있는 것은 계급만이 아니라는 점이었다. 바로 이 점이 서발턴주의자들이 자신의 첫 단계에서 가르쳐 준 교훈이다. 문제는 이제 서발턴 연구가 하나의 분석 범주로서 계급에 전혀 관심을 두지 않는 것 같다는 점이다. 하비와 서발턴주의자들의 진퇴양난 사이에 아래로 이동하는 나의 궤도가 놓여 있다. 나는 교육을 하나의 대리보충이라고 생각한다. 그리고 하나의 대리보충은 하나의 대안에 활기를 불어넣을 수 있다.

조지프 스티글리츠는 미국의 사명에 대한 하비의 감각을 수정하는 대책을 제공하고자 했다. 스티글리츠는 『지구화와 그 불만들』에서 개발도상국들은 초국적 기관들에 맞서 자체의 의제를 설정하게끔 허용되어야 한다고 거듭 주장한다.[9] 하지만 최근의 발표에서 그는 나쁜 제국주의를 교체해야 할, 미국에 의한 세계의 재구축이라는 선한 제국주의 비슷한 어떤 것을 제시하지 않을 수 없었다. 여기서 나쁜 제국주의란 이라크 전쟁을 말하며, 스티글리츠는 물론 그것에 반대한다. 그의 텍스트가 요구하고 있

---

8) Spivak, "Nationalism and the Imagination", C. Vijayasree, Meenakshi Mukherjee, Harish Trivedi and Vijay Kumar eds., *Nation in Imagination: Essays on Nationalism, Sub-Nationalisms, and Narration*, Hyderabad: Orient Longman, 2007.
9) Joseph Stiglitz, *Globalization and Its Discontents*, New York: Norton, 2003, pp. 236~252 및 그 외 여러 곳[『세계화와 그 불만』, 송철복 옮김, 세종연구원, 2002, 381~425쪽].

는 것처럼 보이는 내용을 아래쪽의 청중에게 전달하려면 우리에게는 인내심을 갖고 세심하게 서발턴들을 귀 기울여 듣는 기획이 필요할 것이다. 그리하여 교육에 투신한 지식인으로서 우리가 서발터니티 속에서 공공 영역에 대한 직관을 창안해 낼 수 있도록 말이다. 이것이 선생의 일이다.

이러한 가르치기 작업이 수행되지 않으면, 서발턴들은 스스로를 재현할 수 없어 재현되어야 하는 서발터니티 속에 남는다. 그람시가 제시한 '기동전'war of maneuver은 위에서 발동한 지휘권 없이는 일어날 수 없었다.

'한'one 자아를 집단적으로 재현하는 것은 공공 영역에서의 일이다. 『루이 보나파르트의 브뤼메르 18일』의 유명한 부분에서 맑스는 이를 계급의 견지에서 이해했다. 그람시는 설득의 비중이 좀더 커지고 국가뿐 아니라 유기적 지식인들로부터 불가피하게 어느 정도 강압도 받은 결과로서 서발턴이 진입하게 되는 조건이라는 헤게모니 개념을 도입했다. 이를 언급하는 것은, 내가 「서발턴은 말할 수 있는가?」의 첫 판본인 「권력과 욕망」을 발표했을 때 그람시의 「남부 문제의 몇 가지 측면」은 읽은 상태였지만, 라나지트 구하의 「식민 시기 인도 역사 기술의 몇 가지 측면」은 1년 후에야 읽었기 때문이다.[10]

구하의 글을 읽고 나는 그가 이끌던 **서발턴 연구회**의 작업에 크게 압도되었다. 그래서 나는 나의 글을, 사적 경외심을 지닌 나의 행위를 거둬들였다. 그리고 나를 그저 유럽 연구자로 머물게 만드는 감옥에서 나 자신

---

10) Antonio Gramsci, "Some Aspects of the Southern Question", *Selections from Political Writing, 1921~1926*, trans. Quintin Hoare, New York: International Publishers, 1978[「남부 문제에 대한 몇 가지 주제들」, 『남부 문제에 대한 몇 가지 주제들 외』, 김종법 옮김, 책세상, 2004]; Ranajit Guha, "On Some Aspects of the Historiography of Colonial India", Ranajit Guha ed., *Subaltern Studies No. 1: Writings on South Asian History and Society*, Delhi: Oxford University Press, 1982.

을 빼내어 서발턴의 고립된 거주지 속으로 밀어 넣었다. 나는 그 이야기를 다시 코드화했다.

나는 구하의 글에 나오는 놀라운 구절을 따라 "서발턴은 차이의 공간에 있다"고 말하는 법을 배웠다(집단적 목소리로 부르게 될 이들이 구하에게 서발턴인 한에서, 구하의 서발턴 이해가 이후 그람시의 개념을 훨씬 더 광범위하게 변형하게 되리라는 것을 그때 나는 이해하지 못했다.[11] 나는 구하가 취한 길로 결코 가지 못했다). 사실 그 이야기의 첫 판본을 발표했을 때, 나는 제도적 정당화 구조를 갖지 못하는 것에 관해 생각했더랬다. 그리고 서발턴의 재현representation에 대한 이해에 새로운 비틀림을 도입했던 것은, 대표Vertretung 혹은 대리proxy, 묘사Darstellung, **재현**representation의 서로 다른 층위를 짚어 낸 (맑스의 『루이 보나파르트의 브뤼메르 18일』을 논의한) 나의 글이었다고 서발턴주의자들은 느꼈던 것 같다. 친절하게도 이번 학술 대회에 글을 보내 준 파르타 차테르지에게서 그 점을 읽을 수 있다.

"그들은 스스로를 재현[대표]할 수 없다"라는 유명한 구절 바로 앞에 나오는 대목의 영어 번역은 소자작농은 "의회를 통해서건 국민 공회를 통해서건 그들의 고유명사로는im eignen Namen 자신들의 계급 이해관계를 주장할asserting 능력이 없다"고 말한다. 이것이 잘못된 번역은 아니지만, 독일어 geltend zu machen은 문자 그대로는 '중요한 것으로 만들다'make it count 혹은 '유효한 것으로 만들다'make it hold라는 뜻이다. 봉건주의에서 자본주의의 한 단계로 음울하게 넘어가는 과정에서 완전히 지워졌던 프랑스 소자작농들은 그들의 불만을 중요한 것으로 만들 수 없었다. 맑스가 말

---

11) Guha, *Domination without Hegemony: History and Power in Colonial India*, Cambridge: Harvard University Press, 1997, p. 134와 그 외 여러 곳.

하기를, 그들은 계약을 맺지 않았고, 어떤 말을 하고 싶어 했건 자신들의 말을 '중요한 것으로', '유효한 것으로 만들' 수 있는 제도를 하나도 갖지 못했다.

『루이 보나파르트의 브뤼메르 18일』은 맑스의 위대한 저널리즘 저술 중 하나이다. 이성이 신처럼 군림하는 해방신학을 쓰는 것이 그리 쉽지는 않다는 분명한 통찰이 거기 있다. 다른 곳, 즉 자신의 유일한 책 『자본』 1권──『자본』 2권과 3권은 맑스 사후에 엥겔스가 묶은 것이다──에서 이성의 공적 사용을 뒤집어 주체를 프롤레타리아로 만들 때, 맑스는 교육자다. 그는 가르치려 애쓰며, 노동자들이 자신을 생산의 행위자로 생각하게끔 그들의 감정을 재배치하고자 노력한다. 그러나 자신이 본 유일한 혁명을 이렇게 저널리즘적으로 기술하는 글을 쓸 때, 그는 모든 문학 비평가를 즐겁게 하는 길고 놀라운 수사적 문단을 내놓는다.[12] 거기서 '주체'는 현존하는 사회적 조건들이 불러일으킨 프롤레타리아 혁명이다. 그 문단의 마지막 대목이 보여 주듯, 그러한 조건들은 프롤레타리아 혁명한테 올바른 순간을 기다리지 말고 지금 여기서 뛰라고[leap] 말한다. 이 뛰라는 요청이 이솝 우화에 나오는 허영심 많은 허풍선이를 대상으로 한다는 의미를 함축하는 만큼, 프롤레타리아 혁명의 주장은 이론과는 거리가 있고 실천적으로 긴급한 것처럼 보인다. 합리주의자 맑스는 여기서 이성의 제한된 사용을 요청한다. 잘 알려져 있듯이, 그 문단은 이솝 우화를 의도적으로 변경한 헤겔의 문구로 끝난다. 그런 다음 맑스는 이솝을 또 다른 방식으로 변경한다. 다시금 『법철학』에 나오는, 역사적으로 결정된 이성에 대한 헤

---

12) 맑스, 「루이 보나빠르뜨의 브뤼메르 18일」, 『칼 맑스·프리드리히 엥겔스 저작 선집』 2권, 291쪽 참조.─옮긴이

겔의 과도한 확신을 맑스가 수정한다는 의미가 여기에 함축되어 있다. 헤겔은 "철학의 작업"인 자신의 책이 다음과 같아야 한다고 쓰고 있다.

[『법철학』은] 국가가 어떤 상태여야 하는지를 제시하려고 해서는 안 된다. 이 책이 담지할 수 있는 가르침은, 국가한테 국가가 존재해야 하는 상태를 가르치는 데 있을 수는 없다. 이 책은 국가가, 그 인륜적 우주가 이해될 법한 경위를 보여 줄 수 있을 뿐이다. "여기가 로도스다. 여기서 뛸지니"Idon Rhodos, idon kai to pedema, Hic Rhodus, hic saltus. 그 상태를 구상하는 것이 바로 철학의 과제이다. ······ 철학이 당대 세계를 초월할 수 있다고 공상하는 것은, 한 개인이 자신의 시대를, 로도스섬을 뛰어넘을 수 있다고 공상하는 것만큼 어리석은 일이다. 한 개인의 이론이 현 상태의 세계를 정말로 넘어서 있어 존재해야만 하는 이상적 세계를 구축한다면, 그 세계는 실로 존재하겠지만 어디까지나 그의 견해에서만 그런 것이며, 무엇이건 당신이 좋아하는 대로 형성되게 내버려 둘 취약한 요소에 지나지 않는다. 거의 아무런 변경 없이 바로 전에 인용된 그 속담은 "여기에 장미가 있다. 여기서 춤추어라"는 식일 것이다. 자기-의식적인 정신으로서 이성과 수중의 실재로서 이성 사이에 놓여 있는 것, 전자를 후자와 분리시키고 전자가 후자에서 만족을 추구하는 것을 방해하는 것은 개념 속으로 해방되지 못한 이런저런 추상의 질곡이다. 이성을 현재의 장미 십자가로 인식하고 그리하여 현재를 즐기는 것, 바로 이것이 우리를 실제적인 것the actual과 화해시키는 전통적 통찰이며, 철학이 우리에게 제공하는 화해이다.[13]

---

13) Georg. W. F. Hegel, *Philosophy of Right*, trans. T. M. Knox, Oxford: Oxford University Press, 1967, pp. 10~12[『법철학』, 임석진 옮김, 한길사, 2008, 50~52쪽]. 번역은 수정.

맑스가 명사인 '뜀'을 명령어 '뛰어라'로 바꾼 것은 작지만 중요한 변화이다. 헤겔의 변경과 달리 맑스의 이 변경은 알려져 있지 않다. 희랍어를 문자 그대로 옮겨 적은 Hic Rhodus, hic saltus는 맑스에 의해 Hic Rhodus, hic salta!로 바뀐다. 바로 이어서 맑스는 헤겔의 변경을 반복함으로써 이성을 장미 십자가로서 신비한 것으로 받아들이라는 (장미 십자회의^{Rosicrucian}) 메시지를 바꾸어 버린다. 이 메시지는 우리가 현재를 향유하게끔, 모든 변화를 추상들에 대한 속박으로 보게끔 만드는데, 맑스는 이 메시지를 변화의 메시지로, 이솝의 도전에 대한 더 생생한 수긍으로 변경한다.

부바네스와리 바두리를 생각하고 있을 때 나는 『루이 보나파르트의 브뤼메르 18일』에 몰두하고 있었다. 지금 보면 나는 내 이모할머니의 특이한^{singular} 자살을 이론의 합리성과 혁명적 순간의 다급함 사이에 있는 간극 속에 끼워 넣었던 것 같다. 나는 모든 맑스적 의미에서 그녀를 재현하는 것이 나의 과제라고 느꼈다. 그러나 그 제스처와 과제는 아직 집단성과 공공 영역에 관한 고찰들로 나타날 수 없었다.

그리하여 사실 그것이 「서발턴은 말할 수 있는가?」라는 에세이의 출발점이었다. 서발턴을 차이의 상태로 이해한 것이 출발점은 아닌 셈이다. 그 에세이는 내 작업에서의 서발턴의 궤도를 여기서의 기간구조를 창조할 가능성 속에 출범시켰다. 여기서의 기간구조를 서발턴으로 하여금 서발터니티를 정상성으로 받아들이게 만들지 않을 '거기'라고 여기면서 말이다. 나는 혁명적 주체로서 부바네스와리가 사티의 전제들에 말하자면 질문을 던졌지만 그 질문은 끝내 인식되지 못했다고 생각했다. 그녀는 특이한 존재로 남았다. 그래서 나는 그녀를 통해 무슨 일반화를 할 수 없었다. 그러나 나는 결코 사티가 반식민적 저항을 한다고 말하지 않았다. 내 생각에 사티의 범죄화는, 그것이 의심의 여지 없이 선이기는 했지만, 여성의 주체-형성에 개입하지 않았다. 식민 교육은 특정 계급에게만 행해졌다. 나는 나와 비슷한 형성 과정을 겪은 두세 세대 아래 여성들이 그 전통적 의미에서의 사티에 어떻게 경의를 표할 수 있었는지 이해해 보고자 애쓰고 있었다. 내가 사티를 지지할 수 있다는 생각은 조롱받아 마땅하다. 하지만 나는 나 자신으로부터 걸어 나올 필요가 있었다.

1986년에 루프 칸와르Rup Kanwar가 사티로 자살했을 때, 그녀의 어머니는 미소를 지었더랬다. 내가 예상하고 있었던 것은 바로 그 미소였다. 내가 『다르마사스트라』라는 경전을 읽으면서 정말로 읽고 있었던 것이 바로 그 미소라는 텍스트였다.[14] 그 미소는 경전을 수긍한다고 말하고 있었다. 그 욕망은 재배치되어야 했다. 나는 부바네스와리가 상황의 명령들에 의해 강제로 그 욕망을 재배치했다고 느꼈다.

부바네스와리는 또 다른 교훈을, 즉 텍스트로서의 죽음을 내게 가르쳐 주었다. 그녀는 아무 응답도 없는 상황들을 내가 읽게 만들어 주었다. 평화 협상이 하등 신뢰성을 가져다주지 않는다면, 나라 전체가 빗장을 건 공동체로 바뀐다면, 삶을 가치 있게 여기는 법을 아직 알지 못하는 젊은이들 ― 부바네스와리는 [자살했을 때] 17살이었다 ― 은 같은 대의명분을 위해 당신이 나와 함께 죽을 때 하나의 응답을 쓰는 것이 가능하다고 느낄지도 모른다. 자살 폭파범들은 그 욕망들이 재배치된 하나의 집단성을 형성한다. 죽겠다는 그들의 결정은 부바네스와리의 결정과도 유사한 어떤 것이었다. 그녀를 유일무이하게 만들었던 것은 죽음을 미루겠다는 두번

---

14) Pandurang Vaman Kane, *History of the Dharmasastra*, 5 Vols., Poona: Bhandarkar Oriental Research Institute, 1963.

째 결정의 젠더화 과정이었다. 당신이 내 말을 듣지 않을 것이어서, 내가 당신에게 말할 수 없어서, 같은 대의명분을 위해 당신이 나와 함께 죽을 때, 우리는 하나의 합의를 기념하는 것이라는 생각은 극단의 행동과 맞먹는다. 경전들은 욕망을 얼마나 많이 중재하고 있는가? 『코란』, 『다르마사스트라』의 질문이기도 하다.

「서발턴은 말할 수 있는가?」의 궤도는 나에게 아직 끝나지 않았다. 한편으로 학교가, 다른 한편으로 서발턴을 수용할 수 있는 사회 정의의 법적 도구로서 세속주의에 대한 탐색이 남아 있다. 이것은 여기서는 언급만 할 수 있을, 우리의 마음을 파고드는 관심사이다.

|부록|

서발턴은 말할 수 있는가?*

가야트리 차크라보르티 스피박

우리 시대의 권력 관계들 및 그 권력 관계들 내부에 있는 서구 지식인의 역할을 이해하는 것은 재현 이론과 지구적 자본주의 정치경제의 교차 관계를 검토하는 작업을 요구한다. 재현 이론은 한편으로는 이데올로기·의미·주체성의 영역을 가리키며 다른 한편으로는 정치·국가·법의 영역을 가리킨다.

이 논문의 원래 제목은 「권력, 욕망, 이해관계」$^{Power,\ Desire,\ Interest}$였다.[1] 이런 성찰들이 발휘할 힘이 무엇이건, 그것은 내가 파악하는 한 나의 욕망들의 기반이 되는 전제들을 극한까지 밀어붙이는 것에 대한 정치적 이해관계에 입각한 거부에 의해 획득되어 왔다. 가장 단호하게 투신하는 담론과 가장 아이러니한 담론 모두에 적용되는 이 통속적인 삼박자 공식[권력-욕망-이해관계가 뒤얽혀 있음을 가리키는]은 루이 알튀세르가 아주 적절하게 이름 붙인 '부인의 철학'$^{philosophy\ of\ denegation}$을 잘 드러내 준다고 하겠다.[2] 나의 위치성을 이렇게 어색하게 환기하는 까닭은 조사자의 자리를 의문시하는 것이 주권적 주체에 대한 최근의 수많은 비판들에서 무의미한 경

---

* 부록에 실린 「서발턴은 말할 수 있는가?」는 Lawrence Grossberg and Cary Nelson eds., *Marxism and the Interpretation of Culture*, Urbana: University of Illinois Press; Basingstoke: Macmillan, 1988에 실린 첫 판본이다[이 글은 「하위주체는 말할 수 있는가?」, 태혜숙 옮김, 『세계사상』 4호, 1998로 번역된 바 있다].
1) 이 논문을 꼼꼼히 처음 읽어 준 카치그 톨롤리안(Khachig Tololyan)에게 감사드린다.
2) Louis Althusser, "Lenin and Philosophy", *Lenin and Philosophy and Other Essays*, trans. Ben Brewster, New York: Monthly Review Press, 1971, p.86[『레닌과 철학』, 진태원 옮김, 김남섭 외, 『레닌과 미래의 혁명』, 그린비, 2008, 324쪽].

건함으로 남아 있다는 사실을 강조하기 위해서다. 그리하여 나는 내 위치의 불안정성을 전면에 내세우려 하지만, 이러한 제스처가 절대로 충분치 않음을 잘 알고 있다.

불가피한 우회로를 따라 이 논문은 주체를 문제화하는 최근 서구의 노력들을 비판하는 것에서 제3세계 주체가 서구 담론 안에서 재현^{represent}되는 방식을 문제 삼는 것으로 나아갈 것이다. 그 길을 따라가면서 나는 사실 맑스와 데리다 양자가 주체의 좀더 근본적인 탈중심화를 함축하고 있다는 점을 제안할 기회를 가질 것이다. 그리고 아마 놀랍겠지만, 서구의 지적 산물들이 여러 방식으로 서구의 국제적인 경제적 이해관계들과 공모하고 있다는 논의에 의지할 것이다. 마지막으로 나는 서구의 담론들과 서발턴 여성에 대해(혹은 서발턴 여성을 위해) 말할 수 있는 가능성 사이의 관계들에 관한 대안적인 분석을 제시할 것이다. 나는 인도의 사례에서 구체적 사례들을 끌고 와, 영국의 과부 희생$^{widow\ sacrifice}$ 관습 폐지가 지닌 아주 역설적인 지위를 상세히 논의할 것이다.

1

오늘날 서구에서 나온 가장 급진적인 비판들 중 일부는 서구 주체 혹은 **주체**로서 서구를 보존하려는 이해관계가 얽힌 욕망의 결과이다. 다원화된 '주체-효과들' 운운하는 이론은 종종 이러한 지식의 주체를 가리는 덮개를 제공하는 가운데, 약화된 주체의 주권이라는 환상을 제공한다. **주체**로서 유럽의 역사가 서구의 법·정치경제·이데올로기에 의해 서사화됨에도 불구하고 이렇게 은폐된 **주체**는 자신이 "어떠한 지정학적 결정 요소"도 가지지 않는 척한다. 그리하여 많이 공론화된 주권적 주체 비판 자체가 실제로는 하나의 **주체**를 도입하고 있다. 나는 주체를 비판하는 두 위대한 실천가가 쓴 텍스트「지식인과 권력: 미셸 푸코와 질 들뢰즈의 대담」을 살펴봄으로써 이런 결론의 타당성을 주장하려고 한다.[3]

나는 두 명의 액티비스트 역사철학자가 우호적으로 나눈 대화를 선택했다. 그들의 대담이 권위를 갖는 이론적 생산과 경계심을 풀고 하는 대화적 실천 사이의 대립을 해제하며 이데올로기의 궤적을 엿볼 수 있게 해주기 때문이다. 이 대담의 참여자들은 프랑스 포스트구조주의 이론의 가장 중요한 기여들을 강조한다. 첫째, 권력/욕망/이해관계의 네트워크들이 너무 이질적heterogeneous이어서 그것들을 일관된 서사로 환원하는 것은 반생산적이니 이에 대한 끈질긴 비판이 필요하다. 둘째, 지식인들은 사회의 **타자**에 대한 담론을 드러내고 알아 가려고 시도해야 한다. 그렇지만 두 사람은 이데올로기 문제를, 또 지성사와 경제사에 연루된 그들 자신의 입지를 체계적으로 무시한다.

푸코와 들뢰즈 대담의 주요 전제 중 하나가 주권적 주체에 대한 비판

---

[3] Michel Foucault, "Intellectuals and Power: A Conversation Between Michel Foucault and Gilles Deleuze", *Language, Counter-Memory, Practice: Selected Essays and Interviews*, trans. Donald Bouchard and Sherry Simon, Ithaca: Cornell University Press, 1977[「지식인과 권력: 푸코와 들뢰즈의 대화」, 『푸코의 맑스』, 이승철 옮김, 갈무리, 2004]. 프랑스어 원서를 충실히 따라야 할 경우에는 영어 번역을 수정했다(다른 영어 번역들도 마찬가지다).
서유럽 지식인들이 미국 교수들과 학생들에게 미친 가장 큰 '영향'이 번역된 긴 책들보다 논문 모음집들을 통해 발휘된 점에 주목하는 것은 중요하다. 그리고 이 모음집들 중에서 좀더 현안과 관련된 논문들이 더 널리 알려진 것도 이해할 만하다(Derrida, "Structure, Sign, and Play in the Discourse of the Human Sciences", Richard Macksey and Eugenio Donato eds., *The Structuralist Controversy: The Languages of Criticism and the Sciences of Man*, Baltimore: Johns Hopkins University Press, 1972가 딱 그런 경우이다). 그러므로 이론적 생산과 이데올로기적 재생산의 관점에서 보면, 내가 고찰하고 있는 들뢰즈와 푸코의 대담이 반드시 무용했던 것은 아니다.

임에도 불구하고, 이 대담을 틀 짓는 것은 두 단일체적·익명적인 혁명-속의-주체들, 즉 "마오주의자"[4]와 "노동자 투쟁"[5]이다. 반면 지식인들은 각각 이름이 부여되고 서로 구별된다. 게다가 중국 마오주의는 어디에서도 작동하지 않는다. 여기서 마오주의는 그저 서사적 특수성의 아우라를 뿜어 낼 뿐이다. 프랑스 지식인들의 '마오주의'라는 기이한 현상과 그에 뒤이은 '신철학'이 '마오주의'라는 고유명사를 순진하게 전유해 '아시아'를 징후적으로 투명하게 만들지 않았더라면, 마오주의는 별다른 해를 끼치지 않는 수사적인 진부함에 그쳤을 것이다.[6]

노동자 투쟁을 언급하는 들뢰즈도 똑같이 문제적이다. 그것은 분명히 추종genuflection이다. "흩어진 대중과 직면하고 있는 우리 자신을 발견하지 않고서는 권력이 발동되는 어느 지점에서건 [권력과—스피박] 접촉할 수 없습니다. 그리하여 우리는 불가피하게……권력을 완전히 폭파시키고자 하는 욕망으로 이끌려 갑니다. 모든 부분적인 혁명 공격 혹은 방어는 이런 식으로 노동자 투쟁과 연결됩니다."[7] 이 명백한 진부함이야말로 오히려

---

4) Foucault, "Intellectuals and Power", *Language, Counter-Memory, Practice*, p. 205[「지식인과 권력」, 『푸코의 맑스』, 188쪽].
5) *Ibid.*, p. 217[같은 글, 같은 책, 207쪽].
6) 여기서 나는 1968년 이후 프랑스에서의 마오주의 물결을 암묵적으로 언급하고 있는 셈이다. Foucault, "On Popular Justice: A Discussion with Maoists", *Power/Knowledge: Selected Interviews and Other Writings, 1972~1977*, trans. Colin Gordon et al., New York: Pantheon, 1980[「인민적 정의에 관하여: 마오주의자와의 대화」, 『권력과 지식: 미셸 푸코와의 대담』, 홍성민 옮김, 나남, 1991] 참조. 이 언급에 대한 설명은 전유의 역학을 적나라하게 드러내 나의 요점을 강화해 준다. 이러한 논의에서 중국의 사례는 전형적이다. 푸코가 "나는 중국에 대해 아는 바가 없습니다"라고 말함으로써 끈질기게 스스로를 명확하게 밝힌다면, 그의 대담자들은 데리다가 부른바 "한자적 편견"을 드러낸다.
7) Foucault, "Intellectuals and Power", *Language, Counter-Memory, Practice*, p. 217[「지식인과 권력」, 『푸코의 맑스』, 207쪽].

부인을 나타낸다. 이 진술은 국제 노동 분업을 무시하며, 이는 포스트구조주의 정치 이론이 종종 보여 주는 제스처이기도 하다.[8] 이렇게 노동자 투쟁을 내세우는 것은 바로 그 순진함 때문에 해롭다. 그것은 지구적 자본주의를 다루지 못한다. 즉 지구적 자본주의의 중심부 국민-국가 이데올로기들 내부에 있는 노동자와 실업자의 주체-생산 현상, 주변부 노동 계급이 잉여가치의 실현에서, 그리하여 소비주의 안에서의 '휴머니즘적' 훈련에서 점차 축출되는 현상, 주변부 농업의 이질적인 구조적 지위가 나타날 뿐만 아니라 의사擬似자본주의적 노동이 대규모로 존재하는 현상을 다루지 못한다. 국제 노동 분업을 무시하는 것, (그 주제가 표면상 '제3세계'가 아닌 한) '아시아'(그리고 때로 '아프리카')를 투명하게 만드는 것, 그리고 사회화된 자본의 법적 주체를 재확립하는 것은 구조주의 이론과 마찬가지로 많은 포스트구조주의 이론에 공통된 문제이다. 이질성heterogeneity과 **타자**를 가장 훌륭하게 예언하는 지식인들이 이런 식의 차단을 인가해야 하는 이유는 무엇일까?

　노동자 투쟁과의 연결 고리는 권력이 발동되는 어느 지점에서건 권력을 폭파시키려는 욕망에 놓여 있다. 그것은 명백히 **어떠한** 권력**이건** 권력을 파괴하려는 **모든** 욕망에 너무 많은 가치를 부여하려는 데서 연유한다. 발터 벤야민은 맑스를 인용하면서 이와 비교할 수 있는 보들레르의 정치학에 대해 다음과 같이 논평한다.

　맑스는 계속해서 직업적 음모가를 다음과 같이 기술한다. "……그들에

---

8) 에릭 울프가 논의한 대로, 이것은 좀더 광범위한 징후의 일부이다. Eric Wolf, *Europe and the People without History*, Berkeley: University of California Press, 1982.

게는 기존 정부를 전복한다는 즉각적인 목적 외에 다른 목적이란 없으며, 계급 이해관계와 관련해 노동자를 좀더 이론적으로 계몽하는 일도 몹시 경멸한다. 그래서 그들은 운동의 계몽적 측면을 대표하는^{vertreten}, 연미복을 입고 다니는 얼마간 교육받은 사람들에게 분노한다. 자기들은 당의 공식 대변자^{Repräsentanten}가 될 수 없어서 교육받은 사람들로부터 결코 완전히 독립할 수 없기 때문이다. 따라서 교육받은 사람들에 대한 그들의 분노는 프롤레타리아적인 것이 아니라 평민적인^{plebeian} 것이다. 보들레르의 정치적 통찰은 이런 직업적 음모가들의 통찰을 근본적으로 넘어서지 못한다.……" 아마 보들레르는 "내가 모든 정치에 대해 유일하게 이해하는 한 가지는 반항"이라는 플로베르의 진술을 자기 말인 양 할 수는 있었을 것이다.[9]

노동자 투쟁과의 연결 고리는 그저 욕망에 놓여 있을 뿐이다. 다른 곳에서 들뢰즈와 가타리는 정신분석학이 제시한 욕망의 정의를 수정하면서 욕망에 대한 대안적 정의를 내리려 시도한 바 있다. "욕망은 아무것도 결여하지 않는다. 욕망은 욕망의 대상을 결여하지 않는다. 욕망에 결여되어 있는 것은 오히려 주체다. 달리 말해, 고정된 주체를 결여하고 있는 것이 바로 욕망이다. 억압^{repression}에 의해서가 아니라면 고정된 주체란 없다. 욕망과 욕망의 대상은 하나의 통일체이다. 욕망은 기계의 기계로서 기계이다. 욕망은 기계이고, 욕망의 대상 또한 연결된 하나의 기계이다. 따라서

---

9) Walter Benjamin, *Charles Baudelaire: A Lyric Poet in the Era of High Capitalism*, trans. Harry Zohn, London: Verso, 1983, p. 12[「보들레르의 작품에 나타난 제2제정기의 파리」, 『보들레르의 작품에 나타난 제2제정기의 파리/보들레르의 몇 가지 모티프에 관하여 외』, 김영옥·황현산 옮김, 길, 2010, 46~47쪽].

생산물은 생산 과정으로부터 떨어져 나가며, 무엇인가가 생산물을 생산하기에서 떼어 내어 그 잔여물을 떠돌이 유목적 주체에게 준다."[10]

욕망에 대한 이런 식의 정의는, 욕망의 구체적인 심급들에 혹은 욕망하는 기계의 생산에 결착된 욕망하는 주체(혹은 잔여로 남은 주체-효과)의 특수성을 변경하지 않는다. 게다가 욕망과 주체의 연결이 부적절하거나 그저 뒤집힌 것으로 인지될 때, 은밀히 등장하는 주체-효과는 이론가라는 일반화된 이데올로기적 주체와 많이 닮아 있다. 이 주체는 노동이나 경영이 아니라 사회화된 자본의 법적 주체로서, '강력한' 여권을 쥐고 있고 '경'화"hard" currency를 사용하며 아무 문제 없이 정당한 절차에 접근할 수 있는 주체이다. 이것은 타자로서 욕망하는 주체는 확실히 아니다.

들뢰즈와 가타리는 이렇게 욕망·권력·주체성의 관계를 고려하지 못하기 때문에 이해관계들의 이론 역시 전개할 수 없게 된다. 바로 이러한 맥락에서 볼 때, 이데올로기(이해관계들을 이해하는 데는 이데올로기 이론이 필수적이다)에 대한 그들의 무관심은 유별나면서도 일관된다. 푸코는 '계보학적' 사변에 몰두하느라 지성사의 일정한 분수령들을 맑스와 프로이트 같은 '위대한 이름들'에서 구하지 못한다.[11] 푸코의 이런 몰두는 '단순한' 이데올로기적 비판에 대한 불행한 저항을 그의 이론 작업에 낳고 말았다. 사회적 관계들의 이데올로기적 재생산에 대한 서구의 사변들이 대체로 바로 그러한 주류에 속한다. 그리고 바로 이 전통 안에서 알튀세르도

---

10) Gilles Deleuze and Félix Guattari, *Anti-Oedipus: Capitalism and Schizophrenia*, trans. Robert Hurley, Mark Seem and Helen R. Lane, New York: Viking Press, 1977, p. 26 [『앙띠 오이디푸스: 자본주의와 정신분열증』, 최명관 옮김, 민음사, 2000, 49쪽].
11) 푸코가 『권력/지식』(*Power/Knowledge*)에서 자크-알랭 밀레와 나눈 대화(「육체의 고백」The Confession of the Flesh)는 이 점을 드러내 준다 [「육체의 고백」, 『권력과 지식』].

다음과 같이 쓰고 있다. "노동력의 재생산은 노동 숙련도뿐만 아니라 동시에 지배 이데올로기에 대한 노동자의 복종 또한 재생산을 요구하며, 착취와 억압을 담당하는 행위자들에게는 지배 이데올로기를 잘 조작할 수 있는 능력의 재생산을 요구한다. 그리하여 그들은 지배 계급이 '말로'$^{par la parole}$ 지배하는 조건을 제공한다."[12]

푸코는 권력에 만연한 이질성을 고찰할 때, 알튀세르가 「이데올로기와 이데올로기적 국가장치들」에서 도식화하고자 한 거대한 제도적 이질성을 무시하지는 않는다. 마찬가지로 들뢰즈와 가타리도 『천 개의 고원』에서 제휴들^{alliances}, 기호 체계들, 국가 및 전쟁기계들을 거론하면서 바로 그 장을 열어젖힌다. 그러나 푸코는 발전된 이데올로기 이론이라면 "지식을 형성하고 축적하는 효과적 도구들" 안에서만이 아니라 제도성 안에서도 자신이 물질적으로 생산됨을 인식한다는 점을 인정하지 못한다.[13] 이 철학자들은 이데올로기 개념이라고 이름 붙이는 모든 논의가 텍스트적이기보다 도식적인 것**일 뿐이어서** 거부할 수밖에 없다고 보는 것 같다. 그래서 푸코와 들뢰즈는 욕망과 이해관계에 대한 기계적으로 도식적인 대립을 똑같이 생산할 수밖에 없다. 그리하여 그들은 이데올로기의 자리를 연속주의적^{continuistic} '무의식'이나 의사주체의^{parasubjective} '문화'로 채우는 부르주아 사회학자들과 같은 편에 서게 된다. 욕망과 이해관계의 기계적 관계는 다음과 같은 문장에서 명백하게 드러난다. "우리는 결코 우리의 이

---

12) Althusser, "Ideology and Ideological State Apparatuses(Notes towards an Investigation)", *Lenin and Philosophy and Other Essays*, pp. 132~133[「이데올로기와 이데올로기적 국가장치(연구를 위한 노트)」, 『아미엥에서의 주장』, 김동수 옮김, 솔, 80쪽].
13) Foucault, "Two Lectures", *Power/Knowledge*, p. 102[「권력, 왕의 머리베기와 훈육」, 『권력과 지식』, 134쪽].

해관계에 위배되게 욕망하지 않습니다. 이해관계라는 것은 항상 욕망을 따르게 마련이고, 또한 욕망이 이해관계를 배치하는 곳에서 자신을 발견하기 때문입니다."[14] 미분화된undifferentiated 욕망이 행위자가 되고 권력은 욕망의 효과들을 창출하는 데로 미끄러져 간다. "권력은……욕망의 수준에서 긍정적인 효과들을 생산합니다. 지식의 수준에서도 그렇습니다."[15]

이질성이 교차되고 평행을 이루는cross-hatched 이러한 의사주체의 매트릭스는 이름이 붙여지지 않은 **주체**를 도입한다. 적어도 욕망의 새로운 헤게모니에 영향을 받은 지식인 노동자들에게는 그렇다. '최종 심급'을 위한 경주는 이제 경제와 권력 사이에서 벌어진다. 욕망이 암묵적으로 정통 모델에 따라 정의되기 때문에, 욕망은 '기만'과 정반대되는 것이 된다. 알튀세르는 '허위의식'(기만)으로서의 이데올로기 개념에 의문을 제기한 바 있다. 빌헬름 라이히조차 기만과 기만당하지 않는 욕망이라는 이분법 대신 집단적 의지라는 개념을 제시했다. "우리는 라이히의 외침을 받아들여야 합니다. 예, 대중들은 기만당했던 게 아닙니다. 그들은 특정한 순간에 실제로 파시스트 체제를 욕망했던 것입니다."[16]

이 철학자들은 구성적 모순이라는 생각을 받아들이지 않을 것이다. 그들이 인정하듯 바로 이 지점에서 그들은 **좌파**로부터 떨어져 나온다. 그들은 분할되지 않은 주체를 욕망의 이름으로 권력 담론 속에 다시 끌어들인다. 푸코는 종종 '개인'과 '주체'를 혼동하는 것처럼 보이며,[17] 이 혼동이

---

14) Foucault, "Intellectuals and Power", *Language, Counter-Memory, Practice*, p. 215[「지식인과 권력」, 『푸코의 맑스』, 204쪽].
15) Foucault, "Body/Power", *Power/Knowledge*, p. 59[「육체와 권력」, 『권력과 지식』, 88쪽].
16) Foucault, "Intellectuals and Power", *Language, Counter-Memory, Practice*, p. 215[「지식인과 권력」, 『푸코의 맑스』, 204쪽].

푸코 자신의 은유들에 미친 영향은 아마 그의 추종자들에게서 강화되어 나타날 것이다. 푸코는 '권력'이란 말이 갖는 힘 때문에 "주변을 점점 밝게 비추는 지점이라는 은유"를 사용하는 것을 허용한다. 이러한 미끄러짐은 부주의한 사람에게서 일어나는 예외라기보다는 규칙이 된다. 그리고 저 밝게 비추는 지점[이라는 은유]은 효과적으로 태양 중심적인 담론에 활기를 불어넣으면서 행위자의 텅 빈 자리를 이론의 역사적 태양인 유럽의 주체로 채워 버린다.[18]

푸코는 사회적 생산관계들을 재생산하는 이데올로기의 역할을 부인하는 것의 또 하나의 논리적 귀결을 표명한다. 즉 푸코는 아무 의심 없이 피억압자들에게 주체의 가치를, 들뢰즈가 감탄하며 언급한바 "죄수들 스스로가 말할 수 있게 되는 조건들을 확립하기 위한" '대상 존재'object being 의 가치를 부여한다. 푸코는 "대중들은 완벽하게, 잘, 명확하게 **알고 있습니다**"라고 덧붙인다. 기만당하지 않는다는 주제가 다시 나온다. "그들은 [지식인—스피박]보다 훨씬 더 잘 알고 있으며 알고 있는 것을 아주 분명

---

17) 그 한 예로 Foucault, "Two Lectures", *Power/Knowledge*, p. 98[「권력, 왕의 머리베기와 훈육」, 『권력과 지식』, 130쪽] 참조.
18) 그렇다면, 너무 단순한 억압 개념이 초기부터 후기까지 푸코의 작업을 지탱한다는 사실에 그리 놀랄 것도 없다. 여기서 적대자는 맑스가 아니라 프로이트다. "나는 오늘날을 특징짓는 데 매우 자주 사용되는 권력 메커니즘들과 효과들을 분석할 때 [억압 개념이—스피박] 전적으로 부적합하다는 인상을 받았습니다"(*Ibid.*, p. 92[같은 글, 같은 책, 124쪽]). 프로이트는 불쾌가 쾌로 욕망될 수 있어서 욕망과 '이해관계'의 관계를 근본적으로 재기입하기도 하기 때문에, 억압하에서 정동들(affects)의 현상적 정체성은 미확정적이라고 시사한다. 이러한 프로이트의 시사에 담겨 있던 섬세함과 미묘함이 여기서는 상당히 밋밋해지는 것 같다. 이 억압 개념을 정교하게 설명하는 대목으로는 Derrida, *Of Grammatology*, trans. Gayatri Chakravorty Spivak, Baltimore: Johns Hopkins University Press, 1976, pp. 88, 333~334[『그라마톨로지』, 김성도 옮김, 민음사, 2010, 248쪽, 248~249쪽 주 36]; Derrida, *Limited inc. abc*, trans. Samuel Weber, Evanston: Northwestern University Press, 1988, pp. 74~75 참조.

하게 표현합니다."[19]

이러한 언명들에서 주권적 주체 비판은 어떻게 되는가? 이 재현주의적representationalist 리얼리즘은 "현실reality이란 공장·학교·병영·감옥·경찰서에서 실제로 벌어지고 있는 일들"이라는 들뢰즈의 언급에서 한계들에 도달한다.[20] 대항 헤게모니적인 이데올로기적 생산이라는 어려운 과업의 필요성을 이렇게 폐제해 버리는 것은 유익하지 못하다. 그것이 실증주의적 경험주의——선진 자본주의의 신식민주의를 정당화하는 토대——가 자신의 영역을 "구체적 경험"이나 "실제로 벌어지고 있는 일들"로 정의하는 데 도움을 주기 때문이다. 실로 죄수·군인·학생의 정치적 호소력을 보증하는 구체적 경험은 에피스테메를 진단하는 지식인의 구체적 경험을 통해 드러난다.[21] 지구적 자본 내부에 있는 지식인이 구체적 경험이라는 무기를 휘두르는 것은 국제 노동 분업의 공고화를 도와줄 수 있다. 들뢰즈도 푸코도 바로 이 점을 인식하지 못하는 것 같다.

피억압자의 구체적 경험은 가치 있다고 여기는 반면 지식인의 역사적 역할에는 무비판적인 입장 내부에 있는 인식되지 않은 모순은 말의 미끄러짐verbal slippage에 의해 유지된다. 그리하여 들뢰즈는 "이론이란 연장통과 같습니다. 기표하고는 아무 상관이 없어요"라는 놀라운 선언을 한

---

19) Foucault, "Intellectuals and Power", *Language, Counter-Memory, Practice*, pp. 206, 207[「지식인과 권력」, 『푸코의 맑스』, 189, 191쪽].
20) *Ibid*., p. 212[같은 글, 같은 책, 200쪽].
21) 이런 특정한 상황의 알튀세르 판본은 너무 도식적일 수도 있지만 내가 여기서 고찰 중인 논의보다 프로그램상 더 신중한 것 같다. "계급 **본능**은 주관적이고 자생적이다. 계급 **위치**는 객관적이고 합리적이다. 프롤레타리아 계급 위치에 도달하기 위해서는 프롤레타리아트의 계급 본능은 **교육되기만** 하면 된다. 반대로 프티부르주아지의, 따라서 지식인의 계급 본능은 **혁명화되어야** 한다." Althusser, "Philosophy as a Revolutionary Weapon", *Lenin and Philosophy and Other Essays*, p. 13[「혁명의 무기로서의 철학」, 『아미엥에서의 주장』, 46쪽].

다.[22] 이론 세계가 언어를 사용한다는 점과, 그 언어 사용이 그것에 반대되는 것으로서 '실천적'이라 정의되는 모든 작업에 접근한다는 점이 환원 불가능하다는 사실을 고려하면, 들뢰즈의 단언은 지적 노동이 육체 노동과 똑같음을 입증하고 싶어 안달하는 지식인만 도와줄 뿐이다. 기표들이 [실천과 무관하게] 스스로를 돌보도록 남겨질 때 말의 미끄러짐이 일어나게 된다. '재현'representation이라는 기표가 이에 딱 들어맞는 경우다. 들뢰즈는 기표와 이론의 연결을 끊어 버리며 똑같이 무시하는 말투로 이렇게 선언해 버린다. "재현이란 더 이상 없습니다. 행동만 있을 뿐이죠." "서로 릴레이로 연결되고 네트워크를 형성하는 이론의 행동과 실천의 행동이 말입니다."[23] 여기서 중요한 사항이 지적되고 있다. 이론의 생산 역시 실천이라는 것이다. 추상적인 '순수' 이론과 구체적으로 '적용된' 실천이 너무 쉽고 빠르게 대립된다.[24]

　이것이 실제로 들뢰즈의 논지라면, 이 논지에 대한 들뢰즈의 명료한 언급은 문제적이다. 재현에는 정치에서처럼 누군가를 '대변'speaking for한다는 재현과, 예술이나 철학에서처럼 '다시-제시're-presentation한다는 재현이라는 두 의미가 함께 작동한다. 이론 역시 오직 '행동'이기 때문에, 이론가는 피억압 집단을 재현하지(대변하지) 않는다. 실로 그 이론가 주체는 재현하는(현실을 적합하게 다시-제시하는) 의식으로 간주되지 않는다. 한편으로 국가 형성과 법 내부에서, 다른 한편으로 주제-서술subject-

---

22) Foucault, "Intellectuals and Power", *Language, Counter-Memory, Practice*, p. 208[「지식인과 권력」, 『푸코의 맑스』, 192쪽].
23) *Ibid*., pp. 206~207[같은 글, 같은 책, 190쪽].
24) 데리다는 이론은 포괄적인 분류학이 될 수 없으며 실천에 의해 형성된다는 개념을 갖고 있다. 들뢰즈가 저 진술을 한 이후 다른 글에 나온 푸코의 설명("Power and Strategies", *Power/Knowledge*, p. 145[「권력과 전략」, 『권력과 지식』, 180쪽])은 데리다의 개념에 더 가깝다.

predication에서 재현이 지니는 이 두 가지 의미는 서로 관련되지만 환원될 수 없이 불연속적이다. 증거로 제시되는 하나의 유비를 이용해 이 불연속성을 은폐하는 것은 다시금 역설적인 주체-특권화를 반영하는 것이다.[25] "말하고 행동하는 사람은······ 항상 다양체"**이기 때문에**, "이론화하는 지식인······ [이나─스피박] 정당 혹은······ 노동조합"은 "행동하고 투쟁하는 이들"을 재현할 수 없다는 것이다. 행동하고 **투쟁하는** 이들은, 행동하고 **말하는** 이들과 반대되기 때문에 말이 없단 말인가?[26] 이 엄청난 문제가 의식consciousness과 양심conscience(프랑스어로는 둘 다 conscience), 재현과 다시-제시라는 '동일한' 단어들의 차이 속에 묻혀 있다. 국가 형성들과 정치경제 체계들 내부에서의 이데올로기적 주체-구성에 대한 비판은 '의식을 변혁'시키는 적극적인 이론적 실천이 그런 것처럼 이제 지워질 수 있다. 자기를 아는 정치적으로 영리한 서발턴들에 대한 좌파 지식인들의 목록이 안고 있는 진부함이 폭로된다. 지식인들은 서발턴들을 재현[대표]하면서 자신들을 투명한 존재로 재현한다.

 이러한 비판과 기획을 포기하지 않으려면, 국가 및 정치경제에서의 재현과 다른 한편으로 **주체** 이론에서의 재현 사이의 유동적인 구분들을

---

25) Foucault, "Power and Strategies", "The Politics of Health in the Eighteenth Century", *Power/Knowledge*, pp. 141, 188[「권력과 전략」, 「18세기 질병의 정치학」, 『권력과 지식』, 176, 228쪽]에서 희희낙락 펼쳐지고 있는, 놀랍도록 무비판적인 재현 개념들을 보라. 나는 지식인들의 서발턴 집단 재현을 비판하면서 이 문단을 마무리하는데, 그 결론은 연합(coalition) 정치와 엄밀하게 구분되어야 한다. 연합 정치는 자신의 틀의 설정을 사회화된 자본 내부에서 고려하며, 사람들이 억압되어서가 아니라 착취당하기 때문에 사람들을 통합한다. 이 모델은 대표가 사라지지 않을 뿐만 아니라 공들여 정교하게 상연되는 곳인 의회 민주주의 내부에서 가장 잘 작동한다.
26) Foucault, "Intellectuals and Power", *Language, Counter-Memory, Practice*, p. 206[「지식인과 권력」, 『푸코의 맑스』, 190~191쪽].

지워서는 안 된다. 『루이 보나파르트의 브뤼메르 18일』의 유명한 부분에 나오는 vertreten(전자의 의미에서의 '대표하다')과 darstellen(후자의 의미에서의 '다시-제시하다')의 유희를 살펴보도록 하자. 거기서 맑스는 기술적descriptive·변혁적transformative 개념으로서 '계급'을 알튀세르의 계급 본능과 계급 위치 구분보다 좀더 복잡한 방식으로 건드린다.

여기서 맑스가 주장하는 바는, 하나의 계급에 대한 기술적 정의는 차이적differential 정의일 수 있다는 것이다. 하나의 계급이 다른 모든 계급들에서 잘려 나옴으로써 생기는 차이 말이다. "수백만의 가족들은 그들의 생활양식·이해관계·교양을 다른 계급들의 그것들에서 잘라 내 서로 적대적으로 대치시키는feindlich gegenüberstellen 경제적 실존의 조건하에 살아가는 한에서 하나의 계급을 형성한다."[27] '계급 본능'과 같은 것은 여기서 작동하지 않는다. 사실 '본능'의 영역으로 간주될 법한, 가족적 실존의 집단성은 계급들의 차이적 분리에 의해 작동하면서도 그 분리와 불연속적이다. 국제적 주변부보다 1970년대의 프랑스에 훨씬 더 잘 들어맞는 이러한 맥락에서 봐도, 한 계급의 형성은 **인위적**이고 경제적이며, 경제적 행위 능력agency 혹은 **이해관계**는 체계적이고 이질적이기 때문에 비인격적이다. 이 행위 능력 혹은 이해관계는 헤겔의 개별 주체 비판과 긴밀한 관계를 맺고 있다. 왜냐하면 그 행위 능력 혹은 이해관계는 역사이자 정치경제인, 주체 없는 바로 그러한 과정 속에서 그 주체의 텅 빈 자리를 나타내기 때문이다. 여기서 자본가는 "자본의 무제한적인 운동을 의식적으로 담지하는

---

27) Karl Marx, "The Eighteenth Brumaire of Louis Bonaparte", *Surveys from Exile*, trans. David Fernbach, New York: Penguin, 1973, p. 239[「루이 보나빠르뜨의 브뤼메르 18일」, 『칼 맑스·프리드리히 엥겔스 저작 선집』 2권, 최인호 외 옮김, 박종철출판사, 1993, 382쪽].

자^Träger^"로 정의된다.^28) 나의 요점은, 욕망과 이해관계가 일치하는 미분할된 주체를 창출하고자 맑스가 작업하고 있는 게 아니라는 것이다. 계급 의식은 그런 목적을 향해 작동하지 않는다. 경제 영역(자본가)과 정치 영역(세계사적 행위자) 모두에서 맑스는 주체의 부분들이 서로 연속적이지도 일관되지도 않는, 흩어져 있고^dispersed 탈구된^dislocated 주체 모델을 구축하지 않을 수 없었다. 자본을 파우스트적 괴물로 기술한 유명한 문구가 이 점을 생생하게 가슴에 와 닿도록 한다.^29)

『루이 보나파르트의 브뤼메르 18일』에 나오는 다음 부분 역시 흩어져 있고 탈구된 계급 주체라는 구조적 원리를 다룬다. 즉 소자작농^small peasant proprietor 계급의 (부재하는 집단적) 의식은 그것을 '담지하는 자'를, 다른 계급의 이해관계를 위해 일하는 것처럼 보이는 '재현자'[대표자]에게서 발견한다는 것이다. 여기서 '재현자'^representative라는 단어는 묘사^darstellen와 같은 뜻이 아니다. 바로 이 대목이 푸코와 들뢰즈가 슬쩍 넘어가 버리는 대조를, 말하자면 대리^proxy와 묘사^portrait 사이의 대조를 날카롭게 벼려 낸다. 물론 이 둘 사이에는 관계가 있다. 시인과 궤변론자, 배우와 연설가가 모두 해로운 존재로 간주된 이래, 적어도 유럽 전통에서는 정치적·이데올로기적으로 악화되는 일로를 걸어 온 관계가 말이다. 권력의 무대를 포스트맑스주의적으로 기술한다는 명목하에 우리는 훨씬 오래전부터 비유^tropology로서의 재현 혹은 수사와 설득^persuasion으로서의 재현 혹은 수사 사이에서 진행되어 온 논쟁과 만나게 된다. 여기서 darstellen은 첫번째

---

28) Marx, *Capital, Volume 1: A Critique of Political Economy*, trans. Ben Fowkes, New York: Viking Penguin, 1977, p. 254[『자본』 I-1, 강신준 옮김, 길, 2008, 233쪽].
29) *Ibid.*, p. 302[같은 책, 287쪽].

진영에 속하고 vertreten은 대리^{substitution}라는 더 강한 의미를 띠는 두번째 진영에 속한다. 다시금, 두 진영은 서로 관련되어 있다. 하지만 두 진영을 결합시키는 것, 특히 두 진영 너머에서는 피억압 주체들이 스스로 말하고 행동하고 안다고 말하기 위해 그렇게 하는 것은 본질주의적 유토피아 정치를 초래한다.

다음 인용문에서 맑스는 영어로는 '재현하다'^{represent}라고 쓰는 곳에 vertreten을 사용하면서, 주체의 의식과 주체의 Vertretung(재현으로서의 대리^{substitution}와 훨씬 가까운)이 탈구되고 일관되지 않은 그러한 사회적 '주체'를 논의한다. 소자작농들은 "스스로를 재현[대표]할 수 없다. 그들은 재현[대표]되어야만 한다. 그들의 재현자[대표자]는 그들의 주인이자 그들 위에 군림하는 권위, 그들을 다른 계급들에게서 보호하며 비와 햇빛을 보내는 무제한적인 정부 권력 모두로 나타나야 한다. 그러므로 소자작농들의 정치적 영향력[통합된 계급 주체란 없기 때문에 계급 이해관계 대신—스피박]은 그 최후의 표현[여기서는 대리물들$^{substitution, Vertretungen}$의 연쇄라는 의미를 강하게 함축한다—스피박]을, 사회를 자신에게 종속시키는 집행력 Exekutivegewalt[독일어에서는 덜 인격적인 용어다—스피박]에서 발견한다".

이것은 '영향력'의 원천(이 경우 소자작농들), '재현자'(루이 나폴레옹), 역사적-정치적 현상(집행의 통제) 사이의 필연적 간극을 인지하는 사회적 간접성 모델이다. 이 모델은 개별 행위자^{agent}로서 주체에 대한 비판뿐만 아니라 **집단적** 행위 능력^{agency}의 주체성에 대한 비판도 함축한다. 필연적으로 탈구된 역사 기계가 움직여 나간다. 이 소자작농들의 "이해관계의 동일성이 하나의 공동체 감정, 즉 국민적 연계들이나 정치적 조직을 생산하는 데 실패"하기 때문이다. (설득-으로서-수사 진영의) 대표^{Vertretung}라는 사건이 묘사^{Darstellung}(혹은 비유-로서-수사)처럼 행동하며 (기술적) 계급 형성과 (변혁적) 계급 비형성 사이의 간극에 자리를 잡는다. "수백만의 가족들이 생활양식을 [다른 계급과—스피박] 분리시키는 경제적 실존의 조건하에 살아가는 한에서……그들은 하나의 계급을 형성한다. 그들 이해관계의 동일성이 하나의 공동체 감정을 생산하는 데 실패하는 한에서……그들은 하나의 계급을 형성하지 않는다." 맑스가 『루이 보나파르트의 브뤼메르 18일』에서 하고 있듯, 맑스주의자들은 대표와 묘사의 바로 이 공모성을 드러내야 한다. 그런 만큼 이 공모성은, 또 실천의 장소로서 대표와 묘사의 차이-속의-동일성은 말의 미끄러짐으로 인해 이 둘을 혼동하지 않을 때라야 제대로 인식될 수 있다.

이런 해석이 맑스를 과도하게 텍스트화하는 것이며, 그를 평범한 '남성'이 접근할 수 없는 인물로 만들어 버린다는 그저 편향되기만 한 주장도 있다. 상식의 희생자인 그 평범한 남성은 실증주의의 유산에 아주 깊이 빠져 있다. 그래서 그는 부정성의 노동 the work of the negative 과 구체적인 것의 탈물신화의 필요성에 대한 맑스의 환원 불가능한 강조를, 그 가장 강력한 적인 허공 속의 '역사적 전통'에 의해, 끊임없이 탈취당한다.[30] 나는 평범하지 않은 '남성', 즉 우리 시대의 실천 철학자가 때로 동일한 실증주의를 드러낸다는 점을 지적하려고 애써 왔다.

기술적 계급 '위치'로부터 변혁적 계급 '의식'으로의 발전이 맑스에게 의식의 바탕 수준에 개입하는 과제가 아니라는 점에 동의한다면 문제의 중대성은 분명해진다. 계급 의식은 가족을 구조적 모델로 삼는 공동체 감

---

30) 상식을 탁월하고 간명하게 정의하면서 논의하고 있는 글로는 Errol Lawrence, "Just Plain Common Sense: The 'Roots' of Racism", Hazel V. Carby et al., *The Empire Strikes Back: Race and Racism in 70s Britain*, London: Hutchinson, 1982, p. 48 참조.

정이 아니라, 국민적 연계와 정치적 조직에 속하는 공동체 감정과 더불어 존재한다. 맑스에게 가족은 자연과 동일시되지 않지만, 그가 "자연적 교환"——철학적으로 말하면 사용가치를 위한 '장소를 확보하는 자'——이라 부른 것과 함께 배치된다.[31] '자연적 교환'은 '사회와의 교통'과 대조된다. 여기서 '교통'intercourse, Verkehr은 맑스가 보통 '상업'commerce을 지칭하는 데 쓰는 단어이다. 바로 이 '교통'이 잉여가치 생산을 유도하는 교환 장소를 확보하며, 계급의 행위 능력을 낳는 공동체 감정이 발전해야 하는 것도 바로 이러한 교통의 영역 속에서다. 계급의 전적인 행위 능력이란 (만약 그런 것이 있다면) 바탕 수준에서 일어나는 이데올로기적 의식 변혁이 아니며, 행위자들과 그들 이해관계의 바람직한 동일성——그것의 부재가 푸코와 들뢰즈를 괴롭히는——도 아니다. 그것은 처음부터 '인위적인' 무엇, 즉 "그들의 생활양식을 분리시키는 경제적 실존의 조건"의 **전유(대리보충)**이자 **논쟁의 여지가 많은** 대체replacement이다. 맑스의 정식화들은 개인적·집단적 주체의 행위 능력에 대해 새로 일어나고 있던 비판을 신중하게 존중한다. 맑스에게 계급 의식의 기획과 의식 변혁의 기획은 불연속적 쟁점들이다. 역으로 '리비도 경제'와 욕망을 결정적인 이해관계로 환기하는 우리 시대의 태도는 (사회화된 자본하에서) '자신을 대변하는' 피억압자들의 실천적 정치와 결합함으로써, 주권적 주체 범주를 가장 의문시하는 것처럼 보이는 이론 내부에서 그 범주를 복원시키는 셈이다.

---

31) 맑스에서 '사용가치'는 '자연적 교환'이라는 잠재적 모순어법만큼이나 '이론적 허구'로 보일 수 있다. 나는 현재 『다이어크리틱스』에서 검토 중인 "Scattered Speculations on the Question of Value"[이 원고는 이후 *Diacritics*, Vol. 15, No. 4, 1985에 같은 제목으로 실렸다.—영어판 편집자]에서 이 점을 개진하고자 했다[『가치 문제에 관한 단상들』, 『다른 세상에서: 문화정치학 에세이』, 태혜숙 옮김, 여이연, 2008].

하나의 가족이 하나의 특정한 계급 형성에 속하는데도 가족이라는 범주를 배제한 것이 맑스주의의 태생을 표기하는 남성주의적 틀의 일부를 이룬다는 사실에는 의심의 여지가 없다.[32] 오늘날의 지구적 정치경제에서뿐만 아니라 역사적으로도 가부장적 사회 관계들에서 가족이 담당하는 역할은 엄청나게 이질적이고 논란의 여지가 많다. 그래서 이 문제들에 그저 가족을 다시 집어넣는 것으로는 틀 자체를 깨뜨리지 못한다. 또한 피억압자의 목록에 '여성들'이라는 단일체적 집단성을 실증주의에 입각해 포함시킨다고 해서 해결책이 나오는 것도 아니다. 그 여성들의 파열되지 않은 주체성이 그들로 하여금 똑같이 단일체적인 '동일한 체계'에 맞서 스스로를 대변하도록 허용해 준다는 식이라서 그렇다.

맑스는 전략적이고 인위적이며 이차적인 수준에서 발전되는 '의식'의 맥락에서 부칭父稱 따오기patronymic 개념을 대표Vertretung 로서 재현이라는 좀더 광범위한 개념 내부에 계속 둔 채 사용한다. 소자작농들은 "의회를 통해서건 국민 공회를 통해서건 그들의 고유명사로는im eigenen Namen 자신의 계급 이해관계를 타당한 것으로 만들 능력이 없다". 가족이 아닌 인위적·집단적 고유명사의 부재를 채워 주는 것은, '역사적 전통'이 제공할 수 있는 유일한 고유명사로 부칭 자체인 아버지의 이름이다. "기적이 일어나 나폴레옹이라고 이름 붙여진 사람이 자신들의 모든 영광을 회복시켜 주리라는 프랑스 소작농들의 믿음을 생산해 낸 것은 역사적 전통이다. 그리고 한 개인이 나타났다." 이 구절에서 번역 불가능한 es fand sich(자신이

---

32) Derrida, "Linguistic Circle of Geneva", *Margins of Philosophy*, trans. Alan Bass, Chicago: University of Chicago Press, 1982, 특히 p. 143 이하는 맑스의 계급 형성 형태학(morphology)에서 가족이 차지하는 환원 불가능한 자리를 평가하는 한 가지 방법을 제공해 줄 수 있다.

한 개인임을 발견했다?)는 행위 능력과 관련된, 혹은 행위자와 그의 이해관계들의 연관성과 관련된 모든 문제를 없애 버린다. "그는 자기 자신이 바로 그 사람이라고 자신을 드러내 보였다"(이러한 가장pretense이야말로 역으로 그에게 유일하게 고유한 행위 능력이다). 그가 "부계父系 조사를 금하는 나폴레옹 법전을 담지trägt[자본가가 자본과 맺는 관계를 가리키는 단어―스피박]했기 때문이다". 여기서 맑스는 가부장적 은유 체계 안에서 움직이고 있는 것처럼 보인다. 하지만 우리는 이 부분에 함축되어 있는 텍스트상의 미묘함에 주목해야 할 것이다. 친아버지에 대한 조사를 금한 것은 바로 역설적이게도 아버지의 법(나폴레옹 법전)이다. 형성되어 있으면서formed 아직 비형성된unformed 계급이 역사적인 아버지의 법을 엄격하게 준수한다. 그리하여 친아버지에 대한 그 계급의 믿음은 부정된다.

　　내가 이토록 오랫동안 맑스가 쓴 이 부분을 곱씹어 온 것은, 이 부분이 정치적 맥락에서의 대표Vertretung 혹은 재현의 내적 역학을 분명하게 밝혀 주기 때문이다. 경제적 맥락에서 재현에 해당하는 것은 묘사Darstellung다. 이것은 분할된 주체와 간접적으로 관련되는 상연, 혹은 진실로 의미화로서 철학적 재현 개념이다. 가장 명확한 다음 구절은 잘 알려져 있다. "상품들의 교환 관계에서 교환가치는 사용가치와 완전히 독립적인 것처럼 보였다. 그러나 우리가 노동 생산물에서 사용가치를 추출해 낸다면, 그것이 결정되는bestimmt 대로 우리는 가치를 획득한다. 상품의 교환 관계 또는 교환가치에서 스스로를 재현[묘사]하는represent itself, sich darstellt 공통 요소가 바로 상품의 가치가 된다."[33]

　　맑스에 따르면 자본주의하에서 가치는 필요노동과 잉여노동으로 생

---

33) Marx, *Capital, Volume 1*, p. 128[『자본』 I-1, 91~92쪽].

산되며, 대상화된 노동(인간적 활동과 엄격하게 구분되는)의 재현/기호로 계산된다. 역으로 착취를 **노동력의 재현**으로서 (잉여)가치의 추출(생산), 전유, 실현으로 보는 착취 이론이 부재할 때, 자본주의적 착취는 지배(권력 역학 자체)의 한 양상으로 간주될 게 틀림없다. 들뢰즈는 "맑스주의의 추동력은 [권력이 착취 및 국가 형성의 구조보다 더욱 산재한다는—스피박] 문제를 본질적으로 이해관계들의 견지(권력은 자기 이해관계에 의해 정의되는 지배 계급에 의해 유지된다는)에서 결정하는 데 있었습니다"라고 주장한다.[34]

『앙티 오이디푸스』의 몇몇 부분에서 들뢰즈와 가타리는 맑스의 화폐 형태 **이론**을 탁월하지만 '시적으로' 파악한 대목에 자기들의 사례를 세우고 있다. 우리가 이것을 무시할 수 없듯이, 맑스의 기획에 대한 그러한 최소주의적minimalist 요약에 반대할 수는 없다. 하지만 다음과 같은 방식으로 우리의 비판을 강화할 수는 있겠다. 지구적 자본주의(경제에서의 착취)와 국민-국가 연합(지정학에서의 지배)의 관계는 너무 거시논리적macrological이라 권력의 미시논리적micrological 결을 설명할 수 없다. 우리가 권력의 미시논리적 결을 설명해 내는 쪽으로 움직이기 위해서는 이데올로기 이론들 쪽으로, 거시논리들을 응고시키는 이해관계들을 미시논리적으로, 또 종종 엉뚱하게 작동시키는 주체 형성의 이론들 쪽으로 나아가야 한다. 그 이론들은 두 가지 의미에서의 재현 범주를 간과할 수가 없다. 그 이론들은 재현 속에서의 세계의 상연——세계의 글쓰기 무대, 세계의 묘사Darstellung——이 '영웅들', 아버지의 대리자들, 권력의 행위자들, 즉 대표

---

34) Foucault, "Intellectuals and Power", *Language, Counter-Memory, Practice*, p. 214[『지식인과 권력』, 『푸코의 맑스』, 203쪽].

Vertretung를 선택하고 요구하는 과정을 위장하는 경위에 주목해야 한다.

나는 급진적 실천이라면 총체화하는 권력 개념과 욕망 개념을 통해 개별 주체를 다시 도입하기보다 이와 같은 재현의 이중 회합에 주목해야 한다고 본다. 또한 내가 보기에 맑스는 계급 실천의 영역을 이차적인 추상 수준에 둠으로써 사실상 행위자로서 개별 주체에 대한 (칸트적 그리고) 헤겔적 비판을 계속 열어 두고 있었다.[35] 이런 시각을 갖고 있다고 해서 내가 다음의 사실을, 즉 맑스가 암묵적으로 가족과 모국어를 바탕 수준——이 수준에서는 문화와 관습이 마치 '그녀'[자연]의 전복을 조직하는 자연 자신의 방식인 것처럼 보인다——으로 정의함으로써 그 자신도 오래된 술책을 시연한다는 사실을 무시하는 것은 아니다.[36] 그렇지만 비판적 실천을 행한다는 포스트구조주의적 주장의 맥락에서 볼 때, 맑스의 이런 술책은 주관적 본질주의의 은밀한 복원에 비하면 더 구제 가능하다.

맑스를 자비롭지만 낡은 형상으로 환원하는 태도야말로 새로운 해석 이론을 출범시킨다는 이해관계를 가장 빈번하게 도와준다. 푸코와 들뢰즈의 대담에서 쟁점은 재현도 없고 기표도 없다는 선언인 것 같다(기표가 이미 전송되었다고 가정하는 것일까? 그렇다면 경험을 작동시키는 기호-구조도 없는 셈인데 그러면 우리는 기호학을 접는 것일까?). 이론은 실천의 릴

---

35) 나는 맑스주의와 신칸트주의의 관계가 정치적으로 난처하다는 것을 알고 있다. 맑스 자신의 텍스트들과 칸트적인 윤리적 계기 사이에 어떻게 하나의 연속선이 그어질 수 있는지 나는 잘 이해하지 못한다. 그렇지만 역사의 행위자로서 개인적인 것(the individual)에 대한 맑스의 문제제기는 칸트의 데카르트 비판에 의해 시작된 개별 주체의 와해라는 맥락에서 읽혀야 할 것 같다.
36) Marx, *Grundrisse: Foundations of the Critique of Political Economy*, trans. Martin Nicolaus, New York: Viking, 1973, pp. 162~163[『정치경제학 비판 요강』, 김호균 옮김, 그린비, 2007, 143~144쪽].

레이이며(그리하여 이론적 실천의 문제들을 접으며), 피억압자는 자신을 잘 알고 대변할 수 있다는 것이다. 이것은 최소한 두 수준에서 구성적 주체를 다시 도입한다. 즉 환원 불가능한 방법론적 전제로서 욕망과 권력의 **주체**와 자기–동일적이지는 않지만 자기–근접적인^{self-proximate} 피억압 주체를 다시 도입한다. 게다가 **주체**도 주체도 아닌 지식인들은 이 릴레이 경주에서 투명한 존재가 된다. 왜냐하면 그저 그들은 재현되지 않는^{unrepresented} 주체를 보도하고 권력과 욕망(에 의해 환원 불가능하게 전제된 이 이름 없는 **주체**)의 작동을 (분석 과정 없이) 분석하기 때문이다. 이렇게 생산된 '투명성'은 '이해관계'의 자리를 가리킨다. 이 투명성은 "나는 이제 심판, 판사, 보편적 증인과 같은 역할을 **전적으로 거부한다**"는 극렬한 부인을 통해 유지된다. 그처럼 이해관계로 침윤된 개인이 지식인 주체에게 부여된 권력의 제도적 특권들을 개인주의적으로 거부하는 것은 불가능하다. 그래서 비평가에게는 그러한 불가능성을 진지하게 수긍하면서 글을 읽고 쓸 책임이 있을 것이다. 기호–체계에 대한 거부는 발전된 이데올로기 이론으로 나아가는 길을 막는다. 여기서도 부인의 특이한 어조가 들린다. 푸코는 "제도는 그 자체로 담론적"이라는 자크–알랭 밀레^{Jacques-Alain Miller}의 말에 이렇게 대꾸한다. "그렇게 여기고 싶다면 그렇겠죠. 하지만 내 문제가 언어학적인 것이 아닌 한……이것은 담론적인데 저것은 그렇지 않다고 말할 수 있다는 게 나의 장치^{apparatus} 개념엔 크게 중요하지 않습니다."[37] 담론 분석의 대가가 언어와 담론을 혼동하는 것은 무슨 까닭에서일까?

에드워드 W. 사이드는 푸코의 권력 개념을 "계급의 역할, 경제의 역

---

37) Foucault, "The Confession of the Flesh", *Power/Knowledge*, p. 198[『육체의 고백』, 『권력과 지식』, 240쪽].

할, 봉기와 반항의 역할을 말소하도록" 허용하는 현혹시키고 신비화하는 범주라고 비판한다. 이것은 여기서 적절한 지적이다.[38] 나는 사이드의 분석에다 지식인의 투명성에 의해 표시되는 권력과 욕망의 은밀한 주체 개념을 덧붙인다. 신기하게도 폴 보베는 "푸코의 기획은 본질적으로 헤게모니적 지식인들과 그에 대립하는 지식인들 모두의 지도적 역할에 도전하는"[39] 반면, 사이드는 지식인의 중요성을 강조한다며 사이드를 비판한다. 나는 이 '도전'이 사이드가 강조하는 비평가의 제도적 책임을 무시하기 때문에 기만적이라고 주장해 왔다.

부인에 의해 신기하게도 투명성 속에 함께 꿰매어진 이 **주체**/주체는 국제 노동 분업에서 착취자의 편에 속한다. 우리 시대 프랑스 지식인들에게 유럽의 **타자**라는 이름 없는 주체 속에 거주할 법한 **권력**과 **욕망**을 상상하는 것은 불가능한 일이다. 비판적으로든 무비판적으로든 그들이 읽는 모든 것이, 유럽으로서의 **주체** 구성을 지지하거나 비판하는 방식으로 유럽의 **타자** 생산 논쟁 속에 붙들려 있어서만이 아니다. 유럽의 저 **타자**를 구성하는 데서 그 주체가 자신의 여정에 집중할 수 있게, 그 여정을 채울(투자할?) 수 있게 할 텍스트적 요소를 말소하고자 또한 엄청난 주의를 기울였던 탓이기도 하다. 이데올로기적·과학적 생산뿐 아니라 법이라는 제도 역시 동원해서 말이다. 경제 분석이 아무리 환원주의적으로 보이더라도, 프랑스 지식인들은 이렇게 전적으로 중층결정된 사업이 이해관계들, 동기들(욕망들), (지식) 권력의 가차 없는 탈구를 요구하는 역동적인 경제 상

---

[38] Edward W. Said, *The World, the Text, and the Critic*, Cambridge: Harvard University Press, 1983, p. 243.
[39] Paul Bové, "Intellectuals at War: Michel Foucault and the Analysis of Power", *SubStance*, Issue 36/37, 1983, p. 44.

황을 위한 것임을 위험하게도 잊어버린다. 우리로 하여금 경제적인 것('계급들'을 기술적으로 descriptively 분리시키는 실존의 조건들)을 구시대의 분석 장치로서 진단하게 만드는 이러한 탈구를 하나의 급진적 발견으로 환기하는 것은 그 탈구의 작동을 지속시켜 부지불식간에 "헤게모니적 관계들의 새로운 균형"[40]을 확보하도록 할 것이다. 나는 곧 이 논의로 돌아갈 것이다. 지식인은 **타자**를 자아의 그림자로 끈질기게 구성하는 데 공모할 수 있다. 그럴 가능성에 직면한 지식인이 할 수 있는 정치적 실천은, 경제적인 것을 '삭제하에' under erasure[41] 두되 경제적 요소가 사회적 텍스트를 재기입하는 만큼 그 요소가 환원 불가능하다고 보는 것이다. 경제적 요소가 최종적 결정 요소 혹은 초월적 기의라고 주장될 때 불완전하게나마 사회적 텍스트가 지워지더라도 말이다.[42]

2

이러한 인식론적 폭력을 가장 명확하게 보여 주는 사례는, 식민 주체를 타자로 구성하고자 저 멀리서 편성되고 널리 퍼진 이질적 기획이다. 이 기획

---

40) John Solomos, Bob Findlay, Simon Jones and Paul Gilroy, "The Organic Crisis of British Capitalism and Race: The Experience of Theseventies", Carby et al., *The Empire Strikes Back*, p. 34.
41) 데리다의 용어로, 예컨대 '경제적인 것'에 빗금을 그어 그것의 결정성을 부인하면서도 빗금 아래 그것이 여전히 보이도록 해서 그 환원 불가능성을 가리키는 용법을 뜻한다.―옮긴이
42) 이 논의를 더 발전시키는 글로는 Spivak, "Scattered Speculations on the Question of Value"[「가치 문제에 관한 단상들」, 『다른 세상에서』] 참조. 한 번 더 말하자면, 『앙티 오이디푸스』는 경제적인 것을 알레고리로만 다루고 있긴 하지만 경제 텍스트를 무시하지는 않는다. 이런 점에서 『천 개의 고원』이 분열 분석에서 리좀 분석으로 옮겨 간 것은 그다지 유익한 일이 아니었다.

은 또한 **타자**의 불안정한 **주체-성**Subject-ivity 속에 있는 **타자**의 흔적을 비대칭적으로 말소하는 것이기도 하다. 잘 알려져 있듯이 푸코는 인식론적 폭력을, 즉 에피스테메의 완전한 정밀 조사를 18세기 말 유럽에서의 광기의 재정의에서 찾아낸다.[43] 하지만 광기에 대한 특정한 재정의가 식민지뿐 아니라 유럽 역사의 서사 중 일부에 지나지 않았다면 어떨까? 에피스테메를 정밀 조사하려는 두 기획이 양축의 거대한 엔진의 탈구되고 인식되지 않은 부분들로서 작동했다면 어떨까? 아마도 그것은 제국주의의 양피지 서사의 하부텍스트를 '종속된 지식'으로 인식하라는 요청이나 다름없을 것이다. "그들의 과업에 부적절하거나 불충분하게 버려졌다고 지식의 자격이 박탈되어 온 지식들의 전체 집합, 즉 위계질서의 아래로 몰리고 요구되는 인식 수준이나 과학성 수준 이하로 떨어진 순진한 지식들" 말이다.[44]

이것이 '일들이 실제로 벌어지는 방식'을 기술하거나, 제국주의로서 역사의 서사를 역사의 최고 판본으로 특권화하려는 것은 아니다.[45] 오히려 그것은 현실에 대한 하나의 설명과 서사가 규범적인 것으로 확립되는 경위를 설명하려는 것이다. 이를 정교하게 다듬어 내기 위해 힌두법을 영

---

43) Foucault, *Madness and Civilization: A History of Insanity in the Age of Reason*, trans. Richard Howard, New York: Pantheon, 1965, pp. 251, 262, 269[『광기의 역사』, 이규현 옮김, 나남, 2003, 748, 760, 768쪽] 참조.
44) Foucault, "Two Lectures", *Power/Knowledge*, p. 82[「권력, 왕의 머리베기와 훈육」, 『권력과 지식』, 115쪽].
45) 나는 프레드릭 제임슨의 『정치적 무의식: 사회적으로 상징적인 행위로서 서사』가 커다란 비판적 무게를 갖는 텍스트라고 생각한다. 하지만, 혹은 아마도 그렇게 생각하기 **때문에** 여기서 나의 기획이 특권화된 서사의 유물들을 복원하는 기획과 구분되기를 바란다. "한 가지 정치적 무의식의 교리가 그것의 기능과 필요성을 발견하는 것은 바로 간섭받지 않는 서사의 흔적을 탐지하는 데서, 이 근본적 역사의 억압되고 매장된 현실을 텍스트의 표면에 복원하는 데서다"(Fredric Jameson, *Political Unconscious: Narrative as a Socially Symbolic Act*, Ithaca: Cornell University Press, 1981, p. 20).

국적으로 코드화하는 기반들을 짤막하게 살펴보자.

먼저 몇 가지 부인할 사실을 말하겠다. 미국 인문학 분야에 현재 떠 있는 제3세계주의는 종종 드러내 놓고 에스닉한 것이다. 나는 인도에서 태어났고 초등 교육과 중등 교육, 2년간의 대학원 교육을 포함한 대학 교육을 인도에서 받았다. 그러므로 내가 인도에서 사례를 끌어온 것이 나 자신의 정체성의 상실된 뿌리를 향수에 젖어 조사하는 것으로 보일 수도 있다. 나는 우리가 '동기부여'motivation의 덤불에 마음대로 들어갈 수 없다는 것을 알지만, 그럼에도 나의 주된 기획은 그러한 향수의 실증주의적-관념론적 종류를 지적해 내려는 것임을 주장하고자 한다. 나는 인도 소재로 선회할 것이다. 내가 고급 분과학문 훈련을 받지는 않았지만 출생과 교육의 우연으로 역사적 그림에 대한 감각을, 브리콜뢰르bricoleur하기에 유용한 도구들인 몇몇 적절한 언어를 제공받았기 때문이다. 내가 최종 매개자로서 구체적 경험에 대한 맑스주의적 회의 및 분과학문 구성체에 대한 비판으로써 무장되어 있었을 때라 특히 그럴 수 있었다. 하지만 인도 사례가 모든 나라·민족·문화를, 그리고 **자아**로서 유럽의 **타자**로 환기될 수 있을 유사한 것을 대표한다고 간주될 수는 없다.

힌두법의 코드화가 행사하는 인식론적 폭력을 도식적으로 요약해 보자면 다음과 같다. 이 요약을 통해 인식론적 폭력 개념이 명확해진다면, 이 텍스트의 마지막 논의인 과부-희생widow-sacrifice에 관한 논의는 더 많은 의미를 획득할 것이다.

18세기 말에 힌두법은——그것이 하나의 통합적인 체계라고 기술될 수 있는 한——주체가 기억을 사용하는 방식에 따라 구분되는 네 가지 에피스테메를 '상연'하는 네 가지 텍스트, 즉 스루티sruti(듣기), 스므리티smriti(기억), 샤스트라śāstra(셈), 비아바하라vyavahāra(수행)의 견지에서 작동했다. 들은 내용과 기억한 내용의 기원들이 반드시 연속적이거나 동일하지는 않았다. 들은 내용을 환기하는 것은 모두 기원적인 '들음'의 사건 혹은 계시를 기술적으로 암송하는(혹은 재개하는) 것이었다. 뒤의 두 텍스트인 배움과 수행은 변증법적으로 연속되는 것으로 간주되었다. 법 이론가들과 법 실행가들은 이 구조가 법의 실체를 기술하는지, 분쟁을 해결하는 네 가지 방식을 기술하는지 아닌지를 주어진 어떤 경우에도 확신하지 못했다. 법적 수행의 다형 구조 ─ '내적으로' 일관되지 못하고, 양 끝에서 개방된 ─ 가 이분법적 시각을 통해 합법화된다. 바로 이것이 내가 인식론적 폭력의 사례로 제시하는 코드화의 서사다.

힌두법의 안정화와 코드화에 관한 서사는 인도 교육 이야기보다 덜 알려져 있다. 그러므로 그 이야기에서 시작하는 것이 좋겠다.[46] 매콜리의 악명 높은 「인도 교육에 관한 초고」(1835) 중에서 종종 인용되는 프로그램을 살펴보자. "우리가 통치하는 수백만의 사람들과 우리 사이에서 해석자 역할을 할 수 있는 계층을 형성하도록 우리는 현재 최선을 다해야 한다. 혈통으로나 피부색으로는 인도인이면서도 취향이나 견해, 도덕이나 지성에서는 영국적인 사람들 말이다. 우리는 그 계층 사람들에게 인도의 지역 방언들을 세련되게 만들고 서구 전문어에서 빌려 온 과학 용어로 그 방언들을 풍부하게 만드는 일을 맡겨야 한다. 또한 점차 그들이 거대한 인도 인구에 지식을 전달할 적당한 수단이 되도록 해야 한다."[47] 식민 주체들의

---

46) 많은 유용한 책들 중에서 나는 Bruse Tiebout McCully, *English Education and the Origins of Indian Nationalism*, New York: Columbia University Press, 1940을 인용한다.

47) Thomas Babington Macaulay, *Speeches by Lord Macaulay: With His Minute on Indian Education*, ed. G. M. Young, Oxford: Oxford University Press, AMS Edition, 1979, p. 359.

교육은 법으로 그들을 생산하는 것을 보완한다. 이렇게 영국 체계의 한 판본을 확립하는 일은 산스크리트 연구라는 분과학문 구성체와 산스크리트 '고급문화'라는 토착적이며 이제는 대안적인 전통을 불안하게 갈라놓는 결과를 초래했다. 전자의 분과학문 구성체 내부에서, 권위를 지닌 학자들이 제시한 문화적 설명들이 법률적 기획의 인식론적 폭력과 합치했다.

여기서 나는 1784년 벵골아시아협회Asiatic Society of Bengal 창립과 1883년 옥스퍼드 대학의 인도연구소Indian Institute 창설, 식민지 행정가이자 산스크리트 문제를 조직한 사람들인 아서 맥도넬Arthur Macdonnell과 아서 베리데일 키스Arthur Berriedale Keith 같은 학자들의 분석적 분류 작업을 주시하고자 한다. 산스크리트 학생들과 학자들을 위해 그들이 세운 자신감 넘치는 공리주의적-헤게모니적 계획에서 보면, 일반적인 교육적 틀에서 산스크리트에 대한 공격적 억압이 이루어지는 것이나 브라만이 헤게모니를 잡고 있는 인도의 일상 삶에서 산스크리트의 수행적 사용이 점차 '봉건화'하는 것을 추측하기란 불가능하다.[48] 브라만 계층이 영국적 코드화(그러므로 그것의 합법화)를 꾀하려는 사람들과 같은 의도를 가진 것처럼 보이게 만드는 역사의 한 판본이 점차 확립되어 나갔다. "힌두 사회를 흠 없이 보

---

[48] 아서 베리데일 키스는 옛 인도의 성전(聖典)인 『베다』 색인의 편찬자 중 한 사람이며, 『산스크리트 드라마의 기원, 발전, 이론, 실천』(*The Sanskrit Drama in Its Origin, Development, Theory And Practice*, 1924)의 저자이다. 그는 하버드 대학 출판부가 펴낸 『크리슈나 야주르베다』(*Krishna Yajurveda*)의 명망 있는 편집자이자 네 권으로 된 『영국 식민 정책에 관한 연설과 문서 선집, 1763~1917』(*Selected Speeches and Documents on British Colonial Policy, 1763~1917*, 1918), 『국제 정세에 관한 연설과 문서, 1918~1937』(*Speeches And Documents on International Affairs, 1918~1937*, 1938), 『영국의 지배 영역에 관한 연설과 문서, 1918~1931』(*Speeches and Documents on the British Dominions, 1918~1931*, 1932)의 편집자였다. 그는 영국법과 식민지법을 특별히 참조해 영국 지배 영역의 주권성과 국가 계승 이론에 관한 책들을 썼다.

전하기 위해 [원래 브라만들의―스피박] 계승자들은 모든 것을 글쓰기로 환원시키고 그것들을 더욱더 엄격한 것으로 만들어야 했다. 계속되는 정치적 격변과 외국의 침입 와중에도 바로 이런 노력으로 힌두 사회가 보전된 것이다."[49] 이런 평결을 1925년에 내린 사람은, 학식 높은 인도 산스크리트 연구자이자 식민적 생산 안에서 토착 엘리트를 대표하는 명석한 인물인 마하마호파디아야 하라프라사드 샤스트리였다. 그는 1916년에 벵골 총독 비서가 추진한 『벵골사』 중에서 여러 장을 쓰도록 청탁받은 사람이었다.[50] 당국과 (당국의 인종-계급에 따른) 설명 사이의 비대칭성을 표시하기 위해 샤스트리의 1925년 평결을, "힌두교는 그렇게 보였던 바로 그것이었다.……아크바르^{Akbar}와 영국 사람들 양자가 [힌두교에 맞서―스피박] 이기게 만들어 준 것은 더 높은 수준의 문명이었다"[51]는 영국 지식인 에드워드 톰슨의 1928년 지적과 비교해 보라. 그리고 1890년대에 군인이자 학자인 한 영국인이 쓴 편지에 들어 있는 "지난 25년간 인도에 살면서 진행한 '신들의 언어'인 산스크리트 연구는 내게 강렬한 기쁨을 주었다. 그렇지만 그것은 **몇몇 사람이 그랬듯이** 내가 우리의 위대한 종교에 대한 애정 어린 믿음을 포기하게끔 하지는 못했다. 그렇게 말하게 되어 나는 감사한다"[52]는 부분과도 비교해 보라.

바로 이 권위자들이 비전문가 프랑스 지식인들을 **타자**의 문명에 입

---

49) Mahamahopadhyaya Haraprasad Shastri, *A Descriptive Catalogue of Sanskrit Manuscripts in the Government Collection under the Care of the Asiatic Society of Bengal*, Vol. 3, Calcutta: Asiatic Society of Bengal, 1925, p. viii.
50) Dineshchandra Sen, *Brhat-Banga*, Vol. 1, Calcutta: University of Calcutta Press, 1925, p. 6.
51) Edward Thompson, *Suttee: A Historical and Philosophical Enquiry into the Hindu Rite of Widow Burning*, London: George Allen and Unwin, 1928, pp. 130, 147.

문시킨 **최상의** 출처를 제공한다.[53] 하지만 내가 **주체로서의 타자**가 푸코나 들뢰즈는 접근할 수 없는 존재라고 말할 때, 샤스트리와 같은 식민적 생산 반경에서의 지식인이나 학자를 언급하는 것은 아니다. 나는 계급 스펙트럼을 가로질러 일반적인 비전문가를, 학계와 상관없는 인구를 염두에 두고 있다. 바로 이 인구를 대상으로 에피스테메가 말없이 수행되는 자신의 프로그램 기능을 작동시키고 있다. 푸코와 들뢰즈는 착취의 지도를 고려하지 않으면서 도대체 어떤 '억압'의 격자에다 이 다기한 군상을 놓으려고 할 것인가?

이제 이 인식론적 폭력이 그려 내는 회로의 주변부(말 없는, 침묵당한 중심이라고도 할 수 있는)를, 문맹 소작농, 부족민, 도시 최하층 하부프롤레타리아 남녀를 살펴보는 데로 넘어가 보자. 푸코와 들뢰즈(그들은 인정하지 않는 것 같지만, 제1세계에서 사회화된 자본의 표준화와 규격화 휘하에 있는)에 따를 때, 피억압자들에게 기회가 주어져(여기서 재현의 문제는 지나칠 수 없다) 제휴 정치를 통해 연대로 나아가는 도상에 있다면(여기서 맑스주의적 주제가 작동 중이다), 그들은 **자신이 처한 조건에 대해 말할 수 있고 알 수 있다**. 이제 우리는 다음 질문에 부딪쳐야 한다. 국제 노동 분업상 사

---

52) (조지 아돌푸스 제이컵George Adolphus Jacob이 이름 미상의 수신자에게 보낸) 자필 편지가 (예일 대학의) 스털링 기념 도서관(Sterling Memorial Library)에 소장된 판본의 앞표지 안쪽에 첨부되어 있다. 제이컵 대령이 편집한 *The Mahanarayana-Upanishad, Of the Atharva-Veda with the Dipika of Narayana*, Bombay: Government Central Books Department, 1888 참조. 강조는 스피박. 익명의 일탈자들을 경유해 이러한 학식의 위험을 어둡게 환기하는 것은 여기서의 비대칭성을 공고히 해준다.
53) 나는 "French Feminism in an International Frame", *Yale French Studies*, No. 62, 1981에서 이 문제를 줄리아 크리스테바의 『중국 여성에 관하여』(*About Chinese Women*, trans. Anita Barrows, London: Marion Boyars, 1977)와 관련시켜 좀더 자세하게 논의한 바 있다 [「국제적 틀에서 본 프랑스 페미니즘」, 『다른 세상에서』].

회화된 자본의 맞은편에서, 이전의 경제 텍스트를 대리보충하는 제국주의적 법과 교육의 인식론적 폭력의 회로 안과 밖에서, **서발턴은 과연 말할 수 있는가?**

'서발턴 계급들'에 대한 안토니오 그람시의 작업은 맑스의 『루이 보나파르트의 브뤼메르 18일』에 따로 나오는 계급 위치/계급 의식 논의를 확장한다. 그람시는 아마도 레닌식 지식인의 전위적 위치를 비판하기 때문에 서발턴의 문화적·정치적 운동을 헤게모니화하는 데서 지식인이 맡은 역할에 관심을 갖는다. 이 운동은 (진리의) 서사로서 역사의 생산을 결정지을 수 있어야 한다. 「남부 문제의 몇 가지 측면」 같은 텍스트에서 그람시는 국제 노동 분업에서 취해진 혹은 그것을 미리 보여 주는 독법의 알레고리라고 간주될 수 있는 것 속에서 이탈리아의 역사적-정치적 경제의 운동을 고찰한다.[54] 하지만 제국주의적 기획에 수반되는 법적·분과학문적 정의들을 동반한 인식론적 간섭이 서발턴의 문화적 거시논리를 멀리서 작동시킬 때, 서발턴의 단계적 발전에 대한 설명은 삐걱거린다. 이 에세이 말미에서 서발턴으로서 여성 문제로 넘어갈 때, 나는 여성 행위 능력의 조작을 통해 집단성 자체의 가능성이 끈질기게 폐제된다고 시사할 것이다.

'서발턴 연구회'Subaltern Studies Group라 불릴 수 있을 지식인 모임은 내

---

[54] Antonio Gramsci, "Some Aspects of the Southern Question", *Selections from Political Writing, 1921~1926*, trans. Quintin Hoare, New York: International Publishers, 1978[「남부 문제에 대한 몇 가지 주제들」, 『남부 문제에 대한 몇 가지 주제들 외』, 김종법 옮김, 책세상, 2004]. 나는 폴 드 만이 발전시킨 의미에서 "독법의 알레고리"를 사용하고 있다. Paul de Man, *Allegories of Reading: Figural Language in Rousseau, Nietzsche, Rilke, and Proust*, New Haven: Yale University Press, 1979[『독서의 알레고리』, 이창남 옮김, 문학과지성사, 2010].

제안의 첫 부분——서발턴의 단계적 발전은 제국주의 기획에 의해 복잡해진다는——과 바로 부딪친다.[55] 그들은 서발턴이 말할 수 있는지를 물어야만 한다. 여기서 우리는 푸코 자신의 역사학 내부에 있는 셈이며 그의 영향을 인정하는 사람들과 함께하는 셈이다. 그들의 기획은 인도의 식민 역사 기술historiography을 식민 점령 기간에 일어난 농민 봉기의 불연속적 연쇄라는 시각에서 다시 생각해 보는 것이다. 실로 이것이 사이드가 논의한 "이야기하도록 허용하는" 문제다.[56] 라나지트 구하는 다음과 같이 말한다.

> 인도 민족주의 역사 기술은 오랫동안 엘리트주의——식민주의적 엘리트주의와 부르주아-민족주의적 엘리트주의——에 지배받아 왔다. …… 인도 국가의 형성과 이 과정을 확증하는 민족주의 의식의 발전은 전적으로 혹은 압도적으로 엘리트적 업적이라는 편견을 공유하면서 말이다. 식민주의적·신식민주의적 역사 기술에서 이 업적은 영국 식민 통치자·행정가·정책·제도·문화의 공이 된다. 민족주의적·신민족주의적 저작에서 이 업적은 인도 엘리트 인물들·제도들·활동들·이념들의 공이 된다.[57]

인도 엘리트의 특정 구성원들은 기껏해야 **타자**의 목소리에 관심을 갖

---

55) '서발턴 연구회'에서 출간한 책들은 다음과 같다. Ranajit Guha ed., *Subaltern Studies No. 1: Writings on South Asian History and Society*, Delhi: Oxford University Press, 1982; Guha ed., *Subaltern Studies No. 2: Writings on South Asian History and Society*, Delhi: Oxford University Press, 1983; Guha, *Elementary Aspects of Peasant Insurgency in Colonial India*, Delhi: Oxford University Press, 1983[『서발턴과 봉기: 식민 인도에서의 농민 봉기의 기초적 측면들』, 김택현 옮김, 박종철출판사, 2008].
56) Said, "Permission to Narrate", *London Review of Books*, 1984. 2. 16.
57) Guha ed., *Subaltern Studies No. 1*, p. 1.

는 제1세계 지식인들의 토착 정보원$^{native\ informant}$일 뿐이다. 하지만 우리는 식민화된 서발턴 주체가 돌이킬 수 없이 이질적이라는 사실을 거듭 주장해야 한다.

우리는 토착 엘리트에 맞서 구하가 말하는 '인민의 **정치**'$^{politics\ of\ the\ people}$를 상정할 수 있을 것이다. 식민적 생산 회로의 내부("이것은 [식민주의―스피박]에도 불구하고 계속 강력하게 활동하며, 라즈^{Raj}하에 만연된 조건에다 자체를 적응시키고 형식과 내용에서 전적으로 새로운 압력을 여러 면에서 발전시켰다")와 외부("그것은 엘리트 정치에서 유래하지도 않았고 엘리트 정치에 그것의 생존을 의존하지도 않았기 때문에 **자율적인** 영역이었다") 모두에서 말이다.[58] 그런데 나는 인민의 단호한 힘과 완전한 자율성을 주장하는 구하를 전적으로 지지할 수는 없다. 왜냐하면 실제적인 역사 기술의 절박함이 서발턴 의식을 특권화하는 것을 지지하도록 허용하지 않을 것이기 때문이다. 구하는 자신의 접근에 가해질 수 있는 본질주의라는 비난에 대비하고자 인민(본질의 자리)을 차이성-속의-동일성$^{identity\text{-}in\text{-}differential}$이라고 정의한다. 그는 식민적 사회 생산을 전반적으로 기술하는 역동적인 계층화의 격자를 제시한다. 이 목록에 나오는 세번째 집단, 말하자면 인민과 거대한 거시구조적 지배 집단들 사이에 있는 완충 집단 자체도 데리다가 '동굴'^{antre}이라고 기술한 바 있는 안-사이$^{in\text{-}betweenness}$의 자리로 정의된다.[59]

---

58) *Ibid.*, p. 4.
59) Derrida, "The Double Session", *Dissemination*, trans. Barbara Johnson, Chicago: University of Chicago Press, 1981.

엘리트 1: 지배적인 외국인 집단들

2: 전체 인도 수준에서 지배적인 토착 집단들

3: 지방·지역 수준에서 지배적인 토착 집단들

4: '인민'과 '서발턴 계급들'이라는 용어는 이 메모 전체를 통해서 비슷한 뜻으로 사용되고 있다. 이 범주에 포함되는 사회 집단들과 구성원들은 우리가 '엘리트'라고 기술해 온 모든 사람과 전체 인도 인구 사이의 인구통계학적 차이를 나타낸다.

이 조심성 많은 역사가들이 '서발턴은 말할 수 있는가?'라는 문제와 씨름하면서 전제하는 상황적 비결정성의 동굴인 세번째 집단을 고찰해보자. "**전체적으로 추상화해 보면** 이……범주는……그 구성상 **이질적**이었다. 그리고 각 지역의 경제적·사회적 발전이 불균등한 탓에 **구역마다 모두 달랐다**. 한 구역을 지배하던 계급이나 요소가……다른 구역에서는 지배받는 층에 속할 수도 있었다. 이것은 특히 농촌 젠트리의 최하층, 빈곤한 지주, 부농, 상위 중간 계급 농민——이들 모두가 **이상적으로**^{ideally} 말해서 인민이나 서발턴 계급 범주에 속했다——의 태도와 제휴에서 많은 애매함과 모순을 창출할 수 있었고 실제로 창출했다."[60]

여기서 기획되고 있는 "연구 과제"는 "[세번째 집단을 구성하는—스피박] 구성원들의 **특수한** 본성과 그들이 이상적인^{ideal} 민중에서 **일탈**하는 정도를 조사하고 식별하며 측정하여 그것을 역사적으로 자리매김하는 것이다". "특수한 본성을 조사하고 식별하며 측정한다." 이보다 더 본질주의적이고 분류학적인 프로그램도 거의 없을 것이다. 하지만 신기한 방법론

---

60) Guha ed., *Subaltern Studies No. 1*, p. 8. 처음의 강조만 스피박.

적 명령이 작동 중이다. 나는 푸코와 들뢰즈의 대담에서 포스트재현주의적postrepresentational 어휘가 본질주의적 의제를 감추고 있음을 논의했다. 제국주의의 인식론적·사회적·분과학문적 기입의 폭력 때문에 서발턴 연구는 본질주의적 견지에서 이해된 기획을 차이들의 급진적인 텍스트적 실천 속에서 소통시켜야 한다. 인민 자체도 아니며 지방 엘리트-서발턴이라는 부유하는 완충 지대의 경우, 이 연구회의 조사 대상은 인민이나 서발턴이라는 **이상**ideal에서 벗어나 있는 **일탈** 집단이다. 그런데 이 이상 자체도 엘리트와의 차이로서 정의되고 있다. 서발턴 연구는 바로 이 구조를 지향하고 있어서 제1세계의 급진적 지식인이 자가 진단한 투명성과는 조금 다른 곤경에 처한다. 어떤 분류법이 그런 공간을 획정할 수 있단 말인가? 서발턴 연구회 사람들 자신이 그 공간을 감지하건 그렇지 않건 간에(사실 구하는 자신의 '인민' 정의가 주인-노예 변증법 내부에 있다고 생각한다), 그들의 텍스트는 그 공간의 불가능성의 조건을 가능성의 조건으로 다시 쓰는 일이라는 어려운 과업을 분명하게 드러낸다.

"지방과 지역 수준에서 [지배적인 토착 집단들은 — 스피박] …… 전체 인도 수준에서 지배적인 집단들보다 위계질서상 열등한 사회 계층에 속하면서도 **자신들의 사회적 존재에 진실로 일치하는 이해관계에 따르지 않고 지배 집단의 이해관계를 위해 행동했다.**" 서발턴 연구회 사람들은 이 중간 집단이 보여 주는 행동과 이해관계 사이의 간극에 대해서 본질화하는 그들의 용어로 말한다. 그때 그들이 내리는 결론은 이 논점에 대한 들뢰즈의 선언이 보여 주는 자기-의식적 순진함보다 맑스에 더 가깝다. 맑스처럼 구하는 리비도적 존재보다 사회적 존재의 견지에서 이해관계에 대해 말하고 있다. 『루이 보나파르트의 브뤼메르 18일』에서 아버지의 이름이라는 이미지는, 계급이나 집단 행위 수준에서 "자신들의 존재에 진실로 일치하는 상태"란 부칭 따오기patronymic만큼이나 인위적이거나 사회적이라는 사실을 강조하도록 도와줄 수 있다.

세번째 항목으로 지칭된 중간 집단도 마찬가지이다. 정체성이 그 차이이기도 한 '진정한' 서발턴 집단 중에서 자신을 알고 말할 수 있는 재현 불가능한 서발턴 주체는 없다. 그리고 지식인의 해결책은 재현에서 물러서는 데 있는 것이 아니다. 문제는 서발턴 주체의 여정이 재현하는 지식인에게 유혹의 대상을 제공할 만큼의 흔적을 남기지 않는다는 것이다. 그럴 때 인도 서발턴 연구회의 다소 진부한 언어로 말하자면, 다음 질문이 나오게 된다. 우리가 인민의 정치를 조사하는 바로 그 순간에 어떻게 인민의 의식에 접근할 수 있을까? 서발턴은 어떤 목소리-의식voice-consciousness을 갖고 말할 수 있는가? 결국 그들의 기획은 인도 민족의 의식이 전개되는 과정을 다시 쓰는 것이다. 그러나 이 기획이 표명하는 바가 아무리 진부하더라도, 제국주의의 계획된 불연속성으로 말미암아, 그것은 "[피에르 리비에르Pierre Riviere의—스피박] 이야기를 에워쌌던 의학적·법적 메커니즘들을 보이게 만드는" 것과는 엄격하게 구별된다. 푸코는 "보이지 않던 것을 보이게 만드는 것은 또한 지금까지 역사에 하등 적절하지 않았고 아무런 도덕적·미학적·역사적 가치도 인정받지 못했던 한 층의 소재에 말 걸기를 함으로써, 수준 자체의 변화도 의미할 수 있다"고 올바르게 지적한다. 그렇지만 푸코의 고질적인 문제는, 그가 메커니즘을 드러내는 작업에서 개인의 목소리를 들리게 하는 작업으로—"심리학적이건 정신분석학적이건 언어학적이건 [주체—스피박]에 대한 모든 종류의 분석"[61]을 모조리 회피함으로써—미끄러진다는 점이다.

---

[61] Foucault, "Prison Talk", *Power/Knowledge*, pp. 49~50[『권력의 유희』, 『권력과 지식』, 76쪽].

서벵골 맑스주의자 아지트 K. 차우두리는 서발턴의 의식을 탐색하는 구하를 비판하고 있다. 차우두리의 비판은 서발턴을 포함시키는 생산 과정의 한 계기로 간주될 수 있다. 차우두리는 의식의 변혁에 관한 맑스주의적 견해가 사회 관계들을 둘러싼 **지식**을 포함한다고 인식한다. 내게 차우두리의 인식은 원칙적으로 날카로워 보인다. 하지만 정통 맑스주의를 전유해 온 실증주의 이데올로기의 유산이 남아 있어서인지 그는 다음 말을 덧붙이지 않고는 못 배긴다. "이것은 소작농의 의식이나 노동자의 의식을 **그것의 순수한 형태 속에서** 이해하는 일의 중요성을 가볍게 여기자는 것은 아니다. 그러한 이해는 오히려 소작농과 노동자에 대한 우리의 지식을 풍부하게 해주며, 나아가 아마도 특정 양식이 상이한 지역에서 상이한 형태를 취하는 과정을 이해하는 실마리를 던져 줄 수 있을 것이다. **고전 맑스주의에서는 부차적 중요성을 갖는 문제라고 간주되는 바로 이 과정을 말이다.**"[62]

'국제주의적' 맑스주의의 차우두리 판본은 순수하고 복원 가능한 의식 형태를 오직 기각하기 위해서만 믿음으로써, 맑스에게 생산적 곤경의 계기로 남아 있던 것을 차단한다. 그리하여 이러한 국제주의적 맑스주의는 푸코와 들뢰즈에게는 맑스주의를 거부하는 경우가 되는 동시에 서발턴 연구회에는 비판적 동기 부여의 원천이 될 수 있다. 세 가지 경향 모두 순수한 의식 형태가 있음을 전제하는 태도를 똑같이 보여 준다. 프랑스의 무대에서는 기표들의 뒤섞임이 일어나 '무의식'이나 '억압받는 주체'가 '순수한 의식 형태'라는 공간을 은밀히 차지한다. 제1세계에서나 제3세계에서나 정통 '국제주의적'·지적 맑스주의에서 순수한 의식 형태는 부차적

---

[62] Ajit K. Chaudhury, "New Wave Social Science", *Frontier*, Vol. 16, No. 2, 1984. 1. 28, p. 10. 강조는 스피박.

문제로 치부되며, 그 맑스주의가 종종 인종차별주의와 성차별주의라는 평판을 얻게 만드는 관념론적 기반이 된다. 서발턴 연구회에서는 순수한 의식 형태 자체를 명료하게 하는 데 수반되는 몇 가지 조항들이 인식되지 않는다. 그래서 서발턴 연구회는 그 조항들에 따른 발전을 필요로 하게 된다.

그러한 명료화를 위해서는 발전된 이데올로기 이론이 다시금 가장 유용한 수단이 될 수 있다. 차우두리의 것과 같은 비판에서 '의식'을 '지식'과 연계하는 것은 '이데올로기적 생산'이라는 결정적인 중간 항을 생략하게 한다. "레닌에 따르면 의식은 상이한 계급들과 집단들 사이의 상호 관계들에 대한 **지식**, 즉 사회를 형성하는 물질들에 대한 지식과 연계된다.……이런 정의들은 명확한 지식 대상 안에 있는 문제틀——**특정 양식의 특수성 문제를 논의의 초점 밖에 두면서** 역사 속에서의 변화를, 특히 하나의 양식에서 다른 양식으로의 변화를 **이해하기 위한**——내부에서만 의미를 획득한다."[63]

피에르 마슈레는 이데올로기를 해석하기 위해 다음과 같은 공식을 제시한다. "작품에서 중요한 것은 작품이 말하고 있지 않은 것이다. '작품이 말하고 있지 않은 것'은 '작품이 말하기를 거부하는 것'이라는, 흥미롭지만 경박하게 비치는 표기와 똑같지 않다. 인식되는 침묵이건 그렇지 않은 침묵이건 간에 **침묵을 측정하는**measuring silences 과제와 더불어, 작품이 말하기를 거부하는 것을 바탕으로 하나의 방법론을 세울 수도 있을 것이다. 그러나 그보다 작품이 말할 수 **없는** 것이 더욱 중요하다. 바로 거기서 일종의 침묵으로의 여행을 통해 발화utterance가 정교해지기 때문이다."[64] 마슈레의 발상들은 그가 따를 것 같지 않은 방향으로 전개될 수 있다. 그는 표

---

63) Chaudhury, "New Wave Social Science", *Frontier*, Vol. 16, No. 2, p. 10.

면적으로는 유럽에서 유래한 문학의 문학성에 대해 쓰고 있지만, 자기 논의의 핵심에 약간 어긋나게도 제국주의의 사회적 텍스트에 적용할 수 있는 하나의 방법론을 제시한다. '작품이 말하기를 거부하는 것'이라는 개념이 문학 작품에서는 다소 경박하게 비칠지도 모른다. 그렇지만 제국주의의 법적 실천을 코드화하는 과정을 파악하기 위해 집단적인 이데올로기적 **거부**와 같은 어떤 것을 진단해 볼 수 있다. 그러한 거부의 진단은 정치적-경제적인 재기입이나 상호 학제적인 이데올로기적 재기입을 위한 장을 열어 줄 것이다. 또한 집단적인 이데올로기적 거부는 이차적인 추상 수준에서 '세계의 세계 구획'worlding of the world이므로 거부 개념은 여기서 그럴듯해진다. 실로 여기 개입되는 아카이브적이고 역사 기술적이며 분과학문적-비판적이고 불가피하게 개입주의적인 작업은 '침묵을 측정하는' 과제이다. 이것은 환원 불가능하게 차이를 지니는 하나의 이상에서의 "일탈을······ 조사하고 식별하며 측정하는" 작업을 기술하는 용어일 수 있다.

우리가 서발턴의 의식에 수반되는 문제에 도달할 때 '작품이 말할 수 **없는** 것'이라는 개념이 중요해진다. 사회적 텍스트의 기호 현상semiosis들에서 봉기의 정교화는 '발화'의 자리에 놓인다. 발신자에 해당하는 '농민'은 복원 불가능한 의식을 가리키는 자로만 나타난다. 수신자로 말할 것 같으면 우리는 하나의 '봉기'의 '실제 수신자'가 누구인지를 물어보아야 한다. '봉기'를 '지식을 위한 텍스트'로 바꾸는 역사가는 집단적으로 의도된 모든 사회적 행위의 '수신자'에 불과하다. 역사가는 저 상실된 기원에 대한 향수를 하나도 느끼지 말고, 그 혹은 그녀 자신의 의식(혹은 분과학문적

---

64) Pierre Macherey, *A Theory of Literary Production*, trans. Geoffrey Wall, London: Routledge, 1978, p.87[『문학생산이론을 위하여』, 배영달 옮김, 백의, 1994, 105쪽].

훈련에 의해 작동되는 의식-효과)의 아우성을 (가능한 한) 중단시켜야 한다. 그럴 때라야 봉기-의식으로 가득 찬 봉기의 정교화가 '조사 대상'으로 나 더 나쁘게는 모방을 위한 모델로 굳어지지 않는다. 봉기 텍스트들이 함축하는 '주체'는 그저 지배 집단 속에 있는 식민 주체에게 부여된 서사적 인가에 대한 대항 가능성의 역할을 할 수 있을 뿐이다. 포스트식민 지식인들은 그들의 특권이 상실임을 배울 것이다. 이 점에서 그들은 지식인들의 패러다임이다.

(제국주의의 서발턴보다는) 여성성 개념이 해체주의 비평이나 몇몇 페미니즘 비평에서 이와 유사하게 사용되어 왔다는 것은 익히 알려진 사실이다.[65] 해체주의 비평의 경우, '여성'의 형상이 쟁점이 되며, 이 형상이 비결정적인 존재로 최소화되어 진술될 때 이미 남근 중심적 전통에 이용될 수 있다. 서발턴 연구회의 역사 기술은 그런 책략을 쓰지 못하게 막아 줄 방법의 문제들을 제기한 셈이다. 여성의 '형상'에서 여성과 침묵의 관계는 여성들 자신에 의해 고안될 수 있게 된다. 그때 인종의 차이들과 계급의 차이들은 그러한 고안의 책임하에 포섭되기도 한다. 서발턴 역사 기술은 그런 제스처들의 불가능성에 직면해야 한다. 제국주의의 편협한 인식론적 폭력은 하나의 에피스테메의 가능성인 일반적인 폭력의 불완전한 알레고리를 우리에게 제시한다.[66]

서발턴 주체가 지워지는 여정 내부에서 성차의 궤적은 이중으로 지워진다. 문제는 봉기에의 여성 참여 여부나 성별 노동 분업의 기본 규칙들

---

[65] 나는 이 논점을 "Displacement and the Discourse of Woman", Mark Krupnick ed., *Displacement: Derrida and After*, Bloomington: Indiana University Press, 1983; "Love Me, Love My Ombre, Elle: Derrida's 'La carte postale'", *Diacritics*, Vol. 14, No. 4, 1984 에서 논의했다.

이 아니다. 둘 다 그 '증거'를 갖고 있기 때문이다. 오히려 문제는 남성을 식민주의적 역사 기술의 대상이자 봉기의 주체로서 지배적인 것으로 유지시키는 이데올로기적 젠더 구축이다. 식민 생산을 놓고 벌이는 경합 속에서 서발턴이 역사도 없고 말도 할 수 없다면, 여성으로서 서발턴은 훨씬 더 깊은 그림자 속에 있게 될 뿐이다.

우리 시대의 국제 노동 분업은 19세기 영토 제국주의의 분할된 장이 전위된 것이다. 단순하게 말해 보자면, 일반적으로 제1세계 나라들인 집단이 투자 자본의 위치를 점하고 있으며, 일반적으로 제3세계 나라들인 또 다른 집단이 매판comprador 토착 자본가들을 통해, 그리고 이들이 부리는 취약하고 유동적인 노동력을 통해 자본이 투자되는 영역을 제공하고 있다. 산업 자본(그리고 이에 수반되게 마련인 19세기 영토 제국주의 내부의 행정 업무)의 순환 및 성장을 유지하기 위해 수송, 법률, 표준화된 교육 체계가 발전했다. 그 사이 지역 산업들은 파괴되었고 토지는 재분배되었으며 원자재는 식민 압제국으로 이전되었다. 소위 탈식민화, 다국적 자본의 성장, 행정 책임의 경감과 더불어, 이제 '발전'은 대대적인 입법이나 교육 **체계**의 확립에 영토 제국주의 시기보다 덜 관여한다. 이것은 매판 국가들에서 소비주의가 성장하는 것을 가로막는다. 아시아의 두 끝에서 현대적 전자 통신 및 선진 자본주의 경제가 출현하는 것과 함께, 국제 노동 분업을 유지하는 것은 매판 국가들이 값싼 노동력을 계속 공급하게 해준다.

---

(66) 하나의 에피스테메의 가능성인 일반적인 의미에서의 이러한 폭력은 데리다가 일반적인 의미에서의 '글쓰기'(writing)라고 부르는 것이다. 일반적인 의미에서의 글쓰기와 좁은 의미에서의 글쓰기(표면에 난 자국들) 사이의 관계는 깔끔하게 해명될 수 없다. 그라마톨로지의 과제(해체)는 이러한 변천하는 관계에 표기법을 제공하는 것이다. 그렇다면 어떤 면에서는 제국주의 비판은 해체 그 자체이다.

물론 인간의 노동은 본래 '값싼' 것도 '비싼' 것도 아니다. 노동법의 부재(혹은 노동법의 차별적 집행), 전체주의적 국가(종종 주변부 국가의 발전과 근대화에 수반되는), 노동자 편에서의 최소한의 생존 요건들이 값싼 노동력을 확보해 준다. 값싼 노동력이라는 중요한 품목을 그대로 유지하기 위해서는 매판 국가들의 도시 프롤레타리아트가 (계급 없는 사회의 철학으로 행세하는) 소비주의 이데올로기에 체계적으로 훈련되어서는 안 된다. 소비주의는 푸코가 언급하는 연합 정치$^{coalition\ politics}$[67]를 통해 모든 역경에 맞서 저항의 기반을 준비하도록 하기 때문이다. 소비주의 이데올로기와 이런 식으로 분리되는 것은 국제적 하청이 번성함에 따라 더욱 악화되고 있다. "이러한 전략하에 선진국에 기반을 둔 제조업자들은 가장 노동 집약적인 생산 단계, 예컨대 재봉이나 조립 공정을 노동력이 값싼 제3세계 국가들에 하청을 준다. 일단 조립 공정이 완료되면 다국적 기업은 그 **상품을 지역 시장에 내다 팔지 않고** 관대한 관세 혜택을 받으며 선진국에 재수출한다." 여기서 소비주의에의 훈련과 연결된 고리는 거의 끊어진다. "1979년 이후 지구적 경기 후퇴로 인해 세계적으로 무역과 투자가 눈에 띄게 줄어든 반면, 국제적 하청은 붐을 이루었다.……이 경우 다국적 기업은 전투적 노동자들, 혁명적 격동들, 심지어는 경기 침체에도 훨씬 더 자유롭게 맞선다."[68]

매판 국가에서 계급 이동성은 점점 더 줄어들고 있다. 매판 국가에

---

67) Foucault, "Intellectuals and Power", *Language, Counter-Memory, Practice*, p. 216[「지식인과 권력」, 『푸코의 맑스』, 206쪽].
68) John Cavanagh and Joy Hackel, "Contracting Poverty", *Multinational Monitor*, Vol. 4, No. 8, August 1983, p. 8. 강조는 스피박. 이 보고서는 정책연구소(Institute for Policy Studies)의 국제 기업 기획부(International Corporation Project)에서 일하는 존 커배너와 조이 해켈이 제출한 것이다.

서 일부 **토착 지배** 집단 구성원들, 즉 지역 부르주아지가 제휴 정치^{alliance} ^{politics}의 언어가 매력적이라고 생각하는 것은 놀라운 일이 아니다. 선진 자본주의 국가에서나 그럴듯한 저항 형식에 동조하는 것은 종종 라나지트 구하가 묘사하는 부르주아 역사 기술의 엘리트주의 편향과 일치한다.

지구적 제휴 정치의 그럴듯함에 대한 믿음은 매판 국가에서 '국제적 페미니즘'에 관심을 갖는, 지배적 사회 집단 여자들 사이에서 만연하고 있다. 그러한 저울의 맞은편 끝에 있는, "여자들, 죄수들, 징집된 군인들, 환자들, 동성애자들"[69] 사이의 제휴 가능성에서 가장 동떨어진 사람들이 바로 도시 하부프롤레타리아 여자들이다. 그들의 경우 소비주의나 착취 구조의 부인과 철회는 가부장적 사회 관계들에 의해 더욱 복잡해진다. **국제 노동 분업의 맞은편에 있는 착취의 주체는 여성 착취의 텍스트를 알 수 없으며 그것에 대해 말할 수 없다.** 설령 여성에게 말하는 공간을 만들어 주고 자신은 나서지 않겠다는 부조리한 지식인이 있다고 하더라도 말이다. 여성은 이중으로 그림자 속에 있다.

그러나 이런 인식조차도 이질적인 **타자**를 포괄하지는 못한다. **국제 노동 분업의 회로 바깥**(비록 완전한 바깥은 아니더라도)에는 우리가 포착할 수 없는 의식을 지닌 인민이 있다. **자아**나 **동일자**의 자리에 있는 우리 자신의 장소만 참조하면서 동질적인 **타자**를 구축해 우리의 자비심을 봉쇄한다면 포착할 수 없는 의식 말이다. 생존에 연연하는 농부들, 미조직 농업 노동자들, 부족민들, 거리나 시골을 배회하는 밑바닥 노동자들이 있다. 그들과 대면하는 것은 그들을 대표하는^{vertreten} 것이 아니라 우리 자신을 묘사

---

69) Foucault, "Intellectuals and Power", *Language, Counter-Memory, Practice*, p. 216[『지식인과 권력』, 『푸코의 맑스』, 206쪽].

하는darstellen 법을 배우는 것이다. 이 주장은 우리를 분과학문적 인류학 비판으로, 초등 교육과 분과학문 구성체 사이의 관계 비판으로 인도할 것이다. 또한 이 주장은 '태생적으로' 억압을 '똑바로 말하는' 주체를 선택하는 지식인들이 해대는 암묵적 요구, 즉 그러한 주체가 축약된 생산양식 서사인 하나의 역사에 도달해야 한다는 암묵적 요구에 의문을 제기할 것이다.

들뢰즈와 푸코는 제국주의의 인식론적 폭력이나 국제 노동 분업을 무시한다. 그들이 말미에서 제3세계 쟁점들을 건드리지 않았다면 그것은 그다지 문제될 게 없다. 하지만 프랑스에서 그들의 제3세계이자 한때 프랑스 식민지였던 아프리카 주민들의 문제를 무시하기란 불가능하다. 들뢰즈는 이 오래된 지역·지방 토착 엘리트들——이상적으로 말해 서발턴인——에 국한해서 제3세계에 대한 자신의 논의를 전개한다. 이런 맥락에서 산업 예비군을 유지하는 문제를 언급하면 뒤집힌 에스닉ethnic 감성에 빠진다. 그는 19세기 영토 제국주의의 유산을 말하고 있기 때문에, 지구화하는 중심부가 아니라 국민-국가를 언급한다. "프랑스 자본주의는 실업이라는 부유하는 기표를 많이 필요로 합니다. 바로 이 관점에서 우리는 억압 형식들의 통일성을 보기 시작합니다. 가장 힘들지만 보상은 못 받는 일자리가 이민 노동자들에게 돌아간다는 사실을 일단 인정하면, 이민 관련 규제들이 보이기 시작하죠. 프랑스 사람들도 점점 더 힘들어지는 노동에 대한 '감각'을 다시 획득해야 하니까 공장에서 억압이 일어나고, 젊은이들에 반대하는 투쟁이 일어납니다. 또 교육 체계의 억압이 일어나는 것이죠."[70] 이것은 수긍할 만한 분석이다. 하지만 다시금 이 분석은 제3세계 집

---

70) Foucault, "Intellectuals and Power", *Language, Counter-Memory, Practice*, pp. 211~212[「지식인과 권력」, 『푸코의 맑스』, 199쪽].

단들이 제1세계에 직접 접근할 수 있는 집단으로 한정될 때만, 제3세계 집단들이 '**통합된** 억압'에 직접 맞서는 제휴 정치의 저항 프로그램에 들어올 수 있음을 보여 준다.[71] 이처럼 자비롭게 제1세계 입장에서 **타자**로서의 제3세계를 전유하고 재기입하는 것은 오늘날 미국 인문과학에 나타나는 많은 제3세계주의의 초석을 이루는 특징이다.

푸코는 지리적 불연속성을 환기함으로써 맑스주의를 계속 비판한다. '지리적(지정학적) 불연속성'의 실제 표지는 국제 노동 분업이다. 그러나 푸코는 착취(맑스주의적 분석의 장인 잉여가치의 추출과 전유)와 지배('권력' 연구)를 구분하는 용어를 쓰면서 지배 쪽이 제휴 정치에 기초한 저항 가능성을 더 많이 갖는다고 주장한다. 하지만 그는 '권력' 개념에 대한 그런 일원론적·통합적 접근(방법론적으로 권력-의-**주체**를 가정하는)이 착취의 특정 단계에서나 가능하다는 점을 인식하지 못한다. 지리적 불연속성에 대한 푸코의 비전은 지정학적으로 제1세계에 특수한 것이기 때문이다.

> 당신이 말하고 있는 지리적 불연속성이란 아마 다음과 같은 뜻이겠지요. 우리가 **착취**에 맞서 투쟁하자마자 프롤레타리아트가 투쟁을 이끌 뿐만 아니라 투쟁의 목표와 방법, 투쟁의 자리와 도구를 정의한다고 말이죠. 또 우리가 프롤레타리아트와 제휴하는 것은 프롤레타리아트의 입장이나 이데올로기를 강화시키고 그들의 투쟁 동기를 이어 가게 된다고 말입니다. 이것은 [맑스주의 기획에—스피박] 완전히 몰입한다는 것을 뜻합니다. 하지만 우리가 투쟁하는 대상이 **권력** 자체라면 권력을 참을 수 없는

---

71) 제3세계를 기표로서 발명해 내는 역학은 Carby et al., *The Empire Strikes Back*에서 행하고 있는, 인종을 기표로 구성하는 방향을 취하는 분석 유형에는 **취약하다**.

것으로 인식하는 사람 모두가 자신이 처한 모든 상황에서 투쟁을 시작할 수 있고 그들 자신의 능동성(혹은 수동성)이라는 견지에서 그럴 수 있을 것입니다. **그들 자신의** 싸움──그들이 분명하게 목표를 이해하고 방법을 결정할 수 있는──이기도 한 이런 투쟁에 참여하면서 그들은 혁명적 과정에 입문하는 것이죠. 확실히 프롤레타리아트의 동지로서 말입니다. 권력은 자본주의적 착취를 유지하려는 방식으로 행사되기 때문입니다. 그들은 자신들이 억압받는 곳에서 싸움으로써 프롤레타리아트의 대의에 진정으로 복무하고 있습니다. 여자들, 죄수들, 징집된 군인들, 환자들, 동성애자들은 자신에게 행사되는 권력·제약·통제의 특정한 형식에 맞선 구체적인 투쟁을 이제 시작했습니다.[72]

이것은 국지적 저항 프로그램으로서 감탄할 만하다. 이런 저항 모델은 '맑스주의' 노선을 따르는 거시논리적 투쟁의 대안이 되지는 못하겠지만 그것을 보완할 수는 있다. 하지만 국지적 저항 프로그램을 보편화한다면 주체의 특권화를 자신도 모르는 사이에 수용하는 셈이 된다. 이데올로기 이론이 없는 상태에서 이것은 위험한 유토피아주의를 초래할 수 있다.

푸코는 공간화–속의–권력power-in-spacing을 명민하게 사유하는 사람이다. 그러나 제국주의의 지형학적topological 재기입은 푸코의 전제들에 나타나지 않는다. 그는 그러한 재기입이 생산한 서구에 대한 제한적 견해에 함몰되어 그 재기입의 효과를 공고히 하는 데 도움을 준다. 다음 부분에서 보듯 그는 17~18세기 유럽에 등장한 새로운 권력 메커니즘(맑스주의자는

---

72) Foucault, "Intellectuals and Power", *Language, Counter-Memory, Practice*, p. 216[「지식인과 권력」, 『푸코의 맑스』, 206~207쪽].

이것을 경제 외적 강제 없이 일어나는 잉여가치의 추출이라고 묘사한다) 자체가 영토 분할적인 제국주의라는 **수단**——대지와 그 산물들——**에 의해** '다른 곳에서' 확보되었다는 사실을 생략한다. 이런 무대에서는 주권성의 재현이 중요하다. "우리는 17~18세기에서 중요한 현상의 생산을, 아주 특정한 절차상의 테크닉을 소유한 새로운 권력 메커니즘의 등장을, 아니 발명을 보게 됩니다.……그런데 내 생각으로는 이 메커니즘은 또한 주권성의 관계들과는 절대로 양립하지 못합니다. 이 새로운 권력 메커니즘은 **대지와 그 산물들**보다 **신체와 신체가 하는 일**에 더욱더 의존합니다."[73]

'지리적 불연속성'의 첫번째 파도와 관련된 이러한 맹점 때문에 푸코는 20세기 중반의 두번째 파도에 대해서도 무감각한 채 그것을 그저 "파시즘의 붕괴와 스탈린주의의 쇠퇴"와 동일시한다.[74] 마이크 데이비스는 대안적인 견해를 보여 준다. "미국의 주도하에, 순화된 대서양 제국주의의 평화로운 경제적 상호 의존성의 조건을 창출한 것은 대항 혁명적 폭력의 지구적 논리였다.……1958년과 1973년 사이에 만개한 상업적 자유주의라는 새로운 시대를 가능하게 하면서, 주요 자본주의 경제들의 상호 침투에 선행해 그것들을 활성화시킨 것은, 소련에 맞서 집단적 안전을 확보한다는 슬로건에 따라 이루어진 다국적 군사 통합이었다."[75]

바로 이러한 '새로운 권력 메커니즘' 안에서 우리는 국민국가 무대에의 고착, 경제학에 대한 저항, 미시논리를 특권화하는 권력과 욕망 같은

---

73) Foucault, "Two Lectures", *Power/Knowledge*, p. 104[「권력, 왕의 머리베기와 훈육」, 『권력과 지식』, 136쪽].
74) *Ibid.*, p. 87[같은 글, 같은 책, 120쪽].
75) Mike Davis, "The Political Economy of Late-Imperial America", *New Left Review*, Vol. 143, Jan.-Feb. 1984, p. 9.

개념의 강조를 읽어 내야 한다. 데이비스는 계속해서 다음과 같이 말한다. "미국이 전략적인 군사력을 이렇게 거의 절대주의적으로 집중하는 것은 그 주요 총독들이 계몽되고 유연한 종속을 받아들이게 하기 위해서이다. 미국의 이런 집중은 특히 프랑스와 영국이 공산주의에 대항하는 공격적인 이데올로기적 동원을 내내 유지하는 가운데······프랑스와 영국에 잔존하는 제국주의적 허세들에 아주 잘 부합하는 것임이······입증되었다." 여기서 나는 '프랑스'와 같은 일원적 개념들을 경계하면서, "그 노동자 투쟁"과 같은 일원적 개념들이나 "권력처럼 저항도 다중적이며 지구적 전략들로 통합될 수 있습니다"[76]라는 일원적 진술들을 데이비스의 서사를 통해 해석할 수 있을 것 같다고 말해야만 하겠다. 폴 보베와 달리, 나는 "군사적으로나 문화적으로 공격받아 고향을 잃은 민족[팔레스타인—스피박]에게······["정치에 참여하는 것은······혁명이 바람직한지 어떤지를 가능한 한 가장 정직하게 알려고 노력하는 것*일까*"라는 푸코의—스피박] 질문이 부자 서구 나라의 어리석은 사치일 뿐"[77]이라고 말하고자 하는 것은 아니다. 오히려 나는 서구에 대한 자족적 버전을 구매하는 것은 제국주의 기획에 의한 그 버전의 생산을 무시하는 것임을 시사하고자 한다.

푸코는 몇 세기에 걸친 유럽 제국주의를 아주 명석하게 분석한다. 때때로 그러한 명석함은 의사들에 의한 공간 관리, 수용소 형태로 수행되는 행정의 발전, 광인들·죄수들·아이들의 견지에서 하는 주변부에 대한 고려 등 저 이질적인 현상들의 축소판을 생산하는 것처럼 보인다. 병원, 정

---

76) Foucault, "Power and Strategies", *Power/Knowledge*, p. 142[「권력과 전략」, 『권력과 지식』, 177쪽].
77) Bové, "Intellectuals at War", *SubStance*, Issue 36/37, p. 51.

신병자 수용소, 감옥, 대학 같은 모든 것이 좀더 광범위한 제국주의 서사를 읽지 못하게 막는 스크린-알레고리처럼 보인다(우리는 이와 비슷한 논의를 들뢰즈와 가타리가 사용하는 '탈영토화'라는 잔인한 모티프에 관해서도 펼칠 수 있다). 푸코는 "우리는 무엇인가에 대해 잘 모르기 때문에 그것에 대해 완벽하게 잘 말할 수는 없습니다"라고 중얼거릴지도 모른다.[78] 하지만 우리는 모든 제국주의 비평가가 드러내 보여 줄 것이 틀림없는 인가된 무지에 대해 이미 말한 바 있다.

3

프랑스의 '영향'을 받아들이는 미국 학자들과 학생들의 일반적인 수준에서 보자면, 푸코는 실제 역사, 실제 정치, 실제 사회 문제를 다루는 반면 데리다는 접근하기 어렵고 난해하며 텍스트주의적이라는 식으로 이해되고 있다. 독자들은 이렇게 받아들여진 관념을 아마 꽤 잘 알고 있을 것이다. 테리 이글턴은 "[데리다—스피박] 자신의 저작이 지독히 비역사적인 데다 정치를 회피하며 실제로 '담론'으로서의 언어[기능 중인 언어—스피박]를 망각해 온 사실을 부인해서는 안 된다"고 쓰고 있다.[79] 이글턴은 계속해서 '담론적 실천들'에 대한 푸코의 연구를 권장한다. 페리 앤더슨도 이와 관련된 역사를 구축한다. "구조주의의 자기-철회 self-cancellation 는 레비-스트

---

78) Foucault, "Questions on Geography", *Power/Knowledge*, p. 66[「지형학에 대한 몇 가지 질문」, 『권력과 지식』, 96쪽].
79) Terry Eagleton, *Literary Theory: An Introduction*, Minneapolis: University of Minnesota Press, 1983, p. 205[『문학이론 입문』, 김명환·장남수·정남영 옮김, 창작과비평사, 1986, 182쪽].

로스나 푸코가 음악이나 광기에 의지한 것에 잠재되어 있는데, 데리다에 이르러 그 절정에 이르렀다. 데리다는 사회적 현실을 탐색하는 데 전혀 투신하지 않는다. 그는 이 두 사람의 구축을 해체하면서 이 둘에게 루소적인 '기원들에 대한 향수'라는 혐의와 소크라테스 이전의 '기원들에 대한 향수'라는 혐의를 각기 씌우고, 무슨 권리로 각자가 자체의 전제에 따라 그 정당성을 추정해야 하느냐고 물으면서도 거의 아무런 가책도 느끼지 않았다."[80]

　이 에세이는 데리다를 옹호해서건 아니건 간에 상실된 기원들에 대한 향수가 제국주의 비판 내부에서 사회 현실을 탐색하는 데 해로울 수 있다는 발상에 투신하고 있다. 실로, 앤더슨의 오독이 보여 주는 명민함은 정확히 내가 강조하던 푸코의 문제를 그가 지적하는 것을 막지 않는다. "'언어의 존재가 우리의 지평선 위에서 그 어느 때보다도 계속해서 밝게 빛나는 동안 인간은 쇠락하는 중'이라는 푸코의 1966년 선언은 당시의 특징적인 예언적 분위기를 포착했던 것이다. 그러나 그러한 지평선을 감지하거나 소유하는 '우리'란 누구인가?" 앤더슨은 이후의 푸코에게서 인식되지 않은 서구의 **주체**가, 즉 부인함으로써 주재하는 **주체**가 잠식해 들어오는 것을 간파하지 못하고 있다. 보통 그러하듯 앤더슨도 푸코의 태도가 앎의 **주체**knowing Subject 자체의 사라짐을 주장한다고 본다. 더 나아가 앤더슨은 데리다에게서 그러한 경향이 최종적으로 진전되었다고 생각한다. "[우리—스피박]라는 공허한 대명사에다 그 프로그램의 아포리아를 놓는다."[81] 마지막으로 데리다의 '텍스트성' 개념을 심각하게 잘못 이해하고

---

80) Perry Anderson, *In the Tracks of Historical Materialism*, London: Verso, 1983, p. 53[『역사 유물론의 궤적』, 김필호·배익준 옮김, 새길, 1994, 85쪽].

있는 사이드의 구슬픈 다음 경구를 살펴보자. "데리다의 비평은 우리를 텍스트 **속으로**^into 움직이게 하고 푸코는 텍스트의 **안**과 **밖**을 동시에 넘나들게 한다."[82]

피억압자의 정치에 대한 실질적인 관심은 종종 푸코의 호소력을 설명해 준다. 나는 이런 관심이 지식인과 억압받는 '구체적' 주체를 특권화하는 태도를 은폐할 수 있다고 논의해 왔다(사실 그러한 태도가 푸코의 호소력을 형성한다). 여기서 나는 영향력 있는 저자들이 부추겨 온 데리다에 대한 특수한 견해에 맞서는 게 아니라 데리다 작업의 몇몇 논점들이 제1세계 바깥에 있는 사람들에게 장기간의 유용성을 갖는다는 점을 논의하고자 한다. 이것은 변명이 아니다. 데리다의 글은 읽기 어렵고 그가 실제로 검토하는 대상은 고전 철학이다. 그렇지만 제대로 이해된다면 데리다는 피억압자들이 스스로를 대변하게 하는, 부재하는 비재현자^nonrepresenter라는 가면을 쓰고 있는 제1세계 지식들보다 덜 위험하다.

나는 데리다가 20년 전에 쓴 「실증과학으로서 그라마톨로지에 관하여」^Of Grammatology As a Positive Science라는 장을 살펴볼 것이다.[83] 이 장에서 그는 '해체'^deconstruction가 적절한 실천—비판적이든 정치적이든—을 이끌어 낼 수 있는가 하는 논점과 대면하고 있다. 이 논점의 질문은 에스노중심적^ethnocentric **주체**가 선별적으로 **타자**를 정의함으로써 자신을 확립하지 않도록 하는 길은 어떤 것인가 하는 점이다. 이는 **주체** 자체를 위한 프로그램이 아니라 오히려 자비로운 **서구** 지식인을 위한 프로그램이다. 우

---

81) *Ibid.*, p. 52[같은 책, 82쪽].
82) Said, *The World, the Text, and the Critic*, p. 183.
83) Derrida, *Of Grammatology*, pp. 74~93[『그라마톨로지』, 221~269쪽].

리는 '주체'가 역사를 가지고 있고 우리의 역사적 순간 속에 있는 제1세계 지식 주체의 과제는 '동화'를 통한 제3세계의 '인정'에 저항하고 비판하는 것이라고 느낀다. 이런 우리들에게는 그러한 특수성이 중요하다. 데리다는 유럽 지식인의 에스노 중심적인 충동에 대해 애처로운 비판보다는 사실에 기반을 둔 비판을 수행하려고 한다. 이를 위해서 그는 자기 논의의 근거를 확립하려면 대답되어야만 하는 '최초의' 질문들을 자신이 물을 수 없다는 사실을 인정한다. 그는 그라마톨로지가 단순한 경험주의를 '넘어설' 수 있다(프랭크 렌트리키아Frank Lentricchia의 말)고 선언하지 않는다. 왜냐하면 그라마톨로지 역시 경험주의처럼 최초의 질문들을 물을 수 없기 때문이다. 그리하여 데리다는 '그라마톨로지적' 지식을 경험적 조사가 갖는 **똑같은 문제들과** 연계시킨다. 그렇기 때문에 '해체'란 '이데올로기적 탈신비화'를 말하는 새로운 단어가 아니다. "경험적 조사"처럼 "그라마톨로지적 지식의 장에서 거처를 구하[는 것—스피박]"은 "'사례들'을 통해 작동"할 수밖에 없다.[84]

데리다가 실증과학으로서 그라마톨로지가 갖는 한계들을 보여 주기 위해 내세우는 사례들은 제국주의 기획을 이데올로기적으로 적절하게 자기 정당화하는 데서 유래한 것이다. 데리다는 17세기 유럽에서 "유럽적 의식의 위기를 가리키는 징후"[85]를 구성하는 글쓰기의 역사적 과정에는 세 종류의 편견이 작동하며, 그것들이 '신학적 편견', '한자적 편견', '상형문자적 편견'이라고 쓰고 있다. 첫번째 편견은 신이 히브리어나 그리스어로 원시적primitive 혹은 자연적 문자script[인쇄된 것이 아니라 손으로 쓴 글]를

---

84) Derrida, *Of Grammatology*, p. 75 [『그라마톨로지』, 224쪽].
85) *Ibid.*, p. 75 [같은 책, 224쪽].

썼다고 하는 것이다. 두번째 편견은 한자는 철학적 글쓰기를 위한 완벽한 **청사진**이지만 단지 청사진에 지나지 않으며, 진정한 철학적 글쓰기는 "역사와 상관없는 독립적인"[86] 것이라고 하면서 한자를 손쉽게 배우는 문자로 지양시켜 현실의^{actual} 한자를 폐기하는 것이다. 세번째 편견은 이집트 문자는 너무도 숭고해서 해독될 수 없다고 하는 것이다. 첫번째 편견은 히브리어나 그리스어의 '현실성'^{actuality}을 보전한다. 나머지 (각각 '합리적'이고 '신비적인') 두 편견은 첫번째 편견을 지지하는 데 공모한다. 첫번째 편견에서는 로고스의 중심을 유대-기독교의 **신**으로 간주하고 있기 때문이다(동화를 통한 헬레니즘적 **타자**의 전유는 더 이전의 이야기다). 이런 '편견'은 유대-기독교 신화의 지도 작성법에 지정학적 역사의 지위를 부여하려는 노력 속에서 지금도 견지되고 있다.

> 이렇게 해서 중국의 글쓰기 개념은 일종의 **유럽적 환각**으로 기능하게 되었다.……이런 기능화는 엄격한 필요성에 복종했다.……그것은 그때 수중에 넣을 수 있었던 중국 문자^{script}에 관한 지식에 의해 동요되지 않았다.……'**상형문자적 편견**'은 이미 **이해관계와 결부된 맹목성**이라는 똑같은 결과를 생산했다. 엄폐^{occultation}는 에스노 중심적인^{ethnocentric} 조롱에서부터……진행되기는커녕 과장된 찬양의 형태를 취한다. 우리는 이런 패턴의 필연성을 입증하는 작업을 아직 완수하지 못했다. 우리 세기는 이 패턴에서 자유롭지 못하다. 에스노 중심주의가 드러내 놓고 급격하게 뒤집힐 때마다, 어떤 노고는 슬그머니 숨어 버린다. **내부를 공고히 해서** 내부로부터 자체의 이익을 끌어내는 모든 스펙터클한 효과 뒤로 말이다.[87]

---

86) *Ibid.*, p. 79[같은 책, 232쪽].

데리다는 내부를, 즉 자신의 주체 위치를 공고히 하는 **타자**를 생산하려는 유럽적 **주체**의 문제를 해결하기 위한 두 가지 특징적인 가능성을 제안하는 데로 나아간다. 먼저 데리다는 글쓰기, 가정과 시민사회의 개시, 욕망·권력·자본화의 구조들 사이의 공모성을 설명한다. 그런 다음, 그는 말로 표현할 수 없으면서도 초월적이지 않은 역설적인 무엇인가를 보전하려는 자기 욕망의 취약성을 드러낸다. 데리다가 식민 주체의 생산을 비판하면서 제기하는, 바로 이 말로 표현할 수 없고 초월적이지 않은('역사적인') 장소는 서발턴 주체에 의해 집중된다.

데리다는 그라마톨로지의 기획은 현존의 담론discourse of presence **안에서** 전개되어야 한다고 다시 한번 주장하면서 「실증과학으로서 그라마톨로지에 관하여」를 끝맺는다. 그라마톨로지는 현존을 비판할 뿐만 아니라 우리 **자신**의 비판에 담겨 있는 현존의 담론의 여정을 인식하며, 투명성에 대한 과도한 주장을 경계한다. 데리다에게 그라마톨로지의 대상 이름이자 모델 이름으로서 '글쓰기'란 단어는 "오직 **역사적** 울타리 안에, 말하자면 과학과 철학의 한계들 안에 있는" 실천이다.[88]

여기서 데리다는 **타자**를 구성하는 과정에서 나타나는 유럽의 에스노중심주의를 비판하기 위해서 특별히 정치적인 선택보다는 니체적이고 철학적이며 정신분석학적인 선택을 하고 있다. 포스트식민 지식인으로서 나는, 자신의 비판으로 필요하게 된 특정한 길로 데리다가 나를 **인도하지**(유럽인들은 불가피하게 나를 인도하려는 것처럼 보인다) 않는다는 곤란을

---

87) Derrida, *Of Grammatology*, p. 80[『그라마톨로지』, 233~234쪽]. '상형문자적 편견'만 데리다의 강조임.
88) *Ibid.*, p. 93[같은 책, 258쪽].

겪지 않는다. 나는 유럽 철학자인 데리다가 **타자**를 에스노 중심주의의 주변부로 구성하는 **유럽적 주체**의 경향을 분명하게 짚어 내고, **그 경향을** 모든 로고스 중심주의적인 노력들, 따라서 모두 그라마톨로지적인 노력들이 지니는 문제로 자리매김한(「실증과학으로서 그라마톨로지에 관하여」의 주된 논지는 로고스 중심주의와 그라마톨로지 사이의 공모성이기 때문에) 점을 더욱 중요하게 생각한다. 이 문제는 일반적인 문제가 **아니라 유럽적인** 문제이다. "**사유**thought는……텍스트의 빈 부분"[89]이라고, 텍스트에 나타나지 않더라도 그 **텍스트** 안에 여전히 들어 있으며 역사의 **타자**에게 넘겨져야 하는 것이 사유라고 말할 정도로, 데리다가 사유 혹은 지식의 **주체**를 강등시키려고 필사적으로 노력하는 것도 바로 이 에스노 중심주의라는 맥락 안에서이다. 제국주의를 다루는 포스트식민 비평가는, 해석 가능한 텍스트에 의해 제약된 저 접근 불가능한 빈 공간이 유럽적 울타리 안에서 이론 생산의 바로 그 장소로 진전되는 것을 보고 싶어 할 것이다. 포스트식민 비평가와 지식인은 **텍스트에 기입된** 그러한 빈 공간을 미리 가정해야만 그들 자신의 이론적 생산을 전위시키려고 시도할 수 있다. 이와 대조적으로 사유나 사유하는 주체를 투명하게 만드는 것 혹은 보이지 않게 만드는 것은 **타자**를 동화시킴으로써 무자비하게 인정하는 태도를 은폐하는 것처럼 보인다. 데리다는 "타자(들)로 하여금 자신을 대변하게 하기"를 환기시키지 않으며, "우리 안에 존재하는 타자의 목소리인 저 내면의 목소리를 **환각으로 만드는**"(자기를 공고히 해주는 타자와 반대되는) '전적인-타자'quite-other, tout-autre에 대한 "호소"와 "부름"을 환기시킨다. 데리다가 그렇게 하는 것은 타자를 동화시킴으로써 인정하는 태도를 경계하려는 뜻

---

[89] *Ibid.*, p.93[같은 책, 258쪽].

에서이다.[90]

데리다는 17세기 후반과 18세기 초반 글쓰기의 유럽적 과학에 배어 있던 에스노 중심주의를 유럽적 의식의 일반적 위기를 가리키는 징후라고 부른다. 물론 이것은 더 큰 징후 혹은 아마도 위기 자체일, 자본주의적 제국주의의 첫번째 파도를 경유하여 봉건주의에서 자본주의로 서서히 넘어간 변화의 일부이다. 타자를 동화시킴으로써 타자를 인정하는 여정은, 정신분석이나 여성의 '형상'——해체 **안에서** 이 두 가지 개입 지점들이 갖는 중요성을 축소해서는 안 되겠지만——으로의 반복적 침입에서보다 식민 주체의 제국주의적 구성 속에서 더욱 흥미롭게 추적될 수 있을 것 같다. 데리다는 정신분석이나 여성 쪽으로 옮겨 가지는 않았다(아마 그럴 수 없을 것이다).

이렇게 특정한 부재를 초래한 이유가 무엇이건 간에, 내가 데리다에게서 유용하다고 여기는 것은 타자 구성의 **역학**mechanics에 관해 지속적으로 진척되는 작업이다. 타자의 **진정성**authenticity을 환기하기보다 타자 구성의 역학을 이용함으로써 우리는 분석이나 개입에 훨씬 더 유리한 지점을 확보할 수 있다. 이런 수준에서 볼 때 푸코에게서 유용한 부분은 규율화와 제도화의 역학, 말하자면 식민자의 구성이다. 그는 이를 제국주의의 어느 판본과도, 초기 제국주의나 후기 제국주의, 원제국주의나 포스트제국주의 어느 것과도 연결시키지 않는다. 초기 제국주의, 후기 제국주의, 원제국주의, 포스트제국주의는 서구의 쇠락에 관심을 갖는 지식인에게 크게 유용하다. 그것들이 그들에게는 큰 유혹이고 우리에게는 두려움이다. 그

---

90) Derrida, "Of an Apocalyptic Tone Recently Adopted in Philosophy", trans. John P. Leavy, Jr., *SEMIA*, Vol. 23, 1982, p.71.

것들이 조사하는 주체(남성 전문가이든 여성 전문가이든)의 공모성이 자체를 투명성 속에 위장하게끔 허용했을 수도 있기 때문이다.

4

서발턴은 말할 수 있는가? 서발턴의 지속적인 구성을 위해 엘리트가 경계해야 할 일은 무엇일까? '여성' 문제는 이 맥락에서 가장 문제적인 지점으로 보인다. 당신이 가난한 흑인 여성이라면 세 가지 방식으로 여성 문제에 연루되어 있는 셈이다. 그렇지만 이런 규정을 제1세계 맥락에서 (제3세계와 동일하지는 않은) 포스트식민 맥락으로 옮겨 놓는다면 '흑인'이나 '유색'이라는 기술은 설득력 있는 중요성을 상실한다. 자본주의적 제국주의의 첫 단계에서 식민 주체-구성에 필수적이었던 계층화들은 해방적 기표로서 '유색'을 무용한 것으로 만들고 있다. 대부분의 미국과 서유럽 인문과학자들의 급진주의(동화에 의한 인정)가 안고 있는 잔인하고 규격화된 자비심, 매판 주변부에서 소비주의의 이질적이지만 꾸준한 후퇴, 중심부-주변부의 접합에서조차 주변부인 곳('진정한, 그러면서도 차이를 지닌 서발턴')의 배제에 직면해, 여성 문제 영역에서 인종 의식보다 계급 의식 같은 아날로그가 역사적·분과학문적·실제적으로 **우파**나 **좌파** 모두에게 똑같이 금지되는 것 같다. 이런 형편은 그저 **이중적** 전위의 문제만도 아니고, 제1세계 여성과 함께 제3세계 여성을 수용할 수 있는 정신분석적 알레고리를 찾는 문제만도 아니다.

내가 방금 말한 주의 사항들은 우리가 서발턴 여성의 의식, 더 수긍할 만하게는 서발턴 여성 주체에 대해 말할 때만 타당하다. 유색 인종 여성들이나 제1세계와 제3세계에서 계급적으로 억압받는 여성들이 벌이고 있는 성차별주의 반대 운동을 보고하는 것, 더욱 좋게는 거기에 참여하는 것은 부정할 수 없이 우리의 일정에 올라가 있다. 우리는 또 인류학·정치학·역사학·사회학에서 일어나고 있는, 이 침묵당한 영역들에 관한 정보 복원을 환영해야 한다. 그렇지만 의식이나 주체를 가정하고 구축하는 것은 그런 작업을 지속시키며, 결국 제국주의적 주체-구성 작업과 밀착해 인식론적 폭력을 학식과 문명의 진보와 뒤섞어 버릴 것이다. 그리고 서발턴 여성은 언제나처럼 말없이 있을 것이다.[91]

---

[91] Gail Omvedt, *We Will Smash This Prison!: Indian Women in Struggle*, London: Zed Press, 1980과 같이 보도와 분석 면에서 탁월한 텍스트들에서조차도, 도시 프롤레타리아 상황 속에 있는 마하라슈트라주(Maharashtra)의 한 여성 집단이 "인도의 운명과 함께 자신의 운명을 던졌던" 어떤 급진적인 백인 여성에게 반응하는 가운데 "인도 여성"을 대표하거나 "인도에서의 여성 의식" 문제를 건드린다는 가정이 해롭지 않은 것은 아니다. 국제적인 헤게모니 언어로 인한 통신의 확산으로 대안적 설명들과 증언들이 즉각 학부생들에게도 접근 가능해지는 제1세계 사회 구성체 내부에서 그 가정이 채택될 때 말이다.

'제3세계 페미니즘들: 형식과 내용에서의 차이들'(UCLA, 1983년 8월 3일)에 관한 토론회에서 제시된, 인도 맥락에서 반성차별주의 활동은 진정으로 반성차별주의적인 것이 아니라 반봉건적인 것이라는 노르마 친칠라(Norma Chinchilla)의 관찰은 또 하나의 사례이다. 친칠라의 관찰은 성차별주의에 관한 정의들을 한 사회가 자본주의 생산양식에 진입한 후에만 등장하는 것으로 허용하며, 그리하여 자본주의와 가부장제를 편리하게 연속적인 것으로 만든다. 또한 그녀의 관찰은 역사에 대한 규범적 서사화가 지니는 설명력을 생산양식에 관한 설명을 통해―역사가 구축되는 방식이 아무리 복잡하더라도―지속하는 데서 제기되는 "'아시아적' 생산양식"의 역할이라는 난처한 문제를 환기한다.

이 문제에서 '아시아'라는 고유명사의 신기한 역할은 실제 양식의 경험적 실존을 입증하느냐 그렇지 못하느냐에 국한된 채 남지 않는다(그 역할은 국제적 공산주의 내부에서 강렬한 책략의 대상이 되었던 문제다). 그 역할은 Barry Hindess and Paul Hirst, *Pre-Capitalist Modes of Production*, London: Routledge, 1975와 Jameson, *Political Unconscious*와 같은 이론적 복잡미묘함과 중요성을 지닌 저작에서도 중요한 것으로 남아 있다. 특히 생산양식의 형태학이 역사적 결정론에 대한 모든 의심으로부터 구조되어 포스트구조주의적 주체 이론에 정박된 제임슨에게서 '아시아적' 생산양식은 그것에 수반되는 국가 구성체로서 '동양적 전제주의'의 위장 속에서 여전히 역할을 한다. '아시아적' 생산양식은 또한 들뢰즈와 가타리의 『앙티 오이디푸스』에 나오는 우습게 변형된 생산양식 서사에서 중요한 역할을 한다. 이와 같은 당대의 이론적 기획들과는 많이 동떨어진 소비에트 논쟁에서 '아시아적' 생산양식의 교리적 충분함은 그 생산양식을 위해 봉건적·노예제적·공동체적 생산양식이라는 다양한 판본들과 이토록 난처한 장場에서 서발턴 여성 문제를 제기하기란 쉽지 않다. 그런 만큼 이 문제가 관념론적인 딴소리가 아니라는 점을 실용주의적 급진주의자들에게 상기시키는 것이 더욱더 필요하다. 모든 페미니즘적 기획 혹은 성차별주의 반대 기획이 서발턴 여성 문제로 환원될 수는 없다. 하지만 서발턴 여성 문제를 무시하는 것은 인식되지 않은 정치적 제스처를 취하는 것이다. 이 제스처는 장구한 역사를 갖고 있다. 그것은 또한 조사자의 위치를 투명하게 만드는 남성주의적 급진주의와 협력한다. 역사적으로 말 없는 상태에 처한 서발턴 여성이라는 주체에게 말을 거는 법(그 주체의 말을 듣거나 그 주체를 위해 말하는 법이 아니라)을 배우는 과정에서 포스트식민 지식인은 여성의 특권을 '배움을 위해' **체계적으로** '잊는다' systemically "unlearn". 이러한 배움을 위해 체계적으로 잊기는 포스트식민 담론이 제공할 수 있는 가장 좋은 도구를 갖고 포스트식민 담론을 비판하는 법을 배우는 일에 관여하는 것이지, 단순히 식민지인의 상실된 형상을 대체하는 데 관여하는 것이 아니다. 그리하여 서발턴 연구라는 반제국주의 기획 내부에도 서발턴 여성의 말 없음을 간과하는 태도가 존재함을 문제삼는 것은, 조너선 컬러가 시사한 것과 달리, "구별함으로써 차이를 생산"하려 하거나 "성 정체성과 결부된 본질적·특권적 경험들로 정의된 성 정

명칭들을 생산함으로써 가장 종종 의심을 받았다(그 논쟁은 Stephen P. Dunn, *The Fall and Rise of the Asiatic Mode of Production*, London: Routledge, 1982에 자세하게 제시되어 있다). 이 논쟁을 서구의 좌파를 오랫동안 훈련시켜 왔던, 봉건주의에서 자본주의로의 이행에 관한 대부분의 논쟁들에서 억압된 제국주의적 '계기'와 연관시켜 보면 흥미로울 것이다. 여기서 좀더 중요한 사안은 친칠라의 것과 같은 관찰이 (서구 맑스주의보다) 제3세계 페미니즘 내부에 있는 광범위한 위계화를 나타낸다는 점이다. 제3세계 페미니즘을 제국주의적 개념-은유인 '아시아'와의 오랜 교통 내부에 위치시키는 위계화 말이다.
내가 아직 읽지는 못했지만 Madhu Kishwar and Ruth Vanita eds., *In Search of Answers: Indian Women's Voices from Manushi*, London: Zed Books, 1984를 덧붙여야 하겠다.

체성에……호소"⁹²⁾하려는 것이 아니다.

　페미니즘 기획에 관한 컬러의 견해는 엘리자베스 폭스-지노비스가 "부르주아-민주주의 혁명이 여성의 사회적·정치적 개인주의에 기여한 바"⁹³⁾라고 부른 것 안에서 가능하다. 우리가 아직 미국 학자로서 주장하는 중이라면, 지금 컬러가 기술하고 있는 대로 페미니즘 기획을 이해할 수밖에 없다.⁹⁴⁾ 그러한 페미니즘 기획은 확실히 '배움을 위해 잊기'unlearn를 통한 나 자신의 교육에서 필수적인 단계였으며, 서구 페미니즘의 주류 기획이 계급 상승과 관련해 여성과 남성이 개인주의적 권리를 놓고 벌이는 싸움을 지속시키면서 전위한다는 믿음을 공고히 했다. 미국 페미니즘과 유럽 '이론'(일반적으로 미국 혹은 영국 출신 여성이 추상적이라고 이해하는) 사이의 논쟁은 바로 이러한 지형terrain의 중요한 한 지점을 차지할 것이다. 나는 미국 페미니즘을 좀더 '이론적'으로 만들어야 한다는 촉구에 대해서는 대체로 공감하는 바이다. 그렇지만 서발턴 여성이라는 말 없는 주체 문제는, 상실된 기원을 '본질주의적'으로 찾아 나선다고 해결될 리가 없기는 하지만, 영미 어느 쪽에서건 더 많은 이론을 외친다고 해서 도움을 받을 수 있는 문제가 아닌 것 같다.

　이론을 보강하라는 요청은 '본질주의'와 동일해 보이는 '실증주의'를

---

92) Jonathan Culler, *On Deconstruction: Theory and Criticism after Structuralism*, Ithaca: Cornell University Press, 1982, p. 48[『해체 비평』, 이만식 옮김, 현대미학사, 1998, 55쪽].
93) Elizabeth Fox-Genovese, "Placing Woman's History in History", *New Left Review*, Vol. 133, May-June 1982, p. 21.
94) 나는 "Finding Feminist Readings: Dante–Yeats", Ira Konigsberg ed., *American Criticism in the Poststructuralist Age*, Ann Arbor, MI.: University of Michigan Press, 1981에서 좀 자전적인 방식으로 이 생각을 전개하고자 시도했다.

비판하는 맥락에서 종종 나온다. 하지만 '부정성의 노동'의 근대적 창시자인 헤겔은 본질 개념에 낯설지 않았다. 본질주의가 신기하게도 변증법 안에 계속 남아 있는 것이 맑스에게는 심각하고도 생산적인 문제였다. 그러므로 실증주의/본질주의(미국)와 '이론'(영미를 경유한 프랑스-독일이나 프랑스) 사이의 엄격한 이분법적 대립은 피상적인 것일 수 있다. 이러한 이분법은 실증주의 비판과 본질주의의 애매한 공모 관계(데리다가「실증과학으로서 그라마톨로지에 관하여」에서 밝히고 있는)를 억압하는 것과 별도로, 실증주의는 이론이 아니라는 뜻을 함축함으로써 또한 오류를 범한다. 이런 움직임은 고유명사로서 혹은 실증적인 본질로서 **이론**의 등장을 허용한다. 다시금 조사자의 위치는 의문시되지 않는다. 또 이러한 지형적인 논쟁이 제3세계로 향한다면, 방법 문제에서 아무런 변화도 감지되지 않는다. 이 논쟁은 서발턴으로서 여성의 경우, 성차화된 주체(인류학적 대상이 아니라)의 흔적의 여정을 형성하는 어떤 구성 요소도 산포散布, dissemination의 가능성을 가늠하기 위해 수합하는 것이 거의 불가능하다는 점을 고려할 수 없다.

그렇지만 나는 페미니즘을 실증주의 비판 및 구체적인 것의 탈물신화와 연계시키는 태도에 일반적으로 동조하는 편이다. 또한 나는 서구 이론가들의 작업에서 배우는 데 반감을 갖지 않는다. 물론 내가 배운 것이 조사하는 주체로서 서구 이론가들의 위치성을 계속 짚어 내기를 요구하는 것이지만 말이다. 이런 조건 속에서 문학 비평가로서 나는 서발턴으로서 여성의 의식이라는 심대한 문제에 전술적으로 부딪쳤다. 나는 이 문제를 하나의 문장[95]으로 다시 써서 단순한 기호 작용semiosis의 대상으로 바

---

95) "백인종 남자가 황인종 남자에게서 황인종 여자를 구해 주고 있다"를 가리킨다.—옮긴이

꾸었다. 이 문장은 무엇을 뜻할까? 여기서 유비 관계는 프로이트식의 이데올로기적 희생화victimization와 조사하는 주체로서 포스트식민 지식인의 위치성 사이에 성립된다.

사라 코프만은 프로이트가 여성을 속죄양으로 써먹는 것이 지닌 깊은 애매함을 시초의 욕망이자 지속되는 욕망에 대한 반동-형성reaction-formation임을 보여 주었다. 여기서 시초의 욕망이란 히스테리에 걸린 사람에게 목소리를 주어 그녀를 히스테리의 **주체**로 변형시키려는 것을 말한다.[96] 시초의 그런 욕망을 '딸의 유혹'으로 바꾸는 남성주의-제국주의적인 이데올로기적 형성은, 단일체적 '제3세계 여성'을 구축하는 것과 똑같은 형성의 일부이다. 포스트식민 지식인으로서 나 또한 그러한 형성에 영향을 받고 있다. '배움을 위해 잊는'unlearn 우리 기획의 일부는 바로 그런 이데올로기적 형성을, 조사 **대상** 속으로 들어가 필요하다면 침묵이라도 **측정해서** 명료하게 밝히는 것이다. 그러므로 '서발턴은 말할 수 있는가'와 '(여성으로서) 서발턴은 말할 수 있는가'라는 질문들과 마주하며 서발턴에게 역사 속의 목소리를 주려는 우리의 노력은 프로이트 담론이 가동시킨 위험들에 이중으로 노출된다. 이 점을 고려한 덕택에 나는 "어린아이가 매를 맞고 있다"는 문장을 프로이트가 검토하는 가운데 마주쳐야 했던 것과 별반 다르지 않은 정신으로 "백인종 남자가 황인종 남자에게서 황인종 여자를 구해 주고 있다"는 문장을 만들어 냈다.[97]

여기서 프로이트의 용법은 주체-형성과 사회적 집단체collective들의

---

96) Sarah Kofman, *L'énigme de la femme: La femme dans les textes de Freud*, Paris: Galilée, 1980[이 텍스트는 *The Enigma of Woman: Woman in Freud's Writings*, trans. Catherine Porter, Ithaca: Cornell University Press, 1985로 영역되었다.—영어판 편집자].

행위 사이의 동형적 유비$^{\text{isomorphic analogy}}$——들뢰즈와 푸코의 대담에서 라이히가 언급될 때 종종 수반되는 실천 방식——를 함축하지 않는다. 그래서 나는 "백인종 남자가 황인종 남자에게서 황인종 여자를 구해 주고 있다"는 문장이 **집단적** 제국주의 기획에서 사도마조히즘적 억압의 **집단적** 여정의 징후가 되는 **집단적** 환상을 나타낸다고 시사하지 않는다. 그런 알레고리에 만족스러운 대칭성은 있겠지만 나는 오히려 독자들로 하여금 그것을 하나의 결정적인 해결책보다는 '야생 정신분석학'이 갖는 하나의 문제로 보도록 초대할 참이다.[98] 「'어린아이가 매를 맞고 있다'」와 그 외 다른 글들에서 프로이트가 여성을 속죄양으로 만들기를 주장하는 것이 그의 정치적 이해관계를 불완전하게나마 드러내듯, 이 문장을 기화로 내가 제국주의적 주체-생산을 주장하는 것 역시 나의 정치를 드러낸다.

더 나아가 프로이트는 환자들이 그에게 제시한 많은 유사한 실질적 설명들로부터 앞 문장["어린아이가 매를 맞고 있다"]을 **하나의 문장으로** 구축해 낸다. 나는 이 문장에서 그가 취하고 있는 전략의 일반적인 방법론적 아우라를 빌려 오고자 한다. 그렇다고 내가 분석-중의-전이$^{\text{transference-in-analysis}}$ 사례를 독자와 텍스트(나의 문장) 사이의 거래를 나타내는 동형적 모델로서 제시하겠다는 뜻은 아니다. 전이와 문학 비평 혹은 역사 기술 사

---

97) Sigmund Freud, "'A Child Is Being Beaten': A Contribution to the Study of the Origin of Sexual Perversion", *The Standard Edition of the Complete Psychological Works of Sigmund Freud*, Vol. 17, London: Hogarth, 1955[「'매 맞는 아이'」, 『정신병리학의 문제들』, 황보석 옮김, 열린책들, 2004].

98) Freud, "'Wild' Psycho-Analysis", *The Standard Edition of the Complete Psychological Works of Sigmund Freud*, Vol. 11, London: Hogarth, 1957[「'야생' 정신분석에 대하여」, 『끝낼 수 있는 분석과 끝낼 수 없는 분석: 정신분석 치료기법에 대한 논문들』, 이덕하 옮김, 도서출판b, 2004].

이의 유비는 생산적인 오어법 이상은 아니다. 주체가 텍스트라고 말하는 것이 말로 된^{verbal} 텍스트가 주체라는 반대 진술에 권위를 부여해 주지는 않는다.

오히려 나는 최종 문장["어린아이가 매를 맞고 있다"]을 생산한 억압의 **역사**를 진술하는 프로이트의 방식에 매료된다. 이 억압의 역사는 유아의 기억상실에 감추어져 있는 기원과 우리의 태곳적 과거에 자리 잡고 있는 기원이라는 이중의 기원을 갖고 있다. 이렇게 보는 것은 억압의 역사란 인간과 동물이 아직 미분화된 기원 이전^{preoriginary} 공간을 함축한다고 가정하는 셈이다.[99] 우리는 제국주의적 정치경제의 이데올로기적 위장을 설명하고 또 내가 죽 묘사해 왔던 것과 같은 문장을 생산한 억압의 역사를 윤곽짓고자, 프로이트 전략이 지닌 상동성을 맑스주의 서사에 부과하도록 추동된다. 또한 이 억압의 역사는 다음과 같은 이중의 기원도 갖는다. 하나는 1829년 영국이 과부 희생을 폐지한 사건 이면에서 작동하던 술책에 감추어져 있는 기원이고,[100] 다른 하나는 힌두 인도의 고전이자 베다적 과거인 『리그베다』$^{Ṛg\text{-}Veda}$와 『다르마사스트라』^{Dharmaśāstra}에 자리 잡고 있는 기원이다. 이 억압의 역사를 지지하는 미분화된 기원 이전 공간도 틀림없이 있을 것이다.

내가 구축한 문장["백인종 남자가 황인종 남자에게서 황인종 여자를 구해 주고 있다"]은 황인종 남자와 백인종 남자 사이의 관계(때때로 황인종

---

99) Freud, "'A Child Is Being Beaten'", *The Standard Edition of the Complete Psychological Works of Sigmund Freud*, Vol. 17, p. 188[「매 맞는 아이」, 『정신병리학의 문제들』, 149쪽].
100) 식민 시기에 과부-희생화의 "현실"이 어떻게 구성되고 "텍스트화되었는가"를 탁월하게 설명하는 글로는 Lata Mani, "The Production of Colonial Discourse: Sati in Early Nineteenth Century Bengal"(Masters Thesis), University of California at Santa Cruz, 1983 참조. 이 책을 기획하는 초기 단계에 나는 마니 씨와의 토론에서 많은 것을 얻었다.

여자와 백인종 여자도 끼어드는)를 기술하는 수많은 전위들 중 하나다. 이 문장은 '과장된 찬사'를 일삼는 몇몇 문장들 사이에, 혹은 데리다가 '상형문자적 편견'과 관련하여 경건한 죄의식 운운한 몇몇 문장들 사이에 자리를 잡는다. 제국주의적 주체와 제국주의의 주체 사이의 관계는 적어도 모호하다.

힌두 과부는 죽은 남편을 화장한 장작더미에 올라가서 자신을 불태운다immolate. 이것이 바로 과부 희생이다(산스크리트에서 과부를 관습적으로 표현하는 단어는 사티sati이다. 식민 초기 영국인들은 이것을 수티suttee라고 썼다). 이 제의는 보편적으로 수행된 것도, 특정 카스트나 계급에 한정된 것도 아니었다. 영국인들에 의한 이 제의의 폐지는 일반적으로 '황인종 남자에게서 황인종 여자를 구해 준 백인종 남자'의 한 사례로 여겨져 왔다. 19세기 영국 선교 기록에 나오는 여성들에서 메리 데일리Mary Daly에 이르기까지 백인종 여자들은 이와 다른 대안적 이해를 생산해 내지 못했다. 이 문장에 맞서는 진술로는 "여자들이 죽고 싶어 했다"라는, 상실된 기원을 향한 향수를 패러디하는 인도 토착주의 논의가 있다.

두 문장["백인종 남자가 황인종 남자에게서 황인종 여자를 구해 주고 있다"와 "여자들이 죽고 싶어 했다"]은 서로를 정당화해 주는 오랜 역사를 갖고 있다. 우리는 여자들의 목소리-의식에 대한 증언과 결코 마주치지 않는다. 물론 그런 증언은 이데올로기-초월적이지도, '온전히' 주관적이지도 않았겠지만, 하나의 대항 문장을 생산하는 요소들을 구성했을 법하다. 우리가 동인도회사 기록에 포함된 경찰 보고서에서 이 여자들, 즉 순사殉死한 과부들이 이름조차 아주 괴상하게 잘못 전사되어 있는 기록을 훑어 내려가 본다고 하더라도 하나의 '목소리'를 짜 맞출 수는 없다. 우리가 감지할 수 있는 최대의 것은 골격만 남은 무지한 설명(예컨대 카스트를 부족이라고 규칙적으로 기술하는)을 꿰뚫고 나오는 거대한 이질성이다. 포스트식민적 여성 지식인은 "백인종 남자가 황인종 남자에게서 황인종 여자를 구해 주고 있다"와 "여자들이 죽고 싶어 했다"라는 변증법적으로 서로 얽혀 있는 문장들과 마주해, "이게 도대체 무엇을 의미하나요"라는 단순한 기호 현상semiosis과 관련된 질문을 던지며 하나의 역사를 짜내기 시작한다.

내부의domestic 혼란으로부터 좋은 시민사회가 탄생하는 계기를 표시하기 위해, 법의 정신을 주입시키고자 법의 문자를 깨뜨리는 특이한 사건들이 종종 환기된다. 남자들이 여자들을 보호한다는 명분이 종종 그러한 사건을 제공한다. 영국 사람들은 인도의 토착 관습/법을 완전히 공평하게 대하거나 거기에 아예 간섭하지 않는 태도를 자랑해 왔다. 우리가 이 점을 기억한다면 존 던컨 마틴 데렛의 다음 지적에서 법의 정신을 위해 법의 문자를 위반하는 인가된 경우를 환기하는 것을 읽을 수 있다. "힌두법에 부과된 최초의 법령은 단 한 명의 힌두교도의 동의도 받지 않고 처리되었다." 여기서 그 법령의 명칭은 밝혀지지 않고 있다. 탈식민 후에도 남아 있는, 식민지에서 확립된 '좋은' 사회의 생존에 함축된 의미를 고려해 본다면, 그 조치의 명칭이 밝혀지는 다음 문장도 똑같이 흥미로울 것이다. "독립한 인도에서 사티의 재발은 아마 이 나라의 가장 후진적인 지역에서조차도 오래 생존할 수 없는 반계몽주의의 부흥일 것이다."[101]

이러한 관찰이 정확하건 그렇지 않건 내게 흥미로운 것은 여성(오늘날에는 '제3세계 여성')의 보호가 좋은 사회를 확립하는 데 필요한 기표가

---

101) John Duncan Martin Derrett, *Hindu Law, Past and Present: Being an Account of the Controversy Which Preceded the Enactment of the Hindu Code, the Text of the Code as Enacted, and Some Comments Thereon*, Calcutta: A. Mukherjee and Co., 1957, p. 46.

된다는 사실이다. 여기서 좋은 사회의 확립은 그 출범 시기에는 단순한 합법성legality 혹은 법 정책상의 형평성을 위반해야만 한다. 이 특수한 경우에, 좋은 사회가 확립되는 과정은 또한 제식으로서 용인되고 널리 알려져 있고 칭송되던 관습을 범죄로 재정의하는 것을 허용했다. 달리 말하자면, 힌두법에서의 이 한 가지 조항이 사적 영역과 공적 영역 사이의 경계를 뛰어넘어 버렸다.

서유럽에만 초점을 맞추고 있는 푸코의 **역사적 서사**는 범죄의 용인이 18세기 후반 범죄학의 발전에 선행한다[102]고만 보고 있을 따름이다. 그렇지만 그 서사에 나오는 '에피스테메'에 대한 그의 이론적 **기술**은 적절하다. "그 **에피스테메**는 참과 거짓의 분리가 아니라 과학적인 것이라고 특징지어질 수도 있는 것과 과학적인 것이라고 특징지어지지 않을 것", 즉 범과학에 의해 고정되는 범죄와 대립하는, 미신에 의해 고정되는 제식의 "분리를 가능하게 만드는 '장치'**입니다**".[103]

수티가 사적인 영역에서 공적인 영역으로 도약한 것은 상업과 무역상 거주했던 영국인들이 영토적이고 행정적인 주둔으로 전환한 상황과 명백하면서도 복잡한 관계를 맺고 있다. 이러한 도약 과정은 경찰서, 하급 및 고등 법원, 이사회, 왕립 법원 등등 사이에 오고간 서신들에서 추적될 수 있다(봉건주의에서 자본주의로의 이행에서 등장한 '식민 토착 주체'의 관점에서 보면, 사티가 전도된 사회적 책무를 지고 있는 기표**라는** 점에 주목하는 것은 흥미롭다. "서구의 영향에 노출됨으로써 심리적으로 주변부가 된 집단들은……자신들에게나 다른 사람들에게 그들의 제의상의 순수함이나 전

---

102) Foucault, "Prison Talk", *Power/Knowledge*, p. 41[「권력의 유희」, 『권력과 지식』, 66쪽].
103) Foucault, "The Confession of the Flesh", *Ibid*., p. 197[「육체의 고백」, 같은 책, 239쪽].

통 고급문화에 대한 충성심을 입증해야 한다는 압력을 받게 되었다. 옛날 규범들이 내부에서 흔들리게 되었을 때 그들 중 많은 사람에게 사티는 그 규범들에 순응하는 중요한 증거가 되었다"[104]).

이것이 내 문장의 최초의 역사적 기원이라면, 그러한 기원은 노동으로서 인간성의 역사, 자본주의 팽창의 이야기, 상품으로서의 노동력의 느린 자유화, 생산양식 서사, 봉건주의에서 중상주의를 경유해 자본주의로 가는 이행 속에서 명백하게 상실된다. 하지만 이러한 서사의 불안정한 규범성은 변화가 없다고 추정되는 '아시아적' 생산양식이라는 임시변통에 의해 지탱된다. 아시아적 생산양식은 불안정한 그 규범성을 유지하기 위해 개입한다. 자본 논리의 이야기가 서구의 이야기이고, 제국주의가 생산양식 서사의 보편성을 확립하며, 오늘날 서발턴에 대한 무시가 좋든 싫든 제국주의 기획을 지속시키는 일임이 분명해질 때마다 말이다. 그리하여 내 문장의 기원은 더욱더 강력한 다른 담론들이 뒤섞이는 동안 상실된다. 여하튼 사티의 폐지 자체는 칭찬할 만한 일이다. 그런데도 내 문장의 기원을 감지해 내는 지각이 개입주의적 가능성들을 담지할 것인지 여전히 궁금해할 수 있을까?

좋은 사회를 확립하는 자로서 제국주의의 이미지는 여성을 같은 종족에게서 보호받아야 할 **대상**으로 옹호하는 입장에 의해 특징지어진다. 우리는 **주체**의 자유로운 선택 권한을 겉으로만 여성에게 부여하는 가부장적 전략의 이 위장을 어떤 식으로 검토해야 하는가? 달리 말해 우리는 '영

---

104) Ashis Nandy, "Sati: A Nineteenth Century Tale of Women, Violence and Protest", Vijaya Chandra Joshi ed., *Rammohun Roy and the Process of Modernization in India*, Delhi: Vikas Publishing House, 1975, p. 68.

국'에서 '힌두교'로 어떻게 넘어갈 것인가? 그런 시도만 해보아도 **제국주의**가 피부색주의, 즉 유색인에 대한 단순한 편견과 동일하지 않다는 사실이 드러난다. 이 질문에 접근하기 위해 나는 『다르마샤스트라』(떠받치는 경전들)와 『리그베다』(지식의 찬양)를 간략하게 다룰 것이다. 두 텍스트는 프로이트와 나 자신 사이의 상동 관계가 갖는 태곳적 기원을 나타낸다. 물론 두 텍스트에 대한 나의 태도가 그것들을 모조리 다루려는 것은 아니다. 오히려 나의 읽기는 포스트식민 여성이 억압의 조제 과정을 비전문가로서 이해관계를 갖고 조사하는 것이며, 여성의 의식, 따라서 여성의 존재, 따라서 좋은 여성, 따라서 좋은 여성의 욕망, 따라서 여성의 욕망에 대한 하나의 구축된 대항 서사이다. 역설적이게도 그와 동시에 우리는 하나의 기표로서 여성의 고정되지 않은 장소를 사회적 개인을 기입하는 데서 목격하게 된다.

『다르마샤스트라』에서 나의 관심을 끄는 두 계기는 인가된 자살 및 죽은 자를 위한 제의의 성격에 관한 담론들이다.[105] 두 담론 안에서 틀 지어진 과부들의 자기-화살self-immolation은 규칙의 예외로 보인다. 일반적인 경전의 교리로 보면 자살은 비난받아 마땅하다. 하지만 정형화된formulaic 수행으로서 자살의 현상적 정체성을 상실한 특정 형태의 자살이 존재할 여지 또한 있다. 인가된 자살의 첫번째 범주는 타트바즈냐나tattvajñāna, 즉 진리에 대한 지식에서 생겨난다. 여기서 앎의 주체는 자기 정체성의 비실체성 혹은 (비현상성과 동일한 것일 수 있는) 단순한 현상성을 이해한다. 특

---

105) 이어지는 설명은 다음 책에 상당히 의존했음을 밝혀 둔다. Pandurang Vaman Kane, *History of the Dharmasastra*, 5 Vols., Poona: Bhandarkar Oriental Research Institute, 1963.

정 시기에 타트 트바$^{tat\,tva}$는 '그런 당신'으로 해석되기도 했다. 하지만 그냥 타트바^{tatva}는 그러함^{thatness} 혹은 본질^{quiddity}**이다.** 그리하여 각성된 자아는 정체성의 '그러'함$^{"that"\text{-}ness}$을 진실로 알고 있다. 이 자아가 그 정체성을 파괴하는 것은 아트마가타^{ātmaghāta}(자아 살해)가 아니다. 앎의 한계들을 아는 것의 역설은, 행위 능력의 가능성을 부인하기 위해 행위 능력을 가장 강력하게 주장하는 것이 행위 능력 자체의 사례가 될 수는 없다는 점이다. 참으로 이상하게도 신들의 **자기-희생**은 자기-지식에 의해서보다 **자연의 경제**와 **우주**를 작동시키는 데 유용한 자연 생태학에 의해 인가된다. 인간 존재가 아니라 신들이 거주하는, 전위들의 이 특정한 연쇄로 이루어지는 **논리적으로** 선행하는 이 단계에서 자살^{ātmaghāta}과 희생^{ātmadāna}은 '내부적' 인가(자기-지식)인지, '외부적' 인가(생태학)인지 딱히 구분되지 않는다.

 그러나 이러한 철학적 공간은 자기를 불태우는 여성을 수용하지 않는다. 그녀를 위해서 우리는 어쨌든 쉽게 입증할 수 있고 스므리티^{smriti}(기억)보다는 스루티^{sruti}(들음)의 영역에 속하는 상태로서 진리-지식을 주장할 수 없는 자살들을 여성에게 인가해 줄 공간이 어디에 있을지 찾아본다. 일반적 규칙의 이 예외는 자기-화살이 특정한 깨달음의 상태가 아니라 특정 장소에서 수행될 경우, 그 화살의 현상적 정체성을 폐기시켜 준다. 그리하여 우리는 내부적 인가(진리-지식)에서 외부적 인가(순례지)로 옮겨 간다. 여성은 **이러한** 유형의 (비)자살을 수행할 수 있다.[106]

 그러나 순례지조차도 여성한테는 자신의 고유한 자아를 파괴함으로

---

106) Upendra Thakur, *The History of Suicide in India: An Introduction*, Delhi: Munshi Ram Manohar Lal, 1963, p. 9는 신성한 장소들에 관한 산스크리트의 기초적 원전들을 나열한 유용한 목록을 보여 준다. 공을 많이 들인 훌륭한 이 책은 부르주아 민족주의, 가부장적 공동체주의, '계몽된 합리성' 같은 식민 주체의 정신분열 신호를 모두 드러내 보여 준다.

써 자살이라는 고유명사를 폐기하기에 **적합한** 장소가 아니다. 왜냐하면 죽은 배우자를 화장한 장작더미 위에서 수행된 여성의 자살만이, 인가된 자기-화살이기 때문이다(다른 사람을 화장한 장작더미 위에서 자기를 불태운 몇몇 남자들의 예가 힌두 고대 문헌에서 인용된다. 이것은 스승이나 윗사람에 대한 열정과 헌신을 입증하면서 제의 내에 있는 지배 구조를 드러낸다). 이러한 자살 아닌 자살은 진리-지식과 경건한 장소 둘 다의 시뮬라크르로 읽힐 수도 있다. 만일 그 자살이 진리-지식의 시뮬라크르라면, 자신의 비실체성과 단순한 현상성에 대한 **주체 안에서의** 지식이 극화되어 죽은 남편은 소멸된 주체의 외화된 사례이자 장소인 것처럼 되고 과부는 '그것을 실행하는' (비)행위자인 것처럼 된다. 만일 그 자살이 경건한 장소의 시뮬라크르라면, 자신으로부터 법적으로 전위된 여성 주체를 소진시키는 정교한 제의에 의해 구축된 저 불타는 장작더미가 모든 신성한 장소를 가리키는 환유가 되는 것 같다. 자유로운 선택의 역설이 작동하는 것은 바로 여성 주체의 전위된 장소를 둘러싼 이 심층적인 이데올로기의 견지들에서이다. 남성 주체의 경우, 주목되는 것은 자살 자체의 지위를 확립하기보다 폐기하게 될 자살의 환희이다. 여성 주체의 경우, 인가된 자기-화살은 인가되지 않은 자살에 부여되는 '추락'^pātaka의 효과를 없애면서 또 다른 등기부에서는 선택 행위라는 찬양을 불러일으킨다. 순장은 성차화된 주체를 부단히 이데올로기적으로 생산한다. 그리하여 여성 주체는 그 죽음을 과부 행실의 일반적 규칙을 초과하는, 자기 욕망의 **예외적인** 기표로 이해할 수 있게 된다.

특정 시기와 특정 지역에서 이러한 예외적인 규칙은 특정 계급에만 일반적인 규칙이 되었다. 아시스 난디^Ashis Nandy는 18~19세기 벵골에서 이 규칙이 눈에 띄게 만연했던 현상을 인구 조절에서 공동체의 여성 혐오에 이르는 요인들과 연결시킨다.[107] 확실히 이전 세기들에 벵골에서 사티 관습이 만연했던 것은 인도의 다른 지역과 달리 벵골에서는 과부가 재산을 상속할 수 있었기 때문이다. 그러므로 영국 사람들이 불쌍한 인도 여자들이 학살당하고 희생된다고 본 사안은 사실 이데올로기적 전쟁터였다. 『다르마사스트라』를 연구한 위대한 역사가 카네Pandurang Vaman Kane가 정확히 관찰했듯이, "벵골에서 아들이 없는 남자의 과부에게는 고인이 된 남편이 그 대가족 재산에 대해 누렸을 권리와 똑같은 권리를 가질 자격이 주어진 [다는 사실은—스피박]······유족들로 하여금 가장 고통스러운 순간에 남편에 대한 그녀의 사랑과 헌신에 호소해 과부를 없애 버리도록 수차 부추겼던 게 틀림없다".[108]

하지만 자비롭고 계몽된 남성들은 이 문제를 놓고 자유롭게 선택하는 여성의 '용기'에 동조했고 지금도 동조하고 있다. 그리하여 그들은 성차화된 서발턴 주체의 생산을 받아들인다. "근대 인도는 사티 관습을 정당화하지 않는다. 다만 근대 인도인들은 사티가 된 여자들, 여성다운 행실의 이상을 품고 자우하르jauhar[109]를 수행한 인도 여자들의 차분하고 굽힐 줄 모르는 용기에 찬탄하고 존경하는 마음을 표한다. 그런다고 근대 인도인들을 비난하는 것은 왜곡된 심성이다."[110] 장-프랑수아 리오타르가 '디페랑'différend이라고 부른바, 논쟁 중인 하나의 담론 양식에서 다른 담론 양식으로 접근할 수 없거나 번역할 수 없는 상황이 여기서 생생하게 예증되

---

107) Nandy, "Sati", *Rammohun Roy and the Process of Modernization in India*.
108) Kane, *History of the Dharmasastra*, Vol. 2, Pt. 2, p. 635.
109) 인도 무사 계급의 일원인 크샤트리아를 일컫는 자르푸트 신분의 전쟁 과부들이 승리한 무슬림 수중에서 강간을 당하지 않으려고 집단으로 자신을 불태운 것을 뜻한다.—옮긴이
110) *Ibid.*, p. 636.

고 있다.[111] 영국 사람들이 이교도의 제식으로 감지하던 담론이 범죄 담론으로 깎아내려지면서(리오타르가 주장하듯 번역되는 것이 아니라), 여성의 자유의지에 대한 한 가지 진단이 다른 진단으로 대체된다고 하겠다.

물론 과부의 자기-화살이 **한결같은** 제의 규정은 아니었다. 그렇지만 과부가 제의의 문자를 초과하기로 결정한다면 그것의 철회는 특정한 유형의 고행을 명령받는 위반이 된다.[112] 이와 대조적으로, 죽기로 결단한 후에 이 화살을 감독하는 영국인 지방 경찰에게 설득되어 죽지 않겠다고 하는 것은 진정 자유로운 선택, 자유의 선택을 나타내는 표시였다. 토착 식민 엘리트 입장이 지닌 모호성은 자기를 희생하는 이 여성들의 순수함·강함·사랑에 대한 민족주의적 낭만화에서 드러난다. 틀에 박힌 두 가지 예를 들자면 "자기를 버린 애국적인 벵골 할머니들"에게 보낸 라빈드라나드 타고르Rabindranath Tagore의 찬가, 수티를 "신체와 영혼의 완벽한 통일을 보여 주는 최후의 증거"라고 한 아난다 쿠마라스와미Ananda Coomaraswamy의 찬가가 있다.[113]

---

111) Jean-François Lyotard, *Le différend*, Paris: Minuit, 1984.
112) Kane, *History of the Dharmasastra*, Vol. 2, Pt. 2, p. 633. 사회적 실천이 이 '명령받은 고행'을 훨씬 초과했다는 제안들이 있다. 1938년에 출판된 아래의 책에 나오는 "용기"와 "군건한 성격"과 같은 문구들에서 작동하는 여성 의지의 자유에 관한 힌두교 교부적(patristic) 가정들을 참조하라. 저 문구들에서 검토되지 않은 채 상정된 전제들은, 과부-첩의 완전한 대상화가 주체의 지위를 나타내 주는 용기를 낼 권리를 포기한 데에 대한 처벌이라는 점이다. 즉 "그렇지만 어떤 과부들은 장작더미 위의 고행을 감내할 용기를 갖지 못했다. 또한 그들은 브라마차리아에 의해 자신에게 명령된 고결한 금욕적 이상에 부응할 정신의 힘이나 군건한 성격을 충분히 갖추지 못했다. 그들이 첩 혹은 유폐된 아내(avaruddha stri)의 삶을 살도록 내몰렸다고 기록하자니 슬프다". Anant S. Altekar, *The Position of Women in Hindu Civilization: From Prehistoric Times to the Present Day*, Delhi: Motilal Banarsidass, 1938, p. 156.
113) Dineshchandra Sen, *Brhat-Banga*, Vol. 2, Calcutta: University of Calcutta Press, 1935, pp. 913~914에서 재인용.

분명 나는 과부를 죽이는 행위를 옹호하고 있는 것은 아니다. 자유에 관해 서로 경합하는 두 견해 내부에서 볼 때, **삶에서** 여성 주체의 구성 자체가 디페랑의 장소**임을** 시사하고 있는 중이다. 과부의 자기-화살의 경우, 제식은 가부장제가 아니라 **범죄**로 재정의되고 있다. 제국주의의 심각함이 '사회적 사명'에 그것의 이데올로기적 에너지를 집중시킨 데 있었듯, 사티의 심각함은 '보상'에 그것의 이데올로기적 에너지를 집중시킨 데 있었다. 그러므로 에드워드 톰슨이 사티를 '처벌'로 이해한 것은 초점을 한참 빗나간 셈이다.

산 채로 마음대로 꿰어 찌르고 껍질을 벗기는 무굴 사람들이 수티에 대해 느꼈던 감정은 부당하고도 비논리적인 것처럼 보일지도 모른다. 사실 수티가 영국인의 양심에 충격을 주기 거의 1세기 전에 마녀 화형과 종교적 박해의 소란을 알았던 유럽 사람들 역시 몹시 잔혹한 처형 코드를 갖고 있었다. 그러면서도 그들이 수티에 대해 느껴야만 했던 감정이란 부당하고도 비논리적으로 보일 것이다. 하지만 그들에게 차이점이란 다음과 같아 보였다. 즉 그들의 잔혹함에 희생되는 사람들은 그들을 범죄자로 간주하는 법에 의해 고통을 받는 반면, 수티라는 희생자들은 아무 죄도 없이 다만 남자들이 마음대로 할 수 있을 만큼 육체적으로 약하다는 점 때문에 처벌받는다는 것이었다. 순장 의식은 그 밖의 어떤 다른 인간적 악도 도저히 드러내지 못할 타락과 오만함을 입증하는 것 같았다.[114]

18세기 중후반 내내 인도의 영국인들은 브라만들의 동질화된 힌두법

---

114) Thompson, *Suttee*, p. 132.

에 따를 때 수티가 합법적인지 아닌지에 관해 학식 있는 브라만들에게 의견을 구했고 그들과 협력했다. 과부를 설득해 자기-화살을 단념시킨 의미심장한 경우에서 보듯, 영국인들과 브라만들의 협력은 종종 특이한 양상을 보여 주었다. 어린 자식들을 두고 있는 과부의 화살에 대한 일반적인 금지에서 보듯, 영국 측의 협력도 때로 혼란스러워 보인다.[115] 19세기가 시작될 무렵 영국 당국, 특히 영국에 있던 영국인들은 영국이 순장 실천을 너그러이 묵과해 주는 것처럼 보이도록 협력하라고 거듭 제안했다. 마침내 사티 관련 법령이 완성되었을 때 협력의 긴 역사는 지워졌고, 그 법령의 언어는 야만적인 악습을 실행하는 나쁜 힌두인에 반대하는 고상한 힌두인을 찬양했다.

> 수티 관습은……인간 본성의 감정에 반하는 역겨운 것이다.……많은 경우 힌두인 자신들에게도 충격적인 잔학 행위가 계속 저질러졌다.……바로 이런 고려들에 고무되어 의회 총독은 다음 법령의 확정이 옳다고 생각했다. 정의와 휴머니티라는 최상의 명령들을 범하지 않고 체계를 지킬 수 있는 한, 모든 계층의 백성이 안전하게 그들의 종교적 관행을 준수할 수 있도록 해야 한다는, 인도를 통치하는 영국 체계의 가장 중요하고 기본적인 원리들 중 하나로부터 떨어져 나올 의향은 추호도 없이 말이다.……[116]

---

115) 여기서 사티를 둘러싸고 벌어진 브라만들의 논쟁을 보려면 Mani, "Production of an Official Discourse on *Sati* in Early Nineteenth Century Bengal", *Economic and Political Weekly*, Vol. 21, No. 17, pp. 71 이하 참조.
116) Kane, *History of the Dharmasastra*, Vol. 2, Pt. 2, pp. 624~625.

이것은 자살을 죄악으로 기입하기보다 예외로 보고 거기에 등급을 매겨 인가하는 대안적인 이데올로기였다. 이 사실은 물론 이해되지 않았다. 아마 사티는 순교와 함께, 초월적 존재를 대표하는 죽은 남편과 함께 읽히거나, 아니면 전쟁과 함께, 주권자나 국가——도취적인 자기-희생 이데올로기가 이를 위해 동원될 수 있는——를 대표하는 남편과 함께 읽혀야 했을 것이다. 그런데 실제로 사티는 살인, 영아 살해, 아주 나이 든 노인의 죽음 방치와 함께 범주화되었다. 여성으로 구성되는 성차화된 주체의 자유의지라는 수상한 자리는 성공적으로 지워졌다. 여기서 우리가 다시 추적할 수 있는 주체의 여정이란 없다. 다른 인가된 자살들은 여성 주체를 구성하는 무대에 포함되지 않았기 때문에, 그 자살들은 『다르마사스트라』의 전통이라는 태곳적 기원 수준에서의 이데올로기적 전쟁터에도, 영국 쪽에서 제식을 범죄로 재기입하고 폐지하는 무대에도 들어가지 못했던 것이다. 이와 관련해 단식 투쟁을 뜻하는 사티아그라하^{satyāgraha} 개념을 저항으로 재기입한 마하트마 간디가 유일한 변화를 보여 주었을 따름이다. 하지만 여기가 저 커다란 변화의 세부 사항을 논의할 자리는 아니다. 나는 그저 과부 희생과 간디식 저항의 아우라를 비교해 보도록 독자들을 초대할 뿐이다. 사티아그라하와 사티의 어근은 같다.

푸라나^{Purāṇa} 시기(서기 400년경)가 시작된 이래, 학식 있는 브라만들은 일반적으로 신성한 장소에서 인가되는 자살로서 사티의 원론적인 적절성을 두고 논쟁을 벌였다(지금도 이 논쟁은 학술적으로 계속되고 있다). 때로는 순장 관습의 카스트 기원이 문제로 떠올랐다. 하지만 과부들이 브라마차리아^{brahmacarya}를 지켜야 한다는 일반법에는 거의 이견이 없었다. 브라마차리아를 '금욕'^{celibacy}으로 번역하는 것은 충분하지 않다. 존재의 네 시기를 언급하는 힌두(혹은 브라만)의 **규제적** 심리전기에서 브라마차리아는 결혼을 통해 친족에 기입되는 것에 선행하는 사회적 실천**이라는** 사실이 인식되어야 한다. 홀아비나 남편인 남성은 바나프라스타vānaprastha(숲의 생활)를 거쳐 성숙한 금욕과 포기인 삼니아사samnyāsa(버림) 단계로 들어간다.[117] 아내인 여성은 가라스티아gārhasthya(살림)에 필수 불가결한 존재라서 남편을 따라 숲의 생활로 갈 수도 있다. 여성은 (브라만의 제재 탓에) 금욕주의의 최종적 단계인 삼니아사에 접근하지 못한다. 신성한 교리의 일반법에 따르면, 과부가 된 여자는 정체(停滯)로 변형된 선행 상태로 퇴행해야만 한다. 이런 법에 수반되는 제도적인 해악들은 잘 알려져 있다. 나는 성차화된 주체의 이러한 이데올로기적 형성에 일반법이 초래한 비대칭적 효과를 고찰해 보고 있는 중이다. 그리하여 힌두인들 사이에서나 힌두인과 영국인 사이에서나 자기-화살에 대한 **예외적** 명령이 적극 논쟁에 붙여지긴 했지만, 과부들의 비예외적 운명은 전혀 논쟁이 되지 않았다는 사실은 훨씬 더 큰 의미를 지닌다.[118] 바로 여기서 (성적으로) 서발턴인 주체를 복원할 가능성은 다시금 상실되고 중층결정된다.

이렇게 주체의 지위에서 법적으로 프로그램된 비대칭성으로 말미암아 여성은 **한** 남편의 대상으로 효과적으로 정의된다. 분명히 이러한 비대칭성은 법적으로 대칭적인 남성의 주체-지위를 위해 작동한다. 그리하여 과부의 자기-화살은 일반법의 예외보다는 극단적인 사례가 된다. 그렇다

---

117) 우리가 여기서 말하고 있는 것은 '있는 그대로의 과거'라기보다 브라만주의의 규제적 규범들이다. Robert Lingat, *The Classical Law of India*, trans. J. D. M. Derrett, Berkeley: University of California Press, 1973, p. 46 참조.
118) 고대 인도에서 가능했던 과부 재혼의 흔적과 1856년 과부 재혼의 법적 인정은 모두 남성들 사이의 거래이다. 과부 재혼은 그저 하나의 예외일 뿐이다. 아마 그것이 주체-형성 프로그램을 전혀 건드리지 않기 때문일 것이다. 과부 재혼을 언급하는 모든 '구전 설화'에서 이기적이지 않고 개혁주의적 용기를 가졌다고 칭송되는 편은 바로 아버지와 남편이다.

면 다른 여성들과 경쟁하여 단독 소유자[남편]의 대상이 되는 삶의 질이 강조된 곳에서 사티가 받을 천상의 보상을 읽어 내는 것은 놀라운 일이 아니다. 거기서는 황홀경에 빠진 천상의 무희들이, 여성의 아름다움과 남성 쾌락의 권화들이 사티를 찬양하는 노래를 부른다. "천상에서 그녀는 남편에게만 헌신하며 아프사라스[apsarās][천상의 무희들—스피박] 집단의 찬양을 받는다. 그녀는 열네 분의 인드라[Indras]가 다스리는 동안 남편과 즐거운 나날을 보낸다."[119]

이렇게 여성의 자유의지를 자기-화살에서 찾는 데 깃들어 있는 심각한 아이러니는 앞에서 인용한 구절과 이어지는 연에서 다시 한번 드러난다. "여자[아내[stri]—스피박]가 죽은 남편을 따라 자기 몸을 불태우지 않는 한, 자신의 여성 육체[strisarir][윤회 속에 있는—스피박]에서 결코 해방되지[released, mucyate] 못한다." 여성에게만 인가된 자살은 개인적 행위 능력으로부터 가장 미묘하고도 일반적인 해방을 작동시키는 바로 그 순간에 개인적 행위 능력을 초개인적인 것[the supraindividual]과 **동일시함**으로써 그것의 이데올로기적인 힘을 끌어오고 있는 셈이다. "남편을 화장한 장작더미 위에서 지금 당신 자신을 죽여라. 그러면 윤회 속에 있는 당신의 여성 육체를 죽일 수 있다"는 것이다.

이 역설을 좀더 비틀어 보면, 자유의지를 이런 식으로 강조하는 것 자체가 여성의 육체를 장악하고 있는 특이한 불행을 확립할 것이다. 실제로 불타고 있는 자아에 해당하는 단어는 가장 고귀한 의미로 정신을 가리키는 표준어(아트만[ātman])이다. 한편 '해방시키다'라는 동사는 가장 고귀한 의미에서의 구원의 어근을 통해 수동태로 쓰이고 있으며, 윤회 속에서 폐

---

119) Kane, *History of the Dharmasastra*, Vol. 2, Pt. 2, p. 631.

기되는 것은 몸을 가리키는 일상적 단어이다. 그 이데올로기적 메시지는 자비로운 20세기 남성 역사가의 찬탄 속에 쓰여 있다. "치토르^{Chitor}나 다른 지역들의 라즈푸트^{Rajput}[인도 무사 계급의 일원인 크샤트리아―스피박] 부인들이 승리한 무슬림의 수중에서 이루 형언할 수 없는 잔학 행위를 당하지 않으려고 실행한 자우하르는 너무 잘 알려져 있어서 새삼 길게 주목할 필요도 없다."[120]

엄밀히 말해 자우하르는 사티의 행위가 아니다. 또한 나는 '무슬림'이나 그 외 다른 정복 군대의 남성에게 용인되는 성폭력을 대변하고 싶지도 않다. 하지만 성폭력에 직면한 여성의 자기-화살은 강간을 '자연스러운' 것으로 정당화하며 결국엔 여성 생식기의 단독 소유를 위해 작동하게 된다. 정복자들이 영구화하는 집단 강간은 영토 획득을 축하하는 환유이다. 누구도 과부를 위한 일반법에 의문을 품지 않듯 이러한 여성의 영웅적 행위도 아이들에게 들려주는 애국 이야기 가운데 살아남아 가장 조잡한 이데올로기적 재생산을 일삼는 수준에서 계속 작동한다. 여성의 영웅적 행위는 또한 힌두 공동체주의를 실행하는 가운데 정확히 중층결정된 기표로서 엄청난 역할을 수행해 왔다. 이와 동시에 성차화된 주체의 구성이라는 더욱 광범위한 문제는 사티에 대한 가시적 폭력만이 강조됨으로써 은폐되고 만다. (성적으로) 서발턴인 주체를 복원하는 과제는 태곳적 기원을 갖는 제도적 텍스트성에서 상실된다.

앞서 언급했듯이 고인에게 남은 **여성** 미망인에게 재산 소유자로서 법적 주체의 지위가 일시적으로 부여될 수 있을 때, 과부의 자기-화살이 엄격하게 강제되었다. 15세기 말~16세기의 법학자 바타차리아 라구난다

---

120) *Ibid.*, p. 629.

나$^{Bhattācārya\ Raghunandana}$는 그러한 강제에 가장 큰 권위를 부여한 인물로 여겨지고 있다. 그는 가장 오래된 힌두 경전이자 스루티^{Sruti}들 중 첫번째 텍스트인 『리그베다』에 나오는 이상한 구절을 자신의 텍스트로 삼는다. 그렇게 하는 가운데 그는 인가를 내리는 바로 그 자리에서 시행되는 특이하고도 투명한 오독을 기념하는 수세기에 걸친 오랜 전통을 따르고 있는 셈이다. 그 부분에는 죽은 사람을 위한 제식 중 특정 단계들을 개괄하는 연이 나온다. 그 연은 언뜻 읽어 보아도 "과부에게가 아니라, 고인이 된 남성 집안의 사람이되 남편은 살아 있는 부인들에게 말하는" 내용임이 분명하다. 그렇다면 왜 이 구절이 권위 있는 것으로 채택되었을까? 죽은 남편을 살아 있는 남편으로 슬그머니 전환한 것은 지금까지 우리가 논의해 온 질서들과는 다른, 태곳적 기원을 갖는 신비한 질서이다. "가치 있는 남편이 아직 살아 있는 이 여자들로 하여금 눈물을 보이지 말고 건강하고 잘 차려 입은 상태로 집에 들어가도록 하라."[121] 그러나 이 중요한 전환이 여기서 유일한 실수는 아니다. 권위는 또 다른 논쟁적인 구절과 대안적인 독법에 맡겨져 있다. "이 아내들로 하여금 먼저 집에 발을 들여놓도록 하라"고 번역된 둘째 행에서 '먼저'^{first}에 해당하는 단어가 아그레^{agré}이다. 어떤 사람들은 이것을 아그네^{agné}, 즉 '불'이라고 읽었다. 하지만 카네가 분명하게 밝히고 있듯이 "이러한 변화가 없더라도 아파라르카^{Aparārka}와 여타 다른 사람들은 사티 관습을 바로 이 연에 의존한다".[122] 서발턴 여성 주체의 역사의 한 가지 기원 주위에 놓이는 또 하나의 스크린이 여기 있다. "그러므로 원고가 오염되었거나 라구난다나가 순진하게 실수했다는 것을 인정해야

---

121) Kane, *History of the Dharmasastra*, Vol. 2, Pt. 2, p. 634.
122) *Ibid*., Vol. 4, Pt. 2, p. 199.

할 것이다."[123] 우리가 이와 같은 진술에 따라 수행해야 할 것은 역사적인 해몽이란 말인가? 시의 나머지 부분은 과부를 위한 정체-속의-브라마차리아라는 일반법——사티는 하나의 예외다——을 다루고 있거나 "과부와 결혼함으로써 고인이 된 남편의 대를 이어 줄 자손을 양육할 형제나 가까운 인척을 지명하는" 니요가^{niyoga}를 다루고 있다. 이 사실은 언급되어야 한다.[124]

카네가 『다르마사스트라』의 역사에 관한 권위자라면, 물라$^{Dinshah\,Fardunji\,Mulla}$의 『힌두법의 원칙들』$^{Principles\,of\,Hindu\,Law}$은 그 실제적 안내자이다. 여기서 우리가 파헤치려고 하며 물라의 책이 증거로 제시하는 것도, 프로이트가 부른바 '솥 논리'$^{kettle\,logic}$를 구성하는 역사적 텍스트의 일부다. 물라의 책이 우리가 고찰 중인 『리그베다』의 시행^{詩行}을 "몇몇 옛날 텍스트에서 과부의 재혼과 이혼을 인정하고 있는" 증거라고 확정적으로 제시하는 것을 보면 그렇다.[125]

이제 요니^{yoni}라는 단어의 역할에 대해 의아해하지 않을 수 없다. 위치를 표시하는 부사 아그레^{agré}(앞에)와 더불어, 맥락상 이 단어는 '거주지'$^{dwelling-place}$를 의미한다. 하지만 그것은 (아직 특별히 **여성** 생식기는 아

---

123) *Ibid.*, Vol. 2, Pt. 2, p. 634.
124) Monier Monier-Williams, *Sanskrit-English Dictionary*, Oxford: Clarendon, 1989, p. 552. 모더니스트들이 '페미니즘적' 판단을 수입해 고대 가부장제들에 적용하려고 하는 것처럼 보일 때 역사가들은 종종 성급해진다. 물론 진짜 문제는 가부장적 지배 구조들이 왜 아무 의심도 받지 않으면서 기록되어야 하는가 하는 점이다. 역사학 외부에 있는 사람들이 헤게모니적 전통에 의해 그 자체 객관성으로 보존되어 온 '객관성'의 기준들에 의문을 제기할 때만 사회 정의를 향한 집단적 행동을 지지하는 역사적 인가들이 전개될 수 있다. 사전처럼 아주 '객관적인' 도구가 "고인이 된 남편의 대를 이어 줄"(!)과 같이 심히 성차별적이고 편파적으로 설명하는 표현을 사용할 수 있다는 점에 주목하는 것도 부적절하지는 않겠다.
125) Sunderlal T. Desai, *Mulla: Principles of Hindu Law*, Bombay: N. M. Tripathi, 1982, p. 184.

닐) '생식기'라는 일차적 의미를 지우지는 못한다. 이 경우 그 요니라는 이름이 환기하는 거주지에 들어가는——그리하여 맥락 외적인 아이콘이 시민적^{civic} 생산이나 탄생에 들어가는 거의 한 가지 통로가 되는——잘 차려입은 아내들을 찬양하는 구절이 있다. 우리는 어떻게 이 구절을 과부의 자기-화살이라는 선택을 지지하는 권위로 삼을 수 있는 것일까? 역설적으로, 질과 불의 이미지적 관계가 이러한 권위-주장에 일종의 힘을 부여한다.[126] 이 역설은 "먼저 그들로 하여금 **흐르는**[혹은 불의—스피박] 처소^{abode}[혹은 기원, 물론 요니라는 이름을 갖는 기원, ā rohantu jalayōnimagné—스피박]에 오르게 하소서, 오 불이시여"라고 라구난다나가 수정한 시행에 의해 강화된다. 왜 우리가 이것을 "아마도 '불이 그들에게는 물처럼 차갑게 하소서'를 의미할 것이다"[127]라고 받아들여야 한단 말인가? 타락한 문구인 흐르는 불의 생식기란 타트바즈냐나^{tattvajnāna}(진리-지식)의 지적 불확정성에 하나의 시뮬라크르를 제공하는 성적^{性的} 불확정성을 형상화하는 것일지도 모른다.

앞에서 나는 여성의 의식, 따라서 여성의 존재, 따라서 좋은 여성, 따라서 좋은 여성의 욕망, 따라서 여성의 욕망에 대한 하나의 구축된 대항서사에 관해 썼다. 이러한 미끄러짐은 사트^{sat}의 여성형인 사티라는 단어 자체에 기입된 균열에서 볼 수 있다. 사트는 남성성이라는 젠더 특유의 어떠한 개념이건 초월하며 인간적 보편성뿐만 아니라 영적 보편성 속으로

---

126) 이 문구를 놓고 나와 토론해 준 트리니티 칼리지(코네티컷주 하트퍼드 소재)의 앨리슨 핀리(Alison Finley) 교수에게 감사하는 바이다. 핀리 교수는 『리그베다』 전문가이다. 고대를 연구하는 역사가로서 그녀에게 '모더니즘적'으로 보일 나의 읽기들이 무책임하게 '문학-비평적'이었을 것이라고 나는 서둘러 덧붙인다.
127) Kane, *History of the Dharmasastra*, Vol. 2, Pt. 2, p. 634.

도 상승한다. 그것은 동사 '존재하다'^(to be)의 현재분사이며, 그런 만큼 존재뿐만 아니라 **진·선·정**도 의미한다. 경전에서 그것은 본질이자 보편 정신이다. 접두사로서도 그것은 '적절한', '지고의', '적당한'을 가리킨다. 그것은 현대 서구 철학의 가장 특권화된 담론, 즉 **존재**에 관한 하이데거의 성찰에 도입될 정도로 고귀하다.[128] 그런데 이 단어의 여성형인 사티는 그저 '좋은 아내'를 의미할 뿐이다.

 이제 과부의 자기-화살 제의를 지칭하는 고유명사로서 사티 혹은 수티가 영국인의 문법적 오류를 기념한다는 사실을 드러낼 때이다. '아메리칸 인디언'이라는 명명이 콜럼버스의 사실 오류를 기념하는 것과 마찬가지로 말이다. 여러 인도어들에서 사티 혹은 수티는 '불타는 사티', '불타는 좋은 아내'를 뜻하며, 따라서 브라마차리아 중인 과부가 퇴행적 정체를 벗어나는 것을 뜻한다. 이것은 그런 상황의 인종-계급-젠더 중층결정을 예증한다. 그 상황은 좀 밋밋해질 때조차도 아마 파악될 수 있을 것이다. 즉 황인종 여자를 황인종 남자에게서 구하려고 애쓰는 백인종 남자는 **담론적 실천 안에서** 좋은 아내됨을 남편을 화장한 장작더미 위에서의 자기-화살과 절대적으로 동일시하며, 그리하여 황인종 여자들에게 더 큰 이데올로기적 구축을 부가한다. 이러한 **대상** 구성의 맞은편에는 내가 지금껏 논의하고자 애썼던 여성 **주체** 구성의 힌두적 조작이 있는데, 그러한 대상 구성의 폐지(혹은 제거)가 단순한 시민사회와 구별되는 좋은 사회를 확립할 기회를 제공한다는 것이다.

 (나는 1928년에 출판된 에드워드 톰슨의 『수티』에 대해 이미 언급한 바

---

128) Martin Heidegger, *An Introduction to Metaphysics*, trans. Ralph Manheim, New York: Doubleday Anchor, 1961, p. 58[『형이상학입문』, 박휘근 옮김, 문예출판사, 1994].

있다. 여기서 나는 제국주의를 문명화라는 사명으로 정당화하는 이 완벽한 표본을 공정하게 평가할 수 없다. 공공연히 "인도를 사랑하는" 누군가가 썼다는 그의 책 어느 곳에서도 영토 확장주의와 산업 자본의 경영이 촉발한, 인도에서 영국인이 보여 준 '유익한 냉혹함'에 의문을 품지 않는다.[129] 실로 톰슨의 책이 갖는 문제는 합리적인 휴머니티의 투명한 목소리를 들려주고자 하는 '양식 있는 남자'의 시각으로부터 국가 수뇌들과 영국 행정가들의 용어로 연속적이고 동질적인 '인도'를 구축하려고 한 재현의 문제이다. 그때 '인도'란 다른 의미로는 제국주의 지배자들에 의해 재현될 수 있는 그런 것이다. 여기서 톰슨의 수티를 언급하는 이유는, 자기 책의 바로 첫 문장에서 사티라는 단어가 '충실하다'는 뜻을 갖도록 교묘하게 처리하는 톰슨의 면모를 보기 위해서이다. 이것은 부정확한 번역이다. 그런데도 여성 주체를 20세기 담론에 집어넣기 위해 영국적 허용을 감행한 것이다.)[130]

찰스 허비[Charles Hervey] 장군이 사티 문제에 내린 평가를 톰슨이 칭찬하는 대목을 고려해 보자. "허비는 여성에게서 아름다움과 지조만을 찾는 체계를 동정하는 구절을 쓰고 있다. 그는 비카니르 라자스[Bikanir Rajas]의 장작더미 위에서 죽은 사티들의 이름을 확보했다. 그 이름들은 '빛의 여왕, 햇빛, 사랑의 즐거움, 화환, 발견된 미덕, 메아리, 부드러운 눈, 위로, 달빛, 애절한 사랑, 소중한 마음, 눈의 유희, 나무 태생, 미소, 사랑의 봉우리, 즐거운 징조, 가득한 안개, 내뿜는 구름' 등인데 마지막 이름이 애호하는 이

---

129) Thompson, *Suttee*, p. 37.
130) *Ibid.*, p. 15. '표지'(mark)로서 고유명사가 지니는 지위에 대해서는 Derrida, "My Chances/Mes Chances: A Rendezvous with Some Epicurean Stereophonies", Joseph H. Smith and William Kerrigan eds., *Taking Chances: Derrida, Psychoanalysis, and Literature*, Baltimore: Johns Hopkins University Press, 1984 참조.

름이었다." 다시금 톰슨은 "그의 여자"(그가 선호하는 문구)에게 상층 계급 빅토리아인의 전형적인 요구들을 부가하면서 "체계"에 대항해 구원할 힌두 여자를 자신의 여자로 전유한다. 비카네르^{Bikaner}는 라자스탄^{Rajasthan}주에 있다. 라자스탄주에서, 특히 그 주의 지배 계급 내부에서 행해지는 순장에 대한 논의는 긍정적으로든 부정적으로든 힌두(혹은 아리아인) 공동체주의를 구축하는 태도와 긴밀히 연관되어 있었다.

사티가 가장 흔히 쓰인 벵골에서 직공, 농민, 농촌 사제, 전주^{錢主}, 서기, 그리고 이들과 비견될 만한 사회 집단들은 가련하게도 사티를 잘못 쓴 이름들을 한 번 봐서는 그렇게 많은 이름들을 확보하지 못했을 것이다(톰슨이 벵골 사람들에 대해 즐겨 쓴 형용사는 '겁 많은'이다). 혹은 아마 확보했을 것이다. 고유명사를 보통명사로 전환하고 번역하여 그 보통명사를 사회학적 증거로 이용하는 것보다 위험한 오락은 없다. 나는 그 리스트에 있는 이름들을 다시 구축하려고 시도하면서 허비와 톰슨의 오만함을 느끼기 시작했다. 예컨대 '위로'란 무엇이었단 말인가? 그것은 '샨티'^{Shanti}였던가? 독자들은 T. S. 엘리엇의 『황무지』의 마지막 행을 상기할 것이다. 거기서 샨티라는 단어는 인도에 관한 상투형들 중 하나를, 보편적인 『우파니샤드』의 장엄함을 가리키는 표시를 담고 있다. 아니면 '스와스티'^{swasti}였던가? 독자들은 가정의 위로("우리 가정을 축복하소서"에서처럼)에 대한 브라만적 표식인 스와스티카^{swastika}[만자 무늬]——아리아인의 헤게모니를 범죄로 패러디함으로써 상투적으로 된——를 상기할 것이다. 이런 두 가지 전유 사이에서 우리의 아름답고 지조 높은 불타 버린 과부는 어디에 있는가? 그 이름들의 아우라는 사회학적 정확성보다는 『오마르 하이얌의 루바이야트』^{Rubayyat of Omar Khayyam}의 '번역자'인 에드워드 피츠제럴드^{Edward Fitzgerald} 같은 작가들에게 더 많은 빚을 지고 있다. 그들은 소위 번역의 '객관성'을 통해 동양 여성의 일정한 상을 구축하는 데 일조했다(여기서 사이드의 『오리엔탈리즘』[1978]이 권위 있는 텍스트로 남아 있다). 현대 프랑스 철학자들이나 명망 있는 미국 남부 기업들의 이사회가 아무렇게나 뽑은 번역된 고유명사들은 이런 종류의 추정을 통해 대천사와 성인 중심의 신정정치에 대한 잔혹한 집중을 입증하는 자료로 제시되곤 했다. 또한 그런 펜의 움직임은 '보통명사' 위에서 영구화될 수 있지만, 고유명사는 그 술수에 가장 민감한 영향을 받는다. 우리가 논의하고 있는 것도 바로 사티를 둘러싼 영국의 술수이다. 그런 식으로 주체를 길들인 후에 톰슨은 「'사티'의 심리학」이라는 제목하에 "나는 이것을 검토해 볼 작정이었지만, 진실을 말하자면 사티는 내게 더 이상 수수께끼처럼 보이지 않았다"고 쓸 수 있는 것이다.[131]

가부장제와 제국주의 사이에서, 주체-구성과 대상-형성 사이에서 여성의 형상은 본래의 무(無)가 아니라 폭력적인 왕복 운동 속으로, 전통과 근대화 사이에 사로잡힌 '제3세계 여성'의 전위된 형상화 속으로 사라지고 만다. 이런 고찰들은 서구 섹슈얼리티의 역사에서나 타당해 보이는 판단들의 세부 사항을 모두 수정하게 만들 것이다. 푸코는 "억압의 속성은 단순한 형법이 유지하는 금지들과 구별되는 그런 것이다. 억압이란 사라지라는 선고의 기능뿐만 아니라 침묵하라는 명령, 비실존non-existence을 긍정하라는 명령의 기능을 잘 수행한다. 따라서 이 모든 것에 대해 말할 것도, 볼 것도, 알 것도 없다고 진술하게 한다"고 쓴다.[132] 제국주의-속의-여

---

131) Thompson, *Suttee*, p. 137.
132) Foucault, *The History of Sexuality. Vol. 1: An Introduction*, trans. Robert Hurley, New York: Vintage, 1980, p. 4[『성의 역사 1: 지식의 의지』, 이규현 옮김, 나남, 2010, 27쪽].

성의 범례로서 수티의 사례는 주체(법)와 지식의 대상(억압) 사이의 이런 대립에 도전하고 그 대립을 해체할 것이다. 또한 그 사례는 침묵이나 비실존과는 다른 무엇으로써, 주체와 대상 지위 사이의 폭력적인 아포리아로써 '사라짐'의 자리를 가리킬 것이다.

사티는 오늘날 인도에서 여성의 고유명사로 상당히 널리 사용되고 있다. 여자아이에게 '좋은 아내'라는 이름을 갖다 붙이는 것은 자체의 예변법적proleptic 아이러니를 갖는다. 그리고 보통명사의 그러한 의미가 고유명사에서는 기본적인 작동 요소가 아니기 때문에 그 아이러니는 더욱더 커진다.[133] 아이에게 그런 이름을 붙이는 이면에는 힌두 신화에 나오는 **바로 그 사티**, 즉 좋은 아내로 현현한 두르가Durga가 버티고 있다.[134] 신화의 일부에서 이미 사티라고 불리고 있는 그 사티는 자신의 신성한 남편 시바Siva도 초대받지 못한 아버지의 집 뜰에 도착한다. 그녀의 아버지는 시바를 욕하기 시작하고 사티는 고통 속에 죽는다. 시바가 분노하며 도착해 자기 어깨에 사티의 시체를 걸머지고 우주를 떠돌며 춤을 춘다. 비스누Visnu는 사티의 몸을 절단하여 그 조각을 대지 위에 흩뿌린다. 그 조각들의 주위에 위대한 순례지가 생긴다.

아테나Athena 여신——"자궁에 의해 오염되지 않았다고 자처하는, 아버지의 딸들"——과 같은 형상들은 여성의 이데올로기적 자기-비하를 확립시키는 데 유용하다. 이 자기-비하는 본질주의적 주체를 해체하는 태도와는 구별된다. 신화에 나오는 사티의 이야기는 제의의 모든 서사소

---

133) 이 단어가 좋은 집안에서 태어난 여성('숙녀')을 지칭하는 형태로도 쓰인다는 사실은 사태를 더 복잡하게 만든다.
134) 이러한 설명이 온갖 신들의 신전(pantheon) 내부에서 수많은 형태로 현현하는 그녀의 면모를 일축해 버리지 않는다는 점을 지적해 두어야겠다.

narrateme를 뒤집는 가운데 비슷한 기능을 수행한다. 즉 살아 있는 남편이 아내의 죽음에 복수하며, 위대한 남성 신들 사이의 거래가 여성 육체의 파멸을 완수하고 대지를 신성한 지리로 기입한다. 이를 고전적 힌두교의 페미니즘의 증거로 보거나, 인도 문화가 여신 중심적이라서 페미니즘적이라는 것의 증거로 보는 것은 토착주의나 그 뒤집힌 형태인 에스노 중심주의에 의해 이데올로기적으로 오염된 것이다. 찬란하게 싸우는 **어머니 두르가**의 이미지를 지우고, 사티라는 고유명사에다 신성한 제물로서의 무력한 과부 ─ 제물로 바쳐져야만 구원받을 수 있는 ─ 를 불태운다는 의미만 부여하는 것도 제국주의적이다. 성차화된 서발턴 주체가 말할 수 있는 공간은 없다.

사회화된 자본하에서 억압받는 사람들이 '올바른' 저항에 매개된 접근밖에 할 수 없다면, 주변부의 역사에서 나온 사티 이데올로기가 어떤 개입주의적 실천 모델 속으로 지양될 수 있을까? 상실된 기원에 대한 그런 모든 명백한 향수는 특히 대항-헤게모니적인 이데올로기적 생산을 위한 기반으로 삼기에는 의심스럽다. 이 에세이는 그러한 생각에 따라 작동하고 있기 때문에, 하나의 사례를 경유해 논의를 더 진척시켜야 하겠다.[135]

---

135) 대항 헤게모니적인 이데올로기적 생산의 토대로서 향수에 반대하는 입장은 향수의 부정적 사용을 인정하지 않는다. 우리 시대 정치경제의 복잡성 내부에서는, 예를 들어 결혼 지참금을 충분히 가져오지 못한 신부들을 불태워 버린 뒤 자살로 위장하는 현재 인도 노동 계급의 범죄가 있다. 이 범죄가 사티-자살 전통의 사용인지 남용인지를 밝히라고 다그치는 태도는 매우 의심스럽다. 최대한 주장될 수 있는 것은, 이 범죄가 기표로서 여성 주체와의 기호 현상 사슬에 일어난 하나의 전위라는 점이다. 이는 우리가 해명해 온 서사로 우리를 다시 되돌려 보낸다. 분명 우리는 신부를 불태우는 범죄를 중단시키기 위해 **온갖 방법**을 강구해야 한다. 그렇지만 그 작업이 검토되지 않은 향수나 그 대립물에 의해 성취된다면, 인종/에스노(race/ethnos) 혹은 단순한 생식기주의를 여성 주체의 자리에 있는 하나의 기표로 대체하는 것을 적극 도와줄 것이다.

(여기서 내가 제시하는 예는 자기-파멸을 일삼는 어떤 폭력적인 힌두 자매애에 호소하는 것이 아니다. 영국화한 인도인을 힌두법상 힌두인으로 정의하는 것은 인도의 이슬람 지배자들에 대해 영국인들이 벌이는 이데올로기적 전쟁의 표식들 중 하나이다. 아직 끝나지 않은 그 전쟁에서 중요한 복병 하나가 아대륙의 분할이었다. 게다가 내 견해로는 이런 종류의 개인적인 사례들은 개입주의적 실천 **모델**로서는 비극적인 실패작일 뿐이다. 나는 그런 모델들 자체의 생산에 대해 의문을 품기 때문이다. 다른 한편으로 담론 분석의 대상으로서 개인적인 사례는 자기를 포기하지 않는 지식인에게 사회적 텍스트의 한 섹션을 대충이라도 밝혀 줄 수 있을 것이다.)

열여섯 내지 열일곱 살의 젊은 처녀 부바네스와리 바두리^{Bhuvaneswari Bhaduri}[136]는 1926년 북캘커타에 있는 자기 아버지의 평범한 아파트에서 목매달아 자살했다. 그녀의 자살은 풀리지 않는 수수께끼였다. 자살하던 때 생리 중이었으므로 불륜으로 인한 임신 때문에 자살한 것은 분명 아니었다. 부바네스와리는 인도 독립을 위한 무장 투쟁에 개입한 수많은 집단 중 한 단체의 구성원이었다. 이 사실은 자살한 지 거의 10년이 지나서야 밝혀졌다. 그녀에게 정치적 요인을 암살하라는 임무가 맡겨졌다. 그녀는 이 과업을 감당할 수 없었다. 하지만 신의를 지켜야 한다는 실제적 필요성을 알고 있었기 때문에 그녀는 스스로 목숨을 끊었다.

부바네스와리는 자신의 죽음이 불법적인 정열의 결과로 오인될 것을 알고 있었다. 그래서 그녀는 생리가 시작되기를 기다렸다. 의심할 바 없

---

[136] 이 에세이의 첫 판본에서 스피박은 부바네스와리의 이름에 v를 썼는데 『포스트식민 이성 비판』에서는 조금 다른 철자법을 사용하여 Bhubaneswari Bhaduri라고 쓴다. 우리는 서로 다른 출간 시기에 작동한 변화하는 관습들을 표시하기 위해 상이한 철자를 그대로 놔 두었다.—영어판 편집자

이 좋은 아내가 되기를 고대하는 브라마차리니^(brahmacārini)였던 부바네스와리는 그러한 기다림 속에서 사티-자살이라는 사회적 텍스트를 개입주의적 방식으로 다시 썼을 것이다(설명할 수 없는 그녀의 행동을 시험 삼아 한 번 설명해 보자면, 너무 나이 들어 시집도 못 갈 거라는 형부의 놀림으로 인한 우울증 탓이었을 수도 있다). 그녀는 자기 육체를 생리학적으로 써 내는 가운데, 미혼 남성과의 합법적 정열 안에 자기 육체가 감금되는 것을 전위하려고(단순히 거부하는 것이 아니라) 엄청난 수고를 아끼지 않음으로써, 여성 자살에 인가된 동기를 일반화했다. 직접적인 맥락에서 보자면, 그녀의 행동은 불합리하기 짝이 없었고 멀쩡하기보다 환각에 빠진 사례가 되었다. 생리가 시작되기를 기다리는 전위 제스처는 우선 자신을 불태우려는 과부가 생리 중이어서는 안 된다는 금기를 역전시킨다. 불결한 과부가 그다지 좋다고 할 수 없는 자신의 특권을 주장하기 위해서는 더 이상 생리를 하지 않는 나흘째 되는 날에 목욕재계할 수 있을 때까지 공개적으로 기다려야 하기 때문이다.

이러한 읽기에서 부바네스와리 바두리의 자살은, 맹렬하고 투쟁적이며 가족적인 두르가라는 헤게모니적 설명만큼이나, 사티-자살이라는 사회적 텍스트를 특별히 강조하지 않으면서 특별하게 서발턴의 입장에서 다시 쓰는 것이다. 투쟁적인 어머니라는 헤게모니적 설명과 다른 견해를 부상시킬 가능성들은 인도 독립 운동의 남성 지도자들과 참여자들의 담론을 통해 잘 기록되어 있고 대중적으로도 잘 기억되고 있다. 반면 여성으로서 서발턴은 들릴 수도 읽힐 수도 없다.

나는 부바네스와리의 삶과 죽음을 가족 인맥을 통해 알고 있다. 나는 부바네스와리를 좀더 철저하게 조사하기에 앞서, 그 과정을 출범시킨다는 뜻에서 초기에는 나와 거의 같은 지적 연구를 해온 벵골 여성 철학자이자 산스크리트 연구자에게 질문을 해보았다. 두 가지 반응이 나왔다. ① 왜 당신은 온전하고 훌륭한 삶을 영위한, 바두리의 두 언니 사일레스와리와 라세스와리 대신 불운한 부바네스와리에게 관심을 갖느냐? ② 바두리의 조카들이 보여 준 반응인데, 불륜을 저지른 것 같다.

나는 데리다식 해체를 페미니즘 자체만큼 환호하지는 않지만 데리다식 해체를 활용하고 그것을 넘어서 보고자 시도해 왔다. 하지만 내가 언급해 온 문제틀의 맥락에서는 더욱 '정치적인' 쟁점들에 대한 푸코나 들뢰즈의 즉각적이고 실질적인 관여보다 데리다의 형태학^{morphology}이 훨씬 더 힘겹지만 유용하다고 나는 생각한다. '여성 되기'를 향한 푸코나 들뢰즈의 초대는 열렬한 급진주의자인 미국 학자들에게 그들의 영향을 더욱 위험한 것으로 만들 수 있기 때문이다. 데리다는 급진적인 비판 자체가, 동화를 통한 타자의 전유라는 위험을 지닌다고 지적한다. 그는 기원에 있는 오어법을 읽어 낸다. 그는 "우리 안에 존재하는 타자의 목소리인 저 내면의 목소리를 환각으로 만들어" 유토피아적인 구조적 충동을 다시 쓰기를 요청한다. 여기서 나는 『성의 역사』나 『천 개의 고원』의 저자들에게서 더 이상 발견할 것 같지 않은, 데리다가 갖는 장기간의 유용성을 인정해야 할 것이다.[137]

---

[137] 이 에세이를 완성할 때까지 나는 Peter Dews, "Power and Subjectivity in Foucault", *New Left Review*, Vol. 144, March-April 1984를 읽지 못했다. 나는 같은 주제를 다룬 그의 책이 나오기를 기대한다. 그의 비판과 나의 비판 사이에는 공통점이 많다. 그러나 내가 그의 짧은 글에서 파악할 수 있는 한, 그는 비판 이론과 상호 주관적 규범에 대한 무비판적 관점에 따라 글을 쓴다. 그의 관점은 '인식론적 주체'를 위치시킬 때 '개인'을 '주체'로 너무 손쉽게 바꾼다. '맑스주의적 전통'과 '자율적 주체' 사이의 연관에 대한 듀스의 독법은 나의 독법이 아니다. 더 나아가 "전체 포스트구조주의의 두번째 양상의 난국"에 대한 듀스의 설명은 데리다를 전혀 고려하지 않는 그의 태도에 의해 악화된다. 데리다는 자신의 초기 작업인 에드문트 후설의 『기하학의 기원』(*The Origin of Geometry*, trans. John Leavy, Stony Brook, NY.:

서발턴은 말할 수 없다. 지구적 세탁물 목록에 '여성'을 신성한 항목으로 또 하나 올린다고 해서 무슨 득이 생기는 것은 아니다. 재현은 완전히 시들어 버리지 않았다. 지식인으로서 여성 지식인은 어떤 제한된 과제를 가지고 있다. 결코 한 번의 화려한 몸짓으로써 부인해서는 안 되는 과제 말이다.

Nicolas Hays, 1978)에 붙인 「서문」에서부터 언어의 특권화에 반대해 왔다. 듀스의 탁월한 분석이 나의 관심사와 동떨어지게 된 것은, 듀스가 푸코의 작업을 **주체**의 역사 내부에 놓을 때 그 **주체**가 물론 유럽 전통의 주체라는 점 때문이다(pp. 87, 94).

참고문헌

Abu-Lughod, Lila. "The Romance of Resistance: Tracing Transformations of Power through Bedouin Women", *American Ethnologist*, Vol. 17, No. 1, 1990.

Adorno, Theodor W.. *Negative Dialectics*, trans. E. B. Ashton, New York: Continuum, 1997[『부정변증법』, 홍승용 옮김, 한길사, 1999].

Ahmad, Aijaz. *In Theory: Classes, Nations, Literatures*, New York: Verso, 1992.

Altekar, Anant S.. *The Position of Women in Hindu Civilization: From Prehistoric Times to the Present Day*, Delhi: Motilal Banarsidass, 1938.

Althusser, Louis. "Ideology and Ideological State Apparatuses(Notes towards an Investigation)", *Lenin and Philosophy and Other Essays*, trans. Ben Brewster, New York: Monthly Review Press, 1971[「이데올로기와 이데올로기적 국가장치(연구를 위한 노트)」, 『아미엥에서의 주장』, 김동수 옮김, 솔].

_____. "Philosophy as a Revolutionary Weapon", *Lenin and Philosophy and Other Essays*[「혁명의 무기로서의 철학」, 『아미엥에서의 주장』].

_____. "Lenin and Philosophy", *Lenin and Philosophy and Other Essays*[「레닌과 철학」, 진태원 옮김, 김남섭 외, 『레닌과 미래의 혁명』, 그린비, 2008].

Anand, Mulk Raj. *Across the Black Waters: A Novel*, London: Jonathan Cape, 1940.

Anderson, Benedict. *Imagined Communities: Reflections on the Origin and Spread of Nationalism*, London: Verso, 1983[『상상의 공동체: 민족주의의 기원과 전파에 대한 성찰』, 윤형숙 옮김, 나남, 1991].

Anderson, Perry. *In the Tracks of Historical Materialism*, London: Verso, 1983[『역사 유물론의 궤적』, 김필호·배익준 옮김, 새길, 1994].

Anidjar, Gil. *"Our Place in Al-Andalus": Kabbalah, Philosophy, Literature in Arab Jewish Letters*, Stanford: Stanford University Press, 2002.

Apter, Emily. "French Colonial Studies and Postcolonial Theory", *Sub-Stance* 76/77, Vol. 24, Nos. 1~2, 1995.

Arias, Arturo. "Rigoberta Menchú's History Within the Guatemalan Context", Arturo Arias ed., *The Rigoberta Menchú Controversy*.

_____ ed.. *The Rigoberta Menchú Controversy*, Minneapolis: University of Minnesota Press, 2001.

Balibar, Étienne and Immanuel Wallerstein. *Race, Nation, Class: Ambiguous Identities*, trans. Christ Turner, New York: Verso, 1991.

Benjamin, Walter. "The Task of the Translator", *Walter Benjamin: Selected Writings, Volume 1(1913~26)*, eds. Marcus Bullock and Michael W. Jennings, Cambridge: Harvard University Press, 1996[「번역자의 과제」, 『언어 일반과 인간의 언어에 대하여/번역자의 과제 외』, 최성만 옮김, 길, 2008].

_____. *Charles Baudelaire: A Lyric Poet in the Era of High Capitalism*, trans. Harry Zohn, London: Verso, 1983[「보들레르의 작품에 나타난 제2제정기의 파리」, 『보들레르의 작품에 나타난 제2제정기의 파리/보들레르의 몇 가지 모티프에 관하여 외』, 김영옥·황현산 옮김, 길, 2010].

Bhabha, Homi K.. "DissemiNation", *Nation and Narration*, New York: Routledge, 1990[「국민의 산포」, 『문화의 위치: 탈식민주의 문화이론』, 나병철 옮김, 소명출판, 2012].

Biko, Bantu Steve. "On Death", *Write What I Like*, San Francisco: Harper and Row, 1986.

Boddy, Janice. *Wombs and Alien Spirits: Women, Men, and the Zar Cult in Northern Sudan*, Madison: University of Wisconsin Press, 1989.

Bolla, Peter de. "Disfiguring History", *Diacritics*, Vol. 16, No. 4, Winter 1986.

Bové, Paul. "Intellectuals at War: Michel Foucault and the Analysis of Power", *SubStance*, Issue 36/37, 1983.

Brown, Wendy. *Regulating Aversion: Tolerance in the Age of Identity and Empire*, Princeton: Princeton University Press, 1991[『관용: 다문화제국의 새로운 통치전략』, 이승철 옮김, 갈무리, 2010].

Busia, Abena P. A.. "Silencing Sycorax: On African Colonial Discourse and the Unvoiced Female", *Cultural Critique*, No. 14, Winter 1989~1990.

Butler, Judith. *Antigone's Claim: Kinship Between Life and Death*, New York: Columbia University Press, 2000[『안티고네의 주장: 삶과 죽음, 그 사이에 있는 친족관계』, 조현순 옮김, 동문선, 2005].

_____. *Bodies That Matter: On the Discursive Limits of "Sex"*, New York: Routledge, 1993[『의미를 체현하는 육체』, 김윤상 옮김, 동문선, 2003].

_____. *Precarious Life: The Powers of Mourning and Violence*, London: Verso,

2000[『불확실한 삶: 애도와 폭력의 권력들』, 양효실 옮김, 경성대학교출판부, 2008].

_____ and Gayatri Chakravorty Spivak. *Who Sings the Nation-State?: Language, Politics, Belonging*, New York: Seagull, 2007[『누가 민족 국가를 노래하는가?』, 주해연 옮김, 산책자, 2008].

Caputo, John D.. *Against Ethics: Contributions to a Poetics of Obligation with Constant Reference to Deconstruction*, Bloomington: Indiana University Press, 1993.

Cavanagh, John and Joy Hackel. "Contracting Poverty", *Multinational Monitor*, Vol. 4, No. 8, August 1983.

Chakrabarty, Dipesh. *Habitations of Modernity: Essays in the Wake of Subaltern Studies*, Chicago: University of Chicago Press, 2002.

_____. "Postcoloniality and the Artifice of History: Who Speaks for 'Indian' Pasts?", *Representations*, No. 37, Winter 1992.

_____. *Provincializing Europe*, Princeton: Princeton University Press, 2000.

Chatterjee, Partha. *Nationalist Thought and the Colonial World: A Derivative Discourse*, London: Zed Books, 1986[『민족주의 사상과 식민지 세계』, 이광수 옮김, 그린비, 2013].

_____. *The Nation and Its Fragments: Colonial and Postcolonial Histories*, Princeton: Princeton University Press, 1993.

Chaudhury, Ajit K.. "New Wave Social Science", *Frontier*, Vol. 16, No. 2, 1984. 1. 28.

Churchill, Winston. *The World Crisis, 1911~1914*, London: Thornton Butterworth, 1923.

Collier, George A., with Elizabeth Lowery Quarantiello. *Basta!: Land and the Zapatista Rebellion in Chiapas*, Oakland: Food First, 1994.

Comaroff, Jean. *Body of Power, Spirit of Resistance: The Culture and History of a South African People*, Chicago: University of Chicago Press, 1985.

Corbett, Julian. *Official History of the Great War. Naval Operations*, Vol. 1, London: Imperial War Museum, Battery, 1997.

Cornell, Drucilla. "Rethinking the Beyond of the Real", *Cardoza Law Review*, Vol. 16, Nos. 3~4, 1994/1995.

_____. *The Philosophy of the Limit*, New York: Routledge, 1992.

Corrigan, Gordon. *Sepoys in the Trenches: The Indian Corps on the Western Front, 1914~1915*, Staplehurst: Spellmount, 1999.

Culler, Jonathan. *On Deconstruction: Theory and Criticism after Structuralism*, Ithaca: Cornell University Press, 1982[『해체 비평』, 이만식 옮김, 현대미학사, 1998].

Das, Santanu. "'Indian Sisters!⋯⋯Send Your Husbands, Brothers, Sons': India, Women, and the First World War", Alison S. Fell and Ingrid Sharp eds., *The Women's Movement in Wartime: International Perspectives, 1914~19*, Basingstoke: Palgrave Macmillan, 2007.

Davis, Mike. "The Political Economy of Late-Imperial America", *New Left Review*, Vol. 143, Jan.-Feb. 1984.

de Man, Paul. *Allegories of Reading: Figural Language in Rousseau, Nietzsche, Rilke, and Proust*, New Haven: Yale University Press, 1979[『독서의 알레고리』, 이창남 옮김, 문학과지성사, 2010].

Deleuze, Gilles and Félix Guattari. *A Thousand Plateaus: Capitalism and Schizophrenia*, trans. Brain Massumi, Minneapolis: University of Minnesota Press, 1987[『천 개의 고원: 자본주의와 분열증』, 김재인 옮김, 새물결, 2001].

_____. *Anti-Oedipus: Capitalism and Schizophrenia*, trans. Robert Hurley, Mark Seem and Helen R. Lane, New York: Viking Press, 1977; London: Athlone, 1984[『앙띠 오이디푸스: 자본주의와 정신분열증』, 최명관 옮김, 민음사, 2000].

Derrett, John Duncan Martin. *Hindu Law, Past and Present: Being an Account of the Controversy Which Preceded the Enactment of the Hindu Code, the Text of the Code as Enacted, and Some Comments Thereon*, Calcutta: A. Mukherjee and Co., 1957.

Derrida, Jacques. "Desistance", Philippe Lacoue-Labarthe, *Typography: Mimesis, Philosophy*, Politics, trans. Christopher Fynsk, Cambridge: Harvard University Press, 1989.

_____. *Gift of Death*, trans. David Wills, Chicago: University of Chicago Press, 1995.

_____. *Given Time: 1, Counterfeit Money*, trans. Peggy Kamuf, Chicago: University of Chicago Press, 1994.

_____. *Glas*, trans. John P. Leavey Jr. and Richard Rand, Lincoln and London: University of Nebraska Press, 1986.

_____. *Limited inc. abc*, trans. Samuel Weber, Evanston: Northwestern University Press, 1988.

_____. "Linguistic Circle of Geneva", *Margins of Philosophy*, trans. Alan Bass, Chicago: University of Chicago Press, 1982.

_____. "My Chances/Mes Chances: A Rendezvous with Some Epicurean Stereophonies", Joseph H. Smith and William Kerrigan eds., *Taking Chances: Derrida, Psychoanalysis, and Literature*, Baltimore: Johns Hopkins University Press, 1984.

_____. "Of an Apocalyptic Tone Recently Adopted in Philosophy", trans. John P. Leavy, Jr., *SEMIA*, Vol. 23, 1982.

_____. *Of Grammatology*, trans, Gayatri Chakravorty Spivak, Baltimore: Johns Hopkins University Press, 1976[『그라마톨로지』, 김성도 옮김, 민음사, 2010].

_____. *Rogues: Two Essays on Reason*, trans. Pascale-Anne Brault and Michael Nass, Stanford University Press, 2005[『불량배들: 이성에 관한 두 편의 에세이』, 이경신 옮김, 휴머니스트, 2003].

_____. "Signature Event Context", *Margins of Philosophy*.

_____. *Specters of Marx: The State of the Debt, the Work of Mourning, and the New International*, trans, Peggy Kamuf, New York: Routledge, 1994[『마르크스의 유령들』, 진태원 옮김, 이제이북스, 2007].

_____. "Structure, Sign, and Play in the Discourse of the Human Sciences", Richard Macksey and Eugenio Donato eds., *The Structuralist Controversy: The Languages of Criticism and the Sciences of Man*, Baltimore: Johns Hopkins University Press, 1972.

_____. "The Double Session", *Dissemination*, trans. Barbara Johnson, Chicago: University of Chicago Press, 1981.

_____. "The Supplement of Copula: Philosophy Before Linguistics", *Margins of Philosophy*.

Desai, Sunderlal T.. *Mulla: Principles of Hindu Law*, Bombay: N. M. Tripathi, 1982.

Devi, Mahasweta. "The Breast-Giver", Gayatri Chakravorty Spivak, *In Other Worlds: Essays in Cultural Politics*, New York: Routledge, 1987[「젖어미」, 『다른 세상에서: 문화정치학 에세이』, 태혜숙 옮김, 여이연, 2008].

Dews, Peter. "Power and Subjectivity in Foucault", *New Left Review*, Vol. 144, March-April 1984.

Dhareshwar, Vivek. "'Our Time': History, Sovereignty, Politics", *Economic and Political Weekly*, 1995. 2. 11.

Djevar, Assia. *Far from Madina*, trans. Dorothy S. Blair, London: Quartet, 1994.

Douglass, Frederick. *Narrative of the Life of Frederick Douglass: An American Slave, The Autobiographies*, New York: Library of America, 1996[『미국 노예, 프레더릭 더글러스의 삶에 관한 이야기』, 손세호 옮김, 지만지, 2011].

Dunn, Stephen P.. *The Fall and Rise of the Asiatic Mode of Production*, London: Routledge, 1982.

Dussel, Enrique. "Cuestión étnica, popular en un cristianismo policéntrico", *Teología y Liberación. Religión, cultura y ética. Ensayos en torno a la obra *de Guetavo Gutiérrez*, Lima: Instituto Bartolomé de las CasasRimac, 1991.

Eagleton, Terry. *Literary Theory: An Introduction*, Minneapolis: University of Minnesota Press, 1983[『문학이론 입문』, 김명환·장남수·정남영 옮김, 창작과비평사, 1986].

Ellinwood, Dewitt C. and S. D. Pradhan eds.. *India and World War 1*, New Delhi: Manobar, 1978.

Foucault, Michel. "Body/Power", *Power/Knowledge*[「육체와 권력」, 『권력과 지식』]

_____. *Discipline and Punish: The Birth of the Prison*, trans. Alan Sheridan, Harmondsworth: Penguin, 1979[『감시와 처벌: 감옥의 역사』, 오생근 옮김, 나남, 2003].

_____. "Governmentality", *The Essential Works of Michel Foucault. Vol. 3*.

_____. "Intellectuals and Power: A Conversation Between Michel Foucault and Gilles Deleuze", *Language, Counter-Memory, Practice: Selected Essays and Interviews*, trans. Donald Bouchard and Sherry Simon, Ithaca: Cornell University Press, 1977[「지식인과 권력: 푸코와 들뢰즈의 대화」, 『푸코의 맑스』, 이승철 옮김, 갈무리, 2004].

_____. *Madness and Civilization: A History of Insanity in the Age of Reason*, trans. Richard Howard, New York: Pantheon, 1965[『광기의 역사』, 이규현 옮김, 나남, 2003].

_____. "On Popular Justice: A Discussion with Maoists", *Power/Knowledge*[「인민적 정의에 관하여: 마오주의자와의 대화」, 『권력과 지식』].

_____. *Power/Knowledge: Selected Interviews and Other Writings, 1972~1977*, trans. Colin Gordon et al., New York: Pantheon, 1980[『권력과 지식: 미셸 푸코와의 대담』, 홍성민 옮김, 나남, 1991].

_____. "Power and Strategies", *Power/Knowledge*[「권력과 전략」, 『권력과 지식』].

_____. "Preface", Gilles Deleuze and Félix Guattari, *Anti-Oedipus: Capitalism and Schizophrenia*, trans. Robert Hurley, Mark Seem and Helen R. Lane, London: Athlone, 1984.

_____. "Prison Talk", *Power/Knowledge*[「권력의 유희」, 『권력과 지식』].

_____. "Questions on Geography", *Power/Knowledge*[「지형학에 대한 몇 가지 질문」, 『권력과 지식』].

_____. "Security, Territory, and population", *The Essential Works of Michel Foucault. Vol. 1*.

_____. "The Birth of Biopolitics", *The Essential Works of Michel Foucault. Vol. 1*.

_____. "The Confession of the Flesh", *Power/Knowledge*[「육체의 고백」, 『권력과 지식』].

_____. *The Essential Works of Michel Foucault. Vol. 1: Ethics, Subjectivity, and Truth*, ed. Paul Rabinow, trans. Robert Hurley et al. New York: New Press, 1997.

_____. *The Essential Works of Michel Foucault. Vol. 3: Power*, ed. James D. Faubion, trans. Robert Hurley et al., New York: New Press, 2000.

_____. *The History of Sexuality. Vol. 1: An Introduction*, trans. Robert Hurley, New York: Vintage, 1980[『성의 역사 1: 지식의 의지』, 이규현 옮김, 나남, 2010].

_____. *The Order of Things: An Archaeology of Human Sciences*, New York: Vintage, 1994[『말과 사물』, 이규현 옮김, 민음사, 2012].

_____. "The Politics of Health in the Eighteenth Century", *Power/Knowledge*; *The Essential Works of Michel Foucault. Vol. 3*[「18세기 질병의 정치학」,『권력과 지식』].

_____. "Truth and Juridical Forms", *The Essential Works of Michel Foucault. Vol. 3*.

_____. "Truth and Power", *Power/Knowledge*; *The Essential Works of Michel Foucault. Vol. 3*[「진실과 권력」,『권력과 지식』].

_____. "Two Lectures", *Power/Knowledge*[「권력, 왕의 머리베기와 훈육」,『권력과 지식』].

_____. "What Is Enlightenment?", *The Foucault Reader*, New York: Pantheon, 1984.

Fox-Genovese, Elizabeth. "Placing Woman's History in History", *New Left Review*, Vol. 133, May-June 1982.

Freire, Paolo. *The Pedagogy of the Oppressed*, trans. Myra Bergman Ramos, New York: Herder and Herder, 1970[『페다고지』, 남경태 옮김, 그린비, 2009].

Freud, Sigmund. "'A Child Is Being Beaten': A Contribution to the Study of the Origin of Sexual Perversion", *The Standard Edition of the Complete Psychological Works of Sigmund Freud*, Vol. 17, ed. James Strachey, London: Hogarth, 1955[「'매 맞는 아이'」,『정신병리학의 문제들』, 황보석 옮김, 열린책들, 2004].

_____. "Moses and Monotheism", *The Standard Edition of the Complete Psychological Works of Sigmund Freud*, Vol. 23, ed. James Strachey, London: Hogarth, 1964[「인간 모세와 유일신교」,『종교의 기원』, 이윤기 옮김, 열린책들, 2004].

_____. "'Wild' Psycho-Analysis", *The Standard Edition of the Complete Psychological Works of Sigmund Freud*, Vol. 11, ed. James Strachey, London: Hogarth, 1957[「'야생' 정신분석에 대하여」,『끝낼 수 있는 분석과 끝낼 수 없는 분석: 정신분석 치료기법에 대한 논문들』, 이덕하 옮김, 도서출판b, 2004].

Fröbel, Folker, Jürgen Heinrichs and Otto Kerye. *The New International Division of Labor: Structural Unemployment in Industrialised Countries and*

Industrialization in Developing Countries, trans. Pete Burgess, Cambridge: Cambridge University Press, 1980.

Fu, Kelly and Constance Singam, "The Culture of Exploitation and Abuse", January 5, 2003(Unpublished MS).

Gandhi, Leela. *Postcolonial Theory: A Critical Introduction*, New York: Columbia University Press, 1998[『포스트식민주의란 무엇인가』, 이영욱 옮김, 현실문화연구, 2000].

Ghosh, Amitav. *Shadow Lines*, Dellhi: Oxford University Press, 1995.

Gibson, Edwin and G. Kingsley Ward. *Courage Remembered: The Story Behind the Construction and Maintenance of the Commonwealth's Military Cemeteries and Memorials of the Wars of 1914~1918 and 1939~1945*, London: HMSO, 1989.

Gilroy, Paul. *The Black Atlantic: Modernity and Double Consciousness*, Cambridge: Harvard University Press, 1993.

Ginzburg, Carlo. *Myths, Emblems, Clues*, trans. John and Anne C. Tedeschi, London: Hutchinson, 1990.

Gramsci, Antonio, *Selections from the Prison Notebooks*, trans. Quintin Hoare and Geoffrey Nowell Smith, New York: International Publishers, 1971[『옥중 수고』 전 2권, 이상훈 옮김, 거름, 1993].

_____. "Some Aspects of the Southern Question", *Selections from Political Writing, 1921~1926*, trans. Quintin Hoare, New York: International Publishers, 1978[「남부 문제에 대한 몇 가지 주제들」, 『남부 문제에 대한 몇 가지 주제들 외』, 김종법 옮김, 책세상, 2004].

_____. *The Southern Question*, trans. Pasquale Veerdicchio, West Lafayette, Ind.: Bordighera, Inc., 1995[「남부 문제에 대한 몇 가지 주제들」, 『남부 문제에 대한 몇 가지 주제들 외』].

Gugelberger, George M.. *The Real Thing: Testimonial Discourse and Latin America*, Durham: Duke University Press, 1996.

Guha, Ranajit. "Chandra's Death", Ranajit Guha ed., *Subaltern Studies No. 5: Writings on South Asian History and Society*, Delhi: Oxford University Press, 1987.

_____. *Domination Without Hegemony: History and Power in Colonial India*, Cambridge: Harvard University Press, 1997.

_____. *Elementary Aspects of Peasant Insurgency in Colonial India*, Delhi: Oxford University Press, 1983[『서발턴과 봉기: 식민 인도에서의 농민 봉기의 기초적 측면들』,

김택현 옮김, 박종철출판사, 2008].

_____. "On Some Aspects of the Historiography of Colonial India", Ranajit Guha ed., *Subaltern Studies No. 1*.

_____ ed.. *Subaltern Studies No. 1: Writings on South Asian History and Society*, Delhi: Oxford University Press, 1982.

_____ ed.. *Subaltern Studies No. 2: Writings on South Asian History and Society*, Delhi: Oxford University Press, 1983.

_____ and Gayatri Chakravorty Spivak eds.. *Selected Subaltern Studies*, New York: Oxford University Press, 1998.

Gulbenkian Commission. *Open the Social Sciences: Report of the Gulbenkian Commission on the Restructuring of the Social Sciences*, Stanford: Stanford University Press, 1996

Gussow, Adam. *Seems Like Murder Here: Southern Violence and the Blues Tradition*, Chicago: University Of Chicago Press, 2002.

Gutiérrez, Margarita and Nellys Palomo. "A Woman's Eye View of Autonomy", Arecely Burguete Cal y Mayor ed., *Indigenous Autonomy in Mexico*, Copenhagen: IWGIA, 2000.

Habermas, Jürgen. *The Structural Transformation of the Public Sphere*, trans. Thomas Burger, Cambridge: MIT Press, 1989[『공론장의 구조 변동: 부르주아 사회의 한 범주에 관한 연구』, 한승완 옮김, 나남, 2004].

Hall, Stuart. "The Problem of Ideology: Marxism without Guarantees", Betty Matthews ed., *Marx: A Hundred Years On*, London: Lawrence and Wishart, 1983[「이데올로기의 문제: 보증 없는 마르크스주의」, 『스튜어트 홀의 문화이론』, 임영호 편역, 한나래, 1996].

Hardiman, David. "'Subaltern Studies' at Crossroads", *Economic and Political Weekly*, Vol. 21, No. 7, February 15, 1986, p. 288.

Heath, Shirley Brice. *Telling Tongues: Language Policy in Mexico*, Colony to Nation, New York: Teachers College Press, 1972.

Heathcote, Thomas Anthony. *The Indian Army: The Garrison of British Imperial India, 1822~1922*, Newton Abbot: David and Charles, 1974.

Hegel, Georg W. F.. *Philosophy of Right*, trans. T. M. Knox, Oxford: Oxford University Press, 1967[『법철학』, 임석진 옮김, 한길사, 2008].

Heidegger, Martin. *An Introduction to Metaphysics*, trans. Ralph Manheim, New York: Doubleday Anchor, 1961[『형이상학입문』, 박휘근 옮김, 문예출판사, 1994].

_____. *Being and Time*, trans. John Macpuarrie and Edward Robinson, New York:

Harper and Row, 1962[『존재와 시간』, 이기상 옮김, 까치글방, 1998]

Henderson, Jeffrey. "Changing International Division of Labour in the Electronics Industry", Duncan Campbell, Aurelio Parisotto, Anil Verma and Asma Lateef eds., *Regionalization and Labour Market Interdependence in East and Southeast Asia*, New York: St. Martin's, 1997.

_____. "Electronics Industries and the Developing World: Uneven Contributions and Uncertain Prospects", Leslie Sklair ed., *Capitalism and Development*, New York: Routledge, 1994.

_____. "The New International Division of Labour and American Semi-conductor Production in Southeast Asia", C. J. Dixon, D. Drakakis-Smith and H. D. Watts eds., *Multinational Corporations and the Third World*, Boulder: Westview, 1986.

Hernández, Margarita Ruiz. "The Process of Creating a National Legislative Proposal for Autonomy", Arecely Burguete Cal y Mayor ed., *Indigenous Autonomy in Mexico*, Copenhagen: IWGIA, 2000.

Heyck, Denis Lynn Daly. *Surviving Globalization in Three Latin American Communities*, Toronto: Broadview, 2002.

Hindess, Barry and Paul Hirst. *Pre-Capitalist Modes of Production*, London: Routledge, 1975.

Hodges, Geoffrey. "Military Labour in East Africa and Its Impact on Kenya", Melvin Page ed., *Africa and the First World War*, Basingstoke: Macmillan, 1987.

Huntington, Samuel P.. *The Clash of Civilizations and the Remaking of World Order*, New York: Simon & Schuster, 1996[『문명의 충돌』, 이희재 옮김, 김영사, 2000].

Irigaray, Luce. "The Necessity for Sexuate Rights", *The Irigaray Reader*, ed. Margaret Whitford, Cambridge: Blackwell, 1991.

Irving, John. *Coronel and the Falklands*, London: Philpot, 1927.

Jacob, George Adolphus ed.. *The Mahanarayana-Upanishad, Of the Atharva-Veda with the Dipika of Narayana*, Bombay: Government Central Books Department, 1888.

Jameson, Fredric. "Marx's Purloined Letter", *New Left Review*, Vol. 209, Jan.-Feb. 1995.

_____. *Political Unconscious: Narrative as a Socially Symbolic Act*, Ithaca: Cornell University Press, 1981.

JanMohamed, Abdul R.. *The Death-Bound-Subject: Richard Wright's Archaeology of Death*, Durham: Duke University Press, 2005.

Jay, Martin. *Force Fields: Between Intellectual History and Cultural Critique*, New York: Routledge, 1993.

Jayawardena, Kumari. *The White Woman's Other Burden: Western Women and South Asia during British Rule*, New York: Routledge, 1995.

Jeffery, Keith. *Ireland and the Great War*, Cambridge: Cambridge University Press, 2000.

Jones, Ann Rosalind and Peter Stallybrass. *Renaissance Clothing and the Materials of Memory*, Cambridge: Cambridge University Press, 2000.

Kane, Pandurang Vaman. *History of the Dharmasastra*, 5 Vols., Poona: Bhandarkar Oriental Research Institute, 1963.

Kant, Immanuel. *Groundwork of the Metaphysics of Morals*, Immanuel Kant, *Practical Philosophy*, ed. and trans. Mary J. Gregor, Cambridge: Cambridge University Press, 1996[『윤리형이상학 정초』, 백종현 옮김, 아카넷, 2005].

Kei, C. P.. *To Have and to Hold: How to Have a Maid and Keep Her*, Singapore: Armour, 1993.

Kenyon, Frederick. *War Graves: How the Cemeteries Abroad Will Be Designed*, London: HMSO, 1918.

Kishwar, Madhu and Ruth Vanita eds.. *In Search of Answers: Indian Women's Voices from Manushi*, London: Zed Books, 1984.

Klein, Melanie. "Envy and Gratitude", *Envy and Gratitude and Other Works, 1946~1963*, New York: Free Press, 1975.

_____. "The Early Development of Conscience in the Child", *Love, Guilt and Reparation and Other Works, 1921~1945*, London: Hogarth, 1975.

Kofman, Sarah. *L'énigme de la femme: La femme dans les textes de Freud*, Paris: Galilée, 1980; *The Enigma of Woman: Woman in Freud's Writings*, trans. Catherine Porter, Ithaca: Cornell University Press, 1985.

Kosambi, Damodar Dharmananda. "Combined Methods in Indology", *Indo-Iranian Journal*, Vol. 6, 1963.

_____. *Myth and Reality: Studies in the Formation of Indian Culture*, Bombay: Popular Prakashan, 1962.

Kristeva, Julia, *About Chinese Women*, trans. Anita Barrows, London: Marion boyars, 1977.

Kumar, Radha. "Agitation against Sati, 1987~88", *The History of Doing: An Illustrated Account of Movements for Women's Rights and Feminism in India*,

1800~1990, New Delhi: Kali for Women, 1993.
Landy, Marcia. *Film, Politics, and Gramsci*, Minneapolis: University of Minnesota Press, 1994.
Laqueur, Thomas W.. "Memory and Naming in the Great War", John R. Gillis ed., *Commemorations: The Politics of National Identity*, Princeton: Princeton University Press, 1994.
Lawrence, Errol. "Just Plain Common Sense: The 'Roots' of Racism", Hazel V. Carby et al., *The Empire Strikes Back: Race and Racism in 70s Britain*, London: Hutchinson, 1982.
Lee, Jean, Kathleen Campbell and Audrey Chia. *The Three Paradoxes: Working Women in Singapore*, Singapore: AWARE, 1999.
Lenin, Vladimir Il'ich. *Imperialism: The Highest Stage of Capitalism: A Popular Outline*, London: Pluto Press, 1996[『제국주의론』, 남상일 옮김, 백산서당, 1988].
Lingat, Robert. *The Classical Law of India*, trans. J. D. M. Derrett, Berkeley: University of California Press, 1973.
Livesey, Anthony. *The Viking Atlas of World War I*, London: Viking, 1994.
Longworth, Philip. *The Unending Vigil: The History of the Commonwealth War Graves Commission*, London: Leo Cooper, 2003[1967, 1985].
Lucas, Charles. *The Empire at War*, Vol. 1, London: Oxford University Press, 1921.
_____. *The Empire at War*, Vol. 5, London: Oxford University Press, 1926.
Lukács, Georg. "Class Consciousness", *History and Class Consciousness: Studies in Marxist Dialectics*, trans. Rodney Livingstone, Cambridge: MIT Press, 1971[『역사와 계급의식: 마르크스주의 변증법 연구』, 박정호·조만영 옮김, 거름, 1999].
Lyotard, Jean-François. *Le différend*, Paris: Minuit, 1984; *The Differend: Phrases in Dispute*, trans. Georges Van Den Abbeele, Minneapolis: University of Minnesota Press, 1988.
Macaulay, Thomas Babington. "Minute on Indian Education", *Selected Writings*, eds. John Clive and Thomas Pinney, Chicago: University of Chicago Press, 1972.
_____. *Speeches by Lord Macaulay: With His Minute on Indian Education*, ed. G. M. Young, Oxford: Oxford University Press, AMS Edition, 1979.
Macherey, Pierre. *A Theory of Literary Production*, trans. Geoffrey Wall, London: Routledge, 1978[『문학생산이론을 위하여』, 배영달 옮김, 백의, 1994].
Maier, Charles S.. "The Politics of Productivity: Foundations of American International Economic Policy After World War II", Peter J. Katzenstein ed.,

    Between Power and Plenty: Foreign Economic Policies of Advanced Industrial States, Madison: University of Wisconsin Press, 1978.

Mallon, Florence E.. "The Promise and Dilemma of Subaltern Studies: Perspectives from Latin American History", *American Historical Review*, Vol. 99, No. 5, December 1994.

Mani, Lata. "Contentious Traditions: The Debate on Sati in Colonial India", Kumkum Sangari ed., *Recasting Women: Essays in Colonial History*, Delhi: Kali for Women, 1989.

_____. "Production of an Official Discourse on Sati in Early Nineteenth Century Bengal", *Economic and Political Weekly*, Vol. 21, No. 17.

_____. "The Production of Colonial Discourse: Sati in Early Nineteenth Century Bengal"(Masters Thesis), University of California at Santa Cruz, 1983.

Marcos, Sub-comandante. "Democratic Teachers and the Zapatista Dream", Juana Ponce de León ed., *Our Word Is Our Weapon: Selected Writings of Subcomandante Marcos*, New York: Seven Stories, 2001[「민주적인 교사와 사파티스타의 꿈」, 『우리의 말이 우리의 무기입니다』, 윤길순 옮김, 해냄, 2002].

_____. "Twelve Women in the Twelfth Year: The Moment of War", *Our Word Is Our Weapon*[「12년 된 열두 명의 여성」, 『우리의 말이 우리의 무기입니다』].

Marks, Shula ed.. *Not Either an Experimental Doll*, Bloomington: Indiana University Press, 1987.

Marx, Karl. *Capital, Volume 1: A Critique of Political Economy*, trans. Ben Fowkes, New York: Viking Penguin, 1977[『자본』 I, 강신준 옮김, 길, 2008].

_____. *Capital, Volume 3*, trans. David Fernbach, New York: Viking Penguin, 1981[『자본』 III, 강신준 옮김, 길, 2010].

_____. *Grundrisse: Foundations of the Critique of Political Economy*, trans. Martin Nicolaus, New York: Viking, 1973[『정치경제학 비판 요강』, 김호균 옮김, 그린비, 2007].

_____. "The Eighteenth Brumaire of Louis Bonaparte", *Surveys from Exile*, trans. David Fernbach, New York: Penguin, 1973[「루이 보나빠르뜨의 브뤼메르 18일」, 『칼 맑스·프리드리히 엥겔스 저작 선집』 2권, 최인호 외 옮김, 박종철출판사, 1993].

_____. *The Ethnological Notebooks of Karl Marx(Studies of Morgan, Phear, Maine, Lubbock)*, trans. and ed. Lawrence Krader, Assen: Van Gorcum and Comp, 1972.

_____. "The Future Results of The British Rule in India", *Surveys from Exile*[「영국의 인도 지배의 장래의 결과」, 『칼 맑스·프리드리히 엥겔스 저작 선집』 2권].

Masao, Miyoshi and Harry D. Harootunian eds.. *Learning Places: The Afterlives of Area Studies*, Durham: Duke University Press, 2002.

Mathews, Biju et al.. "Vasudhiava Kutumbakam: The Hindu in the World" (Unpublished MS).

Mbembe, Achille. "Necropolitics", *Public Culture*, Vol. 15, No. 1, Winter 2003.

McCully, Bruse Tiebout. *English Education and the Origins of Indian Nationalism*, New York: Columbia University Press, 1940.

Medovoi, Leerom et al.. "Can the Subaltern Vote?", *Socialist Review*, Vol. 20. No. 3, July-Sept. 1990.

Menchú, Rigoberta. *I, Rigoberta Menchú: An Indian Woman in Guatemala*, ed. Elizabeth Burgos-Debray, trans. Ann Wright, London: Verso, 1984[『나의 이름은 멘추: 마야, 퀴체족 인디오 여인의 기록』, 유정태 옮김, 지산미디어, 1993].

_____. *Rigoberta: La nieta de los Mayas*, Mexico City: El País/Santilla, 1998.

Merewether, John Walter Beresford and Frederick Smith. *The Indian Corps in France*, London: Murray, 1919.

Mignolo, Walter. *Local Histories/Global Designs: Coloniality, Subaltern Knowledges, and Border Thinking*, Princeton: Princeton University Press, 2000[『로컬 히스토리/글로벌 디자인: 식민주의성, 서발턴 지식, 그리고 경계 사유』, 이성훈 옮김, 에코리브르, 2013].

Mohanty, Chandra Talpade. "Under Western Eyes: Feminist Scholarship and Colonial Discourses", Chandra Talpade Mohanty, Anne Russo and Lourdes Torres eds., *Third World Women and the Politics of Feminism*, Bloomington: Indiana University Press, 1991[「서구인의 눈으로: 페미니즘 연구와 식민 담론」, 유제분 엮음, 『탈식민 페미니즘과 탈식민 페미니스트들』, 현대미학사, 2001].

Monier-Williams, Monier. *Sanskrit-English Dictionary*, Oxford: Clarendon, 1989.

Moore, Donald S.. "Subaltern Struggles and the Politics of Place: Remapping Resistance in Zimbabwe's Eastern Highlands", *Cultural Anthropology*, Vol. 13, No. 3, August 1998.

Morrow, John H.. *The Great War: An Imperial History*, Abingdon: Routledge, 2004.

Morton, Stephen. *Gayatri Chakravorty Spivak*, New York: Routledge, 2003[『스피박 넘기』, 이운경 옮김, 앨피, 2005].

_____. *Gyatatri Spivak: Ethics, Subalternity, and the Critique of Postcolonial Reason*, London: Polity, 2007.

Mudimbe, Valentin Y.. *The Invention of Africa: Gnosis, Philosophy, and the Order of Knowledge*, Bloomington: Indiana University Press, 1998.

Nandy, Ashis. "Sati: A Nineteenth Century Tale of Women, Violence and Protest", Vijaya Chandra Joshi ed., *Rammohun Roy and the Process of Modernization in India*, Delhi: Vikas Publishing House, 1975.

Nash, June. *Mayan Visions: The Quest for Autonomy in the Age of Globalization*, New York: Routledge, 2001.

O'Hanlon, Rosalind. "Recovering the Subject: Subaltern Studies and Histories of Resistance in Colonial South Asia", *Modern Asian Studies*, Vol. 22, No. 1, 1988.

_____ and D. A. Washbrook. "After Orientalism: Culture, Criticism, and Politics in the Third World", *Comparative Studies in Society and History*, Vol. 34, No. 1, January 1992.

Omissi, David. *Indian Voices of the Great War: Soldiers Letters, 1914~18*, Basingstoke: Macmillan, 1999.

Omvedt, Gail. *We Will Smash This Prison!: Indian Women in Struggle*, London: Zed Press, 1980.

Otto, Dianne. "Holding Up Half the Sky, But for Whose Benefit?: A Critical Analysis of the Fourth World Conference on Women", *Australian Feminist Law Journal*, Vol. 6, March 1996.

Page, Melvin ed.. *Africa and the First World War*, Basingstoke: Macmillan, 1987.

Palmieri, Jorge. "Lies by the Nobel Prize Winner", Arturo Arias ed., *The Rigoberta Menchú Controversy*, Minneapolis: University of Minnesota Press, 2001.

_____. "The Pitiful Lies of Rigoberta Menchú", Arturo Arias ed., *The Rigoberta Menchú Controversy*.

Pamuk, Orhan. *Snow*, trans. Maureen Freely, New York: Knopf, 2004[『눈』, 이난아 옮김. 민음사, 2005].

Prakash, Gyan. "Can the 'Subaltern' Ride?: A Reply to O'Hanlon and Washbrook", *Comparative Studies in Society and History*, Vol. 34, No. 1, January 1992.

_____. "Subaltern Studies as Postcolonial Criticism", *American Historical Review*, Vol. 99, No. 5, 1994.

Pratt, Mary Louise. "I, Rigoberta Menchú and the 'Culture Wars'", Arturo Arias ed., *The Rigoberta Menchú Controversy*, Minneapolis: University of Minnesota Press, 2001.

Rabinow, Paul. "Anthropological Observation and Self-Formation", João Biehl, Byron Good and Arthur Kleinman eds., *Subjectivity: Ethnographic Investigations*, Berkeley: University of California Press, 2007.

Rawls, John. *Political Liberalism*, New York: Columbia University Press, 1993[『정치적 자유주의』, 장동진 옮김, 동명사, 1999].

Ray, Sangeeta. *Gayatri Chakravorty Spivak: In Other Words*, London: Wiley-Blackwell, 2009.

Report of the Fourth World Conference on Women. Beijing, September 4~15, 1995, A/CONF.177/20, October 17, 1995.

Rice, Stanley. *Neuve Chapelle-India's Memorial in France, 1914~1918: An Account of the Unveiling*, London: Imperial War Graves Commission, 1928.

Robison, Richard, Richard Higgott and Kevin Hewison. "Crisis in Economic Strategy in the 1980s: The Factors at Work", Richard Robison, Richard Higgott and Kevin Hewison eds., *Southeast Asia in the 1980s: The Politics of Economic Crisis*, Sydney: Allen and Unwin, 1987.

Rodan, Garry. "Industrialisation and the Singapore State in the Context of the New International Division of Labour", Richard Higgott and Richard Robinson eds., *Southeast Asia: Essays in the Political Economy of Structural Change*, London: Routledge and Kegan Paul, 1985.

_____. "The Rise and Fall of Singapore's Second Industrial Revolution", *Southeast Asia in the 1980s: The Politics of Economic Crisis*, Sydney: Allen and Unwin, 1987.

Rodríguez, Ileana. *Liberalism at Its Limits: Crime and Terror in the Cultural Text*, Pittsburgh: University of Pittsburgh Press, 2009.

_____ ed.. *The Latin American Subaltern Studies Reader*, Durham: Duke University Press, 2001.

Rovira, Guiomar. *Mujeres de Maíz*, Mexico: Era, 1997.

Rubin, Gayle. "The Traffic in Women: Notes on the 'Political Economy' of Sex", Rayna R. Reiter ed., *Toward an Anthropology of Women*, New York: Monthly Review Press, 1975.

Said, Edward W.. "Permission to Narrate", *London Review of Books*, 1984. 2. 16.

_____. *The World, the Text, and the Critic*, Cambridge: Harvard University Press, 1983.

Saldaña Portillo, María Josefina. *The Revolutionary Imagination in the Americas and the Age of Development*, Durham: Duke University Press, 2003.

Sanders, Mark. *Gayatri Chakravorty Spivak: Live Theory*, New York: Continuum, 2006.

Sarkar, Sumit. "Orientalism Revisited: Saidian Frameworks in the Writing of

Modern Indian History", *Oxford Literary Review*, Vol. 16, 1994.

_____. "The Fascism of the Sangh Parvar", *Economic and Political Weekly*, 1992. 1. 30.

Sarkar, Tanika. *Hindu Wife, Hindu Nation: Community, Religion, and Cultural Nationalism*, New Delhi: Permanent Black, 2001.

Sassen, Saskia. "On Economic Citizenship", *Losing Control?: Sovereignty in the Age of Globalization*, New York: Columbia University Press, 1996.

Scott, James C.. *Domination and the Arts of Resistance: Hidden Transcripts*, New Haven: Yale University Press, 1990.

_____. *Weapons of the Weak: Everyday forms of Peasant Resistance*, New Haven: Yale University Press, 1985.

Scott, Joan W.. "Experience", Judith Butler and Joan W. Scott eds., *Feminists Theorize the Political*, New York: Routledge, 1992.

Selden, Raman. *A Reader's Guide to Contemporary Literary Theory*, New York: Prentice-Hall, 1997.

Sen, Dineshchandra. *Brhat-Banga*, Vol. 1, Calcutta: University of Calcutta Press, 1925.

_____. *Brhat-Banga*, Vol. 2, Calcutta: University of Calcutta Press, 1935.

Shastri, Mahamahopadhyaya Haraprasad. *A Descriptive Catalogue of Sanskrit Manuscripts in the Government Collection under the Care of the Asiatic Society of Bengal*, Vol. 3, Calcutta: Asiatic Society of Bengal, 1925.

Sherman, Daniel J.. *The Construction of Memory in Interwar France*, Chicago: University of Chicago Press, 1999.

Shetty, Sandhya and Elizabeth Jane Bellamy. "Postcolonialism's Archive Fever", *Diacritics*, Vol. 30, No. 1, Spring 2000.

Smith, Jay. "No More Language Games: Words, Beliefs, and the Political Culture of Early Modern France", *American Historical Review*, Vol. 102, No. 5, December 1997.

Solomos, John, Bob Findlay, Simon Jones and Paul Gilroy. "The Organic Crisis of British Capitalism and Race: The Experience of Theseventies", Hazel V. Carby et al., *The Empire Strikes Back: Race and Racism in 70s Britain*, London: Hutchinson, 1982.

Sommer, Doris. "No Secrets", Georg M. Gugelberger ed., *The Real Thing: Testimonial Discourse and Latin America*, Durham: Duke University Press, 1996.

Spivak, Gayatri Chakravorty. *A Critique of Postcolonial Reason: Toward a History* of the Vanishing Present, Cambridge: Harvard University Press, 1999[『포스트식민 이성 비판: 사라져 가는 현재의 역사를 위하여』, 태혜숙·박미선 옮김, 갈무리, 2005].

_____. "A Dialogue on Democracy", Interview with David Plotke, David Trend ed., *Radical Democracy: Identity, Citizenship and the State*, New York: Routledge, 1995.

_____. "A Literary Representation of the Subaltern: A Woman's Text from the Third World", *In Other Worlds*[「하위주체의 문학적 재현: 제3세계 여성 텍스트」, 『다른 세상에서』].

_____. "A Moral Dilemma", Howard Marchitello ed., *What Happens to History: The Renewal of Ethics in Contemporary Thought*, New York: Routledge, 2001.

_____. "Can the Subaltern Speak?", Lawrence Grossberg and Cary Nelson eds., *Marxism and the Interpretation of Culture*, Urbana: University of Illinois Press; Basingstoke: Macmillan, 1988[「하위주체는 말할 수 있는가?」, 태혜숙 옮김, 『세계사상』 4호, 1998].

_____. *Death of a Discipline*, New York: Columbia University Press, 2006[『경계선 넘기』, 문화이론연구회 옮김, 인간사랑, 2008].

_____. "Deconstruction and Cultural Studies: Arguments for a Deconstructive Cultural Studies", Nicholas Royle ed., *Deconstructions: A User's Guide*, Basingstoke and New York: Palgrave, 2000.

_____. "Diasporas Old and New: Women in a Transnational World", *Textual Practice*, Vol. 10, No. 2, 1996.

_____. "Discussion: An Afterword on the New Subaltern", Partha Chatterjee and Pradeep Jeganathan eds., *Subaltern Studies No. 11: Community, Gender and Violence*, Delhi: Permenent Black, 2000.

_____. "Displacement and the Discourse of Woman", Mark Krupnick ed., *Displacement: Derrida and After*, Bloomington: Indiana University Press, 1983.

_____. "'Draupadi', by Mahasweta Devi, with a Foreword by Gayatri Chakravorty Spivak", *In Other Worlds*[「드라우파디」(마하스웨타 데비), 『다른 세상에서』].

_____. "Finding Feminist Readings: Dante-Yeats", Ira Konigsberg ed., *American Criticism in the Poststructuralist Age*, Ann Arbor, MI.: University of Michigan Press, 1981.

_____. "Foucault and Najibullah", Kathleen L. Komar and Ross Shideler eds., *Lyrical Symbols and Narrative Transformations: Essays in Honor of Ralph Freedman*, Columbia, SC: Camden House, 1998[「1996: 푸코와 나지불라」, 『다른

여러 아시아』, 태혜숙 옮김, 울력, 2011].

_____. "French Feminism in an International Frame", *Yale French Studies*, No. 62, 1981; *In Other Worlds*[「국제적 틀에서 본 프랑스 페미니즘」, 『다른 세상에서』].

_____. "Ghostwriting", *Diacritics*, Vol. 25, No. 2, Summer 1995.

_____. "If Only", *Writing a Feminist's Life: The Legacy of Carolyn G. Heilbrun*, Scholar and Feminist Online, Issue 4, No. 2, Spring 2006, Barnard Center for Research on Women. http://sfonline.barnard.edu/heilbrun/spivak_01.htm.

_____. "Imperatives to Re-imagine the Planet", Willi Goetschel ed., *Imperatives to Re-Imagine the Planet/Imperative zur Neuerfindung des Planeten*, Vienna: Passagen, 1999. Rpt. in Alphabet City, No. 7, 2000.

_____. *In Other Worlds: Essays in Cultural Politics*, New York: Routledge, 1987[『다른 세상에서: 문화정치학 에세이』, 태혜숙 옮김, 여이연, 2008].

_____. "Love Me, Love My Ombre, Elle: Derrida's 'La carte postale'", *Diacritics*, Vol. 14, No. 4, 1984.

_____. "Mapping the Present", Interview with Meyda Yegennoglu and Mahmut Mutman, *New Formations*, Vol. 45, January 2002.

_____. "More on Power/Knowledge", Thomas E. Wartenberg ed., *Rethinking Power*, Albany: State University of New York Press, 1992; *Outside in the Teaching Machine*[「권력/지식에 덧붙이는 논의」, 『교육기계 안의 바깥에서』].

_____. "Moving Devi", Vidya Dehejia ed., *Devi: The Great Goddesses*, Washington, DC: Smithonian Institute, 1999[「이동하는 데비―1997: 비-거주민과 추방자」, 『다른 여러 아시아』].

_____. "Nationalism and the Imagination", C. Vijayasree, Meenakshi Mukherjee, Harish Trivedi and Vijay Kumar eds., *Nation in Imagination: Essays on Nationalism, Sub-Nationalisms, and Narration*, Hyderabad: Orient Longman, 2007.

_____. *Outside in the Teaching Machine*, London: Routledge, 1993[『교육기계 안의 바깥에서: 초국가적 문화연구와 탈식민 교육』, 태혜숙 옮김, 갈무리, 2006].

_____. "Psychoanalysis in Left Field and Fieldworking: Examples to Fit the Title", Sonu Shamdasani and Michael Münchow eds., *Speculations After Freud: Psychoanalysis, Philosophy, and Culture*, London: Routledge, 1994.

_____. "Responsibility", *boundary 2*, Vol. 21, No. 3, Fall 1994[「책임」, 『다른 여러 아시아』].

_____. "Righting Wrongs", *South Atlantic Quarterly*, Vol. 103, Nos. 2~3, Spring/Summer 2004[「잘못을 바로잡기」, 『다른 여러 아시아』].

_____. "Scattered Speculations on the Question of Value", *Diacritics*, Vol. 15, No. 4, 1985; *In Other Worlds*[「가치 문제에 관한 단상들」, 『다른 세상에서』].

_____. "Scattered Speculations on the Subaltern and Popular", *Postcolonial Studies*, Vol. 8, No. 4, 2005.

_____. "Setting to Work(Transnational Cultural Studies)", Peter Osborne ed., *A Critical Sense: Interviews with Intellectuals*, London: Routledge, 1996.

_____. "Subaltern Studies: Deconstructing Historiography", Ranajit Guha ed., *Subaltern Studies No. 4: Writings on South Asian History and Society*, New Delhi: Oxford University Press, 1985; *In Other Worlds*[「하위주체 연구: 역사 기술을 해체하기」, 『다른 세상에서』].

_____. "Subaltern Talk", Interview with Donna Landry and Gerald Maclean, *The Spivak Reader: Selected Works of Gayatri Chakravorty Spivak*, eds. Donna Landry and Gerald Maclean, New York: Routledge, 1996.

_____. "Teaching for the Times", Bhiku Parekh and Jan Nederveen Pieterse eds., *The Decolonization of the Imagination*, London: Zed, 1995.

_____. "Terror: A Speech After 9-11", *boundary 2*, Vol. 31, No. 2, Summer 2004.

_____. "The Rani of Sirmur: An Essay in Reading the Archives", *History and Theory*, Vol. 3, No. 24, 1985.

_____. "Theory in the Margin", Jonathan Arac and Barbara Johnson eds., *Consequences of Theory: Selected Papers of the English Institute, 1987~88*, Baltimore: Johns Hopkins University Press, 1991.

_____. "Three Women's Texts and a Critique of Imperialism", *Critical Inquiry*, Vol. 12, No. 1, 1985.

_____. "Translator's Preface", Mahasweta Devi, *Imaginary Maps: Three Stories*, ed. and trans. Gayatri Chakravorty Spivak, New York: Routledge, 1995.

_____. "'Woman' as Theatre: United Nations Conference on Women, Beijing 1995", *Radical Philosophy*, Issue 75, Jan.-Feb. 1996.

_____. "Women in Difference", *Outside in the Teaching Machine*[「차이 속의 여성」, 『교육기계 안의 바깥에서』].

Stahl, Charles. "Trade in Labour Services and Migrant Worker Protection with Special Reference to East Asia", *International Migration*, Vol. 37, No. 3, 1999.

Stavenhagen, Rodolfo. "Towards the Right to Autonomy in Mexico" Arecely Burguete Cal y Mayor ed., *Indigenous Autonomy in Mexico*, Copenhagen: IWGIA, 2000.

Stiglitz, Joseph. *Globalization and Its Discontents*, New York: Norton, 2003[『세계

화와 그 불만』, 송철복 옮김, 세종연구원, 2002].

Stoll, David. *Rigoberta Menchú and the Story of All Poor Guatemalans*, Boulder: Westview, 1999.

Strachan, Hew. *The First World War, Vol. 1: To Arms*, Oxford: Oxford University Press, 2001.

Summers, Julie. *Remembered: The History of the Commonwealth War Graves Commission*, London: Merrell, 2007.

Sunder Rajan, Rajeswari. *The Scandal of the State*, Durham: Duke University Press, 2003.

Tagore, Rabindranath. *Char Adhyay/Four Chapters*, Calcutta, 1934; Eng. ed., New Delhi: Srishti, 2002.

_____. *Raj-Kahini*, Calcutta: Signet, 1968.

Thakur, Upendra. *The History of Suicide in India: An Introduction*, Delhi: Munshi Ram Manohar Lal, 1963.

Thapar, Romila. *Asoka and the Decline of the Mauryas*, Oxford: Oxford University Press, 1973.

_____. *From Lineage to State: Social Formations of the Mid-First Millenium BC in the Ganga Valley*, Oxford: Oxford University Press, 1991.

Thompson, Edward. *Suttee: A Historical and Philosophical Enquiry into the Hindu Rite of Widow Burning*, London: George Allen and Unwin, 1928.

Tod, James. *Annals and Antiquities of Rajasthan*, London: Oxford University Press, 1920.

Torres, Carmela. "Asian Women in Migration in the Light of the Beijing Conference", Graziano Battistella and Anthony Paganoni eds., *Asian Women in Migration*, Quezon City: Scalabrini Migration Center, 1996

Trench, Charles Chenevix. *The Indian Army and the King's Enemies, 1900~1947*, London: Thames and Hudson, 1988.

van de Veer, Peter. "Sati and Sanskrit: The Move from Orientalism to Hinduism", Mieke Bal and Inge E. Boer eds., *The Point of Theory: Practices of Cultural Analysis*, New York: Continuum, 1994.

Visram, Rosina. *Ayahs, Lascars, and Princes: Indians in Britain, 1700~1947*, London: Pluto, 1986.

Ware, Fabian. *The Immortal Heritage: An Account of the Work and Policy of the Imperial War Graves Commission During Twenty Years, 1917~1937*, Cambridge: Cambridge University Press, 1937.

Willcocks, James. *With the Indians in France*, London: Constable, 1920.

Wolf, Eric. *Europe and the People without History*, Berkeley: University of California Press, 1982.

World Development Report 1991, New York: Oxford University Press, 1991.

World Development Report 1995, New York: Oxford University Press, 1995.

Wright, Richard. *Early Works: Lawd Today! Uncle Tom's Children, Native Son*, New York: Library of America, 1991[『미국의 아들』, 김영희 옮김, 창비, 2012].

Young, Robert J. C.. *White Mythologies: Writing History and the West*, New York: Routledge, 1990[『백색 신화: 서양 이론과 유럽 중심주의 비판』, 김용규 옮김, 경성대학교출판부, 2008].

옮긴이 해제

태혜숙

가야트리 차크라보르티 스피박은 어떠한 이론도 정설로 받아들이지 않는다. 그래서 그녀의 글에서는 총체적 분석의 발판이 부재한 가운데 서로 모순되는 이론들이 경합하고 협상하면서 형성되는, 잠정적이고 열린 분석틀이 사용된다. 그 분석틀은 언제라도 수정되고 확장될 수 있어서 그녀의 사상은 유보적이고 비정형적이며, 거칠고 마무리되지 않은 채, 갈피를 잡지 못하게 한다. 그러한 특이성을 갖는 스피박의 사상은 해체주의, 맑스주의, 포스트식민주의, 문화론, 페미니즘의 이론 지형들과 집요하고 비판적으로 협상하는 가운데 구축되어 왔다. '해체주의적·맑스주의적 페미니즘'이라고 할 수 있을 스피박 사상의 이론적 지향은, 부지불식간에 국제 노동 분업과 공모하는 지식인의 권력/지식에 대한 비판, 안의 바깥, 말하기, 말 걸기, 배움을 위해 잊기 unlearning, 서발턴 등의 개념화 작업으로 구체화된다. 그 개념들이 오해받기도 했지만, 2000년대에 접어들면서 오늘날 전 지구적 자본주의 가부장 체제를 인식하고 그 변화를 꾀하는 실마리로서 그 개념들의 유효성이 인정받고 있다.

「서발턴은 말할 수 있는가?」Can the Subaltern Speak?는 앞에서 언급된 핵심 개념들의 단초를 일찍이 제시한 바 있다. 이 에세이는 1983년 여름에 일리노이 대학의 어배너-섐페인^{Urbana-Champaine} 캠퍼스에서 「권력과 욕망」 Power and Desire이라는 제목으로 처음 발표되었고, 1988년에 로런스 그로스버그^{Lawrence Grossberg}와 캐리 넬슨^{Cary Nelson}이 편집한 『맑스주의와 문화 해석』^{Marxism and the Interpretation of Culture}이라는 논문 모음집에 실렸으며, 수정되고 확장을 거쳐 스피박 자신의 1999년 저서 『포스트식민 이성 비판: 사라져 가는 현재의 역사를 위하여』^{A Critique of Postcolonial Reason: Toward a History of the Vanishing Present}의 3장 「역사」의 일부로 수록되었다. 그러므로 이 에세이의 이러한 수정과 확장 과정이 그동안 남아시아 역사를 넘어 포스트식민 연구, 글로벌 남반구 역사, 인류학, 젠더 연구, 서발턴 연구와 인접한 분과 학문들에 이르기까지 그 지적·이론적 영역들에 일으킨 파장을 살펴보는 것은 의미 있는 일일 것이다.

『서발턴은 말할 수 있는가?: 서발턴 개념의 역사에 관한 성찰들』^{Can the Subaltern Speak?: Reflections on the History of an Idea}은 바로 그러한 탐색의 여정을 보여 주는 책이다. 이 책은 미국 뉴욕에 위치한 컬럼비아 대학의 '여성과 젠더 연구소'^{Institute for Research on Women and Gender} 창립 15주년을 기념하기 위해 2002년에 열린 학술 대회 결과물을 수합한 책으로 2010년에 출간되었다. 이 책은 스피박의 「서발턴은 말할 수 있는가?」가 20년이 넘는 기간 동안 이론과 사상에 끼친 영향의 궤적을 다양한 경로를 통해 추적하는 가운데 이 에세이의 급진성에 집요하게 개입한다.

이 책은 5부로 구성되어 있다. 맨 앞에는 이 책의 편집자인 로절린드 C. 모리스^{Rosalind C. Morris}의 「서문」이, 맨 뒤에는 1988년 판본의 「서발턴은 말할 수 있는가?」가 「부록」으로 실려 있다. 1부 텍스트는 스피박의 『포스트식민 이성 비판』에 실렸던 「서발턴은 말할 수 있는가?」 수정본이다. 2부 '컨텍스트들과 궤도들'에 실린 세 편의 글은 「서발턴은 말할 수 있는가?」

의 역사적·수사학적·철학적 양상들을 각기 위치 짓고 성찰하는 데 관심을 기울이고 있다. 3부 '(안) 들리는 것을 말하기'에 포함된 두 편의 글은 죽음의 문제틀에 초점을 두고서 서발터니티를 스스로 부인하며 행위 능력을 주장하지만 말 없음과 죽음에 이르는, 또 죽음을 그 심층에서 적극 전유하여 말하고 쓰게 되는, 그러한 죽음의 구성적 자리를 각기 탐색한다. 4부 '동시대성들과 가능한 미래들: 말하(지 않)기와 듣기'는 이론적 분석과 저항 정치 사이의 관계 탐색에 필수적인 국제 노동 분업에 대한 스피박의 문제의식과 관련해 아시아와 라틴아메리카의 지정학적 무대를 각각 읽는 두 글을 제공한다. 5부는 2002년 학술 대회에 제출된, 「서발턴은 말할 수 있는가?」에 대한 읽기들과 질문들에 관한 스피박의 최종 성찰 혹은 응답이다.

「옮긴이 해제」에서는 먼저 이 책의 2~4부에 실린 글들의 주요 내용을 살펴보고, 스피박이 5부의 「응답: 뒤를 돌아보며, 앞을 내다보며」에서 말하고자 한 바를 이 책을 읽을 한국의 독자들과 연결시켜 본 다음, '서발턴' 정체성을 둘러싼 물음에서 더 나아가 '서발터니티'라는 좀더 일반적인 차원의 이론화라는 남겨진 과제의 윤곽을 제시해 볼 것이다.

서발턴 연구회의 전환에서 윤리적 문제설정까지

2부의 첫번째 글은 인도 서발턴 연구회Subaltern Studies Group의 창립 구성원인 파르타 차테르지Partha Chatterjee의 「「서발턴은 말할 수 있는가?」에 관한 성찰들: 스피박 이후의 서발턴 연구」이다. 이 글에서 차테르지는 스피박의 에세이가 초기의 서발턴 연구 기획에 준 충격과 당혹감을 토로하고 그것을 평가하고자 하는데, 스피박의 에세이가 서발턴 연구 기획의 내용과 방향을 바꾼 그 정확한 경로를 추적하기는 어렵지만 영향을 미친 것만은 분명하다고 말한다. 차테르지는 스피박의 개입으로 1989~1990년의 『서발턴 연구』Subaltern Studies(서발턴 연구회의 저널) 5~6호에서 서발턴 연구회의 전환이 시작되었다고 말한다. 그에 따르면 이 전환을 통해 서발턴 연구는 주제와 방법 모두에서 변화를 겪었으며, "서발턴에게 주권적 주체의 의상을 입히고, 그를 역사를 만드는 자로 무대에 올리는 것", "역사가의 서술을 통해 서발턴이 직접 말할 수 있다는 것"에서, "단편적이며 분리되어 있는 미완의 역사들"로서 서발턴 역사를 인식하고서 "서발턴의 참된 형식"을 찾기보다 "서발턴은 어떻게 재현되는가?"라는 문제설정으로 이동했다. 차테르지는 스피박의 에세이가 『서발턴 연구』의 포스트구조주의적 계기로 다가왔고, 여러 목적지로 뻗어 나갈 길들을 가리키는 이정표가 되었다고 평가한다.

2부의 두번째 글은 리투 비를라Ritu Birla의 「포스트식민 연구: 이제 그것은 역사다」이다. 이 글은 「서발턴은 말할 수 있는가?」를 구조화하는 논의들과 수사학적 제스처들을 조심스럽게 읽어 내는 가운데, 『포스트식민 이성 비판』에서의 수정본이 '말하기'의 문제틀을 새롭게 강조하고 개념화하는 경위와 방식들을 제시해 준다. 비를라는 이 에세이를 비판적 역사 연구의 관심사들을 사유하기 위한 매개로 간주하고 재론하기 위해 '타자화'와 '대타성'alterity이라는 실마리를 따라간다. 먼저 비를라는 유럽의 타자를 형성하는 과정에는 '식민 주체를 타자로 형성하기'와 '유럽의 자아를 형성하기'라는 두 가지가 동시에 관여된다는 데 초점을 맞춘다. 타자로 배정되었던 것이 자아가 될 수 있는 많은 방식들 중의 한 본보기로서의 반식민 민족주의에서처럼, 토착적이고 진정한 모든 것에 집중하는 것은 부상하는 민족국가가 해방을 천명할 때조차도 '식민적 타자화의 논리'를 재생산한다는 점이 지적된다. 비를라는 스피박의 에세이가 유럽의 타자가 진정성의 담론들을 통해 타자로 견고해지고 그리하여 침묵당하게 되는 방식들을 정교하게 제시하고 경고한다고 말한다. 타자화에 대한 주목이 단지 토착민으로서의 타자를 공고히 하는 데 머무는 것은 정체성의 정치가 될 뿐이기 때문이다. 반면 비를라가 보기에 스피박은 "타자에게 진정성을 귀속시키고 목소리를 주는 가운데 타자를 주체로 공고히 하는 과정 안에서 구성되고 정당화되는 헤게모니들을 진지하게 검토했던 비판적 방법론"에 입각해 있다. 더 나아가 스피박은 "책임responsibility에 기반을 둔 윤리"를 바탕으로 "응답response을 끌어내기 위해 타자와 교섭하는 새로운 방식"을 열어 가고자 타자화와 구별되는 대타성의 논지를 지구적 틀로 확장하고 있다는 것이 비를라의 평가이다.

2부의 세번째 글은 드루실라 코넬Drucilla Cornell의 「인권의 윤리적 긍정: 가야트리 스피박의 개입」이다. 이 글은 유럽의 철학적 모더니즘과 해체주의의 윤리적 선회라는 좀더 광범위한 철학적 맥락에다 스피박의 에세이를 놓고서, 「서발턴은 말할 수 있는가?」 덕분에 인권 담론의 가능성과 함정에 대한 수정된 접근을 할 수 있게 되었다고 파악한다. 코넬은 사회적 다원주의에 기반한 서구의 '인권' 개념을 비판하고 극복하기 위해 그 인권 담론을 '책임의 윤리'로 꿰매야 한다는 스피박의 주장이 유효하다고 보며, 그러한 주장은 스피박 에세이의 반실증주의적 비판과 연결되어 있다고 말한다. 여기서 반실증주의적 비판이란 재현representation에 대한 의존을, 재현을 벗어날 수 없음을 철저히 성찰해야만 가능한 것이다. 코넬은 그러한 스피박의 성찰을 "해체주의 안에 있는 윤리적 계기"라고 읽는다.

코넬이 우리에게 주지하는 윤리적 계기란 우리의 도달 범위 너머에 머물지만 심층에서는 우리가 누구인지를 구성하는 타자성, 우리가 빚지고 있는 것이자 동시에 우리의 책무를 완전히는 알 수 없도록 하는 그 타자성이다. 코넬은 인권을 옹호하는 많은 이들의 맹점이, 자신들이 바로잡고 있는 잘못들을 정의할 때 타자들(그들이 올바른 일을 하려는 것도 이 타자들을 위해서인데)을 윤리적으로 위험하게 재현한다는 점에서 찾는다. 그 단적인 예가 식민주의에 의해 정복된 '타자들'의 세계와 믿음 체계를 열등하다고 일컬으며, 인권 안에서 인간적인 것을 재현하는 데 동반되는 비대칭성을 당연시하는 '인종화'일 것이다.

코넬은 근대 자본주의의 가정들에 동화되지 않는다는 의미에서 종속적인 문화들, 선진 자본주의의 관점에서는 비생산적이라고 간주되는 문화들에 소속된 '젠더화된 서발턴들'이야말로 이미 주어진 재현 체계들로 환원될 수 없는 비대칭성을 지니며, 바로 그 비대칭성이 그들을 서발턴으로 표시해 준다고 본다. 그렇기 때문에 코넬은 우리더러 타자의 변화를 주문하기보다 우리 자신을 변혁하면서 서발턴과 더불어 자유를 추구할 것을 촉구하는데, 거기서는 인문학의 역할이 결정적이며 텍스트를 읽고 가르치는 일이 중요해진다. 코넬에게 그 일은 코드를 바꾸고 교훈을 전하는 것이 아니라 타자성으로부터 어떤 깊은 응답을 끌어내는 것이다.

서발턴들과 그/그녀들의 죽음(들)

3부의 첫번째 글은 라제스와리 순데르 라잔Rajeswari Sunder Rajan의 「죽음과 서발턴」이다. 이 글에서 순데르 라잔은 「서발턴은 말할 수 있는가?」에 대해, 부바네스와리 바두리Bhubaneswari Bhaduri라는 한 여성의 죽음이 그녀의 젠더화된 서발턴적 조건과 연관되는 경위를 검토하는 가운데 역사 기술과 방법론에 윤리적인 문제를 제기하는 텍스트라고 평가한다. 스피박 에세이의 윤리성을 입증하는 일환으로 순데르 라잔은 부바네스와리 바두리의 죽음을, 아미타브 고시$^{Amitav\ Ghosh}$의 소설 『그림자 선』$^{Shadow\ Lines}$(1988)에 등장하는 (익명의) 할머니의 죽음, 라나지트 구하$^{Ranajit\ Guha}$가 「찬드라의 죽음」$^{Chandra's\ Death}$(1987년의 『서발턴 연구』 5호에 실림)에서 다루는 과부 찬드라의 죽음과 비교하고 대조하는 가운데 스피박의 에세이에 담긴 엄밀함과 확장된 의미들, 풍부한 시사점을 더욱 뚜렷하게 살려 낸다.

순데르 라잔은 부바네스와리의 죽음이 여성에게 가해지는 폭력의 장에서 일어난 자살이라는 점에 초점을 맞추고, 그렇게 자신의 몸에 기입한 '메시지'가 읽히지 않았던 것은 젠더라는 축에서의 그녀의 종속성 때문이라고 주장한다. 그렇지만 순데르 라잔에게 부바네스와리의 자살은 수수께끼 같은 자발적 침묵의 전형이 아니며, 부바네스와리는 자살한 이유를 몸으로 명백히 표시함으로써 자기 행동의 이유에 대한 오해를 불식시키고자 했다. 그러므로 부바네스와리의 '말할 수 없음'은 사실 말의 부재가 아니라 말의 실패인 셈이며, 그녀는 '불완전한 전형'이 되어 일반화를 위태롭게 하면서도 특이한 방식으로 일반화에 기여하게 된다는 것이다. 그리하여 순데르 라잔은 '여성에게 자행되는 폭력'을 여성 억압으로서만이 아니라 '젠더화'의 체계 안에서 이해하고, 여성적 위반의 요소들을 복원하고 말하는 것을 허용하는 좀더 폭넓은 역사적 틀을 창출하라는 요구야말로 스피박 에세이가 갖는 확장되고 풍부한 시사점이라고 주장한다.

아미타브 고시의 소설 『그림자 선』에 나오는 (익명의) 할머니는 (바두리가 살았던 것과 비슷한 시기인 1920년대에) 자신이 다카에 있는 대학에 다녔고, 혁명 비밀 결사의 조직원이었으며, 친구가 영국인 행정관을 암살하라는 임무를 막 이행하려다 체포되었다는 이야기를 손자에게 해준다. 그 할머니는 나중에 인도가 중국의 공격을 받았을 때 전쟁의 대의를 위해 금목걸이를 내놓는가 하면, 중국인들을 쓸어 버려야 한다며 민족주의와 영토에 집중하는데, 그래서 런던에 있는 손녀로부터 '파시스트 전쟁광'이라는 평을 듣는다. 순데르 라잔은 부바네스와리가 자살하지 않았더라면 이 할머니처럼 되었을지 어쨌을지 상상해 보면서, 결국 난민이자 과부로 죽은 할머니에게서 서발턴적 흔적을 읽는다.

또한 순데르 라잔은 구하의 『찬드라의 죽음』에 대해 서발터니티의 구성에서 젠더의 역할을 중점적으로 다루는 의미 있는 논의라고 보면서도 스피박 에세이와의 비교를 통해 그 한계를 밝혀낸다. 구하는 19세기 중반 무렵에 어설픈 낙태 시술로 사망한, 벵골의 천한 카스트 출신의 젊은 여성인 찬드라의 죽음에 관한 일단의 법정 기록들을 발굴해 낸다. 그 기록들을 보면 찬드라는 형부에 의해 임신하게 된 젊은 과부였다고 하며, 그녀의 여동생 브린다, 어머니, 낙태 약을 제공한 남자가 이 재판의 피고가 되어 진술한 단편적인 법적 증언들이 나온다. 순데르 라잔은 "가부장제의 작동 및 찬드라의 죽음 안에서 찾을 수 있는 여성적 연대와 저항"의 역할을 드러내고자 했던 구하가 찬드라의 침묵을 묵과하고 자연스러운 것으로 만들기 때문에 "서발턴은 말할 수 없다"는 말에 내포된 스피박의 윤리적 문제설정에 못 미친다고 평가한다.

3부의 두번째 글은 압둘 R. 잔모하메드Abdul R. JanMohamed의 「말하기와 죽기 사이에서: 미국 노예제의 맥락에서 출현한 서발턴에게 긴요한 몇 가지」이다. 이 글은 아프리카계 미국 문학에서 재현된, 흑인 노예들의 죽음을 둘러싼 침묵을 측정하기 위해, 헤겔 변증법과 '부정성의 노동'the work of the negative을 끌어들여 노예제의 맥락에서 행위 능력agency과 부정성(죽음위협)의 연관을 살펴본다. 이를 위해 잔모하메드는 『프레더릭 더글러스의 생애: 한 미국 노예』Narrative of the Life of Frederick Douglass: An American Slave를 읽으면서, 노예였던 프레더릭 더글러스가 실제-죽음의 가능성과 대면함으로써 새로운 주체 위치로 재탄생하는 과정을 짚어 본다. 죽음에 대한 노예의 공포 또는 "어떤 대가를 치르더라도 죽음을 피하고픈 욕망"이 바로 노예라는 조건을 생산한다. 따라서 반란 행위에 나서는 노예가 '기꺼이' 자신의 죽음에 직면하겠다는 결단(자살에 준하는)을 내리는 것은 심층에 있는 부정성의 계기인데, 그것은 특정한 상황에서는 행위 능력을 가장 강하게 천명하는 기반이 되고 자신의 정체성을 형성하는 과정들과 사회정치적인 투자investment들을 더 크게 통제할 수 있도록 하는 능력을 갖게 해준다. 잔모하메드는 더글러스의 자서전에서 바로 그러한 노예제의 분명한 역설을 읽어 낸다.

잔모하메드의 분석에 따르면, 더글러스는 서서 '죽거나' 도망치다(달리다) '죽임을 당하는 것' 사이에서 죽음의 위협을 무조건 포용하고 자신의 죽음의 부정성을 능동적으로 전유한다. 그리하여 그는 자신의 행위 능력을 주인(노예 훈육사 코비)의 안녕을 위해서가 아니라 자신의 안녕을 위해 복원할 수 있게 된다. 더글러스의 남은 생애 동안 이 강력한 복원을 가능하게 하고 유지하게 하는 것은 바로 이 심층의 부정성이다. 따라서 노예의 자유 추구는 부정성의 노동에 대한 지속적인 헌신을, 죽음의 부정성에 깊이 묶일bound 것을 요청한다. 더 나아가 잔모하메드는 이러한 부정성의 노동과, 읽기 능력literacy 및 지식의 영역에서 이루어지는 부정성의 노동 사이에 심층적인 공생적 연관들이 있다고 주장한다. 실제-죽음의 위협과 공포를 극복하는 노예의 능력에서 그런 것처럼, 노예가 "말하고 쓰는 능력"에서도 노예를 부인하려는 주인의 시도를 부인해야 하는 노예의 욕구가 결정적이기 때문이다.

3부의 세번째 글 「참전 서발턴들: 제1차 세계대전의 식민지 군대와 제국전쟁묘지위원회의 정치」에 개진된, 메소포타미아에서 있었던 영국 군사 캠페인 당시의 하급 군인들에 관한 미셸 바렛$^{Michèle\ Barrett}$의 설명은, 재-현 가능한 현존의 방향이 아니라 차단된 현존의 방향을 가리킨다. 바렛은 유럽뿐만 아니라 식민지 현지에서도 전개된 제1차 세계대전에서 망각되고 지워진, 인도인 군대 및 아프리카 토착민 병사들에 대한 복잡한 추모의 정치사를 다룬다. 바렛은 "드러냄 속의 지움"$^{effacement\ in\ disclosure}$이라는 스피박의 개념을 동원하면서 하급 군인들을 기억하는 문제를 둘러싼 논쟁들을 인도 및 다른 식민지 병사들을 지워 버린 무대인 영국의 전쟁 기념비에서 추적한다.

제국전쟁묘지위원회(나중에는 영연방전쟁묘지위원회)는 제1차 세계대전에서 전사한 유럽 병사들은 물론 인도 병사나 아프리카 병사들도 계급 서열이나 인종과 교리에 따라 차별하지 않고 평등하게 대우한다는 원칙에 입각해 기념비에 각 병사의 이름을 새겨서 추모한다는 계획을 1920년에 확립했다. 전투 부대이자 노동 지원 부대이기도 한 인도인 군단은 1914년 가을에 마르세유에 도착해 서부 전선 전투에 합류했고, 그 중 5천여 명이 전사했다. 또 영국을 위해 싸운 아프리카 토착민들은 5만 명에 이르렀으며 프랑스에서 식민지 부대의 전몰자는 총 7만 명에 이르렀다. 하지만 기념비에 이름이 새겨진 전몰자나 실종자는 주로 유럽 백인 병사였으며 인도 및 아프리카 병사들에게 '평등한 대우' 원칙은 거의 지켜지지 않았다. 특히 메소포타미아에서 전사한 3만 5천 명의 인도인 사병들의 이름들이나 서아프리카 국경 수비대의 토착 사병들의 이름들은 기념비에 개별로 새겨지지 않았고 명부에만 나온다. 이와 같은 바렛의 상세한 규명은 대부분 힌두교도인 인도인들, 대부분 무슬림인 아랍인들, 토착 아프리카인들의 죽음과 말할 수 없는 서발턴 사이의 생생한 연관을 드러낸다.

이데올로기와 생명권력, 서발터니티와 헤게모니

4부의 첫번째 글 「생명권력과 새로운 국제 재생산 노동 분업」에서 펭 치아$^{Pheng\ Cheah}$는 미셸 푸코의 생명권력^{biopower} 개념에 대한 스피박의 비판을 재고하는 가운데, 싱가포르의 외국인 가사 노동자와 같은 아시아 태평양의 서발턴들에 작동 중인 새로운 '국제 재생산 노동 분업'의 역학을 드러낸다. 치아는 「서발턴은 말할 수 있는가?」에 담긴 (국제 노동 분업에 대한 유럽 비판 이론 진영의 인가된 무지에 가한) 스피박의 비판을 확장하고자 "현 지구화에서 과연 권력이 식민주의 아래 확립된 것과 같은 규제적 논리에 따라 작동하는가?", "우리 시대의 새로운 국제 노동 분업에서 생명권력은 어떻게 작동하는가?"라는 문제의식에서 출발한다. 그 문제의식을 구체화하는 일환으로 치아는 국제 노동 분업의 위계에서 상층부로 이동한 과대 발전된 싱가포르 같은 국가와 저개발 국가들(필리핀, 인도네시아, 스리랑카) 사이에서 이루어지는 외국인 가사 노동자 여성들의 거래를 통해 국제 재생산 노동 분업이 확립되는 과정에 주목한다. 고등 교육을 받은 싱가포르 여성들의 전문 직종 참여를 늘려 자국의 발전을 더욱 도모하기 위해서는 저개발 국가 출산의 이주 여성들이 싱가포르 사회와 인적 자본을 재생산하는 기계가 되도록, 그리하여 그 신체의 힘이 재생산 노동으로 추출될 수 있도록 해야 한다. 그러한 구도를 규명한 치아는 더 나아가 그렇게 신체와 생명이 초과 착취되고 탈인간화되는 외국인 가사 노동자들을 염려하고 인간화하려는 국제 시민사회의 초국적 기구들(페미니즘 인권 단체들)이 그 착취 체계를 깨뜨리기는커녕 오히려 지구적 자본주의를 지속시키는 도구성의 장 안에 그녀들을 더 깊이 빠뜨리게 되는 딜레마를 날카롭게 지적한다.

그 이유로서 치아는 스피박과 달리, 포스트식민적 주변부에서 이루어지는 소비주의consumerism에 대한 훈련으로 말미암아 대부분의 인간관계를 실용성의 관점에서 보고 인간을 유용한 수단으로만 취급하는 도구성의 장에 포획된 주변부 자본주의를 든다. 그러한 도구성의 장에서는 '인권'이라는 것도 그 자체로 존엄한 어떤 것이 아니라, 자본과 발전을 위한 실용적인 상호작용에 "총체적인 합리적 형식" 또는 "인간의 얼굴"을 부여하려는 것일 뿐이다. 따라서 외국인 가사 노동자들의 인간다움을 다시 긍정하려는 그 어떤 시도도 도구적이고 실용적인 테크놀로지들을 벗어날 수 없다. 그녀들의 인간다움을 다시 긍정하려는 인도주의적 해법들 자체가, 가사 도우미를 통제하기 위한 것과 동일한 기업주의적 경영 테크닉들과 행정 전략들 내부에 있고 그것들에 의지하고 있기 때문이다. 그래서 치아는 경쟁적인 포스트식민적 발전 안에서 이루어진 주변부 국가의 발전 형태의 문제적인 특징을 끈질기게 질문하면서 도구성의 장 안에서 해결책을 찾아야 한다고 주장한다.

치아는 스피박이 간과한, 일반적으로 힘 또는 이데올로기를 통해 행사되는 배제와 억압보다는 생산적인 병합에 의해 작동하는 권력의 형태들에 주시할 것을 주장한다. 지금의 강제는 피억압자의 물질적 실존과 신체적 필요를 생산하는 층위에서 벌어진다. 그러므로 치아에게 저항의 잔여 공간으로서의 서발턴을 재현의 지배적인 체제들을 통해 배제되는 것으로 이해하고, 이데올로기적 재현을 권력의 주요 양태로 이해하는 태도는 문제가 된다. 외국인 가사 노동자는 바로 그러한 강제적 병합의 사례를 대표한다. 치아가 싱가포르의 외국인 가사 노동자들을 통해 살펴보았듯이, 새로운 국제 노동 분업은 이데올로기를 통해 피억압자의 목소리를 모호하게 만듦으로써가 아니라, 피억압자의 바로 그 필요를 지구적 자본주의의 직물 안으로 병합함으로써 견고해진다. 이 여성 이주자들의 의지를 생산하는 데서 이데올로기가 맡은 역할이 무엇이든 간에, 그녀들은 자신의 삶을 개선하겠다는 강고한 욕망을 갖고 움직인다.

치아는 생명권력 장치에 병합되며 생산되는 주체화^{subjectification}를 강조하는 것이 이데올로기 비판을, 그리고 국가 발전이라는 공식적인 비전에 이의를 제기하는 대항 헤게모니적인 이데올로기적 생산을 무시하는 것은 아니라고 말한다. 그렇지만 그는 우리 시대에 그러한 이데올로기적 장들의 범위와 깊이는 생명정치적 테크놀로지들의 지구적인 도달 범위 또는 심층으로의 침투 깊이에 필적할 수 없다는 점을 인식해야 한다고 본다. 외부적이고 억압적인 이데올로기들보다 이 생명정치적 테크놀로지들이야말로 대중들을 착취되고 억압될 수 있는 규제 가능한 개인들과 통치 가능한 인구들로 속속들이 주체화하기 때문이다. 그러한 생명권력의 테크놀로지들에 의해 현재의 인간성이 생산되고 있다. 따라서 치아는 현 지구적 자본주의를 지속시키는 테크놀로지들이 어떻게 인간성의 여러 다른 효과들을 유지하며, 이 효과들이 각기 얼마나 오염되어 있는지를 물어야 한다고 본다. 치아에게는 외국인 가사 노동자의 인권 주장도 도구성의 초월이 아니라 오히려 도구성의 일반화된 장 안에서 그때 그때 상황 속에서 일어나는 어떤 것으로 사유되어야만 하는 것이다.

치아는 국제 노동 분업에 주목하라는 스피박의 경고를 유념하되, 헤게모니적 체제들에 의해 항상 배제되는 차이의 구조적 공간으로서 '서발터니티'^{subalternity}를 이해하는 태도에 의문을 가질 것을 촉구한다. 왜냐하면 치아가 치밀하게 밝혀 놓았듯, 권력은 이제 일방적인 배제나 억압이 아니라 우리 시대 지구적 자본주의 체제 속으로의 생산적인 병합을 통해 기능하기 때문이다.

4부의 두번째 글은, 라틴아메리카 여성들의 글쓰기를 다루는 「서발터니티로부터 이동하기: 과테말라와 멕시코의 토착민 여성들」이다. 저자 진 프랑코Jean Franco는 리고베르타 멘추Rigoberta Menchú의 『나의 이름은 멘추』I, Rigoberta Menchú라는 증언 대담집을 중심으로 라틴아메리카 인디오 공동체의 비밀 유지secrecy 관습에 서발턴의 말하기라는 스피박의 논제를 개입시켜 서발터니티에서 헤게모니로 이동하기 위한 말하기 문제를 탐색한다. 1984년에 영어 번역본이 출간되면서 널리 알려지고 논란이 되었던 멘추의 증언은 라틴아메리카의 서발턴인 멘추를 공공 지식인으로 만들어 주었다.

진 프랑코는 서발턴 액티비스트인 멘추와 엘리트 이론가인 스피박 사이에 이루어지지 못한 토론을 두 사람 사이의 대화를 상상하면서 제시하려 한다. 서발턴은 말할 수 있다고 손쉽게 말하는 유럽 지식인들의 서구 중심적 입장에 대한 스피박의 비판 의식은, 라틴아메리카 토착 (여성) 공동체의 비밀 유지(침묵, 말 없음, 서발터니티)와 연결되면서 멘추와의 소통 지점이 될 수 있다. 멘추에게 비밀 유지는 유럽에 전유되지 않고 토착 인디오 공동체의 자율성과 관습을 지키려는 전략이다. 프랑코는 이러한 비밀 유지가 사파티스타Zapatista 봉기에서처럼 여성들의 선언을 선포하고 여성들의 행동을 실천하는 토대이자 기초로 작동해 여성들이 서발터니티에서 빠져나오게 한다고 주장한다. 과테말라와 멕시코의 서발턴 여성들에게 중요한 비밀 유지를 인정하는 가운데 이루어진 (프랑코가 상상한) 스피박과 멘추의 대화는, 라틴아메리카 토착민 여성들의 아래로부터의 (세속적) 교육(배움)을 통해 서발터니티로부터 대항 헤게모니로 이동하기 위한 회로들의 생산 문제를 적극 사유하게 해준다.

바두리-스피박-'우리'

스피박은 5부의 「응답: 뒤를 돌아보며, 앞을 내다보며」에서 2~4부의 글들이 제기한 질문들에 직접적으로 답하는 대신, 자신의 이론적·실천적 여정을 폭넓게 서술하고 있다. 그 여정은 부바네스와리 바두리에 대한 경외심에서 비롯된 사적 서사로부터 공적 서사로의 움직임으로, 또 개념들의 제시를 통한 이론화 작업에서부터 아래로부터 배우고 가르치기를 통한 변화의 추구로 짚어 볼 수 있다. 먼저 스피박은 1981년에 시작된 자신의 포스트식민적 문제설정의 과정과 경위를 밝힌다. 제3세계 출신의 영문학 연구자이자 교육자라는 스피박의 정체성은 1981년 『예일 프랑스 연구』 *Yale French Studies*에 실은 「국제적 틀에서 본 프랑스 페미니즘」 French Feminism in an International Frame, 『비판적 탐구』 *Critical Inquiry*에 실은 마하스웨타 데비 Mahasweta Devi의 「드라우파디」 Draupadi의 영어 번역에 의해 새롭게 구성되던 중이었다. 스피박은 서구 중심적 문단에 변화를 촉구하겠다는 열망을 가지고, 프랑스 페미니즘의 중국 여성 재현을 비판함과 더불어 벵골 중간 계급 작가인 마하스웨타 데비에게로, 이모할머니인 부바네스와리 바두리에게로 시선을 돌리고 있었다.

1983년의 강연 「권력과 욕망」을 확장한 1988년의 「서발턴은 말할 수 있는가?」에서 스피박은 자신을 따라다니며 홀리고 사로잡은 바두리에게 말을 건다. 스피박은 기본적으로 맑스적 문제틀과 구하의 '서발턴' 정의에 따라 바두리의 자살을 읽어 보려 했다. 그 결과 서발턴은 아니었지만 자신의 서발터니티를 정상성으로 받아들이지 않았던 혁명적 주체로서 바두리가 죽겠다고 마음먹었으면서도 죽음을 미룬 결정의 젠더화 과정은 바두리를 유일무이한 형상으로 만들었다. 스피박은 그러한 부바네스와리의 이야기를 하나의 모델, 하나의 사례가 아니라 읽혀야 할 하나의 텍스트로 제시하며, 그 말해질 수 없었고 읽힐 수 없었던 수수께끼를 풀자며 '우리'의 동참을 요청한다. 하나의 특이한 '텍스트로서의 죽음'을 제시하는 부바네스와리의 묵묵부답인 상황들은 '우리'의 끈질긴 다시 읽기를 촉구한다.

그러한 다시 읽기는 "서발턴은 말할 수 없다"는 통탄을 넘어 사적 서사에서 공적 서사로, 즉 여성의 저항을 인지하지 못하게 만드는 정당화의 제도적·구조적 문제로 이동하는 것과 관련된다. 스피박은 그러한 이동에 필요한 과제로서 "욕망의 비강제적 재배치"에 기반한 "공공 영역에 대한 직관"의 함양을 주장한다. 스피박은 이 과제를 실천하기 위해 메트로폴리스의 제도권 대학 교육과 함께 예컨대 벵골 농촌 빈민들의 가르치기를 통한 변화를 시도하게 된다. 스피박 자신이 밝히고 있는 대로, 서벵골에서 가장 낙후된 프룰리아와 비르붐에 있는 열 개의 학교는「서발턴은 말할 수 있는가?」가 처음 발표된 1988년에 세워지기 시작했다. 이후 스피박은 "서발턴(그/그녀)을 연구하기보다 아래로부터 배우는 법을 배우기" 위해 모로코, 알제리, 중국을 향해 나아간다.

스피박은 아래로부터 배우고 가르치는 작업을 수행하지 않는다면, 서발턴들은 스스로를 재현할 수 없게 되고 따라서 재현되어야 하는 '서발터니티' 속에 남게 된다고 본다. 그러므로 젠더화된 말 없음으로서의 '서발터니티'에 접근하고 말을 거는 것은 우리 시대를 새로 읽어 가는 이론과 다른 세상에 관심을 갖는 사람들의 윤리적 과제이다. 바두리의 말 없음은 스피박에 의해 드러났지만 도시 빈민가의 비고용 하부프롤레타리아트, 초과 착취 공장 노동자, 어린 창녀 등에서처럼 서로 다른 양상을 띠는 '서발터니티'는 계속 그림자 속에 남아 있다. 스피박은 '우리'더러 인내심을 갖고 서발턴들에게 말을 걸고 그들의 말을 귀 기울여 들음으로써 '욕망의 비강제적 재배치'를, '공공 영역에 대한 직관'을 이제 '서발터니티'에서 고안해 낼 것을 주문한다.

스피박은 "서발턴은 말할 수 있는가?"라는 자체의 질문에 부정적으로 답했다. 하지만 '우리'는 그 질문에 당연히 수반되는 "우리가 어떻게 들을 수 있을 것인가?"라는 근본적으로 열려 있는 질문을 던지는 방법을 일흔을 넘긴 스피박에게 배운다. "서발턴은 말할 수 있는가?"를 둘러싼 이 에세이의 궤도는 거기에 합류하려는 '우리'의 도전에 의해 새롭게 그려질 것이다.

'서발턴'에서 '서발터니티'로

스피박의 에세이를 배회하는 바두리는 재생산적 이성애규범성을 거부하는, 인정될 수 없는 저항을 했다. 인정될 수 없는 저항을 인정될 수 있게 만드는 작업은 단순히 서발턴의 목소리나 의식을 복원하는 문제가 아니며, 박탈된 집단들의 세부 사항을 역사적으로 이야기하는 문제도 아니다. 한마디로 "서발턴은 말할 수 있는가?"라는 문제제기와 처음부터 결부되어 있을 수밖에 없었던 서발턴 연구는 서발턴으로서의 정체성이나 서발턴 의식의 변별적 구조로 한정되지 않는, 서발턴을 서발턴으로 존재하게 하는 일반적인 상태로서 '서발터니티'를 탐구하고 규정하는 작업을 지향한다고 볼 수 있다.

스피박의 에세이에서 바두리는 반복될 수 없는 차이를 구현하는 '특이한 것'으로 존재하며, 그러한 특이성^{singularity}은 차이를 갖고 다른 존재들에게서 반복된다. 그렇게 특이한 경우들은 역사나 문학에서 각기 유일무이한 형상으로 각인되고 기입된다. 한편 문화적 기억 분석이나 (실증주의적) 진실 복원 작업에서도 침묵된 사람들에게 소위 잃어버린 목소리들이 부여되거나, 억압받는 자들의 주체성이 회복되기도 한다. 그러나 그러한 경향은 '서발터니티'를 비밀스럽게 가치화하고 실체화할 위험을 지닌다. 따라서 "특이성의 한 판본"으로서 서발턴이나 정체성으로서의 서발턴과는 달리, 좀더 근본적인 차원에서 '서발터니티' 자체를 일반화하고 이론화하는 작업이 요청되는데 그 작업은 헤게모니적 논리에 따라 진행될 수 없다. 그러므로 우리는 스피박의 바두리에 머물지 말고 '서발터니티'라고 할 만한 다른 것을, 또 '서발터니티에서 대항 헤게모니로의 이동'이라고 할 만한 것을 붙들어야 할 것이다.

앞서 치아의 글에서 살펴보았듯, 우리 시대의 지정학적 무대에서 서발턴 정체성을 지니는 싱가포르의 외국인 가사 노동자들은 헤게모니적 체제에 의해 전적으로 억압받는다기보다 그 체제에 생산적으로 병합되고 있었다. 그래서 우리가 스피박의 논지대로 '서발터니티'를 억압 자체라고 이론적으로 규정하고 정의 내릴 때, 그녀들은 '서발터니티'를 구현한다고 볼 수 없다. 억압 자체를 가리키는 '서발터니티'는 사회적 이동성의 모든 노선들로부터 격리된 상태를, 이동성에 대한 접근의 결여 상태를 가리킨다. 그때의 '서발터니티'는 특정 정체성과 결부되지 않는, 따라서 "정체성 없는 하나의 위치"a position without identity라고 정의될 수 있다. 반면 행위 능력agency은 개인적 의도의 윤곽들을 초과하며, 주체의 형성과 구분되는, 집단성을 가정하면서 제도적으로 정당화된 행위와 관련된다. '서발터니티'라는 개념은 이러한 행위 능력에 대한 비-인정non-recognition을 내포한다.

'서발터니티'는 대상-구성의 재현 메커니즘에 내재되기 마련인 배제와 억압에 의해 공적 시야에서 흐릿하게 사라지는 '차이의 구조적 공간'이며, 권력에 접근하는 능력을 근본적으로 가로막는 구조화된 장소로서 말 없는 공간이다. 그러한 '서발터니티'로써 지구적 자본주의의 지배에 맞서는 저항의 공간을 구성하기 위해서는, 스피박의 주장대로 "권리 사유를 책임의 찢어진 문화적 직물 속에 충분히 꿰매어 넣을 정도로 이 집단성들로부터 배우기"라는 과제를 실천해야 할 것이다. 이동성의 노선들로부터 격리된 전 지구적 서발턴들로부터 배우고 가르치는 실천 속에서 '욕망의 비강제적 재배치'를, '공공 영역에 대한 직관'을 '서발터니티'에서 고안해 내는 어려운 작업은, 이 책을 읽는 독자들을 비롯해 '우리' 모두의 과업일 것이다.

* * *

나는 민족 문학과 세계 문학에 대한 논의가 한참이던 때 왜 영문학을 공부하며 어떻게 작품들을 읽어야 할지, 또 박사학위 논문의 틀은 어떻게 잡아야 할지 방황하며 탐색하던 중에 스피박 교수의 첫 저서 『다른 세상에서』(1987)를 도서관에서 만났다. 그 책은 내가 쓸 논문의 주제와 틀을 잡는 데 주요한 이정표 역할을 했고, 그 후 나는 1988년의 에세이를 번역해 『세계 사상』(1998)에 「하위주체가 말할 수 있는가?」라는 제목으로 실었다. 여러 사상과 이론이 복잡하게 얽혀 있어서 이해하기도 번역하기도 힘들었다. 2000년대 들어 스피박 교수의 여러 책들을 번역·출간하면서, 인도 서발턴 연구에 관심을 갖고 그쪽의 저작들을 번역한 『트랜스토리아』 팀과 만나게 되어 즐거운 교류의 시간을 가졌다. 이 만남은 '하위주체'라는 용어 대신 '서발턴'이라는 용어를 쓰도록 나를 자극해 주었다. 그때 만난 안준범 선생은 이번 번역서를 출간하는 데 여러 모로 큰 도움을 주었고 이 자리를 빌려 깊은 감사의 뜻을 전한다. 이제 이 번역서를 출간하면서 예전의 번역들을 다시 보고 다듬었다(내가 번역한 다른 책들의 내용을 이 번역서에서 인용할 때도 필요한 경우에는 번역을 수정했다). 하지만 여전히 완벽하게 풀리지 않는 부분들이 남아 있다. 이 번역서가 나오기까지 오랜 시간 꼼꼼히 원문과 대조하며 오역된 부분들, 미진한 부분들을 찾아내고 보충하고 다듬어 준 김재훈 씨의 노고가 없었다면 이만한 모양새를 갖추기 힘들었을 것이다. 편집자의 숨은 땀과 공을 어떻게 갚아야 할지 다시 숙고하게 된다.

저역자 소개

가야트리 차크라보르티 스피박 Gayatri Chakravorty Spivak
컬럼비아 대학 특별 교수(University Professor)이자 전(前) '비교문학과 사회 연구소'(Institute of Comparative Literature and Society) 소장이었다. 그녀는 「서발턴은 말할 수 있는가?」외에 다양한 책을 쓰고 번역해 왔다. 그녀가 쓰거나 번역한 책은 다음과 같다. 『재형성해야 하는 나 자신: 예이츠의 삶과 시』(*Myself Must I Remake: The Life and Poetry of W. B. Yeats*, 1974), 『그라마톨로지』(*Of Grammatology*, 1976. 자크 데리다의 *De la grammatologie*를 영어로 번역하고 비판적인 서문을 붙인 책), 『다른 세상에서: 문화정치학 에세이들』(*In Other Worlds: Essays on Cultural Politics*, 1987), 『서발턴 연구 선집』(*Selected Subaltern Studies*, ed. with Ranajit Guha, 1988), 『포스트식민 비평가: 인터뷰, 전략, 대화』(*The Post-Colonial Critic: Interviews, Strategies, Dialogues*, 1990), 『젠더화된 포스트식민성에서의 학문적 자유를 사유하기』(*Thinking Academic Freedom in Gendered Post-Coloniality*, 1993), 『교육기계 안의 바깥에서』(*Outside in the Teaching Machine*, 1993), 『상상의 지도들』(*Imaginary Maps*, 1994. 마하스웨타 데비가 쓴 세 단편 소설을 영어로 번역하고 비판적인 서문을 붙인 책), 『스피박 독본』(*The Spivak Reader*, 1995), 『젖가슴 이야기』(*Breast Stories*, 1997. 마하스웨타 데비가 쓴 세 단편 소설을 영어로 번역하고 비판적인 서문을 붙인 책), 『늙은 여자들』(*Old Women*, 1999. 마하스웨타 데비가 쓴 두 단편 소설을 영어로 번역하고 비판적인 서문을 붙인 책), 『행성을 다시 상상하라는 명령들』(*Imperatives to Re-Imagine the Planet/Imperative zur Neuerfindung des Planeten*, ed. Willi Goetschel, 1999), 『포스트식민 이성 비판: 사라져 가는 현재의 역사를 위하여』(*A Critique of Postcolonial Reason: Toward a History of the Vanishing Present*, 1999), 『칼리를 위한 노래: 윤회』(*Song for Kali: A Cycle*, 2000. 람프로샤드 센 Ramproshad Sen의 작품을 영어로 번역하고 서문을 붙인 책), 『초티 문다와 그의 화살』(*Chotti Munda and His Arrow*, 2002. 마하스웨타 데비가 쓴 소설을 영어로 번역하고 비판적인 서문을 붙인 책), 『한 분과학문의 종언』(*Death of a Discipline*, 2003), 『다른 여러 아시아』(*Other Asias*, 2008), 『붉은 실』(*Red Thread*, 근간).

로절린드 C. 모리스 Rosalind C. Morris
컬럼비아 대학 인류학과 교수이며 전(前) '비교문학과 사회 연구소' 부소장이었다. 또한 컬럼비아 대학 '여성과 젠더 연구소'(Institute for Research on Women and Gender) 소장을 역임하고 있다. 그녀는 매스 미디어, 근대성, 문화 정치, 시각성과 재현, 폭력의 의미화, 젠더, 사회이론사에 관한 에세이들을 썼다. 저서로는 『파편들로부터의 신세계: 영화, 민족지학, 북서부 해안 문화들의 재현』(New Worlds from Fragments: Film, Ethnography, and the Representation of Northwest Coast Cultures, 1994), 『기원들의 자리에서: 북부 타이와 그 환경』(In the Place of Origins: Northern Thailand and Its Mediums, 2000) 등이 있다. 가장 최근에 출간한 책은 『동양의 사진학: 카메라와 동아시아·동남아시아에서의 카메라 역사들』(Photographies East: The Camera and Its Histories in East and Southeast Asia, 2009)이 있다. 9·11 이후 미국이 일으킨 전쟁들에 관한 그녀의 에세이 선집이 '내가 (안) 본 전쟁들'(Wars I Have [Not] Seen)이라는 제목으로 곧 출간될 예정이다. 현재 그녀는 남아프리카의 금광 공동체에 대한 연구서를 '불안정한 땅'(Unstable Ground)이라는 가제로 완성하는 중이다.

파르타 차테르지 Partha Chatterjee
컬럼비아 대학 인류학과 교수이자, '중동 및 아시아 언어와 문화'(Middle East and Asian Languages and Culture) 교수이다. 또한 콜카타에 있는 '사회과학 연구 센터'(Centre for Studies in Social Sciences)의 정치학과 교수이기도 하다. 그는 서발턴 연구회(Subaltern Studies Group)의 핵심 구성원으로서, 『민족주의 사상과 식민지 세계』(Nationalist Thought and the Colonial World, 1986), 『민족과 그 파편들』(The Nation and Its Fragments, 1993), 『가능한 인도』(A Possible India, 1997), 『서벵골의 현재 역사』(The Present History of West Bengal, 1997), 『위풍당당한 사기꾼?: 바왈 쿠마르의 이상하고 보편적인 역사』(A Princely Impostor?: The Strange and Universal History of the Kumar of Bhawal, 2002), 『피통치자의 정치: 대부분 세계에서의 대중 정치』(The Politics of the Governed: Popular Politics in Most of the World, 2004)를 비롯해 수많은 연구서를 썼다.

리투 비를라 Ritu Birla
토론토 대학 역사학과 부교수이며 윤리학 센터와도 연계하여 가르치고 있다. 그녀의 연구는 자본주의의 역사들을 인도에서의 식민 및 포스트식민 통치성에 대한 연구와 대화하게끔 끌어들인다. 사회적인 것의 형판(template)인 '시장'을 역사화하는 데 관심을 갖고 있는 그녀의 역사적인 글쓰기는 현대 자본가로서 식민 주체의 형성뿐만 아니라 법적인 허구들, 사회적 상상계들, 식민적인 경제적 통치의 문화 정치까지 다루어 왔다. 그녀의 역사 기술 에세이들은 초국적인 역사를 번역 실천이자 역사·주체성·윤리의 관계로 고찰해 왔다. 그녀는 『자본의 단계들: 후기 식민 인도에서의 법, 문화, 시장 통치』(Stages

of Capital: Law, Culture and Market Governance in Late Colonial India, 2009)의 저자이다.

드루실라 코넬 Drucilla Cornell

벤저민 N. 카르도조 법학전문대학(Benjamin N. Cardozo School of Law)에서 가르쳤으며, 1994년에 러트거스(Rutgers) 대학 정치학과 교수가 되었다. 그녀는 당대 대륙 사유, 비판 이론, 풀뿌리 민중의 정치적·법적 동원, 법학, 여성 문학, 페미니즘, 미학, 정신분석학, 정치철학에 관한 수많은 글들을 써 왔다. 저서로는『수용을 넘어서: 윤리적 페미니즘, 해체, 법』(Beyond Accomodation: Ethical Feminism, Deconstruction, and the Law, 1991), 『한계의 철학』(The Philosophy of the Limit, 1992), 『변형들: 회상하는 상상력과 성차』(Transformations: Recollective Imagination and Sexual Difference, 1993), 『상상적인 영역: 낙태, 포르노, 성희롱』(The Imaginary Domain: Abortion, Pornography, and Sexual Harrassment, 1995), 『자유의 핵심에서: 페미니즘, 성, 평등』(At the Heart of Freedom: Feminism, Sex, and Equality, 1998), 『공정한 대의명분: 자유, 정체성, 권리들』(Just Cause: Freedom, Identity, and Rights, 2000), 『여성들과 세대들 사이에서: 존엄성의 유산들』(Between Women and Generations: Legacies of Dignity, 2002) 등이 있다.

라제스와리 순데르 라잔 Rajeswari Sunder Rajan

뉴욕 대학 영문과 '국제 특훈 교수'(Global Distinguished Professor)이다. 2006년에 뉴욕 대학으로 옮겨 오기 전에는 울프슨 칼리지(Wolfson College) 연구 교수, 옥스퍼드 대학 영문학부 부교수로 있었다. 그녀는 『실제적 여성과 상상된 여성: 젠더, 문화, 포스트식민주의』(Real and Imagined Women: Gender, Culture and Postcolonialism, 1993), 『국가의 스캔들: 포스트식민 인도에서의 여성들, 법, 시민권』(The Scandal of the State: Women, Law, Citizenship in Postcolonial India, 2003)을 썼으며, 아누라다 니담(Anuradha Needham)과 함께『인도 세속주의의 위기』(The Crisis of Secularism in India, 2007)를 공동 편집했다.

압둘 R. 잔모하메드 Abdul R. JanMohamed

버클리 대학 영문과 교수이다. 그는 포스트식민 소설과 이론, 아프리카계 미국 소설, 소수자 담론, 비판 이론을 연구한다. 많은 논문들과 공동 편집한 저서들이 있으며 『죽음에-묶인-주체: 리처드 라이트의 죽음의 고고학』(The Death-Bound-Subject: Richard Wright's Archaeology of Death, 2005), 『마니교의 미학: 식민지 아프리카 문학의 정치학』(Manichean Aesthetics: The Politics of Literature in Colonial Africa, 1983) 등의 저자이다.

미셸 바렛 Michèle Barrett
런던 대학 퀸 메리 영문학 및 드라마 학교(School of English and Drama at Queen Mary)에서 현대 문학과 문화 이론 교수직을 맡고 있다. 그녀의 관심사는 버지니아 울프의 작품, 젠더, 사회이론사를 망라한다. 지난 몇 년간 그녀의 연구는 제1차 세계대전의 좀더 폭넓은 문화 유산에 초점을 맞춰 왔다. 많은 간행물을 발표했으며, 대표작으로 『사상자 수치: 다섯 명의 남자는 제1차 세계대전에서 어떻게 살아남았는가』(Casualty Figures: How Five Men Survived the First World War, 2007), 『제1차 세계대전과 포스트모던 기억』(The Great War and Post-modern Memory, 2000), 『스타 트렉: 인간의 경계』(Star Trek: The Human Frontier, 2000), 『이론에서의 상상력: 문화, 글쓰기, 말, 사물』(Imagination in Theory: Culture, Writing, Words and Things, 1999), 『진실의 정치학: 맑스에서 푸코까지』(The Politics of Truth: From Marx to Foucault, 1991), 『오늘날의 여성 억압』(Women's Oppression Today, 1980)이 있다.

펭 치아 Pheng Cheah
버클리 소재 캘리포니아 대학 수사학과 교수이다. 『유령적 국민성: 칸트에서 포스트식민 해방 문학에 이르는 자유의 통로들』(Spectral Nationality: Passages of Freedom from Kant to Postcolonial Literatures of Liberation, 2003), 『비인간적 조건들: 세계시민주의와 인권에 관하여』(Inhuman Conditions: On Cosmopolitanism and Human Rights, 2006)의 저자이며, 『데리다와 정치적인 것의 시간』(Derrida and the Time of the Political, ed. with Suzanne Guerlac, 2006)과 『비교의 지반들: 베네딕트 앤더슨의 연구 주위에서』(Grounds of Comparison: Around the Work of Benedict Anderson, ed. with Jonathan Culler, 2003), 『세계시민 정치: 국민을 넘어서는 사유와 감정』(Cosmopolitics: Thinking and Feeling Beyond the Nation, ed. with Bruce Robbins, 1998)의 편집자이다. 현재 그는 지구적 금융화 시대에 세계 문학을 재창조하는 것에 관한 책과 도구성 개념에 대한 책을 완성하고 있는 중이다.

진 프랑코 Jean Franco
영국에서 라틴아메리카 문학을 최초로 가르친 교수이다. 그녀는 1982년부터 컬럼비아 대학에 재직했는데, 처음에는 스페인어와 포르투갈어 학과 소속이었고 나중에 영문학 및 비교문학과로 옮겼다. 그녀는 지금 같은 과의 명예 교수이다. 프랑코 교수는 옥스퍼드 대학 출판부에서 간행되는 라틴아메리카 총서의 책임 편집을 맡고 있다. 그녀는 1960년대 초부터 라틴아메리카 문학에 대한 글을 써 왔으며 수많은 책과 논문들을 간행해 왔다. 대표적인 저작으로 『라틴아메리카의 근대 문화』(The Modern Culture of Latin America, 1967), 『라틴아메리카 문학 입문』(An Introduction to Latin American Literature, 1969), 『세사르 바예호: 시와 침묵의 변증법』(César Vallejo: The Dialectics of Poetry and Silence, 1976), 『여성들의 플롯: 멕시코에서의 젠더와 재현』(Plotting

Women: Gender and Representation in Mexico, 1989),『차이를 나타내기: 경계 넘기』(Marcando diferencias: Cruzando fronteras, 1996)가 있다.『비판적 열정』(Critical Passions)이라는 에세이 선집은 메리 루이즈 프랫(Mary Louise Pratt)과 캐슬린 뉴먼(Kathleen Newman)의 편집을 거쳐 1999년 10월 듀크 대학 출판부에서 출판되었다. 그녀의 책『문자로 된 도시의 쇠퇴와 몰락: 라틴아메리카와 냉전』(The Decline and Fall of the Lettered City: Latin America and the Cold War, 2001)은 하버드 대학 출판부에서 출판되었고, 논쟁 선집(collection Debates)에서 Decadencia y caída de la ciudad letrada라는 스페인어 제명으로 번역되었다. 라틴아메리카 역사가 학회에서 이 책은 2003년에 출판된 라틴아메리카 역사에 관한 최상의 영어 저작으로 선정되어 볼턴-존슨 상(Bolton-Johnson Prize)을 받았다. 2005년에 그녀는 멕시코 정부가 주는 아길라 아즈테카(Aguila Azteca) 상을 받았다. 이 상은 멕시코인이 아닌 사람에게 수여하는 최고로 영예로운 상이다. 현재 그녀는 '잔혹한 근대성'(Cruel Modernity)이라는 제목의 신간을 집필 중이다.

태혜숙
이화여자대학 영문과를 졸업하고 서울대학 대학원 영문과에서 박사 학위를 받았다. 박사 학위를 준비하면서 만나게 된『다른 세상에서』와의 인연으로 스피박의 작업들에 관심을 가지게 되었고 저서들을 번역하게 되었다. 1993년부터 대구가톨릭대학 영문과 교수로 있으며, 영미 비평, 페미니즘, 포스트식민주의, 영미 문화를 가르치고 있다. 1998년부터 '여성문화이론연구소'에서 여성주의적 주체 생산을 위한 이론 활동을 하기 시작했다. 2008년을 기점으로 이론-교육-행동을 아우르는 남반구 운동의 현장으로서 '지구지역 행동 네트워크/지구지역 활동가들을 위한 페미니즘 학교'(Network for Glocal Activism/School of Feminism for Glocal Activists)에 감탄과 재미를 느끼며 들락거리고 있다.

찾아보기

【ㄱ·ㄴ】

가라스티아 gārhasthya 121, 475
가타리, 펠릭스 Guattari, Félix 176, 178, 359, 403, 456
　『앙티 오이디푸스』 *Anti-Oedipus* 52, 71, 75, 418, 422, 456
　『천 개의 고원』 *A Thousand Plateaus* 55, 75, 405, 422, 489
간디, 릴라 Gandhi, Leela 27
개발도상국 88~89
고시, 아미타브 Ghosh, Amitav 205, 225
　『그림자 선』 *Shadow Lines* 205, 225
과부-희생 widow-sacrifice 76, 102, 105, 424, 462~463
구소, 애덤 Gussow, Adam 257
구티에레스, 마르가리타 Gutiérrez, Margarita 371
구하, 라나지트 Guha, Ranajit 29, 80, 83, 146, 148, 160, 202, 207, 389, 430, 433, 441
　「식민 시기 인도 역사 기술의 몇 가지 측면」 On Some Aspects of the Historiography of Colonial India 389
　『식민 인도에서 농민 봉기의 기초적 측면들』 *Elementary Aspects of Peasant Insurgency in Colonial India* 146
　「찬드라의 죽음」 Chandra's Death 148, 202, 230
국제 노동 분업 50, 74, 79, 86, 159, 300, 306, 402, 421, 428, 439
국제 재생산 노동 분업 319, 324
굴라리, 라니 Gulari, Lani 136, 359
규제적 심리전기 regulative psychobiography 43, 86, 103, 121, 214, 219, 474
그람시, 안토니오 Gramsci, Antonio 29, 33, 79, 159, 388, 389, 429
　「남부 문제의 몇 가지 측면」 Some Aspects of the Southern Question 79, 389, 429
그로스버그, 로런스 Grossberg, Lawrence 26
길로이, 폴 Gilroy, Paul 242
난디, 아시스 Nandy, Ashis 114, 469
남반구 89
내시, 준 Nash, June 365
냉소 197
넬슨, 캐리 Nelson, Cary 26
누스바움, 마사 Nussbaum, Martha 185

【ㄷ】

『다르마사스트라』 *Dharmaśāstra* 19, 104, 111, 121, 126, 239, 370, 394, 462, 474

다시-제시 re-presentation 61, 158, 204, 409
대변 speaking for 61, 204, 409
대타성 alterity 153
대표 Vertretung 62, 66, 69~71, 89, 158, 177, 390, 411, 413, 416~417, 419, 441
더글러스, 프레더릭 Douglass, Frederick 237, 241
 『프레더릭 더글러스의 삶에 관한 이야기: 한 미국 노예』 Narrative of the Life of Frederick Douglass: An American Slave 241
데렛, 존 던컨 마틴 Derrett, John Duncan Martin 106, 464
데리다, 자크 Derrida, Jacques 22, 35, 44, 47, 53, 65, 94, 96, 99, 130, 143, 162, 170, 179, 188, 198, 204, 212, 379, 384, 399, 431, 447, 452, 459, 489
 『그라마톨로지』 Of Grammatology 35
 「단념」 Desistance 53
 『맑스의 유령들』 Specters of Marx 22
 「실증과학으로서의 그라마톨로지에 관하여」 Of Grammatology As a Positive Science 96, 99, 449~452, 459
데비, 마하스웨타 Devi, Mahasweta 36, 138, 144, 221, 359, 379
 「드라우파디」 Draupadi 359, 379
 「젖어미」 Breast-giver 36, 144, 221
데이비스, 마이크 Davis, Mike 305, 445
데일리, 메리 Daly, Mary 105, 463
도구성 339~340
동화를 통한 인정 97, 450, 454
두르가 Durga 131, 134, 485, 488
뒤비, 조르주 Duby, Georges 143
듀스, 피터 Dews, Peter 489
드 만, 폴 de Man, Paul 80, 429

들뢰즈, 질 Deleuze, Gilles 17, 49, 58, 70, 72, 78, 83, 90, 101, 156, 176, 178, 203, 224, 300, 359, 379, 381, 400, 403, 409, 418~419, 428, 433, 442, 456, 461
 『앙티 오이디푸스』 Anti-Oedipus 52, 71, 75, 418, 422, 456
 「지식인과 권력: 미셸 푸코와 질 들뢰즈의 대담」 Intellectuals and Power: A Conversation Between Michel Foucault and Gilles Deleuze 47, 400
 『천 개의 고원』 A Thousand Plateaus 55, 75, 405, 422, 489
디페랑 différend 12, 116, 118, 470, 472

【ㄹ】

라구난다나, 바타차리아 Bhattācārya Raghunandana 124, 477
라뒤리, 에마뉘엘 르 루아 Ladurie, Emmanuel Le Roy 143
라이트, 리처드 Wright, Richard 239
 『미국의 아들』 Native Son 239
라이히, 빌헬름 Reich, Wilhelm 57, 101, 406, 461
라캉, 자크 Lacan, Jacques 197, 260
래비노, 폴 Rabinow, Paul 34
래커, 토머스 W. Laqueur, Thomas W. 268
레비-스트로스, 클로드 Lévi-Strauss, Claude 447
롤스, 존 Rawls, John 96
 『정치적 자유주의』 Political Liberalism 96
롱워스, 필립 Longworth, Philip 286, 294
 『끝없는 기도』 The Unending Vigil 286, 294
루빈, 게일 Rubin, Gayle 326

『리그베다』*Rg-Veda* 104, 111, 125~126, 239, 462, 467, 478~479
리스, 진 Rhys, Jean 69
리오타르, 장-프랑수아 Lyotard, Jean-François 470

【ㅁ】

마니, 라타 Mani, Lata 379
마르코스 Marcos 368, 374
마슈레, 피에르 Macherey, Pierre 436
마오주의 Maoism 49, 401
맑스, 칼 Marx, Karl 18, 42, 51, 66~68, 83, 99, 109, 177, 210, 300, 382, 387, 399, 402, 415, 429, 433, 459
　『루이 보나파르트의 브뤼메르 18일』*The Eighteenth Brumaire of Louis Bonaparte* 62~63, 79, 83, 158, 204, 210, 382, 389, 391, 393, 411~412, 429, 433
　『자본』*Capital* 391
매콜리, 토머스 배빙턴 Macaulay, Thomas Babington 77, 88, 425
　「인도 교육에 관한 초고」Minute on Indian Education 77, 425
매판 comprador 318, 439, 455
　매판 국가 439~440
메인, 헨리 섬너 Maine, Henry Sumner 18
멘추, 리고베르타 Menchú, Rigoberta 43, 131, 356, 361, 363
명목주의 279
　과대~~ 268
모리슨, 토니 Morrison, Toni 131, 362
　『빌러비드』*Beloved* 131, 362
　『재즈』*Jazz* 131
모야, 릴리 Moya, Lily 43

목소리-의식 voice-consciousness 84, 105, 434, 463
묘사 Darstellung 62~63, 66, 70~71, 89, 158, 177, 390, 411~413, 417~418, 442
무딤베, 발렌틴 Y. Mudimbe, Valentin Y. 183
무어, 도널드 S. Moore, Donald S. 34
물라, 딘샤 파르둔지 Mulla, Dinshah Fardunji 126, 479
　『힌두법의 원칙들』*Principles of Hindu Law* 126, 479
밀레, 자크-알랭 Miller, Jacques-Alain 73, 404, 420

【ㅂ】

바나프라스타 vānaprastha 121, 475
바두리, 부바네스와리 Bhaduri, Bhubaneswari 16, 43, 133, 135, 161, 203, 205, 381, 393, 487
바바, 호미 K. Bhabha, Homi K. 27, 46
바턴, 수전 Barton, Susan 136, 209
반동-형성 reaction-formation 100, 460
배움을 위해 잊기 unlearning 16~17, 100, 176, 191, 458, 460
버틀러, 주디스 Butler, Judith 30, 284
　『물질인 몸들』*Bodies That Matter* 30
베이커, 허버트 Baker, Herbert 274
벤야민, 발터 Benjamin, Walter 51, 402
벨라, 벤 Bella, Ben 383
보베, 폴 Bové, Paul 421, 447
부르고스-드브레, 엘리자베스 Burgos-Debray, Elizabeth 357
부시아, 아베나 P. A. Busia, Abena P. A. 136, 224
부정성의 노동 99, 459

부칭 따오기 patronymic 69, 83, 416, 434
북반구 89
브라마차리아 brahmacarya 121, 474
브라운, 아서 Browne, Arthur 271
브레히트, 베르톨트 Brecht, Bertolt 36
　「서푼짜리 오페라」The Threepenny Opera 36
블루스 257
비대칭성 188
비밀 유지 secrecy 131, 362~364
비아바하라 vyavahāra 77, 424

【ㅅ】

사스트라 śāstra 77, 424
사이드, 에드워드 W. Said, Edward W. 27, 73, 80, 420, 430, 449, 484
　『오리엔탈리즘』Orientalism 484
사트 sat 127, 480
사티 sati 16, 46, 105~106, 118, 120, 128, 164, 201, 214, 379, 463, 472, 474, 481
사파티스타 민족해방군 Ejército Zapatista de Liberación Nacional 368
사회적 다원주의 183
산스크리트 78, 426
삼니아사 samnyāsa 121, 475
상상력 imagination 172
생명권력 biopower 301, 323, 330, 352
생명정치 biopolitics 315, 340, 352
샤스트리, 마하마호파디아야 하라프라사드 Shastri, Mahamahopadhyaya Haraprasad 78, 427
서발터니티 subalternity 137, 163, 207, 272, 285, 360, 381
서발턴 subaltern 79, 84, 97, 138, 175, 272, 303, 372, 390, 429, 434, 455
　~ 연구 29, 160
　~의 말하기 13, 161, 209, 237
　~의 재현 144
　젠더화된 ~ 31, 174, 186, 202, 368
　진정한 ~ 84, 135, 434
서발턴 연구회 Subaltern Studies Group 142, 160, 174, 382, 389, 429
　『서발턴 연구』Subaltern Studies 143, 202, 230
성차 sexual difference 86, 438
세계 구획 worlding 170, 437
셔먼, 대니얼 J. Sherman, Daniel J. 270
셰티, 산디아 Shetty, Sandhya 31
소머, 도리스 Sommer, Doris 131, 363
소비주의 consumerism 50, 87~88, 306, 318, 320, 340, 402, 439~440, 455
수티 sutee 105, 108, 118, 120, 128, 463, 465, 472~473, 481
스루티 sruti 77, 113, 424, 469
스므리티 smriti 77, 113, 424, 469
스미스, 제이 Smith, Jay 45
스콧, 조앤 W. Scott, Joan W. 44
스피박, 가야트리 차크라보르티 Spivak, Gayatri Chakravorty 142, 145, 201, 272
　「서발턴 연구: 역사 기술을 해체하기」Subaltern Studies: Deconstructing Historiography 143
　「서발턴은 말할 수 있는가?」Can the Subaltern Speak? 11, 141, 173, 201, 208, 222, 239, 272, 317, 357, 378, 393
　「시르무르의 라니」Rani of Sirmur 170
　「잘못을 바로잡기」Righting Wrongs 162, 191, 369, 372
　『포스트식민 이성 비판』A Critique of Postcolonial Reason 12, 149, 152, 206, 208, 222, 303, 359, 381

『한 분과학문의 종언』Death of a
Discipline 170
실증주의positivism 98, 302, 458
　반-~ 175, 197
싱감, 콘스탄스Singam, Constance 345

【ㅇ】

아도르노, 테오도르 W. Adorno, Theodor W.
33, 197, 261
　『부정 변증법』Negative Dialectics 33
아래-권력 infrapower 311
아렌트, 한나 Arendt, Hannah 31
아민, 샤히드 Amin, Shahid 143, 150
아버지의 이름 69, 83, 416, 433
아시아적 생산양식 109, 456, 466
아트마가타 ātmaghāta 112, 468
알튀세르, 루이 Althusser, Louis 47, 55, 57,
62, 143, 387, 398, 405~406
　「이데올로기와 이데올로기적 국가장치
　들(연구를 위한 노트)」Ideology and
　Ideological State Apparatuses(Notes
　towards an Investigation) 55, 405
앤더슨, 베네딕트 Anderson, Benedict 45
앤더슨, 페리 Anderson, Perry 447
에스노 중심주의 ethnocentrism 94,
96~97, 132, 451~452, 454, 486
에스테르 Esther 369
에피스테메 episteme 75, 107, 423, 465
여성 129, 174, 484
　서발턴 ~ 80, 97~98, 154, 164, 429, 457
　~의 보호 106, 464
역사성 historicity 169
연합 정치 coalition politics 61, 88, 306,
440
로버트 J. C. 영 Young, Robert J. C. 25

영연방전쟁묘지위원회 Commonwealth
War Graves Commission 266
옛말 사용 paleonymy 54
오어법적 표현 catachresis 52
외국인 가사 노동자 324
요니 yoni 126, 479
욕망 desire 52, 403~404
웨어, 페이비언 Ware, Fabian 266, 294
음벰베, 아실 Mbembe, Achille 200
이글턴, 테리 Eagleton, Terry 447
이데올로기 ideology 54, 57, 300, 302,
315, 330, 340, 404, 406, 436
　~ 이론 93, 444
이리가레, 뤼스 Irigaray, Luce 46
이질성 heterogeneity 50, 402
인권 173, 181
인민의 정치 politics of the people 81, 431
인식론적 폭력 epistemic violence 75, 159,
303, 422, 456

【ㅈ】

자기-화살 self-immolation 86, 114, 117,
124, 128, 469, 471, 477, 481
자살 120, 213, 238, 474
자우하르 jauhar 115, 124, 470, 477
재현 representation 60, 71, 79, 145~146,
151, 156, 173~174, 177, 204, 222, 390, 399,
409, 418, 428, 434
　~자 representative 65
전적인-타자 quite-other 153, 162,
170~171, 453
전형 example 206, 210, 212
전형성 exemplarity 206
정보 복원 information retrieval 13, 362,
456

정신분석학 43
정체성 identity 153, 166
　~ 정치 43
제3세계 페미니즘 79
제국전쟁묘지위원회 Imperial War Graves Commission 266
제국주의 imperialism 17, 93, 110, 444, 466
　~ 비판 162
제바르, 아시아 Djevar, Assia 104
제이콥스, 해리엇 Jacobs, Harriet 252, 262
제임슨, 프레드릭 Jameson, Fredric 42, 76, 423, 456
　『정치적 무의식』 Political Unconscious 76, 423
제휴 정치 alliance politics 79, 89, 91, 428, 443
젠더 gender 17, 160~161, 164
주권적 주체 49, 58, 68, 400, 408, 415
주변부 50, 87, 402
주체 156
　~성 153
지식인 73, 178, 420, 434
지역 연구 167
진정성 authenticity 163, 167, 249, 454

【ㅊ·ㅋ】

차우두리, 아지트 K. Chaudhury, Ajit K. 84, 435
차이성-속의-동일성 identity-in-differential 81, 431
차이-속의-동일성 identity-in-difference 153, 160
차크라바르티, 디페시 Chakrabarty, Dipesh 27, 45, 174, 189
『유럽을 지방화하기』 Provincializing Europe 28
차테르지, 파르타 Chatterjee Partha 27, 29, 46, 390
책임 responsibility 162, 170, 173, 181
　~의 윤리 174, 185
카네, 판두랑 바만 Kane, Pandurang Vaman 115, 126, 470, 479
카푸토, 존 D. Caputo, John D. 130
칸와르, 루프 Kanwar, Rup 104, 394
칸트, 임마누엘 Kant, Immanuel 334, 341, 381
　「계몽이란 무엇인가에 대한 답변」 An Answer to the Question: What Is Enlightenment? 381
　『순전한 이성의 한계들 안에서의 종교』 Religion Within the Boundaries of Mere Reason 381
컬러, 조너선 Culler, Jonathan 98, 457
코삼비, 다모다르 다르마난다 Kosambi, Damodar Dharmananda 103, 220
코프만, 사라 Kofman, Sarah 100, 460
쿠마라스와미, 아난다 Coomaraswamy, Ananda 117, 471
쿳시, 존 M. Coetzee, John M. 208
　『포』 Foe 208
크리스테바, 줄리아 Kristeva, Julia 78, 428
클라인, 멜라니 Klein, Melanie 104, 111

【ㅌ·ㅍ·ㅎ】

타고르, 라빈드라나르 Tagore, Rabindranath 117, 471
타자 75, 154, 422
　~성 otherness 181
　~화 othering 153, 162

타트바즈나나 tattvajnāna 112, 127, 467, 480
타파르, 로밀라 Thapar, Romila 108
토착 정보원 native informant 81, 97, 152~153, 431
토착주의 132, 486
톰슨, 에드워드 Thompson, Edward 118, 129, 427, 472, 481
『수티』 Suttee 129, 481
통치 government 314
　~성 governmentality 147, 348
판데이, 기안 Pandey, Gyan 143
포스트구조주의 poststructuralism 48, 147, 400
포스트포드주의 postfordism 87~88, 318
폭스-지노비스, 엘리자베스 Fox-Genovese, Elizabeth 458
푸라나 Purāna 121, 474
푸코, 미셸 Foucault, Michel 17, 33, 43, 54, 72, 88, 90, 93, 101, 107, 130, 156, 176, 178, 183, 203, 224, 300, 348, 359, 379, 381, 400, 419, 423, 428, 440, 461, 465, 484
『권력/지식』 Power/Knowledge 404
『성의 역사』 History of Sexuality 489
「지식인과 권력: 미셸 푸코와 질 들뢰즈의 대담」 Intellectuals and Power: A Conversation Between Michel Foucault and Gilles Deleuze 47, 400
프라이데이 Friday 208~209

프라카시, 기안 Prakash, Gyan 27
프레이리, 파울루 Freire, Paulo 373
『피억압자의 페다고지』 Pedagogy of the Oppressed 373
프로이트, 지그문트 Freud, Sigmund 14, 58, 100, 126, 130, 164, 244, 407, 460, 479
프뢰벨, 폴커 Fröbel, Folker 319
하디먼 데이비드 Hardiman, David 26
하버마스, 위르겐 Habermas, Jürgen 336
하비, 데이비드 Harvey, David 386
하이데거, 마르틴 Heidegger, Martin 128, 174~175, 188, 240, 249, 481
하청 87, 440
해석적 사회과학 32
해체 deconstruction 17, 43, 53, 173, 179, 438, 449
행성 planet 170
행위 능력 agency 63, 65, 113~114, 153, 160, 411, 413, 468
행위자 agent 65, 413
향수 nostalgia 166
허비, 찰스 Hervey, Charles 482
헤게모니 hegemony 138, 389
헤겔, 게오르크 W. F. Hegel, Georg W. F. 63, 99, 249, 258, 300, 391, 411, 459
『법철학』 Philosophy of Right 391
화살 immolation 154
힌두법 Hindu Law 76, 423
　~의 코드화 76, 424